想象另一种可能

理
想
国
imaginist

Clive James

Cultural Amnesia
Notes in the Margin of My Time

文化失忆

写在时间的边缘

[澳] 克莱夫·詹姆斯 著

丁骏　张楠　盛韵　冯洁音 译

北京日报出版社

目 录

引言 i
文本注释 xvi
鸣谢 xviii
英国 2012 版注释 xx

序 章

维也纳 001

A

Anna Akhmatova　安娜·阿赫玛托娃 011
Peter Altenberg　皮特·阿尔滕伯格 016
Louis Armstrong　路易·阿姆斯特朗 024
Raymond Aron　雷蒙·阿隆 032

B

Walter Benjamin　瓦尔特·本雅明 047
Marc Bloch　马克·布洛赫 057

Jorge Luis Borges　豪尔赫·路易斯·博尔赫斯 063

Robert Brasillach　罗伯特·布拉西亚克 072

Sir Thomas Browne　托马斯·布朗爵士 077

C

Albert Camus　阿尔贝·加缪 089

Dick Cavett　迪克·卡维特 094

Paul Celan　保罗·策兰 101

Chamfort　尚福 107

Coco Chanel　可可·香奈儿 111

Charles Chaplin　查尔斯·卓别林 116

Nirad C. Chaudhuri　尼拉德·C. 乔杜里 120

G. K. Chesterton　G. K. 切斯特顿 124

Jean Cocteau　让·科克托 131

Gianfranco Contini　詹弗兰科·孔蒂尼 136

Benedetto Croce　贝内代托·克罗齐 149

Tony Curtis　托尼·柯蒂斯 153

Ernst Robert Curtius　恩斯特·罗伯特·库尔提乌斯 160

D

Miles Davis　迈尔斯·戴维斯 169

Sergei Diaghilev　谢尔盖·佳吉列夫 175

Pierre Drieu La Rochelle　皮埃尔·德里厄·拉罗谢尔 182

E

Alfred Einstein　阿尔弗雷德·爱因斯坦 189

Duke Ellington　艾灵顿公爵 195

F

Federico Fellini　费德里科·费里尼 209

W. C. Fields　W. C. 菲尔茨 213

F. Scott Fitzgerald　F. 司各特·菲茨杰拉德 217

Gustave Flaubert　古斯塔夫·福楼拜 228

Sigmund Freud　西格蒙德·弗洛伊德 232

Egon Friedell　埃贡·弗里德尔 238

G

Charles de Gaulle　夏尔·戴高乐 253

Edward Gibbon　爱德华·吉本 257

Terry Gilliam　特里·吉列姆 267

Joseph Goebbels　约瑟夫·戈培尔 277

Witold Gombrowicz　维托尔德·贡布罗维奇 286

H

William Hazlitt　威廉·黑兹利特 297

Hegel　黑格尔 304

Heinrich Heine　海因里希·海涅 310

Adolf Hitler　阿道夫·希特勒 320
Ricarda Huch　丽卡达·胡赫 327

J

Ernst Jünger　恩斯特·荣格 335

K

Franz Kafka　弗兰兹·卡夫卡 341
John Keats　约翰·济慈 347
Heda Margolius Kovaly　海达·马尔戈柳斯·科瓦利 353
Karl Kraus　卡尔·克劳斯 357

L

Georg Christoph Lichtenberg　格奥尔格·克里斯托夫·利希滕贝格 367

M

Norman Mailer　诺曼·梅勒 397
Nadezhda Mandelstam　娜杰日达·曼德尔施塔姆 402
Golo Mann　戈洛·曼 408
Heinrich Mann　海因里希·曼 416
Michael Mann　迈克尔·曼 420
Thomas Mann　托马斯·曼 429
Zinka Milanov　津卡·米拉诺夫 443

Czeslaw Milosz 切斯瓦夫·米沃什 447
Eugenio Montale 埃乌杰尼奥·蒙塔莱 454
Montesquieu 孟德斯鸠 462
Alan Moorehead 艾伦·穆尔黑德 475
Paul Muratov 保罗·穆拉托夫 483

N

Lewis Namier 刘易斯·内米尔 493

P

Octavio Paz 奥克塔维奥·帕斯 503
Alfred Polgar 阿尔弗雷德·波尔加 508
Beatrix Potter 比阿特丽克斯·波特 517
Jean Prévost 让·普雷沃 520
Marcel Proust 马塞尔·普鲁斯特 524

Q

Edgar Quinet 埃德加·基内 531

R

Marcel Reich-Ranicki 马塞尔·赖希-拉尼奇 537
Richard Rhodes 理查德·罗兹 545
Rainer Maria Rilke 莱纳·马利亚·里尔克 550

S

Ernesto Sábato 埃内斯托·萨瓦托 565

Edward Said 爱德华·萨义德 576

Sainte-Beuve 圣伯夫 584

Jean-Paul Sartre 让-保罗·萨特 590

Erik Satie 埃里克·萨蒂 601

Arthur Schnitzler 阿图尔·施尼茨勒 605

Sophie Scholl 苏菲·绍尔 626

Wolf Jobst Siedler 沃尔夫·约布斯特·西德勒 636

T

Tacitus 塔西佗 643

Margaret Thatcher 玛格丽特·撒切尔 649

Henning von Tresckow 亨宁·冯·特雷斯科 655

Karl Tschuppik 卡尔·楚皮克 660

U

Dubravka Ugresic 杜布拉芙卡·乌格雷希奇 671

Miguel de Unamuno 米格尔·德·乌纳穆诺 676

Pedro Henríquez Ureña 佩德罗·恩里克斯·乌雷尼亚 683

V

Paul Valéry 保罗·瓦莱里 693

Mario Vargas Llosa 马里奥·巴尔加斯-略萨 700

W

Evelyn Waugh 伊夫林·沃 707
Ludwig Wittgenstein 路德维希·维特根斯坦 712

Y

Isoroku Yamamoto 山本五十六 721

Z

Carl Zuckmayer 卡尔·楚克迈尔 733
Stefan Zweig 斯蒂芬·茨威格 737

尾声

Kun-Han-Su 749

增补

增补简介 757
从垃圾读物开始 759
跟踪妮可·基德曼的诗人 769
达蒙最勇敢的日子 774

引言[*]

我用了四十年时间写这本书，四十年里我慢慢意识到，这部作品若要忠实于我人生经历的格局，那就不会有任何格局可言。它会像我的书桌桌面一样，我上次雇了位助手来整理，但他来过一次就被吓走了。我要写的这本书起源于我读过的那些书。早些年，有几次我不得不把手头最好的书卖了换吃的，所以我从不在书上画线。条件改善之后，我就不再那么谨小慎微了。我开始在段落下面做记号以备将来参考之用，不久又开始在那些记号旁做批注，接着又在卷首或卷尾的空白衬页上写更长的笔记。蒙田正是这样创造出现代散文的，起初我构想的也是一篇散文：比一般的散文长，但还是散文的结构，一条主线贯穿全文，观点不求多而务求精，最后来个漂亮的收尾。

我的很多页边批注都已经用进书评和期刊文章里了：这些文章本来就采用了散文的形式，结集成书后，我就更堂而皇之地冠之以散文之名。但我总觉得其中有些注解只适合更宏大的写作计划，要

---

[*] 本书由四位译者合译，翻译章节说明如下：丁骏，引言—E；张楠，F—L；盛韵，M—R；冯洁音，S—增补。（编者注）

留待将来之用，或许是在我生命将尽之际。然而，当那个终点已清晰可见，我开始接受这样一种可能性：或许根本就不存在什么宏大计划。

存在的只会是一串彼此相连的节点，它们的运作方式类似人类的思维在时间流逝之中运作的方式——至少我自己的思维是这样：动荡奔涌的黑色海洋之上有一条清晰的星光之道，或明或暗，仿佛一艘幽灵船驶过，在洋面洒下磷光。远远不止一个主旨，而是有好几十个。我想同时写哲学、历史、政治和艺术，写几次大灾难中这些领域所发生的事。我出生于1939年，正逢第二次大灾难（第一次是"一战"），随着我长大成人，这些灾难也继续摇撼着世界。即便是在一个理想世界，这些领域恐怕也难以截然分开，而在我们生活的这个远谈不上理想的世界里，它们更是不可避免地彼此交融。在我看来，哪怕是在最好的时代，其中任何一个主题也不可能拥有任何外在的秩序：其秩序只可能是内在的、复杂的、有机的。而在最坏的时代里，也就是我们的时代，它们中的任何两个或多个放在一起都必然展现同样的效果，且加倍让人眩晕：有机的复杂性混杂在一种结构中，它是如此盘根错节，从中提炼出的任何秩序都只能说是暂时的。

好吧，就是这样。现代历史已经给了我们足够多的警告，不能把简化之物看作是真实。极权对无辜的人施暴，背后的动力就是意识形态，而意识形态难道不正是草率拼凑之物吗？随着将思考整合起来的时机愈发成熟，我也形成了一个看法：必须避免草率拼凑。

所以，本书的主旨就是如何避免这样的结果。如果我写作得法，那么表面的随意无序中也会产生主题，让这部作品明白易懂。但阅读本书无疑会令人难以平静。书中的故事属于那些让人惶惶不可终日的岁月，即便是对我们这些有幸置身事外的人来说。绵密的文本之中也穿插了我自己相对幸运的人生中的某些直接经验，但愿后者能多少缓解阅读之难，但我并不想为此开脱。如果这本书不难读，那么它也不可能真实。

有些年轻读者也许会疑惑，为什么这书里尽是些被遗忘的名字，行文进展又如此突兀难料，那么我要说的第一点就是：欢迎来到二十世纪，你所生活的世纪脱胎于二十世纪，正如一道黑烟从石油大火中升起。我要说的第二点，虽然附属于第一点，却更为重要：这里有着太多的生死存亡。十九世纪是伟大的语文学家欧内斯特·勒南的时代，尽管有法国大革命这个反例，"人文学科"（Studia humanitatis）仍然被认为是纯粹的福音。如果说十八世纪意味着开启理性的时代，那么断头台冰冷的咔嚓声依旧在耳边回荡的十九世纪则旨在通过科学来弥补理性让人遗憾的种种缺陷。除了先知们——狄更斯是其中之一，虽然他天性乐观——那些渴求哲学视野的人们很少怀疑人类知识的拓展一定会（借用勒南的经典表述）"催生受启蒙的人类"（élargir la grande famille），从此享受数学般精确的正义。时至今日，经历了二十世纪的残酷，这一点恰恰是我们要怀疑的。勒南所津津乐道的"科学的未来"（avenir de la science），可以用我们的昨天做一个评估，那个科学把城市夷为平地、把无辜孩童送进毒气室的昨天：不管我们对科学还有多少不了解的地方，至少有一点我们已经领教，即科学不一定就是良善。但是在人类知识整体的某处，人文主义仍然在向我们召唤，那毕竟是证明人类应该拥有智慧的最好理由。

然而，这个召唤越来越微弱。艺术以及有关艺术的学术无所不在——这是不会灭绝的消费品，一个自封的精英阶层可以占有这些产品，同时自诩超越了物质主义；他们比历史上任何时候都要显赫夺目——但是人文主义却无处可觅。科学是罪魁之一：并非科学实际的成果，而是科学的语言，这种语言被"文化研究"（Cultural Studies）的拥趸拙劣地模仿，反倒让真正的文化遥不可及，而这种文化本应是文化学者最应该去关注的。同时这也促成了一种全球性的拜物教，这一教派的巫医们除了晋升之路什么都不关心，将人文学科作为角逐名利之用，给那些仍然热爱自己所学之人做出了恶劣的榜样。学问专著成千上万地出版，然而"学问本身值得追求"这一点却遭受着前所未有的质疑。学问常常为恶所用，如今人们质疑它有何好处，而且通常是基于这样一个假定：任何好处都有市价，和商品无异。人文主义没有立即能变现的用处，其"无价"（invaluable）也正在于此，这一信念到了这个时代已经举步维艰，以至于望文生义为"毫无价值"（valueless）的意思了。事实上，越是精于世故的人越是如此。使文明成其为文明的人文主义若要在这个新世纪得以存留，必须后继有人。这些继承者必须拥有记忆，而这个记忆的一部分与那个他们尚未出生的时代有关。

可怕啊，那个时代。聪明、富有同情心的年轻人如今面对一个无辜生命被成千上万杀死的时代，他们若是认为自己的父辈对一切漠不关心，那也完全情有可原；当一个人已经开始谢顶，他确实更容易满足于现状。但是，在他们的父辈长大成人的时代，无辜生命正被成百万地屠杀。纳粹德国的真相是一下子敞开在世人面前的，远远打破了绝望的底线。苏联的真相是逐渐为大众所知的，但到了最终全部浮出水面的时候，带来的绝望却更为复杂深重。

我们的时代是一个屠杀场的时代，一个角斗场的纪元。但是累加的毁灭产生了一个建设性的，甚至是有益的成果，并且独一无二。这使得我们努力反思自己过去的思考方式。至于我本人，这使我努力思考我似乎同样热爱着的所有创造领域，不管它们在所谓的文艺等级体系中处于什么位置。我热爱诗歌，但是布莱希特和聂鲁达这样的杰出人物也只是众多为极权力量推波助澜的天才诗人中的两位。我热爱古典音乐，但是莱因哈德·海德里希和难以形容的门格勒医生*也喜欢。我热爱现代小说无所畏惧的包容性，但是《长夜行》(Voyage au bout de la nuit) 这部精彩的奇幻作品的作者路易-费迪南·塞利纳也写出了《略施杀伐》(Bagatelles pour un massacre)，一部种族主义狂热分子的祈祷书。考量之下，所有这些崇高的艺术活动本身都成不了非理性这一毒药的解毒剂。非理性是人类事务不可分割的一部分，一旦获得生命必将贻害无穷。不那么崇高的活动就更不用提了。我热爱流行音乐，但是只需看一眼约翰尼·罗滕就足以明白，为什么连党卫军也会不时把手下以莫须有的渎职罪名送上军事法庭，最近更是有一些说唱乐的歌词，它们与《霍斯特·韦塞尔之歌》("Horst Wessel Song")†唯一的区别就是水平更差一些。我热爱体育运动，但是莱妮·里芬施塔尔也喜欢，她也证明了电影不必有任何人文主义的元素：《意志的胜利》(Triumph of the Will) 是所有人都应该观看的奇观，但没有人应该喜欢。关于喜剧——我的专业领域之一——有种观点，认为它与政治恐怖是天然的对立面。真是这样就好了。但是有太多人亲眼见到莫洛托夫一面签署死刑令一面开玩笑，也有太多证据显示希特勒讲过不少好玩的笑话。如果没有一个艺术领域从未被腐蚀过，那么人文主义到底何去何从？

慢慢地，我意识到是我找错地方了。作为一名新闻记者和批评家，一个早熟的后现代主义者，我自己也常常被批评，因为我会把诗的写作和国际汽车大奖赛的赛车放在一起讲，或者把体操运动员和跳水运动员说得好像他们是雕塑家一样（我想象自己把体操奥运

---

* 约瑟夫·门格勒 (Josef Mengele, 1911—1979)，德国纳粹党卫队军官和奥斯维辛集中营的"医师"，负责裁决将囚犯送到毒气室杀死，进行残酷的人体实验。(译者注。本书脚注若无其他说明，均为译者注。)
† 来自莱妮·里芬施塔尔 1935 年电影《意志的胜利》，影片记录了纽伦堡纳粹党代会的全过程。

冠军格雷格·洛加尼斯吓了一跳）。这是个痛点，但痛点往往揭露出真正的要害。人文主义并非存在于单独的活动中，而是它们之间的联结。人文主义是具体而自由的关怀，在意一切创造冲动下产生的优秀作品，而创造冲动与破坏冲动的一个区别，在于前者倾向于增加而不是减少世界的丰富性。集中营的建造者可能也是某种类型的创造者——一位建筑师为了设计更好的水泥立柱来支撑通电的铁丝网而愉快地工作着，这样想象未尝不可——但他们所从事的工作是减少而不是增加这个世界的丰富性。人类创造冲动的出口彼此相连，人文主义正是在这样的联系中得以彰显。要理解和留存这一错综复杂的联结，意味着与所有企图削弱这一联结的势力抗争到底。

在做了三十七年的准备之后，我得出的便是以上这个结论。为了混口饭吃，我一直在干其他工作，但这本书始终在我心里，藏在心房的后面，相当于储藏室和洗衣房之间的那个位置。我花了三年时间完成这本书，随着写作的进行，主题没有分门别类的后果愈发显现。所谓区分不仅是人为的，而且与我的观点激烈冲突，但如果我下定决心避免这样宽泛的区分，一个问题就势必一再重现，即全书的统一性从何而来。无数个漫长的白天黑夜里，为了回答这个问题，我不得不反复强化一个我在写作中始终保持的信念：统一性来自于风格。从我职业生涯的开始，每写一篇文章，只有当按部就班推进的观点被突发奇想打断的时候，这篇文章才有可能鲜活起来，也只有在充实发散的过程中才会整理出头绪。换言之，我用写诗的方式写散文。年轻气盛时，我曾把诗歌定义为任何只能在独立于语境时被引用的文字。后来，年纪和野心都渐长，我竟冒失到也用同样的方式来定义散文了：不管文章有多长，它的每个部分都应该依赖于所有其他部分，每个部分都应得到尊重，哪怕是留白搁笔之处。文章的内聚力会生发出暗示的强力，而暗示之中必然包含其他声音的存在。

这本书中有着成百上千的声音，还有更多声音虽未直接引用，但仍存在于其作者言说的方式之中。在这个意义上，也是最好的意义上，并不存在所谓个体的声音：只存在个体的责任。每一名作者都代表了他关注过的表达者，即便他不赞同他们所表达的内容。如果本书中有什么内容看似不合时宜，我希望不是因为它们没有意义，而是因为我的语调不对，或者分寸没有把握好。辩论者的特权是去除复杂的东西，把语调统一起来。而我既想要包罗一个现代人头脑中的万千思绪，又要努力将语调统一起来。这个头脑碰巧是我自己的。心理学家可以很有说服力地指出，我最不可能了解的就是我自己的头脑。然而，以下这一点我确实是明白的：这个头脑的主人若是将繁多的兴趣约束在某个公式里，那它也就不成其为头脑了。也许那样会舒服一些，但我们不该仅仅追求舒服，不然毁灭天使一旦归来，我们就会束手无策。

极权主义并没有终结。它的残渣还在，其中有些甚至更加贻害无穷，因为它们不再受国界的限制；在我们自己的国境之内同样存在。自由民主理应得胜，以前如此，现今亦如此——这本书的一个目的是击退任何针对这一观点的怀疑——但"自由民主"这个词组里面的两个词都有被意识形态裹挟的可能：第一个可以为经济决定论的盲目信徒提供灵感，第二个则会挑动僵化教条的平等主义者的神经。对我们这个以多元为傲的自由社会而言，无论自内还是自外，普洛克拉斯*式的敌人迟早会出现，有时他们只是在大学里鼓吹反启蒙主义，其他时候则驾着我们的客机撞向世贸大厦。他们所憎恨的是文明生活令人晕眩的复杂性，如果我们也有同样的反感，那就很

---

* 古希腊神话中的残暴强盗，羁留旅客，缚之床榻，体长者截其下肢，体短者拔之使与床齐长。

难为之辩护。我们不应该这样。有太多的东西值得去珍视。如果这种复杂性无法被划归到让人满意的格子里,我们反倒应该为此振奋:若可以归类,那就不是人类的作品了。

历史上从未有过现在这样适合做艺术爱好者的时代。莫扎特只听过很少的巴赫,我们却能听到他们俩全部的作品。勃拉姆斯对《卡门》五体投地,看了二十次演出,也不得不掏了二十次票钱。马奈从未在一个地方看过自己全部的作品;我们可以。当达尔塞·巴塞尔在伦敦柯芬园剧院跳舞时,下一个达尔塞·巴塞尔可以远在澳大利亚的爱丽斯泉观看她的表演。科技不仅给了我们一个持久的当下,还为这个当下配备了永恒的家当。如果我们愿意,可以把自己包裹进一种新的狭隘主义,其冥顽不化胜过历朝历代。这个世界的通用语是英语,不是因为它曾是大英帝国的语言,而是因为它现在是美国文化霸权的语言。我们这些以英语为母语的人可以把全世界看作一部配音电影,连字幕都不用担心。但凡有心,我们甚至可以品味异国语言的风味:另一个网页上就有译文,轻轻一触即可呈现。我们足不出户便能成为世界公民。如果这样的描述过于静态,也可以说,我们可以足不出户地旅行。世界随时张开双臂,它的果实任由我们品尝,上面还裹着保鲜膜,以达到我们的卫生标准。格雷欣法则有了一条对偶法则,劣币吸引良币:英国足球流氓中也有人会唱普契尼的《今夜无人入睡》。干一份实际的工作,挣一份体面的工资,把闲暇时间花在提高自己的审美品位上,这是多么值得渴望羡慕的生活啊。可以欣赏的东西太多了,全都唾手可得。我们似乎真的可以去看、去听、去读一切重要的作品。不久之前,这还是谁都别想做到的——就连埃贡·弗里德尔都不行,而他一度以维也纳第一消息灵通人士著称。在那个挤满博识者的城市里,弗里德尔是博识者中的博识者。

埃贡·弗里德尔在这本书中无所不在。从二十世纪初到纳粹熄灭奥地利的光芒，这位维也纳奇才无所不知，至少谈起话来是无所不知。没有什么是他不能侃侃而谈的。有人觉得他是江湖骗子，但是从来没有哪个江湖骗子会因为言谈机敏而被记住：他们顶多只是装出机敏的样子而已。弗里德尔是他那个时代最著名的卡巴莱(cabaret)[*]艺术家，二十年代他把表演事业和他对自己藏书室的虔诚热情结合起来，在那个藏书室里写了一本书，这本书可说是二十世纪最了不起的奇书之一：《现代文化史》(Kulturgeschichte der Neuzeit)。它的风格和深度都可圈可点，仿佛一个魔术大师的宝盒，装满格言警句，精妙地概述了文艺复兴以来各个艺术与科学领域的创造，是一部上升到诗歌层次的散文史诗。弗里德尔这本具有魔力的书为我们奇妙地展现了人类思想的严肃游戏。时人禁不住想，接下来还有什么是他做不到的呢？这种期待很容易招来嫉妒。尽管他尽了最大努力保持低调，读者中还是有很多人认为他不够谦逊。弗里德尔相信他这种类型的艺术家需要"一个电磁场"来工作。他非常清楚身边有些人唯一的雄心就是要掐掉电源。他们是纳粹，而他是个犹太人。1938年德国吞并奥地利之后，弗里德尔看到纳粹冲锋队在大街上，正走向他装满书的公寓所在的大楼。他住的楼层并不高，但也足够做他想做的事了。他在跳出窗口的同时大喊了一声，生怕砸到无辜的行人。

我无法想象自己能勇敢到像埃贡·弗里德尔那样退场，但他上场的方式多少可以作为我们所有人的榜样。他是行动者和思想家的综合体。我们的能力和缺陷总会以某种方式引导我们，成为一个生产力推动的社会中主动的参与者，不管我们喜不喜欢这个社会，在这个意义上，我们都注定要成为行动者。唉，就算痛恨不已，我们也

---

[*] 一种戏剧娱乐形式，包括音乐、歌曲、舞蹈、朗诵或戏剧，表演场地可能是酒吧、餐厅或有表演舞台的夜总会。

将参与进去：恐怖主义已经登场，而它是容不得冷眼旁观者的。但情况还不算最糟，因为今天的我们有更多思想的自由，比一般以为的要更多。按照通常的划分，日常工作是积极的冒险，而文化活动仅被当作修身养性。但是，按理说应该充满挑战的工作正变得越来越平凡无奇，哪怕对名人和成功人士也是这样。在华尔街日复一日地工作，赚到几百万美元去买毕加索的画，然后挂在上东区的公寓里，说服自己以及到访的宾客今日相识三生有幸——还有比这更平淡无奇的事吗？我曾经身处那样的公寓，对着毕加索赞叹，也羡慕过画作的主人：我尤其羡慕他的第三任妻子，她有着毕加索第二位情妇的眼睛，尽管她的是鼻子左右两边各长一个。但是我不羡慕这个人的工作。参观他公寓的那个星期，我正在格林威治村拍电影，没开工的时候花了一小时坐在咖啡馆里，第一次读到安东尼·赫克特的诗。我想不出比这更好的生活了。如今真正的冒险不再存在于工作中。工作用一份简历就能概括：所有的简历都一模一样，所有的概括也如出一辙。真正的冒险在于我们如何自娱自乐。面对这个真理，写简历的人也让步了，他们试图拿所谓的嗜好来鼓励我们：猎鲨、飙车、极限滑雪，以及代价不菲的妙龄女子。不过娱乐一旦有了目的，也就失去了冒险感。娱乐只有以其自身为目的才是冒险。换言之，娱乐也不能是实用主义的。所谓人文主义，其中一个方面就是学问是为了学问本身的增进，而不是为了其他目的。

那么，这本书想要提倡的——我也希望它确实做到了——是在这个除了抚慰再无其他的时代，为早已厌倦的人们提供某种堪称"困难"的东西。已故的爱德华·萨义德在世贸中心被撞之后说：西方人文主义是不够的，我们需要一种世界人文主义。我赞同。问题是如何实现它。我的观点是，除非我们大大提高对自己的要求，不再仅仅把教养当作装点生活的门面以便让追逐野心的行为看上去更加文明，否则世界人文主义就是不可能的。已故俄国诗人奥西普·曼德尔施塔姆说，他怀念一种世界文化。他所说的世界文化可不是每个人都住在瑞士就能达到的。

意识形态分子认为他们理解历史。他们认为历史具有一个形态，一个可预测的结果，一个可以加入的方向。他们中有一些是知识分子，将出色的头脑用于为不公正的政权辩护，哪怕那些政权带给无助的人苦难。他们让自己以及知识分子的使命蒙羞。年轻读者们会在本书中发现这样的故事，也会试图说服自己不重蹈覆辙。但是避免犯下同样的错误，就得多去了解（而非减少了解）。而多去了解的开端恰恰在于意识到一点：有太多事情是无法被理解的。本书目的就在于此。它不是我个人能力的证明，而恰恰是我所欠缺的能力的见证。普鲁斯特说过："那漫长的从我们个体生命中的出逃，我们称之为博学。"博学本身没有什么错：我们又不会因博学溺亡，更何况普鲁斯特自己就写下了或许是所有法语文学中最博学的一部作品。本书也不仅仅是记录我学到了什么。它同样暗示了我没有学到什么，如今可能再也学不到了，因为为时已晚。在书店里翻动这些书页的学者们会看到许多奇怪的名字，可能会因此印象深刻。但是让我自己印象深刻的是所有那些找不到的名字。若不是因为害怕我所读的东西很快会消失，我从一开始就不会去做笔记：这害怕实在是有道理的。俄罗斯象征主义作家安德烈·别雷曾经说过，我们装在大脑中的是某个作家的全体：一份"合成的引言"（composite quotation）。但我之所以还知道别雷那样说过，仅仅是因为我将它记了下来。

我曾经可以相当流利地阅读俄文，也能读关于太平洋战争的普通日语文章，毕竟太平洋战争是我的专业领域之一。我希望能把俄语重新捡起来，但是书面日语是那种你拼命学了五年，然后一个星期不用就像一群鸟一样呼啦啦离你而去的语言。我希望它们能像离开时那样轻松地回来，但是我也记得当初花了多少时间它们才飞到我这里。我一直都喜欢米兰·昆德拉的书名"笑忘录"。我希望这也是一本欢笑之书,至少有些地方是。但它从头到尾都是一本遗忘之书。我并非鼓励年轻人去追寻某种成功之路。我给他们指明的是一条必然通向失败的道路:要完全把握现实是不可能的。这一认识残酷却不无助益。如果我们领悟到这一点,那就可以开始面对现实了。若作他想,则必然会陷入令人眩晕的幻象,幻象也许畅通无阻,但也可能是致命的。

无论我们说什么,终究是基于早已被说过的话。在这本书中,我们可以听见一场盛大对话的边角。我们可以想象说话者全都聚在一个大房间里,虽然现实中的他们从不曾如此。又或者他们是在一个露台上,在星空之下。他们都佩戴着标有姓名的胸牌,以免互相认不出。有一些是老相识,却不愿搭话。托马斯·曼的膝盖上趴着他那条正坏脾气地咻咻喘气的小狗,他跟布莱希特一句话都不想说。萨特一心想避开索尔仁尼琴。卡夫卡告诉普契尼,1909年意大利布雷希亚的飞行展上他本来想跟普契尼打招呼的,但还是太害羞了。纳博科夫告诉巴甫洛娃,他永远忘不了和她共舞的那一曲华尔兹。叶芝没能说服维特根斯坦看到"神秘玫瑰"的重要性。房间的每一处都有好戏。斯特拉文斯基站在钢琴边,他不相信艾灵顿公爵是在即兴表演。罗伯特·洛威尔把弗洛伊德逼到一角说,他——洛威尔本人——陷入抑郁时就会想象自己是阿道夫·希特勒。弗洛伊德带着几乎不加掩饰的不耐烦含糊其辞地说,希特勒可不太会花时间想象自己是罗伯特·洛威尔。安娜·阿赫玛托娃正是她风华绝代的模样,犹如迈着猫步的模特,长着失意拳击手的鼻子,她对俊美已极的托尼·柯蒂斯发起攻势,后者的模样一如他在《成功的滋味》中所扮演的西德尼·法尔科。柯蒂斯看起来被吓到了。阿赫玛托娃的朋友兼对头娜杰日达·曼德尔施塔姆倒是欢欣不已的样子,她遇见了阿尔贝·加缪：即便是对一位上了年纪的女士，加缪也会不由自主地展露魅力，这种态度让娜杰日达心生疑虑，但她对加缪的观点总归是赞许的。

并非所有人都来自二十世纪。有些人被邀请是因为他们说过颇有先见之明的话，或至少有些预见力。海涅和瓦格纳相处得比尼采想象中好多了：谁也没有去掐对方的脖子。孟德斯鸠在塔列朗面前正努力克制着自己。这不是一场化装派对，但"本色登场"意味着塔西佗会穿着罗马长袍，胡安娜·伊内斯·德·拉·克鲁兹则是一身修女装。十七世纪西班牙语世界的大美女胡安娜·伊内斯，长相酷似伊莎贝拉·罗塞里尼。塔西佗似乎很为她着迷，部分原因可能是她能说一口流利的拉丁语。塔西佗从来不是逗乐高手，但还是跟伊内斯讲起了塞扬努斯[*]女儿的故事：读者们在本书中也会读到这个故事。塔西佗觉得这是他能想象的最可怕的故事。但我们知道他所不知道的：在二十世纪，塞扬努斯女儿的故事将会重演上百万次。

我心目中的男女才俊齐聚于此。读者应该会认出其中几位：阿尔贝·加缪，娜杰日达，曼德尔施塔姆，托马斯·曼，马塞尔·普鲁斯特，弗兰兹·卡夫卡。还有一些不太出名的：米格尔·德·乌纳穆诺，格奥尔格·克里斯托夫·利希滕贝格，莱谢克·柯拉柯夫斯基，戈洛·曼，阿图尔·施尼茨勒，维托尔德·贡布罗维奇，马内斯·施佩贝尔，雷蒙·阿隆，汉斯·萨尔，让·普雷沃，斯蒂芬·茨威格。知识界中我"敬而远之"的诸位也在，也是有的出名，有的鲜有人听过。谁都听说过萨特、布莱希特、塞利纳，但不是所有人都听说过乔治·卢卡奇、罗伯特·布拉西亚克、恩斯特·荣格和路易·阿拉

---

[*] Sejanus（公元前20—31），提比略统治时期的罗马帝国官员，后因人告发企图夺权，被提比略处死，家人亦未能幸免。

贡。书里还有几名元凶恶首。有些事实提醒我们，那些仅仅用语言作恶的人——趋炎附势的愚昧文人——心中并非从未燃起过理性的火花。若真是从未有过理性，也许反而更好：他们还能少作点恶。事实上，就连萨特也并非一错到底。英雄人物也未必从来都站在正义一边：托马斯·曼年轻时关于军国主义的想法错得可怕，他晚年的痛苦之一正在于，他活着看到了自己曾认为是不言自明、充满创造力的激情最终带来了毁灭。乔治·奥威尔认为——他也这样说过——资产阶级是无产阶级的敌人，直到现实的证据说服了他：相信两者无法调和的人，才是他们共同的敌人。当我们谈论生活中那些不堪细思之事时，不是说这些事真的就不能去思考。我们的意思是，我们无法不去想这些事。也正因为此才会产生对话：由无数独白组成的萨加索海，一片噪音纠结的汪洋。

其中有些声音所说的是谋杀，却以为那是良药。还有一些声音，圣洁的声音，在述说理性。之所以如此，几乎总是因为这些声音明白自己的局限。但是，除非他们生而为圣人，他们就必须倾听别人说的话，并由此认识到自己并非永不犯错。大多数的话都被记录了下来，大多数的倾听是在阅读中进行。我自己的经历显然是这样的，在忙碌的生活中找到间隙，独自躲进咖啡馆，这才发现我从不曾有过一分钟的孤独。作为记者和电视节目主持人，我有二十年时间一直因工作到处旅行，上句话里的"咖啡馆"属于很多不同的城市：悉尼、伦敦、剑桥、爱丁堡、佛罗伦萨、罗马、威尼斯、巴黎、比亚里茨、戛纳、柏林、慕尼黑、维也纳、莫斯科、马德里、东京、京都、广岛、孟买、上海、香港、新加坡、开罗、耶路撒冷、瓦莱塔、洛杉矶、旧金山、纽约、芝加哥、迈阿密、墨西哥城、哈瓦那、里约热内卢、布宜诺斯艾利斯、奥克兰、惠灵顿、珀斯、墨尔本、阿德莱德、布里斯班，然后又回到悉尼。但是咖啡桌只要堆满书，看起来就都一个样。从书页里走来的就是他们：伪智者和真智者。第一类不计其数,第二类屈指可数。但后者的数量足以让我对此生心怀感激,并对他们心向往之。若这本书让读者生出同样的心愿,那就不算没有价值。我所呈现的是评价的集合,包括这些评价之间的相互勾连:一种新人文主义。如果要用一句话来概括这种"新人文主义",我会说它依赖于这样一个信念,即任何一种创造都不应为了某种信念之故而被驱逐。而另一种阐述的方式,就是这本书了。

克莱夫·詹姆斯
2006 年于伦敦

文本注释

由于难以按主题分类，本书条目以讲述对象的姓名首字母顺序排列。读者大可自行发掘其他形式的节奏与线索。这也许是唯一一部认真研究希特勒在"一战"东线战场的经历和理查德·波顿《血染雪山堡》(*Where Eagles Dare*)中门童发型之间关联的作品，但这对本书的思路至关重要，也就是：从引文开启的道路出发，并在它们彼此交汇时尽量跟随。本书引文皆附有出处和页码，方便学者查验。不过，出于可读性的考虑，我没有加入过多此类注释。资深语言学家很快会发现，除了母语以外，我对其他语言的掌握都不过是皮毛。但我仍然深信不疑的是，哪怕只学到几门外语的皮毛，那也比钻研文学理论对我有利得多，两者耗时相当，但后者最终会让我一无所获，而不仅仅是收获不够。考虑到毫无耐心的年轻读者们像我当年一样只会一种语言，所以外语词后面都附了译文，除了个别意思很容易自行推断出来的。某些引文或事件描述可能会重复出现，因为从不同角度看待能让我获益匪浅。（我的榜样之一，埃乌杰尼奥·蒙塔莱就很喜欢这种做法，我作为读者深表感激。）小说和诗歌很少用作"标题引文"；部分原因是避免损害语境的有机统一，而主要原因则是我认为作者在其他类型的写作中更可能不受语境限制，直抒胸臆。(我们对艺术家不应断章取义,这句话我再熟悉不过:我们不应该这样做,但在现实中确实这样做了。)如果我亲身经历的某些细节对整体主题有用的话,我也会加进去。

我觉得"他们"(they)作为单数"他"(he)的替代不太合适,但"他或她"(he or she)又太过累赘,所以不定性别的第三人称代词会沿袭体现男性主导的传统用法,统一用"他"。我也沿用了另一种欧洲传统,即以名字而非姓氏来称呼著名女性以表敬意。我自然明白——或者我几乎能够理解——这样做不免过分殷勤,反倒显得是在屈尊俯就,但若是造成混淆,恐怕亦非得益。比如称娜杰日达·曼德尔施塔姆为曼德尔施塔姆,其实是对她的辱没,因为这个姓是属于她丈夫奥西普的。比起在我看来空洞刻板的现代敬称,我倒宁愿通过我的论述来表达对她的崇敬。

女性读者大可以把这归结为未经修正的大男子主义,但她们应该不会觉得女性代表人物在本书中受到任何轻慢:只是人数不如男性多而已。女性读者们兴许还会对此表示感激。这是一本关于男性所创造的世界的书,但却让我们很多人不禁感慨,这个世界若是由女性来创造该多好。

鸣 谢

我要感谢时任伦敦斗牛士出版社主编的彼得·施特劳斯,他听我述说了我对本书的初步构想,并认为值得一试。我也要感谢继任主编安德鲁·基德,当我不断重申我定义这本书的唯一方法就是让它自我定义时,他对我仍然保持信任。然而我要将我最真挚的感谢致于W. W. 诺顿出版社的罗伯特·威尔先生,他不仅在本书的策划阶段就对它抱有憧憬,随着书的不断增厚,他在第五大道的办公室里埋首编辑,每一页都留下了他的博学,他的倾心尽力。就算他忙到在中国开完会,返回纽约的航班上还得安排一次编辑会议的地步,他也不会忘了读我的稿子,他在书页边写下的每条批注都与本书息息相关。从精神层面上来说,如果没有他,这本书就不会是今天的样子:他就是本书的理想读者。从实际上来说,如果没有塞西尔·梅农,这本书根本不会问世。她身兼数职,是我的秘书、助手、网络技师、首席执行官和私人教练,她在百忙之中抽出时间教我使用电脑,没有电脑任何超文本都会像脱轨的火车一样。大部分情况下,教我就相当于再次忍受我的无药可救,而她只要按下需要的几个键就能把我拯救出来。简单举个例子,她两分钟都不要就能准确查出科克托对花格毯上的变色龙所做的评论。就这样,她把我从绝望中解救出来，而我只希望我的这本书对于他们这代对文化如饥似渴的年轻人的帮助就如同她的聪慧与勤勉对我的帮助一样。最后，也是一位重要的需要感谢的人，就是我的文字编辑特伦特·达菲，他在发现语句中潜在歧义的同时也指正了很多严重的错误，包括令我烦恼不堪的惯性思维，老把"米洛什·福曼"写成"路易·马勒"——临床心理学将它称为马勒-福曼畸形现象。

这类书在收尾阶段的任务非常繁重，细节的毛病越改越多。但是若没有我的家人和朋友慷慨贡献的时间，会有更多错误印刻在书页中。然而诺顿出版社的汤姆·梅耶确保了在校订过程中作者没有和这本书一起"完结"，为此我要全心全意地感谢他，哪怕这颗大脑已经不再那么完整了。

英国2012版注释

在向帮助我的年轻人表达完以上感谢之后，我现在可以坦承，这本书在一定程度上是2007年那份写作热情的牺牲品。诺顿出版社像电影制片厂一样定了一个发行日期。我和我的编辑团队一直受到紧迫的时间压力，在分工的时候太不明确。结果便是——我是第一个担起责任这么说的人——这本书的六个语言版本都有讹误。在史实上也有一些差错。该书在美国和英国加印时，很多瑕疵都已修正，但看起来仍有更多遗漏之处。现在，正值英国再版的准备期间，我们已全面检查文章谬误。修正的原则是，如果不涉及观点，那可以直接做修改，如果有更严重的错误的话，就得等它的姊妹篇出版，虽然种种疾病缠身拖了后腿，但理论上我正在编撰该书。比方说，由于约翰·麦克洛伊的决定是致使通往特雷布林卡的铁路不被炸毁的主要原因，我对他政治才能的崇敬很可能因此骤减。但尴尬的是，我当时并不知道这一事实。总有没读过的书，而本书作者确实也并非遍阅天下书之人也。

2012年于伦敦

Clive James

CULTURAL AMNESIA

Notes in the Margin of My Time

序 章

维也纳

Overture: Vienna

十九世纪末二十世纪初的维也纳充分表明,海纳百川、硕果累累的思想土壤并不局限于大学校园。它不仅比校园更宽广,在很多方面还要更有趣。在维也纳,思想不需要考试,学习是自发的热情,智慧是随时可用的通货。如今阅读描写昔日维也纳的作品,你会被带回到那个理应重现的时代:一个活到老学到老的时代。不是先接受教育,然后开始工作;教育就是工作,永无止境的工作。对于几代作家、艺术家、音乐家、记者以及各行各业的脑力劳动者来说,维也纳的咖啡馆就是一种生活方式。那时有很多咖啡馆,尽管每个年代都似乎只有屈指可数的几家被认为是艺术精英们活动的中心。咖啡馆的常客们睡觉的时候也有家可回,但在其余时候咖啡馆就是他们的家。对于他们中的一些人来说,咖啡馆就是他们的实际通讯地址。大部分(尽管不是全部)咖啡馆的顾客都是犹太人,这也解释了为什么1938年3月,当德奥合并给一个时代画下句号——弗洛伊德称之为"奥地利的终结"（finis Austriae）——咖啡馆作为民间大学的伟大岁月也就结束了。这也一定程度上解释了这段伟大岁月最初为何得以成就。

在德国，哪怕是在希特勒废止犹太人的完全公民权之前，学术界里也有一个事实存在的配额制度，让有犹太背景的人很难获得教职，不管他们多么有能力。（这种偏见甚至延伸到了学科之间：比方说，核物理学之所以有这么多犹太教工，主要是因为它被视为次等学科。）在奥地利，这种配额制度以法律、禁令、限额的形式深入社会的方方面面。不可避免的结果是，大学之外对学术和人文主义的追求更甚于大学校园内，奥地利比德国更是如此。或许有人会说——在今天，奥地利的特权阶级中间仍然有人这样说——犹太人被拒之门外反而因祸得福。这可不是什么福。侮辱真实存在，怨恨难以磨灭。但对我们大家来说却有一个确定无疑的收获：几代犹太文化人无须把精力浪费在撰写深奥晦涩的博士论文上了。他们转向新闻行业，使用朴素的语言，进行直接的观察，发现了取悦读者的必要。取悦的必要有时会成为学问的敌人，但在更多时候，学问的敌人是写出仿佛除了导师之外不会有人再读的东西，而导师之所以当上导师也是因为写过同样的东西，这种写作是一种致命的自由。

1938年，从德占奥地利逃亡——如果所有犹太人都及时逃离就好了——已经不是犹太知识分子第一次四散到世界各地了。它在1933年的德国各大城市发生过，在多年前受俄国压迫的波兰发生过，在十月革命前后的俄国也发生过。每一次逃亡中，对自由的压制就像开花炸弹一样，而犹太人就是四分五裂的弹壳，是飞出最远的弹壳。这些地区性的灾难积累起来反倒对全世界有益，所以我们得换一种比喻，把它比作种子荚。英美在接收卓越流亡人士的过程中大获裨益，但我们也不能忘了像我的祖国澳大利亚这样的小国家。澳大利亚的文化与艺术界因为这些漂洋过海的犹太人而发生巨变。在新西兰，流亡的卡尔·波普尔教授得以将《开放社会及其敌人》中的原理加以阐发，是因为他终于生活在一个开放的社会，能够记住敌人了。在还算开明的民主国家，人文主义文化也因为接收了犹太人而发展迅速。被迫流亡的新移民社群是以色列国家从构想变为现实的一大因素，这一点更是毋庸赘述。西奥多·赫茨尔最早在维也纳提出了这一想法。正如列宁把建设共产主义国家的设想从维也纳一路带往俄国，赫茨尔也把建立犹太国家的设想从维也纳一路带往了巴勒斯坦。如果历史不是这样演变的话，赫茨尔的构想也许就和弗洛伊德的潜意识理论一样了——纵然声名赫赫，终究未脱书卷。我们甚至可以对阿道夫·希特勒下同样的判断，他早年在维也纳的那段时期坚定了自己的想法：建立一个没有犹太人的世界。

二十世纪上半叶的犹太人并不是地球上唯一一个受迫害的少数民族，在1948年以色列建国以后，终于有那么一天，他们自己也被认为是——有时的确如此——加害者。信奉自由的犹太人越来越注意到，独立建国的一个惩罚就是变得和其他国家没有两样。但是，犹太人的命运以及随之而来的成就会成为本书重复出现的一个主题，而这是有充分原因的。没有什么比犹太人的例子更能证明思想难以扼杀。同样也没有什么例子能更惊人地展现出多股力量合力杀戮之邪恶。尚有一线希望的空间，但已无一寸感伤的余地。一本讲述二十世纪文化的书，如果不去反复讨论文化险些彻底毁灭的过程，那就根本不值一看，尽管人类对自我精神升华有一种根深蒂固的需要，使得这个话题永远值得一写。也许可以有一本关于维也纳的赏心悦目的故事书，且命名为《世界村维也纳》（*It Takes a Village*）吧。但这还远远不够。作为研究二十世纪文化的出发点，维也纳是一个理想的选择，但这建立在一点之上：这个理想城市是真实存在的，拥有现实世界的一切纷繁复杂，是任何美梦都疗愈不了的。

除了无数画册以外——画册作为入门读物不该被鄙视,更何况维也纳的照片是如此迷人——要想体会那种氛围,也许首选就是斯蒂芬·茨威格的 Die Welt von Gestern,即《昨日的世界》。但要体会的氛围有很多,而在茨威格的回忆录中,你得习惯伟大事业总是来自名门世家这一点。乔治·克莱尔的《维也纳最后的华尔兹》(Last Waltz in Vienna)更为短小直白,它令人动容地直陈维也纳的光辉以及即将毁灭的悲剧。它的光辉是一种文明感,在这种文明感中,犹太人有权感到他们在创造中的重要地位;而悲剧在于犹太人自以为得到了社会的接纳,但这种安全感不过是错觉。光辉可能会继续;纳粹可能永远不会来;但他们确实来了,然后就是万劫不复。克莱尔的书之所以无可比拟,是因为它展现了文化上的成功会导致政治上的幼稚。如今全世界那么多知识分子——广义上来说也就是我们——仍然相信文化自然而然地会维护文明,可见这个教训在今天同样适用。自然而然是没有的,唯有律法方能维护世界。

卡尔·E. 休斯克的书《世纪末的维也纳》(Fin-de-Siècle Vienna brings)从看似更高的角度为我们讲述了二十世纪第一批伟大的人物:弗洛伊德、赫茨尔、霍夫曼斯塔尔、克里姆特、柯克西卡、卡尔·克劳斯、阿道夫·洛斯、马勒、施尼茨勒、勋伯格、奥托·瓦格纳,等等。这部作品很精彩,名副其实,但有可能将读者引入歧途,认为伟大就是一切。长远来看也许确实如此,但短期(也就是从日常生活)来看,文明恰恰是由随处可见的普通人的才智交流来灌溉维系的。进入二十世纪后,维也纳的普通知识分子通过咖啡馆里创作的奇文妙语变得非同一般。就其性质来讲,如此百花齐放的成就更不便于单用一部专著来总结。弗里德里希·托尔贝格发表于"二战"后的回忆录《乔列什阿姨》(Die Tante Jolesch)深情款款、饶有兴味地回望那个消失的世界。托尔贝格的这本书仿佛废墟中回响的明亮笑声，值得倾心推荐。（本书同样推荐德语初学者阅读。书中颇多趣闻轶事，英文读来已是饶有趣味，更何况放在原文中。原文译文摊开来摆在一起，就是完美的文本对照。）但许多最耀眼的名字注定会跨越语言的界限继续发光发亮。博学多才的埃贡·弗里德尔半是天才半是骗子——我在引言中就提过他了，但他完全值得讲两次——他是咖啡馆才子中的杰出人物。他在卡巴莱表演的间隙写下了《文化史》，一部令人着迷的包罗万象之作。阿尔弗雷德·A. 克诺夫1930年将它译成英语，分三卷出版，书名叫《现代文化史》（*The Cultural History of the Modern Age*），但这本书从未在德语国家之外流行起来。（纳粹倒台后德语国家重印此书，印行至今。）他的语气里有一种全知全能的味道，不免有些造作，但他对普世文明的激情却将流芳百世。优秀的才子、散文家和剧评人阿尔弗雷德·波尔加的很多作品都没有外文译本，也许永远也不会有，因为他的散文有着最精致的诗歌才会具有的精炼与准确。但我们仍能欣赏这二位所代表的东西，他们的名字也会经常出现在这本书里。他们共同的特点就是对各个层次的文化成就都高度敏感——尽管就连思想开放的弗里德尔也不认为爵士乐称得上一种音乐类型——咖啡馆才子们有一个共同点：他们都熟悉皮特·阿尔滕伯格，一个以他们的标准来看几乎一事无成的人。阿尔滕伯格是个流浪汉，我把他放在本书开头——排在他前面的只有安娜·阿赫玛托娃，他很可能问她借过钱——不仅是因为他名字的首字母在字母表最前面，还因为这个古怪而不可靠的人活生生地证明了：思想未必会带来任何结果。对他而言，思想甚至不能带来一份工作。虽然他时不时把随想写成文章赚点钱，但这些钱马上就会花光，他不得不再向人借。但他的存在提醒着那些更富足的知识分子们，他们所做的不过是出于热爱。

维也纳现在空荡荡的。你可以在歌剧院度过愉快的一晚，春天可以在花园里喝新酿葡萄酒，美景宫美术馆的克里姆特厅和希勒厅仍然是世界各大美术馆中的著名展厅,哈维卡咖啡馆的墙上仍然可见弗朗西斯·皮卡比亚用来抵账的画作。但是"二战"之后,跃动的人文情怀只能以齐特琴琴弦上《第三人》(*The Third Man*)主题曲的形式回归。哈利·莱姆[*]的掺水青霉素重创了这座城市的文化界——那是不可逆转的精神损害的毒汁。巴黎也没能完全从德占经历中恢复过来,尽管法国知识分子不这样认为,还会就这句话和你争执不休。人文主义在有些城市从未扎根成为其底蕴的一部分,但恰恰在那些城市,人文主义复兴得也更快。柏林的文明在纳粹兴起之前肤浅浮躁,但是当柏林和维也纳最后的纳粹党人总算脱下制服后,柏林在战后发展得反而比维也纳还要好。在东京,战前的咖啡馆文化——和维也纳惊人地相似,就连黄铜框架的弓形窗都是效仿阿道夫·洛斯的简约风格——都和1945年3月的东京大轰炸一起化为灰烬,但他们当年只是学了点西方的皮毛。早在麦克阿瑟将军这个"访问国王"开始统治之前,西方自由创造的影响就像一股新旋风卷土重来。这股旋风造起高楼大厦而非将之夷为平地,点亮而非熄灭华灯,并加速了(以一种比较无害的方式)1870年明治维新开启的改革进程,一个文化自觉的过程,一个能将任何文化变成人文主义的过程,尽管日本右翼势力放下陈旧观念的速度堪比慢动作回放的茶道表演。

今天,在柏林墙倒下后的第二个十年,彼得堡依然那样可爱,这简直是一个奇迹。它正在重新找回革命前的东西:整座城市中弥漫的诗意魔力。莫斯科一向缺乏这一点,如今似乎也在迎头赶上。如果罗马是唯一一个能够瞬间恢复昔日辉煌的极权之地,那只是因为意大利版的极权不那么极端:激昂的演说和拖沓的效率保留了太多人文主义传统。但后纳粹时代在世界范围内大量涌现的自由人文

---

[*] Harry Lime,卡罗尔·里德执导的惊悚片《第三人》(1949)的主角,由奥逊·威尔斯扮演。

浪潮，在后苏联时代仍在继续的浪潮，曾席卷伦敦和纽约，并仍将继续。相对边缘的英语国家城市——洛杉矶、芝加哥、都柏林、悉尼、墨尔本，等等——都是紧跟这两个城市的脚步，甚至连伦敦都在纽约之后。原因再简单不过，反而容易被忽视。美国超越英国成为吸引流亡者最多的国家，拥有更多艺术文化界难民，尤其是很多人都做起了教师：在纽约，他们为了生计而教授音乐、绘画、表演，所有一切。美国还有《退伍军人权利法案》。理想的教师遇到了理想的学生，结果便是《退伍军人权利法案》的构想者埃莉诺·罗斯福成了当时世界上最令人瞩目的女性。对于和我一样相信这一点的人来说，罗斯福的名字仍像试金石一样熠熠生辉。美国文化帝国主义的奥秘——这是美国唯一一种势不可挡的帝国主义，因为它得到了人们的默许——就是它以最平易近人的形式集结了全世界所有艺术与知识的力量。美国文化帝国主义的危险之处在于，它给了美国人一个貌似合理的理由，认为自己不需要世界。但正是世界使他们成为现在的样子——甚至好莱坞这个美国影响最深远的文化重镇，没有移民的工作也无法想象。本书的一个目的就是要抵抗文化失忆，这种失忆会使我们忘记，正是二十世纪剧烈蓬勃的精神生活赋予今日美国如此强大的文化实力，这种精神生活是一个复杂的国际事件，简化的代价就是失真。如果我们不能全部记住，起码也要了解一点我们所遗忘的东西。如果我们愿意的话，全部忘掉也没关系，享受轻装上阵的便利亦无不可；但一种与爱无异的深刻直觉提醒着我们，效率的代价就是空虚。最后，我们保持思考是因为一种感觉。如果可以，我们要留住那份纯粹的感觉，如果我们丢失了它，就要把它找寻回来。

A

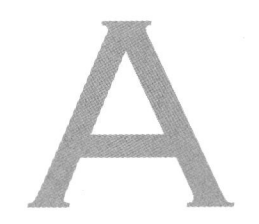

安娜·阿赫玛托娃
皮特·阿尔滕伯格
路易·阿姆斯特朗
雷蒙·阿隆

安娜·阿赫玛托娃
Anna Akhmatova

安娜·阿赫玛托娃（Anna Akhmatova，1889—1966）出生在敖德萨，在基辅接受教育，作为大革命前彼得堡风采的化身，因诗歌成就不朽。她是那个时代最著名的俄国诗人，但那是一个乱世。1917年布尔什维克革命之前，安娜·安德烈耶夫娜·戈连科，笔名阿赫玛托娃，早已披挂上俄国文学界最耀眼夺目的法语修饰词：她的作品是"先锋的"（avant-garde），她的人则是"妖冶的"（femme fatale）。无数男诗人对她的断鼻之美趋之若鹜，她后来的丈夫尼古拉·古米廖夫便是其中之一。革命之后，古米廖夫是最早的文坛牺牲品之一。后来，阿赫玛托娃在她的诗作《安魂曲》中提到了古米廖夫的命运，这也是诗中最常被引用的部分。（"夫亡，子囚／为我祈祷。"）在沙皇时代末期，她受到的迫害至多就是自己的印象主义诗歌不被理解，还有她的魅力招来女人们的诅咒。但后来她却先是成为悲剧人物，继而变为女英雄。1922年之后,她被划为资产阶级分子,在出版方面受到严格限制。"二战"结束后,1946年,她遭到掌管文化事务的安德烈·日丹诺夫的整治。她不能出版新作,所有旧作都被说成偏离社会主义建设。她在国外的名望使她在国内还能继续生活,但是日子也绝不可能好过;对她的监视一刻不曾松懈。五十年代,她获得了一定程度的平反,官方甚至出版了一本经过审查的诗集。(《安魂曲》未收录:以赛亚·伯林1946年在莫斯科拜访过她,他曾预言只要苏联存在,这首诗就不可能发表,他是对的。)然而,她的作品始终在地下流传着,无论是作为小册子还是以俄罗斯人致敬伟大的特殊方式,即口口相传,在记忆中长青。阿赫玛托娃是俄罗斯自由传统的化身,虽然这一传统早已俯首称臣。于是,她成了激励人心的象征,但是一个诗人一旦比自己的诗歌更有名,这往往意味着她正出于外因而被祭奉于她本人荣耀的圣坛之上。就阿赫玛托娃而言,这个外因是政治。像她这样一个女人不至于被称作女英雄,这才是理性政治的标识。

普希金的抒情宝藏……
安娜·阿赫玛托娃,《普希金的〈石客〉》

有些语言天然地就比其他语言更优美,俄语便是其中之一。对任何学俄语的人来说,"抒情宝藏"这样一个短语如同穆索尔斯基歌剧里的二字咏叹调,在纸面上便吟唱起来。我一见到这个短语就把它记了下来。1968年,西德出版社"语言文学联盟"推出了一部精彩的两卷本阿赫玛托娃作品集,包括诗歌和散文。1978年我在伦敦买了这套书,那时我正处于学习俄语的第一阶段。我终究没能抵达最后阶段,连靠近都谈不上;不过我确实达到过读散文不用怎么查字典的程度。(想要快速扫荡另一种语言文化的学生们，请记住：散文总是入门的最佳选择。)通过阅读阿赫玛托娃的散文，我很快就意识到她本来可以成为一个优秀的全职文学评论家，假如她曾获得这样的许可的话。她当然没有，这就是关键所在。

如果革命不曾发生，那么主宰这本书的可能就是彼得堡和莫斯科的咖啡馆了。尤其是彼得堡，它会与维也纳旗鼓相当。(如果纳粹不曾掌权，维也纳和柏林也会继续与巴黎难分上下，但那就是另一回事了，我们很快会接着谈这个问题。)革命前的几年里，俄国文化大潮高涨，革命之后过了很长时间才渐缓渐止。(在移民群体里，这股热潮则从未减弱，但是随着时间流逝确实逐渐式微：佳吉列夫在各个艺术领域都有影响，但巴兰钦的影响力只限于芭蕾舞，而努列耶夫和巴雷什尼科夫虽然开创了新局面，但也只是就他们自己而言——他们两位都非常了不起，但仅仅是舞者而已。)革命继承了前所未有的文化繁荣，最初的十年里，新政权似乎是梦想实现之后慈祥的守护者。西方的左翼文人此后又自愚了数十年之久，认为这个政权在解放人民创造力的永恒斗争中会以艺术为政治武器，从而带来新的可能性。色彩艳丽的宣传火车和吉加·韦尔托夫剪辑漂亮的新闻短片被视为活力和真理的标志；它们确实是活力的标志，但却不是真理的。

西方为苏联辩护的人们普遍认为，虽然自我流放的斯特拉文斯基毫无疑问享受到了个人自由，但普罗科菲耶夫和肖斯塔科维奇却因为受到政权的赏识而收获颇丰；他们一般认为，在革命后的最初几年里，艺术家与中央集权国家之间就建立起了富有成效的关系。事实上，教育人民委员阿纳托利·卢那察尔斯基对艺术家拥有绝对的权力。上峰愿意容忍时，他固然可以网开一面，但这种宽容在1929年被撤回了，即便对那些曾以为这一切是场梦的人也是一样。(意识到这一点可能是致命的：马雅可夫斯基开枪自杀。他的自杀不是因为他疯了,而是因为他不再疯了。)

阿赫玛托娃始终试图与革命保持距离,这是她值得称道之处。但革命对她从来不曾以礼相待,又岂会与她保持距离?早在1922年,她的诗就被认定为缺乏政治功用(这倒也不假),她也被禁止继续发表诗歌。1940年禁令暂时有所放松,但我们仍需记得,阿赫玛托娃作为诗人的身份早已被剥夺了。她主要靠翻译和接点写文章的活儿维持生计。(因此,1947年将她开除出作家协会的威胁无异于死刑宣判。)赞颂普希金,正如她在那篇提及普希金"抒情宝藏"的文章中所做的,就是她可以说的最具颠覆性的话了。如果一位诗人被认定为表现出了正确的政治方向——或者像普希金那样,预言了正确的方向——那么,赋予他特定的才华以某种价值是可以被接受的。但如果她还想谈谈其他人的"抒情宝藏"——比方说奥西普·曼德尔施塔姆的——那她就会遇到不同寻常的麻烦。1938年奥西普·曼德尔施塔姆死在了流放地。他一度爱上了阿赫玛托娃,就跟他那个时代的大多数男性诗人一样。阿赫玛托娃对奥西普的爱恋也做出了回应,这让奥西普的妻子娜杰日达很是懊恼。读她的主要作品,回忆录《一线希望》(Hope Against Hope),我们发现她还是原谅了阿赫玛托娃致使丈夫疏远自己。娜杰日达·曼德尔施塔姆知道,光彩照人的阿赫玛托娃一如托尔斯泰笔下的娜塔莎·罗斯托夫,她需要被崇拜:她天生就会勾引人。如果没有革命,阿赫玛托娃本可以把她魅力四射的天性加工为创作主题,就如埃德娜·圣文森·米莱一般,而且效果会更好。但历史没有给她升华柔情的机会。历史反而让她成了女英雄。在斯大林时期的苏联,当然有比这更残酷的命运,但阿赫玛托娃的命运已然足够残酷。

我们需要明白的是,她本不必承受这样的命运。历史亦本不必如此。但这就是历史:有关本不必如此的一切的集合。我们还必须认识到,对于那些被剥夺了一切其他自由的人们来说,艺术仍然是重要的：其影响力非但没有减弱，反而比之前更为重要，这正是艺术之价值的证明。对俄罗斯人来说，阿赫玛托娃的象征意义不仅仅在于她做了什么，更在于所有那些她无法去做的事情，令人唏嘘惊叹。作家、知识分子妮娜·贝蓓洛娃是阿赫玛托娃的仰慕者，她于1921年离开苏联，也就是古米廖夫被枪决、阿赫玛托娃被禁的那一年。贝蓓洛娃生命最后几年写了一部有趣的书，名为《斜体为我所加》(*The Italics Are Mine*, 1991)，从跌宕起伏的悲惨流放生活一直讲到晚年（她于1993年在美国去世）。在书中，她讲了"作家图书馆"的故事，那是莫斯科的一家书店，革命之后，旧知识分子写的书在那里被用来交换食物。如果不曾发生革命，作家图书馆仍会是最吸引人的书店之一。你可以在那里用餐，来一杯酒，写一首诗，谈谈恋爱，最重要的是，你可以在那里畅所欲言。那是一家文化咖啡馆。一夜之间，俄罗斯的城市里再也没有这样的地方，只有在你的脑子里可以过一种精神生活。这一念头足以让人陷入绝望，所幸我们依然看到人文主义价值是现实的存在，而非虚幻的空想：即便在精心策划的剥夺之下，这些价值依然坚存不灭。1947年对阿赫玛托娃来说是尤其艰难的一年。她几乎被剥夺了一切，只剩一息尚存。然而，她可以说自己是富有的。还有普希金可以读，她就仍然拥有"抒情宝藏"。这样的宝藏才是我们真正的薪火永传的宝藏，也正是本书背后的信念。

皮特·阿尔滕伯格
Peter Altenberg

从十九世纪初直到纳粹上台之前，咖啡馆生活是老维也纳的一大特色，而皮特·阿尔滕伯格（Peter Altenberg，1859—1919）正是这种生活中的一位重要人物。如今，他的名字在德语地区之外已经鲜有所闻，但是对于那些日后获得世界声誉的伟大人物来说，阿尔滕伯格仍然是一块试金石，可能多少也是因为他几乎完全无缘于世俗的功成名就。他出生优渥，偏偏选择当乞丐。对犹太亲友来说，他就是个 Schnorrer：讨债的。他晚上睡在廉价旅馆，除了他最喜欢的咖啡馆，没有真正的住址。但是所有作家都知道他身怀绝技。他能把一整套人生观注入最简洁的段落，每次倒满几小杯，这个本领无人能及。他说过的话早就有人引用，这让我很开心。1983年我在斯塔滕岛的一座仓库里找到一本书，是"一战"时期出版的，收录了阿尔滕伯格的一些零星言论。于是我在哥伦布大街的一家咖啡馆坐下来，打开这本书，这部微型著作犹如一颗小流星击中了我的前额，在此之前它已经流转了将近七十年。

———◆———

能把一个健康人搞垮的也就两样东西：情感问题、野心，还有经济上的大麻烦。可这就已经三样了，其他的还多着呢。

皮特·阿尔滕伯格，《收获》（Fechsung）

阿尔滕伯格为了生计而忙忙碌碌，但只要动起笔来，就能写出这样的文字：两句话呈现一个世界观。有时只需四个单词。阿尔滕伯格众多的年轻情妇中有一位曾经泪眼婆娑地抗议说，阿尔滕伯格对她的兴趣"仅仅"（nur）是性的吸引。阿尔滕伯格问道："Was ist so nur?"（哪里仅仅了？）在第一次世界大战前后的维也纳，阿尔滕伯格是人们最欢迎的乞白食的人，沙龙里的老油子，无可救药。阿图尔·施尼茨勒和胡戈·冯·霍夫曼斯塔尔都是远比他有地位的著名作家，但他俩都崇拜他。一流的文体家阿尔弗雷德·波尔加——甚至连托马斯·曼后来都承认他是现代最伟大的德语大师——常常说阿尔滕伯格给了他创作的灵感，并在阿尔滕伯格死后编辑了他未出版的文章。卡夫卡说阿尔滕伯格能够发现"这个世界的精彩，就像在咖啡馆的烟灰缸里找到烟头一样"。伟大的讽刺作家卡尔·克劳斯是犹太人，但对自己的犹太身份总是模棱两可，对犹太裔作家往往也缺乏耐心，但阿尔滕伯格是个例外，克劳斯对这位精神不太稳定的门客总是给予耐心、关爱和经济上的支持。这些功成名就的作家有着足以燎原的天才烈焰。阿尔滕伯格只是擦出了火花，但已足够绚烂耀目。

阿尔滕伯格写的东西很少超过几段话的长度，全是他在乞白食和喝酒的间隙，伏在咖啡桌上随手记下的。更为勤奋的作家和知识分子在他身上看到的是另一个自我,更少羁绊,毫无野心,也不必恪守诚信道义。他是那些不堪理想重负者的理想。后来,几乎神话般的小乔伊·古尔德在纽约备受 e. e. 卡明斯和约瑟夫·米切尔推崇,也是出于同样原因,区别仅在于小乔伊·古尔德总在"撰写"一部永远不会得见天日的巨著,而阿尔滕伯格则是一位真正的文学人。二十世纪末,杰弗里·伯纳德在伦敦扮演了同样的角色,最后写伯纳德的文字远多过伯纳德写的文字。但阿尔滕伯格的只言片语总会定期发表,甚至"一战"期间仍然如此,而咖啡馆哲学家们会引用最精彩的那些点滴。

对于真正的学者——了不起的博学家埃贡·弗里德尔只是其中之一——阿尔滕伯格作为一个福斯塔夫式的流浪学者也有值得艳羡的地方,特别是他的女人缘。他那无赖的眼神,两撇下垂的胡须,杂乱无章的个人习惯,女文青们简直毫无招架之力,她们涉世未深,心目中成熟的男艺术家就是这副模样。尽管阿尔滕伯格对妓女的兴趣很可疑,尤其是下层的未成年少女,但他对有抱负的年轻女知识分子也不会视而不见。于是不少好人家的掌上明珠被阿尔滕伯格诱骗到他的便宜旅馆,结果女孩失望地发现,品评她的诗歌只是阿尔滕伯格的第二要务。阿尔滕伯格为了考虑男听众的感受,总把自己的情场战绩说成灾难,但谁也不会上当。然而,作为一种文学策略,自我贬低的优势在于能将自我塑造为喜剧。将失败的一生糅进一个段落,阿尔滕伯格的这一手不输林·拉德纳,尽管他们之间远隔重洋。你可能觉得拉德纳写车里的一家人,那个一问一答之凝练举世无双。("爸爸,我们迷路了吗?""闭嘴。"他解释道。)但是"哪里仅仅了?"甚至更干净利落。格奥尔格·克里斯托夫·利希滕贝格提出,最好的作家就应该兴之所至,脱口而出几句即可,二流人物则会把这些话变成一本书;阿尔滕伯格充分满足了这一要求。他除了脱口而出的话,什么也没留下。这些话也很少是名言警句——那样就太像刻意为之了——但它们却总能余音绕梁。"哪里仅仅了？"便是绕梁之句。他只说那么多，但却让我们忍不住想接着往下说。余下的故事就在我们自己的脑子里，也许就是下面这样的。

俗话说，男人玩弄爱情是为了性，女人玩弄性是为了爱情。这后半句更可能让人感到有趣，因为前半句更接近事实。然而我们仍然有继续追问的理由。兰尼·布鲁斯说："男人连泥也会操。"他还说男人会和百叶窗性交。这些话应该会让不少人哑然失笑，但若不是有点道理，也不会有人笑了。很多男人为了干上一次，什么事都做得出。但他们未必就会玩弄爱情。更有可能的是男人被爱情戏弄。基因决定论长期以来备受女性主义者攻击，她们更愿意相信男性的行为是由社会因素决定，包括他们声称是"受本能驱使"的行为。这一信念可以理解，甚至值得鼓励：一个男人做了错事之后无法怪到生物学头上，这于正义是有利的，不过要是到了动动邪念就是犯罪的程度，正义也就受损了。但是，一个男人最初受到一个女人的吸引，一定伴随着某种清晰的启示般的力量，这一点是毋庸置疑的，除了那些从没有这种感觉的人。令人感伤的爱情观并非浪漫主义，反而应该是这种现实的描述：爱因欲望而产生，在理解中成熟。对所有当事人来说，最好是承认爱总是以最大的力量直接击中一个人。

"浪漫爱情是现代概念"的观点同样站不住脚。除却维吉尔笔下的狄多与埃涅阿斯，拉丁语诗歌中没有多少超越凡俗的浪漫爱情。在卢克莱修笔下，情人们互相扯掉衣服，但之前和之后也看不到多少精神性的东西。普罗佩提乌斯这样倾诉自己的情伤："辛西娅先用她的双眸把我毁了／虽然还没有女人碰过我。"没有人因爱情而升华，除非你算上卡图卢斯，尽管他显然是喜欢女人的，但他对女人从未表现出对已故兄弟那样的深情。不过，至少在古希腊诗歌中有一个耀眼夺目的例子，而古希腊诗歌是早于拉丁语诗歌的。特洛伊城化为灰烬，只因帕里斯被海伦的美貌倾倒：这几乎就是西方文学中发生的第一件事。它还会一次次地发生。大卫王见到拔士巴沐浴，便有了为她赴汤蹈火的心。这样的故事在但丁和彼特拉克那里变得更为优雅，但最初相见时的震撼是一样的：只能在远处欣赏的贝雅特丽齐激发了《神曲》的灵感，从不曾被他占有的劳拉在彼特拉克创造《抒情诗集》的全过程中占据了他的身心，这部诗集就是以递进的变幻视角看同一个故事，读来仿佛他正缓缓绕着一颗展览中的钻石踱步。而这两位最伟大的意大利诗人并非在建立一个传统：他们只是在赋予一个早已存在的传统以新的动力。在各个层面上，"典雅爱情"*的传统都延续至今——最感人的锡盘巷†和百老汇歌曲都是关于得不到的女孩——主要是诗人为一名素昧平生的女人的"爱的凝视"（visione amorosa）而相思成疾。熟悉一个女人不会增强爱情，一旦发生，反而会削弱爱情。（唐·何塞觉得卡门是天仙下凡；直到她把他的人生变成地狱。）在莎士比亚笔下，彼此爱慕的报偿是让人心醉神迷的情话，而互相占有的回报是烦扰和毁灭。

多恩和马维尔把爱人带上了床，但他们的长篇抒情都是在宽慰爱人，她的魅力丝毫不逊之前那个矜持的她。蒲柏的诗歌看似鄙夷典雅爱情，但诗人对浅薄少女的嘲讽明显事出有因，他的身体面对美色早已无能为力，头脑却依然蠢蠢欲动，嘲讽就是为了两相抵消。他笔下叽叽喳喳的甜美少女千人一面，随便哪个都可以代表全体。《夺发记》离恋物癖已经不远：一绺头发和卡萨诺瓦看到被子底下的身体曲线所产生的效果是一样的，只要他觉得那是个女的。普希金对美女的足部也有同样的感受。叶芝，现代最伟大的自省式诗人，常常轻而易举地坠入爱河，给妻子的交代却称得上冷酷，说他

---

* "典雅爱情"，中世纪的爱情观念，类似骑士与贵妇人之间的爱情关系。
† 十九世纪末至二十世纪初，纽约曼哈顿第五大道和百老汇之间的区域被称为"锡盘巷"（Tin Pan Alley），集中了大量音乐出版公司，从这里发源的音乐类型也被称为"锡盘巷"，被认为是现代流行音乐的鼻祖。

配不上她的坚贞。他会因为年轻女伴的美貌而赋予她们其实并不具有的优点：这是一种很寻常的反应，情感本身丰富到了一定程度，想象力便会被调动起来丰富情感的对象。天才的年龄越大，爱慕的对象越年轻，最能证明这一趋势的人是歌德，虽然说起来有点叫人尴尬，但他七十四岁高龄时幻想自己还有机会获得十九岁的乌尔丽克·冯·莱韦措的芳心。尴尬固然不小，但却催生了那首名为《玛丽安巴德悲歌》("The Marienbad Elegy")的伟大诗作。那个时代最智慧的人被灼烧灵魂的激情攫住，这一激情无关智慧——他认为自己的大脑就和她的容颜一样迷人——但是，尽管智慧是激情的同谋，却很少是煽动者。本能看上去更像是始作俑者：一种能调动起大脑全部美学机制的本能。头脑越是强大，人也就越像个傻瓜。黑兹利特的《爱情之书》(Liber amoris)是对这个主题的深度解剖：拿他自己开刀，而且不用麻醉。

常常轻易坠入爱河的男人应该为全世界做件好事：不要把自己的激情太当回事。最重要的，这是为女人们做件好事。阿尔贝·加缪遇难前那个星期，还给五个不同的女人写了信，把每一个都称为生命中的挚爱。可能他每次那么说的时候都是认真的，只是他很早就已经明白，他那近乎可笑的多情善变总会让那些他曾钟情过的女人付出沉重的感情代价，结果往往很可怕。他的女人们还是会原谅他，因为他与生俱来的魅力无穷无尽，当那一天到来的时候，他总是做好了承认自己轻浮的准备。这种自知之明也意味着公正的仁慈：加缪也许会因为偏心某位年轻貌美的女演员而请她出演自己的某出舞台剧，但他不会因为不再喜欢那人而把她赶下台。可叹的是，乔治·巴兰钦远没有这样的教养。这位编舞大师统治纽约的芭蕾舞界，仿佛那是他的世袭领地，在他众多特权中也包括"初夜权"。年纪越大，他与他的年轻芭蕾演员之间的情事越惊天动地。女演员们倒是常常亲口承认，她们本人是受益者，但是巴兰钦对天赋过人的苏珊娜·法雷尔的所作所为叫人不齿。法雷尔爱上并嫁给了一个年轻的舞蹈演员,巴兰钦为此把她从剧团开除,妨害她的事业发展整整十年。等她重新归来,巴兰钦显然已是自损八百。舞蹈界对佳吉列夫的故事仍记忆犹新,他曾为尼因斯基燃起嫉妒的烈焰,充满艺术的毁灭性——尼因斯基曾是佳吉列夫温顺的同性情人,后来却娶了一位芭蕾舞女演员,佳吉列夫果断将他开除,因此无可挽回地削弱了剧团实力,影响了之后的发展——这本该让巴兰钦意识到自己正在犯下一个不可原谅的错误。也许他确实意识到了,但还是明知故犯。巴兰钦无疑是一位天才,而他竟然会让一种被理想化的激情干扰自己的创作,这一事实本身丈量出老男人被年轻女人吸引时的疯狂程度,足以让人心智失常。他为法雷尔编写了伟大的《堂吉诃德》,由自己扮演堂吉诃德,显然是希望驱散缠绕自己多年的心魔。有一段双人舞是这位老糊涂的西班牙绅士表白自己无望的爱情,场面悲哀到无以言表,虽然作为赎罪还是不够:他应该自鞭忏悔。

我们自己的时代,最不"典雅",或者说最缺乏"典雅爱情"心态的要数菲利普·拉金:把心和灵魂交给一位女性,让自己成为奴隶,这是他最不屑一顾的事。游吟诗人开启的"唯爱人之命是从"由他一手终结。遇到爱情(或者用他晚年的话说,"又一次爱情"),他总是提前自保,手法是写一首诗。写诗不是为了入场,这诗正是他的退场券。不过,一见钟情所具有的揭示力量是他最常用的一个主题。"最新脸庞"不言而喻:一长串美丽脸庞中的又一张新脸,却足以让所有的骚动从头来过。从古至今,所有文学证据都表明了一点:在美色面前,男人都是傻瓜,他们会把各种美德赋予美貌,直到现实经验打破这一错觉。再聪明也无济于事,因为一见钟情不是来自特定的判断力;一见钟情是突然发生的,这一突然性之完整犹如婴儿对母亲声音的反应。女性的美始终被男性诠释为神圣的善在尘世的化身。偶尔出现的邪恶天使,从莎乐美到孔德丽,从莉莉丝到露露，都是有意识地尝试一种反常的主题变异，如果人们所期待的不是恰恰与之相反，它们就毫无艺术价值了。对男人而言，最初、最不假思索的赤裸裸的崇拜激情正是最严肃的。它是里程碑式的，皮特·阿尔滕伯格早就一言以蔽之。"哪里仅仅了？"他有自知之明。在他那个能够毁掉男人一生的两样东西的长单子上，不妨也可以加上：缺乏自知之明。

路易·阿姆斯特朗
Louis Armstrong

路易·阿姆斯特朗（Louis Armstrong）1901年生于新奥尔良，1971年在纽约家中去世，他的一生对美国历史带来的改变不输给林肯之后的任何人。艺术无法对政治有直接的影响，这种说法的好处在于免得有人想入非非，但是谈到阿姆斯特朗的直接或间接成就，这说法就站不住脚了。没有他，爵士乐就会是另一副模样，而没有爵士乐，美国二十世纪整个的艺术史就会是另一副模样，而这段艺术史与最终导致民权运动的美国政治史并非远隔万里。征服从来不会轻而易举，阿姆斯特朗直到最后也依然是被歧视的对象。每个晚上他都得鼓足勇气才能开工。更有启迪意义的是，如果我们看他一手催生的音乐，会发现他本人分明是无视肤色的。

迷人的音符穿肠而过。

路易·阿姆斯特朗，论毕克斯·拜德贝克

在任由这句话唤醒恼人的记忆之前，我们应该这样安慰自己：消解谬论的漫长过程正是从这句话开始的。第一个谬论是，白人不会玩爵士乐。毕克斯·拜德贝克是白人；路易·阿姆斯特朗则是爵士乐这一音乐形式早期最具创造力的人物；因此，如果阿姆斯特朗如此看重拜德贝克，那么至少有一个白人是会玩爵士乐的。一切都在阻碍阿姆斯特朗做出客观的判断。阿姆斯特朗完全可以认为爵士乐是黑人乐手发明的，而这些乐手本该获得的报偿却被有系统地剥夺了。基于种族隔离政策的规定，阿姆斯特朗不可能指望获得拜德贝克在保罗·怀特曼的巡回乐队里的席位。一位讽刺作家如果要说明黑人乐手们最反对谁，怀特曼很可能榜上有名。阿姆斯特朗和拜德贝克永远不可能一起公开表演。如此奇耻大辱，前者对后者即便有再不堪的论断都可以原谅。然而，阿姆斯特朗偏偏认为拜德贝克很棒，而且还说了出来。

尽管如此，这一谬论直到"二战"之后很久依然苟延残喘，有时甚至有愈演愈烈的趋势。五十年代末，一群家境富裕的大学生在悉尼大学向我介绍新奥尔良爵士乐，这些大学生从小就听黑胶唱片集，那是他们云游四海的父亲带回来的。当时还是黑胶唱片的年代。杰利·罗尔·莫顿那张决定性的密纹唱片刚刚问世，被新近迷上新奥尔良爵士乐的人当作入门介绍，再往上还有路易·阿姆斯特朗的"热力五人组"和"热力七人组"乐队合集，是等着给高阶学生听的。他们有一套规矩，先要听懂莫顿"红热辣椒面"乐队的《黑臀顿足舞》（"Black Bottom Stomp"）和《圣歌》（"The Chant"）里面的短促音和切分音，然后才能听阿姆斯特朗的《西区蓝调》（"West End

Blues"），里面精妙的独奏极具挑战，横扫一切合奏效果，但也不太好领会。爵士乐毋庸置疑是黑人的音乐。我们那个地下爵士乐系有一本必读书：鲁迪·布莱什的《闪亮小号》(Shining Trumpets)，里面就是这样说的。如今回想起来，布莱什的书是"逆向种族主义"的一个动人案例：一位白人学者，自己在爵士圈里是绝对的少数群体，反而代表黑人宣称这种艺术形式是他们独占的权利。白人单簧管手梅兹·梅兹洛浸淫于黑人文化，与布莱什如出一辙：他什么都做了，就差把自己浑身涂黑。梅兹洛的书《真蓝调》(Really the Blues)有些前言不搭后语，但也是课程一部分。悉尼·贝谢制作过的优质唱片中有梅兹洛演奏的一些枯燥乐段，作为乐手他很平庸，作为作家他则称得上拙劣，但是他富有牺牲精神的热情颇为耐人寻味。

不幸的是，这种想法很容易被毫无必要的廉价同情搅成一锅粥。情怀本身无可厚非——对种族不平等的厌恶——然而在此基石上拔地而起的思辨大厦却是摇摇欲坠。后来特里·萨瑟恩甚至写了一个短篇小说来质疑这种情怀本身，故事是讲一个白人爵士乐粉丝想要弥补身为白人的不足，于是整天跟黑人乐手们混在一起。不过这个问题并不需要由萨瑟恩来质疑。这不过是"白人歧视黑人"的《吉姆·克劳法》颠倒过来的版本，要不是白人自由派乐评家们对《吉姆·克劳法》口诛笔伐，爵士圈恐怕从一开始就难逃逆向歧视。乐评家们的努力本身是值得赞许的，但却建立在抹杀证据的基础之上。黑人赋予爵士乐的创造全不是"逆向种族主义者"所说的那么回事，也远比他们所说的丰富。但是，白人的创造力也是真实的，贬损的代价就是混淆是非——如果只是为了让自己感觉是个好人，这个代价实在太过沉重。我在悉尼大学就读的最后一年，本尼·古德曼战前录制的小乐队曲目都被收录到一张密纹唱片上，我常听。清脆的合音，短小动听的独奏，迷人程度不输从莫顿到阿姆斯特朗的任何音乐。古德曼是白人：论战结束。但是，这场论战在三十多年前就已经结束了。阿姆斯特朗去萨沃伊酒店听拜德贝克演奏的时候就已经结束了。如果阿姆斯特朗不觉得那是好东西，他根本就不会去。

即便没有阿姆斯特朗的慷慨证词，若是不假思索地认定某种音乐形式只有黑人能做到最好，那也够愚蠢的。太多白人的成就被删除了。如今你依然会听到黑人意识形态维护者和他们的白人同情者说，弗雷德·阿斯泰尔不懂如何真正跳舞。若是说他不能像比尔·罗宾逊那样即兴演奏切分音，或者让他身体的不同部位随着节奏牵拉摆动，这或许还有些道理。阿斯泰尔很少扭屁股。即便是做大弯腰动作的时候，他身体的中轴仍然笔直；他骨子里是跳国标的。但是，如果我们想一想阿斯泰尔能做到的事情，那又怎么能偏偏用他做不了的事情来评价他呢？这荒唐本应一目了然。但这里面是有政治因素的，不仅是舞蹈界，整个美国音乐界都存在这个问题。白人控制一切，黑人受到剥削。阿姆斯特朗没有拿到"热力五人组"和"热力七人组"所有唱片的一分钱版税：六十多张唱片总共卖了几百万张，但是他的余生没有一个星期不需要站台卖唱。他在好莱坞赚的钱能让他偶尔出去度个假，但早年那些杰作的版税却从来没有兑现过。

白人不光是拿走了钱，他们还拿走了机会。罗宾逊最终也没能获得成为阿斯泰尔的机会。比莉·哈乐黛勇敢地拒绝了好莱坞给她安排的侮辱性的黑人角色。童年时的受虐经历和作为艺术家的挫折，让她最后陷入毒品。她人生的悲剧——黑人天才身陷白人生意场的悲剧——从她的代表作《异果》（"Strange Fruit"）可见一斑。这是一首讲私刑的歌曲，而她的生活也是如此。贝茜·史密斯、查理·帕克、查理·克里斯蒂安——光是天才就可以列一长串，更别提那些虽够不上天才，但也颇具才华的人了。那些过着正常生活的音乐天才同样能列出一长串——埃拉·菲茨杰拉德一人的经历就抵得上一个长长的名单——但只用大致看看就会发现，他们经受的残忍的不公正同样令人心惊肉跳。音乐所带来的美妙享受背后徘徊着太多无眠的幽灵，任何视而不见的人都是没用眼睛罢了。但是我们不能不用自己的耳朵，如果我们愿意倾听，一定会听到尴尬的真相。我们的过去隐藏了太多丑陋的、永远无法补偿的不公。

然而，我们还是可以克制自己，不让这种侮辱延续。比如，本尼·古德曼就不能放进"白人剥削黑人"的历史公式中。如何解决这种冲突，唯一的答案只在他自己那里，后来的发展也表明，他恰恰预言了结果：宽容和互相尊重，至少要向一个不再关注肤色的艺术世界迈出一步。他出生的家庭跟黑人一样穷，是芝加哥贫民的一分子；要有多穷就有多穷。因为是白人，他可以将自己非比寻常的天才转化成经济权力：这种权力正是黑人乐手们常常被剥夺的，无论他们多么成功。但是古德曼将自己的权力用来打破种族障碍。尽管他身边的跨种族小团队主要存在于录音棚，很少登上舞台——在卡内基音乐厅与贝西伯爵同台演出只是一段插曲——他们所创造的音乐既象征着政治的未来，也启示着当下的审美。它至今仍然是一种启示，因为在艺术中唯一的时态就是现在时。总会有那么几个死硬分子会根据这些每段三分钟的杰作做推论，说与查理·克里斯蒂安的吉他相比，古德曼的单簧管就像节拍器一样单调。但死硬分子生来就是僵死的，自从阿姆斯特朗听到拜德贝克的美妙音调并向他致敬，他们就再说不出什么新鲜话了。

如果这两位巨擘的地位同样崇高，他们的作品为什么听起来差别这样大？这就引发了另一个问题。阿姆斯特朗尽管身处逆境，还是懂得把日子过得井井有条。拜德贝克则不遗余力地自我毁灭，一如他不遗余力地创作音乐。他的父亲不愿意看到他玩爵士乐。为了向父亲证明自己能靠音乐获得成功，这位浪子把他所有的唱片寄回了家。他的父亲从来没有听过。你可以说这是心理障碍：但是没有什么障碍能跟阿姆斯特朗每天必须克服的障碍相提并论。拜德贝克之所以没法不酗酒，主因就是他是个酒鬼。他短暂的成年生涯是一场漫长的自杀。但是这则警示故事却有一个让人尴尬的结果：拜德贝克深沉的忧郁进入了他的音乐，并让他的音乐独一无二。阿姆斯特朗可以带着无与伦比的创造力演奏爵士乐，但他的灵魂是按"跳跃节奏"移动的：对他来说，尖锐的断音是基本的基本。活力和激情是他自然的风格。反观拜德贝克，却是忧郁到了骨髓。即便是欢快的独奏也都浸润着未来的悲伤，他的慢曲则会让你想起福特·马多克斯·福特《好兵》里的口头禅：这是你听过的最悲伤的故事。

我离开悉尼前听了拜德贝克演绎的大多数让·戈德凯特和保罗·怀特曼的曲子（即便是我朋友中最狂热的新奥尔良死忠拥趸，他们手里也有这些唱片），但是直到六十年代初去了伦敦，我才第一次听到《我来了，弗吉尼亚》（"I'm Coming, Virginia"）。一名澳大利亚同性恋芭蕾爱好者——那时候有众多澳大利亚同性恋者出于谨慎而离开祖国——说服我坐下来听一段音乐，按照他的说法，那是他一生中听过的最美的乐曲，甚至要超过《天鹅湖》。（我不知道他有没有活到《天鹅湖》由男孩们跳的那一天：希望有吧。）《我来了，弗吉尼亚》——我过去常常拿这个名字开些粗俗的玩笑，但玩笑里也暗含着欣赏——也成了我生命中最美的事物。直到今天，拜德贝克充满凝聚力的长独奏仍然是我衡量流行艺术的标杆：结构简单，效果丰满。过渡部分的旋律尤其迷人；有时候甚至停顿也是完美的音符，带着锥心的哀伤，仿佛短号这一吹奏起床号的乐器，其自然音色是哭泣前的哽咽。阿姆斯特朗也许也做得到，但是他不想做。那不是他。那是拜德贝克，一直如此；他最动听的爆发，是一个人被个性捆绑却依然能取得艺术自由的最好例子。可能是出于私人原因，我觉得这是一种鼓舞。我希望能够以那样的方式写出散文，写出诗句；孤独充溢时闪亮的片段，嬉戏的悲伤。我热爱他技艺的简朴：一首没有歌词的乐曲，一个音符配一个音节，没有任何技巧的卖弄。这让我形成了一种看法：只有两种晦涩是可以接受的，一种是由于活力的过剩充溢，另一种是因为去掉了两个清晰段落之间的过渡而产生了别有深意的断裂。我离开悉尼前的最后两年已经开始听比波普和现代爵士乐，但是尽管我也曾努力去欣赏玄乎高超的所谓"驾轻就熟"（sprezzatura），我始终认为真正让演奏大师显露身手的还是慢曲。我最喜欢塞隆尼斯·蒙克在《午夜时分》（"Round Midnight"）中拖着两只手，就像拖着疲惫的双脚，查理·帕克的曲子中我最爱的就是最后那首有一半没法听但抒情到骨子里的《我的旧爱》（"My Old Flame"）。在剑桥的时候，我仍然几乎每个晚上都会听那首歌。

　　影响的机制很难描摹。作家们倾向于认为他们的写作是受到文学的影响，学者也是靠同样的假定来维持生计。不过，一个作家心中理想的好句子的标准，也可能在他穿着开裆裤，看别人搭建一座异常漂亮的沙堡时就形成了。他心中理想的结构、色彩，以及干净利落的结尾，可能是来自一个擅长做飞机模型的大男孩。反观我自己所受的此类无心插柳的教育，我曾经看着一位年长些的朋友用砂纸打磨他那辆改装的摩托，车身新漆的一层油漆才刚晾干，他这样做是为了再上一层漆：他追求的是一种厚重、饱满、纯粹的色泽，我从中学到不少写作的道理。但要说文章的行文推进，我倒是向爵士乐学了不少。从我学会在音乐中聆听行文之道的那一刻起，我就希望在写作中加入切分音和节奏感。为了延缓来自言之无物和华而不实的双重威胁，我也需要蓝调幻想曲那种克制忧郁的步调。爵士乐蕴藏了无数此类相互抗衡的特质。我后来主要听古典乐，把爵士乐放到了一边，但我从没觉得自己抛弃了爵士乐。后来，我也会给自己的古典乐放个假，这时候吸引我的是"锡盘巷"和百老汇。有很多年，只要是流行乐和摇滚乐我都听。六十年代的后五年是流行和摇滚的黄金时代：只要往自动唱机里塞一个硬币，就能听到马尔温·盖伊唱《穿过葡萄藤的声音》("I Heard It through the Grapevine"),一边听你就一边想:泰姆拉唱片公司的凯旋进行曲怎么就百听不厌,以前有过这样的曲子吗,以后还会有吗?

然而,这一切的背后总是爵士乐,总在祈求被再次聆听。我对约翰·科尔特兰和桑尼·罗林斯就是喜欢不起来——但是他们之前的音乐传统还是不乏辉煌的。艾灵顿公爵的时代群星璀璨,令贝尔格和韦伯恩的一点微光黯然失色。在同一天里听莱斯特·扬的五重奏和拉威尔的弦乐四重奏,我听不出丝毫的不和谐:我感觉他们可以相映生辉,尽管当时没有太多证据显示其他人有此同感。宽容的品味是近期才开始受到尊重的。天才横溢又命途多舛的大提琴家杰奎琳·杜普雷演奏的埃尔加动人心魄,她身边的年轻乐手在弦乐器上即兴来一些爵士乐,就会被认为是大胆之举。但若不是因为伦纳德·伯恩斯坦叫停,有关音乐等级的争论还会持续很久。在他拍摄的音乐纪录片的第一集里,他先是播放了从古典乐、百老汇、锡盘巷、爵士、摇滚和流行音乐里挑选的简短迷人的选段,接着说出了最重要的一句话:"这些我全都喜欢。"他的血液里流淌着爵士乐。毕克斯·拜德贝克肯定会喜欢演奏伯恩斯坦的代表作《寂寞小镇》("Lonely Town"),而历尽沧桑的爵士乐手们如果不是有过险峻的人生,这首曲子也肯定会是另一副模样了。毕克斯的不幸人生升华成了了不起的音乐,最有说服力的见证人便是路易·阿姆斯特朗,吊诡的是,后者的人生从不曾失控过,即便是在美国最冥顽不化的社会痼疾——白人偏见——的重压之下。如果说种族主义已经不再是一个政治噩梦,那么阿姆斯特朗明亮的小号声无疑是觉醒曲的重要部分。但是,艺术对不公正的反抗毕竟有限,而蓝调音乐——爵士乐的起飞之地——更是一个悲哀事实的体现:美的诞生是为了慰藉无可弥补的痛。

雷蒙·阿隆
Raymond Aron

雷蒙·阿隆（Raymond Aron，1905—1983）最初是社会学家，但他一开始就表明自己不会只关注社会事实。相反，他要由此进入政治分析，然后从那里迈向涂尔干、帕累托和马克斯·韦伯这个层次的哲学高度。然而，他的长篇理论巨作之所以有价值，就在于支持他宽广视野的是细心观察所得的具体细节：新闻工作是他学术的基石。他是为数不多在德国也如鱼得水的法国思想家之一，在魏玛共和国时期他看到左翼知识分子群体憎恶资本主义，并因此憎恶社会民主主义，甚至认为法西斯主义也不会比资本主义坏多少。和日后的乔治·奥威尔一样，阿隆意识到与纳粹极权公开为敌的那一方本身也是如此。"二战"期间，他怀着这一洞见流亡伦敦。

战后，阿隆成为法国左翼坚定不移的抵制者，尤其是其光芒万丈的领袖人物让-保罗·萨特。二人相继离世之后，由他们的名字所代表的竞争继续主导着法国政治思想的前沿争端，一直持续到最近。"宁跟萨特走错路，不跟阿隆走正道"，说出这句话不是学术自杀，而是表明严肃的政治立场。对法国左派（gauchiste）知识分子而言，即便在对苏联放弃希望之后，他们仍然无法信任自由民主主义，因为后者的经济动力是资本主义。对阿隆来说，自由民主是实现社会公正的唯一道路：可以对它做细节上的批评，也必须如此，但永远不能完全抛弃。又因为各个流派的理论家们总会试图抛弃自由民主，这使得意识形态本身成了现实主义永远的敌人。基于历史意识的自由民主能够揭露最不堪的现实，而意识形态则注定会掩盖这些现实。阿隆著作等身，翻译成英语的却不多，其中《知识分子的鸦片》（*L'Opium des intellectuels*, 1955）仍然是阿隆思想乃至整个现代思想史的最佳入门读物。对法语读者来说，可以在《介入的旁观者》（*Le Spectateur engagé*, 1981）中接触阿隆思想的主线，这是法国出版社很擅长做的那种长访谈，篇幅比《知识分子的鸦片》短小，但同样深刻。

——◆——

……自由主义者相信人性的不完美是恒久不变的，他退而接受了这样的制度，在那里，善是无数行动的结果，而永远不是刻意选择的对象。最终，他也接受了这样的悲观主义，在政治中看到一种艺术，能创造条件令人性之恶亦贡献于国家之善的艺术。

雷蒙·阿隆，《知识分子的鸦片》，第292页

正是这样一种核心信念，让阿隆在"二战"之后踏上了与巴黎所有激进思想家冲突的道路。他已经说得再清楚不过；如果这样还不够清楚，那也不可能有人比他说得更清楚了。有些散文家不惜一

切代价铺陈词藻，那样的文字在舞台顶端的聚光灯下熠熠生辉，他们为写出一个生动的句子汗流浃背，有时难免会希望自己脚下的钢丝绳再贴近地面一些。有些散文家行文寡淡，内容也因之索然无味。而最可羡慕的一类散文家能够使用平实的语言，创造出格外激动人心的效果，这展现出了一种卓越的能力：他们可以先在大脑中澄清某个极其复杂的思想，再把这个思想用文字一五一十地表述出来。这样的散文家论起理来不卑不亢，正配得上他们所论之理的深刻，足以衬出某些更吸引耳目的作家的华而不实。雷蒙·阿隆正是这一类说理散文大师中的翘楚。

　　阿隆的大部分法语作品尚未译介至英语世界，但现有英文译本的作品已经足以彰显其重要性，其中有一些堪称扛鼎之作——为首者当属《知识分子的鸦片》。即使是今天，这个世界上的每个大一学生都应该读读这本书，阿隆在书中驳斥的是当时的一种共识，他以泰然自若的力道精准传递出了这一共识的汹涌澎湃。哪怕只是因为这一点，这本书也值得一读。

　　首先要讲清楚一点：阿隆的清晰思路并非借助现成的"右派"视角。亨利·基辛格、麦克乔治·邦迪、诺曼·波德霍雷茨和阿图尔·施尼茨勒等美国人都承认他的榜样意义——但阿隆本人是从左派起家的，直到最后也未改初衷。但本应捍卫人文主义的知识分子却沉醉于斩钉截铁的教条，这一点是阿隆始终深恶痛绝的。早在五十年代，他就宣称需要一个新的政党，"不妥协的左派"（de la gauche nonconformist）。由不愿墨守成规的左派组建一个具有规模的政党，这个理想终究未能实现，但广大墨守成规的左翼分子并不希望看到一位重量级人物发出这样的呼吁。因为他的离经叛道，不少法国知识界朋友再也没有原谅他。（尊重阿隆学术能力的萨特——与萨特不同，阿隆一直是那种真正读书的优等生——曾不厌其烦地质疑阿隆的观点，这反而成了对阿隆有力的背书。）对他心存感激的人不多，但多是一流人物。让-弗朗索瓦·勒韦尔（Jean-François Revel），弗朗索瓦·菲雷，阿兰·芬基尔克罗，以及屈指可数的几位法国政治作家，被阴魂不散的伪进步共识包围，却依然捍卫思想的独立，他们将雷蒙·阿隆奉为先驱，常会颇有风度地承认阿隆对于自由民主的力量——而不仅仅是自由民主的优点——所具有的先驱式的信仰。

大谈自由民主的好处，却对它的力量缺乏信心，这样的知识分子大有人在。从法国人的角度来看，面对纳粹极权，自由主义的反击太微弱了，于是就有了这样的想法：只有苏联才能填补这个真空。在1948年的捷克斯洛伐克，正是这种心态导致整个自由知识分子群体早早丢弃了自己的责任。法国虽然没有发展到那个程度，但也近在咫尺了。我们很难想象阿隆这样的人是在一种何其浓重的信仰雾霾中奋力抗争，又是多么耐心勇敢才能坚持下来。他最终成功了。法国人或许会继续骄傲地把萨特想象为政治哲学领域的维克多·雨果——引述最繁，情妇最众，葬仪最盛——而如今还会提及阿隆名字的常常是这样一些人，他们相信，除了把一切搞得黑白颠倒，还可以有别的选择。这一选择就是先把一部分东西还原真貌。伯纳德-亨利·莱维有过一个故作姿态的口号，"宁跟萨特走错路，不跟阿隆走正道"，也许他会觉得放弃这个口号不合时宜，不过就莱维本人的政治观点来看，他更接近阿隆而非萨特。

阿隆是我们继续将巴黎尊为政治哲学之都的最大原因。他是犹太人，如果在法国待的时间再长一些，他是不可能活过德占时期的。1933年，阿隆与历史学家戈洛·曼并肩站在柏林歌剧院广场上看着纳粹突击队员焚书，从那一刻起，纳粹究竟是怎么回事，他已心知肚明。当纳粹攻占巴黎时，作为纳粹必定要迫害的人，阿隆有一个独特的优势。他的道德选择已经有人替他做好了，他可以在战争期间留在伦敦，与此同时不至于太过良心不安。而很多政治思想家并非犹太人，他们可以留在巴黎继续思考政治，萨特和加缪只是其中的两位。这是一种模棱两可的特权。纳粹以一反常态的温柔手段，在一定程度上腐蚀了巴黎知识界的所有成员。主要的花招就是给知识分子们继续工作的机会，前提是他们尽量不要发出反抗的声音。第一个结果是大规模心照不宣的配合。明目张胆的配合比较少见，德国人撤退之后，这样的法奸很容易被揪出来批判。有一些自称"清洗运动"（l'Épuration）的民间法庭——"法庭"（tribunal）在法语中向来是贬义词——实施了惩罚。罗伯特·布拉西亚克和皮埃尔·德里厄·拉罗谢尔这样的公然亲纳粹者属于罪有应得，也都受到了某种方式的惩罚。但是很多批判者本人也曾配合过德国人，只是没那么明目张胆罢了。一种受到牵连的普遍感觉——无论这种牵连有多么被动——导致了第二种结果：掩盖真相的长期沉默。

德占时期究竟发生了什么？六十年之后，往事仍然在不断展开。几十年间，这段故事一直面目模糊。直到八十年代，重量级作品才开始浮现，而且到现在也没有达成普遍共识。但我们可以肯定的一个结论是德国宣传队（Propaganda Abteilung）实现了自己的主要目标。除了一小部分勇敢的人冒着生命危险进行地下抗争，法国知识分子群体并没有给纳粹添多少麻烦，因此道义上是有亏的。甚至连加缪也无动于衷，而他的作家地位恰恰基于将追求真实的理想主义转化为行动的能力。但至少加缪坦承自己并没有参与多少抵抗运动，至少他曾抗议战后针对法奸的镇压运动有些过火了。而萨特，他本人的抵抗运动不值一提——只参加过一次星期三召开的秘密集会，内容是决定下个星期二是否要举行另一次集会——却自诩为抵抗运动的元老，并大声疾呼打倒叛徒，虽然那些人的行为并不比他自己的更值得谴责。一个可悲的事实是，比加缪更甚，萨特作为一名作家和思想家的战时名声要感谢纳粹的容忍，他对此也是要付出代价的。这个代价就是用识时务的沉默来装点自己的雄辩。窍门就是一次性结清：打扮出迫不得已的样子。迫不得已，就算是吧，如果你把自己的事业视为不可或缺——艺术家们很容易这样想，甚至被鼓励去这样想，以理想的名义。

当你思考这些当事人的心理，德占时期的巴黎便成了二十世纪的一个重大研究课题，得出的结论则令人沮丧：即便是最自由主义的信念，面对极权压力也是不堪一击，除非拥有非同一般的坚毅人格来支撑这些信念。进一步的思考——悲叹此种坚毅的缺失，本身可能也是非自由主义的——更令人沮丧，但也必须面对。除去同性恋、小偷、赤贫者等永远的局外人，只有独立的年轻人真正有机会在德占时期保持勇敢，而即便是他们，当死亡威胁真的到来，恐怕也只有圣人才能坦然接受。纳粹在巴黎表现出的圆滑背后暗藏着绝对暴力的威胁。这一威胁很少真的成为现实。这些受到威胁的人都太聪明了。负责此事的纳粹也明白这一点，他们中不乏法国文化的崇拜者。当时最时髦的银塔餐厅里会定期举办宴请，法国文化界人士与纳粹同席用餐，这些纳粹似乎觉得科克托的优雅远胜本国名流。而不止一次现身的科克托迟迟没有意识到，这样的活动出席一次就足够了。

战时巴黎是一口道德的坩埚。阿隆并未置身其中，但我们不必自问假如他身在其中，会有怎样的表现。（这个问题应该给我们自己，而不是他。）他必死无疑。身在英国的阿隆毫发未损，纤尘不染，可以准备回国了。回国后他做了报纸杂志的评论员，他有种独特的天赋，撰写微妙、博学、批判性十足的剖析文章，却充满新闻的魅力。西方帝国主义是最可怕的一种帝国主义：这种颇具魅惑力的奇思怪论不乏支持者，多亏了阿隆才没能大行其道。但还有一个错觉更顽固，用了更长时间才消散，那就是，萨特是严肃的政治思想家，阿隆则是门外汉。阿隆是社会学专家这一点又让伪左派们对他尤其反感：他了解实业是如何运作的，房子是如何建造的，普通人又是如何挣钱买日用品。阿隆的清新文笔蕴含诸多独特之处，其中之一便是对细微事实的尊重。他是能写出煌煌大言的，行至文末也常常会用力过猛。但他从来都是脚踏实地。他的目光未有一刻离开过将人类阻拦在乌托邦门外的人性中的不完美。

逻辑学家会提出抗议：
拒绝驳斥的理论早已背离了真理。可惜只是徒劳。

雷蒙·阿隆，《知识分子的鸦片》，第 144 页

"二战"之后，让-保罗·萨特名噪一时，而雷蒙·阿隆是与之抗衡的法国知识分子中做出最大贡献的一位。阿尔贝·加缪也试图这样做，不过他的学术水平让人存疑。但没有人会怀疑阿隆的学术能力。1955 年《知识分子的鸦片》出版，法国左翼思想家明白自己真的遇到对手了。他们没有轻易放弃，其中有些至今仍未罢手。阿隆不得不就同一主题反复论说。阿隆在"二战"期间发言很少，这不禁令人疑惑。逃亡到伦敦之后，阿隆为自由法国的官方刊物《自由法国》(*La France Libre*) 写了一系列长文，战争胜利后收入三本书，现在这三本书又合为一本，名为《战争实录》(*Chroniques de guerre*)。全书中，斯大林的名字一共只提到两次。而同一时期，在同一城市里写作的乔治·奥威尔冒着名誉和收入的双重威胁坚持划清界限。为什么阿隆没有做类似的事情呢？

可能最好的答案是，阿隆认为自己没有权利抨击盟国。对阿隆来说，这样做就会有损他作为法国爱国者和犹太人的首要目标——打倒纳粹德国。事实证明，阿隆低估了维希政权在"犹太问题"上与侵略者积极合作的后果。（现实是从来没有过这样一个问题，因此我要专门加上引号：这是通过印刷术歪曲事实的一个早期实例。）阿隆从来不是真正的悲观主义者——尽管他也从没乐观到要放弃现实

主义——因此不具备猜到会出现"最终解决"*方案的直觉。但是,对于纳粹反犹政策的野蛮本质,对于疯狂的威权主义右翼攻击人文主义的普遍虚无,阿隆看得很清楚——自从他和戈洛·曼并肩而立看着纳粹焚书的那一天起,就再不会心存幻觉。阿隆是热爱法国的,他谴责维希政权首先是因为它的伪爱国主义,它以此名义参与了纳粹对人文主义传统的攻击,而法国文明之所以是法国文明,正在于人文主义传统。因而他不愿意在各类抵抗组织中做区分,其中最著名的一支,至少在1941年6月之后,便是共产主义。无论如何,法国解放之后,他还是发出了声音——直到今天人们也仍然能够听见这声音,比如在《战争实录》末尾部分的《世俗宗教的未来》("L'Avenir des religions séculaires")一节,这个声音在提醒他自己,也在提醒他的读者,一个将可欲之物与必然之物混为一谈的信念体系不过是教条。

  阿隆始终是一个偏左派的自由主义者,而那些左派就没有那么自由主义了。随着战争的结束,他深信某种形式的社会主义必将进入所有欧洲国家。他只是不希望其中任何一种发展为极权。阿隆着手写作《知识分子的鸦片》,加缪作品《反抗者》中的相关章节提前四年预告了阿隆的中心观点。学术是加缪的软肋,但他有着深切的同情;虽然阿隆的思想连贯性毕竟是加缪比不了的。加缪从阿瑟·库斯勒那里借用了有关苏联的大部分认识,与此同时还有库斯勒夫人的热情关注。而阿隆是亲自做调查,在冷冰冰的档案馆里。加缪的书是个人罗曼史的一部分,引来了诽谤中伤。(诽谤中伤的第一枪是萨特开的,为了反击一举成名的门徒,他不惜败坏后者的名声:这是成名大师的本能反应,我们都应该学会提防。)阿隆的书是一部非个人化的专著,要抓细节做批评文章没那么容易。《知

---

* Final Solution,纳粹谋杀欧洲所有犹太人以解决犹太人问题的计划的代号。

识分子的鸦片》英译本由伦敦资深文学编辑特伦斯·基尔马丁一丝不苟地译出，他译阿隆和他后来译普鲁斯特一样——抓住了原文的尺度，就阿隆而言，那就是冷静节制、包罗万象的清醒，以及对于历史狂暴的偶然性悲痛而决然的认识，这一尺度贯穿了他一生的事业。基尔马丁本人认为阿隆到了晚年对于这最后一点有些过头了。早在我知道基尔马丁是《知识分子的鸦片》的译者之前，有一天在"黑修士"俱乐部，靠近鲁德门山脚《观察家》报社旧址的地方，我正在高声称赞阿隆——当时他的三十本书里我读了大概有三本——基尔马丁警告我说，我的这位英雄在暮年对社会变革谨小慎微，以至于他"有点，嗯，右倾"。基尔马丁直到生命最后一天仍然是"有点左倾"：对一位心胸宽广的人来说，左倾是个不错的理想，足可效仿。

过去四十年中，这个世界上唯一享有和平的是那个按政治文明一分为二的大陆每一方都有核武器。

雷蒙·阿隆，《这个世纪之末》(*Les Dernières Années du siècle*)，第 68 页

若是把阿隆看成"奇爱博士"一类的人物，在顿悟中爱上了自己原本害怕的原子弹，这就大错特错了。事实恰恰相反：他最担心的是手无寸铁者的毁灭。这里需要把握的关键在于，手无寸铁者的毁灭是阿隆早已目睹的。希特勒向至少六百万无辜者扔下了炸弹——比毁灭广岛的原子弹还要致命六十倍的武器。阿隆清楚它们的后果。大规模灭绝已经不是一种可能，而是一个事实，在这样的时代，阿隆做了一个前瞻的总结：唯一可能的保障是相互毁灭的威胁。有人认为这注定引来大祸，对这样的观点他不以为然。警告世界说军备竞赛有多么危险，这种无济于事的冲动他不曾有过。军备竞赛显然是危险的：显然到无须指出。几代左翼知识分子穷尽了有限的才能，

只为了说出一些凯特·布什没能编成歌词来唱的东西——而她本人也勇气可嘉地相信原子弹是对爱与和平的亵渎——阿隆忙于更切实的任务：研究欧洲最终迎来的和平。不管双方如何剑拔弩张，和平终于得到了保障：今后再也不会发生战争了。然而政治冲突从未如此分明，马克思的论断终于成真了。经济决定结果。

冲突始于柏林，也在柏林结束。1961年柏林墙竖起时，造墙者称之为反法西斯的屏障。已经没有什么成气候的法西斯主义者了，但屏障却是实实在在的需要。东德和华约各国需要保护自己免受来自西柏林商店橱窗耀目灯光的影响。西方的左翼知识分子们随之附和：作为西德的前哨，柏林在物质生活方面的吸引力被人为地加强了，而西德本身则在马歇尔计划的支持下被塑造为资本主义的武装阵地。事实上，这一切仅仅在于联邦德国不受中央计划经济之累。

柏林墙竖起是因为太多人已经逃亡：城市正死于人才流失。一个分裂的柏林，一个分裂的德国，一个分裂的欧洲，这样一种对峙是漫长的战争，若是历史上出现过此种局面，最后必然会兵戎相见。它被称为"冷战"，主要是出于人们的轻蔑，他们说服了自己这完全是美国人的主意。但是阿隆在一场战争中看到了和平，胜方极力克制，一枪不发，败者即便绝望也不诉诸武力。他是正确的。很多思想家在这个问题上与他意见不同，尤其是法国左派。但是右派的赞扬让他更头疼。有人认为苏联集团败下阵来是"美国生活方式"的胜利，阿隆成功地与这种说法划清了界限。他太清醒了，不会有那样的错觉。作为一个政论作家，他一生奋斗的了不起之处在于，他表明自由民主的信奉者，而非乌托邦的信徒，才是头脑冷静的那一方。时至今日，人们意识到物质丰裕才是决定性的因素。阿隆第一个意识到这场战斗必须放下武器。这才是他那句著名的口号的真正含义："和平绝不可能，战争不太可能。"他的意思是，若没有战争的威胁，就不可能存在确定的和平，但是战争爆发的可能性也不大，而只要战争没有爆发，就存在某种形式的和平：也是当时唯一可能的一种和平。

> 侵犯者难免要杀死美国人，
> 而杀死美国人难免招致可怕的报复。
>
> 雷蒙·阿隆，《国家间的战争》，引自《这个世纪之末》

阿隆的"现实主义权力政治"（Realpolitik）是真正的现实，而所谓的"现实主义权力政治"严格来说很少能做到这一点。当阿隆让我们想起马基雅维利，他让我们想起的是马基雅维利精明实际的风格，而不是他的政治哲学有可能实现的精明实际——马基雅维利哲学本质上是虚无主义的。马基雅维利的书是献给专制政治的邀请函，令他备受推崇的是一种冷酷，最终美第奇家族也是以这样的冷酷来迫害他的。阿隆是在为民主主义书写药方。但是这一药方必须包括对独裁这一挑战的现实评估（这种挑战是一种威胁，尽管以反对它为事业的投机分子同样是威胁），而在这一领域，现实主义必须包括承认东西方之间的核对峙是不可能消失的。在此段落中，他强调的观点让单边裁军的支持者尤为反感，以至于他们不得不重写历史，只为了能避开这个问题。

欧洲国家想要美国人将原子弹安置在本国，这不仅是因为要遵守《北大西洋条约》的规定，也是因为这些武器意味着会有美方人员作陪。苏联袭击核武就是进攻美国，美国就不可能袖手旁观。于是就不可能出现局限于欧洲的核冲突：只可能出现全球性的核战争。部署美国核武有利于欧洲国家，这是单边裁军主张者们无法接受的，他们不得不提出这是一种强迫行为。将这一观点延伸开去就是这样一幅图景：美国在西欧的存在是帝国主义性质的。（更激进的左派认为，美国是欧洲唯一的帝国主义力量，而苏联作为守护者，在对资本主义霸权扩张采取抵抗行动。）我们离阿隆还是太近了，很难透彻地认清他的观点与寻常自由主义是多么大相径庭。这一观点如果被单独陈述，足以让阿隆听起来活像爱德华·特勒，后者的政治方案——若是说与他作为科学家的实际才干有什么关联，那也只是滑稽剧式的——无非是炸弹越造越大，防空洞越挖越深。特勒是奇爱博士的主要原型，人们很容易觉得阿隆可能也是这样的狂热分子，尽管他的右手从来没有不自觉地朝天放空枪。

但阿隆是对的，苏联努力支持欧洲单边核裁军运动就是明证。美国核武到位之后，苏联便无法对西欧酝酿施加军事压力。在《国家间的战争》一书中，阿隆提出了很多其他类似的令人不快的现实主义观点，整本手册简直是对克劳塞维茨思想的延伸（阿隆很喜欢克劳塞维茨，为他写过一部两卷本评注），克劳塞维茨强调外交和战争的联系，而阿隆则更进一步，阐述了永远迫在眉睫的全面战争与唯一可能的和平形式（即武装休战）之间的联系。武装休战包括军备竞赛，这只是巧合，因为再高的代价也仅是物质的，而擦枪走火的代价就是失去一切。对所有人来说，这就是救赎之道。阿隆的总结是一句格言："和平绝不可能，战争不太可能。"但需要赞赏的是他陈述整条观点的方式。得出这样的结论，按人文主义原则是极其讽刺的，他对此一清二楚：如果存在明显的矛盾，那也是历史所强加的。真正的矛盾是一面解除武装，一面希望道德战胜一切。对阿隆而言，这样的信念不符合基本的地缘政治准则：一切国家本质上都是一样。这样的信念也是在嘲笑他对现代史的解读，除非迫不得已，也就是一旦失去耐心之后的必然结果，现代极权国家注定无法与民主国家共存。

性格影响思想——或者无论如何也会影响思路——毫无疑问，阿隆低调而强大的自负受到了以下这个事实的推动，即他是唯一跟上节拍的人。临近生命终点时,他的观点不再那么不受欢迎,那也是他最犹豫不定的时候。让-弗朗索瓦·勒韦尔在他的回忆录《空房中的窃贼》(*Le Voleur dans la maison vide*)中忆起他做《快报》编辑时的日子,他尖刻地抱怨这份报纸最著名的投稿人如何年事已高,摇摆不定。获得众多桂冠的老人常常躺在桂冠中。阿隆在不合潮流时是最优秀的,说的话是逆耳忠言——又因为这些话应和了那些不动脑子的右派分子而愈发难以说出口。比如,战争期间他从未讨好过戴高乐,但1963年戴高乐因做出保住阿尔及利亚的誓言重握重权,然后转身把阿尔及利亚拱手让出时,阿隆却说只有戴高乐拥有第四共和国所没有的东西,"放弃的勇气"(l'heroisme de l'abandon,《民主与极权主义》,第11页),他这样说的时候显然是飘飘然的。阿隆随时准备着戳穿自由主义想当然的言论,这在他总有点阴沉的享受的味道,隐秘的乐趣。但是他本人就是自由主义的模范,而那些坚持相信自由民主本身是意识形态的左派则注定会鄙视他,因为正是他证明了自由民主并非意识形态。它过去是现实,如今亦然。没有什么意识形态能够容忍充分的历史意识。只有现实主义可以,而雷蒙·阿隆清晰透彻的文字将永远摆满长长的书架,告诉我们这是为什么。

B

瓦尔特·本雅明

马克·布洛赫

豪尔赫·路易斯·博尔赫斯

罗伯特·布拉西亚克

托马斯·布朗爵士

瓦尔特·本雅明
Walter Benjamin

　　瓦尔特·本雅明（Walter Benjamin）1892年生于威廉二世时期的柏林，1940年在西班牙边境自杀，那时安全的国度已经近在咫尺。二十世纪六十年代，他的文艺批评作品开始被翻译成英文，他本人则被誉为对评估艺术在现代工业社会中的地位做出原创贡献的功臣。现在他被公认是"理论"（Theory）的早期元老之一，此处大写的"理论"是一个笼统的概念，囊括了各种让学者们认为能与艺术家并驾齐驱的艺术研究方式。最为重要的是，本雅明被想当然地视为后现代主义先驱。然而，一个可悲的事实是更多时候他被想当然地引用，却很少真正被阅读。本雅明的《机械复制时代的艺术作品》如雷贯耳。很少有人质疑它的中心论点，正如很少有人怀疑他作品的整体价值。他的英年早逝如此悲剧，以至于没有人不想把他的一生看作一场胜利。但是，在他的个人悲剧发生之前，已有成千上万的犹太人死去，而最能引起具有历史思维的观察者深思的，是如此聪明的一个人何以迟迟看不清纳粹的意图。我这样说可能听起来既放肆傲慢又冷血无情。本雅明的散文风格浑厚致密，更加奠定了他在学术界的不朽地位，浸润在他个人灾难的悲光之中。然而，作为追求真实的批评家，而非传奇剧的主人公，这才是本雅明理应获得的待遇。

——•——

> 与开创一个更加纯粹的领域恰恰相反，神话性的、直接的暴力展示表明，它在根本上等同于一切法律的暴力，而且将对后者的怀疑转变为对其历史功能之危害性的笃定，因此对后者的破坏也成了义务性的。
>
> 瓦尔特·本雅明，《文选》(Selected Writings)，第一卷，1913—1926，第 249 页

行文洋洋洒洒而又晦涩难懂，我们不妨暂且停下，去看一看它的作者。这篇文章题为《暴力批判》("A Critique of Violence")，大段内容气质都如以上引文。在本雅明这里，"气质"（strain）是关键词。本雅明的可悲命运也在于，他的名字在知识界被四处抛掷，而知识界的很多人并不清楚为什么要这样，只是隐约知道他是文学批评家，却不知他为什么经常越过文学评论去谈论别的东西：他进入了理论的范畴，在那里，作品晦涩难懂的文学评论家会被视为哲学家。他一直很聪明，却甚少通透：这样的天资组合正适合达到玄妙高深的地位。本雅明屡被提及却鲜有完整引用，已经成为多元文化视野的代名词。但是后现代主义凭空所得的无所不能，仰仗其对事物不加分析就随意关联的手段，而将本雅明作为先驱的惯例引用正是其症状之一。在灯光灰暗的会议大厅，所有的话题都一起讨论，

所有要员都知道他的大名,尽管似乎没有人记得他到底说过些什么。在本雅明广为人知的二三事中,人们记得他曾说过,他的祖国不是德国,而是德语。这句话饱含血泪,有着对统一的新欧洲的展望希冀,我们知道它现在已然进入实现统一行动的最后阶段。这里安居着姊妹城满面红光的快乐居民,即将成为一片美好的"新地",除了语言不同之外,没有真正的边界。不幸的是,本雅明,以及旧欧洲的全体犹太人都生活于另一个时代——人们通过其他手段来实现统一,也为了其他目的。在希特勒统治下的新欧洲,一切国内政治全部瓦解,取而代之的是密不透风的铁丝网。本雅明作为一个说着法语,本该四海为家的世界公民,竟然四面楚歌。在法国与西班牙接壤处,自由近在咫尺,却差一纸签证。本雅明选择自杀,因为他深信自己无法逃出纳粹的势力范围。他穷其一生都在纸上写作,但是最终未能找到出路。

要是他能得到自由,或许又会有一篇关于护照和许可证的经典文章问世。他满腹经纶又洞察入微,最拿手的就是论述文化的细微变迁。他本可以就"拿手好戏"来写篇文章:如果他还活着,大概已经动笔了。用厄恩斯特·布洛克的话来说,本雅明天生就对隐晦细节敏感(出自1968年出版的《瓦尔特·本雅明二三事》[Über Walter Benjamin]中的一段溢美之词,该书通过众人凭吊的颂词写成)。研究文化的附属品并不新鲜。他挚爱的普鲁斯特(本雅明是首位将其作品正式译为德文的人)曾说过,当一个人的接受能力到达一定水准,他从肥皂广告中学到的东西不会比从帕斯卡的《思想录》中来得少。马拉美并不觉得翻看女性时尚杂志就是屈尊猎奇。比起千篇一律的阳春白雪,波德莱尔更倾向昙花一现的时尚潮流,并预言了直到现在也盛行的一大传统——当被邀请为《时尚》杂志的特邀编辑时,即使是眼高于顶的法国艺术家及知识分子也难挡诱惑。你不妨试试阻拦他们!

本雅明的独特之处并不在于他时刻准备进军新领域，而在于当他有此决定时，他会走多远。比起成人读物，他会在儿童读物上倾注更多精力。当然，如果他在每一个新领域都没做出多少成绩，那也不会如此有名。但他在很多这样的领域风生水起，这便使他的作品整体显出超凡的智力。《米德尔马契》中卡索邦先生所著的《世界神话索引大全》只是在连篇累牍地臆造联系，但我们觉得本雅明与他不同，他是能够发现真正的关联的。在阿诺德·汤因比之后的历史学家之中有一个共识，即按照某种理论写出的历史多半粗制滥造。尽管如此，本雅明的某些历史理论听上去还是不错的。本雅明坚称，科学也需要一种理论，不是各种理论，而是作为所有理论之基础的那一个理论。实证证据已经表明，科学不需要这一理论条件。（无论爱因斯坦是通过什么方式得出相对论的，都不是通过违背本雅明意义上的某种理论）。然而，在魏玛共和国时期，本雅明热衷于在具体细节中验证自己的偏好，以一架抽象度适宜的升降设备来抬高细节，这让他看上去足够严肃。当时德国哲学仍有着强烈的形而上学色彩。六十年代，同样的热衷再次发挥作用，已逝的本雅明如葛兰西一般，作为文化思想家重新在世界扬名。他活得不长，马克思主义信念毫发未损。披头士时代半吊子的年轻知识分子一窝蜂地扑向社会学、哲学、文化内涵，对他们而言，本雅明那为数不多的断章残篇就像是一个知识的复合维生素片，又因其难以吞咽而愈发被认为功效奇佳。林林总总的英文译本更加强了这一效果，译者为免被扣上夹带私货的帽子，把原文的佶屈聱牙全盘搬来，偶尔为之的诗意却不见了踪影。他越难懂，便越可靠。他可不是那么好读的。

本雅明最著名的一篇文章是《机械复制时代的艺术作品》，或许更好的译法是"机械可复制时代的艺术作品"。它是一篇非典型的本雅明作品，主旨和文风都比较容易理解。不幸的是，一旦被理解，这个观点就容易被拆穿。本雅明宣称，一件艺术品如果被复制，那么将会失去其"灵晕"。将这句话进行合理延伸，其蕴含意义便是，独一无二的画作有"灵晕"，而可以被复制数百万份的照片则不可能有"灵晕"。在洛杉矶的一个下午，我对这一诱人的概念有了自己的定论。那是在拍摄间歇的休息时间，多年来我已经学会应该把这些时间用于自我提升，而不是躺下来祈祷收工。那是在盖蒂博物馆（彼时还是在马利布），我偶然看到了温特哈尔特所绘的塞恩-维特根斯坦家族的一位公主的肖像，画面华丽而冰冷。这幅画挂在墙上，公主凝望着卡特琳娜岛方向的大海，一副我能买下整个岛的神情。她是纳粹德国空军一位首屈一指的夜间战斗机飞行员的祖先，自然引发了我的兴趣。她有身世背景，死后应该也不乏故事：她是个媚人心魂的绝色尤物。至少温特哈尔特设法让我们相信这一点，或者他也在努力使公主相信，这样他也算对得起酬金。但它只不过是一幅寻常的肖像画，与另一位贵族的忠实仆人，宫廷画师马卡特笔下的圣徒形象颇为相似，只不过人物身上的光线画得亮一些罢了。毫无疑问，这幅画的标价肯定上百万，但这样的人物却比比皆是。后来我返回旅馆，翻看约翰·科巴尔美妙绝伦的咖啡桌相册——《好莱坞摄影大师的艺术》。当翻到惠迪·谢弗为丽塔·海沃思拍的照片，我又一次沉醉于其简约绚烂的风格。塞恩-维特根斯坦家族的公主看起来很漂亮，但如果谈及"灵晕"，从这个词的任何意义上来说，她与这位电影明星都相差太远。哪个是画的，哪个是拍的？本雅明收集了不少精美的书，即便他没法去读：它们不过是复制的艺术品，可是如果不是因为"灵晕"，又为何轻抚它们？每当本雅明越过自己对相关细节的感受，读者自己对相关细节的感受就会在他的抽象理论中打出洞来。他的结论总是脱不开那一套形而上学词汇，这对他的名声是好事，对这个世界整体的大脑健康来说却是不幸的。最具代表性的是一篇关于卡尔·克劳斯的文章。克劳斯坦言，他唯一明白的地方就是这篇文章是写他的。

要想反对包罗万有的晦涩理论，我们只能说一句"整件事毫无意义"，但很少人有这个胆量。克劳斯这么说了。既然本雅明作品的英文译本现在终于按部就班地出版了，我们便有足够的机会认为，克劳斯才是真的懂本雅明。克劳斯有他自己的局限性，但对于那种绕着自己转圈圈的修辞，他的耳朵是不会听错的。本雅明就是一个极端的例子。如果有所怀疑，我们不妨再读读上文引用部分后面的内容。你已经知道"因此"，"破坏"已经成了"义务性的"；但这还没完，下面还有"这一"呢：

  这一破坏的任务，再一次地，从根本上提出了那种可能有能力叫停神话式暴力的、纯粹直接的暴力的问题。就像上帝在所有领域反对神话那样，神话式的暴力也遭到了神的对抗。后者在所有方面构成了它的反题……

这只是一例。"因此""这一""可能""就像"——这类散文中的丝绒之雾：若是在其中呼吸，你定会被布料呛住。本雅明很年轻，但是这种辩论式文体不会被冷落太久。在接下来的几卷，或者是下一卷中，这位年龄稍长的评论家会讨论更接地气的主题。然而永远不变的是形而上学玄思，盘旋着飘向天花板，就像裹杏仁饼干的纸被点燃，在自己产生的团团热气里升腾。（在意大利餐厅第一次见到这个戏法时，我便立即想到一场不堪推敲的辩论也可以这样。）除了谈复制的艺术作品没有灵晕以外，本雅明另一个广为人知的灵思是讲巴黎宽广的人行道为何特别适宜咖啡馆生活。他的观点很有说服力，即便在当时也算老生常谈，但未来的读者应该注意，它毕竟激起了无数探讨研究。本雅明将其对理想欧洲城市的大致构想写成了文章，并不断地展开扩充。他本来要写成一本书，可惜直到去世也没写完。即使他还活着，那也未必会完成，因为它最明确的目标是"包罗万有"。泛视角派学者常将这本书列为二十世纪最伟大的未尽作品之一，果真写完的话，它可能真的会是一个广博浩瀚的奇迹。实际上，这本书的残章断篇都被收录到《拱廊街计划》(The Arcades Project) 这部有着迷人标题的书中，一些批评家——尤其是乔治·斯坦纳——因此更为确信，这部作品一旦完成定会不朽。但是对于我们这些被他的文章搞得垂头丧气的人来说，本雅明这本消失的天书不会有多少魔力。本雅明有着一项令人羡慕的天赋，便是揣摩其他人早就明白的东西，然后扩写为冗长的思辨，令所有人望尘莫及；于是我们有无数理由怀疑，那本"包罗万有的著作"(omnium gatherum) 一旦完成，它会不会在以上二者之间找到合理的平衡。另外，我们还有一个疑惑：如此敏锐的大脑为何写出来的东西如此混乱？

他的生平给出了答案：他要温暖这炎凉的世态。现实需要被温暖。现实便是反犹主义。本雅明家境优渥，但他在很小的时候就断定，犹太中产阶级若相信所谓同化，实在是自欺欺人。他们在艺术、科学、商业等各个领域做得越好，也就越遭人厌恶。他们越合群，也就越扎眼。换句话说，他们本身就惹人讨厌。第一次世界大战前，西奥多·赫茨尔并没有从其他假设中汲取犹太复国主义的核心动力。（维克托·克伦佩勒的巨著《坚持到底》[To the Bitter End] 是 1942 年至 1945 年间的日记，指出在反对犹太人同化这一点上，希特勒一派的极端纳粹主义与赫茨尔一派的极端复国主义不谋而合。）这一观点已广为人知，但是本雅明可能由于在年少时就受其影响，对它进行了自以为是的扭曲。他选择鄙视容易轻信的犹太中产阶级，进而鄙视整个中产阶级，但他鄙视的不是带偏见的非犹太人。他一直向往文明开化的社会，并在马克思主义中看到了希望的种子。客观来说（正如马克思主义者一直说的那样，直到最近才改口），以上两股势不两立的势力最终将合力推翻魏玛共和国，而本雅明便加入其中一支队伍。魏玛共和国本来有望抵挡住来自双方的压力，但最终腹背受敌而亡。

本雅明习惯了在欧洲辗转漂泊，随处为书房，常常是看得到海的地方，也因此得以在纳粹占领德国之后抽身而退。保持合适的距离本当有助于更准确地观察，但是他的半吊子马克思主义信念——和友人布莱希特一样——缚住了他的政治分析能力，以至于他认为纳粹政权是资本主义的理性产物，而不是一种激进势力，虽然它分明就是。(在《被忽视的警告》[Die vergebliche Warnung]一书中，马内斯·施佩贝尔曾说，当纳粹最后上台执政时，本雅明从没有想到自己处境危险是因为犹太人的身份，而误以为危险来自于他是共产主义者。犹太人也是资本家，为什么纳粹要攻击他们呢？）根据共产国际的总路线，资本主义危机迟早会把纳粹击溃。"迟早"变得很迟，最终也没有发生。如果本雅明再多等一会儿，他就会在家中被逮捕，最后难逃被扔进集中营的厄运。等他终于出逃之时，已是九死一生。如果他事先有所准备，或许可以越过边境，但是我们不该指责他的天真。许多长于世故的人也像他一样死于绝望，因为纳粹不遗余力地要把世界变成一个生无可恋之地。汉娜·阿伦特在写给卡尔·雅斯贝斯的一封信中提到本雅明的死（《书信集：1926—1969》，第77页），她的一个观点值得我们注意："'四散逃生'这种氛围实在让人不堪，自杀是唯一有尊严的姿态。"有尊严地死去是唯一肯定生命的方式。阿伦特身处美国，性命无忧，这样提出自愿死去是逃生无望者唯一的尊严选择，不免有些苛刻，但她有一点没说错，当普通人的生活突然变成各保各命，这种压力让人何等不堪。落在最后的掉入魔爪，本雅明就是其中之一。

德国一贯的反犹主义（前纳粹时期的旧反犹主义主要靠驱逐而不是镇压）还有一个附带的结果，如果本雅明能活到写自传的年纪，他可能会加以研究。他的自传在这一问题上定会毫不留情地自我反省，因为最后令他束手无策的除了他的反抗，还有他的默许。本雅明一直没有得到他完全有资格的大学教职，他没有将这种拒绝化作工作的动力，反而任由自己活在这阴影之中。即使到魏玛共和国时期，德国大学仍在沿袭以往的定额分配制，令犹太人极难在大学找到教职。本雅明渴望到大学任教，这是他一生最大的愿望。与他有着同样批判天赋的犹太人在被大学拒之门外后被迫进入新闻行业，这是本雅明永远都不会做的选择。他们接受新闻业对于"可读性"的要求，尽己所能去写文章，而不是论文专著。他们写的书都通俗易懂。回首过去，我们发现这些新闻工作者丰富了德语语言文化，将后者从高高在上故弄玄虚的论文中解放了出来。他们的书面和口头交流都是研讨会，他们把咖啡馆变成了大学，与此同时大学体制愈发僵化，论资排辈，除了声名威望其他都无足轻重，这一特点使大学在面对政治压力时不堪一击。新闻工作者则不然，其中最聪明的那些意识到了这一点：他们抓住时机为文明创造了一种新的语言，从通俗文化中汲取养分，以滋养文明之永恒。

另一方面，即使是在为报纸撰稿，本雅明的文章写得也像要拿个博士学位一般。如果能安全逃离，或许他将不得不改变写作风格，这肯定是件好事。哀叹他本可以多创造多少杰作，你就不得不无视一个再明显不过的事实：他写得其实已经够多了。找一篇本雅明的文章，再把它和另一篇——比如阿尔弗雷德·波尔加的——并排放一起。本雅明的文章里，能穿透迷雾的真知灼见实在不多。有些观点确实独树一帜，但它们全都需要透透气。波尔加的文章通篇全是观点，其风格便是以最简洁的方式将所有观点连在一起。本雅明对巴黎的爱真切动人，但是他关于巴黎所说的一切，与新闻记者雅内·弗兰纳在一篇新闻报道中所做的丰富观察相比，与历史学家理查德·科布某篇文章中的一个段落相比，难道不显得单薄吗？优塞福·罗特

(Joseph Roth)是一名来自维也纳的流亡犹太人,后来在巴黎解放前的几天酗酒而死,他在每篇文章里记录的这座城市的点点滴滴,足够本雅明观察一年了。这样的例子不胜枚举,也都有损本雅明的名声:其他人那些名不见经传的新闻作品,从前的也好,以后的也罢,都让他佶屈聱牙的长篇累牍听起来像是不知所云。这些话不好写,更不好读。但博古通今的自由学者并没有多到我们可以随意取笑其中某一位,就因为他是他本人文风的牺牲品,更何况让本雅明成为牺牲品的原因又何止风格。踢一个身陷低谷的人已经够糟糕,踩踏含恨而终的人无异于亵渎。以本雅明思想之精雅,他的命运就是十字架上的殉道。但是我们现在是谈论他的名气,他仍然享有的声望,以及他在人文学科中所带来的有害风气,他鼓励了这样一种具有破坏力的观点:只要是在谈进步,谈人文,就拥有高高在上的许可证。哪有这样的许可证?地球上的可怜人不会从巫医那里得到任何帮助,而当学术语言与日常用语相差太远,它也就只剩下巫术了。

马克·布洛赫
Marc Bloch

马克·布洛赫（Marc Bloch）生于1886年，参加过"一战"，在两次大战之间成为法国首屈一指的历史学家，"二战"期间重拾武器加入抵抗运动。1944年布洛赫被捕，饱受酷刑后被处死。他最后的著作是一本小册子《历史学家的技艺》(*Apologie pour l'histoire ou Métier d'historien*)，写作时他已面临危险。（"我现在的生活现状，是进不了任何大图书馆，自己的藏书不知所踪，只能依靠笔记和记忆。"）该书英文版1953年问世，很容易购得。他的学术作品是历史年鉴学派的基石，滋养着专业学者；但他的随笔评论，如同他的人生，所有人都可品阅。北卡罗来纳大学的卡萝尔·芬克著有《马克·布洛赫：历史中的人生》(*Marc Bloch: A Life in History*, 1989)，对他的生涯做了精彩回顾，这本书是学术研究的楷模，也是对一位真正的人间英雄的见证。

> 相比"知道的意愿",我们的大脑天生更易被"理解的意愿"刺激,由此出现以下这个结果,即大脑唯一认可为真实的科学,是那些在现象之间成功建立起诠释性关系的。而剩下的,便如马勒伯朗士所说,不过"博识"而已。
>
> 马克·布洛赫

法国抵抗运动展开之际,历史学家马克·布洛赫已莅天命之年,本可明哲保身。但他却毅然投身,不惜付出生命的代价。上文布洛赫这一观点,既具有普遍性又有针对性,即使已经过去这么久,还是让读者为他的逝去痛心不已,犹如失去心爱之人。如果布洛赫没有牺牲自己,他必将对战后法国思想界的发展产生不可估量的影响,提升其文明高度——法国思想界为其成熟老练和全球影响所付出的代价,便是人文主义价值观的渐黯渐隐。可以说,和布罗代尔那种细大不捐的史学家一样,作为年鉴学派(annaliste)的创始人,布洛赫的工作或许只是给未来那些积压的枯燥账目又添上了几笔。但他的随笔散文总是有着美好的展望,表现了普世的人类观。思想界的空气已因错误信念和疲乏无力而变得酸腐,若布洛赫仍在人世,定能加以澄清。遭受同样命运的文学评论家让·普雷沃也会有同样的影响。二者持久的魅力一部分也在于他们的缺席,在于我们可以实实在在感受到他们过早的沉默,以及"假如曾经"(If Only)这另一种可能性可以多深多远。他们的声音是我们怀念的声音。他们遇害不是因为他们是学者,而是因为他们是抵抗运动的斗士。单看事实本身,他们的共同牺牲只是一场意外,并不是极权有意戕害人文主义。但结果是一样的。他们之所以反抗,是因为他们对自身所代表的欧洲人文主义的热爱,而这又与他们对自由的热爱不可分割。他们是真正的学者,不愿卷入维希政府与侵略者心照不宣的阴暗交易,尽管这被视为保全永恒的法兰西的权宜之计。他们能看清这场交易是如何打击了永恒的法兰西之精髓。作为真正的英雄，他们不愿明哲保身直到风平浪静：他们的看法没有错，太多东西已经随风而逝。

于是他们战斗到底。普雷沃是幸运的，1944年他死在了战场上。布洛赫则是被捕后受尽折磨而死。在战后的法国，他们也注定会被长时间遗忘，恰恰因为他们的勇敢如此毫不含糊。如果他们不曾如此英勇，不曾以勇士的身份死去，或许他们死后很快就会声名鹊起。问题是，假英雄们一旦与他们对比就会露出太多马脚，至于那些清楚自称英雄会引起内讧而不事张扬的人们，也并不愿被提醒自己曾经只求保命。我们都愿意相信，面对来势汹汹的报复性暴力，默许是无可避免的。占领国在巴黎耗费大量的人力物力去游说知识分子，让他们相信只要不大事声张就可以继续信奉自由主义。如果他们接受现实，便可继续自己的事业。一边是个人野心，一边是人性中的恐惧，二者的结合如此诱人以至于战胜了羞耻心。有关德占时期知识分子明哲保身的道德问题，在"二战"结束之后很长时间处于休眠状态，然而，原因不在于羞耻心：羞耻心本身还在休眠。给予布洛赫和普雷沃这样的人更多关注，羞耻心便会被唤醒。没有反抗的知识分子更愿意钦佩他们当中那些稍微做了一点事情，而且选在相对安全的纳粹统治后期行动的人，而不是那些付出了很多，在危险的早期就开始行动的人。仅仅因为后者的存在，配合纳粹的人就会感到威胁。所幸，从身体意义上讲，布洛赫与普雷沃已经不存在了，因此也无法发声，提醒这个他们为之付出生命的国家，他们的精神是永存的。他们剩下的只有自己的作品，而他们的作品唯有等待。终于，等待有了结果。沉睡者终于醒来。他们的作品开始再版，也开始出现评论他们的书。姗姗来迟的复兴终归是种鼓舞，哪怕算不上太大的宽慰。知识之树以振奋人心的力量重新扎根于满目疮痍的大地，多少抵消了些沉积数十年之久的冷漠带来的萧条。这种冷漠太过险恶，它宁愿破坏自己的文化，也不愿正视自己。是巴黎，而非任何其他地方，成了一个生产中心：制造了各种新的方式来证明，即便脱离了现实，以批评为己任的知识界也能继续运作。马克·布洛赫所信仰的与此恰恰相反，但是他不在了，无法发出声音：当时没有，现在仍然没有。

在同一章节的其他段落，布洛赫还谈到，历史必须朝着清晰明了的方向逐步前进。有的人热衷于朝着晦涩的方向前进——拉康、福柯、鲍德里亚、德里达这一类的——对他们来说，这样的观点甚至连惹人厌都算不上：它只是太天真了。然而，这种天真之中藏着纯真与勃发，而世故的嘲弄背后却弥漫着不安。尽管如此，布洛赫的"理解优先于知识"需要掰碎细嚼才不会被呛到。他绘制的认识论体系是可取的，但如果作为教条灌输就百害无益了。有一句不无道理的老生常谈说道：那些最初想改变世界的年轻人后来学会了心怀感激，因为世界并没有变得更糟糕；但如果他们过早地相信这一点，我们就会失去他们的批判力，世界就会变得更糟。同样，当我们将平生所学提炼为通往新视野的原理，知识也随之隐去；但如果最初没有足够的知识积淀，原理便失去了源泉。当然，一个满脑子都是知识的人除此以外一无所知。埃兹拉·庞德有句名言：文化从忘掉书本开始。遗憾的是，对于那些符合自己狂热口味的语录，他一个也没忘记，迷恋狂般痴愚的勤奋无可救药地侵蚀着他作品的整体。将他与叶芝做个对比倒是颇有启发性，叶芝信奉唯灵主义"神秘玫瑰"这一哗众取宠的理论，跟庞德相信"社会信用"理论这套伪经济学骗术同样荒唐；但叶芝能够超越早期作品继续创作，因为于他而言艺术是有着牢固知识的体系，远非他一时的奇思怪想可比。

于庞德而言，诗歌就是他的全部了。我特别喜欢他早期的作品，现在也不愿对他出言不逊。五十年代末，我第一次坐在悉尼大学妇女联合会所在的曼宁大厦咖啡馆里读《文雅集》(*Polite Essays*)，突然有种福至心灵的感觉，似乎可以像约翰尼·韦斯穆勒般游泳，与赛德·查里斯共舞，或者驾驶喷火式战斗机。但是初次惊艳之后，我以同样的心理预期去忖度他之后的作品，就发现那实在是一场可悲的闹剧，而且我觉得所有诚实的评论家会持同样的观点。（我认为艾略特也这么想，但他还是友谊第一。）《诗章》里处处都是一时兴起的零星片段，但总是考虑欠妥，如奥托吕科斯的器皿般，有的确实精致有趣，但作为藏品却毫无意义。《诗章》中也偶尔能找到优美的片段，但都是碎片式的，美则美矣却无章法，仿佛是认为垃圾堆也需要装饰。（《诗章》刚刚出版的时候，兰德尔·贾雷尔对其矛盾之处做了深刻分析。兰德尔·贾雷尔的著作应该出现在世界各地学生的阅读书单上，而不应仅限于美国本土，尤其是他的《诗与时代》。）庞德自诩有能力建立诠释性的关系，但这恰恰是他不能为的，尽管与其他有妄想症的人一样，他一直在尝试。不过，他至少用自己的天分证明了，琢磨细节固然有所进益，在泛论上若是陷入癫狂，那便会一无所获。庞德对自己热爱的经济学一窍不通：但他可以在对一枚硬币一无所知的情况下，经过努力而长久的观察，对其做出描述。他认为自己可以通过货币的金属成分来评判一个国家，正如他认为根据汉字的形状就可以推断其意。这两个例子都说明他实在不算神志正常。但是就算他不了解，眼睛总是能看到的；物性（Thingness of Things）既是起点也是终点，他的这一信念有着极强的磁场力，年轻读者可能会继续沉浸于他的大型百货商场，感到热血沸腾。

庞德的思想是种走错路的哲学冲动。成千上万更差劲的哲学家则试图建立缺乏知识根基的体系，时刻向我们证明还可以错得更离谱。邬斯宾斯基、葛吉夫、威廉·赖希的拥护者都有这样一个错觉：接受没有科学基础的原理也可以达到深刻。长久以来，超自然主义和神秘主义的故弄玄虚都是通向非凡视野的捷径：一种超凡脱世的世界观。极端的独裁主义距此只有一步之遥。希姆莱是犹太神秘哲学的忠实信徒。大多数大屠杀的刽子手都喜欢能解释一切的理论，若这些理论不用学习便可获得，那就更受青睐了。

如果一个人未经理性思考便接受某个观点，也就不可能说服他放弃这个观点。人们为何沉迷于这些热情，这根本无章可循，与理性思维几乎毫无关系。然而，在他们心目中，现象之间的诠释性关系正是他们所看见的。布洛赫那句格言在各个方面都得到了证实。但他当然还有言外之意。他的意思是，知识必须是真正的知识，也就是说，理解必须从一开始就与知识携手并进；理解也只在唯一一个前提下才能取代知识，即关于知识的纯洁记忆永远不会被抛弃。如果布洛赫当时活了下来，他或许会表达得更谨慎一些。过早地抛弃知识有多危险，希特勒便是前车之鉴，而希特勒的受害者之一埃贡·弗里德尔至少已充分证明，当一位博识者能够让各个领域的知识交相辉映，繁荣共生，照亮这个世界，哪怕是个残酷的世界——这残酷他无力抵挡，却不会感到全然意外——这样一个博识者就并非"不过如此"。令人难过的是，布洛赫也没有全然意外。他知道自己面临什么。溺水池、警棍、拇指夹、喷灯：以他的想象力，这些东西在预期中想必和现实一样可怕。但他依然铤而走险。痛惜他的离去留给我们如此巨大的精神财富的损失，我们甚至可以说他是不负责任的，这样也更容易照着他的榜样去生活吧。

豪尔赫·路易斯·博尔赫斯
Jorge Luis Borges

豪尔赫·路易斯·博尔赫斯（Jorge Luis Borges）于1899年出生于布宜诺斯艾利斯，1986年在日内瓦病逝，他几乎经历了整个二十世纪，也极大地塑造了那个世纪。如果我们现在认为拉丁美洲文学对西班牙语世界至关重要，而把西班牙语世界看作是整个人类世界中一种充满生机的复兴力量，那么这与博尔赫斯有很大关系。作为一名二十世纪的艺术大师，即便是按照十九世纪的标准看，他依然当之无愧。博尔赫斯与丁尼生、吉卜林和马克·吐温齐名，像自然奇观一样被报道，仿佛一座人体火山。在他生命最后，他说过的每个字都会变成铅字：与博尔赫斯的对话刚在布宜诺斯艾利斯被录下来，立即就出现在《纽约客》杂志上。他的对话录和散文可以被推荐为学习西班牙语的捷径，这是每个文学专业的学生都应该掌握的语言，至少要达到基本阅读水平。（博尔赫斯自己常引以为荣的英语其实也不过是这个水平。)一旦学会西班牙语,它便会开辟一个恢弘的篇章,我们会发现,哪怕只看阿根廷,博尔赫斯也并非傲然一方。举例来说,同时代的埃内斯托·萨瓦托散文就写得更好。那些欣赏博尔赫斯文学造诣的阿根廷作家,也曾质疑他安享国际名声,坐视祖国陷于独裁恐怖之中,他们不认为博尔赫斯这个国宝级人物貌似超然物外的政治态度就无可指摘。在讨论所有这些问题之前,博尔赫斯的初读者们可以在短篇小说集《迷宫》(1962)中寻到一条令人神往的小径,直达作者的艺术魅力。即便是透过翻译,这些短篇小说依然传递出无可抗拒的诗意魔力。而《博尔赫斯论写作》(1974)则流畅地介绍了他附带创作的散文。(早在那一年,博尔赫斯的作品就已经被翻译成二十一种语言。)这位说故事者的平易近人是毋庸置疑的——就像吉卜林,他的故事往往直指其视野的中心——而博尔赫斯的散文和对话录则将其浩瀚的学识化为一场智力的冒险,注定会让年轻人热血沸腾,而那也正是他的本意。在质问有着显赫艺术造诣的博尔赫斯所扮演的政治角色之前,先让自己为他疯狂一下,这是明智之举。但是,若说他创造出了一个仙境,他自己却并非身居仙境,即便在这位盲人偶像的人生最后几年,他的国民中也会传来提醒他的呼声:曾几何时他本应该更努力地用他的双耳去聆听。

> 伟大的美国作家赫尔曼·梅尔维尔在《白色鲸鱼》[*]的某处说，人应该成为"天国的爱国者"，我觉得这是一件好事：这种成为世界主义者的抱负，这种不做世界某一隅的公民的想法——这个会随着政治浪潮、战争、世事而改变的世界，却把全世界都看作自己的祖国。
>
> 豪尔赫·路易斯·博尔赫斯，《致维多利亚·奥坎波》，引自《南方》，第 326 页

博尔赫斯说的《白色鲸鱼》，指的当然是《莫比-迪克》。他表达对英语文学的热情时，细节上通常不是太严谨。但我们的注意力应该集中在他的观点上。"天国的爱国者"，一个相当漂亮的措辞，而现如今当然不用重读文本，也可以借由搜索引擎找到《莫比-迪克》的"某处"来发现这句话。在吹嘘读书经历时，"重读"常常是用来宣称自己读过某书，但其实只不过是翻了一下，甚至整个都跳过了，但我年轻的时候，确实曾全心全意地要把《莫比-迪克》读完。或许是在孩提时代被《怒海余生》（Captains Courageous）的流畅叙事给惯坏了，我发现梅尔维尔笔下的大海像柏油一样黏糊。我倒是希望自己能相信这是一部杰作，只是我作为读者还没有准备好。谁要说"瓦格纳的音乐并不像它听上去那样糟"，那就是荒唐可笑，但是要说亚哈船长与大白鲸之间的搏斗属于那一类就算你已经读完，也仍然感觉不忍卒读的书，就真是情有可原了。与其说我觉得梅尔维尔的语言诘屈聱牙，半文不白，倒不如说我发现这种语言是以自己为素材预言了现代主义批评的时代，在这一时代，梅尔维尔注定要成为教材，而不是带来阅读乐趣的小说。不过，博尔赫斯的这个想

---

[*] 博尔赫斯称该书为 The White Whale，原书名应为 Moby-Dick: Or, The Whale。

Jorge Luis Borges

法——整个世界就是，或者应该是，我们的国家——被包裹得足够耀眼闪亮，就像一颗可以被捻起的水珠，含在那张不知疲倦地东啄西突的喙中。所以，我在这里强调的是博尔赫斯对这段话的引用行为本身。而我一直在想，对于我这样一个颠沛流离的人来说，这个想法乍听上去令人向往，但它是否真的正确呢？而最终它将我引向下面的这些思考。

在我的诸多榜样中，维托尔德·贡布罗维奇本有充分的理由来接受这种想法，但事实上他并没有。贡布罗维奇"二战"期间流亡于阿根廷，却并不愿意视自己为波兰文学的代表，这是因为他对将文学看作野心、责任，甚或专业的观点是不信任的。战争结束后，贡布罗维奇的流亡生活继续着。他始终感受到要代表真正的、自由的波兰的压力，但他自己也不相信。贡布罗维奇只是不喜欢这样的抽象概念。然而，真要讨论这些问题，他也不会把生养自己的故土看作抽象的东西。他拥有成为世界公民的全部资格，也经常拿出世界公民的做派来发言。但是被逼到必须表态的时候，他说确实有一个波兰，而他，贡布罗维奇，就是波兰。

政治驱逐导致了被迫流亡，在这样极端的条件之下，所有移居国外的二十世纪艺术家们似乎都得出了一个与上述颇为相似的结论。托马斯·曼表现得就像他是不朽的德国，斯特拉文斯基表现得就像他是不朽的俄罗斯。在伦敦，弗洛伊德仍然是维也纳的代表。即便是最能被新环境同化的艺术家，依然不能完全改变他们的思维方式。忘记自己的出身，接受世界公民身份，这种可能性在美国是最大的，因为美国的公民从一开始就来自全球。然而，这样的机会即便抓住了，它似乎仍会在心里留下一个空洞，通向最初的家园。在好莱坞片场上，比利·怀尔德和玛琳·黛德丽曾用德语开着玩笑。这就是世界公民，但这也是他们自我提醒的一种方式，这个社会大熔炉并未煮透他们的灵魂，他们灵魂的塑形是在别处，那个地方是一个真正的地方。"世界上只有两个地方可以使我们感觉像在家一样，"米洛什·福曼在电视上说过，"家乡，还有美国。"而捷克总统瓦茨拉夫·哈维尔访问美国时，福曼是最积极的欢迎者之一。在福曼著名的回忆录中，他的故国被一再地重新发现。从哲学上来讲，世界公民的概念可以从伊拉斯谟至少一直追溯到斯多葛派学者厄拉多塞，后者曾说过，他视天下仁者为同胞。这距离视祖国为可有可无也就一步之遥。但现代难民被迫放弃自己的国家，却久久放不下对国家的记忆。

由于政治原因而流亡的艺术家在这种实验室条件下证明了，所谓 Weltbürger（世界公民）的概念是有限度的。博尔赫斯的处境很不一样。1979 年，当他写下上面那段对维多利亚·奥坎波（闻名全球的《南方》杂志创始人）的颂扬时，正是阿根廷寡头政府最嚣张的年月。恐怖无所不在，博尔赫斯要么没有注意到——这样责难他并非易事，但是想不责难更难——要么就是他多少也知道，只是认为情有可原。但是，他所青睐的这种政治婆罗门主义用极端的方式将自己强加于人，就算他深信这是可以宽恕的，他的良心可能也要经受考验了吧。他有很好的理由认为——一个糟糕但急迫的理由——哪怕只是对他自己而言，他的国家正在经历的事情并不是最重要的，因为他首先要忠诚于世界。可是世界是抽象的，国家不是：如果一个人摒弃对真理、正义和怜悯的忠诚，世界主义的理想便毫无意义。他是在玩把戏。我是 1999 年读这文章的，也做了旁注。但是引起我警觉的是日期：1979 年。一篇重印文章理应标上初始日期，但是你会发现作家和编辑们为什么有时候会故意不标。否则的话，表面上无可挑剔的情怀宣示就会被揭穿，原来那只是投机的策略，至少也是迟钝的标志。

断章体哲学家萧沆被祖国罗马尼亚拒斥，自我流放到巴黎，他激情澎湃地推崇博尔赫斯主张的世界公民身份。在萧沆大部头全集的第 1606 页上，我们了解到，富有阿根廷式的、无法抗拒的魅力的博尔赫斯("在他那里,一切都在游戏中获得升华,一场充满耀眼箴言和迷人诡辩的舞蹈")曾帮助这位罗马尼亚哲学家铸造了他自己的精神盾牌:"不放下自己的根,不属于任何群体。"但是在萧沆说这些话的时候(1976年),他急于留给世人的印象,是祖国对他来说从没有太大意义,却不急于承认他在祖国那段不幸的亲法西斯历史中扮演过怎样的角色。(说得委婉一点,萧沆曾经和铁卫团走得很近;而关于铁卫团,说得委婉一点就是,他们的反犹主义根据希特勒标准,就是"击而不中",尽管挨了他们打击最后又站起来的人实在也不算多。)与博尔赫斯相比,萧沆有更好的理由暗示这些不堪的往事都跟他毫无关系。对于民族主义狂热,博尔赫斯顶多是模棱两可的同谋。而萧沆,在他容易被遗忘的青葱岁月,在他审慎地打出世界公民身份这张牌之前,可是全心全意地投身于这种狂热。有趣的是,他以为和博尔赫斯建立精神同盟就可以洗刷自己了。

现在,我们不妨引用埃内斯托·萨瓦托的一段很能说明问题的话:

> 从博尔赫斯对存在之残酷现实的恐惧中产生两种互补的态度:虚构世界中的游戏,以及对柏拉图式的、最纯粹的理论的坚持。(《散文集》,第304页)

"二战"后的布宜诺斯艾利斯涌现出两个文学界的声音,同时具有不容置辩的世界级水平。两者之间主要的区别在于,只有一人得到了世人认可。全世界都知道博尔赫斯。但若要了解萨瓦托,你就必须亲临阿根廷了。同是这所美丽而动荡之都的居民,同是伟大的作家,又同在晚年失明,博尔赫斯和萨瓦托的命运彼此联结,精神却南辕北辙:从萨瓦托上面这句话便可见一斑,这是一条真实的鸿沟。博尔赫斯确实恐惧现实的悲苦,他也确实在一个虚构的世界中寻求庇护。当贡布罗维奇把博尔赫斯的精湛技艺称为"冰烟花",他也得出了同样的论断。萨瓦托的文字中没有冰烟花，他的奇妙小说致力于汇集真实世界所有的丑恶可怖，再把它们上升到梦境的高度，使它们得以通过想象力而被理解，不然想象力就可能将它们编写成轻易可忽略的东西。（将现实从其自身健忘的机制中拯救出来，萨瓦托对此所做的理论阐述散见于他的评论文集，在《作家及其魅力》[El escritor y sus fantasmas] 一书中尤为集中。）萨瓦托作品中一个独特的意象是隧道。隧道是梦想集中之地。这些梦的大多数我们都能一眼认出。用不着回溯或眺望多远就能找到梦的源头——只要了解阿根廷最近的历史就够了。读萨瓦托经常要面对那段历史，但是在博尔赫斯的小说中却几乎从来不用。在博尔赫斯的作品中，当代史几乎不存在：这样来看，他的历史感一如他笔下的布宜诺斯艾利斯，一座没有当下的城市。他的政治风景图是一座渺无人烟的大理石鬼城，来自他童年的记忆，散发出诡异的僧侣气息，仿佛雷科莱塔的公墓。失明之前，他会在街上散步，但通常是夜晚，尽可能避开所有人。在博尔赫斯的故事中，激情、惧怕、遗憾和恐怖的时刻都属于消逝已久的冷兵器世界。他的库存中没有行刑队和审讯室。时间线停止在他出生不久之后。为什么他要这样隐匿呢？

可能只是因为艺术天性使然，而不是人性的懦弱。在艺术家中，总是有一些把自己置于斗争之上，回头去看，我们也不会为他们的选择感到遗憾。"二战"中，安德烈·纪德在德占时期没有任何鲜明的立场，这是继大革命之后法国面临的最大道德困境。然而我们并不希望失去纪德那段时间的日记。安居瑞士的赫尔曼·黑塞对影响了几乎所有二十世纪德语作家生活的大事件几乎只字不提：他梦幻的中篇小说《东行记》(Morgenlandfahrt) 是他最接近评论狂热民族主义的作品了，但在这本薄薄的小书中，连希特勒青年团的积极分子也不会提出哪怕一处异议。博尔赫斯对庇隆公开表达过反感，但在庇隆下台之后他对一切都开始保持沉默——在政治上沉默，而艺术上则繁花似锦，获得了世界性的声誉，虽然他自己的国家进入了漫长苦难的隧道。

一个外行去质疑博尔赫斯庞大的艺术成就无疑是愚蠢的——还不如拿着小斧头去砍森林——尽管如此，我们还是有理由同情生长于阿根廷之人的，他们并非都是庸人，他们不禁感觉这一切就如同越来越多的树木，只是为了让人看不见森林。博尔赫斯死后，太多他写的或关于他的杂文陆续发表，通读这些文章是个专业任务。但是，普通学生倒也应该找时间看一看《反博尔赫斯》(Antiborges)，这是由马丁·拉福格编辑的一部评论集。（佩德罗·奥冈比德的文章《博尔赫斯和政治思想》["Borges y su pensamiento politica"] 尤其值得一读。）它为我们呈现了一幅发人深省的画面：一位盲眼的预言家，他的视力问题不仅仅是生理性的。博尔赫斯并没有特别反对极端独裁统治。他厌恶庇隆主义是因为那是一场群众运动。他不喜欢大众：他是元老院式的精英主义者。他对法西斯最大的不满在于，发动群众就给了群众非分之想，免费发放的衬衫太多了。阿根廷寡头集团于1976年3月夺得政权，博尔赫斯觉得他们根本不是法西斯，因为他没看到谁变成奴隶。大多数老式保守派知识分子拒绝与新政权合作，萨瓦托尤其敢作敢当。（萨瓦托这样与政权格格不入的人也觉得进攻马岛有一定合理性，足可见该岛归属在阿根廷人眼中是多么无可争议。）敢作敢当不是没有风险的，这是显而易见的：所有人都能意识到，既然这个政权对无足轻重的普通人什么都干得出来，很难保证它对有声望的人就会网开一面。恐惧在沉寂后敲响了它的丧钟。

但是，没有证据表明博尔赫斯觉得有害怕的必要。他的名字和渐长的国际声誉毫无保留地借给了政权，要么因为他赞成，要么因为他毫无头绪——这是最善意的一种说法。终于，政权向无辜者开战，连他也不能再视而不见，于是他以不了解情况为先前的不作为开脱。博尔赫斯签署了联合声明抗议，宣告开明资产阶级对政权的默许正式结束了——直到失去自己的孩子，他们才幡然醒悟。博尔赫斯宣称自己之前没有发现这些事情。他急不可耐地公开说"我不读报纸"，在批评者中流传一时，让人想起那些直到一切结束才第一次听说集中营的德国知识分子。有人指出，他的失明并没有妨碍他掌握世界文学的动态，这也不算言过其实。离他家不远处就有一个酷刑中心，而他一直都很能散步。你可以说当时他已经不散步了；但他就算看不见了，最起码还听得到。有很多私下议论想不听到都很难，除非博尔赫斯故意塞住耳朵。他可能真的就是那样做的：竖起来的耳朵应该是能听到尖叫声的。

1983年，阿根廷寡头政权倒台，博尔赫斯不得不接受了几乎从来都很厌恶的大众民主。他热爱的祖国经历了十年地狱般的痛苦，终于教会他国家恐怖主义更为可憎。对一个愚钝的学生来说，这不是轻松的一课。在国际上看，他当年对皮诺切特在智利所做的一切大加支持或许可以被原谅：毕竟撒切尔夫人对皮诺切特也一样热情，而约翰·梅杰首相的财政大臣诺曼·拉蒙特坦然戴着皮诺切特发的勋章，完全看不出胸毛被羞愤点着的迹象。但是在阿根廷国内，这位从永恒的视角来说最伟大的作家，很多文化名流却感到很难对他的怯懦视而不见，就像很难对他的异人天赋视而不见一样。佩德罗·奥冈比德非常清楚博尔赫斯的文学地位，他说下面这段话时已是很有节制：他心中这位带有污点的英雄的行为足以证明，政治精英主义的基础是无知——奥冈比德的总结让人黯然，但也难以驳斥。没有多少伟大的作家迫使我们接受这样一个事实：他们对现实的漠不关心，或许对于他们的远见很重要。简·奥斯丁的小说对拿破仑战争只字不提，但是我们可以猜到她肯定都听说了。萨瓦托在晚年才失明，但同样是全盲。然而，他的耳朵始终运作良好，一旦时机成熟便担负起残酷的写作工作，书写那些永远消失了的人——那些无辜的人，那些消失了那么久才引起博尔赫斯注意的人。

罗伯特·布拉西亚克
Robert Brasillach

  罗伯特·布拉西亚克（Robert Brasillach）于1909年出生于佩皮尼昂，在1945年因通敌叛国罪被执行死刑。法国人有时会一厢情愿地以为，假如纳粹没有来到巴黎，某些多才多艺的年轻人本会拥有另一番前途，而布拉西亚克就是这些年轻人中最显眼的一位，尽管他去德国时就已经被纳粹的魅力深深折服。不过纳粹们毕竟来了，他也就跟着本性行事了。德占期间，他是无耻的《无处不在报》（Je Suis Partout）的定期撰稿人，但即便在他那群铁杆反犹同事之间，他对犹太人的恶毒也是尤为突出的。布拉西亚克毫无疑问有新闻天赋，这也使得他对犹太人的诽谤更为恶毒。大多数与纳粹合作的法国知名人士之所以卷入其中，是因为他们是失望的民族主义者，认为如果跟着胜利的一方，祖国复兴的希望就会更大。相对来说，他们之中很少有人真正仰慕纳粹。而布拉西亚克是一个纳粹崇拜分子。

当胜利方沦为失败方，他为他错误的押宝受到惩罚。尽管也有人试图恢复他作为评论家的名誉，虽然不是完全没有道理，但是几乎没有人为他的命运流泪。那些年，他以雄辩的地毯式告发，已经不知签署了多少死刑令。然而，他本人的死刑是否合理，这个问题一定会受到所有相信言论自由者的质疑，无论这些言论有多么不堪入耳。

在他们之中，我发现了最为热情的辩护者，他们展示了法国文学传统中才有的最伟大而美丽的慷慨包容。

罗伯特·布拉西亚克，《致知识分子的感谢信》，1945年2月3日，引自皮埃尔·阿苏利纳《知识分子肃清》(*L'Épuration des intellectuels*)

面对即将到来的死亡，已被宣判死刑的罗伯特·布拉西亚克展现了勇气，但除非懊悔已经改变了他的性格，他究竟有没有意识到为自己辩护的人是多么慷慨包容，这值得怀疑。在最后一分钟，我们仍然听到他把自己归在最伟大美丽的法国文学传统之中，好像他仍然坚信自己是法国文学的仆人，而非它的背叛者。至于他到底是不是法国的背叛者，这曾是也依然是一个有待法律阐释的微妙问题。许多人——包括贝当元帅自己在内——都真诚地相信维希法国是唯一合法的忠诚对象，后来他们也因此据理力争，说自己并没有违反任何法律。(弗朗索瓦·密特朗做总统期间，有人披露他在成为抵抗运动的英雄之前也曾服务于维希政府。他暗示当初别无选择，当然与此同时他肯定是一直在为日后的抵抗运动做准备，总之人们相信了，他也没有被拉下台。)还有一些人与纳粹分子积极合作，是因为他们相信这是法兰西第三共和国应得的命运，与德国联盟哪怕是被迫的，但为了实现欧洲复兴以及一个摆脱自由主义呓语的法国，那也值得一试，相对而言这样的人没那么多，但绝对数量还是不少。像纳粹分子那样行事的人就更少了，尽管在文学界这样的人并非屈指可数。布拉西亚克就是其中之一。

布拉西亚克被纳粹赋予了自由处理权，可以用他那支喷射毒汁的笔对犹太人紧追不舍。从罪与罚的任何标准来看，他所造成的损害都不是枪决能够偿还的。但不管怎样，布拉西亚克还是被枪决了，也早早还了他自己的债。倘若蒙着双眼的正义天使能够介入，她会送他到西格玛林根[*]，那个绝妙的悬崖边的避风港地处多瑙河畔，路易·费迪南·塞利纳和所有其他毫无忏悔之意的狂热分子已被纳粹带到安全之地。他们早已坐在昂贵舒适的座椅里，互喷着破布般的妄论，无聊至死。他们的避难所很快人满为患，但是这段延缓期足够让他们中的大多数逃过了死亡判决。在《略施杀伐》一书中，塞利纳的污言秽语所谋杀的犹太人实在太多了，比起布拉西亚克在《无处不在报》上列出犹太人名，然后盖世太保和维希自卫队吃早餐时把这些名字加进死刑名单的做法来，更是多了千百倍不止。比起直接枪决布拉西亚克，把他和塞利纳在同一个牢房里关上十年，才是更严酷的惩罚。但治安委员会成员一如既往地急不可耐，于是布拉西亚克死了，没来得及感受以下这种可能性：他真正背叛的恰恰是他自我认同的法国人文主义传统。

他本可以反驳说伏尔泰也厌恶犹太人。但是，他对普鲁斯特会怎样说呢？他自己这样一个小人物站在普鲁斯特边上，能算什么呢？他怎么看这个问题呢？普鲁斯特也许只是半个犹太人，但是布拉西亚克连四分之一个知识分子都算不上，如果在和平时期，甚至可能更不济：是时代给他染上了一层黑色的光泽。他有作为批评家的某

---

* 德国西部的西格玛林根城堡，地处多瑙河畔，贝当老元帅这位法国国家元首即维希法国国家政府的最后领土。

些天赋，能写出慷慨激昂的文字，甚至发出跟他本人的政治立场不同的声音，这种立场中的陈词滥调并没有逃过他的眼睛。1937年他访问德国，尽管纽伦堡党代会拱顶的探照灯留给他深刻的印象，希特勒青年团的雄性活力也让他意乱情迷，他还是会把希特勒描述为一个可悲的素食主义者。（纳粹占领巴黎之后，布拉西亚克不得不审查他自己写过的一些东西。）但是，1941年他出席在魏玛举办的泛欧世界文学大会时，他在命运的巅峰忘乎所以。这是一场诗歌艺术和恶魔力量的结合。没有残酷也就没有温柔！在被占领的巴黎，布拉西亚克知道亲德派法国作家正被宣传机器吞噬。但布拉西亚克希望被吞噬。犹太人的布尔什维克威胁仍然存在，现在正是摧毁它的时刻。这个有组织的暴力可以执行这一摧毁任务，而他可以成为这种暴力的一分子。愤怒驱使着他，愤怒始终驱使着心怀怨恨者。他拥有狭隘聚焦的能量，这种能量虽然永远无法开阔视野，但显然足以扩散伤人，德国人的入侵给了他狩猎者闯入动物园的机会：狩猎目标们根本无处可逃。他的短暂事业是凶恶而狭隘的思潮产生的逻辑结果，这一潮流始于德雷福斯案件和白沫横流的法兰西运动座谈会：一种经过清洗的去世界性、去犹太的文化可以恢复法国的完整性，使法国成为欧洲天然的领导者。无论这个熠熠生辉的未来愿景里有没有德国人，它永远都是没有犹太人的。

但是法国已经是欧洲的天然领导者，而且恰恰是因为法国已经扬弃了追求文化纯洁的伪清洁理念。当海因里希·海涅在德国无家可归时，巴黎伸开双臂欢迎他。就像尼采自己所坚称的，海涅是继歌德之后德国最伟大的诗人，也是任何语言中最伟大的一位。海涅在巴黎的出现让人预先品尝到唯一有意义的文化完整性：文艺创作的领袖地位不仅会充实各个民族，也使国境线变得透明。法国反犹右翼并不只是一场政治畸形秀，更是一个文化的时代错误。从老牌大民族主义者莫里斯·巴雷斯和夏尔·莫拉斯，到表面光鲜的后备力量德里厄·拉罗谢尔和布拉西亚克，恶毒的喉舌咆哮着祖国的血液如何被毒染，却意识不到他们自己正是那剧毒的血液。布拉西亚克对这个残酷世界的告别语再次证明，他们从来没弄明白过。文学本应教会他们更多的东西。但这些小人物们所犯的真正的背叛罪一直就是：他们自以为学识授予他们高于凡人的权柄，而不是向他们揭示自己不过一介凡人。如果布拉西亚克能活下来并真正忏悔，他也许最终会明白过来：尽管如果是这样，他迟早也会死于自己的良心。他的双手沾了太多的血。拜他那些控诉者所赐，现在是他的血沾在了我们手上。他们中有一些也是文人，和他的辩护者们一样。他们本应该把控诉放进写作中。那些认为以文字来控诉还不够的人，就不应该成为作家。

托马斯·布朗爵士
Sir Thomas Browne

托马斯·布朗爵士（Sir Thomas Browne，1605—1682）属于少数在危急关头总会被重新发现的英语散文作家，因为他们拥有预测未来语言方向的天赋，而英语正是在危急关头才最容易被视作人道主义的宝库。第二次世界大战期间，在伦敦的欧洲流亡者——后来的诺贝尔奖得主埃利亚斯·卡内蒂便是其中的一位——发现布朗的文风足可证明英语在短小空间内能做到的事情。书面英语极易陷入似是而非的冗长，所以我们不妨用过去的例子来提醒自己，其实可以不必如此。英语总是通过词语活用来换取最初给读者带来的印象。那些将我们的注意力紧紧抓住的书名一再提醒我们这一点。布朗很早就想出了这样一个令人过目难忘的书名：《瓮葬》（Urn Burial）。一眼便能记住，即使你还不清楚它到底是什么意思。

> 象牙门外的梦，午夜前的景。
>
> 托马斯·布朗爵士，《论梦》(On Dreams)

当我第一次读到这行精彩的文字，它的后半句就是现成的书题。我将这行字记在一本早年的日记中，那应该是我在剑桥的时候，某个冬天有那么一小段时间，每天黄昏后我在彭布罗克图书馆相约布朗作品集，就好像那些皮封面已经开始脱落的书是一群杯酒老友。那时，我对于自己会写出什么样的书还毫无头绪。这个短语仿佛一顶找寻合适主人的帽子。许久以后，我编辑关于电视评论的第一本书时，才想起合适的书名其实早就有了。《午夜前的景》(Visions Before Midnight)再贴切不过：电视节目是视觉艺术，它们在午夜前出现，而这个降调短语暗含文明走向终点之意，这大致也是BBC体育解说员给我的感觉。

既然是托马斯·布朗先想出这个短语的，我再说"午夜前的景"多么精巧平衡，也就不用担心别人觉得我在自吹自擂了。布朗对于句子的抑扬顿挫有万无一失的语感，可以贯穿一整个句子，使其化为长长的诗行。他的特点是，句子的前半段徐徐上山，后半段则是下山，所以后半段力量更足。"不用多久，我们就要在黑暗中躺下，"他写道，"在灰烬中有我们的光。"这个句子的前半段本身又分为两部分。(其中一半被威廉·斯泰伦借用做了书名：《在黑暗中躺下》[Lie Down in Darkness]。)还有一个布朗的"三分两段句"(three-part two-parter)，本应该比现在更有名。"人是高贵的动物，虽本尘土亦绚烂，虽归坟茔仍耀华。"这个句子的"动物"之后真应该有一个冒号，冒号之后是一个独立分句，先是高飞然后着陆。《牛津名人名言词典》里的布朗部分都是这样的句式，但是放进原文语境中去读更好，在你能找到的最早版本中。他风格的肌理应该在时间中欣赏，正如猎豹的美需要透过树林去发现。对于他这样的作家，选集就好比老式动物园，动物不是关在笼子里就是圈在水泥岛上。

象牙门外的梦——此处停顿，考量一个简单逗号的力量——午夜前的景。我从未想过借用这个独特句子的前半部分，我认为也没有人会，但是多年后我发现早有人这么做了。（那还是"谷歌"尚未成为表示无限搜索的动词不定式之前。）地点是在一家二手书店：《象牙门外》(Dreams out of the Ivory Gate)，作者 J. B. 普里斯特利。无法理解为什么他选了不太戏剧性的前半句，但是也许他认为更诗意(poetic)吧。我会称其为更强行的诗化（poeticized），因此生命力也不那么持久。就其本身而言，"象牙门外的梦"听起来像是随便摘自詹姆斯·埃尔罗伊·弗莱克的《哈桑》(Hassan) 或《撒马尔罕的金色之旅》(The Golden Journey to Samarkand)。倒不是说弗莱克的文章里就没有值得渴慕的珠宝正在焦急地等待着合适的盗用。"今夜或任何一夜 / 会有一位白衣园丁到来 / 摘下的花朵已经死了，亚斯明。"作为一个书名，《白衣园丁》(The Gardener in White) 迄今为止就缺一本跟它相配的书了。它的一个好处是不容易撞车。不管生活中还是镜头前，我都遇到过有人想讨论某部叫作《午夜之景》(Visions at Midnight) 的书。既然他们很可能不是被别人而正是莎士比亚所误导（"我听到了午夜钟声"，福斯塔夫说，好像知道奥逊·威尔斯有一天会来借走最后那四个字似的），我本应感到庆幸，但实际上只是觉得心烦。同样地，我的小说《璀璨生物》(Brilliant Creatures) 总被叫成《美丽生物》(Beautiful Creatures)。我在叶芝的一首诗里（《库尔的野天鹅》）挑到这个书名时，觉得它真是万无一失。听到它被误引，那感觉就像给难伺候的女朋友偷了一件拉里科水晶制品，然后眼睁睁看着她把它摔碎。

书名不是真学问，但总能引发兴趣。它们往往是揭示作者品位的第一条线索。在我的小说《再造》(The Remake) 中（评论家责难颇多，也因此被我珍视），我放手写了两个独立的片段，都是自作聪明的对话，两个角色抢着说出最棒的书名。在纸上再现这个游戏之前，我在现实生活中已经玩过无数次了，随时可以跟访客玩一把。玩的时候，所有人最常想到的起名能手就是海明威，他太会引诱读者了。传奇的巴黎莎士比亚书店女老板西尔维亚·毕奇过去常说，海明威商业成功的一大秘密正是百发百中的书名，这些书名就像无声的音乐在书店中回荡，攫住顾客的心。他的一些最好的书名，不管是长篇还是短篇，都是原创：《你们绝不会这样》《乞力马扎罗的雪》《过河入林》（最后这部很可能是他最糟糕的作品，给 E. B. 怀特灵感写了部滑稽批判的戏访之作《过街入户》（"Across the Street and into the Grille"），后来成了一个套路，到处都有人弄出一个类似结构的书名来——不是过这人那，就是过那人这。）但海明威借鉴前人成果的数量也很惊人，其中有两个是最好的：《太阳照常升起》和《丧钟为谁而鸣》。对他来说，由此继承英语文学的韵律不仅是讨巧，更是恰到好处。尤金·奥尼尔的剧作《厄勒克特拉，悲悼的一生》（*Mourning Becomes Electra*）貌似也有同样效果："becomes" 这个词暗示了一种古典的庄严感，而当你理解了题目的意思，就更会拍案叫绝，一个短句怎么会释放出如此无穷无尽的韵律。威廉·福克纳直接回到了《旧约》："押沙龙！押沙龙！"。不过，给书起名叫《圣殿》也非常符合福克纳的风格，就这么两个词，仿佛就打开了共振箱，把逛书店的人全都吸引过来。

会起书名不一定是天才的特权。略有小才的文坛老手同样可以。雷蒙德·钱德勒的书名和他的书一样好：《长眠不醒》《小妹妹》《湖底女人》。达希尔·哈米特的书名比他的书更好：《玻璃钥匙》《瘦子》《血腥的收获》。艾拉·莱文的书名可以达到一流的诗意：《死前之吻》。新产生的学术术语是一个可以利用的资源，为没有多少灵感但耳朵还算灵光的作家提供了保障。"最后"这个词天生带着浪漫的感觉，都快被用滥了：《最后的浪漫主义者》《最后的大亨》《布鲁克林最后的出口》。"圣徒"系列的作者莱斯利·查特里斯很早就用了"最后"，也就是他最经久不衰的作品《最后的英雄》。一些糟糕的作家也会被诗意的书名青睐。安·兰德的《源泉》，还有一个《阿特拉斯耸耸肩》。后一个有点拗口，不过每个最后放弃这本书的人在把它吐出口之前都会被书名的口感迷惑一阵子。但这两本书如果还不算最糟糕的书——最糟糕的书按说是没法出版的——它们肯定也是被严肃对待的书中最糟糕的两本了。

外语书名转换到英语中总会丢失一些东西，但有时也可以丝毫不差——Der blaue Engel 与 The Blue Angel（《蓝天使》），La Peste 和 The Plague（《鼠疫》）——个别情况下，翻译后还会有意外的收获。弗朗索瓦·萨冈在这方面非常幸运：《你好，忧愁》（Those Without Shadows）。加西亚·马尔克斯也一样：不是《百年孤独》（One Hundred Years of Solitude），这个书名跟书一样海绵味十足，我喜欢《族长的秋天》（The Autumn of the Patriarch）。在德语中，The Tin Drum 是 Der Blechtrommel（《铁皮鼓》），尽管判断非母语词汇的分量和平衡性总是很难，但是君特·格拉斯这个书名在英语里肯定是赚了，因为英语书名会给人两记清脆的鼓击声，而冗长的德语书名却让人喘不过气。《如果在冬夜，一个旅人》（If on a Winter's Night a Traveller）是意大利原书名的逐字对译，因此看上去很可笑，因为没有一个稍有文学判断力的意大利人会相信卡尔维诺在构想那个书名时，除了狗、长围巾、别着羽毛的帽子和松糕鞋，还想到了别的任何事情。（我也不是说长书名就不可能成功：伊丽莎白·斯玛特的《在大中央火车站我坐下哭泣》就还不错，尽管它不是一本真正意义上的好书——它只是一场自我放纵。）

当原文语种和英语相差巨大，译者几乎可以自己平地起书名的时候，成果往往相当好，三岛由纪夫就是一例。《午后曳航》（The

Sailor Who Fell from Grace with the Sea）过耳难忘，比你想象中还要有韧劲；而《天人五衰》(The Decay of the Angel) 是我最喜欢的书名之一：荒芜与丰盛共生，就像克利奥帕特拉的大船停在拆船厂一样。（当然，这本书的品位都已包含在三岛由纪夫那张经典照片里了：兜裆裤，抹了油的胸肌，罗圈腿跨在摩托车上。）谷崎润一郎，一名远比三岛由纪夫重要的作家，他在书名上本来可以一样幸运的，可惜不太上心。他的代表作 The Makioka Sister 就跟日文书名（"细雪"）一样寡淡无味。要是他从三岛由纪夫那里借点东西该多好：Spring Snow（"春雪"）就完美了。虽然可能看上去不相干，但是好的书名往往如此。乔治·巴克将他的一部诗集起名为《教条中的爱神》(Eros in Dogma)。在四十多年的时间里，自从我在悉尼乔治大街的特雷尔二手书店买了一本后，我一直觉得这个书名之难以忘记一如书中的诗歌。

一望便知是用典的书名很少有好的，尽管像安东尼·鲍威尔臭名昭著的《哦，轮子多适合它！》(Oh, How the Wheel Becomes It!) 那样糟糕的也不多，不仅使你不想读这本书，简直让你再不想听莎士比亚的奥菲莉娅说过的任何话。（还是这个家伙，我们应该记住，造了个打败天下无敌手的《卡萨诺瓦的中国餐厅》[Casanova's Chinese Restaurant]。）所有好的用典书名听起来都像是原创的，只略微暗示它化用了别人的某个表达：《漫长一天的死亡》(A Long Day's Dying)，《线索是假的》(The Strings Are False)，《所有皆共谋》(All the Conspirators)。（"所有"这个词诱惑力太强了：《我所有的儿子》[All My Sons] 还算不错，正如《所有兄弟皆勇者》[All the Brothers Were Valiant] 和《所有江河向东流》[All the Rivers Ran East]；但是《所有悲伤的年轻食人族》[All the Sad Young Cannibals] 就让所有带"所有"的书名都面目可疑了。）当作家从先前的文学作品中选取书名，"先前"不一定非要多么"前"，只要不是当代即可。T. S. 艾略特还如日中天的时候，伊夫林·沃就扫荡了《荒原》，得到《一把尘土》(*A Handful of Dust*) 这样的好书名。但是《荒原》作为经典作品的时间已经足够长，沃这样的行为也就无可厚非了。艾略特自己的绝妙标题是 Ara vos prec（向你祈祷）：一定会博得所有会说中世纪普罗旺斯语的书店光顾者的青睐。

诗意的标题对于诗人来说应当是简单的，但是在这上面用心的人并不多，用心了也未必就能成功。大诗人奥登选起标题来会特别留意带上装饰艺术的魅力，即便是他早期诗集窄窄的书脊上横卧着的书名也不例外：他天生浮华的一面呼之欲出。《看，陌生人！》放进任何文学体裁都是值得称道的一个书名。这是奥登从自己的诗句中采撷的："看，陌生人，在这个岛上，现在。"(Look, stranger, on this island now.) 他的美国出版商——很奇怪还是在奥登的建议下——莫名其妙地选了《在这个岛上》，原名的力量消失殆尽。（几十年后，散文家韦兰·扬收集一系列关于当时英国的讲稿，他发现在那个句子中其实还藏了一个好题目："岛上，现在。"）奥登盗取的另一个题目则来自美国口语，与百老汇歌词作者从大街上偶闻的对话中摘取一些有诱惑力的模棱两可的短语如出一辙：《下次》(*Another Time*)。这意味着下一次会有更好的运气，意味着不同的时代，意味着遗憾。它也意味着任何读这本书的人，在打开书之际就已经心痒难搔了。高尔韦·金内尔伟大的长诗题目也给我同样的感受——是他的伟大的短长诗，这一点值得强调——《带着基督首字母进入新世界的大道》(*The Avenue Bearing the Initial of Christ into the New World*)。金内尔的题目有一种天赐之物的效果：他也许是发现了一幅带着这个标题的油画，画上西班牙军队和牧师正长驱直入一片注定要被他们夷为平地的土地。但这是一个美国人的发现：一个大发现，像房屋般大小。奥登的发现经由细微处理，正符合他一贯对待短语的方式。他年轻时，能够写出像"地球翻过身，我们这边感到冷"那样的句子，然后一阵冲动将它们串在一起，由此形成他早期作品中标志性的张力，这种张力存在于必须要考虑的语言风格和拒绝被中断的创作冲动之间。他后期风格转向庄重，新奇妙语少了，但耳朵还是那么灵敏。他想要听到的是简单的事实陈述，背后有着丰富的暗示——藏得很深，因此你必须发掘。有一种说法，他流放美国之后诗歌创造力就枯竭了。只要看看他的一首小诗就足以驳斥这种观点：《罗马的陷落》（"The Fall of Rome"）。这个题目深深铭刻在我脑中，是他内涵最丰富的诗题之一，尽管诗本身几乎空无一物：一切都会纷至沓来。整篇诗歌引领你回到诗题，而所有你读到的新闻，你日常的见闻，都会引领你回到那首诗。诗中那个"无关紧要的职员"就是你，就在这里，就在今天。而到了明天，你就会被世界其他某个地方的"水手哗变"所改变。

随着奥登的诗在文学史上占据一席之地，它们也成了日后作家选标题的资源。我自己就是第一批动手的人之一：我自传的标题《向英国坠落》（Falling towards England）就来自奥登的一篇诗歌，写艾萨克·牛顿看着他的苹果展示地心引力法则。（菲利普·拉金在给我的一封信中——这信现在收在新南威尔士州的图书馆——提出为什么没有评论者发现我的"偷窃"，最后得出结论是他们太年轻了，不可能领悟奥登作品面世时给人的震撼。）冒着唯我主义的风险——反正也不是第一次了——我可以从自己的例子中推断出一点，许许多多作者在起书名时都觉得有必要从过去的文学作品中汲取灵感，可能是为了表达自己是严肃、正统的文学，也可能只是像个孩子想黏在母亲身边。或许还有一种考量：如果这次拦劫行动成功了，最起码你书有一个部分是值得一读的。很久以前，还是悉尼城区扩建时期，我听说了一个虽然还没有名气，但颇具决心的小说家的故事，她已经完成了一部比托尔斯泰的任何作品都更长的巨著，她觉得如果从英语文学经典里挖出一个好书名的话，作品出版的可能性会更大。在被告知弥尔顿有好几部作品可能符合她的要求之后，她从头到尾把他的诗读了一遍——她阅读速度慢，几乎用了一年——最终她声称发现了一个天下无敌的书名：既包含了她的主题，又有迷人的节奏，来自一首晦涩的次要作品《利西达斯》(Lycidas)，没有人在她之前想到去用它。她要把她的书起名为《天使，望故乡》。她的直觉当然没有什么错。她只是不知道托马斯·沃尔夫早已捷足先登，遵循的是一样的直觉：在过去的作品中寻找引人共鸣的语汇，那时，像托马斯·布朗爵士那样的作家正用他们写就的一切铸造着新的语汇。

C

阿尔贝·加缪

迪克·卡维特

保罗·策兰

尚福

可可·香奈儿

查尔斯·卓别林

尼拉德·C.乔杜里

G.K.切斯特顿

让·科克托

詹弗兰科·孔蒂尼

贝内代托·克罗齐

托尼·柯蒂斯

恩斯特·罗伯特·库尔提乌斯

阿尔贝·加缪
Albert Camus

阿尔贝·加缪（Albert Camus，1913—1960）生于"一战"前的阿尔及利亚，尽管他在法国的大都市——殖民者之乡——星途坦荡，但他从未忘记自己出身于殖民地。用"星途"（Stardom）这个词一点不差，因为从他成为正式发表作品的作家的第一天起，他就被耀眼的光环所围绕，很可能让其他作家耿耿于怀。在纳粹占领巴黎期间，他曾冒险支持反抗，但他后来也坦承，自己当时担的所谓风险并不大。他那根本的坦诚正是他的标志。《反抗者》（L'Homme Revolte）一书于1951年出版，让加缪与萨特以及整个法国左翼处于对立状态，尽管他继续称自己为左翼的一分子直至最后——他也有足够的理由这样做。雷蒙·阿隆认为，该书有的地方含糊其辞，观点的力度不免就小了些，但他之所以会这么说，可能是因为加缪还是小男孩时，阿隆就已经有了这些想法，而加缪反而率先把这些观点付梓出版。

还不明白加缪观点的人不妨读读《反抗者》：他的小说《局外人》和《鼠疫》名副其实，但只呈现出加缪复杂思想的一部分。外界广为流传的说法称，加缪的思想并不真的复杂，这其实是加缪为自己的英俊相貌、诺贝尔奖奖杯、女人和名声而付出的代价。他甚至连死都轰动一时，一场车祸，座驾正是跑车中最耀眼夺目的那一款：法希·维加。他失落的故国阿尔及利亚的命运始终令他魂牵梦萦，直至最后一刻。就算在他最成功的时候，他仍是一个流亡在外的"黑脚"（pied noir）*。对他而言，异乡人的身份永远是不安之源。对几代仰慕他的读者来说，这一定算得上他无穷魅力的奥秘。加缪说，每个人的生活从内部看都是支离破碎的，聪颖的年轻读者总会被这样一个男人深深吸引。

——◆——

暴君于百万人的孤独之上喃喃自语。

阿尔贝·加缪，《反抗者》

第一次读《反抗者》时，这句精妙绝伦的话便从书页中跃起，如同海豚跃出水面。我立刻记住了它，从此爱上了加缪。我希望能像他那样写作，写出诗一般的散文。我想拥有他那样的长相。我想穿一件鲍嘉式的风衣，把领子立起来，下唇叼一支无滤嘴古洛伊斯烟，浪漫地死于一场车祸。当时那场车祸才刚发生不久。撞毁的法希·维加的车轮几乎还在转动，而我在悉尼大学认识一些流亡海外的法国学生，他们在印度支那服兵役的时候饱受精神折磨，也曾在巴黎遇到过加缪：其中一个还声称和他共有过一个女友。后来在伦敦，我买到了风衣和古洛伊斯烟，不过我觉得车祸的事情还不着急，等

---

* 指法裔阿尔及利亚人。

时机成熟再说。后来我意识到，抽法国烟只是一种吸入国有工业污染的昂贵方式，又过了很久，我从奥利维尔·托德那本精彩的加缪传记中了解到，那件风衣是阿瑟·库斯勒的妻子送给加缪的礼物，而根据学者的研究，他与鲍嘉的联系并非毫无依据。加缪希望自己看上去更像鲍嘉，而库斯勒夫人也知道从哪里能弄来这身行头。加缪有那么点演员的潜质——其实他认为自己是块演员的料，尽管就真正的表演而言，他那股戏剧化的劲头反而是个大缺陷——并且，由于他有一点演员的潜质，他格外注意逼真性，而本真的人们鲜少在意这点。但在对逼真性表面上的纠结之下有着比逼真更好的东西：真诚。他有着真诚的诗意。具备了这点，他便能同时从两个方面来考验他自己的语言：表现力，以及对生活的忠实。换言之，他不可能不这样考验自己。

尽管他有时研究工作不够严谨，也常屈服于韵律节奏的诱惑，但加缪的天性决定他做不了肤浅的人：他可以油腔滑调，但修改校样时又会后悔。他说本篇开头引用的那句话时并不油滑。四十多年来，他这句话在我脑海中闪现过起码上千次。（在我意识到自己有一天会写这本书的头一分钟，我就又想到了它。）但对我真正重要的是我第一次读到这句话的时候，因为它不仅意义真切，而且表达得很到位。他当然不是用英语写的，那时我对法语几乎一窍不通，所以也无从考证原文。但幸而这句话很好翻译，英译文甚至比法语原文拿捏得更好。只要保证第二和第三个名词（monologues 和 solitudes）在音节数量上搭配得当，也许换作乌尔都语表达出来都会铿锵有力。这个观点炽热的生动性恰恰在于，这句话本身精彩地展现了暴君的独白永远做不到的一件事：妙趣横生。

暴君的独白本来也并不想要妙趣横生，那正是关键所在。加缪是这方面的先驱之一——几乎和奥威尔一样早——他们认识到，极权统治者使人无聊的力量正是其压迫手段中宝贵而必要的一部分。

没有反对、滔滔不绝的演说就是无限权威的体现。

　　墨索里尼据说是个很具煽动性的演说家，但从任何客观的角度来看，只有狂热分子才会这么认为。埃兹拉·庞德早年是一名优秀的诗评家，T. S. 艾略特甚至都要向他讨教修改《荒原》的建议，而他把墨索里尼演讲的粗陋形态比作布朗库西的雕塑。然而我们甚至有理由猜测，庞德狂热的政治立场（墨索里尼对犹太人采取的措施远不足以满足庞德，正如贝当远不足以满足塞利纳一样）影响了他的审美判断。就算在当时，很多意大利人都意识到墨索里尼是个绣花枕头，随后在法西斯主义狂欢之后的长期宿醉期间，冷静的语文学家把他的演说进行了一番严格的语言学分析，把他的花招大白于天下。至于希特勒，以德语为母语的批评家早在他掌权以前就识破了他的演说不过是合力策划的骗局。（在奥地利被德国吞并前的维也纳，咖啡馆才子安东·库发表过一篇剖析希特勒辞藻把戏的文章，因此在纳粹死亡名单上位居前列。）

　　就希特勒和墨索里尼二人的表演来说——加缪年轻时常常在广播里听到这两位——你顶多可以说，信则振奋人心，不信就是无耻煽动。作为一名作家，年轻时的墨索里尼本来可以成为一个相当有煽动力的社会主义辩护家。希特勒以作家身份带给我们的《我的奋斗》比无聊还糟糕：听着他滔滔不绝口述，为他誊写的鲁道夫·赫斯要不是早就疯了，肯定也会被逼疯。如果《我的奋斗》没现在一半难读的话，读它的人就会更多，世界也会早点受到警示。在他们下班的时候——也就是他们休息的时候，那时候还不叫下班——墨索里尼和希特勒是截然不同的人。墨索里尼尽管绝不容忍反对意见，但他也可以表现出风趣的一面，因为他能被取悦：一个喜欢爵士乐大师"胖子沃勒"的人总不至于无聊透顶。但希特勒简直就是无趣的化身。一个展现他演说能力的典型例子便是吞并奥地利当晚的广播：整整持续了三小时之久。如果听他的公众演说是个艰巨任务的话，私下听他讲话便是人间地狱。我们有口述录音，他的席间闲谈简直让人想念起戈培尔来。在贝格霍夫的沙龙里，希特勒会在午夜过后的几个小时里一个人无休止地重复说着他早年的奋斗史和纳粹光明的未来，让头晕眼花的宾客们无法入睡：不妨用没有音乐的《尼伯龙根的指环》来形容。崇拜他的秘书们想要全部记下来，却敌不过睡意，而从东线战场回来述职的截肢军官宁愿回去面对红军的大炮，大炮齐鸣好歹还有点即兴的娱乐性。

希特勒有着骗子的洞察力，能看穿人们的反应，他对自己做的事一定非常清楚。他只是在证明自己。或者说，他在证明自己的地位：证明自己的权力。暴君都是如此，而加缪发现了这点。如果我们觉得墨索里尼是一个例外，那是因为他算不上完全是个暴君。在法西斯意大利，个性的概念从未在人群中消亡。真正的政治恶魔持有这样一种信念：除了少数由他亲自挑选的大管家，还有他本人，没有个体存在。每个人都要记住，他们一直以来只有孤独：孤立无援的孤独，等待着领袖的声音。也许是加缪与生俱来的孤独使他成功洞悉了这一点。对于一个天生肺功能衰弱却差点成为运动员的人来说，怎样巨大的成功都无法使他忘却失去力量的本能感受。这种感受使他成为一名伟大的作家。诸神将成功倾倒在他身上，只能染黑他的风衣，却从未浸透他的肌肤。

迪克·卡维特
Dick Cavett

迪克·卡维特（Dick Cavett）1936年生于内布拉斯加州。中学时曾是全州体操冠军，并自学成为魔术师。从耶鲁大学毕业后，他为杰克·帕尔和约翰尼·卡森撰写脚本，从此踏入电视行业，七十年代初开始便被誉为最老到的脱口秀主持人，在电视行业中独占鳌头。美国脱口秀的模式是先来一段喜剧独白或滑稽短剧，然后进入明星访谈。卡维特的节目把幽默融于访谈中，很多包袱也都是即兴的。在当时的美国电视界，如果有人一本正经地插科打诨，大家会感觉不自然，所以当时卡维特被认为是"怪人"。最后，他也因为离经叛道而受到了惩罚，电视媒体喜欢不同的节目泾渭分明。我得在此声明一下，他采访我的那次节目笑料很少，但这是我的问题。然而我从他身上学到了很多，令我难以忘怀。《卡维特》（1974）这本书的封面上有他自己的名字，也有他的朋友兼助手克里斯托弗·波特菲尔德的名字，主要内容是卡维特自己接受的一次长篇访谈。这是迄今为止出版的最优秀的有关脱口秀电视行业的书之一，独树一帜，一如他本人。

———·———

他们见过了农场，怎么还能把他们留下来？
迪克·卡维特，引用阿贝·伯罗斯之语

迪克·卡维特也许在别人那儿听到过这句话，然后记下来以备后用，但他自己也是完全有能力想出这句话并当场说出来的。遥想起来，这句话的高妙显而易见，属于那类"谁先说出口谁就流芳百世"的金句。阿贝·伯罗斯只是比较幸运罢了。（卡维特还引用过阿贝·伯罗斯为《红男绿女》[Guys and Dolls] 写的经典歌词，这就不是走运这么简单的事了；不过这是题外话。）如果你喜欢见多识广、知识储备惊人的脱口秀主持人，那卡维特绝对是美国最优秀的一位。约翰尼·卡森名气更大，但他首先是个喜剧演员。卡维特精神生活极其丰富，完全可以拿喜剧作为副业。他在镜头前唯一费心思扮演，或是需要扮演的，就是一个在纽约炫目的灯光下眼花缭乱的内布拉斯加男孩。为了塑造这一形象，他广泛借鉴业内大佬的经验，一直追溯到 W. C. 菲尔兹和其他更早的前辈。但他也能以惊人的速度创作新东西。他是从为知名主持人写稿起家的，能给任何人写稿，不仅主题契合，连语气都模仿得惟妙惟肖。当他自己终于在电视上露面时，他倒要贴合自己的语气了。他发现这比模仿别人难度大一些，但不久就相当自如了。1974 年采访我的时候，他已经采访过几乎全美所有家喻户晓的名人，并准备好面对更大的挑战，采访尚未成名的人，并弄出点名堂来。当时正在录像，我大致说了说离开澳大利亚的原因，然后他就不动声色地亮出了他自己的解释，正如我上文所复述的。那种漫不经心的节奏让我印象深刻：如果他之前用过这句话，他也知道如何让它听上去像第一次用一样。卡维特个头不高，长相英俊，却有着和身材不相符的深沉嗓音，他有着一副冷面孔，所以在说俏皮话的时候没有什么特殊表情。他只是把话原原本本地讲出来，就像最卓越的健谈智者们那样。在谈话中，"玩笑"是一个致命词：任何喜爱即兴幽默的人要讲事先准备好的笑话时，肯定都会低头猫腰。不论是私底下还是在观众前，卡维特的风格就没有这种威胁。他是目前脑筋最快的美国脱口秀主持人，很多主持人是靠脚本的。这没什么可羞愧的：在英国和澳大利亚，大多数脱口秀只播一季，每周一次，而在美国却永远像是每天都有。主持人薪水极高，用以补偿忙到没时间花钱的工作节奏。时间非常紧迫，若是要主持人自己写开场白，那要花上一整天，别的什么都干不了。在主持人与第一位嘉宾坐下之前，他就是个单口相声演员：一个讲笑话的。卡维特从写稿人起家，所以对这种情况很了解。但在他的主持生涯中，他一直对独白后的内容更感兴趣：和嘉宾的对话。在这一点上，他和卡森以及发扬卡森传统的追随者们都不一样，直到今天也是如此。甚至连乔恩·斯图亚特这个称得上珍稀品的主持人，主持风格也更像卡森而不是卡维特。

卡森每年在拉斯维加斯表演一次单人秀，报酬丰厚，这种形式是他最得心应手的。平常主持节目的时候，如果嘉宾抛出机会，他就能自然地接住——嘉宾越笨拙，机会越多——但这完全是在回应。要是嘉宾给不了任何合适的笑料切入点，点头哈腰、专门喂料的艾德·麦克马洪就会插进来，卡森就能回击他了。卡森《今夜秀》的接班人杰伊·莱诺不用捧哏，但本质上是用一样的方法：他的看家本领也是单口相声那一套，他还会通过在全美参加各种卡巴莱表演保持水准。（莱诺在伦敦做我的嘉宾时状态很好，笑话像连珠炮似的。我在洛杉矶做他的嘉宾时也是如此。我也不客气，结果场面不太像对谈，倒像是打嘴仗。）近来一些明星访谈主持人中，大卫·莱特曼跟卡维特那种轻松随和、温文尔雅的风格最接近，但莱特曼虽然反应快，他需要，或者说花费，很长时间来讲一个故事——节目一开始，他可以花十分钟只讲两件事，过程中还有大量挤眉弄眼和故意逗引观众的"呜啦啦！""嘿！""啊哈！"等口头语。莱特曼不喜欢滔滔不绝的嘉宾，一个说话头头是道的女嘉宾能把他逼疯：他不是等句子说完再打断，而是话说到一半直接插入。这种打断会很幽默，也能让观众更喜爱他，但嘉宾就挂不住了。现在这些主持人里，柯南·奥布赖恩一开口说话，最能呈现出卡维特那种不刻意着力的沉稳；但奥布赖恩成名之后越来越偏向嬉笑打闹的风格。这本是脱口秀的一大特色，但卡维特却甘愿冒风险。卡维特从不在观众面前扮鬼脸或是大呼大嚷，几乎不讲精心设计好的笑话，而且善于倾听嘉宾说话。简单来讲，他的风格不符合美国大众审美，久而久之，他本来就不怎么稳固的地位遭到了致命的侵蚀。

也许卡维特太高雅了。他在纽约上东区的褐色砂石豪宅里堆满了好书，而从他的对话所涉及的范围中能看得出这些书他都读过。（在耶鲁的时候他是个怪学生，但属于那种不声不响却把亨利·詹姆斯啃完了的怪学生，也许是因为有人建议他不要读吧。）尽管天性古怪神经质，他似乎和有教养的人在一起最自在，就像杰伊·莱诺跟他的老爷车和摩托车在一起最自在一样。我曾在纽约宣传我的《不可靠回忆录》，我本有些疑虑，怕它一开始吸引不了美国读者。这本书太难归类了：很多第一批读的美国书评家给它定的罪名是"既想忠实于现实，又想发挥想象力"。由于我脑海中确实也没什么其他目标，我带着失落的迷茫读了这些批评。最猛烈的批评来自《纽约书评》，抓住我无意间说的一句"里尔克是个蠢材"，教训我说恰恰相反，里尔克是位重要的德语诗人。这些不是什么好兆头。但卡维特在直播时却给这本书说了很多好话，以至于我觉得他可能是真的读过这本书，那这样我就收获一名美国读者了。他请我去阿尔冈昆酒店共进午餐，其间他心情愉悦，谈吐轻快又风趣；同一个星期的几天之后，他请我到家里喝几杯，那时候他状态更好了，因为他更愿意谈他自己的事情而不是我的。我在极短的时间内从他身上学到了很多东西。当谈到录节目时出的岔子（自嘲是他的魅力之一），他放了一段老节目的录影带，快进到了出错的地方。我已经记不清嘉宾是谁，也记不清他们在干什么——可能是杜鲁门·卡波特在用手帕甩拳王桑尼·利斯顿吧——但我清楚地记得卡维特问我的问题。"当时我的声音怎么突然变大了？"我斗胆猜测大概是因为录音师调高了音量，卡维特于是往前倒带一分钟，又给我看了一遍。"声音没调大，"他说，"是导演切换到近景了。"然后他给我看了一段因导演切换到全景而听不到台词的录影。顿时我什么都明白了：镜头远近决定音量大小。我做了电视节目这么多年，自己却从来没搞明白这一点。就在那个晚上，我学会了在抛出妙语前要先等摄像机的红灯亮起。红灯意味着开始。若干年之后的单人录影带解决了这个问题，但在当时来说，这可是一条重要信息。卡维特每周最少要录四档节目，关于如何在镜头前说话的一切，他都了如指掌。

这让他声名鹊起。他倒从没像卡森那么出名，但不乔装打扮一番也不好出门。他头戴一顶渔夫帽，帽檐拉到耳朵两侧，陪我走到第五大道好让我打车。那个街区的人行道刚刚重新铺过，混凝土里掺了一层金属粉，这样一来，街道在路灯下就会闪闪发光。我们就这样在夜空下走着。多年以后我又上了他的节目。他和当时一样热情洋溢，但闲暇时间却更少了。他的节目正在争取改版。电视台主管觉得他的时代结束了，也许他们说的没错。每年几百期节目让他精疲力竭。那些笑话生产机一样的主持人之所以能高频率地录节目，是因为除了没时间花钱以外，没什么能影响他们平静的内心生活。卡维特的内心生活就复杂得多。他经常拷问自己工作的价值。我认为他很想成为一个作家，却又无法面对可能的失败。一想到自己天生是干电视这一行的，他就不寒而栗。他在节目里经常自嘲身材矮小——有一句是"我是索尼造的"——听上去却有几分苦涩。

但他就是为电视行业而生的。就算他从未主持过脱口秀，他的喜剧特别节目也足以让他成为厄尼·科瓦奇之后独一无二的电视界天才。卡维特曾经缩在一位身高六英尺的性感金发女郎边上，那个欢乐的时刻令我记忆犹新。卡维特躲在她傲人的胸脯之下，对观众说道："请允许我向大家介绍——美国海军上将哈维·Q. 比斯瓦格，伪装术大师。"他天生有一种让语言成为主角的智慧——亦庄亦谐的天赋。但在美国，玩笑和严肃常常是对立的。在高雅杂志或是文化副刊，若是投稿者拿什么严肃主题开了玩笑，便会招致编辑部的痛斥，而在主流脱口秀界，玩笑和严肃随着时间推移也逐渐分道扬镳，而不是相反。

美国称得上是第一个在分裂中发展起来的文明。你可以这么说，但万万不能在脱口秀上这么说。戈尔·维达尔这样的叛逆者或许有免于责难的特许资格，但没有主持人敢斗胆一试——唉，甚至连想都不敢想。有些脱口秀是专门讨论这类主题的。查理·罗斯的脱口秀以严肃著称。未来再也不会有迪克·卡维特了。我们应该感到幸运，曾经有过卡维特这么一位人物；而我也应该感到幸运，当他还只在美国电视界小有名气的时候就认识了他。最终，美国电视界似乎转变了想法，不再希望接纳他了，不过也可能是他自己先有了这个打算。在他职业生涯接近尾声的某个时刻，他曾打算在英国做一系列节目，然后转播到美国。我被预定为嘉宾，与他的众多仰慕者一样迫不及待地盼着他来；但他并没有出现。据说他在肯尼迪机场登上了一架协和式飞机，起飞前精神崩溃，被送回了家。我并不了解他之后发生了什么，也从未打算了解。假如他有时间，他肯定是个忧郁的人，也许他终于找到时间了吧。（在阿尔冈昆酒店他送了我一本《卡维特》，他的杰作，在目录页他写道："心向修拉胜于安格尔。"）心系彼岸之人应得其所愿。正如《夜色温柔》里迪克·戴弗的结局，迪克·卡维特也终于卸甲归田了。他教会了我做电视人最重要的一课，远比摄像机指示灯更重要的一课：投身电视行业能为你带来各种意义上的回报，但要当心，不要除此以外一无所有。

保罗·策兰
Paul Celan

保罗·策兰（Paul Celan）1920 年生于罗马尼亚，1970 年在巴黎自杀身亡。若要简略概括一下他的人生，那就必须包含两点：他曾被纳粹抓去做苦役；他创作了描写集中营的最著名的一首诗《死亡赋格》（"Todesfuge"）。若要详述，我们又会发现他的人生是由接二连三的矛盾织就的。人人都读得懂《死亡赋格》，但要熟知他其余的浩瀚诗篇却绝非易事，尽管有些仰慕者称难度是被夸大了，他的诗难懂只是因为他自己懂得太多。但有的时候，他的诗本是对现实的深入挖掘，却似乎在晦涩当中寻求庇护。虽然销量不能完全说明事实，但有趣的是，他于 1948 年出版的第一部诗选《瓮中之沙》（*Der Sand aus den Urnen*）在三年内只售出二十本。要不是其中收录的《死亡赋格》后来名声大噪，世人对他的了解可能就更少了：而这首诗能出名，一个原因正在于它是策兰诗歌中少有的直白之作。他本人对这首诗的轰动一时感到很厌烦。他觉得太多德国人利用它来拔高自己的愧疚。另一方面，他又很喜欢海德格尔，而海德格尔本人对自己在纳粹手下做的事是毫无愧疚的。策兰的作品主要由约翰·菲尔斯坦纳翻译成英语，他写过一部优秀的策兰传记《保罗·策兰：诗人，幸存者，犹太人》(Paul Celan: Poet, Survivor, Jew)。但此处有一个关于"幸存者"这个词的问题。如果我们说他抵抗疯癫的唯一方法是死亡，那他真的可以被称为"幸存者"吗？作为诗人，他当然是"幸存者"，但不能认为他只因一首诗而流芳百世，那是对他的轻视。解放贝尔森集中营的时候，马尔文·皮克也在场，并为一位将死的姑娘写了一首情诗。主题与词句之间的对照形成了很好的反讽效果，但最终还是未能摆脱十九世纪浪漫主义的格调和节律。策兰的诗则是纯粹属于二十世纪的。他摸索出一套方法，在一如既往如音乐般优美的诗句中注入几分必要的苦涩，与时代呼应，从而遵循了以下这条他为自己定下的法则。

———◆———

归我为杏仁。

保罗·策兰，引自约翰·菲尔斯坦纳
《保罗·策兰：诗人，幸存者，犹太人》，第 79 页

我记下这句话的时候，忍不住想在后面加上半句："称我为怪人（仁）。"(And call me a nut.) 但我知道，读一位承载历史全部重压的作家，难免会产生底气不足之感，这时你的心理防御机制会自行启动，之后这位作家的一系列古怪行为都情有可原了。策兰的例子永远震慑着其他诗人。一来，他自杀了，不难理解，评论家们会把这看作严肃的标志。但不管怎样他们也都会认为他严肃，因为他的大部分作品几乎无法读懂。就迎合大众口味来说，《死亡赋格》是他最

易上手的一首诗，但也无法保证百分百读得懂。策兰一贯的神秘主义哲学和神学艰深晦涩到无法解密，这对于诗人本身来说是必不可缺的，对于诗歌却未必：我们找不到任何理由说，在大屠杀的幽暗中写下的诗就必须艰深晦涩，而且策兰至少写了一首诗能证明这点。《死亡赋格》说了些什么，一目了然。他用米开朗基罗《最后的审判》的意象来滴定测量薄伽丘《爱情的幻影》中的语言。这首诗是对"最后的审判"的爱情想象。或者简单来说，它就是一首来自地狱的情歌。如果我们将纷繁纠缠的旋律分解开来——这是诗歌对读者的要求——就会发现有两种与爱相关的幻影：一种是加害者狂喜的幻影，另一种则是奴隶痛苦的幻影。"赋格"之意即在此。学术研究（仅仅是学术研究，而不是诗歌本身）告诉我们赋格起源于探戈。马伊达内克集中营[*]里，可怜的探戈乐队永无停歇地演奏，而难逃一死的囚犯们被分配了各种苦役，折磨至死。德国长官偏爱探戈，也许因为装腔作势的上流社会喜欢这种绮丽的音乐：希特勒和戈培尔1941年都欣赏过一支探戈乐队的演奏。策兰也许听说过死亡集中营的探戈。他可能听说过，但不可能真的听过。我们得记住，他从未在马伊达内克或是任何那样的"灭绝营"（Vernichtungslager）待过，尽管在罗马尼亚被迫做苦役的时候也许有过类似经历。马伊达内克于1944年由苏联解放，策兰可能在这之后马上听闻了那罪恶的探戈。然而，他构思好了两种对立的爱之幻影之后，就只有赋格的形式能够表达了。

可以说，《死亡赋格》（严格来说应该是"属于死亡的赋格"，因为"死亡"[Todes]在这里是所有格）是最后的情歌。这样来看，阿多诺所说的"奥斯维辛之后无诗歌"无论多残酷，毕竟是现实：发

---

[*] 位于波兰卢布林城东南，"二战"时法西斯德国在此设立大规模集中营，先后囚禁过五十万公民，死难者达三十六万（另有估计数为一百五十万）之多。

生过那样的事之后，也许会有宽恕，但不会再有纯真。再也无法重返欢愉。但阿多诺的话又是错的，因为历史上任何时候都不可能重返欢愉。大屠杀贯穿人类历史，也许历史正是将大屠杀当作了最初的多元文化活动。犹太人大屠杀，"我们的"大屠杀，似乎很特殊，因为它正是从文明中产生的。但这里有一个误读：一位专业读者才会有的误读，而从中又生出最根深蒂固的一种误读。文明与屠杀是完全独立的两回事，它们都来源于历史。长远来看——当然，对于我们这些在那次劫难之后思想发展成熟的人来说，理解起来要容易得多——文明与屠杀是如此不同，以至于它们可以作为对立面互相定义。乔治·斯坦纳和阿多诺的想法相呼应，但他并未采取行动。斯坦纳曾提出语言应该退回沉默（在他的早期作品《语言与沉默》[Language and Silence] 中），如果他愿意，他也许可以在情感上代表这种沉默。他非常清楚地认识到欧洲文化底蕴之深，所以也敏感地体会到创伤毁灭之广。但这些都不能妨碍他成为策兰的学生；从逻辑上来说，他本无缘这条道路；如果奥斯维辛之后无诗歌，那为什么还要去寻找诗歌呢？斯坦纳给出的答案，也许是他似乎相信策兰真正的诗歌就在那些"密码"里，这种元语言以它本身的晦暗艰涩宣布了直接描述奥斯维辛的不可能。抛开学者们对于艰深诗歌的喜爱先不说——这使他们自己成为不可或缺的——策兰的艰深，加上斯坦纳的背书，相当于对阿多诺的双重肯定。

但《死亡赋格》推翻了整个论点。有一种观点认为，强加的对罪恶的意识可能会让抒情诗变得毫无价值，这样的观点作为一种情感反应始终有其合理性。一般来说，如果一个人不能时不时对这点感同身受，那他可以说是十恶不赦了：当女性遭受蹂躏，我们还怎能描写爱情？但认为它是正确的就是违抗理性。即便在这同一个人身上，也可以存在看到世界最具毁灭性的一面，同时继续进行创造的能力。策兰用《死亡赋格》证明了这一点。虽然我们肯定会匆匆定论说，《死亡赋格》并不仅仅是一首优美的诗，若是典雅爱情这一传统诗歌主题已全然被遗忘，这首诗就不可能存在——因此记住诗歌依然是可能的，即便是在焚尸炉的白光之中。一种新的爱情诗从记忆中升起，融入圣经《诗篇》的回音，拥抱更具悲剧色彩的美的概念。斯坦纳对于悲剧形式之死的观点没有错，但悲剧是通过进入一切事物而变得无形，就像烟囱冒出来的灰烬湮没在风景中一样。

在《死亡赋格》中，悲剧的灰烬渗透到了抒情诗里。它一直都是通过暗示而进入诗歌的——没有一首讲述爱情的诗不是从死亡中获得力量的。（安东尼·伯吉斯在《不似骄阳》一书中——对于刚开始阅读莎士比亚的年轻学生来说，这是为数不多的几本必读书之一——描绘了一个令人信服的情景：莎士比亚在看泰伯恩行刑场的一场处决时，文思泉涌，诗兴大发。）但没有一首诗能像《死亡赋格》，从那么多死亡中获得那么多力量。说它是一首伟大的诗是没有意义的：它当然是伟大的。更难的是冒着遭受抨击的危险说，策兰如果没有写那么多关于自己的诗，他也许能写出更多《死亡赋格》一样水准的诗。他深奥的诗作无疑反映了他的精神痛苦，或许也控制了这种痛苦。从他的传记来看，他能集中精力就已经是一个奇迹了。但《死亡赋格》表现美丽女孩身体的毁灭，让策兰得以走出自己。它使策兰脱离了马里奥·巴尔加斯-略萨所称的"沉浸于自我"（ensimismamiento）的状态，汉娜·阿伦特将其定义为"将自己的内心等同于历史战场的一种倾向"。保罗·策兰完全有权利处于这种状态，但这对他的才华不利，长期以来甚至有可能让他相信，他的才华配不上他的心灵，因此他的幸存要接受自己良心的谴责。诗人没有什么简单的规则可循：要是有的话，傻子都能写诗。但确实有些经验法则，其中最好的一条就是将注意力从自己身上移开，如此才最有可能挖掘你的个人经验。当然，对于任何有像策兰这样的经历的人来说，超脱自我都是不太恰当的建议。但令人着迷的是，就在

《死亡赋格》这首诗中他做到了，写下了一首我们大部分人用来定义他的诗：他是那个带着一首情歌从火焰中走出来的人，这首歌以唯一可能的方式救赎了人类——承认这里没有救赎。

尚福
Chamfort

尚福（Chamfort），原名塞巴斯蒂安-洛奇·尼古拉斯，生于1741年，他的逝世预示着现代史的开始，而他只以这个笔名示人传世。由于大革命当局因其出言不逊而要把他送上断头台，他于1794年自杀身亡。法国素有出格言大师的深厚传统，尚福则是为其"一言以蔽之"的天才付出生命代价的警句大师。他生不逢时。大革命催生了意识形态之恶，我们现在能认清它的面目，但当时是不可能的。因为它仍处于自我发现的过程中。尚福在运气用光时已经抓住了它的一些特点，但即便是他也没想到，"意识形态之恶"是不能拿来开玩笑的。二十世纪，开这种玩笑的人被一一列上死亡名单的首页。

要不是因为我，我能做得更出色。

尚福，引自让-弗朗索瓦·勒韦尔《阴影世纪的终结》(*Fin du siècle des ombres*)

"要不是因为我，我能做得更出色。"(Sans moi, je me porterais à merveille.) 尚福在一次自杀未遂之后说了这句话。他的真名叫塞巴斯蒂安-洛奇·尼古拉斯，但他一直以智者尚福为世人所知。他也有别的志向，有些也给他带来了名利。他的戏剧作品颇受欢迎，足以使他跻身上流社会。尚福高大英俊，狂热追求女性，自称终身不娶，因为"担心会有一个像我一样的儿子"。他于1781年成为法兰西学院院士。然而在今天的教科书中，尚福的感伤主义戏剧作品被人记住是因为它们被忘得一干二净，他和里瓦罗尔被一同列入前大革命时期的二流哲学家，他们长期混迹于沙龙，彻夜欢闹，着力于妙语警句。但尚福去世后发表的《格言录》(*Maximes*)对于那些箴言爱好者来说却在文学界占有一席之地，他们相信在这些至理名言背后是尚福荒废的一生。尽管一开始尚福是支持大革命的，但他在恐怖统治时期逃过一劫的机会也许和卡米耶·德穆兰差不多，原因也是一样的：他向来以针砭讽刺著名，嘲讽"人道主义者"的伪善，而掌权者正是人道主义者们。德穆兰被处死是因为他开了"公正"大人的玩笑。(在送往断头台的死囚车上，人们听到德穆兰说"我因我的玩笑而死"，这句最后的妙语甚至在他那颗聪明脑袋落地时就已经口口相传了。)但和德穆兰不一样的是，尚福打算比断头台抢先一步。他选了自己做杀死自己的刽子手，是对一百四十四年后埃贡·弗里德尔在窗口纵身一跃的辛辣预演。行刑的场面令人毛骨悚然，但他最终死于重伤，留下关于他的机智嘲讽的记忆，凭人咀嚼回味。尚福给"博爱"(fraternité)一词下了经久不衰的定义："做我兄弟，不然就要你命。"其实正是这句话要了他的性命：说完这句话不久，他便被捕了。

让-弗朗索瓦·勒韦尔是后来众多政治学门徒中唯一一个敬仰尚福的。米拉波伯爵广泛引用尚福，塔列朗引用得更多，因为他根本不承认自己是借鉴来的。夏多布里昂在伦敦的时候读完了尚福全集。普希金、龚古尔兄弟和叔本华都以尚福为榜样。在恩斯特·荣格的高加索日记中，我们发现他在1942年11月正专心阅读尚福的作品，当时美国轰炸机已在光天化日之下盘旋于德国上空，斯大林格勒战役正做着最后阶段的准备。戴高乐的回忆录中对尚福的引用也十分出彩："理性克制的人只能叫生存过。热情洋溢的人才叫生活过。"显然，尚福使戴高乐相信自己也有魅力超凡的一面。尚福这位迷人浪子的秘密也许就在于，理性的人能在他身上看到自己没有选择的那条路——他那看似信手拈来的魅力能暂时平复他们的一个念头：对他们来说可能从来就不存在那样一条路。人们对这个浪子的溢美之词有一些是出于对替罪羊的感恩之情。总体来说，作家很乐意看到同行浪费天赋，尤其是天赋显而易见的时候：这样他们就能借鉴他的笔调，而不是抄袭了。不过，除了品味刁钻这一条外，尚福在社交场上被边缘化还有别的原因。尚福说维护名声这件事倒足了他的胃口，以此来解释自己以玩世不恭为一生追求，他在写自己的风流史时似乎鲜有羞耻之苦。他反而发现，或是声称发现，严肃文学使他感到抗拒。"现今大多数的书感觉像是一天之内把旧书翻了个新样。"这句话和其他人的警句一样，都是对新瓶装旧酒的警戒，尽管——正如我在这本新瓶装旧酒的书里某处要说明的——只要说的是真话，那么还是可以为"说"本身辩护几句的。

尚福能把真理说得深刻难忘，而又没有苦心雕琢的痕迹。他说："我要离开这个世界了，在这个世上，不碎的心必得变成青铜。"很少有智者能潇洒地甩出这样一句话，就算他们试着写，也绝不会这么妙。跟他一比，甚至连拉罗什富科、拉布吕耶尔和沃韦纳格这样的元音省略大师写出的警句都像大理石厚板似的。尚福更喜欢纸飞镖。他的用词短小有力，只有像勒韦尔这样的艺术家和记者才有能力欣赏，因为他自己也能写出来。勒韦尔在一本小书《论普鲁斯特》(*Sur Proust*) 中写道："文学批评体系就是用来满足对文学作品本身兴趣的匮乏，再把这种吞噬性的匮乏冠名为对文化的渴求。"如果这句话的关键落在"冠名为对文化的渴求"，那就不过是个王尔德式的自相矛盾的俏皮话。但"吞噬性的"(dévorante) 一词赋予了整句话独特的味道，因为人们耗尽精力地对真正的艺术充耳不闻，而这种精力被投入到文学批评体系中，成了它最突出的特点之一——也就是说，使之有别于对文学作品恰切而审慎的机敏反应。

而尚福能想出那个最重要的词，是得益于他的诗歌天赋。对诗歌敏锐的嗅觉在格言和任何散文创作上都大有裨益。勒韦尔这样评价尚福："对这位警句魔术师来说，句子的晶莹和乐感是最重要的。"言外之意可能是，真理和正义最无关紧要；但毫无疑问的是，短小精悍的语言，而非有条不紊的铺陈，具备一种隐含的魅力，总能最先吸引我们的注意力，即使不是最长时间的注意力。尚福凭借他的机敏获得了所有应得的奖赏，几乎使我们相信那是唯一值得一过的人生。但如果他真是这么想的，可能他什么都不会写下来。他最后确实做得非常出色，而这都因为他是尚福，而非"尽管他是尚福"。

可可·香奈儿
Coco Chanel

加布里埃·"可可"·香奈儿（Gabrielle "Coco" Chanel, 1883—1971）并不漂亮，但永远美丽，她的事业代表着二十世纪两大与人文相关的主题：其一是流行与应用艺术对文化最大程度的影响力，其二是创造力在道德舆论压力下的不堪一击。作为一名设计师，她设计的"小黑裙"将人们的注意力从高级定制（haute couture）转移到了成衣（prêt-à-porter）：在她之前，高端时尚极其昂贵，除了有钱人，没人能负担得起。她的开创性设计为她带来了财富，使她得以进一步施展自己绝佳的品位，她资助先锋派艺术：曾给佳吉列夫和斯特拉文斯基开过支票。然而，她的这些品位（如果不是某一种品位的话），却让她在德占时期接受了一位德国军官的庇护，要不是人们正确看待她的才华，将之视如国宝，她的名声早一败涂地了。她的名字继续以香奈儿品牌流传下去：它是"优雅"一词永恒的保障。

尽管不完全正确，但这个名字能说明一些事实。

———•———

生活不再囿于必需品时，奢侈品便是新的必需品。

可可·香奈儿（据称）：皮埃尔·勒韦迪为她所写，
引自埃德蒙德·查尔斯·鲁《香奈儿》

香奈儿有个习惯颇令她受益：身边随时有一个百依百顺的诗人，为她撰写的警句也广为流传。一般来说，最好的格言本身都是不言自明的，但却是人们平常避讳的话题。不过，引文这句话的真实性却在香奈儿之都巴黎得到了辛辣的验证。在德占时期，巴黎的奢侈品定量配给，但仍无法阻止女人们尽可能把自己打扮得光鲜亮丽。她们确实更用心了：打扮能使她们忘记难熬的无趣，为了争取为数不多的男性，竞争也格外激烈。巴黎也许是唯一一个在战时由于裤袜短缺而在腿上画袜子的首都，女人们还会在大腿后面描上缝线以达到逼真的效果。战后爆发的奢华时尚是由于战时缺衣料、染料和绸缎而在新时代反弹的结果——新装甚至比新政更轰动全世界。

在我少不更事，会趁母亲出门偷穿她衣服的年纪——我记得七岁时有过一段异装癖——除了转开口红以外，最让我着迷的就是她唯一一件晚礼服裙上的亮片。那些亮片的光芒至今仍会影响我在斜阳下欣赏悉尼大桥的感觉。我母亲的衣服是她和美好生活之间唯一的联系，它们对她至关重要。她和我的衣服是头等大事：有一天，她把滚烫的熨斗在我第一套蓝色正装的西裤上放得太久了，那是我们一生中最糟糕的日子之一。我们不愁吃穿，但也谈不上富足：至少没到对那件事毫不在意的程度。尽管悉尼离最惨烈的战争劫难还很远，它仍没能逃过当时的国际规律，所有漂亮东西都成了稀罕物。然而，等到几十年后我才明白，我母亲穿戴的那些精致礼服对于体现精神价值有多么重要。英国哲学家T. E. 休姆曾说过："哲学是关于穿着衣服的人们，而不是关于人的灵魂。"哲学是二者兼顾，但他对于前者之重的强调是正确的。

生活必需品再往上一个层次就是精神生活的开端。随着战争接近尾声，美国军人服务社的货品成了最早的世界通用货币。一条巧克力就能让德国女孩开心。几盒好彩或骆驼香烟就能赢得英国和澳大利亚女性的欢心，虽然没那么直接，但同样奏效。对士兵们来说，美国军官的高级制服是战争最令人黯然神伤的一部分。美国士兵穿得比我们的军官都要好。它比德国炸弹或日本军刀还伤人：在屠刀面前你还能碰碰运气，但即便是零头也足够庞大的美国文化呢，我们却只能承受它，而承受它可不是件容易的事。

这些巨大差异要过上好几年才让人不那么痛心。于是，人们在物质诱惑面前能抵抗多久就成了一个道德评判的标准。香奈儿借用的那句格言传播广泛而深远——它作为一条社会学原理甚至被提高到科学的高度。遗憾的是，她的个人原则在这句格言面前不堪一击。在德占时期，她选择了捷径。她接受了一位有权势的德国庇护人。一开始她获得了巨大回报：她不可能缺黄油和白糖。之后德国人自己也没有奢侈品了，这笔交易无疑在物质层面就不那么吸引她了。她最后都没有抛弃那个德国人，或许也算不容易，但吹毛求疵的肃清运动委员会可不会那么看。如果她没有逃去瑞士，肯定会被剃光头：这个新发型就算是她剪都很难时髦起来。电影明星阿尔莱蒂跟德国人合作要低调得多，还因此销声匿迹了两年。最终香奈儿被允许回国，因为她是为数不多的知晓时装秘密的人之一，法国人明智地认为这是国家复兴的第一丝希望。时装是巴黎在世界稳固其时尚生活秘密的永恒保障，雪铁龙DS19还只是设计图纸的时候，时装就已经开始复兴法国经济了。不论汽车和飞机有多优雅（没有什么飞机比卡拉维尔客机看上去更气派了），法国人结合工艺和设计的独到本领走向世界，依靠的还是时装。但香奈儿还是明智地保持了低调，直到1954年她受美国模特苏茜·帕克亮相巴黎的启发，才重回时装界。

二十世纪的西方发生了很多事："一战"时对德语国家的经济封锁，战后的通货膨胀，大萧条横扫自由世界，欧洲及太平洋地区战火纷飞，"二战"后除美国外世界各国长期的配给制——这些因素都促使人们对于唯物主义和精神之间的关联展开了探索性的研究。但只有辩证唯物主义的腹地才为这种关联的存在提供了尺度。在苏联，能进入特供商店是一件大事，那是高级官员和他们的心腹才能去的地方。特供商店里陈列的都是奢侈品，其中有些普通到令人辛酸：不伤牙齿的牙膏、不扎人的厕纸、扎得了人的剪刀等等。广大群众只能去普通商店，商品标准只比集中营好一点。除了短暂的列宁新经济政策时期外，这样的状态持续了几十年。1976年我和一队游客在莫斯科，住在大都会酒店，一个著名景点，三十年代末很多人夜半到此，当时来这里下榻的国外共产党政要睡觉都得穿戴整齐，以防随时轮到他们被接见。与我同行的一位游客是英国大学的社会学讲师，他在晚餐时严肃地对我说，来到一个贫富差距不大的国家真是令人宽慰。他没看见国际旅行社的导游把剩下的俄式薄煎饼塞到自己的仿皮塑料包里。

除了在人为引发的饥荒期间，苏联没有人挨饿，也没有人干渴而死或衣不蔽体。但他们吃的、喝的、穿的都太差了，无法让他们不对他们本该憎恶的资本主义感到无助的羡慕，这种具有腐蚀性的精神匮乏不是绝对的，而是相比较而言的：但比较是真实的。每一天、每一周、每个月、每年、整个虚度的人生都充斥着比较的念头。让平民无穷无尽地排队，只为拿到分文不值的东西，这就是个糟糕的玩笑了。在1982年巴黎的成衣展览上，我碰到了摄影师维克托·西霍夫，他带着自己的所有档案离开了苏联。他认为自己一生都在用镜头捕捉苏联女性愉悦、激动、痛苦和失落的瞬间。在巴黎他终于意识到，他真正拍摄的是她们的服装。在苦难的边缘，也就是苦难融入日常生活的地方，是最触手可及的悲哀。中心地带深重已极，殊难追究。那些商品是进行无情的经济攻击的轻武器。它们本身就是一种侮辱，刚出厂就已经是垃圾了，而那些苦干、省钱、无止境地排队等着买它们的人，最后却发现它们一文不值，因为刚到手就已经开始散架。与此同时，统治阶层的品味又使真相露了馅儿。没有一个外交官回国不带几瓶香奈儿五号香水。所以，可可·香奈儿，这个曾经屈服于纳粹的人，终究是为击垮另一种苦难做出了贡献。

查尔斯·卓别林
Charles Chaplin

查尔斯·卓别林（Charles Chaplin）生于1889年，卒于1977年，大半生享誉全球，若以识别度和曝光度来衡量，从他事业早期开始一直到默片时代结束，他是迄今为止全世界知名度最高的人。他那本笔调夸张的《我的自传》(My Autobiography)的读者可能会认为他被名利冲昏了头脑。但事实证明他并没有。尽管对他的溢美之词热烈到会让路易十四都不好意思，出身平民的卓别林始终保持着普通人的自我认同。他进步的政治立场是真诚的，而他在麦卡锡主义反共恐怖时代却陷入窘境——受到迫害，不得不流亡他乡。美国现代史上的这一事件是这个接纳了卓别林的国家决不能引以为傲的。在他后来成就略逊的有声电影时期，他坚决要把包括配乐在内的各项主要工作都揽过来，表现出一种盲目的自信，但的确没人比他更有权称自己为艺术天才。不过他也知道，他并非在所有领域都是天才。希特勒自称甚至对科学都有独到见解，也因此成为卓别林喜剧的绝佳题材。《大独裁者》（1940）正是一个谦逊的人对自大狂的剖析。

———◆———

他们对我欢呼因为他们都理解我，
他们对你欢呼因为没人理解你。

查尔斯·卓别林致阿尔伯特·爱因斯坦，
于1931年《城市之光》首映礼

在那个盛大之夜，两位身着燕尾服的伟人都很帅气，但影星无疑更加魅力四射。他说得很有道理。但"没人"这个词，他用得还不是那么准确。与不解之谜正相反——这是《纽约时报》记者添油加醋造出来的——世界上每位物理学家很快就理解了狭义相对论，尽管他们认为这个理论有可能是错的。现今，几乎每个受过教育的人都能背出 $E=mc^2$ 这个公式，甚至还能粗略地讲讲含义。他们也许没法同样来解释广义相对论的各种公式，但对于这个理论的内容还是略知一二的。然而，粗略讲讲和精确阐释是两码事，略知一二和完全理解又是两码事。只有科学素养很高的人才能完全明白其中的含义，这点仍是事实。其他人只是盲目地相信罢了。卓别林的这番话道出了艺术和科学这两种知识之间的差异。

早在歌德拒绝接受牛顿的光谱理论时，这种差异就已经存在了，当时歌德认为牛顿的理论在审美上不能令他满意。差异一直在那里，只是当时还不那么明显。（对歌德来说肯定不明显。）当卓别林和爱因斯坦同时去看《城市之光》的时候，这种差异已经明显到除了疯子人人都看得出来。大部分科学对于我们这些不懂数学的人来说就是天书。但天书里总有些内容能转化成我们有能力欣赏的形式，而且令人宽慰的是，人文学科毋庸置疑形成了一种文化，然而科学能不能算得上是文化，这个问题科学本身也无法回答。1959年，英国科学家及小说家C. P.斯诺在做题为《两种文化》(*The Two Cultures*)的讲座时——他的中心论点是：从事文学工作的人如果不懂一点科学知识，那就不可能充分了解现代世界——他引发了一个必输无疑的争论，因为这个争论只能在文字框架中进行。不可能通过实验来进行这个争论，也无法以符号来说明。它只能在语言中进行——而这正是人文学科历来的领域。

科学永远只存在于当下，随着它的发展，必须时时抛下过去。(如果一名当代热力学家讲到关于燃素的文献，这时他的身份就是人文学者，而非科学家。埃德温·哈布尔同样也不需要了解托勒密，尽管他确实知道。)人文学科不是那样发展的：它们需要积淀，过去的事物永存。因此，这两种知识的历史是根本不同的。科学家可以去回顾科学史，也可以不这样做；人文学者没有选择：他必须时时回顾人文学科历史，因为它永远鲜活，无可替代。这是两种不同的历史，两种不同的时间。人文的时间是双向的，是一支双头箭。如果荷马可以穿越到现在，学了英文，读了简·奥斯丁小说的盲文版，他能发现这些同样是关于男人、女人和冲突的故事，与他自己的作品相比，相似多于差异。大部分时代背景对他很陌生，但故事本身不会陌生。两千年的时间并没有使往昔认不出当下，也没有让当下认不出往昔。然而，科学却可以让自己的未来在几十年里面目全非。如果能让1945年最优秀的数学家和计算机工程师来到现在，看看一台普通的笔记本电脑，他们可能会操作，但完全不知道这是怎么运行的。它的微处理器对他们会是不解之谜。科学的力量就是要把世界改变到连科学家都无法预测的地步。而人文学科——唯一的文化——的力量，是要以人人都能欣赏的方式来解读世界。爱因斯坦知道，科学给予了卓别林成名的途径。他也知道，卓别林不用了解任何科学也能生活。但就像爱因斯坦多次告诉卓别林的一样，他自己若是一点人文学科的知识都不了解是无法活下去的。举个例子，爱因斯坦热爱音乐，并执着于这种艺术上的满足，因此他更坚信自己的广义相对论，在其中找到了美感，同时又不满于量子力学，因为它是混沌的。在后一点上他判断错了，下一代物理学家大都同意是他的审美观误导了他。这两种不同的灵感几乎必然相关，但这种关联之深，使得无论是科学家还是艺术家都说不清另一种灵感到底是如何影响自己的。然而，受到启发设计出燕尾服的人肯定是为全世界做了贡献：在那盛大之夜，两位不同的天才看上去旗鼓相当，这也正是事实。

尼拉德·C. 乔杜里
Nirad C. Chaudhuri

1897年,尼拉德·C. 乔杜里(Nirad C. Chaudhuri)生于东孟加拉,他足享百年之寿,这意味着几乎在整个二十世纪里,世界上有一位最伟大的英语散文家是个印度人;而在印度的英语散文家中,乔杜里在很大程度上是最杰出的一位。其他印度背景的作家或许也能被冠以这样的名号,比如 V. S. 奈保尔、安妮塔·德赛、佐勒菲卡尔·高斯,但他们也都认为乔杜里当之无愧。即便意见不合时,他们对乔杜里的尊重也丝毫不减。乔杜里本人直到 1955 年才第一次离开印度,前往旧时大英帝国的中心旅行——那时大英帝国已在迅速没落——他对英国崇敬有加,因此激怒了许多印度同胞。他用一本薄薄的书记录下这趟短暂的旅行,《英格兰之行》(*A Passage to England*),让读者一览他清晰易懂的写作风格和丰富的历史积淀。他至少有两部长篇比较易读。《你的手,伟大的无政府主义者!》(*Thy

Hand, Great Anarch!）记录了印度 1921 年到 1952 年这段至关重要的历史时期，这本书是二十世纪无可替代的历史著作之一。《一个无名印度人的自传》(The Autobiography of an Unknown Indian) 以自我审视为主，冷静理智地宣扬自由民主，全书大概只有题目不合史实。乔杜里恐怕是印度人中最出名的一位。他最终决定在英国度过晚年，这一举动对他同时代的印度知识分子影响深巨。许多人对此心怀怨恨。但他深信印度对于世界的重要性，这是毋庸置疑的。

———◆———

> 如今，英国人和印度人的相处之道已经一清二楚、明明白白。对于两方目前的政治公共关系，我以为有尊严的沉默是唯一可接受的行动方式。时间会愈合剩下的伤口。
>
> 尼拉德·C. 乔杜里，《一个无名印度人的自传》，第 502 页

2002 年初，要是英国外交部用了这句引言，英国首相托尼·布莱尔也许会得益良多。他或许就不会那么急吼吼地教训印度总理和巴基斯坦总理，让他们学会冷静克制了。布莱尔的建议还是被对方带着礼貌的鄙视接纳了：这大概是最好的结局。那天是布莱尔的幸运日。印度兵变[*]之后，胆敢举事的士兵们被绑在即将点火的炮口上，足以让后来人三思。这条引言还有一个作用，一个实际的作用，它提醒我们，尽管乔杜里重视印度与英国的关系，他对这种关系的实际成果从未抱有不切实际的幻想：他从未献媚于英帝国的统治。在《你的手，伟大的无政府主义者！》一书中，他再现了英国如何在"二战"中玩弄手段，引诱印度合作而不做出让印度独立的承诺。再

---

[*] 指 1857 年至 1859 年英国东印度公司的印度士兵的叛乱，后发展为反对英国政府的大规模起义。

者，乔杜里斥责印度互不妥协的各大政党阻碍了国家的发展，尤其是国大党。如果国大党在战时与英国合作，之后也许就不会出现如此四分五裂的局面。乔杜里认定的反派人物是尼赫鲁，而非甘地。在他的叙事中，甘地隐入背景之中，尼赫鲁则在1939年至1947年间走上前台，成为一个"无与伦比的鼓舌弄唇之士"。

乔杜里写道，印度的知识分子希望英帝国日益衰落，但不要土崩瓦解。生于特立尼达的作家C. L. R. 詹姆斯曾告诉第三世界，应该向第一世界学习。和他一样，乔杜里对旧帝国殖民地中前赴后继的极端分子们来说并没有带来一目了然的安慰。乔杜里大部分的政治演说对有些人来说——往往是印度知识分子——都是平添不适。许多次大陆上响当当的人物都对乔杜里万分敬仰，可你很难想象他们不会在某一刻扔掉乔杜里的书，吹几声口哨，尤其是当乔杜里得出以下这个结论时（而他全部作品无不指向这同一个结论）：英国使印度成为印度。然而，他文章的质量才是让人吹口哨的最好原因。《一个无名印度人的自传》只需翻看十页，你就已经欲罢不能了。"雨就像堆垛成形的很长很长的细玻璃柱，落下来，击打着光秃秃的地面。"如果W. G. 塞巴尔德活得够长，他可能会因为写出类似的文字而获得诺贝尔文学奖。乔杜里所得的奖是活满一百岁，同时保持岩池水般冷静的头脑，在英国安度晚年，被他最爱的一门外语包围着，而他也是这门语言的大师。

将乔杜里和塞巴尔德并置也许显得突兀，但是他们之间的联结远不止是同样选择将英国作为自我流放地。乔杜里像是塞巴尔德书里的一个角色——就像奥斯特利茨一样，乔杜里可以久久地研究生活细节，从中开创出一个新的哲学主题来。而塞巴尔德则像是托马斯·曼笔下的一个角色。你也许有时苦苦思虑，不知在哪里见过塞巴尔德那万无一失的准确记忆，你大概是想起了托马斯·曼《浮士德博士》里无处不在的索尔·菲特尔贝格。流放中的作家会有相似的语调，这给了他们一个可以居住的共同国度——思想的国度。只是时间不同。乔杜里和塞巴尔德回顾着他们破碎的文明。托马斯·曼亦是如此，但是他赋予菲特尔贝格这个角色先见之明。《浮士德博士》里的结局尚未到来。菲特尔贝格可以预见这一点，因为他最先感觉到的正是那些导致分崩离析的力量。乔杜里对未来的预见也尚未发生，但现在已经开始。凭着这些高度自省的散文，他所点明的就是：文明的存续基于对其历史做出人性的反思检验，而这正是文明一直以来真正的秘密。

G. K. 切斯特顿
G. K. Chesterton

G. K. 切斯特顿（G. K. Chesterton，1874—1936）生前著作等身，后人整理起他的著作来常常一头乱麻。他就算只写关于布朗神父的故事也能成名；或是只写两部小说，《诺廷山上的拿破仑》（*The Napoleon of Notting Hill*）和《星期四人》（*The Man Who Was Thursday*），也已足够。或者就当个文学批评家，一样出名：他研究布朗宁和狄更斯的专著仍是专业学生的必读物。而最重要的是，光凭他的新闻作品也足以成名：这是他最鲜为人知的成就。他发表在各类期刊上的散文都凸显了颠覆性的观察思考力。他的短处在于故意为之的自相矛盾，优点则是对当时的自由主义之风极尽挖苦之能事。这一优点本身也有个缺陷：切斯特顿皈依天主教后，太过追捧其神学传统，忘了去其糟粕，其中之一便是长久以来对世界主义的怀疑。在他的作品里反犹主义偶有表现，尽管不如同时代作家西莱尔·贝洛克一样大胆张狂。但一般来说，切斯特顿的文选和短篇都值得花工夫在二手书店里找一找。成千上万的金句引言足以证实，他是任何形式的国家政权的天然反对者，若是活得久一些，他会采取的政治立场也无须存疑。对他而言，真正的民主是文明传统的总和。这一想法尽管趋向保守，却绝不会发展成法西斯主义，因为文明传统的概念正是法西斯力图瓦解的对象。

———◆———

建立标准以褒贬，用经典抗衡潮流。

G. K. 切斯特顿

二十年前在笔记本上摘录下这句话时，我竟蠢到忘了记下出处。这句引言并未出现在《牛津引语辞典》里，但也是意料之中：这本辞典里"切斯特顿"词条下出现的只言片语全出自他的诗歌，而他的连珠妙语都在散文里，这本辞典的编撰者大概还没来得及读。但这样批判他们也有失偏颇，毕竟理解切斯特顿的散文作品该是一生的事业。他写作的速度大大超出我们大多数人阅读的速度。切斯特顿出版了许多书，我一度曾想集齐他的所有作品。（书架上切斯特顿所占的地方比埃德蒙·威尔逊长出不少，但威尔逊的作品可以说每一寸我都了如指掌，而在切斯特顿那里总有一英尺见方之处是我找不到方向的，根本搞不清哪一句是出自哪本书：马虎导致的晕头转向，如果认真做笔记原本是可以避免的。）我自视为切斯特顿的捍卫者。其他新闻记者因他的多产而心生恐惧。主流作家则因他文采过人而退避三舍。他是我最爱的一类作家，他令人生畏是因为他有着熊熊燃烧的天资，又因从无算计之心，他的天资也就燃之不尽。

在他众多的作品中，批判性的文字尤为宝贵：比起所谓的文学创作其实更为宝贵。《星期四人》一书被奉为杰作，但喜欢读的人大概没想过看看他还有没有别的作品。我认为《星期四人》一书尽是空谈，他大部分诗作的内容还不及技术打动人。《白衣骑士》（"The White Knight"）真有那么好，足以在聚会上大加吟诵吗？我知道五十年代后期的悉尼出过一个天主教诗人，他就认为《白衣骑士》的内容死气沉沉，但他（我的朋友，不是切斯特顿）太沉迷天主教，也不擅长吟诵诗句。在我自己的经验中，与耶稣会培养起来的青年们一起度过了那么多喧闹夜晚，我很早就看清了那个令人尴尬的真相：贝洛克也比这个天主教诗人切斯特顿强，而他们俩在霍普金斯面前则不值一提。但同样不言自明的是，切斯特顿有些评论文章十分出色。仅凭一篇短短的专著，他就将狄更斯和布朗宁带回了人们的视线。作为一个乔叟迷，他带给后人的灵感仅次于阿道司·赫胥黎，而他写文学评论的天赋甚至比他对悖论的狂热更持久。他写出的一句又一句自相矛盾的话中总有个朴素平实的道理，上面摘录的那一条就是最好的例证。

总的来说，切斯特顿的自相矛盾仅仅是为了制造麻烦，其中看似朴素的道理才是真正的麻烦。我觉得我那时就明白了这一点，不然也不会摘录下来。如果仅从字面上理解，我会把它当作老生常谈，不会专门记下。但这个句子总让人不安。看似毫无玩味之处，实则闪闪发光，嗡嗡作响，散发着尖刻的雾气，切斯特顿笔下许多句子都是如此。伦敦新闻界步入了新纪元，我只能将切斯特顿这些摇摇欲坠的句子拿去给格拉布街[*]上的潦倒文人，赚最后几个铜板，它们会像现下的柴郡干酪一样被人遗忘，被扔进顶楼杂乱无章的文件堆，一份份无名的文档，渐渐发黄的撕页纸——如今已经完全过时，在平凡的日光下化作虚无——还有以前的碳黑复写纸。"决不绝望。"我们说不定就活下来了呢。毕竟，切斯特顿是否曾审视着他的某一

---

[*] Grub Street，旧时伦敦穷文人聚居区。

篇文章，然后心想：就是它了？不会，他才不知道。

这句话的后半部分显然更令人为难。前半部分显然可以自圆其说。评论家不论褒贬，做过头总是会被一眼看穿：两者都做过头则更是如此。但是，不留余地地拥护经典以抗击潮流的告诫则掩饰着一个真正进退维谷的处境。所有的经典都曾是潮流；新的经典总要从无到有，这个过程中难免会披上潮流的外衣。从这个告诫中最先得出的推论，不外乎找出究竟是什么使经典成为经典，不管是新经典，还是老经典；以及支持真的经典，批驳任何假冒经典却有名无实的东西。因此，这句话的前后两部分在这一点上交汇。当我们想到一部经典作品总会染上流行的元素，一部流行的作品也会因经典的元素增光添彩，两句之间的联系便更紧密了。对于过去公认的经典名著一般不存在这个问题：除非我们非要对这些书刨根问底。假设我们熟知在奥维德的年代有哪些娱乐活动，那么荒诞的《变形记》也许是饭桌上流行一时的谈资，或是农神节上热门的话题。或者假设我们熟知但丁时期神学思想的一切（有些学者几乎可以说做到了这一点）；那么，但丁的某些教条也许不过是流传在修道院走廊里的争论要点。贝内代托·克罗齐的工作类似澳大利亚最常见的牛奶分离机（奶油会分离到最上层，就像被单上的金色羽绒被），严格地把《神曲》分成"诗歌"（poesia）与"文学"（letteratura）两部分，克罗齐说的"文学"指的是但丁生活时代的产物——这不是潮流，又是什么呢？然而，我们大多数人根本不会知道那么多。这些背景知识，我们要么无从知晓，要么迅速遗忘，对我们这些普通读者来说——身处现代的普通读者不用应付考试却仍然对经典著作感兴趣，其实根本就不普通——古典名著依旧经典，尽管有时捉摸不透。近年来荷马最忠实的英文译者克里斯托弗·洛格知道荷马的诗歌都是经典，尽管他读不懂原作。这也促使他竭尽全力为每首诗找到最好的英文对应，于是这些英语诗很可能也会成为经典。

但对于当代的经典作品，我们从一开始就陷入了一种二元对立。很难想象一名创作者可以纯洁到不被任何流行的概念影响，也很难想象任何领域的现代经典可以不被流行艺术影响。近来也产生了一种猜测——它可不容你一笑置之——许多现代经典作品都始于流行艺术，这也是现代经典诞生的最佳方式。当然了，在英语国家，现代经典音乐作品确实更容易诞生于某类流行文化的中心，比如锡盘巷、百老汇、布里尔大厦、纳什维尔，而非"艺术歌曲"的传统发源地。"艺术歌曲"传统起源于法国，诞生过一批重要的古典音乐作曲家（加布里埃尔-于尔班·福雷、雷纳尔多·哈恩、亨利·迪帕克，等等），因此享有盛名。香颂这一文化遗产欣欣向荣，也是因为其他流行文化类型相对处于弱势；但不管怎样，普莱维尔、布雷尔、布拉桑和其他几十个名字都并未纳入学院派的名单。在文学界，像W. G. 塞巴尔德这样的优秀作家不可能畅销百万册，但就算他的书真的卖了成千上万，他也不会就此被严肃文学拒之门外。过了这么久，塞巴尔德很可能就要越过畅销的门槛了。现在如果还有文学理论家说畅销书就不可能有高质量，没人会再听。路易·德·伯尔尼埃的《科莱利上尉的曼陀铃》(Captain Corelli's Mandolin) 也许算不上名作，但许多人都认为这是年度必读之书，这不意味着它的价值就低：许多人花在读这本书上的沙滩时光可不是什么浪费。但一想起后来同样这批读者也沉迷于愚不可及的《达·芬奇密码》，我不禁心中一寒。德国批评家马塞尔·赖希-拉尼奇的自传《我的一生》(Mein Leben) 文字冷峻，读起来十分费劲，却在那个千禧之年常驻畅销书榜首。就受欢迎程度来看，这本书无疑包含了某种流行元素，以至于有些人买来装饰大厅里的桌子。这些人大概是借此锻炼自己的忍耐力，或是隐藏灰色的过去，建立新的身份，带着诸如此类的目的。但这本书本身并无流行元素，而是一等一的文学佳作。切斯特顿在世时，他的原则就被用来攻击普契尼。切斯特顿如果是乐评人，大概也会亲自上阵。除了欧文·肖以外，许多处于十九世纪末二十世纪初的歌剧家都高傲地视意大利歌剧文化为流行音乐的分支。（"音乐水平只比得上威尔第，但旋律确实甜美。"）普契尼压倒性的流行和胜利被诋毁者们解释为一种风潮，这种看法直到最近才有所改观。我在剑桥大学读本科时，一位学监是狂热的瓦格纳迷，他三番五次试着告诫我，瓦格纳的经典地位证实了普契尼不过是短暂风潮。

就是这位学监，后来也成为一名最出色、最受欢迎、最尽职尽责的剧评人，但他靠的并不是践行切斯特顿的原则。事实上，这条原则的后半部分连原则都算不上。无论是现实生活还是理论世界中，都不存在经典与流行之间严格的界限。评判一件艺术品应该基于它内在的活力，而非外在的名声。仅靠名声远不足以让一部公认的经典流芳百世：如果可以，那么彼特拉克自认为实至名归的拉丁语长诗就能传诵至今了。关于内在活力的讨论又让我们回到了句子的前半部分，也让人意识到前半句比起后半句其实是更大的谜团。没有贬斥糟粕的能力，也就没有褒扬精华的能力。没有批判能力的人鉴赏能力也有限，极其有限，只能算作低级趣味。（对曼托瓦尼狂热不会让人拥有鉴赏贝多芬的能力：阿尔伯特·爱因斯坦在晚宴上总是热衷于当老师，教一些无知者鉴赏古典音乐，他会用曼托瓦尼做诱饵，但他从没把这诱饵当活鱼。）再者，太过尖刻的人往往会在紧要关头失去鉴赏力。斯特拉文斯基不太关注其他作曲家，哪怕是过世已久的名家，他一直活到一大把年纪才开始欣赏贝多芬最后几部四重奏，让人觉得他必须等到自己的生命快到尽头时，才能听懂贝多芬在生命尽头要表达的东西。（然而，同样也是斯特拉文斯基，最终不容辩驳地给予了柴可夫斯基应得的赞誉，让他不再深陷于百余年来的诋毁，被认为只是"轻音乐"。）我们所能确定的是，褒与贬之间的这种摆动，无论振幅多大，始终没有间断。褒与贬本为一体，只是表现方式不同。批评的能力即为从中获得愉悦的能力。它们不是各自

G. K. Chesterton

独立的两极，无须彼此保持联系。它们是浑然不分的同一种倾向，必须与其自身保持联系。切斯特顿朴素的观点就像他惯常的悖论，却并不简单：但这本身就是一个悖论。这个可爱、嗜酒、总是开怀大笑的老男孩带你走进这个地方。他显出一副谁都可以随意对待他的样子，但这不过是个花招。他一直都是严肃的。只是看起来不这样罢了。

让·科克托
Jean Cocteau

让·科克托（Jean Cocteau，1889—1963）在二十世纪法国的文化圈可谓永远的天才少年。他理应受到称颂：他少年早成、从未消减的光辉如今仍大放异彩。佳吉列夫对他有一句著名的教导（"让我惊艳吧"），他做到了，他惊艳了所有人。为了佳吉列夫，科克托在"一战"期间成功推出了芭蕾舞剧《游行》（Parade），萨蒂配乐，毕加索布景，马西涅编舞。其他任何一部作品都从未让这么多门艺术在同一时间迅速发展。各种艺术都需要发展，这一点科克托从未质疑过。如此说来，他渴求的不是艺术带给个体的体验，而是它对公众的影响。但与达达主义者这些麻烦制造者不同，他并不是借此弥补自身艺术天赋的缺陷。科克托在其他十多个领域同样惊艳众人。他是诗人、剧作家、视觉艺术家、小说家、电影制作人，将每一种艺术都展现得淋漓尽致。在他热爱的英年早逝的小说家雷蒙·拉迪盖的激发下，他创作了一连串悲剧诗歌，足以驱散将他看作业余艺术家的错觉。但他乐于在权贵面前自我炫耀，纳粹占领巴黎之后，他也因此误入歧途。纳粹宣传队在巴黎银塔餐厅举办宴会，科克托精致的侧影常在那里出现。他的鸦片瘾也是雪上加霜，不断贬损的声誉让他战后的精神世界江河日下。即便如此，他仍然创作出了如今看来他最平易近人的一部作品：电影《奥菲斯》(Orphée)，六十年后的今天依旧新奇，尽管许多受之启发的作品看起来也十分新奇。("电影是现代人用光线写成的书籍"，就是典型的科克托式名言。)科克托也有其他电影，最有名的是《美女与野兽》，但只有《奥菲斯》最能给人那种"巴黎名流自制电影"的感觉。这部电影就算不是最早，也一定是最为轰动的古典名著翻拍作品。俄耳甫斯不穿托加长袍，改穿精致裁剪的带褶长裤，扮演者是科克托年轻的情人让·马雷。饰演女主角的玛丽亚·卡萨雷斯则是阿尔贝·加缪的情妇。法国知识界大概是世界上最大的小圈子，身处其中的每一个人都将科克托视为高雅的代言人，即便是他们鄙视他的时候。弗朗西斯·斯蒂格马勒和弗雷德里克·布朗共同完成的传记对他十分宽容，记述详实，有理有据。科克托包罗万象的多样性构成了一个统一体，就连道德上的缺陷也被容纳其中。"宴饮年代"*最优秀的作家罗杰·沙特克常常提起科克托作为调剂，但他并不会低估科克托的重要性。"美好时代"之后留学法国的美国人资金充足，也大都具备素养，他们为了理解一切，也愿意原谅一切。这种人道的态度着实可取，但别误以为科克托这种聪明人会不知跟纳粹合作意味着什么。他当然知道：他只是觉得自己可以为这样的行为创造一种风格。战后，科克托的老朋友米西亚·塞尔特举办了一系列晚宴（塞尔特是个以品位著称的艺术赞助人，也是一本有关巴黎名流的好书，阿瑟·戈尔德和罗伯

---

* The banquet years，指 1885 年至 1918 年的法国文艺界。

特·菲兹代尔的《米西亚》[Misia] 的主人公），晚宴既邀请跟纳粹合作过的人，也邀请没有合作的人。她邀请的两群人不会在同一个晚上出现。于是科克托永远不必遇上那些不愿与他共处一室的人，因为他们不在那里。

———◆———

> 太过复杂的环境会伤害随机应变的性情。有个人养了只变色龙，为了保暖，把它放在一条花里胡哨的苏格兰格子披肩上。变色龙于是力竭而亡。
>
> 让·科克托，《波多马克》(Le Potomak)

我曾在两个不同场合无意识地抄袭了这个想法，直到某次翻笔记，才发现这是科克托的句子。我要是记得，肯定会标明出处：一方面抄袭十分无礼；另一方面，这也是下下策，很容易被逮个正着。我的借口大概是，尽管科克托是个十足的纨绔子弟，很多方面像个装腔作势的水蝇，但他的确善于写出漂亮的句子来，又丝毫不带个人的痕迹，就像圆石滩上最圆最滑的一颗鹅卵石。他曾经告诉一个来采访的记者，说你没法教一个年轻画家任何东西：只需打开大门，让他看看门外的钢丝索道就够了。我很喜欢他的这个想法，也一直记着。他在电影《奥菲斯》里的一些想法我也很喜欢，但珍藏的方式有所不同：影片中天使们念出的"密语"——它们都改编自 BBC 和法国抵抗组织的加密通话——后来成了五十年代后期我们这群悉尼大学作家团体的标识。"鸟儿用翅膀歌唱"，我们互相吟诵着，怀着一种心照不宣的自鸣得意。毫无疑问我们太矫情了，但科克托也是这样的：《奥菲斯》是造作之极的产物，因此这部电影也恰如其分地是科克托自身浓缩的投射。科克托在现实生活中与俄耳甫斯相差甚远，他是拥有无数顶帽子的主神一般的人物，大多数还是艾尔莎·夏帕瑞丽设计的。"一战"期间，科克托来到前线参加米西亚·塞尔特举办的一场聚会——她是所有艺术家的缪斯和赞助人——穿着自己设计的护士套装。"二战"到来，他变成了鸡尾酒会上的通敌者，主要因为他怕脱离潮流。纳粹宣传队的宴会上，科克托喝鸡尾酒吃小食的姿态是一个"装置"，如果可以这么称呼一条踩过纳粹万字符的变色龙的话。

尽管他的行为算不上令人憎恶——毕竟没人因他而死——但也绝不值得钦佩。可以将他和萨沙·吉特里、阿尔莱蒂、莫里斯·舍瓦利耶归为一类，这些一流艺术家以艺术之名给自己颁发了通行证。后来只有舍瓦利耶愚蠢到暗示自己其实是盟国间谍，在冒死收集情报。但科克托后来在《奥菲斯》里用上了法国抵抗组织的电台呼号，粗鄙程度也差不多了。他唯一有权写的只有一边傻笑，一边朝盖世太保飞吻。然而，的确有另一个更深刻的科克托：这个科克托写出了那只力竭而亡的变色龙。这就是"造句者"科克托，迅速削出箭身，装上翎羽，他口中笔下的句子仿佛一往无前的箭穿透时间。"维克多·雨果是个自认为是维克多·雨果的疯子。"这样的俏皮话在讨论中做不到一锤定音，但绝对可以开启一场新的讨论。

我想，这个科克托才是普鲁斯特爱过的科克托：不是那个装腔作势的时尚先生，而是个真正自成一派的大家，融艺术与智识为一体，集品位与胆识于一身。《追忆逝水年华》中有一个片断，圣卢沿着餐厅里的软座奔跑，这也许就改编于科克托某个精心策划、令人惊叹的小伎俩，抢了别人的风头来创造自己的风光一刻。再长远一些来看，可能在普鲁斯特心中，科克托的存在也让圣卢向同性恋的转变不那么出乎意料。大概圣卢在现实生活中有几个原型人物，但最终在某一刻，这角色某个夸张举动的原型超越了角色的内在特质，大概因为普鲁斯特的内在特质也趋向如此。若非普鲁斯特真心实意地欣赏科克托，他也不会这样来写，但也只有嫉妒科克托天才的人才可能这样欣赏科克托。那句关于变色龙的妙语来自科克托永远让人羡慕的那部分天赋：千变万化的效果背后是他融会贯通的本领。(这句话来自科克托的《波多马克》，书名并非源于那条美国河流，而是他自己虚构的一种生物：这种深海鱼可以浮上水面，用它闪耀着的多彩光辉让人目眩神迷。他显然是借此自指。)科克托像个芭蕾舞演员，竖起脚趾旋转着走上舞台，最终精疲力竭。但大概因为他浮夸的举止让人有些怀念层层包装之下的那个他，正如你猜测的那样，尽管他对标新立异有着甘于自贬的狂热，但他仍然有着古典的审美感知力。也许可以说，任何迷恋让·马雷相貌的人，其经典感知力大概就跟拉斯维加斯酒店设计师差不多，让·马雷是《奥菲斯》和《美女与野兽》里惹人厌的男主角，但四十年代与我们的时代相距甚远，马雷的蓬蓬头在严肃情境中出现肯定是史无前例的。那时还没有埃尔维斯·普雷斯利，无从模仿。科克托想到的是他自己的种种形象，如那些追随者所言，他的确创意十足。但他们唯独错在——以为创意就是一个时代的精神。

詹弗兰科·孔蒂尼
Gianfranco Contini

詹弗兰科·孔蒂尼（Gianfranco Contini，1912—1990）在他的时代是最令人敬畏的意大利语文学家。作为一名研究但丁和彼特拉克的学者，他对于现代意大利的学术传统，即严格基于文本来研究文化遗产的做法，至关重要。但作为埃乌杰尼奥·蒙塔莱、皮埃尔·保罗·帕索利尼等诗人的朋友和拥护者，他又与同时代的文学界相交甚笃。（他编纂的蒙塔莱文集《长期的忠诚》[Una lunga fedeltà] 正是此类书籍的典范。）孔蒂尼博学多识，文风极简，在意大利读者中享有"艰深"（scrittore difficile）之誉，将他的重量级文论翻译成英语非常人可为。但初学意大利语的人会感激地发现，他做访谈时谈吐清晰，切中要害，在异国读者里也能产生极大的共鸣。文学访谈是件需要配合完成的任务，在意大利也有悠久的传统。孔蒂尼与他的学生卢多维卡·里帕·迪·梅亚纳合作过，是关于教育的一个专题论文，堪称典范，对于所有因减轻记忆负担而自食恶果的国家大有裨益。

———◆———

不幸的是，许多学校已摒弃了背诵的传统做法，因此记忆也丧失了独特的用途。没有人还会读诗。我最优秀的学生是一群天赋异禀的语文学家，可他们无法单凭听力判断出一句诗是否包含十一个音节：他们必须掰着手指一个个数。

詹弗兰科·孔蒂尼，引自《勤奋与欢愉：卢多维卡·里帕·迪·梅亚纳采访詹弗兰科·孔蒂尼实录》(*Diligenza e voluttà*)，第190页

刚开始做这部书一样长的访谈实录时，孔蒂尼已经快要走到他漫长而充实的一生的尽头。这部访谈实录可以推荐给意大利语初学者，这是快速进入意大利人文学科讨论前沿的捷径。正如要想了解阿根廷，就该先读读博尔赫斯和萨瓦托的访谈——他们有时也会互相采访——可以让你直接接触该话题讨论的最高水平。就意大利而言，直接与主角孔蒂尼对话能让你避开阅读他的散文的艰险。这一点十分重要，因为他的散文紧凑到就连他最出色的学生都觉得拆解困难。六十年代中期的佛罗伦萨，一群学生屏息凝神、万分紧张地听孔蒂尼轻声细语地讲完一个小时，像橄榄球队员讨论战术一样聚在一起研究课堂笔记，这是当年大学校园里常见的盛况。他的大多数学生都是女性。高徒中也有几位男性，但总要有一群让人望而却步的女性——我们以前喊她们"孔蒂尼娜"——才能让这经典的场面完整。

卢多维卡·里帕·迪·梅亚纳是一位经典的"孔蒂尼娜"。1989年她采访恩师时，孔蒂尼已入迟暮之年，但头脑仍能全力运转。记录下老人的一言一语须得严谨仔细，唯一降低了记录难度的也许是

孔蒂尼不像在课堂上那样正式地讲话，他似乎只是和对方进行一次寻常闲聊。然而寻常闲聊不会谈这么多人文方面的东西；聊到记忆这个特别的内容，他直奔话题核心。如果你把人文学科视为一种活动，其鉴赏模式与传播方式是彼此的翻版，那么大概不会再有比这更入木三分的控诉了：他正直视着自己最爱的主题死去。

意大利语中有个没法翻译的词：gazofilacio，指的是你通过背诵诗歌获得的思想积累。孔蒂尼认为，尽管背诵时要付出很多心力，这些宝贵的积累最终会证明自己的价值。他也坦白，许多让他背诵塔索史诗规定篇目的老师并没有意识到这点。有的老师只是给他安排既定的教学任务，因为他们毫无想象力。但长远来看，他是心怀感激的。这本书的大部分读者都会发现现代教学法的一个敏感问题。与我年纪相仿的读者都曾被要求记忆和背诵：没有人管他们打了多少无聊的呵欠。年轻一些的读者就不用受这份罪了。可究竟谁更幸运一些呢？摒弃所有既定处方的教学难道不是一种治疗方式吗？如果一门叫作古典研究的课程，由一位对拉丁语、希腊语一窍不通的老师来教授，学生大概不必受尽折磨，但除了成功逃避折磨之外，这门课的学生难道不是一无所获吗？在唐·德里罗最出色的一部小说《白噪音》(*White Noise*)里有一个不会德语的德国历史教授，可谓贻笑大方。但事到如今，这样的笑话已经不再好笑。除了一个毫无门槛的课堂，我们到底获得了什么？

我们仍然满腹狐疑。很少有人真的认为年轻一代逃过了我们所受的苦难，我的一位启蒙老师坚定拥护澳大利亚当时冷酷的学校制度，让我起立背诵"我出生在野禽出没之地"[*]，我想那也许称得上苦难。我第一节背得比其他同学都快，为此付出了代价。过了半个多世纪，我仍然记得下一句诗（"我来了一次不意的突围"）和这一节

---

[*] 出自阿尔弗雷德·丁尼生诗作《小溪之歌》。

收尾的那句("我淙淙地顺峡谷而下")。第三行我记不清楚,只能含糊其辞,就像在杰弗里·威兰斯的小说《如何成为第一名》(*Down with Skool!*)里,奈杰尔·莫尔斯沃斯用自己模模糊糊的方式朗诵《轻骑兵的冲锋》("The Charge of the Light Brigade")。这段经典的讽刺之有力量,正是因为人们还保留着对英国私立学校古老教学法的记忆,不管那是亲身体验的,还是通过其他途径了解到。尽管莫尔斯沃斯基本全背错了,他也知道自己应该尽力而为。("起立路,起立路,再向前起立路。骑马进来了六百名轻骑兵。")不过,也有些规定篇目我至今可以成段背诵。如果我从"我爱这把人烤焦的国度"开始,很快就会背到崎岖的山地、频发的干旱、泛滥的雨水。我并不总能记得诗人的名字。在我没心没肺的回忆里,亨利·肯德尔、多罗西娅·麦凯勒跟许多其他澳大利亚诗人共享着同一个灵活可变的身份,待到莎士比亚登场,他们全都烟消云散。但他们的几百句诗行都在我的脑海里,我从这些诗行里获得了英语诗歌的基本技法,比如最常见的韵律结构是五步抑扬格。(意大利最常见的则是十一个音节为一行,所以孔蒂尼之前专门提到。)甚至早在我第一次在班上扮演麦克白夫人,尖声喝令她的乳汁化作胆汁的时候,我心里就已清楚五步抑扬格的结构、轻重、长短,仿佛有一份声音的模板。很久之后在剑桥就读时,我猛然意识到这种早期的灌输对我有多大用处。在文论课上,受过美国教育的学生比起当地学生优秀了许多——直说吧,所有方面都不识过人——唯独有一个硬伤,就是背诵韵文。不管是多恩、赫伯特、富尔克·格雷维尔,还是洛夫莱斯、马维尔、德莱顿的作品,只要他们背,就像丹拉瑟读着插播的简讯,眼前空无一物的样子。他们对什么五步抑扬格丝毫没有感觉。别人问他们为什么背得如此糟糕,这才知道他们从小到大没有被要求背过一首诗。

在意大利,总有人可以把《神曲》烂熟于心。这个人往往从事着平凡的工作：如果邮局员工离开柜台去拿你的包裹，但久久没有回来，也许他就是在背诵《神曲》。孔蒂尼并不为这种壮举所动，这种脑力就好比用牙齿抬起一架大钢琴。孔蒂尼说过，背但丁的作品，最重要的不是摁一下按钮就可以开启滔滔不绝背诵的洪流，而是把诗句放在脑子里，每天发生的每件寻常事都能去诗里找到注解。他认可这一点，也希望旁人有这样的能力。他总是很安静，很难有事让他放声大笑，但找到一条恰当的但丁注解，他欣喜的微笑就是丰富的奖赏。

八十年代初，在佛罗伦萨的一个晚上，我和妻子陪同孔蒂尼去听歌剧。那时他已经很虚弱了，你能感觉到他精心安排余生的每一个夜晚，确保它们的质量：不再留任何东西给命运摆布。他那晚的选择确实不错。剧目是《阿德里亚娜·莱科芙露尔》（Adriana Lecouvreur），贾南德雷亚·加瓦泽尼指挥。对孔蒂尼和好友埃乌杰尼奥·蒙塔莱来说，加瓦泽尼是理想的歌剧大师。演出结束之后大雨滂沱，孔蒂尼同意我们送他回家，妻子开着我们破旧的 Mini 车。他坐在副驾驶位子上，我一个人挤在后座。他们聊的都是学术内容。我妻子是个履历不凡的"孔蒂尼娜"，完全有资格与孔蒂尼交谈，但是闭着眼睛开车她也不会比别人开得更好。雨下得那么大，我们最后走错了路。我记起但丁的一句诗，背了出来："因为正道已失。"（Chè la diritta via era smarrita.）孔蒂尼咧嘴微笑，我又补充了一句，可惜不是我自己写的，他就笑出声来了。我说这话的时机也许没有那么精准，但这位老教授的喜悦确实直抵灵魂深处。这是他终身志业所在：在不同的文化之间传播文化的福音。他有一条美学信念源自克罗齐，即但丁当年做的也是一样的事。这是以记忆为载体进行的普世交谈，就发生在亚诺河旁的土地上，在音乐渐渐消亡的回响中。

尽管有时会做得过火，但没什么事情能像吟诵几句诗那样，让有教养的人走到一起；也没什么事情能像一句诗也背不出来那样，让你感受到自己教养的匮乏。现在很少有人能引用希腊语里的话，或者想借此让别人印象深刻；连引用拉丁文——在我年轻的时候，这还是学术界通用的识别系统——如今也不受鼓励了。引用普通欧洲语言的诗句还是可以接受的，比如在多语种晚宴的餐桌上：有一次我和约瑟夫·布罗茨基在汉普斯特德吃晚饭，我们吃到最后，一起站在餐厅的椅子上用"亚历山大体"斗诗。如果这些观众大多只会一种语言（他们一开始是和我们共进晚餐的，后来逐渐接受了听众的角色），那这场表演就没那么容易被原谅了。但是，就算在座的都只懂英语——就算某一天全世界都只懂英语——背诵某一门语言的诗歌总是最能证明对这门语言的热爱。

英国评论家弗兰克·科莫德和澳大利亚诗人彼得·波特拥有着相似的内心世界——相同的文明传统，相同的文学积累——证据在于他们都携带着一个宝藏室，装满了默记于心的诗歌，在于他们各自的 gazofilacio 里都藏着同样的珍贵物品。一人引用奥登、燕卜荪、华莱士·史蒂文斯，另一人总能接上下一句。这一代人正是通过这些共同的记忆，建起属于他们的典故世界。英国与美国文学界最明显的区别在于，美国的期刊编辑不鼓励作者想当然地认为有一个属于所有读者的典故世界，即便他们自己——编辑们——是熟悉这些典故的。这些看重"民主"的美国编辑未必就是错的。确实存在这样一种情况，当我们把参照系放在一定的高度，过分的考究便压倒了朴素的感知。"二战"之前，美国学校要求学生熟练记诵诗歌。但在1945 年到 1960 年间，就普通学生而言，这一要求在美国文化中逐渐消失。但那些不普通的学生，对文学有兴趣的学生仍然存在；况且，如果作者和编辑们相信读者和他们知道得一样多，这样不是更好吗？对于英语使用者而言，大致了解诗歌文化并非难事。毕竟世上少有语言像英语一样拥有如此丰盛的遗产。

这样的能力对于诗人来说应该更非难事，但有时你还是拿不准。

我唯一不得不批评现代诗歌的一点，是大多数现代诗都摒弃了传统韵律，但又没能上升到像样的散文的高度。优秀的散文应该暗藏一种节奏，虽然看起来像是天赐的巧合，但其实需要严格的训练才能写得漂亮，而唯一的训练方式就是不断地吸收语言的韵律资源，那是几个世纪以来的诗人们早已发现的。通过阅读和记忆前人的作品，诗人可以不拘束于标准化的当代诗歌结构，在这种结构中，意义与句法形式紧紧捆绑在一起。他们也许无法记住到底谁曾经说了哪句话。但他们会记住这句话的节奏与语调：他们获得了韵律的感觉，而非可转述的表达。一个诗人可以借用这种方式，像学习外语一样学习他自己的语言。艾略特从多恩的作品里学到了很多，因为多恩相比莎士比亚对他而言更陌生：句子和词组的组合方式与发展方向都不是他能预料的。艾略特说过，一首用陌生语言创作的出色诗歌，在被人理解之前就能与人沟通。他大概是想说，至少他有这层意思：维克多·雨果之后的法国诗人笔下诗句的变化向他展示了他的母语可能呈现出的新面貌。（利维斯博士难得讲道理一次，却完全误解了艾略特看似偏爱但丁多过莎士比亚这一表现。他还表示，艾略特低估了莎士比亚能带给他的启发。艾略特大概也会承认自己从莎士比亚处学到了很多，但他更想说的是，只有外国作家才能让你学会如何在一个更深的层次组织母语的语言。）

　　读雪莱的诗，你会发现在他生命的最后几年里，但丁和彼特拉克的诗歌形式已渗透了他的韵律感。他并未模仿他们的内容：他在模仿他们的结构。类似地，拉辛也吸收了拉丁语诗歌的结构；这里面也有个值得探讨的问题，他到底是更像卡图卢斯（两人有些诗行如出一辙），还是更像维吉尔（他虽然没有直接照搬，但在节奏和结构上却有相似之处）。这些范例大概可以被称为各种"声音模板"，就算受益人不知道提供者是谁，它们还是会不断流传下去。荷马影响了维吉尔，维吉尔影响了但丁，但倘若我们不知道维吉尔的存在，我们一定会斩钉截铁地认为但丁对荷马史诗烂熟于胸,而事实上但丁是读不懂荷马原文的。诗人到底需不需要为了互相了解而背诵诗句,这一点仍然存疑。多接触就能自然而然地背下来。理想的情况是人人都能做到。我们是情不自禁地记住一些东西,这些东西在被写下时就注定会有这样的结果。诗歌是诗歌的样子,就是为了能被记住。

但人们未必总能记得很准,所以还是应该把诗写下来。在 BBC 的辉煌年代,罗伯特·罗宾逊是最后几个为它增光添彩的演播员之一,他的实力远远超出这个岗位的要求。他曾经为 BBC 2 台一期关于奥登的电视节目献声(那个年代的电视节目啊!),朗诵《罗马的陷落》。回看这期节目时,我可以判断出罗宾逊是凭记忆背出来的。这首现代文学中最美的诗歌中最美的诗节描绘的是驯鹿,"全然在别处",移过金色的地衣,罗宾逊说的是"跑"(run)而非"移"(move)。这处错误体现出我们倾向于写实的习惯,在记忆里往往就会用一个实在具体的词破坏了诗人希望营造的抽象模糊的效果。(奥登本人也抵制这种倾向,有一次他校对的稿子里把"诗人"[the poets]误印成了"港口"[the ports],"为海起名字"。他觉得这个错误倒是很有趣,就放在那里没改。)想要记住,人们总需要适当调整心理状态,这点似乎很有道理。罗宾逊是因为太过熟悉才犯了这个错。我在专栏里调侃过这件事,后来见面时他告诉我,他起初完全不敢相信自己会在如此熟悉的内容上犯错,但他回去把节目翻出来,发现确实背错了,吃了一惊。过人的记忆力也让他出了一回错。

且不论个别被过目不忘这种能力诅咒的怪人,良好的记忆力本来就是人的一部分,而不是机器的一部分。人会给回忆强加上自己的感受,甚至改变最珍贵的回忆,以适应自己内心的标准。伊塔洛·卡尔维诺在《为什么读经典》里为这个过程留下了令人迷醉的记录。马丁·麦克劳林的英文译本完美无缺,不仅是了解卡尔维诺最好的一本书，还是理解"为乐趣而读书"这种境界的最好的一本书。

人们可以连篇累牍地赞美这本书的优点，但展示这些优点的最佳方式，或许是单独阅读他写埃乌杰尼奥·蒙塔莱的两篇文章中的第一篇。在这篇文章里，卡尔维诺讲了自己求学时为什么觉得蒙塔莱的诗一定要背下来才行——还讲了为什么想要背得一字不差那么难。读者的大脑是会猜测诗人下一步要怎么写的，而诗人必须与这些猜测周旋才能不被它们打败。在这种猜测与反猜测的对决中隐藏着以下这个问题的答案：为什么学术界会演化出"难书即好书"（lectio dif ficilior）的原则——认为在任何关键问题上，越难理解的观点越有可能是正确的。卡尔维诺关于自己记忆的回忆录——记住"我记住了"有很多重意思，但是这里我们需要点明的一点是——为了我们的后代，而非我们自己——人文学科在未来成为共同财富依赖于重建一个最简单不过的理念：把诗歌背熟。一面读诗写诗，一面又觉得诗根本无须背诵，这样的态度不仅不会让诗歌"民主化"，反而一定会让诗歌最终沦为精英手中的玩物。像詹弗兰科·孔蒂尼这样的人对诗歌的研究已经登峰造极，但原因在于他的耳朵捕捉到了诗歌最初的动感：对他而言，十一音节诗里的微妙节拍，就像我曾与他一起在佛罗伦萨听的歌剧音乐的流动一样。他知道接下来是什么——他一辈子都在听这音乐——但从他头与肩的摇摆和晃动中，你能感到他就像是第一次听一样。若非如此，这便算不上艺术，艺术如果最初没有给我们一些容易记住的东西，那么就很难给予我们惊喜了。

挫折是灵感的起点。

詹弗兰科·孔蒂尼，《变异》（*Varianti*）

这个想法频繁出现，几乎在每篇孔蒂尼写但丁的文章里都有。

他强调了一条原则：对但丁而言，抒情性是放纵沉迷的对立面。尽管这条原则用于《神曲》非常适合，孔蒂尼的意思并不是但丁就必须以"三行体"(terza rima)为标准。孔蒂尼想说的是，对但丁来说，创作诗歌就是一门学问。在意大利语里，押韵并不难，就连写三行诗体也不算太难，因为意大利语押韵的词太多了。但使用英语的诗人如果想写一小段三行连环韵诗，就会立刻发现英语里押韵的词有多贫瘠：连路易·麦克尼斯这样的韵文大师在三行诗《秋天日记续》(Autumn Sequel)里也被迫用了半韵。最后的效果随意得令人沮丧。如果他沿用《秋天日记》(Autumn Journal)中严格基于经典韵律的灵活格式，结果可能会好一些，但或许复制的难度太高了。《秋天日记》写于《慕尼黑协定》签署之后，大概是二十世纪同类型作品中最好的一部，一个原因是其内在节奏的自信，这完全依赖于作者对韵律的选择，看似漫不经心，实则凭借一种受过古典训练的形式感整体结合在一起。在那些结构松散的诗歌中，再没有比这更自由、更称得上形散神不散的杰作了。整首诗里包含了多样丰富的插叙和洞察，完美契合艾略特的"但书"：想要写出好诗的人要记住，没有哪首诗可以完全自由。

艾略特这句话仿佛在呼应罗伯特·弗罗斯特，后者曾说：写自由诗的诗人不用韵，就像打网球的球员不用网。可想而知，庸夫俗子自然是把弗罗斯特的格言警句上升到真理的高度。（真正的格言警句绝非如此。除非有不同观点发生真正的碰撞，没有谁会刻意说出如此精炼的话来。）不仅对于"红脖子"编辑，还对于那些自以为担起抵制现代主义重任的绝望学者们来说，弗罗斯特清楚地划分了规整与混沌之间的界限。但这种界限完全是理论上的。有一些诗人倒是严格押韵，但其他方面都马马虎虎——从维多利亚时代到乔治王时代，最无聊的那些诗歌唯一值得称道的就是韵脚押得好——也有一些诗人完全不用韵，却能在每一行营造出敏锐的张力，并在整段

Gianfranco Contini

诗中连贯如一。菲利普·拉金满心欢喜地在《北方船》(*The North Ship*)的引言里写到，弗农·沃特金斯说过好诗不只是在韵脚，更在于整行的韵律。这种说法引发出一种可能性，或许诗可以根本不押韵脚，但其各个部分却精心安排，于是在整体上依然有某种形式，或者至少不会损害其形式。

蒙塔莱提过几次不押韵的妙处，不只包括意大利语里面常常忘了的简单韵脚，也包括各种类型的尾韵。在他的主要抒情诗里很难找到长于一个音节的行内韵：他总是追求洪亮的效果。马拉美也用法语提了同样的建议："押韵要押得难。"马拉美就像后来的蒙塔莱，想站出来给过于圆滑的传统韵律提供一些更粗粝的东西。如今的诗人理应有同样的决心。但要把握精神，而非铁律：就算是 moon（月）和 June（六月）这样人们看不上的韵脚也并非完全行不通，只要诗歌的张力可以贯穿诗行直到最后一个词就可以。最难的押韵是完全不押韵，却能让句子行云流水。难点就在于让时刻保持的警戒与心灵的自由驰骋相配合，由此让突破性的新想法破冰而出。（严格押韵会逼出新的想法，就像水雷逼着潜水艇浮出水面一样。）现成的韵律结构其实是方便诗人偷懒的，这就是它适合诙谐诗的原因。然而但丁选择三行诗节并非是想给自己制定一条简单的技术规定，写诗时可以忙里偷闲。他的每一篇诗文都践行着这一条，他的意图也跃然纸上，而他创作的部分诗歌正是想要凸显这种意图。正如孔蒂尼所说（《变异》，第 320 页），但丁的文学品性中有某些不变的内容，就是他一直对诗歌进行技术性的反思。技术性的反思积累成一笔天然的财富。孔蒂尼把但丁的语言天赋称为"词之海量"（lexical magnanimity，《变异》，第 322 页）。我小时候，《读者文摘》上有一个版块叫作"增强词汇力，好处多又多"，抓住了我颇不耐烦的注意力。还没成年时，我从这个版块里学到了很多，一直没觉得"词汇力"（word power）这个词有什么问题，但"词之海量"的确更好，它还让人联想到慷慨。

然而,"慷慨"如果没有目标就会成为情感倾泻。即使在但丁那时候,意大利语也很容易倾泻而出。我们如今读到、听到的意大利语基本上是但丁的发明。意大利人说,最动听的意大利语是让锡耶纳人说佛罗伦萨方言。锡耶纳人很少通过送气把"c"这个音给抹掉。但他们如此富有乐感地说出的这种语言是由但丁和几位佛罗伦萨以及周边地区的朋友们一起发明的。甚至在那时,它就像亚诺河发洪水一样倾泻着感情,尤其是用它来写抒情诗的时候。孔蒂尼解释说,但丁意识到他的一部分任务正是控制他的"抒情"(lirismo),而不是任其撕裂。很久之后,在另一个国家,我们看到拉福格也爱着特里斯坦·科比埃尔身上相同的品质,他有着狂野的心,却使用最普通的语言——有时候过于普通,来自贫民窟或妓院——以此来抑制老掉牙的抒情效果。连维克多·雨果都没法凭一己之力让这种抒情过时。诗化的诗歌总会冒出来;你能看出来这是一株杂草,因为它太像一朵花了,夜晚还会继续生长。恩斯特·罗伯特·库尔提乌斯(在他的散文集《社会科学方法论》[Gesammelte Aufsätze],第 312 页)借用了拉福格的想法,称赞艾略特在《东科克》(*East Coker*)里散文化的处理,使之成为不像诗歌的诗歌。在我们的时代里,刻意使诗歌语言散文化的最了不起的倡导者是菲利普·拉金。最近在墨尔本,我试图诱惑一位年轻的拉金崇拜者学习意大利语,然后阅读但丁,我告诉她《神曲·地狱篇》的第五篇里,保拉和弗朗西斯卡之间的对话听起来自然得就像拉金在《道克瑞和他的儿子》("Dockery and Son")里的叙述口吻,而当但丁退后一步强有力地宣示寓意时,那洪亮的声音和拉金一模一样:毫无做作的威严,气势更强,但响度并未明显提高——富有尊严地挺起胸膛,而不是爬上高跷。拉金对语调的把握如此精准,他就应该永远不顾押韵随心写诗。但有趣的是他常常反其道而行,从头到尾齐齐整整地押韵。他构架宏大、相

147 Gianfranco Contini

辅相成的诗节，例如《降灵节婚礼》(The Whitsun Weddings) 这样的诗歌典范，毋庸置疑在技术上极富挑战，远远超过了他热爱的托马斯·哈代尝试写出的作品。其实拉金是从叶芝那里学到这些的：另一位构架宏大的自律者。在他后期的一些诗作里，拉金选用八行诗节，故意不把韵押得整齐，但在这扭曲的表面之下仍然是严谨的结构。不妨试着比较一下拉金的《去教堂》("Church-Going") 和叶芝的《在学童中》("Among School Children")，找找差别吧。没有差别。

贝内代托·克罗齐
Benedetto Croce

贝内代托·克罗齐（Benedetto Croce，1866—1952）是二十世纪意大利的哲学家。我们不必在"哲学家"前加上"一位"是因为无人可与他媲美，甚至那些与他意见相左、激烈反对他的知识分子们也不能把他的话置若罔闻——包括曾向法西斯主义效忠的乔万尼·真蒂莱。克罗齐是一位身体力行的政治家，也是政治理论家，他起初曾被墨索里尼打动，但很快认识到自由主义面临的威胁。他开始了内心的流放，继续写作。虽然克罗齐对于意大利自由制度的重建功不可没，但他在战后仍然回绝了出任意大利总统的邀请。让这位思想者势不可挡的是他流水般自然清澈的散文，堪比巅峰时期的萧伯纳，而且没有萧伯纳的似是而非、模棱两可。但不幸的是，没有一个实力相当的文体大师尝试翻译他的作品，尽管他的几部主要作品确实有英译本，但影响力都远远不及应该达到的程度。（R. G. 科林伍德的追捧者可能对这几句评价不满，但他们很少能意识到，科林伍德受惠于克罗齐，几乎到了模仿的程度，却又无一例外地未达到原作的高度。）在六十年代，我几乎读完了克罗齐的作品，因此学了不少意大利语，他对事物理解的深度和广度让我一直钦佩有加。然而，当他无法理解某物时，他便会把自己的全部表现力用在说一个错误的观点上：倒不失为一堂形式与内容之关系的好课。

———◆———

人们尝试寻找艺术应有的地位，直到如今，他们不是去理论精神的顶峰，就是在哲学本身的周遭寻找。但迄今为止，还没找到满意的结果，会不会是因为一味顽固地向着高处着眼呢？为什么不悬崖勒马，与其提出那些人类最高成就之一、理论精神顶峰之类的假设，不如做一个颠倒相反的假设，就说艺术只是众多成果中最低级之一，甚至就是最低级的那一个呢？

贝内代托·克罗齐，《美学原理》(*Problemi di estetica*)，第 13 页

克罗齐一如既往地打破常规预想，在天然的本能而非成熟的头脑中寻找创造力。作为思想家，他的多产之道在于肯定而非否定更多的可能性，并且常常摒弃那些他早已通晓的思想。他认为，一颗摆对位置的心，比受过最高等训练的头脑更可能产生真理，也是创造力的唯一来源。艺术并不是智慧的终极形态，它先于思想，像呼吸一样自然。克罗齐还猜测最初的人类是先唱歌再说话的。他们的确先绘画再写字，先创造诗歌再写作散文，在这一点上，克罗齐正确无疑。

如果把克罗齐的这些想法照单全收，乍看起来可能矛盾百出，但他成功地将这些矛盾统一了起来。他的几部主要作品中——零

散作品按下不表，那些又需要花一番工夫单独讨论——核心观念都完整实在地摆在读者面前，相辅相成，严丝合缝。一言以蔽之，这些作品展现了生存和成长的本能是如何经过引导，由创造力向精神力发展的。如果克罗齐将思维置于艺术之上，他强大的阐释力或许就会被囚禁。可他却背道而驰，将它们释放了出来。释放出来的阐释力让他能够理性地描述在街上的所见所闻：一切奔忙中的渺小，其想象力之挥霍与丰富何其惊心动魄。他一直觉得，如果一种不可或缺的内心活动在自身的阴影中枯萎，那一定是某条基础原理出了错。想让某种哲学成为真理，其倡导者必须是能够书写历史的人。（他之所以认为宗教不是完整的哲学，原因之一是没有哪一种宗教能叙述真实的历史。）一种美学要能站得住脚，其倡导者必须会写艺术评论。第二条观点对于克罗齐的继承者尤为重要。它提前将人文主义融入了意大利的批判传统，正因为此，后者才能自然而然地走入现代，而不至于发生明显的断裂。比方说，意大利的左翼理论家就与其他国家的不同，他们对自己一直有一条要求，将艺术作品作为政治工具时不能丧失格调。这就相当于认同了克罗齐对这种行为的警告。（连极端分子葛兰西都没法对克罗齐置之不顾。）

埃乌杰尼奥·蒙塔莱在说下面这句话时，解释了克罗齐的一个想法："传承者往往不是那个有此意图的人，而只是有延续传统的能力，有时甚至对此意图一无所知。"正是这句话让诗人蒙塔莱在文艺批评界扬名，而他接下来说的这句话则更有克罗齐的风格："就此意图而言，训练和善意都毫无用处。"蒙塔莱对克罗齐的应和——或者说，克罗齐先于蒙塔莱的预言——都足以证明，这种传承让意大利的文学文化得以延续。然而我们也应该记得，有些意大利人认为意大利文学文化太过扁平，甚至因循守旧。他们更想要一个格局宏大的故事，能让他们在其中迷失自己，就像我们在我们的故事中迷失了一样。我们在阅读文艺批评家的作品之前不必先读哲学家的作品。但在意大利有这样一位哲学家，只有读完他的作品才能读其他任何东西，哪怕是一台新洗衣机的说明书。

托尼·柯蒂斯
Tony Curtis

像许多电影明星一样，托尼·柯蒂斯（Tony Curtis，1925—2010）在他的好莱坞首秀前就开始假装自己是别人了。这位原名伯纳德·施瓦茨的犹太孩子从小在纽约上东区长大，一个后来被他称作"纳粹之地"的街区，他也因而在投身"二战"之前便知道这场战争是怎么回事了。他在战争期间就展露才华，获得了他人生最早的专业资质。他总能把战友们逗得哈哈直乐。由于《退伍军人权利法案》，他得以进入戏剧表演专业深造，再度成为班级活宝。作为初入好莱坞的男主角，他有了一个新艺名：托尼·柯蒂斯。他的口音和发型引来了更多"笑果"，但他几乎马上就俘获了年轻观众的票房。之后的故事，关于他如何走过漫漫人生路最终功成名就的历程，都记录在那本质量不错的代笔自传（《托尼·柯蒂斯》，1993）中。当然，这本书的记叙略去了一个更大的背景，这也涉及为什么欧洲的托尼·柯蒂斯们没能拥有同样的国际影响力。美国文化帝国主义或许是一个答案，但这个术语本身解释不了任何问题。美国在世界电影领域的优势举世公认。它在电影产品上的投入是任何一个国家都无法与之匹敌的，其中一部分体现在演员素质上。虽然在摄像机背后进行拍摄的是来自各个国家的难民，但银屏上的面孔大都是美国人。然而，这些新面孔比他们的任何一代前辈都更了解这个世界。"二战"改变了一切，它甚至使一些名演员的风格发生了变化。相较于出征前，詹姆斯·斯图亚特的表演就更自然了。对于更年轻一代的演员来说，"二战"不是插曲而是序曲，因此他们从一开始就避免了表演上的矫揉造作。引人注目的保罗·纽曼和李·马文就是如此。即便在电影外浮华奔放的托尼·柯蒂斯身上，这种自然风格也清晰可见。在他早期的电影中，哪怕是装腔作势也流露出人情味。他身上每一处都彰显着美国特色。但他同时又是"美国无处不在"的最佳代言人，他的悟性具有无限的输出价值，构成之后演艺生涯中那些卓越角色的魅力基础。

远处坐落着我父亲的那座城堡。

托尼·柯蒂斯（据称），《黑盾武士》（The Black Shield of Falworth）

当然，托尼·柯蒂斯本人并非这句著名台词的作者。它出自一位名为奥斯卡·布罗德尼的默默无闻的编剧之手。但是将它说出来的是托尼·柯蒂斯，带着新近才改头换面的伯纳德·施瓦茨的口音。没人忘得了这句台词，它就像是骑士漫画中的浮夸对白，还要用布朗克斯地区的调子朗诵出来。"远处坐落着我'父斤'的'拉儿座'城堡。"当时在悉尼罗奇代尔剧场我听到他说出这句话，但我没有笑。我和观众席中的女孩们一样，深深为其风采倾倒。我早就觉得只有地广物博的美国才能造就吉恩·凯利这样的人物，现在又出了另一位活生生的男神。他也许不如前者俊朗，却有着更鲜明的时尚活力，美国人的时尚活力太充沛了，他们几乎是分文不取便转手递给了那些没有那么幸运的国家。就算我知道澳大利亚几乎同美国一样幸运，甚至从某些方面来说尤胜美国——但在那天，我忘记了这一点。我甚至喜欢上了他说这句台词的样子。在回我"母斤"家的路上，我一直练习着他的腔调。

事实上柯蒂斯的台词演绎方式确有值得钦佩之处。他也许还是读不准一些辅音，但在重读和语句的起承转合方面，他总是完全正确。(看他最早的电影时，我猜测他可能是在隐藏自己的意大利背景。我没想到他要隐藏的是犹太背景。伯纳德·施瓦茨变成托尼·柯蒂斯的原因和尤利乌斯·加芬克尔变成约翰·加菲尔德的原因是一样的。这倒也没什么关系，只是那些饱受摧残的音素看上去那么迷人，仿佛可以为美国人的通俗土语带去一丝特别的活力。)"二战"最后一年，柯蒂斯困在太平洋上的一艘潜艇补给船上。他为了逗同船的水兵们开心，给他们早就看腻的一些电影静音，然后自己来配音。人生的预期对水兵们来说就是无尽的无聊和神风敢死队自杀式袭击的交替轮回，能有柯蒂斯在身边自然是再好不过。他们或许躲得过那些有着不同荣誉观的日本飞行员驾驶的自杀式飞机，却很难躲过好伙伴柯蒂斯的魅力。不屈不挠的伯纳德·施瓦茨。他像《荒原》引言里的那个人物，用不同的声音扮演警察。

这一练习对他大有神益。他"父斤"的城堡获得了应有的认可，他也以能在影片中准确地演绎台词而著称。他在《热情似火》(*Some Like It Hot*)中的表演让全世界的观众为之捧腹，竟然还有一些评论家对此表示诧异，这才是值得诧异的事。他在《粉色潜水艇》(*Operation Petticoat*)中的表演也十分搞笑。他和加里·格兰特演对手戏，但他本人不是一个说话刻薄的人，于是通过师徒换位思考来揣摩自己的角色，这个方法在对白和动作戏中都很管用。（之后，在由同一导演执导的《疯狂大赛车》[The Great Race] 中，导演布莱克·爱德华兹给柯蒂斯安排的角色几乎没有什么出彩的台词。我们只记住了他白色的司机制服和叠映在他笑容上的星光般的闪亮——这是为了某个特殊效果而牺牲真正重要效果的一个早期例子。）柯蒂斯是非常出色的学生，在另两部电影《空中飞人》（Trapeze）和《成功的滋味》(The Sweet Smell of Success) 中，他和伯特·兰卡斯特也保持着这样的师徒关系。兰卡斯特是货真价实的运动员，而柯蒂斯知道如何演得像，所以整部电影只有在吉娜·劳洛勃丽吉达假装在空中飞行的时候看起来有些荒唐。第二部电影是一部杰作，柯蒂斯在其中饰演西德尼·法尔可，一个欺瞒榨取样样精通的新闻界恶棍，把龌龊抬高至诗的境界。伯特·兰卡斯特曾在一次采访中告诉我，他作为《成功的滋味》的联合制片人差点想要把导演炒掉。导演是亚历山大·麦肯德里克，他与摄影导演黄宗霑之间严谨细致的合作为全片带来了行云流水的视觉风格。这样的风格自麦克斯·奥菲尔斯的全盛期后就没再出现过。他制定了一个规范，用一个慢镜头来拍摄一整个场景，因而也很昂贵。但是这样的精工细作需要时间，盘算着财务成本的兰卡斯特有些不耐烦了。如果他开除了麦肯德里克，他就失去了唯一可以管束自己的人。兰卡斯特在片中的表演之所以控制得很好，是因为这一次终于是别人在控制了。（感谢路易·马勒，在《大西洋城》[Atlantic City] 中也是如此。）

但是柯蒂斯不需要管束。他扮演的西德尼·法尔可是美国影史上最权威的表演之一：它为"是什么让萨米奔跑"这个反复出现的问题给出了一个惊心动魄的答案。西德尼在骗子同伙前招摇而过，同他们讲话时趾高气扬；而在和兰卡斯特饰演的盛气凌人又冷酷残忍的 J. J. 汉塞克对话的时候，他又显得奴颜婢膝。柯蒂斯在二者间来回变换着节奏，令人拍案叫绝。要实现这样巨大的反差需要极强的自我约束力，而这些反差几乎都是通过台词演绎实现的。柯蒂斯由此建立了一种经典表演流派，将正剧的台词演绎与喜剧的节奏感融为一体。在《窈窕淑男》(Tootsie) 中，达斯汀·霍夫曼要发表一篇关于菊苣沙拉的演讲，剧本要求是表现出绝望。但他并没有让这种绝望妨碍他说话，他的精准表达听上去更凸显了惊慌失措。若是让柯蒂斯来演，他应该也会采取同样的方式：语句表达优先，其次才是情绪。罗伯特·德尼罗则属于方式派，他的表演完全相反。虽然在严格的导演指导下，他也能准确地念出台词——比如在《摇尾狗》(Wag the Dog) 一片中——但若是让他自由发挥，他能把剧本吞了，尤其是他不信任剧本的时候。二者不同的侧重点在票房惨淡的《最后的大亨》(The Last Tycoon) 中体现得尤为明显。柯蒂斯在片中饰演配角，扮演一个丧失了自信、虚张声势的默片男主演，他可以完美驾驭两种表演风格：和电影公司老板被关在小房间的时候精神崩溃，然后在众目睽睽之下在大马力的汽车中钻进钻出。而德尼罗只有一种风格，困惑的观众整场都在试图搞明白这是什么表演方法。最终的结果就是托尼·柯蒂斯给罗伯特·德尼罗上了一堂表演课。唉，天真的姑娘英格丽·博尔廷倒是真的需要好好上表演课，可惜一直也没上。不过要是她能看到银幕上的柯蒂斯用短短几句台词所实现的效果，或许也能受教一二。

比利·怀尔德执导的《热情似火》是1959年当之无愧的热门喜剧，我们在其中可以找到柯蒂斯这样的电影明星为什么身价不菲的答案。首先是他在银幕上做了什么。他处理对话的方式又一次成为关键要素。穿着一双二十年代的高跟鞋，他沿着站台跌跌撞撞地走着，像杰克·莱蒙一样搞笑。但如果让阿诺德·施瓦辛格来演同样的内容，也会有一样的效果。然而即使是莱蒙也无法像柯蒂斯那样演绎台词。那时的莱蒙沉浸在一种结结巴巴、说台词"张口就错"的表演方式，自他之后不那么好笑的喜剧演员就误以为这样的表演很搞笑。(在《艾莉的异想世界》[Ally McBeal]中,卡莉斯塔·弗洛克哈特每次都要重复六七次才能完成一句台词:她这样做不是简单地重复台词,而是温习莱蒙所开创的风格。)柯蒂斯在讲台词时口齿非常清晰,加里·格兰特一定会为他的这位学生感到骄傲。在与玛丽莲·梦露的一场色诱对手戏中,他的确在模仿加里·格兰特,他讲了一对重度散光的情侣不得不用骡子把他俩从峡谷底驮上来的故事,堪称铺陈笑料再抖出包袱的夸张喜剧表演的典范。完成这场戏时,比利·怀尔德和编剧搭档I. A. L.戴蒙德一定激动地抱住了彼此。这一段他想必成功地完成了很多次,因为玛丽莲·梦露总是和他在同一个镜头里。她的存在让我们明白了柯蒂斯身价不菲的第二个原因。怀尔德告诉柯蒂斯,只要梦露参与拍摄就一定会重拍很多次,因此你必须每一次都准确无误,等到梦露终于没有差错的那一次就是最终版本。整部电影里,只要有梦露参与的场景,柯蒂斯都要一遍又一遍地重复已经完成的台词,莱蒙也是如此。但是柯蒂斯和梦露一起拍摄的场景要比莱蒙和她一起拍的复杂得多。私底下,柯蒂斯曾抱怨梦露缺乏专业素养,但在片场上他时刻保持着专业风度,不然恐怕早就精疲力竭了。马龙·白兰度可以说是男版的玛丽莲·梦露,每次到了记台词或者实际拍摄的时候,他的身影总是横霸银幕,不论演员阵容有多强。原因只有一个,他每一条都需要拍很多次,其他人实在累得拍不动了。关于他是否有意为之,大家众说纷纭。但对于梦露,大家的意见倒是十分统一:她是真的无能为力。但柯蒂斯不是,他是这部称得上史上最搞笑影片的电影的核心人物。

这部力作一出,柯蒂斯之后的成功应该不再是什么需要揭示的秘密,但实际上它们常常如此。无论是他在《勾魂手》(*The Boston Strangle*)中大放异彩,还是在《无足轻重》(*Insignificance*)中抢尽风头,总有自作聪明的评论家点评他有天赋,然后以为自己眼光独到。就算他的表现不是这样颠倒众生,人们一样会夸他有天赋。就像一个口才流利的人不会因为诗也写得很好而加分,因为反正他已经那么会说话了。柯蒂斯的成就往往因为他的银幕形象而被低估。他的整个职业生涯都在有力地证明,即便再全面的分析也无法参透影星的奥秘。有些演员什么都好,比如艾伦·阿金,但就是无法成为银幕上的焦点,而有些演员能在银幕上吸睛无数,但除此之外什么都不会。一定程度上来说,我们可以将造就银幕之星的东西分解为各种天赋,那么柯蒂斯除了拥有经久不衰的美貌之外,还有另一项弥足珍贵的天赋——他是为剧作家而生的演员。当台词从他口中脱口而出,语言就被赋予了生命。从最初的飞机头造型到最后顶着一头假发,柯蒂斯斟酌着每一句台词的节奏韵律和抑扬顿挫,然后将它说出来,而当他说出来的时候,我们会觉得这是唯一最恰当的演绎方式,毫不含糊。[*]

---

[*] 2012年新增脚注:一些年轻影迷在看《黑盾武士》时,全程随时准备着掏出铅笔做记录。他们向我保证:他从没说过这句台词,并且在另一场戏里念"父亲"这个词的吐字十分清晰。但我更愿意相信我自己和其他数百万观众的记忆:如果你希望珍妮特·利注意到你的话,你就会用这样的方式说话。(原注)

Tony Curtis

恩斯特·罗伯特·库尔提乌斯
Ernst Robert Curtius

恩斯特·罗伯特·库尔提乌斯（Ernst Robert Curtius，1886—1956）是他那个时代最著名的中世纪罗曼语语文学家。"一战"结束后，德法人文学界相互隔绝，库尔提乌斯对此深感遗憾，试图搭建沟通的桥梁。1932年，纳粹上台的可能性已经很明显，他便出版了《德国精神危在旦夕》（Deutsche Geist in Gefahr）一书。危机成为现实后，他却不再有进一步的抗争举动了。他也没有选择流亡，而是退居自己的书房。1948年战争结束后，他凭借代表作《欧洲文学与中世纪拉丁文化》（European Literature and the Latin Middle Ages）复出，该书被公认为二十世纪最伟大的学术书籍之一。他还写了一系列文学论文，非专业读者也能读懂。（这些文章在他死后被翻译出来，收录在1973年出版的《欧洲文学论文集》。）这样看来，他已尽力做到最好了。只是还有一个问题留待解答：他毕生都在强调文化的连续性，那么对纳粹给予文化的致命打击，他到底是怎么看的呢？

———◆———

> 德国的灾难降临时，我决定专事中世纪人文主义，研究中世纪拉丁语文学。这十五年来我专心于这些研究。眼前这本书就是我的心血成果。
>
> 恩斯特·罗伯特·库尔提乌斯，《欧洲文学与中世纪拉丁文化》1952年英译本前言

此时距希特勒下台已经七年了，但这位欧洲最受尊崇的学者对那场灾难所造成的后果却并没有说太多。（在1948年的德文初版中，他对这个问题谈得更少。）如果他不是这样举足轻重的人物，这一沉默的空白也不会如此事关重大。他的最高成就必须用"举足轻重"来形容。五十年代后期我还在悉尼大学读书，我的老师乔治·罗素也是研究中世纪的学者，他将库尔提乌斯这部著作放在讲桌上，像对待圣经一样打开，然后说："这是一本伟大的书。"当时的我无从得知这话正确与否。直到数年之后，当我终于咽下老师的暗示，开始钻研一些理解库尔提乌斯所需的预备知识（比如但丁是谁），我发觉这部书读起来就像是惊悚小说。库尔提乌斯有一个难能可贵的天赋，他从不受制于自己的学识。他笔下的但丁就像詹弗兰科·孔蒂尼笔下的但丁一样（库尔提乌斯与孔蒂尼是朋友），是活着的，会呼吸的。他们都承认但丁神秘莫测，但在这一事实前必须加上一个限定条件：他确实神秘莫测，但更多的时候并不是这样。

但丁设下的谜题只有学者才能解开，这正是学者们喜爱他的一大理由。然而但丁绝不止于此，他的写作还深深感染着不具备任何学术资质的普通读者，成为他们记忆与想象的一部分，若非如此，《神曲》就不可能成为《神曲》。"学术研究与文艺评论对文化至关重

要",库尔提乌斯是这一观点缄默而善意的支持者,而且总能提出非同一般的创见,但这个观点本身也可能是偏执、有害、无益的。学术研究与文艺评论对"文明"至关重要,文化对"文明"来说也是这样。文化是一个方面,文化研究则是另一个方面,二者不可分割,因为它们共同隶属于一个更高层次的东西。那种将文化学者看作参与艺术创作的合作者的观点很容易引出这样一条假定:专家见解是推动文化发展的一个动力。毕竟,正是对文化的专业见解塑造了文化传统。而传统是库尔提乌斯的核心概念。"失却了传统的文化,"他这样写道,"就如同失去了历史的命运。"他认为,对传统的威胁就是对生命的威胁。在纳粹时期他有这样的想法是可以理解的,不仅可以理解,甚至还值得赞扬。为了摆脱这种威胁,他写下了《欧洲文学与中世纪拉丁文化》。在纳粹统治期间他埋头研究,纳粹下台后不久便出版了。相较于埃里希·奥尔巴赫的《摹仿论》,库尔提乌斯的鸿篇巨著更像是一次创造性的重塑:一次及时而成功的努力,使原本破碎的精神世界重新弥合。隔着这样的距离含糊其辞显得有些无礼。倘若仔细审视,库尔提乌斯的立场的确有值得商榷之处,有一点尤其应该追问。

和平到来后不久,库尔提乌斯与安德烈·纪德在科隆的一家咖啡馆碰面,从那里可以看见被毁的大教堂。他们见面或许是为了庆祝彼此死里逃生,也或许是想交流一下悲观的理由。他们亲眼目睹了挚爱的欧洲文化被摧毁,其境遇就如他们此时所处的城市一般。这样分裂的局面尤其令库尔提乌斯沮丧。"一战"结束后,他为促进德法思想文化交流做了许多工作,堪称德国第一人。德国第一篇关于普鲁斯特的严肃研究就出自他,收录于1925年出版的论文集《新欧洲的法国精神》(*Französischer Geist im neuen Europa*)。这本书是我的重要收藏,精致考究,封皮是光洁的深红色亚麻布,密排的博多尼黑体字,这是纯正的战后欧洲现代字体。关于巴尔扎克最好的德语研究著作也是他写的。维克托·克伦佩勒（现在他因为纳粹时期的日记出了名，但当时还名不见经传）与库尔提乌斯是同行。他早期出版的作品中有两卷是关于法国大革命之前的文学研究。但在德国学界众多通晓法语的学者之中，没有一个能与库尔提乌斯相提并论。他的专业虽然是中世纪，却热衷于将历史的指导性标准创造性地运用于当下。（之后，他的追随者孔蒂尼成为意大利学界交融古今的典范。）库尔提乌斯也是《荒原》的第一位德文译者，是艾略特主办的季刊《标准》(The Criterion)的重要撰稿人。他紧跟艾略特的诗歌步伐，每首作品都熟记于心。但有时他太过相信自己的记忆：在他死后出版的论文集中，我们发现了"四月是一年中最残忍的月份"这句话，艾略特可不是这么说的。*但这一纰漏也证明库尔提乌斯是将文学当作一种有生命的事物来接受和吸纳的。

欧洲文化曾在基督教世界中实现过统一，之后也可能会存在于某个新的政治联合体中。作为欧洲文化统一的代表，库尔提乌斯很难做得更好。然而历史还是让他措手不及：他的处境并没有像犹太人那样残酷，但很是讽刺，就像那些雅利安学者往往会陷入的境地，他们原本以为只要忠于职守，文明的星星之火就能得以存续。在法国右翼知识界，一大批作家与学者幻想着法德文化能够达成某种美妙的统合，而强大的新德国将在政治上促成这一点。（"力量"，这个被反复强调的概念早该让他们意识到，统一更多地是指"力量"而非"文化"。但是一厢情愿在这里发挥了致命的作用，在为了赢得"一战"胜利早已消耗殆尽的法国，没有人愿意相信会再来一场战争。）虽然秉承"法兰西行动"精神的法国右翼持坚定的反德态度，就像其发起人夏尔·莫拉斯一样，但还是有很多右翼分子相信

---

* 此处引语"April is the cruellest month of the year"，而艾略特原文为"April is the cruellest month"。

欧洲文化的一体化指日可待。德军攻占巴黎之后，德国宣传队也在鼓吹这一观念。一些法国二流作家欣然应邀前往德国参观。（这场闹剧的始末都记录在弗朗索瓦·迪费近期出版的《秋之旅》[Le Voyage d'automne] 中。）一流人物不会如此轻易地受摆布，但还是有一批无为主义者愿意相信，有教养的法国人和有教养的德国人能够超越卑鄙龌龊的纯政治层面，共创文明的共同事业。

纪德和库尔提乌斯无疑就是那个有教养的法国人和那个有教养的德国人：战后科隆的会面并不是他们第一次面对面接触，虽然在战争期间，他们的交流要通过中间人才能完成。我们可以从纪德1939年至1949年的日记中得知，在1943年3月15日这一天，他"与一位亲切好的年轻德国军官见了面，他修习艺术史，是库尔提乌斯的朋友"。"我们刚开始谈话，他便直言身上的军装让他很不自在。""Il parle chaleureusement aussi de Junger."（他还热情地谈到了荣格。）库尔提乌斯和恩斯特·荣格一样，都是永存不灭的德国文化的活生生的例子。现下不幸的历史阶段或许会使其受挫，但决不会使其泯灭——至少根据他们的理论是这样。他们越是忠实于丰富的过去，对纳粹可以消灭一切的事实也就越迟钝。后来，库尔提乌斯对自己这段生涯不予张扬，但这并不说明他有多少可以隐瞒的。库尔提乌斯不是海德格尔，他从未公开支持过纳粹。他和纪德错就错在那个一厢情愿的念头：在政治的蛮荒中也有实现文化统一的可能。人类大部分不切实际的幻想都关乎其所爱。倘若这也要谴责的话，我们每个人迟早都逃不过。如果说要从这场灾难中学到什么，牢记那些与我们怀着相同热忱的人们曾经遗忘的事，无疑是明智之举。

库尔提乌斯忘记的是连续性就其本身而言并不能促进文化，它只是对文化的一种描述而已。同样地，传统是由一系列卓越作品逐渐累积而成，但当初人们在创造它们的时候，心中并没有想着传统。就算想着什么，那也是要实现自己的独创性：跳脱常规，而非顺应传统。一个合格的批评家或作家花在取消连续性和花在强化连续性上的时间至少是相当的。二十世纪最优秀的但丁专家纳托利诺·萨佩尼奥——研究领域覆盖十四世纪的各个方面，足以与孔蒂尼相匹敌——消解了浪漫主义一贯的批评传统，在这一传统中，但丁的保罗和弗朗西斯卡拥有永恒之爱的救赎，那是能穿越地狱之风的自由通行证。萨佩尼奥指出，但丁其实是想让这对恋人受到惩罚的：诗人的道德观就是他独创性的核心。学者们强调文化连续性——包括对学术连续性的强调——总会试图削弱"独创性"这一概念。但独创性绝不仅仅是一个概念：它是最接近创造冲动的东西。库尔提乌斯之所以能成为这样的伟大学者，就是因为他始终明白这一点。当然，他会觉得这是老生常谈。但在他的作品中也的确存在这样一个默认的假设：在学术的助力下，艺术会生发出艺术。

艺术生发自个体独特的见识。在政治环境允许个体独特性存在的条件下，情况总是如此。而纳粹为自己定下的使命，却是将独特性从世界上抹除。二十世纪最大的悖论之一，就是相较他战无不胜的前辈拿破仑，希特勒将欧洲政治一体化推进至了前所未有的程度。幸好他没有完成这项工作，但他的所作所为足以从反面证明，文明与一定程度的自由密不可分。过去的艺术家们受命于专制君主，却也创造出了伟大的作品。但这些特例之所以能够存在，只因专制君主为其留下了一线自由。在我们最为了解的，也就是我们目前所栖居的文明中，自由已经体制化了，以至于有时很难看出艺术创作与艺术研究之间的关联。但是，二十世纪最大的灾难向我们表明，二者之间的联系完全仰赖于它们首先都是文明的组成部分。由此可见，库尔提乌斯这位世界级大学者是多么令人沮丧地作茧自缚，而人文主义也展露出了难以摆脱的缺陷——尽管它试图理解这世界所创造的一切，但它总是怀揣着将真实世界降格为虚幻的诱惑。

在战争期间，库尔提乌斯对纳粹的暴行保持沉默是可以理解的，也是可以原谅的。令人无法理解也难以原谅的，是他在战争结束后仍对此缄口不言。以他的崇高声望，整个国际学术界都是他虔敬的听众，但他却从未提及任何关于集中营的事，哪怕只是暗指。乔治·斯坦纳正确地指出了 T. S. 艾略特《关于文化定义的札记》(*Notes Towards the Definition of Culture*) 中给文化下的定义是不合格的，因为它对欧洲刚发生的一切竟然略过不表。我们可以用同样的理由来反对库尔提乌斯雷鸣般的沉默。在 1998 年发表的库尔提乌斯研究专著末尾，克里斯蒂娜·雅克马尔-德热默动情地为其辩护道：他不想去理解这一悲剧，因为尝试理解就意味着接受认同。这种说辞实在难以理解。一个悲伤的事实，是库尔提乌斯勤恳平静地度过了他的一生，却始终没有改变他于 1933 年做出的决定：谴责流亡外国的托马斯·曼。库尔提乌斯认为托马斯·曼背叛了祖国。库尔提乌斯认为真正的德意志是可以在纳粹的统治下存续的。雅克马尔-德热默女士提出了一个宽宏大量的观点，虽然库尔提乌斯本人从未这样说过，她要我们相信库尔提乌斯认为存在一种内在的知性生活，而希特勒是外在于它的。同样地，她或许还可以辩称苹果核里的虫子也是外在于苹果的。在科隆大教堂对面的咖啡馆里，库尔提乌斯与纪德所见无疑是一片废墟，一个文明荒漠时代的哀恸时刻。但这废墟同时也象征着人们曾不顾一切地奋起抗争，挽救了他们所珍视的文明。

D

迈尔斯·戴维斯

谢尔盖·佳吉列夫

皮埃尔·德里厄·拉罗谢尔

迈尔斯·戴维斯
Miles Davis

迈尔斯·戴维斯（Miles Davis，1926—1991）一方面要求他的音乐为大众所闻，一方面又不想让大家都轻易听懂，他以舒缓悠长的小号独奏曲闻名，承自比波普爵士乐，后者是"二战"后发展出的一种音乐形式，从此爵士乐不再是即兴而发的欢乐之音。一种艺术形式能否真正得到发展，这是一个永恒的问题，而各个艺术领域的资深专家们总是深信应当如此，这个事实本身已经给出了一部分答案。作为小号大师，戴维斯可以随心所欲地演奏一切。有时他想演奏的东西能一下子引得万众关注——让他出了好几张非常成功的销量破纪录的唱片——但他的演奏很多是有意地克制收束、曲折婉转，仿佛于日本乡间落幕的能剧配乐。美国研究种族关系的学者们普遍认为，"二战"后的爵士乐代表人物们决心要用艺术来发起挑战，而不只是温顺地用音乐来愉悦他人。他们有充分的理由这样做。戴维斯的个性正契合这一雄心壮志。如果他不喜欢他的听众，他便不予理会，在这方面他算是鲍勃·迪伦的前辈；但在台下他又有另外一面，讲话总是简洁而幽默。他的确不会像路易·阿姆斯特朗那样放声大笑，但仍旧非常风趣。

———◆———

如果我不喜欢他们写的东西，我就钻进法拉利开车走人。

迈尔斯·戴维斯（据称）

我记得这句常常被引用的话，只是想不起来出自哪里了，但它很有可能是写在哪本书里的。我第一次听说这句话是从一位爵士音乐家那里，他对迈尔斯·戴维斯满怀敬畏，毫无疑问有充分的理由。我只不过是一个听众，我努力想去敬畏，但是我做不到。我更痴迷于圆号嘹亮悦耳的音色，所以即便是戴维斯最有名的作品，我也从来不是很喜欢，因为他的小号声就像畏缩在吸管那样狭小的直径里。有博学多识的音乐爱好者向我保证，戴维斯的长独奏是将一种艺术形式提升到苦行禁欲的顶峰。我只以为他是把吸管当卡祖笛在吹。他通常选择在与听众相距较远的地方坐下来演奏，我觉得这其实没什么关系，因为就算是面对着他们演出，他也只当观众不存在。

但是，我觉得如果有必要把这些事情写下来的话，那我最想记住的应该是法拉利。他的财富就是他的优势。这个观念可以用来激励各个领域的艺术家，同样的原则也适用于女权主义；如果你在经济上脆弱不堪，你就一路弱到底了。如果你能娱乐大众，让他们的钱流一部分到你的银行账户里，你便有了资本，可以无视那些恶意诋毁你的人。亨弗莱·鲍嘉管这叫"去你妈的"资金，只要他银行账户里有足够的钱，他就可以不用签烂合同。这一点应该很清楚，但是，换作艺术家职业生涯某个不幸的转折点，人们往往就不会强调它了：艺术家可能是被迫接受这个观念的，他没有所需的资源，也就没法用鲍嘉的话来教导那些注定失败的项目的赞助人。我喜欢戴维斯这句名言的地方在于，他的示例简洁利落。法拉利说明了一切：他有法拉利，批评他的人没有。还有一个类似的生动例证是曼联球星乔治·贝斯特一件广为流传的轶事。他踢得太好了，对方就专门派了球员来铲他，结果他不得不退出足坛。于是贝斯特开始借酒浇愁，但更可能他生来就是个酒鬼。酒对他来说完全是毒药，全完了。荣耀之后的悲惨结局，是他上了电视脱口秀，一个货真价实的糊涂鬼：自以为是个恶棍的废人。但他会讲一个故事，那是他百试不爽的法宝，哪怕他看上去穷途末路还嚷嚷着东山再起。这个故事不一定是他自己编的：太过雕琢。贝斯特虽然才华横溢，但从来不是在言辞方面。无论如何，有人把这个故事写下来了，它的主人公也把它全文背诵下来了。故事讲的是豪华酒店的一位客房服务生，推着载满龙虾和鱼子酱的餐车到贝斯特的贵宾套房，却发现贝斯特正和一位世界小姐躺在床上，享用着一瓶法国香槟。服务生说道："乔治，乔治，你到底是怎么回事？"

仔细来看，迈尔斯·戴维斯和乔治·贝斯特说的不完全是同一件事。戴维斯说的是钱使他无坚不摧，而贝斯特在那个时候已身无分文。但是，他有权暗示他曾经的荣耀依然被大众铭记，确保他无论如何都要比一个服务生强。然而明智的艺术家都会在银行里小心保管自己的意外之财，因为一旦钱没了，荣耀很快也会大打折扣。有钱，职业生涯尽由你掌握。没钱，只能任由职业摆布你。但是光有钱也无法成就事业，通过继承家产来开创事业几乎无一例外都是一个坏的开端。在电影明星当中，简·斯特林和克利夫·罗伯逊都是含着金汤匙出生的，但若是没有才华，他们也难成大业。简·斯特林并没有达到她应有的地位，现在也早已被人遗忘：在她之后的格蕾丝·凯利发现在好莱坞做淑女更容易成功。诗人詹姆斯·梅里尔可以自由地写他所爱，因为即使风云不测，也有美林证券在背后支持他。倘若他不得不在公开的市场上争得立足之地，或许他的诗作就会少一点艰涩，多一点畅销。当然这个道理并非适用于所有人：卡莉·西蒙就出生于一个家财万贯的出版业世家，从小享受着各种特权，但她的畅销歌曲都是她努力的结果，她靠自己赚钱，也无疑从中收获了真正的满足。

但如果工作赚的钱太多，那几乎和继承巨额家产同样危险。有些广受欢迎的音乐人后来开始放纵自我，因为他们终于有钱去做他们早就想做的事了。早期的热门歌曲必须取悦大众，所以处处受限，但回过头看却总被认为是他们最好的作品，也是最富冒险精神的。（对于歌手而言，开始用说话代替唱歌总不是什么好迹象。戴安娜·罗斯演讲一样的唱片成了塔姆拉-莫顿开始走下坡路的悼文。她试图证明她不再需要取悦大众：这句话总是说得太过轻巧。）严肃艺术家的社会层次更高，他们通常不会被问及关于金钱方面的问题。在电影《君臣人子小命呜呼》(Rosencrantz and Guildenstern Are Dead) 首映成功后，有人采访汤姆·斯托帕德这部喜剧是关于什么的，他坦率得令人耳目一新："是关于让我赚很多钱。"我们当中的很多人随时准备为艺术家们献上学识、批评和赞美，我们很容易忘记，他们虽然天赋过人，使我们得以窥见崇高，但同样有对世俗的关心，这种关心也会随着成功而翻倍，与悖论无关，只是经济在作祟罢了。大概是因为艺术的浮华魅力和层出不穷的诱惑，无论在哪个艺术领域，它似乎专门就是用来烧钱的，即使是其中地位最高的从业者，收入也会很快花完，而且赚得越多，钱少得就越快。比如，赚到钱后你需要请专业人士来打理，这笔费用就成了日常开支。S. J. 佩雷尔曼在接受《巴黎评论》采访时，颇为得意地展现出自己对待写作这门生意的冷静精明。好莱坞的秘密，他说，不在于一下子大捞一笔，而在于你能想到办法把钱拿出来。他说，只要你往东边走，他们付给你的"童话钱"就会消失不见。

描写画家财务状况的书有很多，因为一旦画家出名，涉及的钱财金额就会非常巨大——尤其是那些打开销路前属于反资本主义先锋派的画家，这一点非常奇怪。画家要购买材料，还要付给画廊很大比例的钱，所以大多没有我们想象中那么富有，但当他们真的取得突破，那就如同产业规模的突破一般。对于作家而言，经济方面的回报相对较小，但是如果有一本专用来赚钱的书，将会非常有用。这一点或许有助于解释某些行为，它们之所以在形而上层面上困扰着我们，只是因为有一些形而下的问题没有被考虑到。纳粹禁止好莱坞电影在德国公映之后，米高梅电影公司损失的只是其收入的一小部分。而当托马斯·曼最终意识到他必须放弃在祖国出版作品时，他面临的几乎是失去一切，因为尽管他蜚声国际，但核心读者群还是在德国。在苏联，版税只以特权的形式存在——公寓，乡间别墅，发表的机会——但特权是由别人决定的。倘若你受到剥夺特权的威胁，我想几乎每个人在发表反对国家的言论之前都会思考再三。如果不弄明白这点，一切的揣测都是徒劳：比如为什么帕斯捷尔纳克迟迟不肯公开发表异见，发表的时候又为何闪烁其词。艺术爱好者们不应轻易鄙夷艺术家与金钱的关系：保障和打理个人财务的繁难，与来自国家权威的压力没法相提并论。选择你自己的道路走向地狱，总比被喜怒无常的官僚送到那儿去好得多。

迈尔斯·戴维斯是否代表美国黑人发声了呢？当然，虽然他已抖落了黑人的重负——他不是马丁·路德·金。但是马丁·路德·金也录不出《泛蓝调调》(*Kind of Blue*)。戴维斯真正的问题无关身份认同，而在于毒品。过去——就在不久之前的过去，我们不要忘记——黑人音乐家被白人商人仿佛理所应当地劫掠。戴维斯则是自己劫掠了自己，他也顺便向我们展示了弱点和恶习的不同。他的弱点在于女人，但是从来没人能证明纵欲过度影响到他演奏。他对毒品的嗜好就是另外一回事了，没有人胆敢抗辩说吸毒从未影响他的演奏。查理·帕克对这个话题直言不讳："如果有人说他吸了大麻，打了针，或是喝醉了会演奏得更好，那就是睁眼说瞎话。"这句话引自《听我对你说》(*Hear Me Talkin' to Ya*) 第 379 页，却比《我的旧爱》中的歌词更令人伤感。这本书由纳特·亨托夫和纳特·夏皮罗编纂，收入了丰富的箴言，还有很多名人轶事，是一本永远不应该绝版的书。在各个领域努力创新的学者们都需要备一本在手边，以此来教导自己要坚定不屈地守住基本原则。前不久我听到了一个人的演奏，那是世界上最美妙的高音萨克斯。我可以说他已经完全吸收了本·韦伯斯和特莱斯特·扬音乐的精髓，但他那种将短小乐句组合成悠长连奏的天赋又全然是他自己的。他无与伦比。然而他的演奏地点是托特纳姆法院路地铁站的自动扶梯下。他可没有法拉利。

谢尔盖·佳吉列夫
Sergei Diaghilev

谢尔盖·佳吉列夫（Sergei Diaghilev，1872—1929）生于诺夫哥罗德，葬于威尼斯，他是将俄国歌剧及芭蕾输出国门的剧院经理，这股从战前开始，延续整个"一战"期间的潮流使时尚之都巴黎为之倾倒。他在俄国的时候就已经很有名，是一名出色的青年艺术鉴赏家，他组织的重量级画展重新发现了俄国宗教圣像及世俗肖像绘画的传统，同时他也是一流杂志《艺术世界》（Mir Iskusstva）的编辑，伯努瓦、巴克斯特等等后来人们常挂在嘴边的俄国名字最初都出现在这本杂志上。佳吉列夫在巴黎展现出的天才吸引了当时所有最有名气的艺术家（毕加索、斯特拉文斯基、科克托、萨蒂、普朗克，等等），将他们揽入麾下，这种天分早在俄国就已经有所展现。但在他影响力的鼎盛时期，他却无国可归。十月革命之后他旅居海外，苏联当局意识到没法让他回来之后，便把他打成了被资产阶级腐化的反面教材，钉上了永世不得翻身的耻辱柱。有六十多年的时间，苏联艺术史学者的笔下都没有佳吉列夫这个人。1982年，两卷本的佳吉列夫十月革命前所著的艺术评论集在莫斯科出版，标志着坚定不移的官方意识形态开始动摇，因为任何揭露历史真相的行动都可能成为揭露当下真相的前奏。但也可能只是预兆而已。只有现在回过头看，才能确认这种转变。而当时惊愕的读者们能够确认的只有一点：佳吉列夫是一位伟大的评论家——他有着使天才顺从自己意志的异乎寻常的能力，这一能力背后是种一视同仁的冲动。天才们觉得佳吉列夫理解他们。他几乎确实一直都理解他们。

我为什么要把想象力浪费在自己身上呢？

佳吉列夫（据称）

作为佳吉列夫的终身铁杆粉丝，他可能说过的每句话都使我印象深刻，但当我第一次读到这句话的时候，我真是五体投地，甚至连笔记都忘了做：我知道自己会永远记住它。我发誓我是在《剧院街》(*Theatre Street*) 里读到的，这是塔玛拉·卡尔萨温娜的一部热情洋溢的回忆录。（卡尔萨温娜曾是彼得堡马林斯基剧院的当家花旦，1910年巴黎《火鸟》[*Firebird*] 首演中的"火鸟"就是她。）《剧院街》也许是关于舞蹈的书里面最好的一本，对于整个艺术领域也有普适性：如果我要列一张书单，给年轻的艺术狂热爱好者们推荐十本书，让他们的热情更有文化一些，《剧院街》必定是其中之一。但当我翻遍全书要找到这句话的时候却怎么也找不到。对话有记载，但用的是陈述语气：并没有以引号的形式出现。我是不是在芭蕾舞迷理查·巴克尔写佳吉列夫的书里看到的？那本书里我也找不到。在约翰·德拉蒙德出色的简编书《谈谈佳吉列夫》(*Speaking of*

Diaghilev）里收录的与卡尔萨温娜精彩的访谈中也没找到。不管怎么说，尽管没找到出处，这句话仍然如此清晰地回响在耳边，决不可能忘记。谈话地点是佳吉列夫在彼得堡的小公寓——当时那个城市叫彼得堡，现在也幸而重新叫回这个名字了。卡尔萨温娜那时还很年轻，面对佳吉列夫的成熟老到很是不知所措，她注意到他这间小卧室里除了一张床几乎一无所有。她说自己十分惊讶，佳吉列夫就用了以上这句反问句回答她。这句话直接脱胎于他的性格，同时也阐释了他的性格，就像年老力衰的雷诺阿这样描述自己："把画笔绑到我的手上吧。"就像年迈的理查·施特劳斯对乐队吼道："大声点！大声点！我还能听见歌手的声音！"

佳吉列夫的艺术形式就是融合各种艺术形式，给予世界所有，留给自己很少。他住的酒店可以很昂贵，他穿着华丽，但除此以外的个人生活并不需要艺术氛围。其他剧院经理过得可没那么寒酸。林肯·柯尔斯坦慧眼识珠，把巴兰钦送上纽约芭蕾舞团星光大道，他在曼哈顿的寓所里摆满了精美物件。我们把眼光放大到创作型艺术家，也同样能看到这种对比。一种极端是把所有创造力倾注到艺术中，对自己的生活质量毫不关心。另一种极端是把个人生活也提升到审美高度才能进行创作。或许可以举个最简单的例子，贝多芬就代表着前者，他的工作环境虽算不上邋遢，但也只能保证最基本的要求。（在埃丽卡·容的首部小说《恐飞》[Fear of Flying] 中有一段很具说服力的描述，叙事者在参观仿制的贝多芬琴房时，"被他生活所需之简陋深深打动"，这部小说虽是畅销书，但也不应受到忽视。我是凭记忆引述的，但如果你有引用某个作者的冲动，一般都说明这个作者还是不错的。）济慈代表着后一类，尽管只在那难忘的一刻，他穿上最好的衣服，然后坐下写诗。为了让灵感闪现，瓦格纳必须生活在天鹅绒般的华贵中，不论对他自己还是他人有多昂贵。他照例过着入不敷出的日子，好像他被赋予了国王的神圣权力一般。后来确有一位国王，巴伐利亚的路德维希二世维持着瓦格纳的奢华生活，而他也完全没有不习惯的意思。然而威尔第是花自己的钱达到同样效果的：他居住条件舒适，屋内望出去的一片葡萄园都是他的，但这是生意。以成就高伟论，瓦格纳和威尔第不相上下，但这两位巨人在个人生活需求上截然不同：威尔第可以睡在佳吉列夫那间简陋的小屋里，早晨醒来一样能作曲。瓦格纳会觉得这简直是在坐牢。

歌德为客人着想，布置了一间豪华的客厅，而卧室是斯巴达风格的，因为他不用为自己着想：在歌德那里，想象力的简约通向诗的高度。但也许就算他生活得一团糟，诗也能写得一样好。具有高度条理性的作品和对维持生活秩序的执念常有联系，但也未必：这个事实已在那些懒散成性的艺术家身上得到证实。福特·马多克斯·福特的文学成就七零八乱，品质低劣，偶有夹杂一些杰作，但其中的两部——《好兵》和《队列之末》的前三卷（算作一部）——是精心编排的典范。而他一团糟的个人情况就像故意挑衅奥勃洛摩夫似的。福特可以一整天穿着沾上培根油渍的晨衣。同样的早餐成分也是西里尔·康诺利杂乱无章的生活的一个主题，他是一位重要的评论家，名噪一时，后来就沉寂下去了，部分原因是他的享乐嗜欲令人反感。康诺利的书（主要是散文集）就是他高雅生活的证明，他在现实中也是如此，透支巨额抵押贷款，只为每天享受香槟、鹅肝、名媛和珍本书。但他也会用一片冷却的熟培根当书签，尤其如果这是别人的书。我们所知的文学史上最著名的懒汉也许就是 W. H. 奥登了。这位作品就像细木工工艺品一样的诗人——想象一下一首比《罗马的陷落》还要精雕细琢的诗——他的厨房可以兼作生化武器实验室。更糟糕的是，他对别人家的房子也是如此。玛丽·麦卡锡做客时洗了很长时间的澡，还把浴帘放在浴缸外面而不是里面：后来水漫金山，主人拒不接受道歉，为此她落下了个坏名声。换作奥登，水漫金山已经算是感谢信了：他会让主人感觉自己被金帐汗国扫荡了一番。奥登很长寿，我因此得以亲眼见过他的领带。我以为是杰克逊·波洛克送给他的礼物，后来才发现只是一条沾了食物的普通领带。这使作家和作品之间的关系有了新的解读。他的诗歌怎么能如此工整利落，而他本人却完全相反？当然，兰波早就把这个问题摆在我们面前了。他年少时候创造的杰作《醉舟》(Bâteau ivre) 最明显的特征就是其完美的结构，堪称纸上的建筑。但这位年轻人同样也能在咖啡馆餐桌上，把自己新鲜的排泄物特意抹到手上，代替墨水来创作。如果任何熟人误对他热情了点，他准会把那人的家里践踏一番。魏尔伦为什么等了那么久才对他开枪简直是个未解之谜。(格雷厄姆·罗布在他的兰波传记里——他写的巴尔扎克和维克多·雨果传同样是传记文学的典范——尽其所能想给出一个答案，但我还是没明白。)在之后的短暂人生里，这位天才清醒过来，尽管没有书面记录，也用他的生活表明自己年少的时候可能是个疯子。这么想当然也不错。而奥登虽然破坏力没那么大，但胜在一以贯之。

　　精致的作品并不能证明作者就挑剔讲究。如果只从作品来判断，那你可能会觉得普鲁斯特和里尔克都是"讲究时髦"的人。普鲁斯特并不是：在他往衬衫里加保暖层之前他的衣着品位就已经很奇怪了，而且他的字迹难以辨认。里尔克算得上是，但用"讲究时髦"(dandy) 还不足以形容他每天狂热显摆自己的品位。他的所有东西，就连便签，都挑选得无可指摘。他的字迹太好看了，就算写感谢字条也不马虎，甚至对不识字的人来说都像一件艺术品。这样展现个人生活很费钱，他只能负担起一部分。当他得向人要钱的时候，可比瓦格纳婉转多了。他工于写这种讨生计的信，因此经常受贵妇邀请，在她们家住上一阵子，免费提供食宿，创作诗作，好给她们的房子增光添彩。从一种精致氛围再到下一个，他对这种迂曲轨道的掌控本身也是一种艺术。品位使一切合理。品位就是一切。他的行为举止就好像艺术是把品位提升到最高程度的结果一样。这些佩戴世家徽章的贵妇女主人们很乐于相信这一点,因为这让她们也成了艺术家。

但即便是里尔克,他在唯一重要的领域也没有放纵自己:他为艺术献身,舍此无他。他为自己营造了一个不受干扰的环境。尽管听上去荒谬,但瓦格纳也是如此。《尼伯龙根的指环》最终还是写成了。考验并不在于环境是否奢靡到极致,而在于创作出来的作品是否值得这个花费。斯特拉文斯基的家庭布置是不是豪华太过了?如果他需要的话倒也不是:他那对比强烈、用各种颜色标注的手稿正说明他精心挑选的家居能使他像修道士一样专心致志。(佳吉列夫经常拖欠报酬:斯特拉文斯基把这样的行为正确地理解为波西米亚,因为波西米亚人不在乎钱——不在乎你的钱,而不是他自己的。)托马斯·曼同样也需要富丽堂皇的环境:他一生都很讲气派,方方面面都在模仿济慈的原则,就连指尖都是如此。指甲修不好,托马斯·曼不能写作。但他还是写出来了:第二部《约瑟夫和他的兄弟们》以及整部《浮士德博士》花掉他一笔不小的修指甲钱,是布莱特伍德区的价格。但我们还是看到了书。艺术家只有当生活方式妨碍创作的时候才是越过底线了。当菲茨杰拉德深陷债务的时候,他不仅亵渎了自己,也亵渎了读者,因为为生活所迫而创作是唯一摆脱困境的方式,所以这条逃生之路把他带进了最糟糕的困境。如果他知道怎么给自己多一点时间的话,《夜色温柔》能写得更好,至于不认为《最后的大亨》是草就之作的读者,他们对《了不起的盖茨比》成为杰作的原因肯定也有不同寻常的见解。但那些肆意挥霍,自掘坟墓,令我们瞠目结舌的艺术家们能这么做,是因为我们知道他们真正的价值。奥逊·威尔斯只是看上去要把自己毁掉:但他仍然是奥逊·威尔斯。有那么多人靠大笔借款过活,但我们从未听说过这些人。但更给人安慰的是，佳吉列夫借钱的时候也没有考虑该怎么花在自己身上，而几乎总是想着如何资助下一个想象力的奇迹。

皮埃尔·德里厄·拉罗谢尔
Pierre Drieu La Rochelle

皮埃尔·德里厄·拉罗谢尔（Pierre Drieu La Rochelle，1893—1945）身材高大，金发白肤，是两次大战期间法国右翼的宠儿。他生于一个保皇党资产阶级家庭，"一战"期间崭露头角，厌恶资本主义，发现比起左翼来他跟右翼更加志趣相投。之后他说自己一直是法西斯主义者。尽管直到1934年才公开声明效忠于法西斯，他很早就认定这世上只有两边，不是法西斯主义，就是共产主义。他年轻时是个备受倾慕的诗人，也一直是一名出众的散文文体家，要不是由于政治立场，他本可以为法国文化增光添彩。然而只有他的政治立场使人们对他兴趣不衰。(《秘密日记与其他作品》[Pierre Drieu la Rochelle: Secret Journal and Other Writings]一书直击德里厄不安的政治意识核心，该书由阿里斯泰尔·汉密尔顿译介，他专门研究法西斯知识分子，直到他们在"二战"结束后销声匿迹。)德里厄相信法国文化深受自由主义者和犹太人的侵蚀，应有的卓越地位因此岌岌可危。他很是赞成法国应该通过和德国结盟恢复国力，认为法国好比女人，德国好比男人，而这个说法对他来说总是饱含性暗示。他很重视个人仪表，对脱发很在意。他比大多数纳粹看上去还像金发白肤、野蛮冷酷的纳粹之神，因此他和这些入侵者结盟也像是命中注定。他非常乐意与纳粹合作，在伽利玛出版社配合德国人，通过自我审查维持公司运转之后，他接受了《新法兰西评论》(Nouvelle Revue Française)主编一职。要为他稍稍正声的话，只能说德里厄对占领者的幻想开始破灭了，但他气愤也主要是因为德国人对于法国文化的强大并不热衷，远没有达到他的期望。他们对犹太人采取的手段对他没有丝毫触动。

然而，他肯定意识到自己不仅站错了队，行为还极其恶劣，引起了公愤，因为法国解放的时候，他并没有站出来为自己的观点辩护，而是企图自杀。这次失败的自我了断引发了一个问题，该如何处置这个让人尴尬的天才人渣呢？但最终他做了件正确的事，尽管理由不怎么正确。他在自称为"最后的清算"(Final Reckoning)的告别讲话中说："我们参与了这场游戏，而我输了。因此我应得一死。"但我们应得一死并不是因为我们输了，而是因为我们错了。

———•———

毕竟，我对政治没感兴趣到让它拖累我的余生。

德里厄·拉罗谢尔，引自皮埃尔·阿苏利纳《知识分子肃清》

乍看来，德里厄的告别辞很荒谬。那是1944年巴黎解放以后；他与纳粹合作从不遮遮掩掩；他犯下了罪行，剩下的时日不多了。而他所有的劫难都是因为他对政治的兴趣。自杀之心已定，他觉得自己对政治的兴趣还不够，其实那恰恰是他念念不忘的领域。这是自欺欺人的典型案例。他三十多岁的时候一头金发，可谓人见人爱。他巨大的魅力能让一些教养极好的女性把他的政见抛在脑后。（文艺女学者维多利亚·奥坎波，日后文学评论杂志《南方》的编辑，从阿根廷来访，把德里厄邀上了床，几十年之后她仍然不顾他的政见，写回忆录时说他的价值取向不过是可爱的癖好罢了。）但他的政治热情，包括不切实际的反犹主义，从反感法国未能把欧洲联合起来讨伐自由民主异端开始，一步一步使他走向叛国的深渊。由于他认为纳粹德国能做得更好，便欢迎德国入侵。这一点上我们要明白，他并没有接受来自"法兰西行动派"*的指示。莫拉斯恨透了德国人。这两股力量的结合是因为他们都憎恨犹太人。

在担任《新法兰西评论》主编并接受傀儡政权监管期间，德里厄只要任职，就算得上是同谋。但问题就出在这里。情况没我们想象的那么清楚。德里厄进一步接触后发现，他也不怎么看得起纳粹：他们对推动文化变革并不上心。他感受到了，并开始在心中培植一个信念，即法国一定会更加强大。（不用说也知道，他对犹太人的命运是完全不在意的，换言之，他是默许的。）如果他选择继续活下去的话，他最终可能会为自己过去的所作所为提出抗辩。从实际层面来说，他对暴政的支持并不多，充其量跟后来那些空口说白话的文坛抵抗斗士一个量级。毕竟，协助追杀犹太人的是勒巴泰和布拉西亚克。这两个人是要以各种手段惩治到底的。但德里厄总没有这样粗鄙，不是吗？

他甚至可以把政治搬出来：他对纳粹的理解确实离谱，但毕竟这多少证明他的兴趣从来不是纳粹们的兴趣，他把精力都投入到了威权主义欧洲政体的理论构想中。换句话说，他也许证明了自己的

---

* "法兰西行动派"为法国诗人莫拉斯于1899年发起的法国极右民族主义组织，激烈反犹。

无能。一些他的同时代人后来大胆地提出一种犬儒功利但颇有道理的观点：假如他能销声匿迹几年，或许会以临时政府官员的身份重出江湖，他在那个政府里有不少朋友和仰慕者。不仅仅只有他以前那些纳粹老朋友想庇护他。当他第一次因过度服用镇静剂自杀未遂，在医院苏醒过来时，他发现枕头下有一本前往瑞士的护照。这份文件可以说百分之百是德国宣传部陆军中尉格哈德·海勒放的。德国军队撤退时，高级别的法奸已经到锡格马林根的新基地安顿下来，而海勒还在巴黎四处奔走。临时政府的内务大臣艾曼纽·达斯迪尔·德拉维杰利与海勒的想法如出一辙，他也认为德里厄很适合去瑞士。很多杰出的文人都认为德里厄是他们的一员，这样的重量级人物不应该成为肃清运动的牺牲品。如果对象不是德里厄的话，他们的看法倒也不无道理。肃清法庭马上就成为公报私仇的工具。行径恶劣的路易·阿拉贡想逮捕年迈的安德烈·纪德。纪德与纳粹的所谓合作最多只不过是审慎的缄默罢了，加上有几次和恩斯特·荣格聚餐，两人在一起谴责文化蛮夷的时局，都不能好好专心于艺术了。但阿拉贡永远不能原谅纪德的先锋之作《从苏联归来》（*Retour de l'URSS*）。

幸运的是阿拉贡的中伤没有占上风。感谢上帝，毕加索的愚蠢也没有：令这位最伟大的现代画家终身蒙羞的，是他把自己的画室拿出来作为治安会会员的聚集地，宣传如何对那些向敌人妥协的人们实行专政——毕加索会这样严肃实在奇怪，他在德占时期一直光顾黑市餐厅，从来没有遇到过风险。那是一个虚情假意的年代：除了谦逊以外，没有任何美德的确切迹象。公平正直的弗朗索瓦·莫里亚克（有人说，他之所以正直，是因为有个卖国贼兄弟）对不受欢迎的亨利·贝罗曾有美言，后者在德占时期不断对共产主义者、人民阵线、英国——尤其是犹太人——进行一连串的辱骂。莫里亚克大胆到甚至敢为暴躁的犹太人迫害者罗伯特·布拉西亚克辩护，称他是"了不起的灵魂"，布拉西亚克曾告诉盖世太保该敲哪扇门，对这样一个罪有应得的人来说，这真算是一个盛赞了。布拉西亚克被枪决在当时看来已经是对他的最低惩罚，但莫里亚克预见到这场行刑大狂欢最终会留下更长久的后遗症。莫里亚克就是不喜欢肃清运动，而回过头来看，他似乎是对的。加缪认为必须要有惩罚，但在实施的时候要心怀遗憾。萨特坚定不移地支持行刑。这是最让人一目了然的道德测试。如果德里厄立刻接受审判，很可能被判死刑。但可能他自己早就给自己判了死刑。1945年他终于自杀身亡。这次他用了煤气。他几乎确切地知道从德朗西驱逐出境的犹太人的命运，所以也许觉得这种终结自己生命的方法正是恰当不过。

E

阿尔弗雷德·爱因斯坦
艾灵顿公爵

阿尔弗雷德·爱因斯坦
Alfred Einstein

不要把音乐理论家阿尔弗雷德·爱因斯坦（Alfred Einstein，1880—1952）跟他的物理学家堂兄阿尔伯特·爱因斯坦混淆起来，前者出生于慕尼黑，1933 年之后开始流亡，先是在意大利，后来去了伦敦。他大部分生命专注于学术，主要成果是三卷本历史著作《意大利情歌》(The Italian Madrigal)，以及他对克歇尔编莫扎特作品目录的修订。他写了一本关于莫扎特的通行专著——至今仍然是该领域最优秀的一部作品——还写了一部关于维也纳黄金时代的权威概论，《浪漫主义时期的音乐》(Music in the Romantic Era)。此外还有一些凝练的散文，其中最优秀的作品收录于《音乐散文集》(Essays on Music, 1956)，这也是他最易读的一本书。在他那个时代，大作曲家的传记动辄几大卷（开此潮流的是厄恩斯特·纽曼的《瓦格纳》，不过如今已不再流行），所以爱因斯坦在一个段落里能表达那么多内容,着实让人大开眼界。他既有智慧,也有分寸感。后者并非总有前者相伴,但是前者若失去后者也就不复存在了。

———·———

我们若是任凭自己的想象力驰骋,很难想见如果莫扎特活过三十五岁,舒伯特活过三十一岁,音乐世界会有怎样的变化。

阿尔弗雷德·爱因斯坦,《最后的作品》,收录于《音乐散文集》(Essays on Music)

在同一篇散文里,这位音乐理论家列了一张单子,细数莫扎特在比舒伯特多活的那几年里都做了些什么:"《费加罗的婚礼》《唐璜》《魔笛》,三部伟大的交响乐以及最后四部四重奏。"于是他重新聚焦于一个永远让人不安的问题。这个问题不是说舒伯特如果活得和贝多芬一样长,他有可能创造出什么,而是说如果舒伯特活得和莫扎特一样长,他有可能创造出什么。爱因斯坦并没有直接这样提问,但是他确定这是读者会提出的问题。爱因斯坦说,德语里 fruhvollendet(直译为"过早完成")这个词经常被奇怪而错误地用在英年早逝的作曲家身上,他们明明从未"完成",而是早早就被打断了。

对于二十世纪研究艺术的犹太学者来说,一个艺术生命被腰斩是随时可能发生的现实。先是在分崩离析的欧洲,后来流落美国,阿尔弗雷德·爱因斯坦始终是在文明岌岌可危的阴影中进行书写的。随时有遭迫害的威胁,他对于过往的观点难免带上悲观主义的色彩。他的莫扎特研究专著之所以伟大,一个因素是书中凸显了文化的脆弱。他把莫扎特天才的喷涌表现为与命运的赛跑。他把莫扎特这个异邦人看作一个 Luftmensch[*]，很难在尘世找到一席之地。他对舒伯特也是一样的看法，他当然是正确的。舒伯特的事业——在德语中叫 Laufbahn，意为他所走的路——忙碌而充实。当代的浪漫激进派把舒伯特描述为身陷重围的反叛者，其实他在中产阶级发达的维也纳如鱼得水，被朋友们围绕，是欢乐的代名词。但他也是神灵降世的化身。就算从飞碟里走出来，也不会比他更加不属于这个世界。

对这等天才我们如何解释呢？第一个需要考虑的问题，是为什么这种天才的高产完全不会干扰他作品品质的卓越。我跟澳大利亚诗人彼得·波特有过一次对话，他对古典音乐有极深的造诣，他提出伟大的作曲家几乎个个如此。从福楼拜开始的现代文学或许让我们欣赏一种范式，那就是一小部分完美的作品，要用艺术家的一生精雕细琢而成，但是从巴赫直到马勒的音乐传统并非如此。作曲家们一气呵成，作品就是完美的。就算巴赫少写一百首康塔塔，他也不会创造出更好的康塔塔。

但即便是与多产的前辈后人相比，舒伯特也是特殊的。我自己进入舒伯特的音乐世界是通过钢琴奏鸣曲，由阿图尔·施纳贝尔演奏。理论上来说，我主要的兴趣是他的"艺术歌曲"（Lieder），但我发现歌词会成为干扰。德语懂得越多，我就越不喜欢那些歌词。（在法国的"香颂"传统中，最优秀的作品没有这个问题，因为福雷、哈恩、迪帕克和其他作家都精心配上了一流的歌词；但舒伯特不总是如此。）舒伯特的纯音乐作品没有这样的障碍：没有喋喋不休的词句来干扰行云流水的乐曲。一段时间之后，我可以把任何奏鸣曲中的任何乐句还原到它所属的奏鸣曲中，后来对交响乐我也可以这样做了。在剑桥时我结识了后来成为音乐理论家的罗伯特·奥莱吉。我

---

[*] Luftmensch 原是德语，进入英语意思是"空想家"，但合成这个词的两个德语单词分别是"空中"（luft）和"人"（mensch）的意思，所以这里作者可能也是取其字面含义，暗示爱因斯坦将莫扎特看作是一个"空中人"，即不属于尘世的人。

们一起参加脚灯社*——我在爱丁堡艺术节创作了几出时俗讽刺剧，奥莱吉做音乐指导——如果当时就有人告诉我，他日后会成为我们首屈一指的乐理大家，我也不会感到奇怪。（很遗憾奥莱吉没有谱更多曲子，他完全能写出美妙的旋律，毫不逊色于自己的研究对象迪帕克。）某天晚上，我们进行了一场有关音乐的长谈，互相炫耀自己最喜欢的伟大作曲家的名字和作品号。奥莱吉崇拜他们中的每一位，但是他说，舒伯特是超越崇拜的。他对我还没有听过C大调弦乐五重奏感到很惊讶，还预言说等我第一次听到时，那将是我一生最难忘的日子之一。

他是对的。我是听阿玛迪斯弦乐四重奏的成员外加一个乐手演奏的，我后来认为这场演出的"弹性节奏"（rubato）太华丽了；不过，一定程度的过度阐释也许对留下深刻的第一印象是有帮助的。（过度阐释会替你做出反应：日后你会讨厌，但还是能帮你上路。）我本来觉得不会有比贝多芬晚期的四重奏更精彩的作品了，但是舒伯特C大调五重奏里的柔板能容纳贝多芬所有的精彩，然后还有多余的空间。三十年来，我只是偶尔再听这首五重奏；它会把我带到太远太深的地方，而且无论如何，我对这曲子早已谙熟于胸。但我已经知道，在我生命最后几年里我可能会反复听它，甚至可能听着它离世——最好是放到柔板的时候。我发现维特根斯坦在写给英国语言学家C. K. 奥格登的一封信里提到了C大调五重奏，我毫不奇怪，反倒颇为自得。维特根斯坦称颂它为"神奇的伟大"，这样理性的一个人，使用的语言却非同一般地炽热。他本人以斜体强调了"神奇"二字，至为精当。没有比这更慎重的表达了。但这样心醉神迷的时刻，恰恰是回到爱因斯坦那句话的时刻。如果舒伯特再多活四年——即他与莫扎特的生命长度差——他不是能多写几首同样复杂

---

* 成立于1883年的著名剑桥大学生戏剧社团。

的作品，而是多写几十首，甚至几百首。这就好比想一想只是因为一场病，我们失去了多少贝里尼的歌剧。（同样的病夺走了比才的生命，但他死时比贝里尼大三岁；如果他死于贝里尼的年龄，我们也就没有《卡门》可听了。）这不是像想一想我们失去了多少阿里斯托芬的剧作，因为有人放错了地方，或者塔西佗的《编年史》(Annals)少了多少卷，再也不可能知道塞扬努斯篡位败露的故事：这些作品都已经写出来了，它们存在过。但是贝里尼的歌剧，就像马萨乔的壁画，或者修拉的画作，我们失去了这些作品是因为它们从来没有存在过。它们的创造者不是太早完成；他们是被打断了。

在所有打断中，最不幸的莫过于舒伯特。而死于二十六岁的马萨乔不妨说是更令人痛心的损失。年轻的艺术爱好者们站在马萨乔的佛罗伦萨壁画前目瞪口呆时，还是可以这样安慰自己：米开朗基罗也曾立在同一处，一样被马萨乔化腐朽为神奇的天才所慑服。马萨乔的英年早逝让一幕奇迹戛然而止。但是也可以这样想：他也许早已完成了他能完成的所有革命，如果他继续活着，能留给我们的大都是一样的东西——也许会更宏大，更绚烂；甚至也许会达到米开朗基罗的西斯廷教堂拱顶和拉斐尔的梵蒂冈宫大厅的规模；但必然仍脱不开具象艺术的藩篱。他不可能一路发展到印象派、立体主义和抽象主义。但舒伯特的可能性是无限的。根本无法预测。爱因斯坦对艺术评论的贡献就在于，他提醒了我们这些批评家一点：我们有一种内在的倾向，要为过去注入塑形之精神，让它们凝固定格。

诗意的敏感，如同诗意的创造力，充满了一种终结感。但我们所珍视的传统实际上也可能完全是另一个样子：这是二十世纪通过时代错误的暴力让我们清醒意识到的。维托尔德·贡布罗维奇和切斯瓦夫·米沃什只是波兰现代文学最绚丽的花丛中的两枝，要不是某个纳粹恶棍在1942年用一颗子弹击穿了布鲁诺·舒尔茨的脑袋，波兰现代文学的全貌也许就会是完全不同的一番布局，虽然当时的舒尔

Alfred Einstein

茨已经五十岁了，但他可能刚刚开始他本可以写出的某部作品。作为一个画家，舒尔茨一生只开了一次画展，这是发生在整整一代犹太画家身上的事情。看到舒尔茨唯一一幅幸存下来的架上画时，我们清楚地感受到一股艺术创作的洪流才刚刚开始喷涌。但我们却只看到了一个开始。这样的可能性总在阿尔弗雷德·爱因斯坦的脑中徘徊。当他还是一名年轻学者，纳粹噩梦尚未开始时，他的记忆中已存着东欧犹太人大屠杀*。这是犹太人的贡献，一种模棱两可的特权：将过去的伟大作品设法消解掉的偶然性归还给过去。但伟大作品当然也包含偶然性，否则它们根本不可能被创造出来。中肯的批评会说明这些：偶然性的作用，推动着无可避免的一切的无常命运，以及创造出传世作品需要多少运气。

---

*　特指十八、十九世纪东欧犹太人遭受俄罗斯哥萨克人的血腥灭绝。

艾灵顿公爵
Duke Ellington

爱德华·肯尼迪·艾灵顿"公爵"（Duke Ellington）1899年出生于华盛顿特区。他的音乐训练是一堆大杂烩，包括钢琴课，幼年时饮下的叫人晕乎乎的教会音乐鸡尾酒，以及滑稽表演。他作为乐团团长的事业开始于为宴会组织乐队。他的第一支专业乐队"华盛顿人"（Washingtonians）1923年到达纽约的时候，一共只有六七个乐手。在哈莱姆区的棉花俱乐部里，他的乐队扩大到十余人，逐渐向后来标准的十六人组合靠拢——完整的艾灵顿乐团（常被宣传为"著名乐团"）一般也不会比这规模更大。但这个乐团能创造一个自己的世界，而关于艾灵顿的独一无二，最真实的评价正是：他的乐团就是他的乐器。艾灵顿不只有一个时代，而是创造了众多自己的时代，而其中最硕果累累的应该是1940年至1941年的乐团时期，每个伴奏都是一颗明星。我最初接触艾灵顿是通过他的"1956新港爵士音乐节密纹唱片",此后就从他四十年代初战前（美国参战前）的唱片开始听起来。我在下文就是试图思考，后来我在他的作品中来来回回，却总是从那些最早的唱片开始，这到底是为什么。今天刚开始听艾灵顿的人，我觉得也最好从那些唱片开始，这样就永远无须怀疑他们面对的是一个天才。艾灵顿走了，一起带走的是一个秘密，当时的所有作曲家，无论是爵士乐还是更学院派的作曲家，从来没有解开这个秘密：如何将其他人独特的创造力融合在一起，汇成一幅更广阔的图景。也许最好的比较对象是佳吉列夫。艾灵顿是一位在他自己的国家备受尊重的先知式人物——部分原因是理查德·尼克松曾邀请他去白宫，坐在艾灵顿身边弹钢琴——艾灵顿死于1974年。

———•———

吉特巴舞你们永远学不会。
艾灵顿公爵，引自纳特·亨托夫和纳特·夏皮罗编《听我对你说》
（*Hear Me Talkin' to Ya*）

艾灵顿是真的喜欢舞者，他一想到爵士乐有可能"发展"到舞者们没法再跟着音乐起舞的程度就心惊胆战。他说"吉特巴舞你们永远学不会"，他不是真的在抱怨。吉特巴舞者们可能让他睡不着觉，但他还是希望他们在那里。他回忆起《哈莱姆天井》（"Harlem Airshaft"）中对纽约生活的场景和声音的记录，那是他四十年代初的三分钟交响曲之一。如果他只是把声音直接录了进去，那么这部层次最丰富的作品就不过是平铺直叙的节目音乐而已，类似施特劳斯的《家庭交响曲》（*Sinfonia Domestica*）。但是，艾灵顿创造性地把它们表达了出来，将他的观察力具体地转化成了想象力。艾灵顿一直是一个观察家，早在四十年代初，他已经观察到他参与创造的这种艺术形式正在发生怎样的变化。他把自己的疑惑和担忧概括为一句俏皮话："给我摇摆，其余免谈。"他用独特的方式为音乐配词，令音乐摇摆得无懈可击。但是迷乱之下隐着不祥。艾灵顿能看到"墙上的字"[*]，用乐谱写的。他那看似漫不经心的一句话直击二十世纪艺术所经历的漫长危机的心脏，这一危机是否是新生命诞生前的阵痛，至今难有定论。

对艾灵顿而言，这就是丧钟。他认为，自己倾力浇灌的艺术形式的根基在于它的娱乐价值。但是，对于下一代的乐手们而言，这一艺术形式的根基在于其艺术性，娱乐性至多是次要考虑，甚至可能是需要避免的一种懦弱妥协。在短短几年的时间里，才华横溢的新一代爵士音乐人成功证明了自己的严肃性。当年的轻松愉悦，如今成了痛苦挣扎。带着发展眼光的爵士乐学者们喜欢把这个停顿期称为过渡，但是比波普爵士乐界当时用的那个词才是千真万确的：那是一场革命。旧秩序之所以成为基石，仅仅因为它被打进了泥土中。可以举出几千对例子来说明这种区别。一个简单的例子是本·韦伯斯特和约翰·科尔特兰各自全盛时期的对比。韦伯斯特是艾灵顿的乐手，他表演了三分钟交响曲中的部分独奏，那是1940年至1941年的唱片。那个组合是艾灵顿整个事业中最群星璀璨也最默契无间的一个。每个独奏乐手都被鼓励要在很短的时间里贡献自己的全部，不容任何套路，甚至重复都不行：即兴重复乐段被连奏乐曲所取代，后者尽管也是即兴创作的，但事后可以记录下来，而且每个地方都那么连贯流畅。约翰尼·霍奇斯、库迪·威廉斯以及雷克斯·斯图亚特这种级别的乐手习惯性地在他们被分配到的几秒钟里塞进的东西，比起他们日后领导自己的乐团时一整个晚上的创作还要丰富。但是

---

[*] "墙上的字"出自圣经旧约典故，古巴比伦国王伯沙撒在宫殿里设宴纵饮时，忽然看到一个神秘的手指在王宫墙上写着看不懂的文字，国王请教犹太预言家但以理，明白了墙上的字表示"大难临头"。如预言所示，伯沙撒当夜被杀，新国王由玛代人大利乌继任。

没有人能塞得比韦伯斯特更满了。当我第一次听到他跟艾灵顿一起演奏，我认为相比之下，柯曼·霍金斯听起来都有点犹豫不决了。韦伯斯特《棉花尾》("Cottontail")的独奏是我的最爱。听过几次之后，我就可以哼唱出每个乐符了，五十五年之后那个曲调还在我脑子里，就像一个名字很长的俱乐部门口的霓虹标牌，我甚至还能记得他的音调的质感，浑厚，粗哑，仿佛肖恩·康纳利在打鼾。本·韦伯斯特的名字进入我的脑海，排在另一位韦伯斯特边上，后者执着于死亡的概念。而本·韦伯斯特我觉得是更执着于旋律小姐与她的节奏哥哥之间的不伦之恋。作为一个形容词，"韦伯斯特式的"有一个新的现代意义，把现代主义理解为戏剧时代在我们今天以一种新的形式重现，但是带着从野蛮中升起的诗意所具有的原始活力。那个时期的本·韦伯斯特的唱片，尤其是他跟艾灵顿合作之后，几乎没有一段是我能够忘记的。要记住不费吹灰之力。被记住正是它对听者的要求。本·韦伯斯特之于艾灵顿，正如莱斯特·扬之于威廉·巴锡：在这位乐手的曲调中，凝聚凸显了乐团全部的质地。

现在先把《棉花尾》放到一边，用几十年的时间来换口气，听一听约翰·科尔特兰如何仪式性地谋杀了一些毫无还击之力的标准。我不会浪费时间来拿约翰·科尔特兰开玩笑，因为菲利普·拉金早就这么做过了，调动他全部的喜剧细胞来发泄内心真实的愤怒。(从未读过拉金《爵士日记》[*All What Jazz*] 的各位，顺便说一句，要直达拉金激烈批评的中心，最佳路线就是读有关科尔特兰的部分。)科尔特兰做的很多事情叫人目瞪口呆、揪心抓肺，而韦伯斯特从来不会这么做，唤起这些记忆无济于事。但是，指出韦伯斯特做了哪些科尔特兰没有做的，也许还有些价值。科尔特兰的乐器也是次中音萨克斯管，但二人的共同点仅此而已。事实上，科尔特兰的乐器能被认出是中音，只因为它既不可能是低音，也不可能是高音：它有着中音的音域，但是霍金斯所发现的、韦伯斯特将之强化深化的中音音质，在科尔特兰那里荡然无存。没有一句乐句让人过耳难忘，除非对耳朵造成伤害，而重复的唯一目的就是证明，本来人们可能会好心看作意外失误的地方其实正是乐手存心为之。奇形怪状，前不搭后，这些都被视为理想状态。最重要的是，最要命的是，这一切无止无尽。除了逼近的死亡，没有什么能让这一场噪音的游行终止，这一事实让听者稳步确定了这样一个印象：它原本就没有理由开始。换言之，没有真正的动力，只有速度。这种大阵势表演让人印象深刻，完全是基于它的阵势，始作俑者倾其一生之力来做出这样一个发现：高超的技巧让他毫无吸引力地展示了什么是他能做到而别人做不到的。至于很可能根本没有人想这样做，他是不会考虑的。事实本来也不可能如此：技巧再精湛，复制起来也很快，克隆版的科尔特兰比比皆是。他们也都摇摆得不对。

这里所显现的是强权与权威之间的区别。科尔特兰将倾听强加于人，而你不得不认为他是严肃的，因为除此之外他什么也不是。韦伯斯特使倾听难以抗拒。但是对于下定决心不愿意被屈尊对待的新一代来说，这样的魅力注定是可疑的。所谓从主流爵士向现代爵士的发展，以比波普为过渡，除了美学元素还有政治元素，也正是这个政治元素使得当时要反对这种发展成为不可能，即便是现在也依然很困难。它的美学元素成了二十世纪所有艺术的标准：他们前赴后继，努力超越单纯的娱乐标准，这一步的迈出让技巧更受重视，将技巧变成了主题，最终使得专业技能成为不仅是演奏甚至是欣赏的必要条件。（在建筑界，这一转折点始于勒·柯布西耶：他计划将原有的巴黎全部推倒重建，业外人士有质疑之声，但是其他建筑师都说自己没有能力评判柯布西耶的天才。）然而，政治元素是爵士乐特有的。这与黑人的尊严有关，这是一项值得做出牺牲的事业。不幸的是，音乐的愉悦性也成了牺牲品。尊严视娱乐为敌人。

摇摆是爵士乐娱乐性的精华。三十年代末，"摇摆"一词被大乐队爵士征用，后来成为美国战争宣传音乐，走上征服世界的道路：在日本，投降之后第一批波比短袜族出现得如此迅速，简直就像是从 B-29 轰炸机上直接扔下来的。但是，摇摆始终是一切爵士乐类型的主要元素，因为爵士乐最初就是舞曲，如果没有清晰可辨的节奏，舞者们就不知何去何从。更不用说如果没有清晰的节奏，变化也就不可能了：切分音要存在，必须首先存在规则的律动。无论爵士乐变得多么复杂微妙、难以捉摸，它始终保有给人活力的单纯。高度成熟的节奏部分的乐手们被鼓励进行旋律创新：在那些飞速旋转的快曲中，查理·帕克和迪兹·吉莱斯皮所炫耀的音符刻意扼杀了所有的节奏律动，而那些节奏乐器原本可能将瀑布般的乐曲收纳在一个明显的拍子中，如今却一心要争取平等地位，只暗示节拍，而不再表述节拍。所有的暗示很少汇合为清晰的呈现。"背离"（departure）成了频频出现的褒义词：乐队里的每个成员都在背离一个可预测的乐节，离得越远越好。（在经典爵士乐中，从未存在任何有关可预测部分的节奏问题——用切分节奏就解决了——但是，创新强迫症患者认为最关键的东西是可以弃之不顾的，就好比自我意识过分强烈的大脑，厌倦了规律的心跳。）抛弃基本线性推进的结果，就是冲劲能把脖子扭断，却没有真正的激情。只有到了慢曲中，听者才能辨别乐手们除了技巧是否还掌握了些别的什么。弱拍部分既狂野又荒芜，是将自己装扮为沙暴的沙漠；难怪艾灵顿，一位尝过鲜榨果汁的冷静顾客，会觉得这样的爵士乐都是骗子。

多年以后，在太平洋的另一边再次听爵士乐，我很高兴自己与艾灵顿是一样的感受。刚开始探索比波普的时候，我发现这真是一个神奇的领域，但是我极少感到跺脚的冲动，让我很担忧。我喜爱塞隆尼斯·蒙克的慢曲，甚至快曲中有一些也不错，但是部分原因就是这些曲子有摇摆。（在他的最后阶段，我也曾亲见，蒙克嗑药实在厉害，他有时候会抓住一个和弦，完全无视钢琴，但是他状态好的时候，他的左手会摇摆，不管他的右手在与无限的对话中走得有多偏。)没有摇摆的波普将爵士乐赶进了寸草不生的墓地，凭借矫揉造作获得了学术界的首肯。这是精疲力竭的古典艺术花了几百年时间寻找避难的目的地，但让人不安的是，大众艺术一经发明就直奔同样的终点而去。即便没有波普音乐政治灵感的特点——我们来玩一点他们偷不走的东西——爵士乐也可能走上跟电影音乐一样的道路，天赋英才的演员如吉恩·凯利也可悲地证明了，在无人指导的情况下，他会扔掉那些独立的表演曲目，把整个电影变成一出糟糕的芭蕾表演。即便所有的乐手都是白人，这种被严肃对待的致命冲动还是一样会存在。但是这些乐手中最棒的都是黑人，而地位是生死攸关的大事。

就连艾灵顿也不能对地位的诱惑免疫。他是天才级人物，但只有欧洲人才这样对待他。在欧洲，他与皇室齐肩并坐，仿佛他的绰号是货真价实的封号一样。在美国，尼克松之前没有一位总统邀请他进白宫。他得马不停蹄带着乐团奔波在路上，有几条路几乎就把他带到南方了，吉姆·克劳[*]就在那里等着他。艾灵顿尽己所能避开这一切，但可悲的是即便在北方，也有足够多的触手可及的羞辱。巡演是解决经济问题的办法，这是他必须面对的。他拿的是乐队领班而不是作曲家的薪水。作曲在他自己心里是抵达不朽的船票，这也可以理解。作为他艺术生涯的崇拜者，我努力去认同，但是我耳朵获得的证据让我感觉，他那些大规模的作品与那三分钟的奇迹相比，无论在哪方面都相形见绌。一方面，这些大作品没有摇摆，除了个别片段，仿佛慰问品一样被扔给失去耐心的舞者，他们本来就不该出现在舞厅里。他最后几年世界巡演时的固定组曲《神圣音乐会》(*Sacred Music Concert*)是那些大作品苍白无力的顶点——一种

---

[*] 吉姆·克劳，种族歧视的代称。

艺术形式漫长发展的终点，而他自己最好的作品恰恰证明了对这种艺术形式来说，"发展"（development）是一个不准确的词。我还是本科生的时候，在剑桥圣玛丽大堂听过一次《神圣音乐会》。看见这位伟大的老者依然掌控着自己的命运和魅力，真是莫大的荣幸，可惜神圣太多，音乐太少了。当乐手们起立表演独奏，雨点般的音符代替不了他们被遗忘的前辈们曾经雕刻出的乐句。艾灵顿肯定心知肚明：他指挥的是自己的坟墓之旅。后来，我在国王街看见他钻进豪华轿车，和他一起上车的是低音萨克斯手哈里·卡尼，曾经历过辉煌岁月的唯一幸存者，也是唯一被允许跟团长同车的艾灵顿乐团乐手，而不是和其他人一起坐大巴。

轿车开走前，艾灵顿从车里对他的粉丝们微笑，捻着响指，他的大眼袋像一对般配的旅行箱。（我从他那里得到了一个眨眼，至今仍保存在我的最美记忆档案。）他以前见过只要他露脸就要给他放血的暴民，但是他的注视中没有警觉。也没有多少能量。我猜这是他的告别演出了，确实不久后，艾灵顿就退休了；但是一个悲伤的事实，是令我如此敬佩的创作力早已荡然无存。我第一次听他唱片的时候，这种创造力就已经开始减弱，那是五十年代末。1956年的纽波特爵士音乐节上，艾灵顿乐队以《蓝调中的渐弱与渐强》（"Diminuendo and Crescendo in Blue"）为主题的长表演，还有保罗·贡萨尔维斯马拉松式的高音独奏，登上了全世界音乐新闻的头条。这次表演是艾灵顿事业的回春，被录制成密纹唱片——这很可能是密纹唱片第一次被用来表现爵士乐乐队能在三分钟之外做些什么——我们在悉尼一遍又一遍地听《蓝调中的渐弱与渐强》，做出煞有介事的评论。我们中的学者能分辨是哪个乔·琼斯，是乔·琼斯还是菲利·乔·琼斯，后者正在拍打舞台边缘，让贡萨尔维斯再来一段副歌。争论是一边跳舞一边进行的：没有人一动不动地听着，哪怕他是坐着。整首曲子摇摆得如此激烈，你不得不敲打点什么：有时候是你旁边的人。

在这甜美热闹的节奏驱使下，我终于接触了艾灵顿以前的作品，虽然有点迟。我这才意识到他早已开始走下坡路了。让乐队有更多呼吸的空间，这一可能性引诱着他，让他放弃了那些美妙繁复的细节，那是时间压迫下的产物。尽管早期的大规模组曲和后来的伴曲都出现在了黑胶唱片上——《如此甜蜜之雷》（"Such Sweet Thunder"）就是这样获得生命的——黑胶唱片上的三分钟乐曲才是他最理想的音乐形式，从一开始就是这样：他擅长的是十四行诗，而不是史诗。标杆在"棉花俱乐部"（Cotton Club）时期就已经定下，那时的汽车还是有脚踏板的。艾灵顿密纹唱片集出来之后，我就建了个收藏夹，一直收藏到他最初录制的唱片。我一个小节一个小节地饮下巴伯·米利和山姆·南顿洪亮的音调，如果他们俩演奏的长度不超过一两个副歌，这种效果可能会弱一些。艾灵顿乐团的人员总在变换，但有几个似乎总在恰当的时候回来，而把乐团串起来的正是独奏者们。三十年代中期有过一个特别棒的组合，雷克斯·斯图亚特吹喇叭，给库迪·威廉斯做伴奏，他就酸溜溜地调着弱音器：两种不同的亮闪闪的喇叭，一个是金色的钟声，另一个是夜晚的哭泣。这两种声音交相呼应是艾灵顿音乐的精华，对他来说，城市的声音——《哈莱姆天井》，《坐 A 车厢》（"Take the A Train"）——就是灵感的集合，汇成城市旋律的语言，没有哪个诗人能写出比这更美的诗句，哪怕是哈特·克莱恩的《桥》，抑或高尔韦·金内尔最精彩的短篇史诗《带着基督首字母进入新世界的大道》（The Avenue Bearing the Initial of Christ into the New World）。但是艾灵顿最坚韧的连接线是乐曲开头部分的紧凑安排：精确得如同编写过总谱，但是又随意简单得仿佛即兴而作，甚至每个重复乐段都会有些许变奏和发展。"发展"这个词终于也适用一次了，也是它唯一应该适用的含义：一种深化，一种丰富。每个获得灵感的独奏者都是作曲家，在密集的合奏片段之间搭建起透明的桥梁，而且总是带着一种坚定的、受节奏驱使的旋律冲动，哪怕是在慢曲部分。约翰尼·霍奇斯在为艾灵顿留位的时候，他的高中音萨克斯独奏每一分钟都精彩至极。如果有人认为霍奇斯蜜糖般的音调向来如此精彩，他们大可以听听他自己指挥的乐队的唱片，其中有他独奏的部分，自组乐团是他所犯的致命错误。

艾灵顿的人马都是自学成才，他给了他们足够的时间——刚好够用，不会更多——表演他们所有的绝技，但是他们不能超出他划定的范围。如果不是律动和摇摆让他指挥出的音乐产生自由随意的感觉，结果很可能是拘谨的。正如纳博科夫对普希金四音步诗节的评价，那真是听觉的天堂。1940年至1941年的乐队是艾灵顿事业的巅峰，也因此已经包含了自我毁灭的材料，因为所有这些独奏明星都想要自己的乐队。霍奇斯不是唯一发现做总指挥有多难的人，不时会有吃了苦头的逃跑者又回到艾灵顿身边，但是再也做不到群星同台，足以再现唱片上那些叫人痴如醉的作品了。每一首曲子的每一段音节，我都熟记于心。艾灵顿的珍藏版唱片是一种语言：很多声音，一场对白，但依然是一种语言，甚至胜过语言。艾灵顿语言最精彩之处在于，只有一种倾听它的方式，正如只有一种创造它的方式，通过爱。

学术和人物传记在以下这点上如出一辙：总是试图分解艾灵顿的语言，通过分析把它拆成碎片。在他最后的岁月，艾灵顿越来越成为探究的对象，整体上来说这对他并没有多少益处。（很早以前他就试着警告世界，太多的分析不好："这一类的话臭气熏天。"）一旦达成共识，说比利·斯特雷霍恩作为全盘指挥的贡献被低估了，很快大家就说艾灵顿的贡献被高估了。在路上的那段日子，艾灵顿让自己免于受制于任何女性，他的办法就是每次跟两个一起睡觉。现在这些女人都上了年纪，也愿意出来说话了。我们因此听说了他温和外表背后的野蛮。现在可以这样推断,作为一种嘲讽式的自我开脱,沙文主义将自己表达成了感伤主义:《芳心之歌》("Mood Indigo")是唐·乔瓦尼*的夜逃。但是学术和传记加入再多不相关的细节,也丝毫冲淡不了一个事实:这个了不起的男人有着缺陷,而他可以把所有的缺点都幻化成一首鲜活的歌。他无法控制的缺陷存在于他所生活的国家。哪怕是他,一个天生的王者,也必须靠奋斗来获得特权,特权是唯一能抵抗无休无止的侮辱的盔甲。他奋力拓展自己创造力的边界,力图超越天然的藩篱,希望成为另一个美国作曲家,像阿龙·科普兰、塞缪尔·巴伯、查尔斯·艾夫斯那样的作曲家。他把自己的奋斗看作是必然的,但这种必然仅仅是政治性的。若出于一种内在之必然而行动,艾灵顿早就是那一位美国作曲家了,是他把爵士乐带到了巅峰,从此之后不可能再增添什么来让它有所不同了。对爵士乐只可能做减法。新一代只能去尝试别的东西。艾灵顿如此慷慨,他肯定意识到了孩子们的出走都是因为他自己,所以他从不太严厉地批评他们。他开过一个玩笑:给我摇摆,其余免谈。但这个玩笑是实情,略加延伸便可适用于所有的艺术类型。

---

* 唐·乔瓦尼,莫扎特同名歌剧的主人公,一个放荡成性死不悔改的男子形象。

F

费德里科·费里尼
W. C. 菲尔茨
F. 司各特·菲茨杰拉德
古斯塔夫·福楼拜
西格蒙德·弗洛伊德
埃贡·弗里德尔

费德里科·费里尼
Federico Fellini

费德里科·费里尼（Federico Fellini，1920—1993）出生在里米尼，但一心向往罗马，等他到罗马时，正赶上法西斯政权走向灭亡前最后的肆虐阶段。他的漫画天赋是他进大城市的入场券。墨索里尼1938年禁止了美国的漫画书，但对于费里尼同时代的人来说为时已晚。费里尼早期的连环漫画就深受美国漫画榜样的影响：他画过盗版的《飞侠哥顿》(*Flash Gordon*)和《魔术师曼德雷》(*Mandrake*)同人。战后，美国的连环漫画不再受到官方排斥，在意大利比以往任何时候都更为流行，六十年代，连共产主义知识分子也不觉得痴迷于《花生漫画》中的人物，专心阅读连环画月刊《莱纳斯》(*Linus*)有什么不妥。可以说，费里尼之所以在他的性格形成时期可以抵挡革命左派的诱惑，跟他沉醉于一个想象中的美国有些关系。费里尼的所有电影中——包括早期和晚期作品——巅峰之作要数《八部半》，这部电影中的虚幻意象即源于漫画：这是二十世纪流行和高雅艺术如何紧密结合的一个突出范例。费里尼早年赖以维持生计的其他低级艺术形式还有杂耍表演和广播剧。约翰·巴克斯特的《费里尼》（1993）很好地讲述了这位伟大导演拥有的平民化的创作来源。我自己的文章《惹眼的费里尼》收录在文集《即便我们发声》(*Even as We Speak*, 2001)和《从这篇开始》(*As of This Writing*, 2003)中，试图展示一个动辄要取悦数百万观众的人对一颗年幼心灵的巨大影响。

——·——

我小时候觉得自己有点像哈罗德·劳埃德。我戴上父亲的眼镜，为了看上去更像还会去掉镜片。

费德里科·费里尼，《访谈》(*Intervista*)，第 76 页

真想看看费里尼版的哈罗德·劳埃德。他曾在让人眩晕的摩天大楼边缘表演特技吗？哈罗德·劳埃德多数看似玩命的把式靠的是镜头角度和特技效果，而且他至少用过一次替身；但我们不难想象，年幼的费里尼还不知道电影是假象，于是信以为真，自己也要试试。我在十一岁的时候就有这种冲动，当时我模仿蝙蝠侠从一个建筑工地的屋顶跳到一个沙坑，差点摔死。要不是落地时仰面平躺，我可能就不止呼吸困难了；不过即便如此，世界也不过是少一个作家而已，这个物种总是层出不穷的。而少了费里尼的世界会失去一些更珍贵的东西：一个真正的导演，狂欢作乐的大师。"我的人生是一场盛宴。"《八部半》里的吉多说。的确是这样，而且他向每个人都发出了邀请。

《金格和弗莱德》(*Ginger and Fred*)绝对是费里尼受益于美国流行文化最明显的例子。即使表面看不出来，他的作品也渗透着它

的影响，甚至是在视觉风格上。意大利走出"二战"的阴影后，费里尼先是在意大利流行的连环漫画亚文化中崭露头角，他也创作那种基本由摆拍照片拼就的连环漫画。战前，整个漫画亚文化都是受美国漫画的启发，连法西斯政权禁止美国连环漫画的时候也阻挡不住米老鼠：改成意大利名字"小老鼠"的米奇继续着他的冒险征程。（战后，菲亚特最流行的一款小轿车就取名为"小老鼠"。）在职业生涯接近尾声时，费里尼和成绩斐然的色情漫画家马纳拉合作了连环漫画册《图卢姆之行》（*Voyage à Tulum*），可以说是《八部半》和《女人城》（*La Città delle Donne*）的一种反传统续作。马纳拉幻影似的风格从美国连环漫画传统中汲取了不少素材，从最早的"小尼莫"到整个五十年代《疯狂》（*Mad*）杂志引导的戏仿之风，再到六十年代布局离奇的地下漫画，它们在魔术道具商店里出售，在登峰造极后走向衰败。但是在《图卢姆之旅》中，当马纳拉在费里尼的大屏幕狂想曲中尽情发挥时，你可以发现他在早期的纯粹和巅峰期的复杂之间找到了很好的平衡。他能做到这点是因为他回到了他们共同的始祖。费里尼的起点也是美国的幻象传统，其源头是《小尼莫》（*Little Nemo*）那颗不安的心。费里尼成熟时期的大制作影片，从《甜蜜的生活》（*La Dolce Vita*）一直到《船续前行》（*E la Nave Va*），都有点像温瑟·麦凯创作的那个小男孩尼莫的幻梦，而且只有从床上跌下才会醒来。在《八部半》发表的剧本的引言中，费里尼说马塞洛·马斯楚安尼这个人物，跟《甜蜜的生活》中由同一个演员扮演的角色比起来，精神高度一定要增加，因为他的那些敌人更危险。可是敌人都在他的头脑中：他的强迫性神经症。

当费里尼说《八部半》让他得以把多年来困扰自己的东西统统展现出来的时候，他意在强调困扰他一生的每一样事物。评论家始终未能找到费里尼那些夸大的、弗洛伊德式的梦幻场景的文学先驱。普鲁斯特？乔伊斯？答案其实近在眼前。在《八部半》中，马斯楚安尼之所以穿成那样,是因为他的导演在想着魔术师曼德雷。睡梦中的头脑不停穿梭在梦境的地窖和走廊时可能会产生的各种意象,美国连环漫画是最早对此展开探索的一种艺术形式。(坦尼尔只是为刘易斯·卡罗尔画插图,自己并无独创。)法西斯也是一种梦境,正如费里尼在《阿玛柯德》(*Amarcord*)中强调的。但是在他成长期间,梦境变成了无法摆脱的恐惧,惯有的纯真被溺毙了。费里尼保持着自己的纯真,可是它看上去必定显得幼稚。意大利的社会结构注定要遭遇一系列破坏,先是法西斯,然后是纳粹……他们抨击解放了意大利的盟国,尤其是美国的舆论宣传运动,其恶毒程度隔着时空的距离已经很难想象。战后的意大利电影普遍左倾,因为除了左派几乎别无其他:知识分子群体出现了两极分化,他们要么是共产主义正统路线的拥护者,要么是独立的左翼分子,而立场靠右者除了一意孤行的怪人以外几乎没有。费里尼名义上是新现实主义学派的一员,看起来像是穿着派对礼服去上学的另类。即便在那些称赞他想象力丰富的评论家中,也没人认为他是最有社会洞见的导演。只有通过回顾过去,只有清楚了任何改造社会的宏大计划都有违艺术的自足性之后,这样的评价才有可能。把两者关系展示得最清楚的艺术家正是费里尼本人。去掉镜片的眼镜有一个好处:他可以看到现实的本色。他也许看上去像个小丑,可是从空空的镜架一边,他可以看到真实的世界,然后再把它变成得以持久的幻象。

W. C. 菲尔茨
W. C. Fields

威廉·克洛德·菲尔茨（W. C. Fields，1880—1946），通称 W. C. 菲尔茨。他是在巡回嘉年华表演杂耍起家的。正如魔术师约翰尼·卡森和迪克·卡维特后来所发现的，魔术过程中的顺口溜比魔术动作本身更受欢迎，虽然菲尔茨直到表演生涯最后，仍然能搞定一些魔术书里难度最大的花招。当然也有其他一些魔术师做得来。可是他的顺口溜却没人比得上。从他在《鲨鱼池》（Pool Sharks，1915）中首度亮相直到有声电影时代之前，他一直是个成功的默片演员，但有声电影到来后，他又是为数不多从中获益的默片明星之一，因为他不仅自己会写台词，又能讲得无人可比：这是必胜组合。他的崇拜者们记得《银行妙探》（The Bank Dick，1940）这部电影的每一句对白。在现实生活中，他是个有自毁倾向的酒徒，可是如果有谁说他骨子里的才华就是颠覆性的，受不了好莱坞的墨守成规，他会第一个站出来反对。他自己的网球场边可是配备了酒水手推车的。

———·———

迈克尔·费恩先生在这里下榻吗？

W. C. 菲尔茨,《银行妙探》

伍迪·艾伦和史蒂夫·马丁有一个共同的始祖,他的名字叫 W. C. 菲尔茨。菲尔茨比卓别林更有喜剧天分,他可以给自己写对白,而且内容和肢体语言一样有趣。(卓别林就做不到,这始终是他的一个局限：这是他想永远保持沉默的真正原因。)在《银行妙探》中,"迈克尔·费恩先生"是菲尔茨给黑色猫咪雅座酒吧男招待的暗号,要他不动声色地给银行督察员平克顿·斯努平来一杯掺有麻醉剂的酒*。招人讨厌的斯努平很快就不行了,然后菲尔茨搀扶着他穿过隆波克最好也是唯一的旅店——新式老隆波克别墅——的门廊。(讲出酒店的名字后,菲尔茨很快把它缩略为"新老"——这种俭省是他典型的古怪笔触。)从镜头右侧,菲尔茨扶着几乎动弹不得的斯努平穿过门廊,然后从左侧楼梯上去,一直到斯努平被安全地藏在里面的房间。镜头并不移动。什么也没发生。接着,菲尔茨一个人急速从镜头左侧走到右侧。稍停片刻后,他再次拖着斯努平朝着楼梯的方向,从镜头右侧缓缓移到左侧。我们这些观众推测,斯努平被菲尔茨弄到房间后肯定从窗户摔了下去。虽然没看到那一幕,可观众还是被烂醉如泥的斯努平砰地摔落在大街上的幻觉景象吓了一跳。

这幕场景全是动作,几乎没有对白,但是菲尔茨可以把没有言语的肢体喜剧写得和词句一样：简洁明了又意味深长,这点很少有人比得上。菲尔茨编写的剧本里已经包含导演的成分,而且他可以

---

* 掺有麻醉剂的酒的英文 Mickey Finn 和问句中的人名 Michael Finn 接近。

说是最伟大的喜剧电影导演之一，虽然他很少正式挂名。他肯定比那些电影制作人懂得多：其中有一个想剪掉《银行妙探》的一个片段，内容是菲尔茨告诉他的亲信沃吉·沃吉尔，说如果斯努平威胁把事情搅黄，他会给他什么暗号。如果那个铺垫被剪掉，菲尔茨后来使用那个暗号的效果就要大打折扣。（这也说明，急于剪掉铺垫镜头来加快节奏的导演最好不要从事喜剧。）菲尔茨对于如何营造喜剧的确无所不知：记得这点很重要。即使他的仰慕者也常常认为，因为他的生活受酒精影响一团混乱，他在工作中也是这样。事实上，他非常自律。他练习杂耍表演的那种刻苦劲儿——常常练到手出血，表演时得戴上小山羊皮手套——也反映在他对电影的创新当中。他总会说出一句颠覆性的话，这是他所有创新中最容易拿来用的。菲尔茨的每个影迷都能背出至少五六句那样的话，还能像模像样地模仿这位大师拖长声调讲出来，这样一比，就连抽象的超现实主义错乱片段也没什么可笑的了。（"大量的啤酒流过你外婆的佩斯利涡旋纹披巾。"）一般人很容易认为那些话是他做梦梦到的，可让人尴尬的是，它们都是他精心创作出来的。当菲尔茨的大礼帽从头上掉下来，帽檐立在他的脚尖时，那可不是魔术的力量；同样，像"你什么意思，大声说？如果我能大声说出来，我还要电话干吗？"这样的话也不是。想想同一个意思可以有多少种不同而无趣的表达方式吧。魔术师们不用魔法。"你知道我们用的是机智，不是巫术，"伊阿古说，"而机智有赖于拖延时间。"伊阿古干的是骗人的勾当，但他的一个武器是清醒的头脑。

所有人都知道审查制度断送了梅·韦斯特的未来，不太为人所知的是它对菲尔茨也干了同样的事。令菲尔茨一落千丈的并非酒精或衰老，而是突然之间对他自由表达的限制，那是致命的。（当然，酗酒也有点关系：他在《我的小山雀》[*My Little Chickadee*]中最好的一句台词说出了他的心声。"在穿越阿富汗的旅途中我们的开塞钻丢了，只能靠食物和水活着。"）《银行妙探》是一部了不起的电影，然而如果审查员没有事先检查剧本的话，它可能会更好，而且几乎可以肯定菲尔茨会有更多同样出色的作品。一个诗人哪怕被禁用一个字，他在使用其他字词时也会有心理阴影；而菲尔茨是个诗人——擅长影射暗讽的诗人。私下里没人介意他说"水是脏东西：鱼在里面做爱"，可是在电影里，他如果告诉小女孩不要"在芦笋地里自慰"，不再会无人问责。他再也不能和他的小山雀说"我有一些关于大屁股的想法想和你聊聊"。虽然被新的监管规约限制，好莱坞电影制作人也未必放弃了自己的才智。有一些在电影审查最严格的时期制作的疯狂喜剧，仍然位列有史以来最幽默机智的电影。随着审查制度放宽，《我的高德弗里》（*My Man Godfrey*）和《小报妙冤家》（*His Girl Friday*）这类电影的简洁雄辩在其他影片中也有体现，虽然从未被超越。但插科打诨的桥段却一蹶不振，从此断绝。性暗示再也不行了。你可以说些模棱两可的俏皮话，但绝不能涉及细节。对菲尔茨而言，尤其在他演艺生涯后期，性暗示是语言的核心，因为衰老的身体和完好的欲望之间的对照是他银幕形象的秘密。他所有最好的对白都来自脑海中潜藏的意淫世界。所以，我们不得不接受有声电影让他无法作声这个看似自相矛盾的残酷说法。我们看到的银幕上的他，仅仅是他展现丰富创造力的开始：这个念头令人气馁，如果你也和很多人一样，认为他每次开口说话甚至比他和一顶任性的帽子较劲，或者沿着栏杆外侧上楼更有趣的话。菲尔茨讲述自己的成长经历时夸大了早年的贫苦无助，但他确实是个不合时宜的人：他属于那种即便从未离家也是流亡者的人。出于某种原因，这种与社会格格不入的人更喜欢精简话语，就好像把日常语言转化成了一种压缩的代码，当你有钥匙的时候，就可以解开其中丰富的意义。

F. 司各特·菲茨杰拉德
F. Scott Fitzgerald

F. 司各特·菲茨杰拉德（F. Scott Fitzgerald，1896—1940）的人生是一个警示故事，但这个故事更多是关于我们而不是他。他饱受一段光鲜却失败的婚姻折磨，喝酒自毁，与此同时还要写二流作品来付账单，迷失在好莱坞那个注定会挫败他最后一点创作力的生产体系中，他成了无数关于文学天才如何荒废的新闻故事的焦点。他在多篇自我鞭笞的文章中最早为这种做法发出了信号，这些文章后来被他的朋友埃德蒙·威尔逊整理收入文集《崩溃》(*The Crack-Up*)，这部作品文风直白，充满了对危险的创作生活的真实记述，无疑是一本值得阅读和记住的书。不过，我们最好先读一读并记住（事实上是熟记）《了不起的盖茨比》和《夜色温柔》。否则我们可能会荒唐地以为，作为最重要的现代作家之一，菲茨杰拉德的整个创作生涯都在为他颇具警示意义的崩溃做准备。传记作者的后见之明难免会贬低传主的远见。正如他那两部伟大的小说所证明的那样，菲茨杰拉德非常清楚明星文化是民主体制的一个缺陷，它把天才变成可操纵的传奇故事，并通过这种平均化的机制带给我们安慰。假如他在《了不起的盖茨比》之后没再写其他任何东西，这本小说仍然是二十世纪最有预见性的书之一。菲茨杰拉德猜到了一心想成为名流必定落得什么下场：游泳池里的一具死尸。

———◆———

优美的风格不可能产生，除非你每年从五六个一流作家那里吸收养分。更确切地说，风格形成了，但并不是下意识地融合了你所领会的所有文风，而只不过是你上次读过的作家的反映，一种稀释过的新闻体。

F. 司各特·菲茨杰拉德，给他女儿的一封信，埃德蒙·威尔逊在《崩溃》中引用了这段话，第 296 页

我第一次读这两句话到现在已经四十多年了，病痛中的作家写给十来岁女儿的话依旧让我感到由衷的兴奋和认同，当年读到这里时，我忍不住起身在房间里走来走去，激动地喊着"是的"！此刻我坐在椅子上没动，可是在形而上的意义上我还是一样被它们感动。菲茨杰拉德是在 1940 年写的这封信。那时他已经把身体喝垮了，事业每况愈下：他竟然相信好莱坞的工作帮他渡过了难关，而不是让他越陷越深。（此处要赶紧补充一点，这并不是好莱坞的错：有的作家可以同时做到既忠于自己的天赋又满足电影公司的要求，但菲茨杰拉德不可救药地缺乏保存工作精力的意识，这是他的诅咒，或许也是他的福祉。）但他还没糊涂到不想把自己扮成智者，给女儿留下好形象。当然，从长远来看，这是个天大的笑话：他确实是智者。巨大的失败造就了他的智慧。只有伟大的艺术家才会有巨大的失败，

而菲茨杰拉德太了不起了，他甚至可以把致命的个人缺陷变成诗歌的素材。《崩溃》中收录的杂志文章让崩溃也显得值得：他的神经濒临崩溃的时刻，正是他的文风最接近完美流畅的时刻。这很明显，因为他的文风一向连贯自如。菲茨杰拉德似乎从练笔之日起就形成了一种格外自如的风格，也是他自己独特的风格：一种理想的自然平和的笔调，节奏感是那么恰到好处，以至于读者相信他们自己的旋律感在词组到词组、语句到语句和段落到段落的流动中得到了回应。我们真能相信他之所以有自己的风格，是因为他阅读了大量其他文体大师，吸收并融合了他们各种各样的影响，而且设法剔除了残留的痕迹，甚至包括最近刚刚读过的那些东西的残存影响吗？这让人难以置信。

埃德蒙·威尔逊捍卫并弘扬了菲茨杰拉德的声誉：事实上，是他挽回了菲茨杰拉德一落千丈的名声。《崩溃》这本珍贵的文集就是威尔逊编辑出版的，前言中是他写给菲茨杰拉德的深情的送别诗，开头是："司各特，你最后未完成的文稿我今晚整理……"在我看来，这首诗是真正的现代诗歌之一，而且因为不合时宜而更有价值。《崩溃》也选录了部分信件，我在里面第一次读到上面引用的那句话，那时我还没从《了不起的盖茨比》和《夜色温柔》带来的震撼中缓过神来。这两本书总是让人印象深刻，而最初的强烈触动让菲茨杰拉德成了整个世界的中心：任何有关他的消息都极其敏感，而且那个时候——五十年代末——几乎总是威尔逊在发布消息。威尔逊没有指摘菲茨杰拉德的才华，可他确实把菲茨杰拉德描述成一个笨头笨脑的学生，跟瑟伯在大学回忆录中对橄榄球员博伦虬茨威克兹的形容不无相似之处：他"虽不比公牛笨，但也好不到哪里去"。就此而言，威尔逊笔下晚熟的菲茨杰拉德没什么太大变化，就像当年那个年轻的普林斯顿大学生，对语言全凭感觉，最早拼凑起来的一些书显然是受了高明不到哪里的康普顿·麦肯齐的影响。回过头来看的话，威尔逊对自己这个不开窍的同班同学的慷慨褒奖倒有点像转弯抹角的攻击：他赞扬那个了不起的男孩，但前提是那个了不起的男孩总也长不大。按照威尔逊的说法，菲茨杰拉德虽然天资过人，却并不很严肃。威尔逊把菲茨杰拉德和海明威做了常有的对比——这个对比一直很常见，不过威尔逊是最早用它来阐发教训的人之一——他认为海明威会为了艺术饿肚子。言下之意，海明威有上流社会无法扭曲的资质。好莱坞可以把海明威的书拍成愚蠢的故事片，而海明威甚至也可以写让好莱坞感到有利可图的愚蠢故事，但至少海明威不受好莱坞工作的诱惑，也没有非在那里工作不可。海明威对文学是严肃的。他对文学懂得更多。海明威和菲茨杰拉德都是作家，但海明威也是读者。

继续看菲茨杰拉德给他女儿弗朗西斯的信，我们倾向于认同上述说法。菲茨杰拉德问她最近有没有读什么好书，而他在一系列信件中提及的作家作品算是提供了一张点到为止的书单。里面有一些很好的作家，菲茨杰拉德显然相当仔细地读过：亨利·詹姆斯、屠格涅夫、德莱塞、巴尔扎克、陀思妥耶夫斯基、易卜生、D. H. 劳伦斯、福楼拜和托马斯·曼等等，他都研读、分析和比较过。但在其他方面，这个单子相当混乱。当时好莱坞流行"左倾"，所以《共产党宣言》被包括在内不足为奇，但是当他推荐《震撼世界的十天》(Ten Days That Shook the World) 时，你会开始感到纳闷。如果菲茨杰拉德那么晚才开始读当代政治方面的书籍是为了给自己补课，那么他认为尚且年轻的女儿也应该读，这里面肯定有某些缘由；可是就文笔而言，《震撼世界的十天》乏善可陈。当时有些美国记者和非虚构作家的文风值得学习：威尔逊、门肯，甚至也包括乔治·让·内森，尤其是内森对语言修饰的狂热还没有把他的文字大厦压垮的时候。有一些文化记者后来无可避免地过时了，因为他们报道的内容已经被完全吸收，而他们报道的方式从未特别到值得长久留存：你可以把吉尔伯特·塞尔迪斯归在此类，还有古怪的詹姆斯·吉本斯·赫尼克。(在我看来，颇受埃德蒙·威尔逊青睐的保罗·罗森菲尔德没什么好说的：虽然他写现代音乐的文章奇特有趣，可他基本上相信爵士乐只要还掌握在黑人手上，就会永远无足轻重。)但约翰·里德即便在他那个时候也属于根本写不来的那一类。在《震撼世界的十天》中，他有全世界最重大的素材，却没有讲故事的本领。克里姆林宫的城墙把他压在下面，而读者也感到了同样的重量。对菲茨杰拉德来说，作品是完成硬性任务还是才华展现应该一望而知。因此，菲茨杰拉德觉得应该把里德那部名气很大而质量欠佳的作品归为好书，可能是因为政治立场的因素。这实在有损他的声望。我们不得不断定，菲茨杰拉德不仅拒绝把自己的文学判断绝对化，他也认为自己必须服从某种绝对化的标准——要是他能弄明白是什么标准就好了。

菲茨杰拉德说的是真的，只是真相更多在我们手中，而不是在他那里。考虑到他讲话时的处境，自欺并不罕见，随之相伴的自夸也一样。菲茨杰拉德酗酒已经到了只喝啤酒就觉得自己是在戒酒的地步。(那时的美国啤酒酒精度数很低，但他都是成箱买的。)同样，他认为自己还是一名认真投入的文学家，也许只是因为他记得自己在所有那些派对上是做过计划的，第二天醒来就要系统地阅读学习，然后在宿醉期间也做过同样的计划。相比而言，海明威的确是更严肃认真的读者，虽然他对自己的成就有些夸大其词，这也显示了菲茨杰拉德在这方面是多么谦虚。《非洲的青山》中的爸爸在篝火边声称他要和托尔斯泰平起平坐，那副故作姿态的样子有些可笑。他的说法实在尴尬，但其中暗含的作家本人熟读托尔斯泰，这却是事实。海明威对托尔斯泰的作品几乎了如指掌，但他并不张扬自己对托尔斯泰的热衷——别忘了，这种热衷的前提是谦卑。海明威对罗纳德·弗班克的称赞可不只是讨好。像埃德蒙·威尔逊和伊夫林·沃这样背景和兴趣完全不同的批评家都曾发现，海明威安排对话的技巧是悄无声息地从弗班克那里搬来的。海明威这个粗脖大汉和面色苍白、衣着考究、敏感地藏在沙发里的弗班克：两个截然不同的作家看上去不可能有什么关联。其实，他们之间可不只是关联那么简单。弗班克对海明威的影响就像菲茨杰拉德在他信中讲的——吸收养分。菲茨杰拉德那番说教的潜台词，是你必须从众多名家那里吸收精华才能得到良好的影响。如果你只受一个人影响，那一定会有痕迹，而吸收养分的核心在于不留痕迹。不过，菲茨杰拉德的不留痕迹依然有不曾受到任何真正影响的嫌疑：他独特的文笔基本是与生俱来的。他建议女儿好好读书，是因为他自己当年总是逃学，而且由于逃脱了惩罚而感到更为羞愧。

　　菲茨杰拉德自己练就的文风，主要特征是去除了错综复杂的套路。孟德斯鸠在他的性格形成时期也是这样：他生性容易被名家的表面魅力所感染，但是他的艺术天性克服了那些巨大的影响，取而代之的是一种凝练的风格，即使思想浓度极高的时候也清新流畅。或许可以说，这些强大的作家不需要任何榜样的影响：他们只要遇到一些范例，向他们展示自己一直渴求的不加雕饰的表达就够了，他们本身已经具备了表达的能力。如果说菲茨杰拉德已经吸收和融合了最优秀的英语文体家的风格，那可能是因为他的文笔本来就是这样。他对济慈的感情（《夜色温柔》[*]这个标题只是其中一个例子）让我们想到一个问题：济慈的风格从何而来？济慈的笔触和语调（我们会注意到他的浓墨重彩，因为那是他自己的，而不是他借来的）自始至终都很成熟：尽管他在短暂的一生中读了大量的书，但那似乎主要是想证明他并非像自己感觉的那样，是个异类。菲茨杰拉德也一样，只不过他很少长时间独处，所以没发现自己很孤独。从很早开始，他的笔调就和别人不一样。海明威年轻的时候听上去像格

---

[*] Tender Is the Night 出自济慈的诗《夜莺颂》。

特鲁德·斯泰因，后来越来越像海明威了，那是自我模仿的典型，我们通常称之为矫饰主义。

菲茨杰拉德从不刻意模仿，尽管他并不这么想，而他的想法甚至也变得不可预知，直到在他生命最后的关口，那些后来被称为《最后的大亨》的未完成手稿集中展现了他的态度。从我们所知的来看，其他作家对菲茨杰拉德最主要的影响，在于他力图避免呼应他们的节奏和语气。如果天才生来就有超强的吸收能力，这也许永远是最主要的影响：次要作家的口吻一听就是他们所欣赏的作家的滑稽模仿，而强大的作家则努力要摆脱这种影响，这也是他们力量的一部分。在《了不起的盖茨比》中，菲茨杰拉德精心营造的长岛幻境有点布思·塔金顿笔下的田园小镇风情。杰伊·盖茨比和彭罗德·斯科菲尔德也有遥相呼应之处。要不是菲茨杰拉德压抑了记忆中塔金顿那种通俗杂志风格的浪漫情调，这种呼应还会更明显；如果这些记忆不是如此深刻，从而容易识别的话，它们或许就不那么容易被压抑了。对任何文学创作者而言，年轻时读过的作家一定会在主题、情节和心理等方面开启思路。在这些方面带来启发最多的那些作家，很有可能根本称不上是艺术家；可如果他们是的话，他们一定也会在措辞、节奏和叙事技巧方面提供新的可能。越有才能的作家越不会重复别人的特征。如今已不大有人记得，活跃于五十年代的写手罗伯特·鲁阿克在《猎人的号角》(*Horn of the Hunter*)等书中对海明威的拙劣效仿。他想像海明威一样生活，把非洲的动物猎杀个遍。对他的创作和动物们都很致命的，是他还想像海明威一样写作，模仿他所有的抑扬顿挫。他从不会试图模仿菲茨杰拉德，但是模仿海明威看似容易很多——至少在一代人中，每一个平庸的美国作家都会不自觉地流露出海明威的腔调——鲁阿克表现得尤为彻底，他作为海明威第二个可怜的下意识效仿者的地位不容置疑。第一个嘛，唉，是海明威自己。他的作品越来越空洞，他也越来越像在模仿自己,他的例子有力地说明了为什么风格和内容终究是可以分开来的。

我们可以认为——事实上,很难不这样认为——自莎士比亚以降,英国文学中的每一位作家都不得不尽力不去模仿他。不可能再出现一个莎士比亚,主要原因是作家不必再浪费时间重复劳动。莎士比亚在每一个传统的主题和表达领域都永远打破了既有的平衡,以至于要逃脱他的影响毫无可能,故意视而不见更是做不到。(以为一无所知就可以保证纯粹的表达,这纯属谬见。)顺从和回避的过程如此根深蒂固和历时长久,以至于实在很难剖析透彻。但是,随着科技和社会组织结构的发展,总会有人做出新的发现。新的领域会被开启,各种探索方式也会不断发展,但是开采新矿也只能在个体的艺术品格所允许的范畴内——在讨论风格、语气、措辞和影响的时候,一定要考虑个体的艺术品格。海明威的短篇小说可以媲美托尔斯泰描写的高加索森林、塞瓦斯托波尔要塞发生的战争。托尔斯泰为现代作家开拓了一个新的领域——战争如何把文明人带回原始蒙昧状态。1942年年底,恩斯特·荣格在《高加索日记》中特意呼应了托尔斯泰的影响,还引用他的名字予以证明。海明威无须提名道姓:他早期故事里的森林和树木环绕的小溪回荡着托尔斯泰笔下的枪声和马匹的嘶鸣。海明威借鉴了托尔斯泰的每一种技艺,但是在他所有作品中,并没有安娜·卡列尼娜和渥伦斯基那样的关系。在《太阳照常升起》中,海明威可以想象自己是性无能的男人;可他绝不会把自己想象成懦弱的男人,一个坚强的男人因为情感依赖而变得软弱,这根本不在他的想象范围之内。(这种情况也许在他的现实生活中存在,但可能正因为这样,他就没必要去想象了。)而对菲茨杰拉德来说,安娜和渥伦斯基正符合他想象的内容。在《夜色温柔》中,妮可的存在本身对迪克·戴弗的影响,就好像安娜的存在本身对渥伦斯基的影响。菲茨杰拉德的作品中从没有托尔斯泰的影子,但是他的主题,尤其是爱情主题,总是和托尔斯泰颇有可比性。他们的头脑很像，或者应该说他们的才华很像：因为在艺术中头脑就是才华，尽管艺术才华／头脑是如何形成的也许注定是个谜，因为除了艺术作品这个最表面的现象，我们压根无法深入其中进行分析。不过就菲茨杰拉德而言，分析它的出发点不在《崩溃》，虽然它的确是一件艺术品，但它仅仅表明了一点：当他更广阔的创造力变得支离破碎时，他的文笔仍然能够达到完美的程度。我们可以从两部代表作中任选一部开始阅读，他的创造力在其中得到了完整的体现。

当艺术家的才华／头脑确实存在而且有条件施展的时候，它似乎会自然而然地蓬勃生长。针对这个话题的学术研究可能会产生误导，美术史尤其如此。有很长一段时间，原始蒙昧笼罩着广大地区，但是这可能仅仅意味着绘画、雕木头和制陶器的那些人有问题。很难扼杀这种想法：自然条件下形成的美术作品都不过尔尔。这个想法符合我们自身的能力，毕竟我们这些人连侧身像都画不好。可是法国洞穴壁画即便不是纯粹的原创，也不可能继承自任何深厚传统。从历史的角度，走向完美只不过是一瞬间的事。岩壁上的那些动物足以让所有艺术发展理论破产。这种艺术已经没有提升的余地了：只能越来越抽象。我们有理由相信，不光自然状态下的美术是这样，所有艺术都一样，甚至包括音乐：需要表达的东西会很快把它所需要的一应技术手段集中起来加以利用。也许可以说，要等到交响乐传统发展到一定阶段，贝多芬才能写出《英雄交响曲》。确实如此，因为有现实的考虑：首先，所有乐器得要发明出来，很少乐器是为了凑齐一只管弦乐队而发明的——大多数乐器的发明是出于各种不同目的。但是巴赫不需要太多前人的经验也照样创作出了《十二平均律》，他甚至不需要太高级的击弦古钢琴：只要平均律就行。

上述思路并非是要把个人才华及其构成的问题简单化。恰恰相反：这个问题变得越发费解，更显复杂。解释似乎全无可能。才华可以被剖析，但不是在活力四射的时候。菲茨杰拉德文笔中既优雅又自如的韵律，正因为无从分析，所以不会被误解。创造力也许是科学家以外的人所能遇到的最复杂的现象，要理解它，他们首先要意识到，只有一样东西可以也必须从科学家那里借来用——那就是科学家对什么构成证据这一问题的警觉和关注。比如，一个人说他受到某个人的影响，并不等于他真的受了影响，而一个人没有这样说，并不意味着他没受过影响。在哲学领域，有才华的人们总是努力说真话，可他们当中很少有人能把自己的才思如何运转讲明白。在创造性艺术中，幻想占据了重要位置，内省更不可靠。知名艺术家的建议、经验和教训总是值得听取——歌德显然认为这些犹太法典一样繁琐细致的材料是有意义的——但不能保证艺术家自己也遵循了同样的路径。他们给你的也许是经验之谈，但也完全有可能是系统性地表达出来的天分。他们也许在努力教给你他们自己不需要学习的东西。

不幸的是，很少有人警告我们天分是教不来的。我们猜想，而且很可能猜得没错，如果一个艺术家掌握了超过自身表达所需要的技巧，结果只能是矫饰。同样的猜测也会让我们看到这种可能：艺术家的才华会驱使他们去掌握真正需要的技艺。如果开设一门课程，不管是教音乐还是绘画，那些最好的学生会知道自己想要什么；可是一门创意写作课程除了补充阅读材料之外还能教点什么，的确让人生疑。我们欢迎菲茨杰拉德的建议，是因为他推荐的也正是我们在做的：大量阅读我们能找到的最优秀的作家，包括他本人。事实上，菲茨杰拉德的女儿的确成了一名作家：但和他始终不一样，因为他的天分无法传递。

同样的情况还有里尔克和他写给一个青年诗人的信。《给青年诗人的信》是写给玩具城里魔法娃娃那样的头脑的，不过在我们被它对仗工整、魅力十足的座右铭感动得说不出话之前，我们应该记住，那个青年诗人后来成了一个乏味的老商人，唯一的杰作是配平到无可挑剔的账簿。里尔克和菲茨杰拉德是同一种神经质的两种不同表现，但是在他们所经历的最黑暗的时刻里，两个人多么希望能像他们指导的青年人一样有着普通的抱负和追求，哪怕为此付出再多也愿意。然而，语重心长的建议从需要慰藉的人传给无法从中受益的人，从方向上就错了。若是菲茨杰拉德的女儿给她绝望的父亲写一封实实在在的信，要涉及的方面就太多了：她要告诉他离开好莱坞，回到从前，别总想象自己酒量很大，在上流社会寻找素材可以，但别以为自己可以活在其中，还有最重要的，换一个人结婚——一个他不会伤害，所以也不会伤害他的人。

他当然不会听。让一个钉在十字架上的人自救，他也只能表面上承认之前的所作所为全是徒劳——他知道承认也没用。关于菲茨杰拉德有一个基本原理，虽然没法在创意写作课上传授，在普通文学系里讲授也相当困难，但还是值得在这里说说：他的失败让我们少了更多像《了不起的盖茨比》和《夜色温柔》一样优秀的作品，可他如果不是那样的话，我们根本不会有这两部作品。菲茨杰拉德的文风堪称销魂，因为它的魅力中融合着悲痛。他的写作风格从没改变过，即使有一段时间，按他自己后来的标准，他已经写不出什么东西了。在死亡向他发出召唤时，他还是会那么写。他那么写，因为他就是那样的人：文如其人。

古斯塔夫·福楼拜
Gustave Flaubert

古斯塔夫·福楼拜（Gustave Flaubert，1821—1880）被二十世纪的现代主义作家视为先驱，尤其是英语作家。而在法语作家中间，福楼拜最开始出名是因为他糟糕的语法。但是他对准确的事实和"恰当字眼"（le mot juste）的不懈追求（法语 le mot juste 这一说法不经翻译便直接成为英语用语，他发挥了很大作用）最终奠定了他无可非议的国际声望，主要是因为《包法利夫人》中的每一句话都被认为饱含深意，即使翻译成日文也不例外。他竭尽全力保护自己的艺术不受中产阶级的多愁善感所腐蚀，这也进一步巩固了他的名声。福楼拜自己把中产阶级看作艺术不共戴天的仇敌，尽管他本人和他的大多数读者都来自中产阶级。在他之后的一个世纪里，他对陈词滥调的憎恨被右翼批评家热切地继承下来——主要是埃兹拉·庞德——他蔑视民主，认为它削弱了语言，而他认为中产阶级是艺术的阶级敌人的看法，又被投身于反资本主义运动的左翼批评家同样热切地继承下来。后者中最惹人注目的是让-保罗·萨特，他在创作生涯后期投入很多精力撰写了一本大部头的福楼拜评传，研究意识形态狂热的学者当然都应该拿来一读，但是要先读完《包法利夫人》，还要至少读一本萨特自己写的小说。萨特的小说证明——尽管没有福楼拜本人的小说证明得那么充分——一部有生命力的虚构作品是对实然世界的想象，而不只是作者对应然社会的描述。

——◆——

> 没有喊叫，没有抽搐，只不过是一张沉思的脸庞。众神不复存在，基督尚未到来，在西塞罗和马库斯·奥里利乌斯之间一段特别的时光里，人们独处其中。
>
> 古斯塔夫·福楼拜，1861年写给罗歇·杜热内特夫人的信（由米格尔·德·乌纳穆诺译为西班牙语，收录在《随笔》(Ensayos)，第二卷，第1022页）

福楼拜书信中的这段话让两位出色的散文家为之着迷，他们是米格尔·德·乌纳穆诺和戈尔·维达尔。乌纳穆诺因为抛弃了天主教信仰而陷入永远摆脱不了的精神危机，对他来说，这是他一生中最伟大的文本之一。在采访中，维达尔曾多次表示，福楼拜描述的"没有神灵的间隙"是头脑清醒的人会乐于活在其中的一个历史时期。显然，这个想法同样吸引着乌纳穆诺。我对这个间隙一直兴趣不大，或许正因为此，在读弗朗西斯·斯蒂格马勒翻译编订的令人难忘的福楼拜书信集时，我并没在这句话下面画线。（像这样的档案资料，经过精心编辑的译文比原文更有用，因为编辑者更可能提供翔实的注解：我们得以从英文理解莫扎特的信件和科西玛·瓦格纳的日记便是明证。）但是，因为乌纳穆诺本人的兴趣，这句话突然变得很显眼，所以我特别予以强调。乌纳穆诺对于宗教冲动的怀疑要早于维达尔，而福楼拜更是在这两人之前。对我们这种很轻易地成为非信徒的人来说，很难不认同他们三个人的想法。

不过说真的，"无神论普遍开来对人类有利"终究只是一种观点。我们当中有一些人总是认为，伊斯兰如果不发展出足够强大的世俗文化来抵御原教旨主义的严苛所提供的慰藉的话，它必将自我毁灭，很可能还会连同我们一起：不过我们最好先确定这么想是对的。还有一个问题是福楼拜在史实方面是否正确。这两个问题是有关联的。在他偏爱的多神论和一神论之间的过渡阶段，人们很可能相信一切，而不是怀疑一切。福楼拜指出了一个短暂的时代，在此期间迷信非但没有绝迹，而且可以说大肆风行。在那种情况下，最无法确定无疑地说出来的就是：人是孤立的——不管用法语、英语还是西班牙语。即使在理论上，人也无从逃避其他人的评判。你没法完全与世隔绝。极权主义者梦寐以求的状态，就是一个社会所有的压力都是社会性的。在《尤里乌斯·恺撒》中，一个极权主义者把西塞罗的名字放在了死亡名单上。莎士比亚对历史转折点一向很敏感，他在剧中记录了这一冰冷而特别的时刻，虽然他并没告诉我们马克·安东尼如何公布死囚的名字：他只是描述了卡西乌斯如何听闻此事，而且因为布鲁图早已知道而相当恼火。如果莎士比亚要绕那么大一个圈子来表达观点，很可能是因为他清醒地意识到，他正生活在历史上的一个极权时代，表面上繁荣昌盛，实际更加阴险毒辣。在"英明女王"的时代，成为天主教徒就意味着死亡。

最终，西方走出了为了宗教信仰而牺牲生命的时代。我们进入了另一个时代，数以百万计的人被杀害，并非由于宗教，而是另有原因。尽管有宗教信仰的人可能不爱听，但是西方社会之所以从恐怖的年代逐渐发展进步，正是因为宗教在私人领域之外，已不再有什么影响力。写这篇文章时，我们正忐忑不安地希望伊斯兰世界也会出现同样的情况，而且相比我们历经几个世纪的时间，它会更快地完成这一转变。在我们等待的过程中，意识到原教旨主义者未必都像宗教裁判所大法官托克马达一样精神错乱也许会有点帮助，虽然不是什么安慰；他只要像伊丽莎白一世一样文明就够了：每一位进入英格兰的天主教神父被抓住后就要遭受拷打，接着很快处以极刑。在一种宗教文化中，最重要的是普遍盛行的观念，这种观念往往会被形容为"温和"。阿雅安·希尔西·阿里在索马里长大时，被教导说萨尔曼·鲁西迪应该被杀死，因为他亵渎圣书。她接受了这样的教导，也相信这些话，和她认识的每一个人一样。它就是温和的观念。如今，作为荷兰的一名议员，在她的荷兰朋友西奥·梵高在街头被一名伊斯兰极端狂热分子杀害之后，她的想法完全不同了。可是极端分子到底有多么极端？在整个伊斯兰世界都谴责他之前，我们不得不认为那些温和的观念本身也相当危险，哪怕只是因为它们纵容的东西。我们将不得不相信，所有那些人全都真心信奉所有那些东西有点不可思议；我们也盼望他们不再信奉宗教，就像我们一样；但不是在几个世纪之后，而是立即马上。如此快速的转变看起来不太可能。也许希望伊斯兰教在通常被认为是注重和平与宽容的方面得以强化要更好些。在历史上，的确有一些时期伊斯兰教强调和平与宽容，远比基督教强调的要多。但是我们希望每一个到了可以打斗年龄的穆斯林男性，如果充分接触西方文化，就会形成和福楼拜一样的想法，虽然这可以理解，但实在是痴心妄想；况且福楼拜设想了一个美好的古代，在那里无神可拜，他很可能本来就是在自说自话。他去寻找久远的过去，看哪！他找到了一个新的黎明。

西格蒙德·弗洛伊德
Sigmund Freud

西格蒙德·弗洛伊德（Sigmund Freud, 1856—1939）早先是一名神经病理学家，后来转向精神病理学，他以精神病理学家的身份在维也纳创造了一种基于谈话的"自由联想法"，如今我们已将它视为心理分析、精神疗法，或者我们碰巧遇到的各种心理咨询的主要特色。我们大多数人都有过向几乎完全陌生的人长时间倾诉苦恼的经历，就一个思想家而言，弗洛伊德的影响是相当深远的。在学术界，弗洛伊德的人性理论总会引发争议，一如它刚被提出来的时候。他的信徒们相互之间的争论以及和他的争吵，是研究纯粹的思想差异如何产生敌视仇恨的有趣素材。这也显露了任何意识形态的驱动力：既然要求贯彻一致，那就必定不容异议。但弗洛伊德作为一个富有想象力的作家的地位却是广受认同的。他的丰富想象力在英文译本中有充分体现——《日常生活的精神病理学》(1904) 是很好的入门——但是在德文原文中，他充满诗意的文笔可以说无可匹敌。纳粹1933年在德国掌权时，他们立即禁止了心理分析。1938年控制了奥地利之后，弗洛伊德幸运地逃脱了。他在伦敦旅居一年后就患上了癌症。他在汉普斯特德的住所还存有精彩的藏书和雕塑。通过他的后人，弗洛伊德这个名字在英国文化生活中依然熠熠生辉。

———◆———

奥地利完了。[*]

西格蒙德·弗洛伊德，日记，可能写于1938年3月12日星期六

在他生命的最后十年，弗洛伊德的日记篇幅都非常短小，超过一行的很少。在他1929年开始记日记的那天，他在第一页上用画了线的标题"最短的大事记"（Kürzeste Chronik）来表明自己的意图。霍加斯出版社的休闲读物，由迈克尔·莫尔纳编辑的《西格蒙德·弗洛伊德的日记：1929—1939》（*The Diary of Sigmund Freud 1929-1939*），对这些日记做了很好的说明：这本一丝不苟的册子值得推荐，不仅是因为其中精美的插图。就图册而论，它的确引人入胜。可是对上面那则日记来说，更细致的解释或许比较有用。当时奥地利的总理库尔特·冯·舒施尼格已经辞职，希特勒已经到了林茨，德奥合并也在所难免，眼看只是几小时的事。这的确是奥地利的末日，可这位伟大的预言家为什么要用拉丁语说这句话呢？

一个原因可能是伦敦的《泰晤士报》已经用拉丁语这么说过。《泰晤士报》当时一味姑息妥协，社论作家们直到关键时刻表现始终令人不齿，但是最后连他们也觉得灾难不可避免，这才鼓起勇气承认末日也许真的即将降临。（直到那一刻之前，他们还不停刊发社

---

[*] 原文为拉丁语：Finis Austriae.

论，强调希特勒的善意。)《泰晤士报》在维也纳很受追捧，尤其受到犹太知识分子的青睐，所以舶来的那个拉丁语表达已经流传了一周时间了。可是弗洛伊德没有理由人云亦云。他用拉丁语也许是想赋予那个时刻一种自然而然的历史维度，通过话语来显示先知的视角。莎士比亚也曾赋予尤里乌斯·恺撒同样的口吻："Et tu, Brute?"（还有你吗，布鲁图？）在这一切丧失殆尽的时刻，恺撒抛开日常语言（在莎士比亚的剧本中当然是英语），转而用他求学时代的书面语言，对莎士比亚而言就是拉丁语。莎士比亚是比弗洛伊德还要敏锐的心理学家，他知道人在面对压力时会回归原态。(即使训练有素的歌唱家，在出现差错的时候，也会突然改回他们曾经唯一熟知的浅度呼吸方式，任何领域的专业人士都可以讲述相似的经历。)至于恺撒的情况，莎士比亚的想法也许得益于苏维托尼乌斯。在苏维托尼乌斯对恺撒生平的记载中，恺撒在遭受最后一击时，从拉丁语转回了希腊语："kai su, teknon?"（你也有份吗，我的孩子？）这一表达的效果不只是回归往昔，也是一种间离，仿佛这个时刻是历史的必然，而这一瞬间作为流逝时光中的一点，必须被赋予它应有的尊严。

在弗洛伊德身上具有讽刺意味的是，他倾向于用历史视野来看待现代欧洲政治，这对他自己来说是一种凶兆，对他的家人来说则可能是致命的。纳粹在他最后几年的日记中慢慢浮现：事实证明这已经有些迟了。从历史的角度来看，日记中的记录并不充分，因为真正关键的历史鲜有被提及。在日常谈话中，他说的无疑要多很多，可是在日记中，他言之甚少，几乎可以被视为一种倒置的"语言障碍"（Sprachfehler）——这是口误的一种，而其他人出现口误时，他总是从中发现很多问题。在奥地利终于在劫难逃的年月里，他一直在整理两个不断发展到极致的思路。其中一个体现在《幻象之未来》（*Die Zukunft einer Illusion*）中，这是他对人类毁灭冲动最强烈的表达。在这本书中，他把文明定义为对本性的克服，言外之意——他的言外之意也有充分的阐发——是人类生来就具有毁坏欲。这个强有力的论断表述得非常出色,直到今天仍是将一种世界观浓缩为特定散文风格的杰作之一。可是为此要付出代价,而他的确付出了代价。文明的奥地利不断遭受威胁,这似乎没什么特别之处。甚至纳粹本身,在他看来,似乎也没什么特别的。他是认为文明本身内含了纳粹这样的毁灭性力量,就像它包含着其他毁灭性力量一样吗?还是他觉得面对灾难只能听天由命?

如果他是听凭命运的安排,那也许和他当时的另外一个重要思路有关。正是在这些年月里,他将自己关于力比多(libido)及其类型——情欲、自恋、强迫症——的理论发展到了巅峰。他认为每个人都有这三方面,而且至少其中一个方面比较突出,另外两方面比较薄弱,或者其中两个方面比较突出,另外一方面比较薄弱。自恋加强迫症是最富创造力的组合。那些有幸——也可以说不幸——拥有这种特点的人可以成就大事。但是在这一切背后,正如菲利普·拉金后来说过的,是对消逝的渴求。死亡的欲望时常萦绕在弗洛伊德的心头。或许可以说——虽然说点别的可能更明智——他向往个体的消亡。他那时正饱受癌症的折磨,或许期待一场可以解放他的危机。他当然不会真的希望自己消亡,因为他的母亲依然在世。(他称之为"那一屏障"。)可是他或许曾寄望于他的国家,如果它走向毁灭的话,也会把他捎带上。

这一论断之所以看上去不太明智,是因为如果它是对的,那么一系列可怕的事实将不得不被计作它的代价。当恐怖统治最终到来时,弗洛伊德依靠来自海外的帮助逃到英国,而他的姐妹中有四个被困在奥地利。她们都八十来岁了,但没有一个可以病老归西。(玛丽和玻琳被送到特雷布林卡集中营,罗莎被送到奥斯维辛集中营,阿道芬被送到特莱西恩施塔特集中营。)在弗洛伊德热爱的维也纳,和他几乎享有同等声望的同时代犹太人受尽了摧残。死神可不是绅士，他并不会让人的心灵免受煎熬，而是要不断折磨肉体，直到人的精神崩溃为止。死神是一个胡言乱语的疯子，而不是心理学原理。怎么弗洛伊德会预见不到这一点？汉娜·阿伦特和E. H. 贡布里希，还有其他人，他们都曾提醒我们，在讲德语的国家，已经同化了的犹太人首先把自己视为所在国的国民：本没有所谓的犹太身份类别，都是希特勒造出来的。可希特勒那时已经造出了犹太身份，至少连续五年的时间，相关消息从德国接踵而来，维也纳每一个对政治有所了解的人士都很清楚将要发生什么。但是对弗洛伊德来说，这些好像只是发生在上古的赫梯人和亚述人身上。他的历史视野涵盖一切，唯独没有现实观照。

他就是那个样子。他的认识中始终有一种天真。压抑不住的天真是艺术创造力的一部分，而弗洛伊德是一位艺术家的事实毋庸置疑：他是伟大的德语散文家之一，就算是为了读他的东西专门学德语，那也是值得的。可即使在他最为精微的论述中，也总透着一丝天真。他认为他那些富有的维也纳女患者不想和丈夫睡觉是一种心理问题。施尼茨勒的作品会给他更好的答案，如果他知道怎么解读那些作品的话。施尼茨勒的作品还会告诉他犹太人面临的潜在危险。可是弗洛伊德，鼎鼎大名的心理学家，不具备接收这个信息的能力。弗洛伊德在贝希特斯加登度假时，一些新访客的举止并没怎么让他不安。斯蒂芬·茨威格则不然，他从自己在萨尔茨堡的家中可以观察到贝希特斯加登的情况。头号纳粹就在眼前，茨威格完全猜到了即将发生什么，但是如果他曾经告诉过弗洛伊德，弗洛伊德也没当回事。弗洛伊德对其他散文大师的敏感度一直受限于"自我"（ego）的层面。当托马斯·曼发表文章称赞他的科学成就时，弗洛伊德很不高兴地发现，文章实际是在夸奖他的文学风格，关于科学的内容不过是在首尾做点缀而已。在这些方面他足够敏感，可是随着欧洲形势的持续恶化，作家们提供的文化信息他却不闻不问。他很可能觉得他们都是神经质。他的注意力集中在单独的个体和他们的神经症，而不是在政治和它的集体病症上。真正的心理剧规模太宏大了，他反而视而不见。

他本可以一早就逃脱，并在国外及时挽救他所有的亲人。资金不是问题：从战后通货膨胀开始，他的主要收入来源就是外国患者的硬通货，移居到外国患者所在的国家只会增加他的收入。早点离开会让他更好地表达对维也纳的热爱。可叹啊，他似乎相信纳粹的非理性不过是毁灭冲动的又一个例子，它和其他例子没什么不同，而且会受到对秩序、连续性和创造性的渴望的制衡。（在他位于汉普斯特德住所的一次会议中，我曾听到有人引用他的书信，信是他安全逃脱几个月之后写的，他在信中说，天主教会或许可以让这件事圆满解决。）他始终没明白，纳粹的毁坏力是自成一体的。确实，他是自己诗意文字的受害者，文字的意境是那么生动，以至于他视其为现实的图谱。他从人的精神领域赶走了上帝和恶魔，又用一家有着骄傲的希腊名字、互不相让的神明取而代之。他们是家庭的守护神：辅以审慎的疗法，他们不管怎样总会达成和解，前提是像他姐姐那样的人，即使生活得不开心，也可以在这个世界寿终正寝。可是恶魔回来了。恶魔从未离开。

埃贡·弗里德尔
Egon Friedell

埃贡·弗里德尔（Egon Friedell，1878—1938）在大学修习过自然科学，后来获得卡巴莱表演明星和博学者的双重地位，是个无与伦比的人物，即便是在维也纳——那座城市有好几位有学问的卡巴莱艺术家，甚至还有一些有趣的博雅之士，但没有谁可以像他那样在两方面都出类拔萃。要在讲英语的环境中找出一个等量齐观的人物是不可能的：你只能试着想象把乔治·圣茨伯里、阿道司·赫胥黎、彼得·乌斯季诺夫、肯尼思·克拉克和以赛亚·伯林加起来的样子。他的三卷本《现代文化史》于1930年被翻译成英文，但这套书简直是个出版灾难，很快就销声匿迹了。如今，这套书只有从珍本书商那里才能弄到。不过，世界各地都有德文原版的二手书，因为它是移民时的护身符：难民总是随身带着它，尽管它通常是用很厚的纸张印刷的三卷本，比砖头还重。我自己收藏的几本中，印刷最精美的是 2000 年在布宜诺斯艾利斯买到的单卷本，纸张很薄，是费顿出版社 1947 年在伦敦出版的，返销到刚刚民主化的德国和奥地利。（费顿出版社也出了该书未完稿的姊妹篇《古代世界文化史》[Kulturgeschichte des Altertums]，时为一桩盛事。）流落海外的学者和爱书人为弗里德尔的重要著作提供了一个战后德国出版商可资利用的语境。我有三本装帧精美的战后单卷本，是贝克出版社出的。我本来想拿其中一本当工作台用，把关于这本书现有的笔记夹到衬页里。可最终我还是在我精美的费顿版上乱涂乱画，也许事先就猜到我的涂鸦是爱的劳动。它是那种让你一看就感受到文明修养的书。他在德语国家持续受到关注而在其他地方不为人知的最好解释，是德语国家的人们需要他。他的著作传递了一种给人安慰的错觉，好像知识的历史积累会产生某种稳步增加因而不可逆转的意义。到了德奥合并的时候，他自己可能也不这么认为了。当他预料到自己难免被捕，他从自家窗口跳了下来，一边坠落一边叫喊着发出警告：叫喊的余响包含了一个时代，它所承诺的公正的世界，还有那个世界的绝望，都已残酷地失落了。

———◆———

在我五十岁生日收到的所有美好祝福中，
你的祝福最令我高兴。

埃贡·弗里德尔，弗里德里希·托尔贝格在《乔列什阿姨》中引用，第 195 页

埃贡·弗里德尔彬彬有礼的措词听起来一点也不机智，除非你知道它是打印好寄出去的。收件人一定爱不释手。你可以想象他们余生都会把自己视为某个小圈子的成员。维也纳的很多趣事都是这样：在集体记忆中流传的笑话往往要很久以后才会见诸文字。弗里

德里希·托尔贝格的《乔列什阿姨》充满了那样的时刻，它们全都记录于战后，那时德奥合并、大驱逐、大屠杀和严酷的流放已经把人物角色削减到为数不多的几个。(其中一个是出版商魏登费尔德勋爵，他让我注意到《乔列什阿姨》这本书：和阿尔弗雷德·布伦德尔一样，他每次和我谈话结束时都要给一份书单。)匈牙利的二流文人弗里德里希·考林蒂早已湮没无闻了，可他永恒的问题仍未得到回答："始于从床上起来的一天，你能干出来什么名堂？")费伦茨·莫尔纳是一名享有国际声誉的剧作家，商业直觉敏锐，深知如何推销自己令人羡慕的才华，但是他没少被女人骗。当他和前妻——女演员萨莉·费达克——同时在美国流亡时，她自称萨莉·费达克-莫尔纳，以此来沾他名气的光。他发了一份简短的报纸广告，声明自称萨莉·费达克-莫尔纳的女人不是他母亲。效果很好。

莫尔纳不声不响说出的惊人之语总是埋藏很深，随后才突然引爆。有一个著名的强迫症说谎者——他那个时代的杰弗里·阿切尔——莫尔纳曾这样说他："他是个十足的骗子，他的话反过来都不是真的。"此后这个骗子所剩无几的信用也荡然无存。正如任何文学圈子都有的情况，维也纳有一些作家的谈话比他们的作品更好。记者安东·库(后来在纽约伤心绝望而死，他在咖啡馆之外的世界是活不下去)写过不少尖锐的杂文，今天仍然值得一读，但是他的谈话达到了另一个层次：好得不容错过。可惜啊，这些谈话很难及时记录下来。他留下的少数几句话中有一句是对斯蒂芬·乔治外貌的权威描述："他看起来像一个看起来像老头儿的老太太。"大多数作家如果能在文章中写下一句这样的俏皮话就会心满意足了。库一直是这样讲话。他们中很多人都是如此。更多类似内容没有被写下来，主要是因为那时每个人都是约翰逊博士，没有谁是鲍斯威尔。这些东西就像家常便饭。而感觉到它们珍贵，是在这一切崩溃之后。

虽然维也纳智识生活中的大部分犹太人已被世俗化和同化，但是犹太教的传统依然强大。那些俏皮话是浓缩的智慧，而那些被珍视、润色、阐发和流传的口头短章也有其道德背景。寓意丰富的谈话像慢慢展开的卷轴，它是一个个教化故事不断组成的丰富汇编：一个不成文的文学文本，一部口头的犹太法典。机锋被视为理所当然。当每个人都是著名的健谈者的时候，也就不存在什么伟大的个人声誉可以推销给广大受众了。这和战前纽约的情况截然相反。阿冈昆圆桌团体的智者们总是事先准备好他们的格言警句，以期被报纸和杂志引用。结果是即便在最好的情况下，它们听起来也很不自然：让人想起伦敦皇家咖啡馆的奥斯卡和波西，而不是维也纳中央咖啡馆的弗里德尔、卡尔·克劳斯、皮特·阿尔滕伯格和阿尔弗雷德·波尔加，或者庄园咖啡馆的赫尔曼·布洛赫、罗伯特·穆齐尔、弗朗茨·韦费尔和优塞福·罗特。这个传统始于十九世纪九十年代的格林斯德咖啡馆，阿图尔·施尼茨勒和胡戈·冯·霍夫曼斯塔尔都是那里的常客。可说真的，这并不局限于咖啡馆：在整个文化中，一直到纳粹熄灭华灯之前，谈话是一种存在方式，而且形成了一个普遍的共识：最善言谈的人有权利滔滔不绝。当性情古怪的杰出律师胡戈·施佩贝尔在打牌时，人们会轮流站在他身后，这样他们就能偷听到他的现场评论：队列会从桌子之间的过道一直延伸到咖啡店门口。谈话是一回事，而文学是另一回事。连报纸专栏小品这种要求很严，而且在维也纳达到更高水准的写作形式，也通常被认为谈话多于文学。阿尔弗雷德·波尔加作为这种形式的顶级大师，曾被莫尔纳当面誉为"一米短跑的世界冠军"。

曾有超过四十年的时间，谈话在维也纳是一种生活方式，然后它戛然而止。1938年纳粹接管之前，这座城市大约有十八万犹太人——从1923年的大约二十万一千人下降至此。（乔治·克莱尔在他精湛的回忆录《维也纳最后的华尔兹》中告诉我们，它已经是一个垂死的社群，但没有人愿意承认这一点。）1945年以后只有一万人回来，其他大多数人都不在了，当然不是出于自愿：他们缺席是因为他们全被屠杀了。然而，即使在鼎盛时期，咖啡馆也并非由犹太人垄断，而且战后曾有人认为，这种传统很可能会复兴，即使会比较有限。托尔贝格指出，它没有复兴的原因不止一个。过去与文学和新闻打交道的人有时间泡在咖啡馆里，即使他们很忙。很多文人除了睡觉，其他事都在咖啡馆里做，皮特·阿尔滕伯格只是其中的一个，虽然他也许是唯一一个把它用作个人地址的：皮·阿尔滕伯格，中央咖啡馆，维也纳1区。小说家和评论家在咖啡馆写作，演出主办人在那里制订计划，出版商在那里审阅和修改稿件。现如今人们用机器写字，还需要有一部电话在眼前，而不是在楼下卫生间旁边的小电话亭里。他们在工作室或办公室写作。他们也许会一起在咖啡馆吃午饭，可午饭那一小时哪够闲聊啊。重要的谈话是不相干的谈话，而要明白这一点，你需要空闲时间。

这是托尔贝格的说法，倒也不无道理：可除此之外还有一种非他本意的凄切，就像在黑暗中战战兢兢吹口哨为自己壮胆。在维也纳，咖啡馆的犹太人常客没有其他真正的家。他们是融入了当地社会，但主要是在技术层面上：只有在咖啡馆，他们可以按小时付费获得栖身之处，除此之外，无论待在哪里都有警惕的房东在监督——未来的纳粹党干部。他们只有在公共场所才感到自在。他们只有在公共场所才感到私密。托尔贝格讲述了一个心酸的故事。战争刚结束时，他在庄园咖啡馆看到莱奥·佩鲁茨和奥托·索伊卡仍然坚持不和对方讲话，他们在德奥合并前那些年就已订下这个规矩。索伊卡已经回到维也纳定居，而佩鲁茨只是从他在海法的新家回来看看。庄园咖啡馆还开着的唯一原因，是老板艾伯特·卡因兹认为应该给从过去回来的人提供一个碰头的场所。这两个人就是，可他们拒绝碰头。他们之间的宿怨——还有未能化解的彼此侮辱——在当年的景况消失很久以后仍在继续。在这个挤满了鬼魂争论声的咖啡馆，除了他们以外，没有一个精通文学的犹太人还活在人世。他们的争吵就是他们所剩下的一切，而且毫无疑问，他们保留着它，就只当这一点至少不曾改变。

可怕的证据表明，奥地利纳粹党徒把袖章藏在口袋里的时候就有一个长长的清单，列出了他们要在那个大日子来临之际铲除的犹太知识分子的所有追求，咖啡馆的谈话排在前列。未来的煽动叛乱者和刽子手已经偷听了很多年，也许真心的反感和迟钝的嫉妒一样激怒了他们。经历了1938年3月单单一天的暴力狂欢后，就再也没有谁有什么值得听的话好说了。胡戈·施佩贝尔多少年来一直靠残羹剩饭充饥，身体本已虚弱不堪，现在被扔在地上一顿乱踢，直到永远陷入沉默。弗里茨·格伦鲍姆，"极简"（Simplicissimus）卡巴莱餐厅的明星之一，在纳粹党接管政权后数小时内就遭逮捕，运往达豪集中营殴打致死。无论在奥地利还是德国，犹太人都很晚才意识到同化理想中的圈套，这从来不是他们的错：他们对当地文化越不可或缺，他们越遭人憎恨。希特勒不需要别人告诉他，有众多才华横溢的犹太人让德语文化熠熠生辉。那正是他所害怕的：一种芽孢杆菌还被称为聪明，腐朽的磷光也被誉为明亮。对于他，就像对于所有种族卫生学的信奉者一样，整件事是一个医学问题，而他最不可能考虑的，是这个医学问题也许就出在他自己身上。他不知道他病了。他以为他很好。坚定的种族主义者认为他们是健康的：要诉诸他们的良心毫无可能，他们没有善的自我来排斥恶的自我，而且他们毫无保留地让人类理性的所有力量毁在非理性手中。对于富有文化教养的犹太知识分子阶层，我们很难理解他们正在对付的非理性有多么强大——非理性正在数小时，等着对付他们的时刻到来。即使在奥斯维辛，一些被奴役的音乐家一定以为舒伯特的弦乐重奏曲会融化门格勒医师的心，就像它总是把他们的心融化一样。重奏曲确实融化了他的心，只是没有改变他的想法。同样，也许有一些地

Egon Friedell

下纳粹党徒一边看胡戈·施佩贝尔打牌,一边嘲笑他的现场评论。但那正是他们想要他死的原因。他们希望有趣的是他们的笑话,他们的确如愿以偿。

应该说,弗里德尔伟大的鸿篇巨制在很多地方并未以机智作为其纹理。但它总是以机智作为基础。富有启发性的俏皮话这一维也纳传统支撑着作品的叙事,让它从未失去亲切感,即使在谈论黑死病的时候。弗里德尔并不总是觉得必须有趣。但他从不乏味,那种使劲让人发笑,却没能打中目标的乏味。对他来说,整个目标就是靶心,而且他出手自如。他在萧伯纳身上看到同样的品质,他很欣赏萧伯纳,也许有点过头。当弗里德尔把英文版《现代文化史》题献给萧伯纳的时候,被题献者对独裁者的崇拜已广为人知。弗里德尔永远不会有那样错置的热情。他本可以成为英语世界里一个有价值的声音,如果他受到接纳的话,可他的名字在英国和美国一直鲜为人知,除了在讲德语的难民群体当中。如今,他已经被忘得一干二净,连《钱伯斯传记词典》都没有收录,而这部词典有足够的空间收录二流芬兰剧作家,往往还擅长捕捉那些曾经赫赫有名,但现在寂寂无闻的人。然而弗里德尔却从来没出过名,根本谈不上被遗忘。如果我们对他一无所知的话,他对我们的深入了解却是不出所料。他是英国文化史学者,他写的关于麦考利勋爵的东西是对麦考利最好的赞赏之一。他通常会用诙谐的话活跃气氛——卡巴莱艺术家弗里德尔总是知道如何吸引观众——他说,麦考利在英国备受推崇,以至于他的文集被列入所有的经典书目。在讲英语的国家,弗里德尔指出,经典书目是必读指南,而不像在德语国家那样,是避读指南。很容易想象那个想法最初是在咖啡桌边萌生的。更难想象的,是这个巨人怎么能从他那些开怀大笑的朋友身边走开,爬楼梯来到自己的公寓,坐下来,花上又一整天独自埋头工作,他奇妙的想法是把整个人类的创造概括清楚。

> 电和磁是自然力，那些对电和磁一无所知的人可以用它们来解释一切。
>
> 埃贡·弗里德尔，《现代文化史》，第三卷，第 225 页

在这部巨著中，埃贡·弗里德尔提供了成千上万这样的话供我们回味。如果这些句子可以完全从语境中脱离出来的话——就像我们从王冠上取下宝石一样——它们一定会成为传世格言。但它们更像挂毯中的线和结，没法在不破坏纹理的情况下扯开。然而，在明白自己对他的杰作会造成某种伤害的情况下，我们还是可以记住一些他最好的妙语，运用到自己的谈话中，虽然按照道德要求，我们应该承认对他的借用。毕竟，他也没少拾人牙慧。这句话是他从别人那里借用的很多话中的一句。弗里德尔给了出处：是一个叫古斯塔夫·冯·邦格的人在《生理学教科书》（*Lehrbuch der Physiologie*）里说的，但这也不是他的原话。邦格也是引用一位物理学教授在报告中说的话。所以，我们可以追踪一个绝妙想法的轨迹，一路追溯到作者不详。在这里，挂毯的类比就不再成立了。弗里德尔宏大的文本聚集地是一个狩猎公园、一个动物园、一个大型鸟舍和一个水族馆。句子生活在其中，正如我们的梦境充满了经历的碎片，常常包括我们尚未经历过的，还有也许永远不会经历的。因此，始终明确出处的重要性不仅在于合乎常理，还在于生命的真理。不管我们喜欢与否，个性都是集体存在的产物。很少有作家比弗里德尔的语调更容易辨识。但他的语调是他听到的所有声音的综合，我们也是如此。如果我们从来没听到过其他人说话，我们不会听上去更像我们自己；我们听上去会像狼孩卡什帕·豪泽，在他刚被解救出来的那一天。在风格问题上，自由存在于我们不由自主地模仿他人的所有方式当中。他可能只是一个擅长讽刺漫骂的校车乘务员。她也许只是给你的借书卡敲章的图书馆管理员。但是他们给了你紧随演说才华

之后的一种才华：赋予演说形状的才华。

显然，就玩笑话而言，幽默有程度之分，从强烈到不存在。什么东西有趣，这自然是有争议的，但我总是觉得好莱坞的匿名幽默非常有趣。没有人知道是谁第一个说："她会是个女色情狂，要是他们能让她慢下来的话。"但不管是谁想到的这句话，他对幽默都相当在行：或许他是专职做这个的，在电影行业的某个分支，尽管我觉得他不太可能是作家。（如果他是的话，他总会想办法让我们知道他是谁的。）有一天，也许是一时兴起，他——或者，回过头想想，更有可能是她——说了一句机智的话，而且可笑得让人捧腹。在可笑的层次中稍稍往下一些，是那些让你露出会意微笑的机智话语——你微笑就承认了你几乎要笑出声来。

奥斯卡·王尔德很多最好的警句都在这个层次上：浓缩而不沉闷，经过修饰又不刻意。"梅瑞狄斯是散文版的布朗宁，布朗宁也是。"但是，许多最宝贵的机智话语既不让人捧腹大笑也不追求笑声，甚至连微笑也不需要：在这个层面，恰当感和匀称感结合在一起，一个点头就足以确认。或许可以说，在这个层面上，所有的机智话语听起来都一样。它们并不单调——恰恰相反——但它们有一种共同的语调：令人羡慕的语调，带有足够的说服力，让听众感觉要是他不能准确记住表述的方式，那就连表述的内容也记不得了。就好像有一套精确的规范化方式在运作，而所有的老手全都一样深谙其道。

因此，我们很容易把他们彼此误认。举个例子，我曾经引用休·金斯米尔的几句格言，随后用桑塔亚纳的一个警句给它们结尾，而我敢说读者看不出两者的差别。在我的记忆中，桑塔亚纳那句话是："一个忘记自己目标的狂热分子总是加倍努力。"可如果有人对我说这是金斯米尔的话，我不会感到惊讶。这倒也不是记忆在作祟：对于高度浓缩的真理而言，个性之间没有那么明显的差异。"我们睡着了，"巴普蒂斯特在《天堂的孩子们》（Les Enfants du Paradis）中对加朗斯说，"但有时我们醒来一小会儿，刚好能意识到我们在做梦。""如果所有生活在一起的人都处在爱恋中，"维特根斯坦说，"那地球会像太阳一样闪闪发光。"很容易想象把这两句话的作者调换一下；事实上，未经你的允许，我已经调换了他们；闪闪发光的地球出现在雅克·普莱维尔的电影剧本中，而睡梦人那句月色朦胧的话才出自那位忧郁的哲学家薄薄的嘴唇。

沃韦纳格这个不幸的贵族比崛起的中产者拉布吕耶尔更宽宏大量，而和他们当中随便哪个喝一杯，都比和拉罗什富科一起更有趣，后者对人类的蔑视不太可能不包括我们。他们是三个非常不同的头脑，但你得通晓法国格言的大宝藏才有可能不搞混某句妙语到底是他们当中哪个人说的。同样的情况也适用于机智变得可笑这一令人眩晕的层次：在意大利人称为"笑话"（battuta）的这个狭小跨度内，没有什么展示个性的空间，因此所有的智者听上去好像都是一个熠熠发光的灵魂，而且倘若是在我们临终之际——如果还笑得出的话——那也许会是我们听过的笑话从我们耳边飘过，而不是看到讲笑话的人从我们眼前经过。当健忘导致作者不详时往往才是讨回了真作者的公道。我怀疑利贝拉切是不是第一个说"我一路哭到银行"的人。它听上去有老好莱坞（也很可能是老维也纳）的味道。多萝西·帕克有可能并不是那个关于一个女人从律师身上滑下来，结果伤到自己的笑话的原创者。除了弗朗·奥布赖恩，没有谁能说出有新意的双关语，虽然总是有让你看不出来的抄袭者。多萝西·帕克可以想出这样的东西，但你能看出她需要下功夫：在她的戏剧评论中，她每次都很少写出一句击中要害的话，即使是在大家期望她一针见血的时候。在压力下创作的智者很容易暗地里借用别人的话。

弗里德尔可以保持聪明博学，因为他不用非得有趣不可。他认为只要有意思就够了：这是一个作家的理想状态。喜剧演员无法享受同样的奢侈,尽管他们总是追求它:只要有机会,他们就会建立一个框架,让其中的人物去自行阐发,这样他们就可以放松休息了。必须妙语连珠很伤脑筋,而且最终甚至不会让人发笑。评论家如果能接受太多俏皮话并非好事这一点,他们的文章也许会更好。连马克·吐温也搞砸了早期的一些欧洲游记,他加入了太多杂耍性质的东西,而他本应该集中于他的观察,那一直是他的作品中最有意思的地方,往往也是最有趣的。

弗里德尔是那些着了魔的灵魂中的一个,他们对人类的全部体验,从日常行为到最崇高的创造力,都极富洞见:事实上,他几乎不承认存在这种等级,而是把一切都视作一个充满美妙刺激的各向同性宇宙。他认为一切都有重要意义,这种态度也让他欣赏江湖骗子的永恒魔力,他们的专长是说服乡巴佬,他们同样有着洞察万物的倾向。江湖郎中光是发表一种能解释万物的理论还不够:要想成功,他必须说服愚蠢的围观者,他们原本就信奉同样的理论,只不过此时突然得以显现。他发现了他们身上固有的东西,于是他们便投桃报李,买下他的蛇油作为感谢。

儿时的回忆告诉我,一个对万事万物确信不疑的成年人和你说话,可能会让你深感不安。那种确信听上去像是疯话,即使是在我可以区分讲理与胡说之前。后来,在我有幸活过的这么长时间里,我偶尔还会碰到一些让我惊讶不已的人,他们在其他方面听上去很正常,可他们会突然用同样的节奏开始胡言乱语。看看那些自以为掌握着包罗万象的"答案"的人,我们很快就能明白,对于真知的渴望更多与个性而非智力有关。例如,比阿瑟·库斯勒更聪明的人很少。他是最早敏锐地察觉到苏联正在发生的情况的著名国际评论家之一。西班牙内战期间,苏联内务人民委员会帮他看清了真相。可是他转而相信其他一切:一个又一个怪念头,直到生命的终点。他认为世界的改善可以通过科幻小说,通过J. B. 莱因对于超自然现象的研究，通过拉马克进化论的李森科分支。最后，他告诉他那些年迈、忠实的知识超市顾客，当他们在收音机里听到一个他们正在一本书上读到的词的时候，他们应该跪倒在地为之称奇——也就是惊叹于纯粹的巧合。在热情不断消长的辉煌职业生涯中，库斯勒始终保持着对现实可靠的观察力和世界眼光。要骗过他是很难的，除非那件事情足够宏大，而且听起来像科学。如果你想读一篇幽默达到宇宙笑话级别的文章，请读 P. B. 梅达沃针对库斯勒后天特征继承论的驳文。挑剔的梅达沃准确地指出了这位狂热外行的心理问题的核心点：库斯勒被科学震惊了。没受过科学训练的他对科学有种渴望——接近磁极的致命倾向。

正如罗伯特·穆齐尔在赞扬阿尔弗雷德·波尔加时所说，我们唯一的成见应该是避免成见的决心。然而，胡思乱想是一个不知疲倦的移民，甚至会出现在名义上只涉及理性的领域。除了失望的刺痛以外，点石成金的魔法石总在哲学中最为显著，这不足为奇，它若隐若现的轮廓是无能的最明确标志。但偏执比更容易解决，如果患者脑袋一根筋的话：我们只要不跟他较劲就是了。不幸的是，敏感的幻想家和大喊大叫的笨蛋很有可能栖息在同一个头骨中，所以，反犹主义者瓦格纳经常会让雄心勃勃的种族科学家觉得自己也懂一点政治，甚至还懂一点音乐。牛顿天体力学包含了不可估量的伟大成就。但是，如此了不起的推理能力，好多年间却用来孜孜不倦地研究圣经年表，这些年表连小店主都能看出来是骗人的。从历史充满了清醒与疯狂并存的头脑这一证据出发，逻辑推理只能是：我们或许都在劫难逃——在我们头脑中蜿蜒小路上的某个地方，有一块魔法石正等着把我们绊倒。但只要我们不用它去砸其他任何人，我们也许就能做得很好。我见过一位特别可爱的女士，她相信灌肠有助于美容，疯狂到认为这在她身上就有过效果。不过她还没疯狂到提出它可能对我也有效。果真对我有效的话，我会说她心智健全，但如果统一教团信徒找到她的话，我可不想为她的表现做担保。五十年前，它可能是赖希的生命力之盒，再往前五十年，它可能是布拉瓦茨夫人的理论。当美丽的玛格达·里彻尔遇见她未来的第二任丈夫时，她刚刚结束了对佛教的热情。在这之前吸引她的曾是犹太复国主义。为了嫁给约瑟夫·戈培尔，她又对国家社会主义同样充满热情。她最新和最后的狂热，甚至比之前的更不可思议，但毫无疑问，它说服了她：她不仅为它自杀，还确保她的孩子们也一同死去。等等等等，可以在历史中一路追溯回去，其中那些美丽的女人，大概因为她们往往是被书写的对象，永远会成为最新学说的狂热信徒，这些学说本质上是要安慰她们，她们从凡人中被拣选了出来，而这些学说能够让她们坦然面对这一点，给她们回归凡人的感觉。弗里德尔捕捉到容易轻信包罗万象理论的那些人的核心真理：他们不是在寻找真理，他们是在寻找自己。

G

夏尔·戴高乐

爱德华·吉本

特里·吉列姆

约瑟夫·戈培尔

维托尔德·贡布罗维奇

夏尔·戴高乐
Charles de Gaulle

作为二十世纪法国最叱咤风云的人物，围绕夏尔·戴高乐（Charles de Gaulle, 1890—1970）展开的评论足以填满一整个图书馆，其中不少是他自己写的。若想研究现代法国政治，先读透威廉·夏伊勒的《第三共和国的崩溃》（The Collapse of the Third Republic），接下来只要围绕戴高乐一个人物就可以了，包括他自己写的书，还有支持和反对他的人写的书。围绕这个所谓"应运而生之人"（Man of Destiny）究竟是个专制君主还是护国天使的争论永远也不会结束，但是他在法国文学中的地位却不会有任何争议。他是散文大师，连最痛恨他的对手也不得不佩服他的雄辩。他的四卷本自传都有英文版。法语初学者读读这套书倒也不错，虽然他可能会觉得法语是一门标榜或讲述那些被神化了的人物的语言。普隆出版社出了一套袖珍盒装四卷本，放在浴室架上很方便。让·拉库蒂尔的三卷本传记

《戴高乐》，市面上也可以找到盒装本。这部传记构建了一个优秀的故事：被误解的天才少年，经历了战争的考验，被排斥的拯救者，在荒野中的年月，最后的胜利。戴高乐的战时演讲收录于三卷本的《战时演讲集》(Discours de guerre)，一样是必读书目，不过这些书需要慢慢品味，不能狼吞虎咽：读者可不希望自己学来他讲话的腔调。那种风格光是读一读就感觉相当嚣张了。在生活中最好警惕那些以第三人称自指的人，无论他们那么做的理由看起来有多充分。我们欣赏路易十四和拿破仑的半身雕塑时很容易忘乎所以。戴高乐的所有面貌几乎都有大理石纪念碑呈现过。但是他确实有一个弱点，也正是这个弱点让他得以了解平凡的人世。

———◆———

一个灵魂自由了。可是我们那可怜的受尽苦痛折磨的孩子，我们绝望的小女儿，她的离世让我们万分痛苦。

夏尔·戴高乐，在给女儿伊丽莎白的信中写到她妹妹安妮的死，引自让·拉库蒂尔《戴高乐》，第二卷:《政治》，第 326 页

经历了痛苦的一生，身患严重唐氏综合征的安妮·戴高乐在父亲的怀抱中气绝身亡。她才二十岁。在她的葬礼上，戴高乐据说曾感慨:"如今她和其他人一样了。"这句话的凄美之处在于，它暗含着戴高乐一直以来的感受。希望她能像那些觉得她不一样的正常孩子们一样，这定是他私底下最大的愿望。而知晓这一愿望永远无法实现，也一定让他对挫败有着最为痛切的感受。听到女孩在漫长煎熬之后的最后一声叹息，我们还能感觉到另一番酸楚：连"应运而生之人"都要每天承受他无从掌控的命运的安排。但是日复一日地面对一种人的意志无法支配的天意，对一个把自己的个性强加在公共生活之上的人来说，有时也可以是一种益处——救赎的益处，补偿

的弱点。希特勒的意志是反社会的，当面临脆弱的时候，他的本能是扼杀它。斯大林钢铁般的意志，来自一颗冰冷的心：当被问到他的儿子如果落到德国人手上会遭受何种痛苦时，他的反应是怪罪自己的儿子。罗斯福和丘吉尔都是坚强意志的楷模，不过他们有充满活力的强大国家做后盾。戴高乐的祖国则死气沉沉。他必须去振兴它；他树立了一种政治自信的榜样，那是二十世纪的民主政体所无法比拟的。（唉，非民主政体在目标实现之前往往有一个优点，那就是不屈不挠的领袖；可是目标实现之后，这一优点往往会被接下来所发生的事情所抵消。）

1940年法国惨败后，戴高乐在伦敦建立了流亡政府，可他没什么资源，除了名望——他总是说，名望和雄辩比其他一切都重要。他让丘吉尔心烦意乱，罗斯福不想跟他打交道，但是这些外国领导人对他的敌意恰恰有助于他团结自己的同胞。一旦他获得了他们的拥护，他对他们也就固执起来。不少法国左翼知识分子认为，"二战"时抵抗运动中包含的共产主义元素是战后社会主义法国的雏形。他们注定是要失望的。阿尔及利亚的法国人本以为，戴高乐1958年东山再起时法国会保留这块阳光明媚的殖民地。他们也一样大失所望。戴高乐果断而且正确地做出决定：保留阿尔及利亚不过是一种软弱，而放弃它才是强大的表现，于是他放弃了。当秘密军组织试图刺杀他时，他坚信他们是国家的叛徒。我把自己献给法国。他以为自己是谁？这是我的身体，它为你而破碎！

戴高乐留给他的后继者的总统制有一个弊端，那就是在这一制度中，更多的权力集中在亲信手中，而不是选举产生的官员。这一弊端很早就显露了，在它的奠基人当政期间，第五共和国的宪政架构就已经像是一种为他量身定做的专政统治。1966年戴高乐自作主张决定退出北约：他只告诉了三位部长，但之前也没和他们商量过。法语中专门有一个词描述这种体制：égocratie（自我专断制）。如果一个人和国家的等同只是来自这个人的意志，那一定祸患无穷，可是整个国家——包括它的自由主义力量中的很大一部分——都是这么想的，这与希特勒和德国之间的恋情不一样。当法兰西民族不再接受这种等同时，"应运而生之人"倒台了。1968年，他利用电视高调宣扬自己的主张，而非低调化解危机。这着棋走错了，但是他生性如此，究竟他的当权是否只是带来了长时间的宪政危机而别无其他，人们始终存有争议。他是个大写的人，这毫无疑问。如果他真是一个自大狂，他就不会那么让人难忘。拿破仑自以为是，目空一切，归根结底是个小写的人，并不真正忧心法国的命运。戴高乐的表现恰恰相反，好像法国的命运是他最最关心的，为了国家他展示了无与伦比的行动力，而其中的秘诀或许在于一种内心的谦卑。这也许是他尴尬的身高决定的，人太高了容易腼腆，而腼腆又让他显得冷漠。（即使在他"一战"时待过的战俘集中营的公共澡堂，也没人见过他的私处——他一定很会用小毛巾，就像萨利·兰德善用扇子那样。）不过更可能的答案是，他人性的高度来自他可怜的女儿。没有什么比家中有一个备受病痛折磨的所爱之人，可他却无法用自己的力量去帮助她，更能让一个大权在握之人产生仁爱之心了。每晚他回到家中都会想到对上天要敬畏：这是抑制不可一世的一剂良药。

爱德华·吉本
Edward Gibbon

爱德华·吉本（Edward Gibbon，1737—1794）写了一本书，无意中引发了一场关于英语散文风格能否——甚至可以说应否——成为目的本身的讨论。《罗马帝国衰亡史》在一个极其巨大的胶囊中囊括了这样一个观念：历史的意义就是"记录人类的罪行、愚蠢和不幸"。读者可以思考历史到底是不是这样，而且很可能认为既是又不是。但就这本书的风格而言，问题就不那么清楚了。吉本的文风在他那个时代就被视为无可置疑的开创性成就，到了十九世纪仍然被奉为圭臬，即使当时麦考利勋爵以更口语化的风格撰写的历史著作已相当流行。在二十世纪，依然有一些历史学家将吉本的文风视为楷模。可他们事实上都在模仿麦考利，而且谁要是在今天还去模仿吉本时代的语言，肯定会遭到嘲笑。既然历史学家的作品中包含了诸多最具分量的现代论说文，那或许值得仔细审视一下吉本行文中特有的创新，而且至少考虑一下这种可能性：他的大多数创新之所以没有广为流行，是因为它们并不值得受到太多关注。如今自由民主面临的危险之一是缺乏信心，一个常见的简单反应，是认为英语的表达力在日趋下降。另一种可能而且可取的相反意见，是如今最差的作家的确比从前写得要差，但最好的作家却写得更好了。果真是这样的话，原因之一就是优秀作家从前人那里学会了善于聆听日常对话的本领。但若真要称其为一个可取的目标，我们还是得考虑把吉本放在什么位置，因为他的取舍大异其趣。

—— • ——

抵抗不堪设想，逃离全无可能。

爱德华·吉本，《罗马帝国衰亡史》，第 73 页

一旦读过，就不可能忘记；我一直在引用这句话，可惜，吉本鲜有这样的金句，虽然我本来对他是有期待的。我读他的东西比较晚，而且当时我已经被宠坏了：这要归因于修昔底德和塔西佗，马基雅维利和孟德斯鸠，彼得·海尔和刘易斯·内米尔，莫姆森和格雷戈罗维乌斯，还有内皮尔的《半岛战争史》(History of the War in the Peninsula) 和普雷斯科特的《秘鲁征服史》(Conquest of Peru)，斯蒂芬·朗西曼关于十字军东征的系列丛书，最后还有——世界上了不起的宏大历史画卷之一——谢尔比·富特笔下的美国内战。所有严肃的历史学家似乎都可以信手拈来一些醒目的前人评述，好像这是他们这一行当的看家本领，我对吉本也有同样的期待。

可惜没有这个运气；二十年过去了，我还是没有读完吉本冗长的著作——比他的推崇者认为的还要长，我觉得，因为没有他们声称的那么好。无疑，上面那句来自十八世纪书页中的话，很容易被二十世纪的人接受，因为它关涉现代人的处境。吉本讲述的是一个

涵盖全部已知世界的大帝国，当专制君主掌权时便无处可逃。但无论在任何时代，丰满的表达中总是蕴含着现代人的处境：一个句子之所以成为经典，正因为它包含了当下的各种可能。在塔西佗和孟德斯鸠的作品中，很少有段落中没有一句和我们的处境有关的话，也很少有章节中没有一个和我们的处境有关的段落。有时整个章节都是如此：即使在塔西佗笔下，更别说孟德斯鸠了，时间常常不复存在，而过去似乎就在眼前。当你读到塔西佗《编年史》中某个图谋报复的帝王发动血腥镇压时，你会感觉与某位普鲁士容克贵族女儿的私密日记别无二致，日记里描述了1944年7月20日刺杀希特勒失败后的情景——扑面而来的末日气氛太像了。无论如何，在老一代历史学家最好的文字中，总能看到对现代处境的描绘：行文让我们突然感觉不再有时代的隔阂，甚至没有斧凿的痕迹。

遗憾的是，吉本的文风很少会这样。在他笔下，像上面那句引语一样自然洒脱的句子相当罕见。的确，他在两个分句中间有意营造一种对称的美感，让我们感觉它非常自然：但这句话并不具有代表性，因为他惯有的古典主义风格其实是巴洛克式的新古典主义，而且他写的东西很少让人忘记它们是刻意雕琢之作。假如他是建筑师的话，他的建筑始终会提醒你，它们是被精心修建而成。他是洛可可时代的四名矮个子大师之一，可是和其他三位不同——蒲柏、利希滕贝格和温特哈尔特家族的御用设计师居维利埃——他无法让你忘记他的伤痛，那些伤痛让他的分寸感变得更麻木，而非更敏锐。他的大作要不是预示了帝国霸权，证明了英国不仅可以拥有所有的新疆域，连古典世界同样可以占有，它能享有那么高的声誉吗？如今历史的浪潮已经退去，这本书就像一头搁浅的鲸鱼。它如果更紧凑的话，本可以比肩约翰·索恩爵士的博物馆，可吉本偏偏造出了像后来的圣潘克拉斯车站一样的庞然大物。但篇幅若是小了，就不能有那么多复杂的句子：以那些句子现在的长度，哪怕读一页也够冗长的。

Edward Gibbon

吉本自传中的部分内容表明，他并非写不了简单明了的陈述句。可是在《罗马帝国衰亡史》中，不知为何他确实没有做到。这位矮个子作家选了一个宏大的题材，所以只能生硬地踩着高跷，而且在上面待了二十年。他的一个了不起之处，在于能让一页纸感觉像是永恒。他的秘诀在当年是——我们最好说现在依然是——让你不自觉地把他的许多句子读上两遍，尽管你以为自己只读了一遍。他的本意也许是要浓缩精简，结果浓缩造成扭曲，精简导致失真。就在一句话里面，两个分开的形容词结构往往用来修饰同一个名词，或者两个分开的动词指向同一个宾语，或者两个分开的副词修饰同一个动词，如此等等，所有词性一个不落：它就像一种强迫症式的国际象棋走法，总是把骑士放在能吃两个子的位置，而事实却是总有两个子可以吃它。这种炫技到底有没有节省时间很难说，但是如果运用得当的话，它确实会增加紧凑感，或者至少看似如此。就拿他对塞维鲁和茱莉亚的两个儿子，"自负的青年"卡拉卡拉和盖塔的评论来说吧："他们之间那种与日俱增，而且被手下亲信的计谋进一步激化的反感，在幼稚却又逐渐变得更为严肃的竞争中爆发……"*（现代文库版第一卷，第111页）。这个句子还没完，但是我们只需要注意到这里"幼稚"和"更为严肃"都用来修饰"竞争"；而且理解这句话的思路并不很难，因为我们不会认为形容词"幼稚"描述的名词最终没能出现。吉本反复运用这一交叉技法，但这个习惯很危险，尤其是第一个形容词结构会被误认为名词的话。当卡拉卡拉严苛的税收把罗马的财政弄得一塌糊涂之后，亚历山大凭借其"谨慎的开明"恢复了财政秩序，这让吉本非常佩服。但是亚历山大仍然面临如何满足军队的需求这个难题，而吉本的难题则是如何反映亚历山

---

* 原文：Their aversion, confirmed by years, and formented by the arts of their interested favourites, broke out in childish, and gradually in more serious competitions...

大的困境。吉本无疑会把我上面这句话紧缩到更小的空间里，可是被他压缩过的句子很可能和他下面这句话一样别扭："这位帝王在实施他的谋划时故意显示他的喜好，而隐藏他对于军队的，恐惧。"[*]（第一卷，第133页）

此时危险已经显而易见，因为你刚刚被它绊倒。除非你接着读下去，否则没有理由说第一个逗号不能换成句号；这也同样适用于第二个逗号；所以你必须一路读到底，然后回过头去再读一遍，才能把之前误解的内容弄明白。你读吉本久了就不会有这样的误解，而且明白总是要再读一遍才能弄懂；可是这种读法很累人，而且显得文风更加艰涩，只会让这本书的仰慕者佩服自己心甘情愿遭这份罪。当然，认为一个句子只能从左到右顺着读下来而不能反过去看一遍，这并没什么说服力：眼睛并不遵循这个顺序，文字也不。但比较可信的说法，是读者读到一个句子的末尾时，且不管他是如何坚持下来的，句子的意思应该清楚明了，而如果读者被迫从头再开始，那他就是被骗来帮助作者完成创作。吉本的读者不仅仅是帮忙：他们是盐矿里被锁起来的苦役犯，而且是一面划着桨帆船，一面受着鞭打，一路不得休息才终于来到这里的。

在一个段落里，吉本会连续两次——有时候甚至三次——用看似精炼的表达来达到他最喜欢的双重效果。在较为靠前的第十六章（公元180—318年）的章节概要中——这也是他最好的章节之一——有一段话的开头非常出色："历史，以记载过去的事务为己任，为了给未来的年代提供参考，如果自贬身价去维护专制暴君，或者为迫害行径辩护的话，则完全有负于那个光荣的使命。"[†]（第一卷，第453

---

[*] 原文：In the execution of his design the emperor affected to display his love, and to conceal his fear, of the army.

[†] 原文：History, which undertakes to record the transactions of the past, for the instruction of future ages, would ill deserve that honourable office if she condescended to plead to the cause of tyrants, or to justify the maxims of persecution.

页）这句话几乎好到让你感觉孟德斯鸠仍然在世，虽然读者此刻已经意识到，吉本最钟爱的表现手法是一种神经性抽搐，这种抽搐从作者的笔端转移到读者的面部，以至于他在思忖"年代"后面是否也要加个逗号，这样"过去"，和"未来"一样，都不是名词，而是用来共同修饰名词"年代"的形容词的时候，脸上显出畏惧的神情。我猜想吉本如果有这个用意的话，他就不会在"过去"前面加定冠词，但是当你意识到他有多么走火入魔的时候，你实在很难相信他的意图。就在同一个段落里很近的地方可以找到证据，其中有三句连着的话出现同样的窘境。

　　古罗马的君王和法官对那些启发并激励着基督徒执意追求真理的原则知之甚少，他们也无法在自己内心找到任何动机，让他们可以拒绝法律意义上，对他们来说也是正常意义上，对自己国家神圣机构的顺服。可以缓解愧疚的理由，同样也会倾向于减轻迫害的残酷性。由于迫害的产生并非出于顽固不化者的激烈偏执，而是出于立法者温和的政策，因此蔑视一定会经常减缓，而人性也一定会经常搁置，用来惩治耶稣那些弱小卑微的追随者的律法的执行。

　　我第一次读这段话时，还没看到结尾，我们那位救主的名字就已经到了嘴边。从某种意义上，我仍然在咀嚼这段话：很多年过去了，苦涩丝毫未减。吉本是那种集才华与决心为一体的人物，这种致命的组合能把那些尴尬别扭的东西塞进你的脑海，好像它是一段旋律，并且让它一直待在那里，就像粉碎的弹片。

　　他的才华毋庸置疑，他的确是一位杰出人物，但他希望读者也和他一样卓越。他不停地考验他们，尤其是记忆力。他常常期望他们在读第二句话的时候，依然记得上一句话的细枝末节。比如这样一句话:"就像奥古斯都佯装谦虚一样,戴克里先统治的帝国也是一种戏剧化的呈现:但必须承认的是,在这两种喜剧表演当中,前者从本质上远比后者更开明和威武。"记住了吗?你必须得记住,因为要理解接下来这句话有赖于这一点。"一个是要掩盖,而另一个是要展示,罗马帝国皇帝对罗马拥有的无限权力。"为了营造出土拨鼠日的效果,第二句话又用了熟悉的交叉技法;但从长远来看,读者要么把维持注意力的本事练出来了,要么不得不放弃揣摩他对心理咨询师所说的"闭合律"(closure)的执念——后一种的可能性更大。他们不得不接受一点:正如罗马皇帝无限的权力一样,吉本的记忆测试同样无可逃避,而且比罗马暴君出现的频率高多了。

你是怎么做的?你得回过去重读?当然了,每个人都得这样,一向如此,读吉本是一桩漫长的苦差事,我们有些人似乎从未完成。行家从我引用的文字会认为我最多读了三分之一。其实,这些年来我好几次要接着往下读:可这样的话,我只能停止做笔记,一目十行地跳读,就像语出惊人的二十世纪英国政治家 R. H. S. 克罗斯曼所谓"取其要害"的方法。现代文库版的《罗马帝国衰亡史》不美观但胜在结实,便于旅行时携带,此外我还有1902年出版的伯里编辑的七卷本,这个版本虽然精致,但很容易破损。在家里,尤其是寒冷的冬天,坐在火炉前用功读书的时候,我浏览过后面的几卷,希望找到一些清晰通顺的表达,但总是未能如愿。每个人都爱引用的吉本的一段话确实与众不同,可问题就出在这里。"二十二个经确认的小妾,还有一个拥有六万二千本藏书的图书馆,都表明了他有着广泛的爱好,而从他留下的产出数量来看,前者和后者都是为了使用,而不是为了显摆。"有些顽皮的吉本研究者信誓旦旦地保证,戈尔迪安二世皇帝也因此被串在了讽刺的烤肉叉上,让人无法忘记。以吉本通常的文风来看,这当然算得上轻松一刻,这个插科打诨确实不赖,即使它带着一些学究气;你甚至可以说典雅的文辞为它平添了几分欢乐。可即便是这个段落，你要弄懂也需要天才少年的记忆力，否则就得回到句子的开头，弄明白前者和后者各自指代什么。《罗马帝国衰亡史》就像一场全国越野障碍赛马，每十码就有一个围栏，有时要朝前跳，有时要后跳，而且还得带上你的马。我曾经直接跳到最后，庆幸地发现关于科拉·里恩佐的那几页文字基本上没有吉本最让人恼火的那些花样。可即便是瓦格纳塑造的里恩佐，也不会那么无趣。在吉本的书中，通往最终的激动时刻的道路非常漫长。

挣扎值得吗？那当然了。我仍然不觉得吉本是和维吉尔一样可以带你去体验首次远古之行的人物。如果非得要花上好几卷才让努力感觉有所值，那你读读格罗特描写的希腊和蒙森讲述的罗马也不错。还有一些单卷本的历史著作，几十年来一直用做学校的教材，效果也不错。这些著作常常先讲故事，再去探讨其深意和内涵，而在吉本的书中，这种方法只会让他的叙事难以为继，即使他的行文能像麦考利的一样流畅。在他的所有著作中，甚至包括他的自传，吉本也根本没有想要那么写的意思。（如果听到有人贬低麦考利的风格，你一定要当心：房间里有只猫头鹰，而且不是智慧女神雅典娜的那一只。）吉本给你的不是对遥远过去的总结，而是有关他自己时代的甘露。他给你的是雕琢后的文字。从他那里，我们可以研究推到极限的行文安排——不是行文的极限，而是安排的极限，在他笔下，镂空的棚架也会像青铜门一样重。虽然意图可能恰恰相反，但确实有将永恒的东西变得转瞬即逝的风险。

吉本有把握永恒的能耐，这在他简洁的表述中最为明显。"虚荣的年轻人"（vain youths）这一称呼就体现了他的能力：看似轻描淡写，却是精心营造的效果，用来暗示那些无法描绘的极端事实。普罗布斯将和平强加给被征服的日耳曼各部落后，他又用日耳曼人的军队加强帝国各地的军团，同时"小心谨慎确保共和国从野蛮人那里得到的帮助能被感觉到，但不会被看到"（第一卷，第288页）。这段叙述就简洁明了。还有更好的："以意大利和阿尔卑斯山内诸省那虚弱的优雅，已无法承担武器的重量。""虚弱的优雅"（feeble elegance）这一合成词棒极了：高度凝练却意味深长，它包含了整个章节——事实上也是整本书——的主题，即一个帝国最初成功的果实发酵变质后把自己毒死的故事。吉本自己会不会也是虚弱的优雅呢？他的推崇者或许不太愿意接受。我觉得是有一些的：他毫无疑问是优雅的，至少最初那些潜在成果是这样，直到他在文风方面的抱负变得一发不可收拾，白白浪费了。有一个例子可以证明他最初开始创作时的才华。只要讲的不是大事，这种才华就经常闪现。比如说，他的注释几乎总是比正文更精彩。"考虑到这些罗马的政治把戏在那时有多么盛行，斯卡利杰尔、萨尔马修斯和库珀把一个非常清楚的问题变得如此复杂，花了很多冤枉功夫。"（第一卷，第300页）可惜的是这句话也适用于吉本。倒不是说他总是没事找事：有时他会在不经意间制造混乱。他对于罗马法走向衰落和律师变得吃香的批判（第一卷，第536页）本来堪为典范，但却被一句话破坏了效果，在这句话中人称代词混乱，没有办法辨别指代对象，只能靠猜。"他们不在乎名誉和公正，大多数时候他们被称为无知和贪婪的向导，让他们的客户饱尝开销不断，一拖再拖和大失所望之苦；然后，经过单调乏味的若干年，他们最终被解雇了，因为他们的耐心和钱财都已所剩无几。"分号后面说的到底是谁被解雇了？又是谁没了耐心和钱财？我们不得不再读一遍。

我们总是得反复重读，但有时这个要求也是件好事。"同样怯懦的政策，把所有统一在一起的分开，把所有显赫的地位削弱，对所有积极的力量有所惧怕，并希望最虚弱的也是最顺服的，似乎被好几位帝王所采用,尤其是康斯坦丁的那些。"*(第一卷,第540页)要是吉本总是这么写该多好。他很少这样写:当我们发现他其实可以这么写之后,这一事实就更让人恼火了。我们想从史学家那里获取的并不仅仅是阅读的乐趣;但没有乐趣会很艰难,而且乏味并不一定意味着深刻。有些著名的读者说他们沉醉在吉本的书中无法自拔。他们的话很难让人相信。善于做秀的老家伙哈罗德·麦克米伦退休之后进入了体弱多病的斯多克东伯爵的角色,当时他曾在海外低调地宣称,闲暇时间都用来"重"读吉本了。没人质疑他的说法。当撒切尔夫人无意中说出,她心目中既清闲又能带来智力满足的事是把《豺狼之日》(The Day of the Jackal)重读一遍时,可是遭到了不少嘲笑。约翰·梅杰懂得如何把握品位的尺度:退休后他设法透露自己躲在家中读特罗洛普,他一直非常喜欢这位作家,如今可以好好品读了。斯多克东听上去像是格格不入的人:我的意思是,装饰舞台的人。卸任的保守党首相理应读艰涩的东西作为惩罚,就算是对穷人痛苦的一种迟来的体验吧。可是,如果我们听说这位老人每读两个吉本的句子就进入梦乡的话,我一点不会觉得奇怪,就像在那个著名的时刻,一个盲人摸摸吉本的脸,以为那是婴儿的屁股,吉本对此毫无惊讶一样。吉本无奈地接受了自己荒谬的外表。但他真正的荒谬之处在于,他试图用高雅来弥补荒谬,可他的风格太过拘谨,谈不上真正的高雅。他本来是有可能的:但是在他的名声所依赖的鸿篇巨制中,他的文风因为承受太多压力而枯萎死去了。

---

* 原文: The same timid policy, of dividing whatever is united, of reducing whatever is eminent, of dreading every active power, and of expecting that the most feeble will prove the most obedient, seems to pervade the institutions of several princes, and particularly those of Constantine.

特里·吉列姆
Terry Gilliam

特里·吉列姆（Terry Gilliam）1940 年生于明尼苏达，他在哈维·库尔茨曼的《救命》（Help）杂志做特聘画师时就开创了极富个性的视觉风格，之后从英国逐渐享誉国际。在英国，他的视觉创新主要以动画拼贴那种冷幽默为基础，而且是《蒙提·派森》（Monty Python）电视喜剧的重要组成部分。他后来做了电影导演，影片《吹牛大王历险记》（Adventures of Baron Munchausen）不顾预算要求，一门心思驶向未知领域时，他落下了铺张奢侈的名声，虽然实际情况并非如此。纯粹以事实而论——传言一旦深入人心，辟谣就很难了——他的好几部好莱坞片子，包括非同凡响的《十二只猴子》（Twelve Monkeys）在内，都证明了他完全知道如何按时制作出符合预算的影片。当他的影片《堂吉诃德》即将被叫停时，这些无法否认的成就却没帮上他什么忙。但是，讲述这部电影叫停经过的纪录片《救命呐！堂吉诃德》(Lost in La Mancha)却是必看佳作，这也反映了他别具一格的创作力。其实他一点也不适合好莱坞的模式，他需要自己的国家，在那里他可以像佩德罗·阿莫多瓦或者拉尔斯·冯·特里尔一样成为典型的作家导演。如果他生在黑山共和国而不是明尼阿波利斯，那么如今在斯库塔里湖岸边也许每年都会庆祝"吉列姆节"，尽管他在严肃场合发笑的习惯仍然会让他的调门显得很古怪。他在电影《巴西》(Brazil, 1985)中几乎创造了一个属于自己的国家，那是他在二十世纪末期最重要的政治影片之一。有一本很棒的采访集《吉列姆谈吉列姆》(Gilliam on Gilliam)颇值得关注。要透过他嘻嘻哈哈的外表洞察到内心的挣扎并不容易。他最好的作品有赖于能做到这一点的观众，而他们总是很少见。

———•———

不不不不不不不不……

特里·吉列姆，《巴西》

这些文字表达的就是字面意思，但理解它们需要大量的解码工作。一个温顺且样貌平平的秘书正戴着耳机做速记。她用打字机敲打着从隔壁房间听到的所有内容。在此期间，电影的观众以为她在不停地整理受害者在刑讯室招供的内容。即使他在叫喊，她也照样打下来，好像他只是说了些什么平常的话。她自己一言不发，在那些文字悄然形成时，从她的面部也看不出任何感情。她的老板，那个施刑者，由迈克尔·佩林扮演，看上去一副与人为善的样子。这是刑讯的极致，它就好像家常便饭。《巴西》看上三四遍之后仍然可以发现很多细腻之处，它是一部优秀的政治影片，出色地融合了费里尼和卡夫卡，而合成图像的复杂影响力则是吉列姆所特有的。刑讯诊疗是这部电影诸多让人不安的主题中最毛骨悚然的画面之一。它似乎在说，施刑者除了他的所作所为之外，其实不一定比你的医生更邪恶。那就是留在我们脑海中的画面。但是这个画面有多么真实呢？

在现代史上——这也是被及时并完好记录下来的历史的绝大部分——有很多证据表明施刑者的确是那些喜欢伤害别人的人。在中世纪的慕尼黑如此，在位于阿尔布雷希特王子大街的盖世太保总部的地下室亦然，"恐怖的伊凡"统治下发生的事情和在卢比扬卡监狱、莱弗托夫监狱也别无二致。可怕的是，任何热衷于恐怖专制的政权很容易找到大量恶毒的跟屁虫，连美国人也是，当他们让人费解地认为严刑逼供可以加快而非阻碍政策实施时，他们从不担心找不到追随者：在伊拉克的阿布格莱布监狱，傻瓜们排成长队，要展示自己先前被忽视的才华。总体而言，负责人本身往往不是虐待狂，因为如果他是的话，组织效率很可能就会受到影响。贝利亚显然很享受偶尔亲自审讯，可希姆莱估计会晕死过去，他唯一一次到大屠杀现场时就曾发生过这种情况。齐奥塞斯库曾送给他那个可怕的儿子一间酷刑室作为生日礼物。父亲当然知道里面发生的事：可同样，据说他并不喜欢经常参与他所助长的恐怖行为。皮诺切特将军也是如此。他的批评者们仍然在试图说服我们，他是一个嗜杀成性的平庸之辈，尽管所有证据都显示这一点毋庸多言。在他们的描述中，好像那些被培训去强奸女性的走狗都是他训练出来的。皮诺切特也许从没亲眼见过。他也不需要。他只要知道国家政权有着无法形容的野蛮力量就够了。

阿根廷知名历史学家费利克斯·卢纳写过一本胡安·庇隆的权威传记，在这本大部头政治传记中，卢纳向我们充分展示了恐怖专制国家的作家抽离冷静地描述惨不忍睹的事实的能力。首先，卢纳以冰冷的语调讲述了庇隆统治之下腐烂到根的现状。（这段描述从第253页开始，但是最好早点准备一杯烈酒。）卢纳认为施刑者只是在行使自己的职责，这在我们看来似乎匪夷所思。他把他们称为"技师"。他们当然擅长电击技术，那是在阿根廷发明的酷刑，也是庇隆给全世界的礼物之一；另一件礼物是音乐剧《庇隆夫人》的女高音。卢纳描绘了这一技术的微妙细节，它的确要求施刑者尽可能不带感情，这样受刑者才有可能保持活着。如果卢纳让你感到好奇，想知道他怎么会了解那么多，你在几页之后就会发现答案，那里记录了他在1969年和庇隆的一次交谈。"但是在你的统治下，"卢纳说，"人们受到酷刑的折磨。"庇隆问："谁被酷刑折磨了？"卢纳回答说："很多人。比如说我。"庇隆说："什么时候？"我们尽可以惊叹一位历史学家的超然态度，在长达上千页的书中，他可以把一个足以让他再也无法对任何事情漠然处之的个人经历控制在短短几页之内。

卢纳曾是国家准许的酷刑的受害者：这一合法化不只带来伤害，还让人愤怒。韦伯曾将国家定义为拥有合法使用暴力的垄断地位的实体。可是恐怖政权远不止如此。恐怖政权拥有合法动用恐怖的垄断地位。只要掌权者可以完全确保对恐怖的掌控，他们无须亲眼目睹也能享受恐怖的效果。萨达姆·侯赛因臭名昭著，连其他暴君都认为他是个疯子，因为他喜欢明确指出酷刑的细节。希特勒很少那么做。他只是让那些虐待狂们肆意妄为，他也许很自豪地以为，他的权力如此之大，以至于他无须知道大城市中盖世太保的地下室里，还有达豪镇的集中营里发生的一切细枝末节。究竟他的心态是否到了以制造痛苦为乐的地步仍然是个疑问。他认为自己心智健全，真是疯得不轻，他自以为他同意施加的酷刑都是受刑人罪有应得。1937年，一名性骚扰儿童的犯人被法庭判处多年徒刑，希特勒亲自干预，确保罪犯先要经受拷打。不过这个例子很罕见。众所周知，他观看了七月刺杀参与者们被钢丝绳套勒死的影片，但他的满足似乎来自公正惩罚得到实施的场景，而不是在痛苦中挣扎的可怕画面。我倒不是要为他那些恶贯满盈的同事们辩护，不过希特勒总是会独享这样的电影。绞死这些反叛者是戈培尔的主意，但是他难得地没有观看这部电影。

虽然卢纳强调施刑者对酷刑麻木不仁也不无道理，可那些丧心病狂的人似乎大多还是以施加痛苦为乐的人。不幸的是，这些人还不在少数。"什么样的酒吧会欢迎他们？"奥登曾反问道。"什么样的女孩子会嫁给他们？"若非情势使然，这种人又会有多少？这是个好问题。可叹的是，似乎总有"使然"的情势。很多纳粹施虐者在享受绝对的权威时心里非常明白，要不是他们在这个政权中的特殊身份，他们会一文不值：所以即使在希姆莱下令收手之后，他们还在继续虐待囚犯。他们面临着回到最初的起点，而那里什么都没有。

同样，在苏联的安全"机构"里，不管它们当时用什么首字母缩写词招摇过市，施加暴力的总是些找不到其他工作的人。折磨他人的机会给予原本无权无势的人绝对的权力，而且对那些向来在家里没什么地位的傻瓜来说，一定是很好的补偿。二十世纪的日本军队基于军纪严格的普鲁士模式，同时结合了武士道传统中的暴力特征，比如得到认定的武士可以随意斩杀没有按正确方式向其鞠躬的农民，这种武士道版的普鲁士威权体制成为一种致命的混合体。在应征入伍的士兵中，每一级军衔的士兵都能扇下一级军衔士兵的嘴巴，直到恐吓的浪潮到达最低的军衔，他们除了犯人和平民外没有别人可打。对战俘和那些日本自称从欧洲殖民主义中解放出来的亚洲人民来说，每天都是一场噩梦，这当然毫不意外。具体细节仍然难以证实，而且谨小慎微的日本人宁肯相信报告有所夸大。日本教育制度仍然在鼓励这样的倾向。战后的文部省努力淡化痛苦的记忆，主要是因为它成为那些逃脱惩处的高层战犯的栖身之地。文部省就是那些谨言慎行人士的清水衙门，他们确保下一代人从教科书上学不到任何关于日本军队的可耻行径。德国课本在五十年代中期就已经在讨论纳粹的恶行了。八十年代末我在日本住了很长时间，只有一位历史教科书的作者试图提及南京大屠杀（约有二十五万无辜者死亡，其中很多遭到残杀），而他的书还没离开仓库，他的人身安全就已经受到威胁。如今情况有所好转——主要是因为日本公共电视网络 NHK 的迎难而上——但是日本右翼仍然顽固不化，但凡有人提及尴尬的过去，都会被视为挑衅。

在萨罗共和国时期（墨索里尼的法西斯政权的最后阶段，狂热分子执掌着大权），位于佛索里的意大利集中营有一位女军官，她沉迷于把牢房变成但丁描绘的地狱，她把囚室塞满受害者，不让他们吃东西，直到最后相互吞噬。其中许多受害者是女性。她好像有过社交障碍：她要让更漂亮、更富有的女性威风扫地。在拉丁美洲，施虐者都是男性，可即便是正规的医务工作者，似乎也有着同样的冲动，他们让受害者战战兢兢，随时等着另一只脚上的靴子踢过来。说起虐待和性欲的潜在关联这个压抑的话题，阿根廷凭借不光彩的独特优势涌现了一批重要作品。在一篇叫作《对称性》（"Simetrias"）的短篇小说中——这篇作品不幸地包含了大量事实记录——路易莎·巴伦苏埃拉向我们讲述了男性施虐者会带他们的受害者到咖啡馆或夜总会过上一晚，电击导致的伤口会用化妆品遮住。（故事收录于1988年布宜诺斯艾利斯出版的小说集《阿根廷历史上的故事》[Cuentos de historia argentina]。）在巴西的噩梦结束时——和阿根廷差不多同时——该国出了一本书叫作《闭上你的嘴，新闻记者！》（Cale a boca, jornalista!，1987）。这本书记载了一些记者的见证，他们得以近距离目睹那些悲惨事件：真是太近了。据幸存者回忆，他们半夜被顶在鼻尖上的点45口径自动手枪的冰冷枪管惊醒，这是随后漫长电击经历的序幕。还有些记者根本没能回来说任何东西。不出所料，很快便是鸦雀无声。

沉默被打破的那些年月里，纪实作品层出不穷。太多最触目惊心的描述都表明了一点：折磨他人本身就是目的。酷刑，尤其当受害者是女性的时候，远不只是作为获取信息的手段，甚至超出了制造无所不在的恐怖压抑气氛的需要。《蜘蛛女之吻》(*Kiss of the Spider Woman*)和《不道德的审判》(*Death and the Maiden*)等电影尽力展现了拉美发生的暴虐，但归根结底，如果屏幕上发生的一切我们还能看下去的话，说明我们还没看到最糟糕的情景。拉美的总体情形和吉洛·蓬泰科尔沃的《阿尔及尔之战》(*The Battle of Algiers*)这样无可挑剔的写实电影所刻画的严刑拷打极为不符，在电影中，体面的年轻伞兵在做这种事情时内心是不情愿的。（阿伦·雷乃的《莫里埃尔》[*Muriel*]没有表现恐怖，但用暗示表达了同样的意思。）拉美的施虐者呢，他们是真心实意地想做。这又把我们带回巴西和《巴西》。它们是同一个地方吗？

在名为《巴西》的电影中，迈克尔·佩林饰演负责拷问犯人的公务员，也可以想象他做的是别的行当，比如卖人身保险。在名为巴西的这个国家，同样的角色常常由心理变态者担当。（可以证明这一点的关键文本是《巴西：到此为止》[*Brasil: Nunca mais*]，1985年在圣保罗出版。我在1988年买到时已经重印了二十次。）我们从《吉列姆谈吉列姆》这一精彩翔实的访谈中得知，电影中佩林饰演的角色有一个漫长的塑造过程。剧本的前三稿由汤姆·斯托帕德主笔。最终，斯托帕德和吉列姆因为对一些角色的看法有分歧而分道扬镳。其中一个角色就是这个拷问者。在斯托帕德笔下，迈克尔·佩林本来有机会一反角色类型：他会成为邪恶的化身。佩林是一个非常出色的演员，毫无疑问可以胜任。可是吉列姆坚持要发挥佩林与生俱来、无须刻意表现的温和友善气质：还是平常那一副灿烂的牙齿，只不过要在营造善意的效果时才会露出来。在摄影棚里，吉列姆在佩林表演时总是找一些很机械的事给他做——比如吃东西——这样吉列姆就可以很自然地做"好好先生"，没工夫对角色做更细腻的演绎。斯托帕德和吉列姆究竟谁对谁错，现在仍有争议。从长远来看，用"恶之平庸"来解释人类的丑恶并不像看起来那么管用。它让我们明白，还是不要生活在那些靠人的善良天性才能实现公正的地方比较好，善良天性也许并不多见，却往往遮蔽了我们对人性丑恶的认识。

美洲的白人殖民者曾惊讶地发现，阿帕奇族人会把俘虏慢慢折磨致死，他们认为这样就可以获得被俘者的灵魂。学者们不愿相信原始部落向我们展示了曾经普遍存在的，而且是来自本能的真相。如果只有人类会折磨捕获的猎物，我们还可以试图说服自己，是人类社会的发展造成了这种畸变。不幸的是，猫会一直玩弄老鼠，直到老鼠咽气为止。虎鲸通常会像玩水球一样摆弄小海豹半小时，然后才会把它吃掉，结束它的痛苦。我们比猫和虎鲸强多了，但承认相同的倾向广泛存在——甚至就在我们身上存在——或许也不无益处。在这方面，《夺金三王》(Three Kings)可谓美国电影中少见的佳作。片中的阿拉伯施虐者是从惨遭轰炸、条件艰苦的难民营历练出来的，他试图向他一无所知的美国受害者展示无助的感觉。也许所有施虐者都试图以各自的方式传达同样的教训。但是这样一来，我们必须进一步考虑每个人都会是施虐者的可能性。符合人道主义者标准的清白建国实属罕见，而历史却表明，这种国家往往会最先造就一批年轻的施虐者。波尔布特的柬埔寨就是这样。

如果不是美国空军先对柬埔寨狂轰滥炸，波尔布特就不会上台，这似乎是完全可能的。果真如此，除了智利的灾难以外，还有很多灾祸敲打着亨利·基辛格的良心。红色高棉酷刑集中营的灾难就要算上一笔。在金边 S-21 集中营被审问的 17000 人当中，有 16994 人在痛苦中死去。活下来的六个人受到记者的询问，可是他们伤得太重，已经说不出什么了。墙壁上的字也许写出了我们需要听的一切。"接受鞭打或电击时，禁止叫喊。"安全规章第六条写道。其他规章和这一条一样让人不寒而栗，但第六条规章有其特别之处，它就像是一个要命的孩子从斯威夫特和卡夫卡那里学来的。这条规训还有一个变体："被棒打或电击时，禁止大声叫喊。"但是，"禁止大声叫喊"意味着还有轻声叫喊的可能，而"禁止叫喊"就完全不讲逻辑了，这让我们意识到（我们总是需要被提醒才能认清），红色高棉的施虐者们并不代表一种思想体系的衰朽和扭曲：他们根本没有开始思考，所以有一种孩童般的纯粹。

另一条红色高棉规章几乎让人着迷："不要试图用借口掩盖事实。严禁与我辩驳。"它的魅力在于这完全是浪费精力：既然囚犯只能给出一种答案，那么审讯者为何不直接把答案写下来，然后盖个章什么的，尤其是囚犯最后的签名反正也没什么意义？很不幸，所有的证据都不支持我们所期望的善良人性，只显示出施虐者多么享受继续干下去，即便酷刑已经毫无意义。所有的证据事后仍在那里，包括在酷刑的每一阶段拍摄的照片。红色高棉的施虐者是否真的心理变态，这个问题只能由精神病医生来解答。对于关注人类整体境况的学者来说，他们感兴趣的是红色高棉在西方的名声。他们的疯狂暴虐并没有持续太久，可是在暴虐持续期间，西方有一些很有想法的人以冠冕堂皇的种种借口为其辩白。但值得一提的是，辩白不久就消失了。最先揭穿真相的西方刊物之一是《纽约书评》。在这种事情上，这份刊物通常总是尽可能不做评判的。接触到真相的渠道带来了改变。如果我们对红色高棉屠杀场发生的一切知之甚少的话，波尔布特的柬埔寨（"别打民主柬埔寨的主意！"）也许会把相信他们的西方傻瓜蒙骗得更久。但是报道很快传播开来，主要是因为负责的是一群年轻人。人长大之后就变精明了。

回到五十年代末，在《边缘之外》（Beyond the Fringe）唱片的封套上，乔纳森·米勒开了个黑色玩笑，讲到他最恐惧的事：遭受严刑拷打，逼问他不知道的信息。这个玩笑的假设是：如果他有东西供出，酷刑就会停止。他是在追忆英国人笔下文雅的世界，而不是欧洲残忍的现实。在纳粹的地下室和集中营里，人们经常被刑讯逼供他们不知道的信息；也就是说，他们是为了折磨而被折磨。卡夫卡预见到它会发生，就像他预见到了一切的发生。《在流放地》(*Strafkolonie*) 中，被折磨的囚犯得自己琢磨犯了什么罪，最终他被告知，罪行会用酷刑工具写在他的身体上，他已经和工具锁在了一起，毫无逃脱希望。卡夫卡是一位先驱，但很快就有了同伴。如今我们都必须生活在现代世界，其中"不不不不不不不不"的声音可以被清晰准确地记录下来，可它们的含义却往往被忽视。

约瑟夫·戈培尔
Joseph Goebbels

约瑟夫·戈培尔（Joseph Goebbels，1897—1945）最早一心向学（他总共上过八所大学），并有望成为一名作家。他最后成了第三帝国总理府的一具死尸。他曾在纳粹政府中高居国民教育与宣传部部长的要职，在希特勒的亲信中仅次于戈林。战争期间戈林失势后，戈培尔的地位上升，占据了空出来的第二把交椅。在最恐怖的恶行发生的最后阶段，基本上是戈培尔掌控着国家：认为希姆莱绕过戈培尔独断专行的观点站不住脚。戈培尔是一个患有精神分裂症的瘸子，当时他的魔爪够不到的那些人尽可以取笑他。如今我们都安全了，也许应该努力记住一点：他年轻的时候对艺术感兴趣，热爱电影，明白广告的力量，学过宣传技术，而且把政治视为场面壮观的戏剧。很多我们现在习以为常的东西都是他最先想到的：所以我们需要非常确定我们的倾向有所不同。连他的反犹主义最早也是一种智识姿态：他开始从事反犹时还是拿着奖学金的学生。

———•———

自从斯大林格勒战役以来，连最小的军事胜利我们也没有指望。另一方面，我们的政治机会极大地增加了，如你所知。

约瑟夫·戈培尔，1944年1月25日在办公室的谈话，出自威尔弗雷德·冯·奥芬《跟随戈培尔到最后》(*Mit Goebbels bis zum Ende*)，第一卷，第178页

在那些战后逃到阿根廷的纳粹分子当中，有一位日后写出了全世界最可笑的一本书，虽然书的内容惊心动魄到让你笑不出来。早年担任战地记者报道纳粹在波兰、西线、巴尔干和俄国取得的胜利时，威尔弗雷德·冯·奥芬就已经小有名气。在战争后期，他是戈培尔的新闻秘书和私人助理，也是他不知疲倦的听众。在柏林的宣传部，戈培尔会连续数小时自言自语，而冯·奥芬则把他的话全部记录下来。戈培尔把他的私人日记做成缩微胶片以便完好无损地留给后人时，冯·奥芬就在现场。

但是冯·奥芬自己保存的记录更加珍贵。在阿根廷，冯·奥芬把他记得的一切都打了下来，将它们视作跨越时空的历史文献，它们确实曾经是，而且现在依然是。1949年，它们由布宜诺斯艾利斯的杜勒-沃拉格出版社分成两卷出版。我自己这套是1950年的重印版（巴西到处是咖啡，阿根廷到处是纳粹），是五十年之后在那个城市买到的二手书。两卷本品相挺好：黄色硬壳纸装订，书脊是橘色布料，没有一处脱落，纸张的质量虽然普通，但也还没破损。我拿着淘来的这套书来到我在圣特尔莫最喜欢的咖啡馆，坐下来开始读，我几乎立刻意识到我在读的是一部无与伦比的喜剧杰作。在梅尔·布鲁克斯的电影《制片人》(*The Producers*) 中，那个戴头盔的狂暴

剧作家像一个心理变态欣赏另一个心理变态一样钦佩希特勒。但是冯·奥芬还要更可笑。他认为戈培尔是理性的灵魂，一个伟大的知识分子，一个哲学和艺术天才，他的种种远见只是被不幸的境遇扼杀了。更可笑的是，冯·奥芬自己很少表现出愚蠢至极的迹象。和上司一样，他能干又勤恳。他对发生的一切似乎无所不知，却总是错过事情的关键。

如果我们对戈培尔是否也是如此有所质疑的话，证据就在这里。当第一架 P-51"野马"远程护航战斗机出现在柏林上空时，戈林就知道游戏该收场了。连希姆莱也开始寻找出路。但戈培尔仍然坚定不移。尽管到最后，连他自己也无法坚持胜利的信念，可他仍然对希特勒有信心。即便形势已经非常明朗，希特勒的存在已经是任何政治解决方案不可逾越的障碍，戈培尔从没想过他对希特勒的忠心会有所改变。1944 年 7 月 20 日的政变未遂之后，有人向戈培尔建议，如果希特勒靠边站，由戈培尔和希姆莱两人联合执政的话，政变也许仍然有望。尽管戈培尔非常尊重希姆莱（"完美无瑕""品格的典范"——第二卷，第 301 页），他仍然认为别无选择：他支持希特勒，即使这意味着德国和希特勒一起垮台。末日临近时，戈培尔对希特勒的唯一指责是元首没有充分保持真我，让自己被一群投机分子、势利小人和平庸之辈包围。这话当然有些道理。戈培尔有理由认为自己是纳粹中的典范。可笑的是他无意中揭穿了做一名真正的纳粹分子需要的条件。一个条件是严重高估世界对纳粹的领土侵略和大屠杀政策的容忍度。戈培尔认为斯大林给西方文明造成了同样灾难性的威胁。可是他错误地以为，当西方盟国意识到这一点时便会把纳粹德国当作抵抗威胁的堡垒。他无法让自己相信，正是纳粹德国本身的存在将原本渺茫的全球反纳粹势力团结在一起，而且直到纳粹德国灭亡之前都不会解散。对他来说，这个想法简单得无法理解。他太聪明了，实在想不通。

Joseph Goebbels

戈培尔聪明得令人发指。一字不漏地把宣传大师如山洪迸发般的灵感转录下来的冯·奥芬，对他满怀敬畏也可以理解。这个人编造了霍斯特·韦塞尔（一个被共产主义者打死的纳粹恶棍，被戈培尔办公室负责故事创作的人员塑造成同名歌曲里的英雄），绝对不缺想法。但阴险恶毒的聪明是自欺欺人。1944年9月，我们发现这位部长（冯·奥芬总是称戈培尔为部长或博士）对当时的形势大放厥词，声称如果是他而不是里宾特洛甫掌管外交政策，形势就有救了。"我可以双管齐下，"戈培尔解释说，"我了解英国人的思维方式。我和很多英国政要名流的关系可以派上用场。但是我也会和布尔什维克对话。我作为我们党内左翼代表不是没有意义的。多少可能性啊！那会是何种景象！"（第二卷，第145页）。部长叹了口气，向后靠在椅子里。

再一次，这句话之所以可笑是因为它说中了些什么：只是还不够。战前，戈培尔的确迷倒了很多来访的英国人：他和温莎公爵、约翰·西蒙爵士和哈利法克斯勋爵有过多次推心置腹的长谈。连后来不遗余力地为丘吉尔游说的比弗布鲁克，似乎也明白德国反对布尔什维克主义的神圣使命。但是戈培尔始终没能明白，从丘吉尔上台那一刻起，一切已全然不同了。所有这些有影响力的人物的绥靖观点，要么已不再重要，要么已经改变，所以尽管他们发挥着各种各样不同的影响，却都没有执行对德亲善政策的权力，即便他们希望如此。根据书中的记录，不难想象戈培尔对这一难以理解的意外结果会如何解释：受犹太势力影响的小集团占了上风。

在犹太人问题上，冯·奥芬尽可能地淡化了部长的立场。在战后的阿根廷，即便纳粹难民可以不受限制地表达固有立场，谨慎的做法还是避免狂热。可是再理性的论辩也挡不住真正的狂热，这里就是个例子。尽管冯·奥芬在战后为这部书写的前言中向我们保证，他从来不知道毒气室或者种族灭绝行径，可是在文字记录的正文中，忠实的记录员是藏不住真实想法的，他主人的立场也终究要浮出水面。1943年10月3日，冯·奥芬自己预测，纳粹分子中的一些掌权者很快会开始寻找托辞："他们会制造与某个抵抗群体的联系，或者假装帮助过某些犹太人从德国逃走。"

可问题是为什么犹太人想那么做？在第二卷中，冯·奥芬让部长大人以艺术博士的身份没完没了地讲了整整三页，大肆评判犹太人如何狡猾地制造了现代艺术的骗局，但是冯·奥芬仍然很小心地把讨论局限在美学问题的范畴之内。可是再往后读下去，我们发现他和部长显然都很清楚正在发生的一切。戈培尔"琢磨"，希姆莱虽然人很好，但他是不是任由德国的集中营（德语的简称为KZ）发展到了不可收拾的地步呢？此前，部长说，人们还能假设集中营里的环境"虽然比较艰苦，但还是正确和人道的。繁重的劳动，严格的纪律，同时也提供了人的一切基本所需：充足的食物，医疗卫生，甚至还有娱乐。"不过部长接着感叹道，在战争条件下，集中营可能变得没有之前那么有趣了。"想象一下，如果敌人发现集中营当前的状况，会是什么情景吧！"那样一来，部长预测，连德国民众也不会再说1933年以来德国有多么幸运了：幸运到即便在战争期间也"没有骚乱，没有罢工，没有暴动，没有无赖，没有犹太人……"说到这里，一切都暴露无遗了。

这里面有一种诗意：邪恶的诗意，毁灭性的疯狂，它太流畅了，简直有着非凡的创造力，仿佛梅菲斯特不仅现身于《浮士德》中，甚至亲手写就了这本书。和戈培尔相比，希特勒相当务实。在阿尔伯特·施佩尔的帮助下，希特勒设想一座座庞大的新的城市可以用砖块和大理石砌起来，可是他从没想过提供娱乐和充足食物的集中营。戈培尔确实是某种艺术家，这也是为什么他让我们感兴趣：他是讲起话来最像知识分子的纳粹，甚至比施佩尔还有过之而无不及。至于行动，在冯·奥芬的大作中，基本没怎么提过部长那只有毛病的脚。我们从戈培尔自己的日记中发现，他的意识中从没忘记命运对他的残酷捉弄。据说拜伦那只有问题的脚并没有让他一瘸一拐；也许只是他自己感觉走路会跛脚。戈培尔却无时无刻不在体会着自己的脚疾。只有一件事可以让他忘了它。他对适合自己且充满激情的情人的标准，是她能在多大程度上让他忘却那个可怕的念头。"我忘了自己的脚。"戈培尔一直是个恋家的男人，但他还是赋予了自己一个艺术家对女性享有的特权，而且他的权势也给了他更多自由，不必囿于暗娼——他的确在风月场中和一个女演员过从甚密，以至于希特勒不得不出面中止这场情事。

在统治阶级上层，事务可以处理得更为谨慎周密，虽然过于谨慎往往会付出扼杀行动力的代价。在对纽伦堡的一次正式访问期间，部长驱车到乡间与辉柏嘉伯爵夫人共进午餐，她是一名多才多艺的优雅美女，年方二十六岁，身着紧身连衣裙。战后，辉柏嘉公司依然是德国最大的铅笔制造商；我在澳大利亚读小学时有一整盒他们的铅笔，色彩多样，精工细作。（在索尔仁尼琴的叙事长诗《普鲁士之夜》中，苏联士兵惊叹辉柏嘉铅笔的完美；对西方物品的这种反应正是斯大林所担心的，他通过对获胜的军队进行大清洗来消除这种反应，精确地计算着在劳改营待多久可以让人忘了有中央供暖的房子和好用的冲水马桶。）作为战后经济奇迹最早的参与者，辉柏嘉家族认为没有必要改变公司的名字，他们确实也没做什么。他们只是制造铅笔，并欢迎戈培尔到访。午餐过后有一段文艺插曲。当伯爵夫人弹奏并演唱艺术歌曲时，她那杰出的访客也参与进来，和她一起四手联弹，双声合唱。如果这不是激情洋溢的肉体关系的话，也一定是充满激情的精神关系。她是他来自上层社会的缪斯和慰藉：同样的角色，安娜·阿马莉·冯·萨克森-魏玛-艾泽纳赫公爵夫人也充当过，戈培尔完全可以发现两人的相似之处。快到尾声时，辉柏嘉伯爵夫人尊贵的名字反复出现。在那个集午餐和艺术歌曲为一体的惬意小音乐会当天，末日已经临近。那天是1944年6月6日。

诺曼底登陆日之后，戈培尔戒了烟，也许是因为他享受着心理高潮。他真的认为，或者他是这么说的，随着军事形势的恶化，政治上大显身手的机会在增加。可是到了7月1日，他又开始抽烟了。我们得承认，他的大脑可能同时在两个层面上运转。他是纳粹中提倡总体战的干将（他认为如果他得以早点把想法付诸实施，德国的处境要好得多，他这么想当然没错），但他也很现实；尽管我们始终要记得，他是超现实世界中的现实主义者，他活在自己参与营建的疯人院。1944年6月11日出现了一个重大进展：冯·奥芬被叫去帮忙整理博士的私人图书馆。所有党的标准文献全被扔了出去，留下的书完全"按文学标准"（nach literarisches Maßtäben）加以排列。这一做法有其动人之处。戈培尔并没有退出纳粹党。他认为纳粹党会永垂不朽，即便它只剩下两个党员，他自己和希特勒。但他似乎也已认定，所有这些意识形态垃圾和真正的纳粹毫无关系。他也可能在试图回归本真的自我，而完全没有意识到——也可能只是几乎没有意识到——污点就是他的本我。尽管如此，他是有过纯真自我年代的，那时他还是一名青年学生。他尊重自己的犹太裔教授，认定自己在文学方面有前途，而且不把纳粹当回事。那是在他遇到希特勒之前。也许到如今，大厦将倾，他会渴望回到失落的过去，而这发生在一种他无法审视的层面上。但是将书重新排序替他做出了审视。一个人和他的书的关系会告诉你很多关于这个人的情况，对于像戈培尔这样的人，我们必须格外留神，因为他早期做出的一个重要选择，是我们每一个喜欢读书的人仍然要面对的。他选择了行动的一生，若非如此，他的人生会很不一样。也可以说数以百万计无辜民众的人生也会很不一样，不过对此我们也得同样当心乐观主义的危险。也可能唯一的不同是他本来会有一份像冯·奥芬那样的工作。他本来只是会记录疯狂而不是帮着创造它，但疯狂依然如故。

Joseph Goebbels

希特勒不需要再找其他人。其他人会找到他。绝对的权力会引得人才竞相争夺。

纳粹分子自己没有悲剧：他们给其他人造成了悲剧。悲剧一定要有从某个高度的堕落，或者至少是从普遍人性标准的堕落；而纳粹始终在深渊底层。他们建造的大厦本就在地下。但是，我们可以同情他们的后代。在第二卷接近结尾处，戈培尔夫人说话了；她一开口，笑声旋即消失。那是1945年4月22日，苏军已经进入柏林的地铁隧道。她告诉冯·奥芬，她和她丈夫已经与人世道别。他们为纳粹德国而生，也会与它共死。"但我不忍心扼杀孩子们的命运。当然，我的理性告诉我不能把他们留给未来，那时他们，作为我们的孩子，面对犹太人的报复会毫无还击之力。可是看着他们在我身边玩耍，我实在无法接受杀死他们这个念头。"

那一刻到来时，她还是做到了。也许她从没想过，自己无辜的孩子和至少一百五十万其他无辜的孩子们一样，同样遭到毒害和遗忘，而且出于同样的原因——毫无理性。（又一次，顺便提一句，冯·奥芬忘了解释为什么犹太人要报复。难道后来真有不好的事情发生吗？）在有关纳粹的所有文献中，没有哪个像《跟随戈培尔到最后》这样告诉你，原来一场历史浩劫只是虚构的想象。倘若我们可以让逝者起死回生，让受酷刑的人恢复健康，我们会把它当成一场盛大的戏剧表演。戈培尔是整件事的化身，一瘸一拐，尖声大叫。他不是傻瓜。在很多方面来看，他非常聪明。他甚至富有创造力。可他的创造力全都用来为希特勒的破坏力服务。所以这位最雄辩的纳粹分子说的每一句话都是笑话。如果笑话全都发生在他的书房——如果博士不改初心，仍是那个坐拥书城、怀着文学梦想的学生——笑声永远也不会终止，我们甚至还会心生同情。现实并非如此，我们能做的顶多是努力去理解。至于威尔弗雷德·冯·奥芬，他在战后漫长的职业生涯表明，纳粹分子的过去也能充当资历，只要你能活得足够长。在阿根廷，他在希特勒最欣赏的斯图卡俯冲轰炸机飞行员汉斯-乌尔里希·吕德尔的圈子里赫赫有名，这群人一直知道艾希曼的藏身之处。冯·奥芬始终没有被剥夺德国公民的身份，他随时都可以返回欧洲。直到 1998 年，他还在比利时叫嚣，他那身装束是要为瓦隆人夺回独立主权。对于和他一起的煽动者而言，他的履历，从他最早在西班牙内战中为"秃鹰军团"效劳开始，就足以证明他知道自己在说什么。而且最重要的是，他可是认识戈培尔本人的！

维托尔德·贡布罗维奇
Witold Gombrowicz

在两次世界大战期间的波兰,维托尔德·贡布罗维奇(Witold Gombrowicz,1904—1969)成为广受认可的成功作家,主要是因为他的超现实主义小说《费尔迪杜凯》(1937)。然而,流亡到阿根廷之后,他慢慢变成了最近才获得认可的那一类作家:不以固定的形式写作,而只是写作,他不属于任何地方,而是使每一个地方都属于他。当波兰不再受纳粹分子摧残时,贡布罗维奇放弃了返回祖国的机会。在他多卷本的《日志》(*Journal*)、《杂文集》(*Varia*)和书信、回忆录中(全都有法文版,但可惜只有部分有英文版),他找到一种自我定位:他自己就是波兰,他对自己如何逃离艺术形式的细致描述是唯一让他感到有价值的艺术形式。在后面这一点上,他与和他一样讲波兰语并流亡他乡的切斯瓦夫·米沃什不同,米沃什尝试过所有的文学形式,好像对他来说全都一样。在他漫长的晚期生涯中，贡布罗维奇不使用任何艺术形式，而且将自己何以做到这一点写了下来。可是他写作的方式，他那种充满敏锐细节和颠覆性感知的文体，一直让人着迷，而且在他死后依然如此：大量他看似信手写下的作品层出不穷，他的遗孀丽塔也成了他日渐显赫的名声的守护人。他死时被称为"所有著名作家中最默默无闻的"。二十年后，柏林墙倒塌的那一年，未经审查的贡布罗维奇全集终于在波兰问世。他的祖国回到了它最顽固的世界公民的怀抱。

---·---

我发现所有自重的艺术家都必须是流亡者，而且不只在一种意义上。

维托尔德·贡布罗维奇，《杂文集》，第一卷，第 203 页

"每个人，"约翰逊博士说过，"都有一种潜在的欲望，想在自己的故土上显得举足轻重。"如果他有幸被赋予预见未来的能力，他一定会补充说："每个人，除了维托尔德·贡布罗维奇。"贡布罗维奇的大部分写作生涯是在流亡中度过的，所以他总是不由自主地对自己的流亡经历加以评判，毕竟这一经历对他的思想产生了重大影响；但他这样做似乎是出于真诚的。要不是共产主义波兰的文学权威在他归国之前而非之后攻击他的话，他本来是有可能返回故乡的。在《巴黎-柏林日志》中，我们发现他对于回国只是略有焦虑，还没有拒绝回去。可事态的发展就是如此，在尽可能远离波兰和波兰时局的过程中，他证明自己是波兰最有才华的作家之一。也许可以说，这是他更喜欢的方式。他不只是在充分利用一个不利的局面。在背井离乡的写作生涯中，他利用这个机会审视着一个民族作家应该和自己的国家保持多么紧密的联系。在《日志》第一卷中他问道：流亡者的生活真的更加支离破碎吗？在《日志》第二卷中他说，你越

是你自己,越能表达你的民族性——其中的含义是,如果你不受民族主义的压力,就更容易表达民族性。在纳粹德国,他注意到,公民们变得不像典型的德国人,不太真实。(必须指出的是,在贡布罗维奇的作品中,经常出现的"真实"[authentic]这个词有一种在萨特的存在主义语境中从来没有的真实性,在萨特那里,这个词的核心意思是可以不顾一切地随自己的意愿行事——这和做真实的自己不是一回事。)在《日志》第二卷中贡布罗维奇说"我就想做贡布罗维奇",也就是说,我要成为我自己的国家。他能预见到相应的危险:"膨胀的自我"(mon moi gonfle)。"因为自我总是陷入琐碎,所以个体意识不到它可能会很无聊。"但最终,他在《见证》(Testament)中说,丢掉自己的国家是一种释放。在燕卜荪著名的一首诗中,与那句"起身离开看似是最好的事"相呼应的诗行是,"站立的核心是你无法飞翔"。如果贡布罗维奇不能飞翔的话,他很可能只会是死路一条。想象他从最初便选择一种安静的生活,偷偷地写日志,这并非全无可能,虽然可能性不大。但是我们无法想象他会放弃离开故乡的机会。他穷尽一生提炼的观点——艺术是自己的王国——是他与生俱来的想法。

没有谁能比得上贡布罗维奇,他把"世界公民"这一概念变得崇高,这是我们都应该寻求的理想条件,是心灵归乡的唯一方式。但是必须记住,他只是丢下他的国家:他从没忘记它。波兰是他常写的主题之一——比他的流放地阿根廷还要多——而且他总是通过与波兰的关系定义自己。"我就想做贡布罗维奇"被转化为各种"我是波兰"的变体:很像戴高乐对法国,斯特拉文斯基对俄国,或者托马斯·曼对德国的感情。贡布罗维奇对自己祖国怀有深情的最好证明,是他一直用母语写作。他那些名称多变的日志堪称杰作,都是用波兰语,而不是西班牙语写的。我们得感谢法国克里斯蒂安·布尔格瓦出版社,让我们可以看到从波兰语翻译过来的法语版。八十年代末九十年代初那段时间——东欧国家开始复兴的年代——我常常流连于巴黎圣日耳曼大街那家波兰书店，看是不是又有一卷新的贡布罗维奇文集出现。每次几乎都有。可惜的是伦敦或纽约就不一样了。贡布罗维奇的日志全集到现在都还没有英文版。一直以来，我们过于坚持先出昂贵的精装本的策略也因此付出代价。法国人就直接出平装本，所以出版像贡布罗维奇这样鲜为人知的作家的作品谈不上商业自杀。反正他们至少有一个忠实的顾客。贡布罗维奇如果知道，有一个住在英国的澳大利亚人，总是盼着去巴黎买一个住在布宜诺斯艾利斯的波兰人的新书，然后拿到咖啡馆去读，穷尽他有限的法语，一行一行吭哧吭哧看着，还不停地翻阅词典，在书的衬页上记着笔记的话，他应该会高兴。他倒未必会大加赞赏，不会认为这一情形体现了巴尔加斯-略萨所谓生机勃勃的世界主义。但贡布罗维奇如果发现这个例子表明了个体性处于艺术的核心，而且贯穿着整个艺术的话，他也许会感到欣慰。

要让没经历过这种体验的人明白个中滋味很不容易，这是一场被急着交稿、厌倦读书，因此干脆什么书都不读的记者审判、诋毁、排斥和扭曲的殉难。

维托尔德·贡布罗维奇，《杂文集》，第一卷，第105页

他的抱怨很典型，对象就是那些热衷出名的人，可就连这些人也会发现，名誉是一种钝器，它会损害精微的思想。作为一个没有国家的人，贡布罗维奇是国际报刊文学版记者青睐的对象，他也承认声名日增带来的种种好处，尽管他痛恨被不懂行的人追捧所带来的心理影响。他在《日志》第二卷中把这一主题提升到核心，对"某个特定年龄段男性的性魅力"大加阐述。也许是沉溺于痴心妄想——尽管就他个人的情况而言，一厢情愿似乎往往如愿以偿——他说一

个男人不再年轻，但他的成就仍然给他带来某种光环的话，他很快就会引来年轻的爱慕者，而且爱慕者要比光环还要重要。既然是这样，索性就放松享受它。要做的，他补充说，是享受它又不把它当真。贡布罗维奇认为托马斯·曼就太当真，结果是"高傲的尊严……身着主教的紫袍招摇过市"。他称曼为时髦的老妓女，而且一直不放过他的受害者，在《日志》第二卷中，他花了不少篇幅嘲弄曼的名声，可谓流亡大师文人相轻的典范。

贡布罗维奇的论点或许是对的：即使荣耀可以归于才华，也没有人可以"在这个卓越的层次"保持真实的自我。（他放肆地打趣说，如果曼记录下日渐显赫的声名如何让他变得更虚伪的话，他本可以贡献更多文学佳作。）可是，不断有新作问世的是曼。虽然贡布罗维奇从未完全放弃小说家身份，但他的确不再把主要创作力投入到虚构作品了。相反，他说服自己——到底有多么成功要由我们来判断——他的非虚构作品充满想象力。问题依然存在（而且注定存在，因为他希望它存在）：他的日志作为一个整体的话，算不算真正的文学作品呢？我觉得是，但它们是次级的文学作品——次级的辅助性作品。他曾在为失落的祖国吟唱的苦涩赞美诗《波兰的纪念品》(*Souvenirs de Pologne*) 中说，这样的作品才是衡量一个国家文化的尺度。关于这一点他说的当然不错。一个没有文化的国家也可以有杰出作品。苏联如果愿意的话，也可以声称它造就了肖斯塔科维奇，但它永远也出不了《雨中曲》这样的作品，即使这是它想要的。贡布罗维奇发现了一种由意识形态决定的，从而也完全是现代类型的新的枯竭。在这种情形下，一流艺术只是用来展示，在日常生活中基本没什么影响。

要不是他逃离了文学生涯的种种规约，也就是说，要不是他在成名之前便自己把名声毁掉，贡布罗维奇可能永远也成不了他自己。（他做到这点主要靠的是不按常理出牌。）逃离是他声誉的一部分。

他没有去做的，也部分成就了贡布罗维奇，一个代表着某种态度的名字。如果没有那种态度，也就不会有这个名字。他慢慢才意识到这种特殊的名誉，而且在他意识到日志注定要成为自己的代表作之前，他可能早已完全投入日志写作了。第一次世界大战之前，卡尔萨温娜作为首任火鸟在巴黎震撼亮相的当晚，她一直在和往常一样熬夜补自己的袜子，直到一个朋友告诉她快点停下来。"他拿了很多报纸给我，我生平第一次知道自己是卡尔萨温娜。"（约翰·德拉蒙德，《谈谈佳吉列夫》）从那些追在身后报道他的无聊记者那里，流亡的日志作者知道了自己是贡布罗维奇。他把一生都押在了这个想法上，却又不断重复这个念头，好像他还没有相信。待到那些蠢货达成共识后，他才相信。歌德说，奥维德即使在流放中也依然属于古典世界：他发现自己的痛苦不在自己本身，而在于他和世界之都的距离。贡布罗维奇连痛苦也避免了，因为他相信自己走到哪里，世界之都就在哪里。或者说，反正他看上去避免了痛苦：他的一部分艺术或许依靠的是伪装。

很奇怪，我确信一个无法谈论自己的作家不是一个完整的作家。

维托尔德·贡布罗维奇，《日志》，第一卷，第 69 页

可是，连贡布罗维奇也不会谈论完整的自己。正如贡布罗维奇去世后，埃内斯托·萨瓦托总算没有了顾忌，抱怨说这个没完没了自我曝光的流亡者从不谈论自己的同性性欲。萨瓦托无疑是阿根廷文学画卷中的一景，而贡布罗维奇是唯一经常来看他的可疑访客，这两个男人确实是彼此欣赏的。从贡布罗维奇的《见证》中，我们得知他被萨瓦托的《英雄和墓穴》所打动。可是他们并非天造地设的一对。在令他小有名气的超现实主义战前小说《费尔迪杜凯》中，

贡布罗维奇曾说艺术家的目标是永远不要长大。"对我们来说最重要的，是永恒的不成熟。"（Notre élément, c'est l'éternelle immaturité.）贡布罗维奇毕生都坚持这一观点：他最接近于打破这一看法的时刻，是他宣称只能与年轻人在一起才能减缓衰老，这似乎会是托马斯·曼熟悉的说法。在他的所有观点中，这一点与萨瓦托的看法相差最大。萨瓦托和贡布罗维奇不同，他还没有放弃超现实主义小说。他认为如梦似幻的理想作品可以是成熟之作，而不只是年轻活力的迸发。萨瓦托并不刻意追求年轻，也从不遮掩什么。尽管贡布罗维奇的立场是谈论自己，反对自我审查，但也许他认为要做到这一点必须有所保留。他很青睐拉丁语里的一句话"我在面具中行进"（lavartis prodeo），并指出真正的歌德在浮士德背后。（在他的《见证》中，贡布罗维奇说，"我在面具中行进"——是从拉丁文直译为法文的。）我们面对着一种令人生畏的可能：存在另一个真正的贡布罗维奇，他并不在卷帙浩繁的日志里。或者说，我们也许面对这种可能，如果我们相信隐藏着的那个人才是真正的他的话。但是，要说我们面对的是布宜诺斯艾利斯的康斯坦丁·卡瓦菲斯，可能性并不大。贡布罗维奇似乎只是做了他所说的：把年轻人拢在自己身边，从中汲取新鲜养分。他的遗孀丽塔编过两本配有华丽插图的纪念册（《贡布罗维奇在阿根廷：1939—1963》和《贡布罗维奇在欧洲：1963—1969》），其中精心挑选了贡布罗维奇受到年轻貌美女性追捧的照片。在一个惬意的周末，他在阿根廷某个牧场休闲放松时，身边有三个貌似格蕾丝·凯利的金发美女围着，她们对他的崇拜显而易见，他带有浓重口音的每一个字她们都听得全神贯注。这是故事的主要内容。只不过这不是故事的全部内容。

任何小人物在写作时都能像狮子一样大吼大叫，因为宏大的词藻成本很小，而细腻——比如肖邦的细腻，一直坚持到极致，充满张力，丰富浑厚——则需要努力和个性。

维托尔德·贡布罗维奇，《波兰的纪念品》，第 141 页

当鲁宾斯坦"二战"后在美国录制他那些经典的肖邦唱片时，贡布罗维奇正在阿根廷撰写《日志》的第一卷。波兰的命运注定了它的艺术家无家可归，尤其是如果他们仍在波兰的话。他们让祖国保持活力的最好方法是离开它。在这个意义上，贡布罗维奇与同时代的波兰艺术家是一样的。他们历经种种无力感的洗礼，从中得到了什么很难说：先是毕苏斯基的右翼政权，接着是纳粹，然后是共产主义：这是一个漫长的教育过程，它的启示在于，当一个文明被剥夺了政治生活时会遭遇多少苦难。文明变成了一个梦，它的根基是幸存的有个性的人物，他们被迫活在自己的世界中。对于无能为力者来说，幻想超绝的力量始终是一种诱惑。贡布罗维奇的原创性，在于他一早就清楚地意识到他的无助会是他的主题。在同一本书的其他地方，他向前追溯并定义自己的目标，他要"把软弱转化为力量，把失败转化为价值。如果我还不够真实，还没有和现实充分联结，那正好可以成为我丰富而真实的艺术的来源"。在《杂文集》第二卷中，对于自己的使命他又做出了同样明确的表述："到最后，软弱变成了力量。"在上面引用的那段话中，贡布罗维奇提及他崇拜的肖邦，这表明了他极为严肃的态度。早在十八世纪，肖邦便已成为一名先驱，奠定了后来所有才华横溢的波兰流亡者的历史地位：他总会感到一种压力，要他代表自己的祖国。在巴黎，肖邦为他的艺术而活，他就是他的国家，他可以在私人场所弹琴。而在波兰，他只能在公共场合演奏。作为布宜诺斯艾利斯的波兰人，贡布罗维奇在为他永远的波兰效力，但他并非以公认的方式从事艺术；他甚至

放弃了那么做，而且有意不去想象创造。但是当他把自己的决定写下来时，从他要重返这一主题、挖掘其中的微妙之处的迫切感来看，他似乎已经意识到，拒绝创造本身就是一种新的创造。事实证明的确如此。二十世纪的新闻写作丰富多样，但即便是纪德或者于连·格林也很难像贡布罗维奇那样，让无形的形式产生一种随意却激烈的张力，这一点本也足以让贡布罗维奇声名大噪，如果他的名字不那么……嗯，不那么波兰的话。

H

威廉·黑兹利特
黑格尔
海因里希·海涅
阿道夫·希特勒
丽卡达·胡赫

威廉·黑兹利特
William Hazlitt

威廉·黑兹利特（William Hazlitt，1778—1830）是让散文进入英语文学主流的作家，之所以如此，既归因于他对公共事务的评论，也来自他对诗歌、戏剧和文学史的关注。他为英语国家（包括美国，在那里亨利·亚当斯的创作堪比黑兹利特）提供了一个新的高级新闻传统，这一体裁在二十世纪得到了充分发挥，因为此时散文体的尊严和价值已毋庸置疑。（有些国家则没那么幸运：比如西班牙，当奥尔特加说为报纸或期刊撰写的散文可能也是重要的文体时，他被认为是在有意挑衅，因为西班牙没有这样的文化传统来支持他。）黑兹利特对于真实的或然性的全面把握，与他的自我审视能力有很大关系：就拿他的感情生活而言，简直是一连串的灾难，而对此他直言不讳，至少在一定程度上如此，颇有勇气。他临终前曾说道："嗯，我度过了快乐的一生。"在窘境中还能这么讲，豁达尽显。尽管他在批评攻击时语气会显得尖刻，但他很少有恶意。豁达，这是初次接触他作品的读者最大的印象。建议初读者从他晚期的散文集开始，因为黑兹利特是越写越好的类型，思辨力融入了更多他对自己切身经历的反思。在他过世后出版的两套文集《温特斯洛》(*Winterslow*) 和《速写与随笔》(*Sketches and Essays*) 收录了一些最好的作品，看过它们的读者便再也不会被一个观点所蛊惑，认为只有到了现代乃至后现代，各种创作形式才得到了广泛的关注。

———·———

伯克行文左右开弓好似叉状闪电，羽冠丰满又好似蟒蛇。

威廉·黑兹利特

多么令人震撼的描述啊。我第一次读到时不只感到认同，而且脑海中出现的正是"电掣"(electricity) 这个词，无疑因为"闪电"(lightning) 这个词已经在纸面上。我想不出有羽冠的蛇是什么样子，这也没什么。或许是眼镜蛇，蛇头两侧突出的部分不住颤动；他的意思也可能是，当蛇准备攻击时，脖子弓着就像羽冠一样。似乎是莎士比亚笔下有"羽冠丰满的蟒蛇"的说法，而黑兹利特做了微妙的借鉴；或者莎士比亚曾用过羽翼丰满的仆人[*]，而黑兹利特只记得大致的音节，却忘了具体含义。（"愿你做我羽翼丰满的仆人，背负我的盾牌／作为两种荣誉的象征，我的还有你的。"不妨将它想成是阿尔帕西诺公爵说的，只不过不是在《锡耶纳的好女人》里面。）关键是两幅画面之间的平衡。第一幅中的事物是随机地突如其来的，而第二幅停顿，静止。两幅画面和这句话包含的两种反向运动相吻合，先是朝着逗号腾跃，继而陷入深思。黑兹利特精湛的表述足可媲美

---

[*] 仆人的英文 servant 和蟒蛇的英文 serpent 非常接近。

他所欣赏的伯克。

毫无疑问，对于黑兹利特的赞誉，伯克（1729—1797）当之无愧。伯克生活在黑兹利特之前的一个世纪，作为集政治家、议员、哲学家和文学家于一身的通才，他当然广受推崇，包括黑兹利特这样才华横溢的作家。要不是黑兹利特的褒奖之辞有时会引人怀疑的话，这一点本无须多言。黑兹利特以自由记者的职业为生，从事这一行的人往往不假思索就下笔千言。而黑兹利特却总是力图克制，这点没人比得上他。他对原创设定的标准极高。在关于莎士比亚和弥尔顿的评论中，他对《失乐园》给出了有史以来最好的描述之一："无论撒旦的形象在哪里出现，无论他在行走还是飞翔，'在暮霭沉沉中升浮'，画面始终奇绝而又妥帖；所以撒旦的形象在我们眼前栩栩如生：庞然大物，不同寻常，有所预示，惴惴不安，心烦意乱——但它褪色的辉煌依然耀眼夺目，那是云雾缭绕的神祇的残骸。"问题在于，黑兹利特的评论太精彩了，看得出来比他所引用的任何原文都要好。弥尔顿的原文装点着他的评论。引用诗行可以打发时间，不过出于体面，我们应该假定黑兹利特确实喜欢它们。但他想从弥尔顿那里找到像"云雾缭绕的神祇的残骸"那样引人共鸣的表达着实不易，看上去倒像是他创造出这个表达来让自己对作品产生兴趣。

他笔下的伯克却显得真实可信。他私下没有任何保留：他由衷地欣赏伯克，写作时从容的笔法即是明证。作家能做到这点时——如果他们真的能做到的话——他们便处在最佳的写作状态。总体而言，作家很难对其他作家充满热情，即使那些作家已经安息，不再构成任何竞争关系。只有对自己的才华相当自信，而且秉性大度的作家才能做到。菲利普·罗斯和米兰·昆德拉都很崇拜卡夫卡：两者都显示出真正的气度，因为他们的创作和卡夫卡的作品有很多关联，卡夫卡对他们而言有点竞争对手的味道。仰慕和自己全然不同的作家就要容易多了，就像海明威很欣赏罗纳德·弗班克那样。马丁·艾米斯对索尔·贝娄的赞扬因此尤为珍贵,因为年轻的艾米斯在阅读年长的贝娄的作品时,一再遇到自己想要表达的东西。黑兹利特对伯克的欣赏兼有慷慨和品位,因为伯克公众人物的身份是黑兹利特认为自己所欠缺的。当然,在我们看来,显赫的缺失恰好成就了庄严。但是黑兹利特并没想到自己会从所处的时代脱颖而出——他甚至不是一个诗人,而同时代的其他每一个作家几乎都是。他对伯克的激赏所包含的普遍原则太宽泛了,很难成为典范。拉福格写德·缪塞的文字也是类似情况。他们的赞誉是为读者提供参考,而非为行动提供激励。这些赞誉最大的优点是配得上被称赞的对象,但却缺少细致具体的内容。在那部充满视觉震撼但语言极度贫乏的电影《泰坦尼克号》中,李奥纳多·迪卡普里奥向凯特·温斯莱特描述莫奈"对色彩的使用"时,提供的内容可能并不比拉福格、黑兹利特他们差太多。每一位风格独特的作家都会变换节奏,出人意料,随机应变,这是风格本身的特质。伯克的风格尤其如此。更重要的是——黑兹利特当然不会忘记指出——伯克的风格超越了风格本身。换言之,他不只是一个文体家。可是话说回来,别具一格的作家哪个不是如此呢?

这绝不意味着风格与内容可以彻底分开,但是两者也并非浑然一体,以至于无法分别讨论。阐述性写作在二十世纪的美国大行其道,各种弗兰肯斯坦式实验层出不穷。而英国在萧伯纳的时代之后——也可以说是"在萧伯纳的时代",考虑到他挥洒自如的花言巧语有多么长盛不衰——"叉状闪电"可以潇洒舞动的天空着实有限:连对萧伯纳的所有看法都深恶痛绝的 T. S. 艾略特也承认萧伯纳是位文体大师。(萧伯纳同时代的文人中,唯有弗朗·奥布赖恩对他文风中的陈词滥调给出了让人信服的分析,而奥布赖恩指出这些时,他那位伟大的爱尔兰同胞已经风烛残年。)美国却是来者不拒,只要看看从那个形单影孤、醉心名利的文化记者詹姆斯·吉本斯·赫尼克到 H. L. 门肯和乔治·让·内森上演的双人杂耍之间的跨度何其之大，你就能明白了。赫尼克对现代艺术、欧洲以及欧洲的现代艺术无所不知，他认认真真地把相关联的三者融为一体，可他的风格和约翰·里德的一样，没有太多内在生命可言。《震撼世界的十天》一书中，俄国革命在里德笔下显得乏味不堪，而赫尼克则让艺术的所有现代迸发力看起来沉闷枯燥——做到这点兴许更难。

阅读《美国信使》杂志的两位主编，"咆哮的二十年代"的联合评论员门肯和内森的作品，你会感到突然置身一个不同的世界，其中每个人都试图以风格展现智力的兴奋：新闻写作实则成为创造力喷涌的一部分。内森做得太过火了，以至于如今没人再读他的东西，而门肯在状态最佳时——在他的报道中，在他的回忆录里，还有他关于美国语言热情洋溢的专论中——一如既往地博得了人们的认可，着实让人羡慕。倘若他的《偏见》(*Prejudices*) 一书的赞赏者知道他本人持有的一些偏见的真相——他的反犹主义连阿尔弗雷德·罗森堡也会认可——他们过不了多久就不会读他的东西了，可是好像有守护天使在帮助他，确保他大脑底层的东西不会从私密的日记进入公众的视野。和什么都敢写的小册子作家不同，门肯会有所选择地运用自己无限的创造力，他因此得以成为美国高端新闻业中标杆式的声音。更出奇的是，自始至终，尽管美国期刊倾向于过度编辑，他还是保持住了自己的节奏。

节奏从来不是轻松可得的东西。要取得它，你必须先在头脑中开始改写，而后在纸面上继续改写。一种迷人风格的标志性特征，是把自然的讲话节奏贯穿到复杂的句子当中。在讲话时，戈尔·维达尔总是出了名的机智幽默；也许是事先有所准备，就像本杰明·迪斯雷利和奥斯卡·王尔德一样。演练过的警句本身就是一种书写的文体。金斯利·艾米斯讨厌准备好的警句，可是他自己在谈话中也有类似格言的评论，虽然听上去很自然，却经常带有事先准备过的迹象：

它们像军营中的床铺一样整齐有序，擦亮的工具包放置在笔直硬挺、折角铺叠的毛毯上的规定位置。维达尔会选择适当的地方，确保别人可以无意中清楚地听到他的话，然后对两个精神错乱的百老汇艺人结为连理表达致意："他大脑里的凸块和她大脑里的空洞正好匹配。"*但是他的风格不只在于表达的意旨，还在于句法的平衡。经过一生的打磨，这种娴熟的句子构造最终形成了一种文风，它可以把最复杂的论证表达得好像日常讲话一样。比他年轻的一代有很多人从他那里学到了很多，我只是其中一个——而且是在我们的职业生涯发展到我们认为能学的都已经学到的时候。不过我无意中发现了一点，那就是维达尔的清澈文风也会表达错误的论点，而且和表达正确论点时同样有说服力。维达尔辩才的顶峰时期，正是他开始宣扬是美国激怒日本帝国在太平洋发起战争的个人观点的时候，他为此提供的证据，可以和希特勒提供的波兰在1939年挑衅德国开战的证据相媲美，但是他提供证据的方式却非比一般。维达尔异乎寻常的表现方式对我自己国家的知识分子的世界观可谓影响深远——在我看来，他们本应警惕任何支持或同情日本积重难返的右翼分子的企图——但这个例子的关键，是再没有比它更能凸显表达的内容和表达的方式之间的差别了。这两个方面的确是分裂开来的，只有施展手段才能在表面上弥合两者。黑兹利特在称赞伯克文风的时候，其实赞赏的是一种假象，他自己或许也清楚这一点。不谙内情的代价是惨重的。当我们相信有力的表述足以让论断真实可信的时候，我们已经开始被魔咒催眠，接下来就任由它支配了。

---

* 此处"凸块"（rocks）和"空洞"（holes）的英文原文还可分别暗指两性的性器官。

在地下酒馆品行端正有什么用，或者在精神病院满腹经纶？

威廉·黑兹利特，《论智识优越性的劣势》，出自《席间杂谈》
（*Table Talk*），第 280 页

这一说法重现了托马斯·布朗爵士所谓"灰烬中的辉煌，坟墓中的繁华"的韵律。这里的逗号很说明问题；就像天平的支点一样，接着开始朝一边倾斜，仿佛你的注视有了重量。对前人文风的节奏、速度和语调的呼应并非意外，黑兹利特曾读过并记得布朗的句子，虽然字词未必吻合，但其他方面都很一致。古往今来，这些内在的样板是作家对作家产生影响的最真实的传递渠道，也是学术研究最难捕捉到的内容。在绘画中，形状的呼应更容易被察觉。肯尼思·克拉克曾令人信服地指出，伦勃朗把文艺复兴时期所有令人瞩目的轮廓都化为己有：伦勃朗吸收的是形状，而非图像。真正穿越时空的是方法（means），而非意义（meaning）。

黑格尔
Hegel

即便对于后来那些不认同他唯心主义思想的哲学家来说，格奥尔格·威廉·弗里德里希·黑格尔（Georg Wilhelm Freidrich Hegel, 1770—1831）的哲学也是一个必要的起点，比如，克罗齐受黑格尔的影响就和他受维柯的一样多。围绕着黑格尔身后名声的乌烟瘴气，主要来自那些认同或自以为认同他的人。辩证唯物论模仿了黑格尔的辩证法，后者主要见于他在1812年到1816年间的两卷本《逻辑学》(Wissenschaft der Logik)。同样，他后来将国家视为可完善的创造性思维的产物，对于那些相信德国应该引领世界的人很有吸引力，这一学说遗留的影响长久以来被纳粹之前的民族主义思想家们利用，为根本不动脑子的纳粹分子铺平了道路。（不幸的是，他们朝着命运的梦游实现了黑格尔的预言，他认为只要有合适的人，有一天他们终会有所行动：他只是没有猜到付诸行动的是错误的人。）有关黑格尔的问题之所以复杂，还因为他的文风随着思想的发展变得越来越费解，从而在他众多的支持者和效仿者中形成了一种有害的看法，以为哲学理应晦涩难懂。但我们应该记住，在他早年的学术生涯被1806年拿破仑的胜利打断后，黑格尔做过报刊编辑和中学校长。他并非没有实践经验，而且他的艺术评论也表明他是可以就事论事的。但他的确有一种升华拔高的自然倾向，他建造的那些高耸的思想大厦被二十世纪的思想家（尤其是摩尔和罗素）批评为空中楼阁。如果以为德国哲学都像黑格尔一样深奥难懂，那就应该读一读在他之前的另一位哲学家，格奥尔格·克里斯托夫·利希滕贝格。他在"二战"后再次受到重视，或许可以部分归因于想把德国哲学和具体现实重新关联起来的普遍渴望，是黑格尔的影响造成了两者的分立。

———◆———

密涅瓦的猫头鹰只在黄昏起飞。

黑格尔，引自埃贡·弗里德尔，《现代文化史》，第三卷，第79页

黑格尔的文风可以非常优美，就像上面这句话。在他死后，他的文风以不折不扣的艰深晦涩而闻名；的确，他后来写的很多东西都是这种风格；但若要我们相信他行文的纠结缠绕是合理的，那么最好的理由是他会有上述引文这样含义微妙的想法，并且把它们连贯地写了下来。这句话的主旨是时代精神可以被把握，但只能在那个时代结束之时。这对我们来说相当新颖有趣；部分吸引力可能来自一个中项不周延的三段论；我们想用我们对一个可怕时代的理解，作为这个时代已经结束的证明。我本人就特别希望这本书是密涅瓦的猫头鹰在飞行；也就是说，我也宁愿相信一个恐怖的时代真的终于无可置疑地结束了，所以连我也开始理解它了。这是我的希望，但也只能是希望；自2001年"9·11事件"以来，连希望也开始显

得愚蠢。如今回想起来,"历史的终结"一说颇具吸引力的那段时间着实短暂:它不过是长廊地面的一个鼓包,我们被语言诱惑了三十秒。从近来发生的灾难性事件来看,黑格尔的密涅瓦猫头鹰飞向哪里都有可能。跟随它扇动翅膀的声音,我们也许可以解说一番,当优美的文字突然出现在论证过程中,会发生什么情况。

从哲学家那里摘取的诗行可能会给我们一种错觉,自以为明白了他要说什么,但我们并不是平白无故感觉到那些话富有深意的——它可能既不在我们的掌控之下,也不在他的掌控之下。这句引发强烈共鸣的话让他交了好运,部分运气在于它能通过一种间接途径触动我们。这句意涵丰富的箴言广为流传。我第一次听到康德关于鸽子的说法,是在1963年某期《赖特讲座》广播节目接近尾声的时候,主讲人是埃德加·温德,主题是"艺术和无政府主义"。康德说,有人告诉鸽子空气有阻力,于是鸽子认为它在真空中可以飞得更快。如果我不得不等着康德自己来讲述关于鸽子的故事,可能会等到老眼昏花。好在我很及时地得到了一个类比,正好用来描述那个雄心勃勃的艺术家,他希望不用技巧就可以更自如地表达自己。我甚至已经想象出他的样子:一只笨鸟正和密涅瓦的猫头鹰背道而驰,为自己缓慢的飞行速度而苦恼。

瓦尔特·本雅明,经由汉娜·阿伦特的推介,为日益拥挤的思想摩天大厦提供了另一种飞行范式,类似《银翼杀手》的空中通道。在文集《黑暗时代的人们》(*Men in Dark Times*)中,阿伦特引用了本雅明描述的历史天使,它正往回飞,双手捂住面庞,被眼前不断堆积的废墟景象震惊。也许有人会反对说,本雅明不是哲学家。好吧,但在写历史天使这段话的时候他是的:或者可以说,他是那种只写散文的诗人,那些透彻阐释的瞬间,用"诗"这个词已经无法概括,只能称其为哲学。对于一个想要构建思想体系的哲学家来说,出于专业规范的考虑,他或许会尽量避免模糊的表述,但他可能会发现，正是在那些难以避免这一责难的时刻，他才是最具有说服力的。他有一些诗意大发的时刻，而那些话未必只是随口说说的：它们经常出现在论证的焦点处，是试图在一瞬间表达大量内容的自然结果。同样的情况甚至也发生在克罗齐身上，尽管他喜欢在一整本书的篇幅里有条不紊地展开论证，并保持一贯的清澈文风。他喜欢南极雪域高原般静穆的质感。但是，就像南极雪域高原上布满了香草冰淇淋里的巧克力碎一样的陨石，克罗齐那些悠长平滑的段落也充满了比周围质地更厚重的句子。1966年洪水之后的那年，我在佛罗伦萨的国家图书馆日复一日地读克罗齐，从中挑出并记下成百上千句和黑格尔黄昏中的猫头鹰一样引人注目的句子。如果我必须选一句最喜欢的，那是因为这句话选择了我：这句话关于花的历史，我不太清楚其中的原因，虽然我知道原因一定是深层次的。克罗齐要说的是，所有活着的事物都有自己的历史：历史和生命是同一个过程。他说，即便是各种花也有历史，虽然只有花知道。

我还记得当年靠在椅子上摇晃着头，想要搞明白这个看上去过于清晰的句子。"虽然只有花知道"是那个加速的光点，按响了铃声。散文里的这种"波粒二象性"产生了诗一样的效果。但诗还不止于此。衡量一首诗的伟大程度有个办法，就是找一段类似的散文佳作，看看诗能带来何种新的光彩。比克罗齐早出生近三百年的莎士比亚也写过花：

> 美丽怎能抵抗死亡的狂怒，
> 她本不比一朵花儿更有力？

我在某个报纸采访上看到，这是谢默斯·希尼最喜欢的莎士比亚的诗句。"最喜欢的莎士比亚的诗句"，这是截稿日期逼近的文化记者才感兴趣的概念。我们可以想象一下那个记者问了什么，还有诗人出于礼貌而压抑的绝望呻吟。不过，如果真被逼着选一句描述死亡痛苦的诗，这个选择倒也不错。我们也许以为这句话没有改进的余地了，但是克罗齐更进一步，因为他说过的话中有一句的意思是：并非更无力。短语、句子和诗行之间这种跨越时空的联系看起来很脆弱，但是我再清楚不过，人文主义的集体精神就是由它们组成的。它们给予了人文主义精神连续性和独立性：这是独裁政权一早就想毁灭的两种特征。迟早，而且往往是一早，暴君出于嫉妒会严格控制美的诉求，哪怕它只是出现在哲学家的随口闲谈中。在正常的年代，学术研究的目的是充分发掘随口说说的话中蕴含的深意。在黑暗的时代，其目的则是把含义限制在许可的范围之内，或者把它彻底消除。1939年，德国政府去敲黑格尔书房的门。他不在，但是纳粹甚至有办法让一个死人改口。这有些讽刺，因为黑格尔认为文明已经在有序的普鲁士国家达到了它的目的和顶峰。纳粹国家虽然从他的理想政治秩序中得到了一些启发，却根本不是一回事。1939年，斯图加特市的艾尔弗雷德·克朗出版社推出了便于阅读的单卷本黑格尔选集，内容涉及民族、国家和历史等主题。诗意的暗示被严格排除在外：这本小书是一点不开玩笑的。（克朗出版社的袖珍书一贯如此：它们是后来英国出版的鹈鹕鸟丛书的德国精装版。）黑格尔单卷本的编辑名叫弗里德里希·布劳。我自己那本是1992年在慕尼黑买的，之前曾为明斯特的一位名叫H.林哈特的博士所有。他是1940年5月19日在罗滕堡买下的这本书——那正是希特勒高歌猛进的时候。（五天前，鹿特丹遭闪电式突袭；九天后，比利时国王投降。）第373页有一段华美的乐章，但愿林哈特博士并不觉得它很悦耳。在意识到德国人民已被他们的命运辜负之前的任何时候，这段话都一定很合希特勒的心意。黑格尔讲到，有一种民族注定要统治一个时代。这个民族承担着世界精神在此阶段发展的重任，而其他民族在其中没有任何权利：在世界史中，他们已无关紧要。

就我所知，林哈特博士在战争期间的活动对世界史没有产生什么影响。但愿他的活动都是无害的。希特勒的经历我们却是知道的。用黑格尔的术语来讲，他临死前还在咒骂德国人，说他们没能完成属于自己的发展阶段。但我们需要留意的名字是弗里德里希·布劳。这个名字依然出现在克朗出版社1955年再版的黑格尔《民族·国家·历史》(*Volk. Staat. Geschichte.*)的扉页上。尽管再版书用的仍然是克朗出版社可靠的版式，封皮却有一个显著变化。"民族"一词从书脊上消失了，变成了《法律·国家·历史》(*Recht. Staat. Geschichte.*)。民族被法律悄悄地取代了。但是在书里面，那些关于被历史拣选的民族承担着世界精神发展的段落没有任何变化。没有任何脚注警告其中包含毒素，更不用说这些毒素本就不应该存在。虽然我认为西德政府禁止《我的奋斗》是正确的，即便为此付出了某种代价，导致这本书被新纳粹分子大肆违禁传播，但总体而言，民主新政体下的教育当局没有再次篡改现有文本是明智之举。纳粹曾经那么做过，通常是列为禁书，如果他们没有焚书的话；但这种做法并不奏效。黑格尔的一些想法具有致命的倾向，但在这种倾向显明之前，时代本身已经要置人于死地了；在此之前，那些观点不过是看起来荒唐而已。1940年，林哈特博士在批注中反驳了在他看来过于潦草的编辑解读（大错特错！），但那是因为纳粹完全扭曲了国家和法律，以至于林哈特博士这样的普通人也相信，他和黑格尔一样是"世界-历史"民族的一员。黑格尔颂扬的畅通无阻、势不可挡的力量一度短暂地具有现实意义，但它从来就不是正确的。他把密涅瓦的猫头鹰放飞得太早了。倘若他一直活下来的话，他那诗意的洞察力终会让他明白自己的政治理论错在哪里。伟大的作家让我们能够用他们的长处去衡量他们的不足；但后者会永远在那里，它们往真空中注入气体，鸽子在其中飞翔，梦想着自由。

海因里希·海涅
Heinrich Heine

海因里希·海涅（Heinrich Heine，1797—1856）是德国最伟大的作家之一，但他创作生涯的成熟期，只有前三分之一是在德国度过的。1831年他流亡巴黎，一去不返，那时他早已凭借诗作和散文成名了。1825年他曾自愿受洗成为基督徒，当时一个犹太人要想获得德国国籍就只能这样做；他因此招致了一些犹太同胞的嘲笑；但他不失为明智地远走他乡，主要是因为他倾向于革命的政治主张。在巴黎他继续写他的游记，是让这一体裁成为严肃文学形式的先驱，此外他还撰写了一系列杂文，建议将法国和德国的思想成就更紧密地结合起来。无论关于什么主题，他的文风总是很清澈，丰富博大的思想从来不会枯燥乏味：每一页都有和当下相关的内容。作为一个具有世界眼光的民主主义者，他最终招致了更具煽动性的革命者的反感，很可能会在决斗中早早死去。但事实上，他不得不忍受脊髓麻痹的长期痛苦，在生命的最后七年卧病在床。然而在此期间，他撰写并出版了大量作品和选集，事后看来，它们堪称浪漫主义时期的巅峰之作。他作为流亡者的身份，还有他准确的预言——焚烧书籍的人终有一天会焚烧人民——都让他在政治上超前于时代一百年。尼采认为他在德国诗人当中仅次于歌德。从他描写奴隶船的诗歌开始接触他的初学者很快会意识到，他是勇敢的自由主义智慧和华美的抒情天分结合的产物。这两个特点同样明显地体现在他的散文中，使其成为我们如今认可的那种文学性新闻写作最早和最好的榜样。

> **我感到自豪的是，我从没粗鲁地对待过这个地球上的任何人，包括许多让人难以忍受的恶棍，他们向你讲述他们的痛苦，甚至朗诵他们的诗歌。**
>
> 海因里希·海涅，《从慕尼黑到热那亚的旅行》（ Reise von München nach Genua ），第一章，第 193 页

这个笑话听起来仍然很真实。听一个人朗诵他的诗歌甚至比听他讲述他的痛苦还要糟糕。所以一百五十多年过去了，海涅调门渐强的讽刺依然很有趣。但总的来说这句话的意义已经被时间埋没。选择不粗鲁待人的可能性早就消失了。当叶芝说"我总是在鼓励别人，总是如此"的时候，它已经开始消失了。几年后，叶芝在广播节目中名声大噪，他之前已经收到了很多主动寄来的手稿，现在更是堆积如山，无法再保持礼貌了。即使当一个文学人物尽可能避开大众传媒的包围，大众传媒最终仍然会确保这一点：光鲜的典范和殷勤的学徒之间不可能存在自然的情感纽带。比如说，普通信件和粉丝来信就是不相干的两样东西。在名人文化出现之前，大作家也

会收到很多来信，但或多或少都与他的作品相关，即使信中讨论的主题是来信者本人写的东西。此后，在当今这个我们都生活其中的名人时代，粉丝信件只与收信人的名声有关，而与他的成就毫无关系。如果有的话，那它就不是真正的粉丝信：它只是埋在一堆粉丝信里的普通来信。现实决定了它会被埋得很深。

葛丽泰·嘉宝的独创性比人们通常称赞的要多得多，她是最早明白这一切的国际名流之一。琼·克劳馥会回复她收到的每一封粉丝信：她误以为它们是普通来信，只不过数量太多了而已。在嘉宝的整个好莱坞生涯中，她从未回复过一封粉丝信。她吩咐人在那些信到她手里之前就销毁。少数送到她手里的信也全部付之一炬。她这么做的假设自有其道理：那些信被寄出时，它们的使命就已经完成了。她也表现出敏锐的洞察力，认为这种信根本没法恰当地回复。寄来粉丝信的人会把任何形式的个人回复当作一种关系的开始。在她一生中，没有给任何人哪怕可以维持一丁点那种可能性的回复。所以，杜绝憧憬是对待粉丝信的唯一方法。作为世界上最著名的女人，只有嘉宝明白，以礼待人的唯一方式是置身于那个被极度放大的异常现象之外。

有人或许会质疑说，海因里希·海涅不是葛丽泰·嘉宝。但实际上他是的。他的知名度与拜伦和维克多·雨果在一个级别。如果有一位与他当时的文学声誉旗鼓相当的二十世纪的人物——你只能想象一个像杰弗里·阿切尔那样有名的菲利普·拉金——他会被淹没在信件当中，而那些信无非就是冲着他的名气写的。不过以当时的情况来看，对他的关注虽已不少，但仍然让他认为自己还有选择的机会。可回想起来，他选择不去粗鲁待人也真是非同一般。他生性一定格外亲切友善。也可能是特别容易上当。如今，无论多不起眼的文人都会收到纷至沓来的信件，这至少显示了文学志向的普遍化和多样性，虽然这谈不上是什么好事。显然是疯子写来的信和明显是正常人写来的信有一个令人不安的相似之处，它来自一种可怕的疑虑，那就是看起来正常的人未必真的正常。更别提那些通常随信附上的东西了——许多手写或打出来的密密麻麻的稿纸，大量剪下来的插页，诉讼证据般逐条呈列的令人头疼的文件——变态者渴望的东西或许也是心智健全的人想要的。他们想要你读一份原稿，通常篇幅巨大，但他们希望你读完。他们中有一些人近乎疯狂，还想让你帮忙写完下一稿。有一小部分人，虽然也有点疯，但也许还没到不可逆转的地步，他们会大方地提议，在你帮忙安排出版之后，扉页上可以加上你的名字。还有极少数人头脑发热，坚持在扉页署上你们俩的名字，偶尔还会有一种人——最高级别的疯子，无与伦比的糊涂虫——认为你的下一本书应该署他的名。所有这些五花八门的建议有一种普遍的假设做支撑，那就是目前出版业的机制不利于单打独斗的天才。出版商们早已偷偷把新人排斥在外。

偶尔有一些表达了上述假设的信件还算正常，如果有时间的话，作家还是可以回复一下，告诉他们真相。事实是显而易见的，对于精神没有失常的人根本用不着特别指出来，但来信者总有可能一时失去了判断力，只因为他认识你，而且知道你是个作家——你自己也可能只是因为认识某个人，而且知道他是个医生，就一时失去了自己的判断力。想一想，你有没有对一个刚刚认识，而且对方只觉得之前在社交场合跟你喝过几杯的人描述过病情呢？为什么那些已经在你的生活中好多年的人——有时是非常牢靠的好友——也会产生一种不幸的创作冲动（一种突如其来的疾病，约翰逊博士曾仿效尤维纳利斯的说法，称之为"写作躁狂症"），忘了日常生活的礼节？无论如何，不管出于什么原因，在事先没有任何预警的情况下，一个你自以为很了解的人突然告诉你，他需要你的帮助，让他的手稿越过出版商为了阻拦创作者而设置的屏障。他要的东西很明确，最起码可以帮忙向你的经纪人——如果不是你的出版商的话——推荐

Heinrich Heine

一下。你怎么说？

你实话实说：不存在那样的屏障。出版商的工作就是出版销路看好的稿件，而且会花钱聘请审读员，以确保它们不会埋没在成堆滞销的稿件里。（只要看一下出版社办公室里积压的大量来稿，任何不带偏见的旁观者就会相信那句老话：普通的小说是出版不了的。）推荐从来都不管用：出版商们心里再清楚不过，推荐人可能是被迫的，更何况作者本人的作品畅销，并不能证明他可以判断别人的作品是否会畅销。你可能真心欣赏一个朋友，可真心也不行：一位优秀的出版人有时愿意为他看好的作家赔钱，但不是为你看好的作家。即便只是澄清这些简单的观点，你都需要写至少一页纸的内容，这样浪费时间会让你失去耐心，所以你应该记住，是你的朋友，而不是你，在考验你们的友谊。要怪就怪他，而不是你自己。想不粗暴无礼越来越难了，不是吗？总的来说，如果他附上手稿，事情会容易些，因为它可怕的庞大体积可以帮你给他归类，看他属于脑子不正常的哪一种范畴。

对于关系密切的朋友，打电话可能是解决问题最好的方法。不要有顾虑，尽可以明说你没时间写信。你真的没时间：你是作家，把时间花在写没有资金回报的东西上面比浪费时间更糟糕——除非你是出于乐趣而写，不过现在几乎可以肯定你不是的。对于其他人，程式化的信函也许是最好的办法。信里一定要说你收到成百上千封这样的请求。这不算夸大其词：哪怕是最坚决要远离尘嚣的诗人，一生中应该也会收到几十部未曾发表的小说和自传，这些稿子完全可以送去冰屋、沙漠中的窝棚、海滩上的小屋。告诉他们出版商不接受推荐，他们雇有专业审读员；再补充说明作家经纪人几乎也从不接受推荐。这样就能提前杜绝一种普遍存在的暗示，即只要推荐给你的经纪人，就会帮他扫清成功路上的障碍。如果那份遭受了不公和冷落的稿件没有和第一封信一起出现的话，几乎可以肯定它会和下一封一起出现，为了避免那种可怕的结果，你在第一封回信中就应该晓以利害，声明专业律师建议你不要读别人主动寄来的手稿。如果严格来说这并非事实，那它也应该是事实；因为如果你去咨询律师，这就是你会得到的建议。任何一个自恋到把自己的手稿交给你的人，如果认为你未来的作品是基于他的想法，那么他何止是更加自恋，他还会起诉你。好莱坞就像一个研究室，在处理著作权的每一个法律环节都积累了整整一个世纪的经验，在那里，任何书面材料，不管什么形式或长度，经手时间都要少于五分钟，除非与它相关的法律权利是无可争议的。这种谨慎没什么不正常。这是合乎逻辑的结果，因为每个人——包括你非常理智的朋友——都真的以为他刚刚写下的想法是独一无二的。

从海涅对自己彬彬有礼感到自豪这一致命态度来看，他似乎不太可能应付现代社会那些死缠烂打讨要签名的人。在他那个年代，崇拜者的活动受制于交通，以及被拒绝后穷追不舍的技术的局限性。如今，索要签名的疯子可以在短时间内旅行数百英里，在你动身之前的最新落脚点赶上你，而且还可以通过多种渠道转发他的请求。他甚至不需要面对你就可以把你纠缠得心烦意乱。一个现代的海涅必须脑子机灵些，不把自己的地址登在《名人录》(Who's Who)中，也不要刊登经纪人的地址。（任何需要把经纪人的名字登在《名人录》的人，当初能登上《名人录》就是纯粹靠运气。）但是他的出版商——除非收到指示不要这么做——总会转发那些索要签名的请求，甚至从道义上还有义务这么做，如果信封上注明"私人信件：请转发"的话。那种直截了当地要给自己举世无双的签名册攒签名的来信，可以扔进垃圾桶且不必感到愧疚，如果来信没有附上回邮信封的话。如果有回邮信封，那可能也会有一通让人心碎的描述，说通信人得了迅速恶化的绝症，时日无多，已经没力气做其他任何事情，只能（他忘了说后面的部分）疯狂写信给地球上所有小有名气的人索要签名。和自己的良心苦苦挣扎并输掉之后，海涅估计会送上自己的签名。和我的良心苦苦挣扎并获胜之后，我通常会把来信扔进垃圾桶，并把邮票留下，这可能也是为什么近来我没写过任何像《奴隶船》（"Das Sklavenschiff"）那样充满人性柔情的东西。所有书贩的来信，包括回邮信封，都应该立即烧掉，就当它们感染了病菌。鉴别书贩有一个线索，那些要你在首日封上签名的一定是。永远不要相信他们是集邮爱好者。再说，集邮爱好者神志就正常吗？

当面碰到索要签名的人就比较麻烦了，没有什么简单的解决办法，只能等到你不出名为止，到那时，没有他们纠缠或许也会减轻一些失去名望的苦楚。在加里·格兰特的国际知名度已远不及当年的时候，他遇到要签名的人还是会说："去找艾尔维斯·普雷斯利吧。"即使在当年，他那么做也是够勇敢的，而如今唐突地拒绝签名要求更是冒失的行为，因为你根本不知道有多少被你拒绝的人是杀人狂——可以肯定的是，这样的人比原来多得多。被攻击性很强的莽汉纠缠时，打断他往往不失为一种明智的做法，但是如果他带着孩子的话，一定不要那么做。虽然他可能会要你在所有东西，包括在孩子身上签名，但是当着自己孩子的面受辱的人肯定会记仇，所以你应该尽量遵循一条原则：除非有意，绝不树敌。定期守在后台入口、"藤校"餐厅门口，或者名人可能出没的任何其他门口的那些人中，坐轮椅的残疾人士应该得到你的签名，不管有没有价值。（麦当娜的签名可能值不少钱，但你的应该就只是签名而已。）其他人只是脑子有点问题，如果你花时间站在雨中在他们的书上签名的话，你自己的脑子也好不到哪里去。

当有人要海涅在他自己的书上签名时，他的处境要安全很多。如果有人拿着一本翻烂的书向作者讨要签名，好像环衬或扉页上有了签名后，书的地位就好比罗塞塔石碑或阿喀琉斯的神盾一样，作者一定会觉得很难拒绝。但是海涅仍然需要保持清醒的头脑。在新书签售会上，尤其是在朗诵之后，会有一些人拿着他写过的每一本书排队等签名。大多数是真正的崇拜者，但也有一些是书贩，而且往往很难加以区分。无论如何，他们都应该站到队伍的末尾才对，这样真正买下你的书的那些人就不用等得太久。当抱着满满一大摞书的那个人终于排到跟前的时候，问题已经不再是要不要给他签名，而是如何签名。为了安全起见，作者应该在名字后面署上当天的日期。哈罗德·品特有一次问一个拿着他某部早期剧作第一版索要签名的人，"我猜如果我不署上日期的话"（停顿）"别人会以为我是在当时签的名"（停顿）"那样的话书会更有价值"（停顿）"不是吗？"那个人没法不同意，于是品特写下了当天的日期。海涅也许不介意帮助书贩赚钱，但大多数作者介意：他们记得太清楚了，他们的版税收益微乎其微，所以不甘心看到陌生人从一本书上捞油水。

有些作者坚决抵制在任何东西上签名，赠书除外。而当一个成名的作者发现他的签名让那些书身价大增时，他可能连这种签名也不肯了，只会在书中夹一张卡片。（其实这是最好的方法，因为受赠人如果想把书卖出去的话，你们俩都不会因此而尴尬。）我认识的另一位著名剧作家曾经在洛杉矶著名导演迈克·尼科尔斯家中白吃白住，他想送给招待他的主人全套安东尼·鲍威尔的小说《与时代合拍的舞蹈》(*A Dance to the Music of Time*) 作为报答，尼科尔斯非常喜欢这套书，要是他能得到一整套每本都有作者签名的初版书的话，想必还会更加赞赏。这位著名剧作家费尽周折弄到一套初版书，但鲍威尔不肯签名。他知道找他签名的是谁，也知道要送给谁，可他的笔就放在他的口袋里不肯拿出来。这是他的原则他绝不动摇，尽管确定由这位著名剧作家、迈克·尼科尔斯和鲍威尔本人经手过的全套初版《与时代合拍的舞蹈》完全可以被博物馆收藏。但也许这正是鲍威尔所担心的：成为博物馆的一个藏品。因为自己的名气而被人找寻有点让人不安；就像被裹得严严实实的木乃伊，你会感觉被裹在文献记录里：透不过气来。我很理解为什么有些作家试图彻底摆脱公众生活。倘若海涅活在今天的话，他也许会学 J. D. 塞林格隐居起来，尽管他与生俱来的荒诞意识——到如今依然熠熠发光——可能会提前告诉他，独处并不能保证不被打扰。

但其实没有规则，只有经验之谈，要想平静的生活不被打扰，也许更好的做法是老老实实在所有摆到你面前的东西上签名，包括裸露的皮肤，而且在浪费力气签字的时候，不妨尽可能想些有意义的事。毕竟，当初你想要的就是出名。连海涅也是。他只是不想付出做个好诗人的代价：听人朗诵坏诗。但是如果他建立了可靠的预警系统，确保那些笨人始终无法接近他的话，他就不会那么有人情味，不会是那么了不起的诗人了。所以最终一切都得到了解决。通常如此。只要你没有真的被干掉，你怎么对待自己的名声都没什么好指摘的。在阿德莱德举行的澳大利亚国际汽车大奖赛上，我见过乔治·哈里森用无厘头的解释把追着签名的粉丝支开："今天是星期四。"我觉得这个回答非常棒：足以让正常人觉得有趣和满足，也足以让害死约翰·列侬的那种心理变态接受。乔治·哈里森做到了一个红得发紫的名人要保持神志正常所能做到的一切。可那个闯进他家里，差点把他刺死的人脑子从没正常过。

如果海涅还活在我们当中的话，他会有一些新的话题可写，听听他的结论也一定很有启发。我自己的猜测是，他仍然会和当初一样觉得必须以礼待人，此外别无选择，但他也不得不承认，有一些让人无法忍受的恶棍，如今配备着比精心排练的委屈和不讲格律的打油诗更可怕的武器。承认这一点很快会带他进入真正的话题：发生在女性名人身上的事。海涅心很软，而任何有一颗那样温柔心灵的男人都知道，在现代社会中名气真正的、永恒的问题，是它把女性名人彻底带回了原始丛林。有一些男性名人或许会遇到某个跟踪狂，但没有哪个女性名人不曾遭遇过至少一个跟踪狂，非常有名的女明星甚至会有一群那样的狂热分子。你很少听到女性名人申请禁止接触令的唯一原因，是她们在竭力避免吸引更多的模仿者。跟踪主要是男性的专利，因为对男人来说爱情首先是一场审美活动。尽管跟踪狂的心思和抒情诗人有很大差距，但也并非遥不可及。跟踪狂是杀人犯——毫无例外——他们的杀手本能被美触发。嘉宝猜到这一事实是出于另一种本能，生存本能：从那俏美翕动的鼻翼，她能感觉到一个男人正准备夺走她的安宁，如果有机会的话也会轻易夺去她的生命。海涅的礼貌取决于善待陌生人这一观念。这是一种文明的想法，但并不总是正确的，因为生活并不总是文明的。它有过不文明的时代，那时粗鲁地对待陌生人是保持安全的唯一方式。名人文化的真正可怕之处在于，它把我们带回了遥远的过去。

阿道夫·希特勒
Adolf Hitler

阿道夫·希特勒（Adolf Hitler, 1889—1945）应该不需要介绍了。然而统计数据显示，如今在西方民主国家的教育体制下成长起来的年轻人，很大一部分要么不知道他是谁，要么对他的所作所为只有模糊的认识。由此也暴露出自由民主的一个缺陷：它的众多自由当中也包括遗忘的自由，忘记是什么曾经威胁过它的存在。倘若没有受到阻挠，希特勒定会致力于消除他所能触及的所有自由言论的痕迹。令人尴尬的问题是，他的这种倾向是否证明了他对人文领域不可能有真正的兴趣。令人尴尬的回答是，并非如此。尽管大家都想当他是文盲，但他完全可以做到凭记忆引述叔本华的话。希特勒酷爱音乐，以至于有些人认为，他对瓦格纳的欣赏足以成为把这位作曲家从音乐史上抹除的理由。希特勒本可以成为一个画家，而他也从未丧失对美术的兴趣。他设想在自己的家乡林茨办一所美术馆，这是他对取得必然胜利后的纳粹欧洲所怀有的最心心念念的梦想之一。并不能仅仅因为他认为门采尔是德国最好的画家，就贬低门采尔的艺术地位。希特勒尤其被建筑艺术所打动，这把我们带到了问题的核心；因为他不仅为之心动，而且为之疯狂。在他所有看似文明的爱好中，他没有任何分寸感。他的兴趣缺乏人性的因素，所以永远成不了真正的人文主义。不过，尽管他和文明传统的关系充其量只是拙劣的模仿，而且自始至终带着一种神经质，但毕竟仍然存在一种联系：就这一点而言，他在斯大林之上，因此也应该受到学者更为谨慎的对待，因为他的危害性要大得多。在他那些有教养的受害者中，很多人用自己渊博的知识来否认希特勒有他的思想世界。伟大的罗伯特·穆齐尔最后撰写的一些警句致力于总结希特勒的毒害本质。那些精雕细琢的句子对希特勒毫无影响。欧洲最优秀的头脑竭力要证明他们不共戴天的敌人根本没有脑子。可不管他们说什么都是徒劳。希特勒只能被武力打败：也就是说，要依照他的方式。批判他的书填满一座又一座图书馆，也比不上一发俄国炮弹的威力。我们要记住这个丑陋的事实，尤其当我们发现自己在助长一种自欺欺人的假象，以为只要所有关于信仰的争执能被消除，政治就会回归到自然秩序。确实有那么一种自然秩序，只不过它并不是良性的。

关于希特勒的书数不胜数，但是六十多年过去了，最值得一读的仍然是艾伦·布洛克的《希特勒：暴政研究》（*Hitler: A Study in Tyranny*）。熟悉书中叙述的那些事件，应被视为现代政治研究，乃至整个文化艺术史研究的重要的先决条件，因为书中那个具有可怕天赋的主人公最先证明了一点：足够集中的暴力可以抵消任何数量的文化，无论那种文化散布得多么广泛。要认真对待人文文化就必须得承认，"二战"前众多受过良好教育的人士所青睐的和平主义，几乎让单单一个人（而且并非简单的俗鄙之人）毁灭了整个人类文明。

历史的教训不符合我们的愿望：如果符合，那就不是教训了，而历史也会成为一个童话。

你拥有我所缺少的一切。你正在为德国复兴锻造精神工具。我只不过是一张鼓和一个司仪而已。让我们携手合作吧！

阿道夫·希特勒，1922年春于六月俱乐部，引自让-皮埃尔·费伊
《极权主义的语言》(*Langages totalitaires*)，第30页

六月俱乐部（这个名字有挑衅《凡尔赛和约》的意味）体面地坐落在柏林的莫茨街，在蒂尔加藤公园南边，这个清谈俱乐部的成员都是二十来岁的右翼知识分子，热衷于革命保守主义。革命保守主义这个有意自相矛盾的概念有多种表现形式，几乎和它的鼓吹者一样多，他们发现，充满辩证论调的争吵很容易冒充成打造新秩序的动静。希特勒来访的那天下午，俱乐部的一百五十名会员当中有三十人在场。他们原以为他来这里是要听他们的见解，却发现他根本没打算听任何人讲话，只是想讲给他们听。他们的学术资历根本不算数。其中最资深的要数阿瑟·默勒·范登布鲁克（Arthur Moeller van den Bruck），"一战"之前默勒翻译过波德莱尔、巴尔贝·多尔维利、笛福、德·昆西，以及埃德加·爱伦·坡的全部诗歌。他写过关于尼采、斯特凡·格奥尔格、霍夫曼斯塔尔、毕希纳、斯特林堡和韦德金德的论文。他还跟德米特里·梅列日科夫斯基以及其他人一起编撰了第一部陀思妥耶夫斯基的德文版全集，1905年在慕尼黑出版。他对巴黎很了解，在伦敦、西西里、威尼斯，波罗的海国家，还有芬兰、俄国、丹麦和瑞典待过。就学识修养而言，他可以和恩斯特·荣格相提并论，后者是德国最有才华的现代散文家之一，而且同样信奉革命保守主义。作为一种回归未来的运动，革命保守主义需

要依靠体现既定价值的鼓吹者才能发挥威力。默勒代表了学识，而荣格代表着钢铁暴风雨般的军国主义。他们对提倡保守主义革命的理由各有详细的阐述，其中的细微之处也都有论及。也许是因为六月俱乐部的这次聚会，默勒第一个认识到希特勒对所有这些丝毫不感兴趣。

默勒的革命保守主义是要维护德意志民族最初的核心骨架免受混血的腐蚀风化。名义上，他担心的血脉污染源是德国以南的拉丁血统。（在同时期的法国，后来成为大法奸的德里厄·拉罗谢尔也对来自南边的血统耿耿于怀；他认为连法国南部的血统都不安全。）默勒的一些同事认为希特勒在巴伐利亚待太久了，很可能沾染了南部可怕的不纯血统。然而，几乎明摆着犹太血统才是真正的问题所在。如果有人仍然在寻找野蛮凶狠的纳粹运动和那些被遗忘已久、冠冕堂皇的民族主义团体之间的关联的话，反犹主义就是答案。同样在1922年，一些暗杀者认为有充分的理由杀死魏玛德国最有创见的政治家沃尔瑟·拉特瑙，而荣格曾对其中一个暗杀者恩斯特·冯·萨洛蒙说过，"为什么你没有勇气承认，拉特瑙被杀只因为他是犹太人？"

我们该对荣格的魂灵说点什么，这仍然是个问题。"二战"期间，当他终于愿意弄清楚纳粹对东边犹太人的所作所为时，他的绝望不出所料。可是在整个二十年代，他好像从没注意到各种民族主义团体——甚至包括恩斯特·尼基施领导的民族布尔什维克派——几乎总是有一个共同点，那就是反犹主义。当然，这并不是说如果荣格和其他知识分子有完全的自主权，会有什么重大影响。他们想要的并不是大规模谋杀：只是对传统文化遗产的净化和保护，尤其是自由主义的诅咒已经导致这一文化遗产不可逆转的衰落。和来自相反阵营但有着相同偏见的尼基施一样，默勒认为十九世纪普鲁士保守主义理论家尤里乌斯·斯塔尔还不够保守。斯塔尔受洗为路德教徒，可他是犹太人。默勒的反对是出于种族原因，尽管他不愿意被称为纯粹的种族主义者。默勒有更宏大的想法，最突出的一点是：自由主义是真正的敌人。多人合写的《新前线》(Die neue Front) 可以说是六月俱乐部的集体誓约，其中有一篇是默勒写的，标题是"自由主义让人民走向灭亡"，后来收录在他即将出版的一本书里。那本书于1923年出版，书名在他死后反响越来越大：《第三帝国》(The Third Reich)。

在写这本书的时候，我跟前就放着一本《第三帝国》。这本难看的简装书于1931年面世，由位于汉堡的纳粹机构汉萨出版社出版。我手头这本之前是一个署名"威·蒙哥马利·瓦特"的人1934年在耶拿买下的。估计他是苏格兰人，因为我是在爱丁堡一家二手书店最里面布满灰尘的书堆中发现这本书的。威·蒙哥马利·瓦特赞同还是反对书中的观点很难说，不过他真的很喜欢画线。你很快会发现，他不断在同一个观点下面画线。那是默勒忍不住要强调的一个观点：不管名义上在讨论什么话题，他总是会回到这一观点上来，那就是德国从未输掉一次大战，除了在政治意义上。在军事上，德国是胜利的，现在需要的就是一场让现实和事实重新接轨的革命。默勒从没想过，他说德国从未输掉战争，除了在政治意义上，就好比是说一只被汽车碾过的猫从未死去，除了在肉体意义上。当时和后来成千上万的纳粹党员也没想过，但默勒毕竟是知识分子。荣格也是，他的书《工人》(Der Arbeiter) 也是由汉萨出版社出的，在书的宣传介绍中有这么一句耐人寻味的话："荣格认为，中产阶级个人主义、对个性的推崇以及自我膨胀全都属于十九世纪，而随着原本互不相干的人们转化为一个整体，这些东西现在正明显地从我们眼前消失。"（这里给那些对文化变迁感兴趣的年轻人提个醒：买旧书要尽量保留封皮。没有什么比上面的吹捧和好评更能说明一个时代的气氛了。）所有这些精心阐述的论断全都白费了，因为纳粹体制中没人有时间读它们，希特勒当然一句话也没读过。可是值得思考的不是这些论断有什么影响,而是它们从何而来。它们的源头也给了暴徒行动的机会,而那些暴徒又把它们当作理据:社会秩序的混乱错位和道德败坏。在这方面,也只有在这方面,像默勒和荣格这样出众的头脑才是对的。他们就像格劳乔·马克斯,对每一个也许会接受他为会员的俱乐部都嗤之以鼻:一个引发他们写出那些东西的社会没有未来。

六月俱乐部的聚会结束时,在希特勒步行穿过蒂尔加藤公园到一个昔日老友那里借宿之前,默勒礼貌地向他免费赠阅俱乐部的月刊杂志《良心》(Gewissen),但后来有人听他说起希特勒什么也不明白。如果希特勒不让别人发言,只是自己一个劲地在讲——这种情况是很有可能的——那么很难想象有什么东西好弄明白的。不过最终,默勒明白了希特勒,而且是以唯一有意义的方式。翌年,慕尼黑政变失败了,但它引发的骚动足以让默勒意识到,小范围发行的杂志中精雕细琢的文字和街头赤裸裸的个人魅力之间是有区别的。默勒突然记起希特勒短小的告别演说。在场边有气无力地叫喊的默勒,做出文化人向活动家臣服的经典之举。"敲鼓吧,人性之鼓!"

默勒曾接受过短暂的精神治疗,但并不成功,他在1925年自杀身亡,所以他用不着亲眼目睹自己精妙理论的下场。下场就是毫无影响。它们始终无足轻重。重要的是他视为理所当然的东西:反犹主义,以及他对魏玛共和国唯一命运的深信不疑:毁灭。后面这样东西后来被证明了是决定性的,而且正是像他那样的人不断地颠覆才促成了它的实现。默勒死后,六月俱乐部被绅士俱乐部取代,其乡绅保守氛围为弗朗茨·冯·巴本提供了一个支持团体,而他也继而认为找到了一个合适的恶棍,可以为重振传统的支配地位扫清障碍。希特勒就是这个合适的恶棍,他如果只靠自己根本不可能得手。只靠他自己的党也不行。他需要一种舆论氛围——认为魏玛是一个需要解决的问题。一旦解决了这个问题,他就可以自由地回答他所理解的"犹太人问题"——知识分子已经花了不少笔墨折腾这个问题。

只有疯子想过这个问题需要用武力解决。可是理智的人们为疯子梦寐以求的复仇者打开了大门。默勒没活着看到这样的结果也是幸运。

当知识分子为着一个高尚的梦想而密谋破坏庸俗的民主时,谴责他们没能预见到可怕的后果似乎不太公平。而默勒虽然出类拔萃,却也是众多知识分子中的一员。可是这样的知识分子太多了:这才是重点。太多的博学之士共同为一个鄙视他们的无耻暴徒铺平了道路,他们甚至还因为他是一个暴徒而欣赏他:因为他不像他们那样瞻前顾后,他敲响了人性之鼓。在革命保守主义知识分子当中,恩斯特·荣格是真正的悲剧人物。不像默勒,荣格要活着遭罪。他看到了光明,可为时已晚。在他的笔记中,他逐渐淡化了他所呼吁的保守革命,其领导者是那些被第一次世界大战的经历"改变了生命"的人。1943 年,他在巴黎得知关于灭绝营的消息,并最终意识到自从他参与削弱的魏玛共和国崩溃以来,他一直在躲避一个结论:被第一次世界大战的经历改变了生命的那些人,也包括阿道夫·希特勒。结果荣格最看重的品格成了他和他最鄙视的人唯一共有的特征。*

---

* 这是写于 2012 年的注脚:那本书的神秘主人"威·蒙哥马利·瓦特"几乎可以确定就是威廉·蒙哥马利·瓦特,爱丁堡大学阿拉伯和伊斯兰研究荣休教授。他于 1934 年夏季学期在耶拿学习哲学,后来一直在爱丁堡任教,直到 1979 年退休。他于 2006 年去世,享年九十七岁。我写这本书的时候对他一无所知可以归结为我自己的愚昧,但我宁肯怪罪于我在这个国家接受教育的地方。——原注

丽卡达·胡赫
Ricarda Huch

丽卡达·胡赫（Ricarda Huch，1864—1947），现代德国人文主义的第一夫人，常被认为是连接斯塔尔夫人和杰梅茵·格里尔的桥梁式人物。这位诗人和小说家，更重要的还是文化史学家，最初是富有个性的女性麻烦制造者的典型，是上流阶层知识女性作为不屈不挠的牛虻的代表。这个让很多男人——包括她的多位丈夫——心碎的女人，曾在苏黎世大学攻读历史、哲学和语文学，也是这所学校第一批女毕业生中的一个，毕业后开始致力于扭转两性地位。（在她的祖国德国，当时的大学仍然不招女生。）她的浪漫主义研究著作仍是她最重要的作品。她的历史小说《三十年战争》(*Der Dreißigjährige Krieg*)充分展现了她超凡的本领，在她的笔下，无权无势的人似乎有着权贵般的重要性。她自己在1933年也卷入了历史，当时她公开拒绝了纳粹的讨好，而他们很想利用她的社会威望。她曾是首位入选普鲁士艺术学院的女性，她辞去这一职位后，在耶拿陷入了在祖国内的流亡生活。她毕生反抗资本主义社会的阶级结构，而战后她留在了东德，生前最后几年只是挂着虚名：去世的那一年，她担任位于柏林的"第一届德国作家大会"名誉主席。如果她活下来看到政权变得如此僵化，也许还会再写一本她未来的主人们不会喜欢的书。可她已是个老妇人，而且她对历史的研究给了她一切，唯独没有洞悉未来的远见。

———•———

> 他们没被给予拯救德国的权利；只能为它而死；运气不在他们这边，而在希特勒那里。但是他们没有白白死掉。正好像我们呼吸需要空气，视觉需要光明一样，我们要活下去也需要高尚的人们。

丽卡达·胡赫，《自由的殉道者》，1946年3月／4月，引自《写给朋友的信》(*Briefe an die Freunde*)，第449页

我们在讨论写下这些话的那个老妇人之前，先要回顾一下她描述的那些男青年注定要失败的英勇行为。对于卷入1944年7月20日密谋行刺希特勒的那些人来说，殉道总是一种可能，而且回想起来可以说似乎是一种必然。一次成功的政变涉及太多环节，实在很难顺利进行。即便他们成功杀死了希特勒，自己的生命也会被葬送掉：出口处有希姆莱在把守。殉难已是在所难免，接下去当然是封圣，尤其是在保守右翼分子当中。许多密谋者都是贵族出身，而且人们普遍感到——感觉源于愿望——他们表达了上流家庭对希特勒这个暴发户由来已久的憎恶。

其实事情从没那么简单。这些被判死刑的年轻军官中，有一些在更年轻的时候曾把希特勒看成救星，一个新的俾斯麦。得益于名

门望族中这种热情的不仅仅是国防军。党卫军也招来了大量贵族新兵：提拔迅速，还有骑马的机会。（资助成立党卫军骑兵队是希姆莱的大师手笔之一。）有一些年轻军官对希特勒心存疑虑，但他们中的大多数，身边都有从未产生过任何怀疑的好朋友。左派当中的批评者想否认这些出身高贵的共谋者有多么神圣，总会有很多话可说。可是权威的声音，最重要的声音，早早就发出了。这个声音属于杰出学者丽卡达·胡赫，她有着一个响亮的称号，而给予她这一称号的人正是鼎鼎大名的托马斯·曼。他称她为德国第一夫人。

纳粹在1933年上台时，丽卡达·胡赫已是荣誉等身，可她仍有着怪才一样引人瞩目的桀骜不驯，她是他们想继续保留在学术机构中的那种杰出雅利安人，用以抵消犹太人被驱逐后留下的空白。虽然上了年纪，她仍然前途无量，但她毫不犹豫地鼓起勇气，告诉纳粹自己任凭他们处置。普鲁士艺术学院院长、作曲家麦克斯·冯·舍林收到一封她的来信，她在信中坚持认为，纳粹一直在谈论的"德国性"并非她的德国性。她表明观点后，就隐退到私人生活中了。这当然是纳粹德国相较之下一个宽松的标志，因为它仍有一些藏身之处，可以安静地待着什么也不说，仿佛沉默不等于叛国。如果这个政权不只持续短短的十二年，而是更久的话，希姆莱扶植下稳步扩张的党卫军帝国，还有马丁·鲍曼掌管的不断席卷一切的官僚体制，很可能会连默默抗议的最后机会都不给：大声嚷嚷表明忠心会成为唯一的生存姿态。但是，在第三帝国的统治中，像丽卡达这样年纪和资历的女性仍然可以蔑视掌权者而不受惩罚，只要她不大声说出自己的想法。这个深居简出的女性领袖在战争中活了下来，之后重新开始职业生涯，而且活到了足以发现她的早期作品已经被遗忘的年纪。随着左派对旧体制激烈而且总体有理的抨击逐步占据主导优势，像她那样的学术成就便被认为带有太强烈的资产阶级味道，所以没有太多价值。德国第一夫人被悄无声息地放入她自己体面的坟墓。德国人有一个词来形容这一现象：togeschwiegen，意思是"被沉默对待杀死"。

可是在致命的沉默中有一个悖论，因为这位第一夫人，在她年轻的时候，曾是第一刁妇。丽卡达出身太高贵了，对上流社会不以为然，她之所以成为体制内人物只是由于家庭出身，还有光阴的流逝；她在少女时代是个反叛者，甚至可以说喜欢口出狂言。思想上，她最早是墨索里尼的崇拜者，不是因为他的法西斯霸权主义，而是因为他以粗暴的无政府主义起家。她也出于同样的原因欣赏过巴枯宁。感情上，她是一个女性角色反转的先锋。在德意志帝国时期，墨守成规到了令人窒息的地步，当时年轻女子最重要的特质是能嫁为人妇，而她则完全凭着强势的性格，以通常被认为她作为女人应该接受的方式反过来对待男人。如果哪些女人成了她的绊脚石，她们也会遭到她的冷落。她偷走了她姐姐的丈夫，却没有感到丝毫的内疚，而且她通常特意先和她的追求者订婚，再把他们甩到一边，确保他们会记住这个耻辱。她是最深层意义上的社会革命者：没有哪个政党的纲领比得上她的行为，甚至包括斯巴达克斯派。她完全单枪匹马。至于能和她在精神上并驾齐驱的当代女性，你得想象杰曼·格里尔、比利·简·金和伦敦的才女芭芭拉·斯凯尔顿的组合，这个火爆的混合体最终冷却下来，大概是缪丽尔·斯帕克的样子，再加上卡米尔·帕利亚在喝下第二杯鸡尾酒后话中有话的腔调。

然而，这个狂野少女朝圣的灵魂可曾被什么驯服，包括时间的力量，仍然是个疑问。一个不恰当的现代参照系，是简·方达那样从对一种进步模式的顺从向下一种模式的不断进军。丽卡达从来不是那种要寻找激进的环境来展示自我的寻常女性：她总是一个真正的单打独斗者。她的观点完全是她自己的，而且经常让最见多识广、思想最开明的大师也感到不自在，仿佛她是那种超现实主义僧侣，要用脱离语境的见解来追求惊世骇俗，而不是用切开的眼球和柔软的眼神。1943年6月，她记录下第一次空袭给她带来的复杂愉悦感。同一个月里，汉堡遭到焚烧。厄运和报应的想法本来更合时宜，但丽卡达无法抑制她的喜悦，因为五彩缤纷的场面像电影一样在她身边呈现。"耶拿终于引起了轰动。"在战后的柏林，她游走在这个废墟的世界，这位写下关于三十年战争最重要文本之一的作者，本来有权利在这里为文明的覆灭大哭一场。她却很享受这一切。她对被毁建筑物和瓦砾堆的审美热情源源不断。她当时已经八十多岁了。

而且也是那个时候，她写下对那些在七月政变中舍生取义的年轻贵族的颂歌。需要记住的是，这位老太太活得很长，但他们没有；而且她的人生充满独创性，可他们也许从来不会有那样的机会。他们恰恰是她曾经很喜欢搏塞的那种傲慢倔强的军官。如果她可以向他们致敬，我们应该也要如此。毕竟，她在那段话中的每个观点都完全正确。那些年轻男孩根本没有机会。即使学徒们设法杀死他们的巫师，他们也不可能挽救"大德意志"（Grossdeutschland），因为不管由谁领导，它都在走向无条件投降。可即使他们事先知道政变不会成功，他们的尝试仍然是正确的。亨宁·冯·特雷斯科对"刺杀希特勒"的计划知道得比任何人都要多，他猜测1944年7月的密谋注定会失败，但他说行动无论如何应该继续下去。他等于是在说，他认为这次行动是一个仪式：一个荣誉的时刻，它将被记住，在除了耻辱没有别的可记的时候。

丽卡达清楚地意识到，在这次密谋中，那些身着迷人制服的高级贵族阔少们，直到军事失败成为必然之前很少流露什么疑虑，可除了他们之外，还有其他一些没那么有魅力的人士。这些不起眼的普通人从一开始就看透了希特勒。在她眼中，贵族是一种牺牲精神，在这一事件中，这种精神把出身《哥达年鉴》（*Almanach de Gotha*）所载贵族世家的年轻美男子和在当地市政委员会埋头苦干的小官僚联结起来。她可以如此慷慨地看待贵族是因为她自己的高贵天性。

Ricarda Huch

天生贵族的标志之一，是掌管理性的大脑和驱动道德判断的直觉没有被分割开来。作为德国历史的研究者——看过她写的浪漫主义研究著作的读者，会怀疑这个主题可曾有过比她更好的研究者——她可以准确地评价她的国家在魏玛共和国时期的状况，并理解一个强人对那些害怕布尔什维克起义超过其他一切的保守势力有什么吸引力。但是她只需看到纳粹的行径就能清楚地知道他们是什么货色。当他们邀请她加入时，她只有一个答案给他们。死去数百万人之后，那些含糊其辞的人士迟迟不提她的名字。他们的不情愿可以理解，而且也很普遍。意识到我们自己也可能在道德的迷宫中找不到毫不妥协的道路时，我们都情愿相信没有简单的答案。的确没有。但有一个明确的答案。那就是让纳粹滚开。

所需要的只是勇气。但是勇气非常难得：丽卡达复杂的身世表明，要勇气十足就需要一点疯狂。所以我们任何人书写这个主题都会感到困扰：不安来自我们的自我怀疑，而自我怀疑是那些身穿黑色制服的刺杀者仍与我们同在的最明确信号。几乎同样令人不安的，是像丽卡达·胡赫这样的女人仍与我们同在。但是，如果我们要在人的尊严中寻求安慰，而不是仅仅接受人性的弱点的话，我们必须面对她，并努力记住为什么犹大很难直视基督的脸——不是因为那里有神圣的宁静，而是因为那里没有追逐私利的算计。

J

恩斯特·荣格

恩斯特·荣格
Ernst Jünger

恩斯特·荣格（Ernst Jünger）1895年出生在海德堡，"一战"时正好达到可以志愿参军的年龄，战争期间，他的英勇为他赢得了"功勋勋章"，德国最高级别的军事荣誉。战后，小说《钢铁风暴》（*In Stahlgewittern*）让他走上文学创作之路，这对研究二十世纪人文主义的学者来说，是和贝尔托·布莱希特的文学生涯一样让人头疼的问题。但是就荣格而言，问题出自相反的方向。经历过战壕的荣格支持壮大民族国家的力量，他认为这种力量受到了自由民主的威胁。尽管他从未完全效忠纳粹，但他欣然接受了纳粹国防军授予的军衔，并撰文支持入侵法国，期间还曾在德军一支前线部队供职。1944年7月暗杀希特勒事件发生后，荣格受到怀疑，但因为他的威望和"功勋勋章"，所以没人敢动他。他从不是一个积极的同谋，他认为只要鄙视希特勒就是履行维护文明价值的责任，杀死希特勒的念头他倒没有。在战后岁月里,他在文章中对东德政权的官僚嗤之以鼻,而他们拿他的右翼记录谴责他也易如反掌,在官方文学话语中,他们把他定性为"一个极危险的西德军事主义和新法西斯主义文学的倡导者"。他错过了一次辨别敌人的良机,但没有错过第二次。他有两本相互勾连的短文集,《在大理石峭壁上》(Auf den Marmorklippen)和《冒险的心》(Das abenteuerliche Herz),展示了他可以将专题论文浓缩为意味深长的一段话的创造力,也是了解他的文学才华和政治远见的最简明入门读物。才华毫无疑问,远见则另当别论。但是,当他最终明白希特勒为了民族强大——一个他本人曾经同样珍视的理想——而不惜一切的所作所为,连他也不得不反思,他信奉的达尔文(生存斗争)和尼采(权力意志)可能有赖于某种自由语境才能得到理性的表达。他去世于1998年,他声名远扬,这是情理之中;也备受争议,那更是理所应当。

——◆——

那样的事反映的是时代风格。

恩斯特·荣格,《高加索日记》(Kaukasische Aufzeichnungen)

谈论重大罪行时,"时代风格"(the style of the times)这样的话可能有些自私自利,因为它免除了追究罪责的义务。即便在希特勒将德国引向战争的灾难之前,从那些试图逃离纳粹魔爪的人士的智识品质来看,荣格本也应该估计到纳粹的毒害。回头来看,他所说的"时代风格"难免成为众多委婉语之一,其效果是让纳粹对知识阶层的影响显得不那么恶劣。荣格作为日耳曼人自然是免受其害,可他本应该更为关心那些没有这种特权的人们。荣格见多识广,他知道所有那些人的名字:包括那些小人物,跟班的,还有跑龙套的人。三十年代末,在一次语文学的国外教席的竞争中,名不见经传的维克托·克伦佩勒（Victor Klemperer）输给了赫赫有名的埃里希·奥尔巴赫，无法享受在安卡拉的安全席位。要是克伦佩勒赢得奖金，安全逃离德国，他不可能写出像奥尔巴赫的《摹仿论》那样格局宏大的著作。我们不应该因为克伦佩勒的惨痛经历而将他传奇化：不计其数的人都曾那么做过，但我们不得不钦佩他对苦难的见证。相比奥尔巴赫，克伦佩勒更像辛勤的耕耘者。他注定要留在原地，要说有什么回报的话，恐怕是他得以从近距离体验纳粹对德语的影响：一个富有启发——尽管让人沮丧——的语文学领域。克伦佩勒的一些结论散见于他重要的两卷本日记，英文版标题是《我要做见证》（*I Shall Bear Witness*）和《到死为止》（*To the Bitter End*），但是大部分都集中收录在他的另一本书中，是在战后根据他在战争中设法记录和保存的笔记汇总而来，书名是 LTI（《第三帝国的语言》首字母的缩写，一个尖锐的学术双关语）。作为第三帝国治下的一名犹太人，克伦佩勒被禁止阅读任何新书或报刊，他甚至不能听收音机，但是他从二手渠道学到了新的表达方式。从他的分析中，我们不得不说，纳粹毁坏了他们篡夺的语言，用委婉语毁掉了它：他们用公文体言说和书写着屠杀。

但是我们也不应该想当然地以为，雅利安的非纳粹人士就可以完全免受纳粹影响，无论他的智识多么出类拔萃。恩斯特·荣格就是个例子：或许是最好的例子，因为他无疑是其中最有天赋的作家。在他的战时日记中，我开篇单独引用过的那个奇怪用语频繁出现。它集中在一个表达上，那就是"时代风格"。1942年12月初，我们看到荣格考察苏联战场，他听闻了俘虏的可怕遭遇。起初，他说服自己这些俘虏是游击队员，所以没法安排营房。当这个观点站不住脚时，他又用"交战双方的行为都很可怕"来说服自己，所有这一切都是"时代风格"。当月晚些时候，他从一位将军那里听说（将军们总是和他套近乎，他可是声名显赫）犹太人正遭到屠杀，荣格的反应是，"骑士之风不再：从今以后战争只关乎技术"。这又是时代风格。确实可以这么说，只不过不是他讲的那个意思。

荣格为德国军事复兴的主张赋予了文学色彩。直到1943年，一位德国将军最终把灭绝营的消息确切无疑地读给他听之前，多少骇人听闻的真相始终不曾让他充分意识到自己所犯的错误。他逃脱自责的方式是归罪于时代风格：也就是说，他让自己心里好过些的方法是相信每个人都在劫难逃，是被现代科技精神带回了野蛮残暴。时代风格是个很有用的概念，它甚至不需要言语来表达，无声胜有声。T. S. 艾略特1948年出版的专著《关于文化定义的札记》，典雅、博学，但最终并不光彩。艾略特一味拒绝承认，在讨论欧洲的命运时，大屠杀是个密切相关的话题。艾略特的信徒和同行恩斯特·罗伯特·库尔提乌斯离事发地更近，但也是毫发未伤，同样对此视而不见。倘若被迫表态，两位贤达可能会责备新的技术秩序：时代风格。可是没有时代风格这种事，除非是说他们自己所体现的风格：对政治生活的灾难性后果不闻不问，而他们有充足的机会指出，这种灾难性后果正是他们自称代表的人文主义文化的头号死敌。谦卑的维克托·克伦佩勒，如果非要向他们提起这个名字的话，只会被说成是无足轻重的小人物。恩斯特·荣格本可以表现得更好。他最终意识到，寄希望于停止屠杀犹太人只是一厢情愿。但他从未彻底抛开将悲剧归咎于时代风格这个缥缈概念的想法。

K

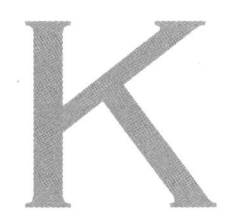

弗兰兹·卡夫卡
约翰·济慈
海达·马尔戈柳斯·科瓦利
卡尔·克劳斯

弗兰兹·卡夫卡
Franz Kafka

弗兰兹·卡夫卡（Franz Kafka）1883 年出生于布拉格，1924 年在柏林去世。他在短暂的四十年生命中创作了一系列作品，几乎影响了在他之后出现的所有文学创作——连詹姆斯·乔伊斯都没有这样大的影响力。卡夫卡曾修习法科，最初在布拉格的工伤意外保险公司任职。这一经历很可能为他刻画官僚系统，以及深陷在非理性体制残酷逻辑中的个人困境打下了基础。（J. P. 斯特恩写过一本讲卡夫卡的小书，认为卡夫卡看似梦幻的想象在很大程度上是现实描述；这一观点通常被认为是故意标新立异，由此可见卡夫卡令人不安的魅力。）作为犹太人，卡夫卡从出生之日起就拥有第一手的经验，知道遭遇排斥以及不断变化的规则导致永远通不过考核是何种滋味。但他对国家恐怖主义的洞见有着深层的个人心理根源。既然纳粹时代并非历史必然，说他预言了纳粹，实际上是在贬低他的创造力，而且这跟说这一切都是他造成的只有一步之遥了。但是，如今没有人在读《审判》的时候不会想到苏联的"摆样子公审"（show trial），或者读他的《变形记》和《在流放地》而不想到死亡集中营。卡夫卡最有名的小说——《审判》《城堡》和《美国》——都是在他死后出版的，而且违背了他将它们销毁的遗愿。（卡夫卡的朋友马克斯·勃罗德常被嘲笑为平庸无能、多管闲事的寄生虫，但事实上正是因为他不顾卡夫卡的嘱咐把书保存了下来，我们才有了现在所知道的这位天才。）卡夫卡传达的毁掉自己作品的命令，完全可能被《城堡》中的看守人忽视，《城堡》曾被相当准确地描述为朝圣者在天路上止步不前的《天路历程》。只懂英语而且之前没接触过卡夫卡的读者可以充分信赖埃德温和薇拉·缪尔的译本，读他们翻译的《变形记》《在流放地》和《城堡》无疑会受益匪浅。但如何翻译卡夫卡才最理想，这仍然是一个问题。米兰·昆德拉在《被背叛的遗嘱》(*Testaments Betrayed*) 相关章节中对此有过精彩的讨论。菲利普·罗斯是另一个对卡夫卡做出了富有启发的评论的重要小说家。学者和评论家对这一主题的论述数不胜数，但最出色的一篇短论或许非乔治·斯坦纳莫属，该文收录于路易斯·克罗嫩伯格编撰的必备参考书《伟大而短暂的生命：艺术传记指南》(*Brief Lives: A Biographical Companion to the Arts*)。然而，接近卡夫卡的最好方式，可能是一头钻进《城堡》不辨方向。迷失和保持迷失正是这本书的主题，也是卡夫卡所说的、我们心底深处真实感受的一个无与伦比的象征：当我们暂时说服自己我们知晓发生的一切，我们仍在怀疑这片刻的确信也许正是骗局的一部分。

―――•―――

> 人生一定极为短暂，倘若如此脆弱也能持续一生。
>
> 卡夫卡

卡夫卡说的是一位年轻女士的身体。除了痛苦，这句话里还包含着一种几乎不属于男性的温柔，当我们在思考"性"这件事对卡夫卡来说是如何混乱纠结，一定要记住这种柔情。卡夫卡从未真正摆脱这样的想法：性欲得到满足是种"污秽"（Schmutz）——如果它真的发生的话。我们需要提醒自己，一个人在这种状态下依然可以从欲望中找到灵感。假如卡夫卡不是这样，他决不会说出上面那句话。卡夫卡说过的任何话都因后来发生的一切而富含深意，以至于很难把它们从历史中剥离出来。但他说的这句话的真正背景却是永恒。历史告诉我们，他不由自主地迷恋过的许多美丽女性的身体都过早地被火焰吞噬了。永恒告诉我们，即使灾难未曾发生，他依然是正确的。展现在我们面前的美妙只会持续一生。

"只有那么久，"正如路易·麦克尼斯所说，"但足够长了。"欲望可以被压抑至消失殆尽，可它终究是源泉。就像我们在讨论皮特·阿尔滕伯格时所看到的，欲望从来不"仅仅"关乎它本身，尼采说性欲渗透了意识，从最底层直至最上层。在欧洲文学中，自从典雅爱情诗让"爱情幻影"（visione amorosa）成为正统，欲望和启示的密切关系便被广为接受。我们可以将瓦格纳对救赎的强调看作将鲜花与它的根部分离的尝试，可瓦格纳要是不认为两者的关联是既定事实，他也不会那么做。如果这一事实只不过是神话，那它也是所有受过良好教养的人们认可的神话，所以不管怎么说，它还是事实。如果我们碰上一个缺少这种事实的文学传统，我们常常会认为那样的文学与其说是原始的，不如说是反常的。我们假定这整个观念从最初就存在，它是我们大脑中最早出现的念头之一，可能比宗教还早——原始时代就有。我们甚至还会认为那就是文明的起点，那时个体开始被视为普遍的象征。欲望带来无止境的麻烦：墨涅拉奥斯和帕里斯都为了海伦欲火中烧，特洛伊也随着他们一起熊熊燃烧，帕斯卡曾提出一个有力的观点，他说倘若克利奥帕特拉鼻子的长度有所不同的话，历史恐怕就要重新书写。男人总是为美貌痴狂，但如果没有一开始的如痴如醉，他们永远也不会聪明起来。性是最强大的本能，它能激发最集中的注意力：所以我们从自己渴望的对象身上，看到天地万物都是奇迹的证明。每次过马路都能看到十次证明的男人无疑是傻瓜，但如果他只能从自己的剃须镜里看到，我们一般会认为此人心智发育有问题。

　　对于《城堡》的叙述者而言，女孩弗里达是他与正常秩序的唯一联系，他在书的开篇部分很不情愿但又冷静地意识到，城堡有它自己的大脑，这个大脑会调动无穷的资源将他关在门外。在弗里达的怀抱里，他可以暂时相信至少她不是在为城堡做事。这对恋人很快发现，他们如果在一起过夜，醒来就会发现有旁观者在场。即便在他们第一次发生性行为的时候，房间里可能也有其他人：这很难说，但这本小说的一个手法是不让我们排除这种可能性。很久以后，在《一九八四》里，奥威尔再现了同样的肉欲和无望的关系。奥威尔想把柔情约简为赤裸裸的性交：温斯顿·史密斯强迫朱莉娅承认这种行为本身就足够了，似乎奥威尔在寻找某种试金石，某种不可减缩的原始冲动，连极权政府也无法通过操控强行根除。但对卡夫卡而言，试金石却是柔情。卡夫卡预言的噩梦比奥威尔描绘的还要控制森严。"你问有没有管控的长官？"负责人反问道。"除了管控的长官，没别的。"但卡夫卡笔下的弗里达是一个完整的人物形象，而不仅仅是符号象征。作为一个人物，她在她和K要应对的种种压力之下日渐憔悴：她的美丽消褪了。在客栈老板娘的影响下，弗里达开始觉得K和她在一起是为了接近城堡而耍的计谋。K反驳她的说法，却无法驳倒她。他怎么能确定呢？他唯一能确定的，是他正在夺走她的活力。单从弗里达的指责所反映的人物心理——凡是被女人指责过的男人都会明白——这就足以成为卡夫卡笔下，从而也是现代文学当中最了不起的场景之一。但是要明白它的杰出之处，我们必须穿透它进入卡夫卡的内心。K不愿把她变成这样，因为他爱她。他不愿看着她被毁灭，他甚至想，她和克拉姆（那个不讲情面，而且和整个机构一样神秘的权威人物）在一起也许会恢复原来的处境，让她重新取得城堡的信任。K知道他只会给弗里达带来危险，而他希望她安全。

对卡夫卡几部重要小说的各种寓言式解读无疑都有道理——当然要附带说明的是，如果它们全都在理，那么它们可能都无关紧要——但这里必须提到卡夫卡的个人经历。在现实生活中，卡夫卡的想象常常围绕着女性的心思。若非如此，他的小说就不会那么与众不同：它们会更像普通的故事，而不那么像事实——尚未发生的事实。我们有充分的理由相信，他能预言极权主义的本质，是因为身为犹太人，他已经经历了极权主义的排除机制，这是极权发展的初始阶段：他有切身体会，而且发觉它们势不可挡，以至于他自己渐渐产生了认同，成为我们见到的最悲惨的自我仇恨型反犹主义的一个例子。但卡夫卡作品中的多数预见来自他对稍纵即逝的极度敏感，而这种敏感总是集中在时光对女性生命的影响上。米莲娜·耶申斯卡是一位在智识水平上配得上他的女人，他向她展开追求，却总是保持一定距离。菲利斯·鲍尔（可能是书中弗里达的原型）始终不曾有机会：假如他们在反复订婚之后真的结了婚，他们之间也不会发生什么。卡夫卡认为性是一种疾病。但他也认为它是一种赐予，否则他也不会在死前不久问自己："你用性的赐予做了什么？"（Was hast du mit dem Geschenk des Geschlechtes getan? 即使在他行将撒手人寰的时刻，你也能听到他表达中完整的顿挫力量。）我们真希望曾和他在柏林度过一段快乐时光的朵拉·迪亚曼特能告诉我们，他至少用它做了点什么。他曾绝望地写信给米莲娜，抱怨他们注定无法生活在一起享受肌肤之亲，如果那不是他最想要的，他也决不会那么说，即便他对这愿望的实现充满恐惧。

约翰·济慈
John Keats

约翰·济慈（John Keats，1795—1821）体现了过去和昨日的不同。华兹华斯和柯勒律治属于过去。甚至布朗宁也属于过去，虽然他所处的时代比他们俩要晚，而且在很多方面都代表了被我们称为"现代"的东西。但济慈——和拜伦一样——仿佛就活在昨日。每一位现代诗人都不得不对济慈有些自己的看法，好像他是眼下的一个竞争对手。有时候，负面看法包含的宝贵意见甚至比褒扬之词还要多。（一个很好的例子是金斯利·艾米斯，在他有意挑起争论的《简·奥斯丁出什么事了？兼论其他》[What Became of Jane Austen? And Other Questions] 一书中收录了一篇抨击济慈的文章，但这篇文章也呈现出了济慈所有的优点。）要对济慈做深入的评论，可以从他写自己的那些文字入手，尤其是已结集成书的书信，要比里尔克的《给青年诗人的信》更能反映诗意人生的核心。济慈评论莎士比亚某些"附带的描写",说它们水准高到毫无必要,这个例子说明这位年轻作家审视语言的思辨力与他对世界的洞察同样深刻。这是他和普希金共有的品质:他们生活的时代有交叉,但并不了解对方。然而,说到技巧的游刃有余,或者超越技巧的技巧,包含自然人声的所有声律调节,他们或许志同道合;而且别忘了,他们都是诗歌生涯刚刚开始,还没等到结束就去世了。我们对雪莱的宽容,对毕希纳和拉迪盖[*]的惊叹,对马萨乔和比才[†]之死感到的命运劫掠的残酷,所有这些感受我们都应该给济慈,否则就不是真的理解命运无常意味着什么;济慈的命运让我们相信,他的才华只得到了部分施展。我们也应该记得,济慈就像后来的契诃夫和施尼茨勒一样曾经学医,而且是在医学尚不能治愈肺结核的时代:换句话说,在他生活和死去的年代,有才华的人莫名染病身亡是很正常的。在现代社会,即使在这种情况司空见惯的时候,我们也认为这是不正常的。于是,当它发生的时候我们难以接受。前人对此仅仅表现出遗憾,与之相比,我们感受到的是持久的愤慨。

———◆———

没有什么比思想力的渐渐成熟更有益于伟大的创作。

济慈,给弟弟的信,1818 年 1 月 23 日

这句话出自济慈之口,反映的不是豁达就是焦虑。从任何客观的角度来看,济慈都是奇才:不仅在纯粹的语言天赋方面,还在于

---

[*] 德国著名诗人、剧作家乔治·毕希纳(Georg Büchner, 1813—1837);法国著名诗人雷蒙·拉迪盖(Raymond Radiguet, 1903—1923)。两者都是英年早逝。

[†] 马萨乔(Masaccio, 1401—1428),意大利文艺复兴绘画的奠基人,被称为"现实主义开荒者";乔治·比才(Georges Bizet, 1838—1875),法国作曲家,歌剧《卡门》的作者。两者也是英年早逝。

其思维的广度与理性。（这与雪莱形成了鲜明的对比，后者即便在他才华横溢的时刻也很少称得上理智。）考虑到济慈年纪轻轻就具备的所有资质，如果他能羡慕那些日积月累才有望取得同样成就的人（假如他们真的取得了），那真是一种气量；或者说，他若是明白自己有多幸运，却依然这样想，那真是一种气量。但或许他并不知道，这样看来，他流露的就只是焦虑。我们倾向于认为他焦虑，因为我们认为拜伦对济慈的那番嘲讽不无道理，说他很容易被负面评论影响：心灵，火一样炽热的心灵，因为一篇文章就被冷却。*（因为韵脚清脆，讥刺更为长久：双行体［couplet］和漫画一样，可以决定未来讨论的内容。）

但是，缺乏坚实的内在艺术自信的人绝不可能写出那些颂诗。我刚到伦敦时，济慈故居展出了一份精美的《夜莺颂》，是济慈字体最优美的手迹，陈列在玻璃柜里。他的书法有着雕塑般的美，就像彼特拉克、里尔克或者兰波的那样。虽然墨迹看起来仿佛还未干透，但这首颂诗却像是凿刻在一块大理石上。他绝不会缺乏自信。他只是想要活着，活得精彩，变得智慧。我们没有充足的理由相信，如果他活得更久的话不会继续进步：理由是有，但都很糟糕。金斯利·艾米斯没有考虑济慈日后的潜力，好像这无关紧要似的。艾米斯通常并非迟钝的人，之前的一个例子他应该引以为戒。F. R. 利维斯也曾这么对待雪莱，结果着实荒唐，因为利维斯文章的结论是（毫不出人意料）：雪莱比不上莎士比亚。得出这一观点采用的文本比较方法颇有斯威夫特的风格。如果不考虑雪莱假如活得更久是否很可能有所提高，利维斯看似严肃的论断就没有意义。艾米斯至少承认济慈最初的魅力是莎士比亚式的，在于其美妙的旋律那种扣人心弦的效果。事实上，艾米斯指出，英语读者如果未曾在人生的某个时

---

* 原文：the mind, that very fiery particle...snuffed out by an article.

段被济慈文字的音乐性感染，继而认为他是继莎士比亚之后最伟大的英语诗人，那他对诗歌真是知之甚少。但艾米斯也确切表明，这一定是在读者比较年轻的时候：对济慈的热情是幼稚的热情，因为他的诗歌尚不成熟。即便艾米斯在这点上是对的，也很难相信倘若济慈活得更久的话，他的诗歌不会变得成熟起来。济慈或许已经有了一切，但他仍需要时间。他自己心里明白。只活到二十六岁的他，死的时候很清楚这一点，他对自己的这一洞察当然是对的。如今喜欢文学的年轻游客在西班牙的古罗马阶梯上经过济慈最后住所的窗户时，有机会审视那个没有抗生素的世界的残酷现实。

德加说他更感兴趣的是四十岁的才子，而不是二十岁的才子。我们觉得这句话颇有道理，因为我们普遍认为，任何说自己投身某种志业的人都应该以坚持到底来证明自己。济慈的话和这个观点一致，所以也获得了我们的赞同。但平心而论，我们不应该忘记那些年纪轻轻就取得如此巨大而复杂成就的艺术家，即使他们英年早逝，我们也认为他们实现了自己的才华。马萨乔和修拉是绘画领域两个最显著的例子。在文学领域，法国似乎盛产出类拔萃的神童：在大革命期间有安德烈·谢尼埃，他的新古典主义韵诗臻于完美，尽管他本人并非如此；在现代有拉迪盖和阿兰-傅尼埃。德语地区有最了不起的文学神童：毕希纳，他的《丹东之死》(*Dantons Tod*)总结了一个比作者年长六十岁的人一生的政治经历——最后一幕有可能是由布尔克哈特写的。在音乐领域，莫扎特和肖邦比起舒伯特和贝里尼算是多活了几年，后两位去世时分别是三十一岁和三十三岁。舒伯特和贝里尼如果活得更久将会如何，这个遐想可以永远持续下去，但是尽管阿尔弗雷德·爱因斯坦曾警告我们，不应该认为那些英年早逝的杰出音乐家在任何意义上是"完成的"，但我们确实感到他们拥有完整的艺术人格：我们不会去想，"嗯，那首优美旋律的创作者有一天会成为舒伯特";或者"《戴上我给你的戒指》"*毫无贝里尼成熟时期那种有节制的连贯性,实在是遗憾"。我们对他们的看法,可以说和我们对兰波的看法一样,兰波的人生丰富多彩,但是作为一个艺术家,用爱因斯坦的话说,他"过早地完成了自我"(frühvollendet)。问题是济慈是不是也会一样:一个神童,假如活得更久,也不会走得更远。当然,我们这么想的唯一原因是他实在太天才了,而且我们一想到倘若他能够一路走下去会有何等丰富的创作生涯,便难免有些不安。这样或许就会出现又一个巅峰,需要我们重新整理整个英国文学史:所有著作的次序都要被打乱。

另一个考虑是,我们只用往回走一小段距离,回到十九世纪初——仅仅几代人而已——就已经离开了我们的时代,一个政治导致死亡任意发生的时代,进入了以如今的标准来看更为恐怖的时代,一个疾病导致死亡任意发生的时代。美国哲学家查尔斯·皮尔斯最有名的著作,书名正好抓住了由此产生的困境:《或然性宇宙中的价值》(*Values in a Universe of Chance*)。我们作为文艺评论人应该当心,不要带着我们自己对健康和长寿的标准去回顾漫长的前现代,那时生命如草芥般一文不值。我们需要培养一种上帝之怒会突然和随机降临的感觉,因为几乎可以肯定,天才对艺术连贯性的渴望正是对这种感觉的回应。对于济慈,虽然预防医学的时代就要来临——作为一名医师,他本可以参与其中——但我们依然需要把他放置在前一个时代的处境中去思考。当我们读《圣爱格尼斯前夜》(*The Eve of St. Agnes*)时,他的艺术呈现力让我们看到林中仙女披着的薄纱从身体滑落,这个鲜活的身体让我们看得如此着迷,是因为解剖室里的尸体带给了诗人同样强烈的冲击。在明亮的诗行背后是对人生阴暗惨淡的认知,它曾持续笼罩在所有艺术家身后。正如路易·麦克尼斯

---

* "Prendi l'anel ti dono",贝里尼的歌剧《梦游女》第一幕中的二重唱。

在谈到古代世界时所说的，"那时的一切都是那么不可思议地不同，一切都那么久远"。但我们必须去想象它，否则就会失去对往昔的把握。我们需要的是一种智力技巧，这不是任何已知的药物可以实现的，通过它我们可以想象，在没有宗教信仰的帮助而只能以绝望来面对现实的时候，会是什么样的感受。如此想象的话，我们就更容易理解为什么卢克莱修会自杀，尽管我们也会更难以相信，他是在写完具有超前现实意义的《物性论》(*De rerum natura*) 才从或然性的游戏中抽身离去的，而他曾经勇敢地面对这场游戏一贯的反复无常。济慈之前的很多诗人都有他的现实主义笔调，但济慈是一以贯之的，在他诸多早熟特征中最显著的一点，就是他强化了这种笔调，自始至终。可终点来得太快，他的很多现实笔触被浪漫诗意所遮掩，但在浪漫下面他看到的是事物的本来面目，他把它们写下来，仿佛记录生命的本质是他内心最深处的冲动。他对死亡或许也有相同的感受，但他已无法再提起笔来。

海达·马尔戈柳斯·科瓦利
Heda Margolius Kovaly

在读了某些起初值得尊敬但终究俯首帖耳的官僚机器之后，我们可以再回到历史中去了解一下海达·马尔戈柳斯·科瓦利（Heda Margolius Kovaly，约 1920—2010），她在提醒我们，真的可以有不受腐蚀的人，而且往往是女性。这篇短文会大致介绍科瓦利的生平，却实在难以尽显她的品格，正是这种品格在她人生中每一页可怕的故事中点燃治愈的火焰。读《永别布拉格》(Prague Farewell)，就像在读苏菲·绍尔的故事，苏菲是1942年慕尼黑公开反对纳粹的"白玫瑰抵抗小组"中最纯粹的自我牺牲的角色；就像读娜杰日达·曼德尔施塔姆的《一线希望》中最悲伤无助的章节；就像读在索马里出生的荷兰政治家阿雅安·希尔西·阿里接受的一次采访，当时她的朋友西奥·梵高刚刚在阿姆斯特丹街头被一个狂热分子杀害，因为这个狂热分子反对西奥关于伊斯兰教国家里女性受奴役地位的观点。例子当然不胜枚举。不幸的是，不知为何她们的言论很少被编辑成书：可能是现代女性英雄百科全书尚未开始编撰，也可能是这个想法从未流行过。但几乎可以确定的原因是意识形态的阻隔。勇于质疑她们最初拥护的政治事业的女英雄数目多得让人不安，仍在捍卫它的编年史家不可能准确讲述她们的故事，甚至根本就不去讲。真正的机会——展现任何纲领都无法涵盖的那些人文价值，以及它们包含的政治和道德理想——一直被错失掉。可是如果一个人读完科瓦利的书却没有扪心自问，她那样的经历怎么能被认为无足轻重，那他实在是不可理喻。他一定要问自己：为什么这些女性的事迹总要处于边缘，这些难道不是最重要的故事吗？如果这个世界不能被像她那样的女性与生俱来的价值观所统治，那我们还值得活在这世上吗？

————◆————

在布拉格几英里外，豪华轿车开始在结冰的路面上打滑。

几个政府特工从车上下来，把灰烬洒在车轮底下。

海达·马尔戈柳斯·科瓦利，《永别布拉格》，第 180 页

要在三十秒的时间里推荐一本书给严肃的青年学生，帮助他们踏上理解二十世纪政治悲剧的坎坷征程，我肯定会选择这本。海达·马尔戈柳斯·科瓦利的人生没有什么值得羡慕的。如果我们非要像她那样活才能得到她那样的精神和尊严的话，我们宁可不要活。但是她的人生确实有一样我们可以称之为恩赐的东西：它向我们突显了两股对立的极权势力，因为它们都选择要迫害她。她还是捷克斯洛伐克一个十来岁的犹太少女时，就注定逃不过纳粹的魔爪，之后一路受尽折磨，先是在罗兹犹太集中营，然后直接到奥斯维辛，被关在囚禁年轻女孩的专门区域。还好她在描述女孩囚犯的处境时相当克制，只提到了一个场景。女孩们不得不整夜跪在阅兵场上，

等着看试图逃跑的伙伴在第二天清晨受罚。跪着的女孩如果倒在地上就会被带走用毒气杀死，所以她们必须相互搀扶着。早晨，试图逃走又被抓回来的女孩就在她们眼前被打断胳膊和腿。

海达能活着走出那个恐怖至极的地方全凭运气，可等她回到故乡布拉格，又正好赶上下一场灾难。1945年她从奥斯维辛回来之后有一段短暂的间歇，她在那段日子里已经充分意识到，那些在敌占期间委曲求全的人，不愿接触任何早已被遗忘、现在又回来的人。也有一些人保持着正直热情的珍贵品质，她的丈夫是其中之一。很快，鲁道夫·马尔戈柳斯被邀请在克莱门特·哥特瓦尔德的政权出任部长。鲁道夫有些疑虑，可他是个诚恳的人，感觉自己无法拒绝这份职责。他一心投入到工作中，没他聪明却比他老到的朋友们提醒他这是跳入了火坑也没用。他的才识和能力换来了无可避免的回报，在斯兰斯基的摆样子公审中，有十四个人被指控，鲁道夫是里面十一名犹太人中的一个。预演过的自白是通过酷刑逼供出来，或者说强塞给他们的。"二战"前莫斯科的摆样子公审又回来了。所有囚犯都被判处有罪，罪行供认不讳，他们中的大多数被就地绞死，包括鲁道夫。尸体被烧成灰烬，成袋运往树林中处置，可是路上结冰了。现在你再回过头去看看前面那句引文。

对于被杀害的理想主义者的年轻妻子，接下来发生的事情更糟，如果还能比之前更糟的话。让人民公敌的一家不得好过是经典手法，如今在捷克展现得淋漓尽致，还加上了一些当地特色的改良。海达被剥夺了工作和住所，又因没有工作和无家可归受到进一步的迫害。1956年后，波兰、匈牙利和保加利亚先后为摆样子公审的受害者进行了平反，时间都比捷克斯洛伐克要早，那里直到1963年真相才得以曝光，而且明令只限于内部人士知道。海达即使对自己的国家心灰意冷也无可厚非。她对这个国家的文化阶层加以斥责，他们中很多人清楚地知道那种恐怖，却以为捷克的版本会更加文明，因为它的官员——他们是在指自己——更有素养，但她在普通民众中发现的淳朴善良要多得多。不过她对任何人都不抱希望，她这本重要著作最有价值的一点，是她如何从人的内心捕捉到从一场政治灾难到另一场之间的悄然过渡。按照她的说法，战后捷克斯洛伐克有很多民主人士意识到了把国家拱手送给另一个专制政权的危险。但他们还在为把国家拱手送给上一个专制政权而愧疚。被标榜自由的盟友抛弃后，共和国对纳粹敞开了大门。在纳粹占领期间，民主人士提心吊胆，意志消沉。纳粹摧毁了他们：他们对自己的命运无能为力，也感到无可奈何。他们推想，或许需要一个新的专制政权来创造并维持公正的秩序。所以，就像在历史的大潮中游泳一样，即使在大浪没顶的时候，他们也试图说服自己，潮水会带着他们去某个地方。

所有这些都以敏锐的心理洞察和简洁的叙事风格被记录了下来。在1968年布拉格之春及其苦痛的后果再次打乱了她的人生之前，她曾有几年相对正常的生活，以翻译英语文学维持生计。雷蒙德·钱德勒和索尔·贝娄是她翻译过的两个作家；也许他们生动的文风对她的文笔有所影响。书的唯一缺点是记录有些记忆中的对话时，细节太夸张，不太可信。如实转述那些对话要好得多。除此之外，每句话都和上面引述的灰烬那句话一样简洁。她原本不必写这本书；可既然写了，写得那么好就实在是我们的幸运。美国读者应该注意这本书在美国的书名是《悲星之下》(Under a Cruel Star)。用谷歌搜索一下就可以发现这本书在好几所大学的课程大纲上，可是它应该更加广为人知才对。

卡尔·克劳斯
Karl Kraus

从老奥匈帝国世纪之交的末日辉煌到德奥合并前夕，卡尔·克劳斯（Karl Kraus，1874—1936）一直是维也纳的讽刺之声，幸好他并没有活到德奥合并那一天。作为一个犹太人，他对中产阶级的沾沾自喜充满鄙夷，这也包括几乎每一位被他怀疑渴望成功的犹太艺术家，所以克劳斯从正在衰朽的旧社会中找到了充足的讽刺对象。"一战"期间，他滔滔不绝地讽刺爱国报章杂志中充斥的恶劣语言如何喂养了将被屠杀的羔羊。可是当屠杀到来时，他对纳粹的出现并没有太多评论，而且他活得不长，仅仅有机会承认希特勒让他哑口无言而已。"Mir fällt zu Hitler nichts ein."（我理解不了希特勒。）他在1933年7月坦言。他接着写了一部三百页的论文讲述"新德国"，J. P. 斯特恩后来称之为"有史以来最精彩的政治和文化论说文之一"。可是希特勒个人的成功让他说不出话来也是真的，因为它已超出了讽刺所能及的范围。即使考虑到这位著名的讽刺家后来有些力不从心，他的坦白也表明了或者说默认了，创造力已经敌不过新的处境。新的处境至少和过去一样荒唐，可是他很少有机会去揭露它潜藏的目的，主要是因为这目的不仅毫不隐藏，而且昭然若揭。纳粹的厚颜无耻让克劳斯手足失措。克劳斯创办的杂志《火炬》(Die Fackel)大多由他自己撰写、编辑和刊发，这份单打独斗的刊物主要是嘲讽和愚弄报刊上所有自欺欺人的话；他的朗诵和演出亦然，还有他没完没了，而且没完没了地自我更新的恢弘剧目《人类的末日》(The Last Days of Mankind)也是这种风格。可即便在当时，克劳斯意在揭露谬误的努力也让人怀疑他对社会的冷嘲热讽到底有多少新意，因为任何允许言论自由的社会必然会花很多时间说些愚蠢的话，那些蠢话总可以被用来抨击这个社会，而且无须承担后果——如果它足够自由的话。克劳斯死后，这种怀疑就更加突出了，因为纳粹根本不需要用动听的言辞掩饰他们的居心，他们只要直截了当地说出自己的用意就足以让人胆战心惊了。克劳斯作为语言分析家的盛誉所带来的问题在后来的乔治·奥威尔身上也有体现，奥威尔让人信服地把对语言的误用和虚假的政治等同起来，以至于很容易认为是前者导致了后者，而非后者导致了前者。

如今，克劳斯的讽刺手法非但没有成为思想领域的失败，而且成了演艺界的成功故事：对官方权力所用语言的不断辛辣嘲讽在自由民主政体中已经制度化，尤其在美国，自五十年代莫特·扎尔和兰尼·布鲁斯代表的全盛时期以来，政治和社会讽刺家比比皆是，其中很多人在媒体享有显赫地位。不断受到来自内部的讽刺鞭笞已成为现代自由民主政体的一个组成部分。除非这本身被视为一个优点，否则相比极权主义倾向，自由民主政体必定显得软弱无能。一种意识形态，尤其是带有神权色彩的意识形态，不用担心年轻的拥护者因质疑它的信条而意志消沉，因为它绝不允许他们那么做。作为他那个时代的杰出一员，克劳斯能够表达他对自由社会里充斥着智识人士可能不喜欢的事物的讨厌，的确不同寻常。如果从当下的角度来看他显得幼稚的话，那只是因为后来那些不受分裂困扰的制度所造成的毁坏。换言之，我们早已开始看重那些让他不耐烦的人文主义诉求，其中一个是女性对于个体自由的向往。他认为这个追求让人尴尬，却忘了所有的愿望在实现之前听上去都尖锐刺耳。

———◆———

一个被解放的女人是一条奋勇上岸的鱼。

卡尔·克劳斯

可是克劳斯需要女人来解放他。他在女男爵西多妮·纳德赫尔尼·冯·博鲁丁身上找到了这个女人，她是他的一生挚爱。他曾爱过漂亮的女演员安妮·卡尔马尔，可惜她过早离开人世，但他从没忘记她：只不过他崇拜的那个她更像一个符号。她符合他心目中性感女人的形象，她的性魅力可以激发男性知识分子的才思。另外一个女演员，贝尔塔·玛丽亚·登克，就很难纳入这个标准，因为她非常聪明，但克劳斯还是设法自圆其说了。西多妮却让他死心塌地。西多妮比他活得长，连他的钱也不需要。（克劳斯有自己的收入，可西多妮远比他富有。）她的奢侈陪伴让他得以自由自在：像王子一样生活，尽情享受激情，在纤细的肩膀上哭泣。知道了这一点，我们就明白为什么他很多本应是尖刻的讽刺，现在看起来虎头蛇尾。当时就有一些人这么想，而且他们并不都是他讽刺的对象。他的一些仰慕者发现，他把自己生活其中的社会批评得体无完肤，对更糟糕的社会反而没什么可说的了。他的嬉笑怒骂基于对陈词滥调的剖析：在政治、艺术，尤其是新闻当中。他对德语的影响就好像当年的斯威夫特，以及后来的弗朗·奥布赖恩对英语的影响。没有什么逃得过他的眼睛。他一个人就是一个监督委员会，是动辄对愚蠢空话判处绞刑的法官。任何人不小心说了句不严谨的话，要是被他抓住都会懊恼不已。作为自封的问题话语批判者，他是语言哲学风行之前的语言哲学家，是前互联网时代的博主。

可是世界并不只是由语言组成，真正犀利的、既有广度又有深度的见解，一定不只是戳穿谎言下面的尴尬事实，而且要洞悉赋予那些事实连贯性的复杂经历，还有连最发达的文明也无望彻底消除的种种人性弱点。克劳斯就像一个语言修道院的院长，他认为人因为有着凡人都会有的弱点而有罪，而社会则因为允许人们那样而有罪。奥匈帝国充满戏剧和夸张，而且确实虚伪无处不在，尤其在有关性的方面。可是至少虚伪也是人性。他无法预见连这点人性因素也被彻底抹杀的社会会是什么样子。后来的纳粹他还不得而知，可是如果他的历史意识足够强烈的话，他本可以从过去的暴政中得到启发。

他显然没有。他小看了那些让他的世界完整存在的力量，因为他未曾充分意识到自己内在的矛盾。如果他意识到的话，他一定会表达出来。他整个立场就是要把那些不可言说的话说出来。如果他没说出来，是因为他没想到；或者他想到了，却无法面对。所以他才会自信地说出这样的话：穿过窗户的岩石。还有成千上万个像这样富有克劳斯特色的时刻，他就是由这样的时刻构成的。全套的《火炬》杂志就像穿过玻璃的小行星带——这是一位有着良好教养的年轻奥地利贵族送给我的，为了补偿他的国家从未充分承认的过去，杂志在我剑桥的书房占了整整一个书架。它们都有一种自我拣选的受选者的坚定语气：一个除了自己以外无所不知的神谕祭司，他可以看透每一个人，正因为他对自己毫无洞见。

克劳斯的自信只是一种姿态，可他却自认为那是真的。如果他可以承认那是一种姿态，他的作品会更有更多震撼我们的东西，而不只是光鲜的表面。金碗破裂了，它富藏的秘密就在裂缝中；可是他进不到那里去。克劳斯总是傲慢地对施尼茨勒摆出屈尊俯就的样子，施尼茨勒却可以从对自身瑕疵的理解中解读世界。古斯塔夫·克林姆特是克劳斯批判的另一个对象，他始终在被克劳斯称为陈腐不堪和多愁善感的画作中审视自我。（擅长实用批评的纳粹认识到克林姆特的重要才毁掉他最好的一系列壁画，因为他们看到了克劳斯没有看到的东西：对欲望的坦然赞美。）克劳斯从没意识到，他那些脆弱的同时代人不刻意自我保护也有其益处。他自己的盔甲有一个漏洞，那就是他对西多妮的爱，可他没有——显然也不能——把它作为自己主要作品的中心。他把它放在边缘的抒情诗里，诗歌可以表现脆弱，恰恰因为它和他的论说文相矛盾，而不是相补充。爱情是男人生命中的一部分：拜伦意在强调，克劳斯则奉为公理。

　　两个恋人之间最终发生了什么将永远是个秘密。这段漫长的恋情缓缓走到终点，并没有留下什么透露内情的危机。（"卡·克很善良，很体贴。"西多妮用英语在日记中写道，而克劳斯正迫不及待地等她的来信。）不过，我们似乎可以说他压力太大了，而且都是本不该有的。他想占有她，可她想要自由。（"我需要自由，独处……"）她告诉他，他的奴役状态也是对她的束缚。往往都是这样。当他显出要独立的迹象时，她又让他拜倒在自己脚下。她不是不会耍手段的人。但她的心地是善良的——她的很多朋友都证明，她是一位拥有所有中产阶级美德的贵族——而克劳斯如果有一点敏锐度的话，在他余生艰难的时日里，也可以从她博爱的源泉中汲取力量。当然要责备里尔克，他盯着西多妮在雅诺维茨的奢华庄园，因为那里是他舒服的补给站，他在那里也许总有一天会写出一部组诗。里尔克总是在打贵妇人的主意，想在她们的乡间别墅找到可以让他融入永恒的氛围。从他写给玛丽·冯·图恩和塔克西斯那些肉麻的信可以看出，里尔克不觉得这有什么可耻。他为感谢款待而写的信总是让读者倒胃口，可是他为了自己能获得西多妮的更多青睐，便向西多妮暗示她和犹太人交往有失体面，试图把克劳斯从西多妮身边赶开，这实在不大光彩。(在1914年2月21日的信中，里尔克提醒她，克劳斯永远只会是个外来者，里尔克很小心地避开"犹太人"这个词，但她完全明白他的意思：为了帮助她理解，他在"外来"这个形容词下面画了线。赞赏里尔克精神高尚的仰慕者不妨看看弗里德里希·普法夫林编辑的两卷本克劳斯致西多妮书信集，上面这封信在第二卷的第52页上。)克劳斯完全被蒙在鼓里，并一如既往地帮助里尔克的文学生涯，而里尔克也继续接受帮助。

里尔克让我们想起那种年轻人，他们希望自己长大后成为被人怀疑的对象。可叹的是，克劳斯看上去才更像罪魁祸首。他想要得到与贵族女子联姻所能带给他的社会地位；这种愿望也是可以理解的，虽然不怎么可敬。但是他不想改变作为先知的崇高姿态，他只需要自己的观点。和她在一起的时候他就像是度假，而和她结婚是要把假期合法化。传记作者似乎都认同，她从他那里想要的越来越少。但也完全有可能是她想要的越来越多：包括他改变自己的一些看法，或者在她的影响下变得更有同情心。她知道自己给他的诗歌带来了灵感，可他的论说文中却没有丝毫她的影子，长篇大论的激烈批判都是自己在下断言。显然，在她的庄园里有安稳的立足之地时，他感觉可以自在地做另一个自己：那是舒适氛围的魅力所在。但是他总会变回那个始终如一的自己，用《人类的末日》中那个鞭笞一切的声音继续写作。关于贵妇人和自我仇恨的犹太人之间的差异，人们已经说得很多了，但是一个更普遍的差别说得还不够，那就是女管家和虚无主义者之间的区别。

后来，施洛斯·雅诺维茨庄园被纳粹没收之后，她遇到了一些真正的虚无主义者，那一定让她怀念起那个唯以言辞为干戈的勇士。但考虑到她的真正内在价值，她拒绝他是对的。他爱的是她的美貌、地位、魅力、修养和社交本领。可是她的内在价值远比这些外在特征深厚。她是一种社会秩序的产物，克劳斯欣赏的是外在修饰：也就是说，他想从中得益，却不理解那些益处真正的来源。尽管他乐于把出身高贵的概念据为己有，作为防止现代机会主义的护身符，可他并不能真正领会贵族责任感的意义，那是强调义务而非权利的社会在漫长的过程中造就的，而且几乎完全是不成文的。克劳斯活在书写的世界中。他认为对语言的误用鼓动了犯罪。（在他对战争报道不遗余力的分析批评中，他就差说出是糟糕的新闻报道引发战争的了：如果真那么简单就好了。）可是还有比语言更可怕的鼓动犯罪因素，而且他如果活得再久一些的话，他会被卷入他的理性根本无法预测的罪行。所有那些被他嘲讽措辞低劣的政治家和新闻记者，都出乎意料地被一系列新的演说家们压制得哑口无言，这些演说家讲话毫无遮掩，而且他们的满足感不只来自对句法和词汇的败坏，更有许多其他形式的破坏。他会发现，很多话语形式是讽刺无法施加作用的。他只活到考虑过这种可能性的时候，而我们可以确定，这种可能性让他沮丧。当他说自己对希特勒无可置评时，他其实是在说他一生的工作已付诸东流。

　　克劳斯在世时很有名，如今他被那些没读过他几段话的人们引为冷静智者的代名词：人们提到他就好像科尔·波特提到多萝西·帕克，仅仅是作为某种象征。还是那种被他冷嘲热讽过的新闻套路。这样说来，他这一生真的一无是处吗？不见得，虽然他死时可能会这么想。读他的东西太久的话，感觉有点像用墨西哥跳豆做菜，但他的一些见识还是足以让你明白，为什么学术评论家会把他奉为维也纳哲学学派的荣誉成员。任何人随便读几页克劳斯的文字，第二天写东西都会更加当心，唯恐被他那双审查纠错的眼睛盯上被迫修改。他懂得如何删去无关紧要的内容。"女人的欲望之于男人的欲望就好像史诗之于警句。"试一试，同样的内容你还能写得更精炼吗？

Karl Kraus

《人类的末日》的一个英译本让尼尔·弗格森下定决心学习德语，进而为他精湛广博的专著《战争的悲悯》(The Pity of War) 打下深厚的基础，书中时有提及克劳斯对爱国主义辞令的驳斥。即使隔着语言的壁垒，我们也能听到克劳斯的思辨迅速发起鞭笞的噼啪响声。

但是他作为负面例子的教训更为持久。他代表了中产阶级犹太知识分子无法预见的悲剧——这要怪历史的残酷把戏将它变成现实——他们批评犹太艺术家带有的中产阶级的平庸粗俗；可以说，这些知识分子无意中在为两个未来的主人效力，他们既帮助削弱了中产阶级的社会基础，也促成了犹太身份的认定区分，而这两个主人的唯一目标就是将他们斩尽杀绝。最重要的是，他对语言讽刺的精通足以证明讽刺并非一种人生观。它可以是一种对人生观有用乃至必需的副产品，然而它无法独立存在，因为讽刺家本人也不能独立存在。任何一个认为其他人极度荒唐的作家，一定会从自身找寻人类尊严的源泉，从而失去整个世界。理智的世界观的秘密，在于从他人身上看到美德，而从我们自身寻找混乱的根源。这个秘密就在克劳斯眼前，在西多妮的灵魂和肉体之中。她是他最好的自己，来到他身边拯救他。他把她搂在怀中，却失去了她。我们永远不会知道究竟是怎么回事，但是上面引用的他那句格言包含了某种恶毒的东西，它让我们觉得责备他比怪罪她更有道理。

L

格奥尔格·克里斯托夫·利希滕贝格

格奥尔格·克里斯托夫·利希滕贝格
Georg Christoph Lichtenberg

格奥尔格·克里斯托夫·利希滕贝格(Georg Christoph Lichtenberg, 1742—1799)站在德国现代性的起点,"二战"之后,这个国家想要从历史灾难中恢复自由主义思想时,他又处于正中央的位置。如果说有必要把神秘性从德国唯心主义遗产中抽掉的话,那么利希滕贝格或可作为一个思想的原型,我们可以将他看成一个头脑冷静的小农场主,站在起点处等着人们回去,烟雾消散后,他的处境看上去仍是一个诱人的前景。主要是由于黑格尔及其长期以来的影响,德语作为一种思想性很强的语言,背上了造成自我生成的超验主义荒谬晦涩的坏名声。可事实上,我们有很好的理由认为,德语和法语一样在本质上都相当精简。(使用德语叙事的最有才能的作家,从歌德延续到叔本华,再到弗洛伊德、施尼茨勒、卡夫卡和维特根斯坦,都认为格言是一种自然的形式。)正如帕斯卡在法国开创了用简明具体的语言表达思想乃至精神的传统，利希滕贝格在德国也开创了同样的先河。他要迟一些，不过统一的德国出现得也晚。德国是一个年轻的国家，如果谁可以推开一层层废话形成的帘幕——其中很多是爱国者编织的，他们相信只有肃穆的风格才是真正严肃的，只有看不懂的才是深刻的——那么对这个人来说，利希滕贝格是德国依然可以感觉年轻的原因之一。作为一名教授（他是哥廷根大学的物理学、天文学和数学教授），利希滕贝格始终像个研究生一般风趣幽默，这是很难得的。我们可以想象罗伯特·奥本海默在洛斯阿拉莫斯国家实验室，或者理查德·费曼在加州理工学院的情景——利希滕贝格对别人的语言保持着警觉，对自己也总是一丝不苟，而且不愿落入任何窠臼。由于身体上的残疾，他很难享受激烈的情感生活，而这种生活在他看来是存在的核心；尽管如此，他对于现实中的爱与性有着很深的理解：他有各种理由可以逃避现实世界，可他却始终关注着它的方方面面。归根结底，是他细致坚定的洞察让读者感到震惊。在利希滕贝格的几十本"废书"（Waste-Books）和手写笔记本中散布着大量的观察，它们合起来一致显示了他一以贯之的指导原则：保持"适当的距离"，换句话说就是分寸。他是反对歇斯底里的思想家，他富有幽默感，坚决不发脾气，这样的心智为我们提供了一个有说服力的论点，那就是坏脾气也许是政治失常的原动力。德国出了他的很多选集和合集，但大部分最优秀的文字都收录在 J. P. 斯特恩的佳作《利希滕贝格：散落各处的原则》（*Lichtenberg: A Doctrine of Scattered Occasions*，1959）中。利希滕贝格那些短小精悍的名言就像老兵的背包，收拾得整洁巧妙，在需要的地方会直接引用原文，在其他地方总是恰如其分地翻译成口语化的英语，而且还有详细的注释，它们的内容是支离破碎的德国人文知识体系，都是斯特恩在战后积累起来的。（斯特恩出生和成长在捷克，他在1975年还写了一本关于将捷克毁灭的那个人的书，《希特勒：元首和人民》

[Hitler: The Führer and the People]，是同类题材中最优秀的一本小书。）斯特恩第一次看到利希滕贝格的名字是在卡尔·克劳斯的杂志《火炬》上。但是，如果把利希滕贝格姗姗来迟的广泛影响归结为克劳斯某个讽刺段落的作用，那就不对了。他的清晰和简洁为论说文设立了一个标杆，无论文章长短，无论是他的母语还是其他语言。

―――◆―――

他非要搅乱词语本身的意义不可。

利希滕贝格，《格言》(*Aphorismen*)

利希滕贝格是在描写一个差劲的作家。有些差劲的作家精于语法、词汇和句法，差就差在对语气缺乏敏感，而他们往往是差劲的作家中最糟糕的。但是总体而言，糟糕的写作基本从一开始就不上路：在它自己的土壤下面已经有问题了。由于表达很多时候源于隐喻，差劲的作家会在一个短语里，而且往往是在一个单词里乱做比喻。从一部名为《电影谋杀》(*The Movie Murders*)的电视电影中，我记下这句糟透了的对白："当火从笼子里被放出来时，无异于一个弗兰肯斯坦。"

火可以是笼中的动物，如果你不介意陈词滥调的话。然而被关在笼子里的弗兰肯斯坦连陈词滥调都不如。弗兰肯斯坦不是怪物，他是怪物的创造者：所以这样使用他的名字是不准确的。如今这种语言误用已经被接受了，就像"juggernaut"这个词在英语里面用来表示不可阻挡的力量，其实正确的用法是"Juggernaut's car"：但是好的写作应该做最后一搏，反对这种对错误的自动吸收。例如，一个称职的作家会仔细再看一下"最后一搏"的准确用法，以确保他想说的意思是"进行一场不可能获胜的斗争"，同时检查一下"自动吸收"，以确保它跟与之最后一搏的现象能搭配上。他最好也知道，此处的"phenomena"（现象）一词不能用单数形式"phenomenon"，尽管这一知识也开始变得很稀罕。称职的作家总会审视自己已经写下的东西。比称职的作家更好的作家——好作家——在写下它们之前就会审视它们的效果：他们无时无刻不那么想。差劲的作家从不审视任何东西。他们对自己作品细节的疏忽，正表明他们对外部世界的细节的疏忽。

在一次电视采访中，弗朗西斯·福特·科波拉用了"大众"（hoi polloi）这个词，但其实他想表达的意思是"精英"（elite）。我们没有理由认为他在剧本里不会犯类似的语法错误，如果他觉得自己不需要专家的意见的话。卖座的导演——他们的电影在宣传时往往会注明是他们的作品——越来越倾向于甩开专家。（顺便说一下，这一趋势倒不一定是因为导演自大，更多是因为作家稀少：剧本更依赖于场景而非对白，而符合这种写作套路又有经验的作家很难找。）我们大多数人写"大众"（hoi polloi）这个词的时候前面都会多加一个定冠词 the，它是多余的，因为这个表达中第一个词就相当于定冠词，但这只是一个用法问题。用"大众"来表示"精英"的意思是完全错了，它表明说话人要么每次读到这个词的时候都产生误解，要么他没读过太多东西，后一种情况更有可能。大胆的半文盲在电影导演中相当常见，尤其是那些认为自己拥有强大想象力的导演，他们不只赋予自己对剧本结构的最终决定权，还有创造它的每一句话的特权。我们只能原谅他们：能把一部电影剧本拍摄出来需要罕见的领导才能，能做到的人几乎肯定是有些傲气的。詹姆斯·卡梅隆执导的《泰坦尼克号》剧本无疑是场景设计的一大壮举。而在语言上，从开始到结束死气沉沉。如果有人质疑这一点，他会说这部电影比史上任何电影赚钱都要多，都要快。他还可以说，视觉叙事比对话重要得多，更何况单是他对银幕形象的驾驭就足以反驳对他忽视现实微妙之处的指责。但是影片幼稚的人物刻画——对于成人观众来说，这完全抵消了精心再现年代细节的效果——和人物要说的低智台词之间有着明显的关联。这些本来都不要紧，要不是那位导演自认为是作家的话。但他的确那么认为，而且他是个糟糕的作家：天生的糟糕作家。

麦考利对不幸的蹩脚诗人罗伯特·蒙哥马利做过一个评论，是对天生的糟糕作家的经典分析，他指出这样的作家把一切都弄错了，因为他对风格的问题足够敏感，以至于想让自己的表达方式超越正常的表达。当蒙哥马利描绘一条河流"蜿蜒流淌，和它的源头齐平"时，麦考利指出，一条和它的源头齐平的河流根本流不起来，更别说蜿蜒了。麦考利发现了缺乏观察力和表达力不足之间的联系：蒙哥马利用冠冕堂皇的措辞来同时遮掩这两种缺失。马克·吐温也为——或者说也对——詹姆斯·费尼莫尔·库珀做过同样的剖析。库珀觉得"更优于"比"优于"更好：吐温则认为笨拙地使用高雅措辞和洞察力的欠缺密不可分，这也导致库珀《皮袜子故事集》中的情节荒谬可笑。当一个糟糕的作家从过去的权威那里借用惯用语时，他往往丢下金属，而取走上面的铜锈。仿效圣经是平庸的文体家意欲崭露头角的标准方式。在试图描述新闻媒体耸人听闻的报道手法时，马尔科姆·马格里奇提出了这样的口号："我们每天的故事今日赐予我们。"这种努力注定会失败，因为它所做的无非是提醒读者：钦定本主祷文写得比马格里奇的文章要好。其实他直接说新闻界每天都需要一个新的故事就好了。贡布罗维奇在他的《日志》中指出（见第二卷，第164页），当作家把老生常谈弄得很复杂时，说明他没太多可说的。

尤里乌斯·恺撒写东西总是清楚明白，无论是关于高卢被分为三个部分，还是关于建造一座桥梁。腓特烈大帝对放鹰狩猎的描写来自直接观察，没有道听途说，文风平实。维多利亚女王的信是紧凑精确的典范：她写得比伊丽莎白女王一世好，或者说内容很充实。这些非职业作家写的实用说明文为未来的职业作家设立了一个标准，如果这些作家足够聪明，知道在施展手艺创造艺术品之前应该打下坚实基础的话。他们很快会发现，即使是很务实的作家中最脚踏实地的那些人，在匆忙中也会词不达意，所以这必然有技艺的成分，而不仅仅是天分。除了《战争天才》(A Genius for War)这本优秀的巴顿将军传记，美国著名军事历史学家卡洛·德斯特还写了两本关于"二战"各个战区的重要著作，《诺曼底的决断》(Decision in Normandy)是关于"霸王行动"的，《苦涩的胜利》(Bitter Victory)是关于盟军攻入西西里岛的。还有另外一本书《致命的决定》(Fatal Decision)，可就没这两本那么让人满意了，因为它丢掉了那两本书最重要的优点，也就是用清澈的文风记录和考量事实。关于安奇奥战役的一切德斯特都知道，可是在试图讲述给读者时，他要么是太激动，忘了该怎么写，要么就是——这点更有可能，可惜啊——他从编辑那里得到的帮助比以往要少。因此，我们看到他用自己的话对丘吉尔的大战略进行了改写，"地中海的'软肋'是德国的阿喀琉斯之踵"（第12页）。但这样一个明显混杂的隐喻至少还能让你明白是什么意思。当一个普通用语的意思被无意中颠倒时，比喻性的成分混杂在其中便更加难解难分，进而影响整个句子的意思。"在接下来的八周内，滩头阵地的东北角形成了对峙，504营被迫进入战壕，要说悲惨的话，那比不上他们在第一次世界大战的同行"（第176页）。这里的"比不上"其实是想表达"可以相比"的意思，但是两个短语的意思并不一样。当一本重要的书语病四伏时，想充分理解这本书就不得不把它读上两遍。当然，不那么重要的书很快会被搁在一边。

如果新闻业的语言整体在恶化，那么自诩更高雅的写作门类迟早也会感到这种伤害。从成百的例子中举一个——我做文化记者那些年，普遍用短语"harp back"来表示"hark back"（追溯）的意思。

如果"bored of"成功取代"bored with"（厌烦）的话，那倒没什么好反对的，除非是出于怀旧：介词"of"和介词"with"在这里同样管用，再说这种流变从语言诞生的时候就发生了。但是"harp back"混杂了"harp on"（唠叨）和"hark back"（追溯）的不同意思，因此有损英语来之不易的重要优点，那就是一个词只讲一层意思。这种语病出现在公开发表的文章里，是因为审稿的编辑们鉴别力也不如以前了，所以看到它在书本中层出不穷并不奇怪，虽然很让人失望。大卫·麦克林蒂克的《不体面的曝光》（*Indecent Exposure*）是关于现代好莱坞道德沦丧最优秀的作品之一，对于在创作自由和必要的成本控制之间不可避免的无休止斗争，还有由此造成的敲竹杠和斤斤计较之间的来回摇摆，再没有比这本书解释得更好的了。但是，这位在其他方面极为敏锐的作家却用"flaunt"（炫耀）来表达"flout"（蔑视）的意思，从而同时破坏了两个词的意思："对克利夫·罗伯逊来说，哥伦比亚电影公司重新起用比格尔曼不仅是无耻地炫耀公正，也是对他个人深深的侮辱。"就在这么一句话里，一个让你相信他能写任何东西的作者，让你怀疑他什么都没读过。在正常情况下，有素养的文字编辑可能会把错误纠正过来。可如今野蛮人就在家门口，恶化的过程看起来不可阻挡，甚至在美国也是如此，在英国更已是无法挽回的败局。成名作家对文字堕落的嘲讽很有趣，但不会奏效。金斯利·艾米斯就曾敏锐地指出，用"disinterested"（无私）表示"uninterested"（没兴趣）的人不可能读你抱怨相关问题的文章，因为这个人根本什么也不读。然而，有证据表明，有些书读得很多，而且都是经典好书的作家，在语法、词语派生和用法、标点符号、比喻的一致性等问题上也不能做出准确区分。小时候接受规范的教学可能会有所帮助，但这种警觉可能更多是与生俱来，而不是后天习得。

这种天性甚至可能会过度发达，对作家有害无利。一个优秀的散文作家总是以诗歌的标准创作。(现代诗歌的标志之一，是自由体诗的出现为那些不能以散文标准写作的诗人开辟了道路，不过这是另一个问题了。)然而，优秀的散文家的标准还应该包括一种意识，即他不是在写诗。亨利·詹姆斯抱怨福楼拜死活不放过自己的语言时，他说的并不完全是谬论。(普鲁斯特对福楼拜有保留的赞扬也可以归结到同样的看法。)在崇拜纳博科夫的同时，我们仍然可能会发现他对陈词滥调过于警觉，以至于个别段落的意思含混不清；詹姆斯·乔伊斯就更不用说了。在对文体漠不关心、不介意重复字词的托尔斯泰和宁死也不愿重复的屠格涅夫之间有一块区域，作家在其中可以做到措词精确，却又不会把读者的全部注意力转移到怀疑他的精确性上。利希滕贝格会把那个区域包含在他的核心概念"适当的距离"中，他认为这是理性判断的关键。伦勃朗据说讲过一句话，而且歌德也喜欢这个讲法：人们不应该把鼻子太靠近自己的画作，因为颜料是有毒的。

过度警惕的一个强烈副作用是试图把所有的观察全部描述出来，结果却适得其反。在《特洛伊罗斯与克瑞西达》(*Troilus and Cressida*)中，亚历山大有一句话很适用："愚蠢的阿古斯，目不转睛却视而不见。"注意力一定是有选择性的：否则我们大部分醒着的时间都会被所见所闻的冲击压垮。文字回味悠长的秘诀就在于挑选出关键的细节，而不是把所有不相干的细节都加进去。回想一下《亨利六世》第一幕中圣女贞德的话：这些话也许不是莎士比亚的手笔，但是写下它们的那个人知道自己在做什么。

> 荣誉就像水上的一个圆，
> 永不停息地自我放大，
> 直到伸得太远散为泡影。

事实上，当某样东西溅起水花时，总会泛起一组涟漪。永远不会只有一个圆。但剧作家只需要一个圆，所以他把其他的都忽略掉。如果他关注的是刻画自然事件，那他就会选择荷马式的比喻。比喻，而不是"物体"，是他的对象。两千多年前的荷马也是这样，他可以顺带描述一样物体（一只银弓的弓弦，只用一个拟声词一笔带过，argurioio bioio），却总在寻找更大的猎物。埃兹拉·庞德很典型，他不停敲打着钉帽已经和木头齐平的钉子。偶尔也有好的作家并不擅长描述，正如偶尔有好的画家——比如博纳尔——不会画马，但总的来说，捕捉展现在他面前的现实的能力，对任何从事严肃创作的人来说都是一个前提。约瑟夫·康拉德在评论作家的目的时说，"最重要的，是让你看到"。他所说的远远超过作家看到的自己眼前的东西。他的意思还包括眼睛后面所发生的：道德维度。在中篇小说《台风》中，当叙述者突然被推到一边，康拉德让你看到头顶上的星星变成了一道道条纹："一切一起飞扬，随后消散。"一笔精彩的描述，但对他来说并不难。在《吉姆老爷》中，他让你看到吉姆的耻辱：这要难得多了。

两个错误相比的话，太多顾虑比太少顾虑要好，但事实仍然是，好的作家关注的不只是语言。事实很尴尬；而最尴尬的部分是要在一个给定的句子中实现隐喻的力量，其中一些词语的隐喻内容——词源及传统用法流变的历史——必须被抑制。《理查二世》中格洛斯特公爵夫人有一句强有力的对白，"你指出了通向你的生活的赤裸裸的途径"，如果我们考虑其暗含的裸体人物，而不是无人把守的小路这一明显意象的话，我们对它的理解就只会减弱而不是加强，而且这里面有一个最好的信号：莎士比亚并没有那么想，否则他会用另一种方式来写这句话。（多重意义的隐喻是他后期戏剧的一个特征，但是我们第一次听的时候几乎无法理解其中的复杂性——当然，弗兰克·科莫德大胆地指出，在他那个时代也是如此——本来没什么好

Georg Christoph Lichtenberg

琢磨的，如果我们不是确信这一点的话：莎士比亚在打结之前，一定透彻地了解那些打结的绳子。）要让一个观点在一句话中变得鲜活，其中一些词语必须失去活力；要让它们全都活灵活现的惩罚，说得好听点就是精致过头。如果这种精致过头没有被作家坚决排除在外的话，也会有热心的读者去提供。现代批评家们将"细读"概念推到了极致，从而读出了作者根本没想过要放到作品中的意义，他们因此获得了才华横溢的名声，可这并不难，这很容易；忙碌的活动让他感觉相当有创造性，仅凭这一事实就足以明白他们正在犯一个错误。

对于大多数糟糕的作家，这种问题并不存在。正如奥威尔在他极为重要的文章《政治和英语》（"Politics and the English Language"）中指出的那样，他们用现成的短语，而不是单词写作，对于现成的短语，他们充其量也就是稍作变化，以显示他们知道它是什么。通常，他们甚至连这种意识也没有，他们的东西就是自己写自己，用标准部件自我组装而成，就像培养菌的传播，只不过大部分部件太差劲，没法传播下去。然而，我们真正关心的并不是一塌糊涂的创作，它们的作者除了凑字没有任何想法。困扰我们的是那些雄心壮志超出其能力的创作。它让我们面对努力失败这一现象。曾几何时，我们希望建立一个人人都会成为艺术家的世界。现在我们被那些傻瓜的尝试吓坏了。但是通过言传身教来提供免费的培训仍然是有意义的，就像英国报界的资深文学编辑曾把它当作自己工作的一部分那样。有了适当的训练，一个像样的作家在编辑动手之前会自行编辑。一个杰出的创作天才总是一个杰出的批评家，至少就他自己的作品而言，如果不包括其他人的作品的话。普希金曾感叹俄国缺乏真正意义上的文学批评，倒不是因为他在判断自己的诗歌时需要别人帮忙，而是因为他想在一个文雅的社会创作诗歌。《叶甫盖尼·奥涅金》是一个轻盈灵动的奇迹，其中每一个字都被反复掂量过。当蒲柏称天才为承受痛苦的无限能力时，他讲的就是这个意思。天资聪颖的人几乎生来就有一切，但是通过不懈的学习和努力，他们把伟大的天赋转化成伟大的作品。他们最初的傲慢是必要的，甚至是决定性的：海因里希·曼说得对，年轻艺术家先要有自信才可能有所成就，而自信未经实践势必看起来像自负。但是，如果他们要成长的话，他们的自大中一定要融入一丝谦卑：他们必须承认，创造力的一个秘密是毫不留情的自我批评。"我亲爱的朋友，"伏尔泰曾对一个有志成为作家的年轻人说，这个人麻烦他看看自己还未发表的手稿，"你可以写得这样漫不经心和一塌糊涂，当你已经成名的时候。在那之前，你得多下功夫。"

> 没什么才气且掌握的知识多于理解力的人都有一个通病，
> 他们更喜欢艺术性的说明而不是自然的解释。
>
> 利希滕贝格,《格言》

利希滕贝格这个有多重意义的想法并不新鲜，但他可能是第一个把意思概括得如此精炼的人。莎士比亚笔下那些看似聪明的傻瓜，把认真研习的废话当成智慧滔滔不绝地卖弄，可以说提供了学识如何赶走常识的一个传统标杆。《爱的徒劳》并不是唯一一部，却是最有影响力的一部描述脑子不正常的文人之间的冲突的作品，其中唐·阿德里安诺·德·亚马多和霍罗福尼斯的所有动作中，有五分之四是在为最后的对决做准备，在对决中他们用连篇废话把对方淹没。("他们刚从一场文字的盛宴上，"莫斯说，"偷了些残羹剩饭回来。")在一部又一部剧目中，两个或更多这样的怪人之间的对决，通常是以争执不下的讨论会的形式出现，其中每个参与者都悬浮在一团热气上面。莎士比亚刻画的丰富人物有一个标志性特征，那就是永远不会雷同，除了在插科打诨的时候。伊阿古这个人物在不受嫉妒心影响的时候是睿智的,而且鄙视那些"只会空谈、不切实际"的"迂腐理论家"。伊阿古清楚地表达了莎士比亚的心声,虽然他在密谋反对奥赛罗。本·琼森的戏剧中有很多假药贩子,他们在骗那些笨蛋的钱财时常常引经据典。伟大的剧作家们让我们永远意识到,在我们的语言中干巴巴的雄辩和言之有物的声音之间的差别。英国的经验主义哲学从开始用的就是这种继承下来的文学语言。那也是英语国家何以能够提前做好防御,抵挡二十世纪滚滚而来的意识形态诡辩的轰炸,在这一点上英语国家要好于其他所有的国家。

即使没有莎士比亚(这样一个假设是可能的),随后的英语文学也会充满挡住诡辩胡扯的讽刺作品。在王政复辟时期的喜剧中,真假文才之间的区别也在于这一点:真文才会促成一本新书;但假文才总是在引用旧的东西。莫里哀作品中典型的骗子讲起话来像一个图书馆,可他无法凭一己之力为法语接种防治假装有学问的牛痘。英语好在有反复接种。妄想性精神病(folie raisonnante)是斯威夫特笔下的飞行浮岛勒普泰的毛病,其根源是书本知识,而托马斯·洛夫·皮科克深谙夸张的措辞和思想欠缺之间的关联,让十九世纪后浪漫主义时期的英国成为焦点话题:正如现实生活中,他在雪莱昏倒时,把一块牛排放在他鼻子下面挥动,从而毁掉了雪莱的素食主义一样,在他一部接一部小说中,他轰击了浪漫主义心灵探索的浮夸语言。在皮科克的狂想曲杰作《险峻堂》(Melincourt)中——一架子怪书中的一本,甚至比其他书还要怪异——有强迫症的古典学家格罗沃格勒布牧师和阿诺非尔·阿齐塔勋爵一起坐在一块高耸的岩石上,两个人都面临即将到来的死亡,他引用着埃斯库罗斯的希腊语原文和维吉尔的拉丁语原文,而阿诺非尔勋爵则用英语诅咒他。(彼得·波特自己也爱大量引用,虽然他人还算正常,难怪他对格罗沃格勒布牧师有好感。)这一想法——通过几个世纪的丰富喜剧植根在英语中的想法——就是书本和知识必须保持平衡。在《爱的徒劳》中,莎士比亚笔下的纳瓦尔国王在称赞比荣时提前对此做出了总结："他真有学问，所以会讲道理反对读书！"

叔本华用利希滕贝格式的、略带口语风格的德文表达了同样的想法，强调实际观察而非博学多识，他还确信，后者损害了前者。德语总是被认为适合营建思想的空中楼阁，但其实德语还有相反的用法：那些认为黑格尔行文故意晦涩难懂的人，不妨看看他的艺术批评，他们会发现黑格尔在那些作品中很务实，把关注点集中在讨论的对象上，而且对待艺术品就好像对待自然界中的事件。（康德永远也不会那么做：他从没看过一幅画，就构建了美学的空中楼阁。）在意大利，贝内代托·克罗齐宏大的美学理论体系建立在一个基本命题上，即真正的创造力是自行生成的，不是由书本知识衍生而来。他对书本知识也持同样的看法：除非是满怀热情获取的，否则它就毫无意义。埃贡·弗里德尔也许是有史以来最大的书呆子，可他强烈反对书呆子。他可以坚持这样：他读书，还有写作，完全是出自个人的渴求，与仿效他人无关。但他知道自己在这一点上未必总站得住脚，在他最伟大的作品《现代文化史》中，他总是细心地把任何历史时代僵化的学问作为衰颓的明显迹象。在我们的时代，菲利普·拉金警告过试图从艺术中创造艺术的后果。拉金认为奥登后期的作品就是这样，而且有证据表明拉金是对的。但无论是早期还是后期，奥登的艺术热情总好像是强行进入了他忙碌的头脑：他写东西仿佛是因为学问追着他，而不是他追着学问。在他的批评纲要中，连那些最深奥的思考，也像是一个高明木匠的手艺。如果他写下一首诗讲一幅画，那是因为这幅画让他感受到大自然的力量，一种日常事件。斯蒂芬·茨威格在他的书《相遇》（*Begegnungen*）中把这一主题压缩成一种对立，他说歌德的一生中，很少有一首没有体验的诗，也很少有一次"没有诗歌的金色影子"的体验。先是体验，然后是金色影子。我们很容易认为，曾有重大影响的所有艺术都是如此，所有思想也是。但这个想法本身是对的吗？

如果是的话，那这本书就很愚蠢。它很可能是博学而非才华的产物：几十年来我发现，当我什么都不知道的时候，我的文笔更流畅，当然我可能那时候就没什么才华。但是一种固有的冲动和一种终身的性情告诉我，这是利希滕贝格在强词夺理，他一生中很少这么做：在赤裸裸的命题中隐含着一个假设。他假设从艺术中得出的解释不可能是自然的。这种对立是错误的。艺术是自然的一部分。艺术是我们所做的最自然的事情之一，而且关注艺术并从中汲取范例，实际上和关注个人体验并从中汲取范例一样自然。它甚至可以更自然，因为它包含了更多体验：其他人的以及我们自己的。如果我们说，"我几乎要想通了，但是隔壁的诺拉·赫斯南斯打断了我，等她唠叨完，我已经找不到我的思路了"，我们这是从个人体验来说。但如果我们说，"我几乎要想通了，但我被一个像是从波洛克来的人打断了"，我们就不仅包含了自己的体验，还包含了柯勒律治的体验；而且说得更具体而非相反，因为我们还加入了一种认识，即这种情况是普遍存在的。我们也可以传达一种暗示，我们马上要想通的东西相当重要，也许其重要性堪比本来会成为杰作的《忽必烈汗》，如果柯勒律治的神思没有被一个路过的笨蛋打断的话。如果我们不想失去诺拉·赫斯南斯，我们可以给她平淡的名字加上诗意的暗指（"但是隔壁的诺拉·赫斯南斯就像从波洛克来的那个人……"）达到一箭双雕的效果。扩大视野未必会分散我们的注意力：恰恰相反。没有参照系的人并不因此而更有人的本真。他只是更加形单影孤。

问题的根源在于艺术和博学是受到喜爱，还是仅仅被利用。在三四十部散佚的阿里斯托芬戏剧中，如果没有三四部里面充斥着自命不凡的笨蛋的话，那就怪了：那个时代也有博学之士，而且只要是学问受到重视的地方，总会有乏味的经典评注者，通过炫耀学问的幻象来寻求认可。毫无意义的渊博一直可供戏仿。普鲁斯特的诺尔普瓦不停地引用外交史，把观众都催眠了，但他的可笑之处在于，他对于生活一无所知，当然这也不是说他对于外交无所不知。（我们认为他一定是个糟糕的外交官，但只是顺便说一句，未必是对的。）如果塔列朗和诺尔普瓦一样大段引用外交史，塔列朗还是能引来不少听众的。那些用机械的方式炮制出他们掌握的艺术知识的人，也以同样的方式获取知识。那些人中有一部分接触艺术知识比较晚，是作为一种社会修养。其他人不幸成为出生在文雅家庭里的非利士人。（在剑桥我遇到了一个这样的人：他对多种语言文化的所有艺术无所不知，可他证明自己拥有那些学问的方式，真让你想报名参加外国志愿军。）我们大多数人更为幸运，我们最早生发热情，就像我们第一次吃肉喝酒，怀着一种从未被满足过的饥渴。从上千个可能的例子中举一个，我第一次遇到图卢兹-罗特列克（Toulouse-Lautrec）是在悉尼，那是 1957 年。他早已在 1901 年死去，但突然间，我感觉他又活了，魅力惊人。那时澳大利亚没有罗特列克的原创画作公开展出，但瑞士史基拉出版社刚刚出了第一套四四方方的系列小书，粗白布面装订，封面压凹，贴有彩图。最终我拥有了全套书，但罗特列克是第一个。比邮票大不了太多——南美国家的那些大型邮票，但毕竟是邮票——那些小小复制品占据了我的注意力整整一个星期。我对其他东西全都视而不见。但是当我终于可以再次看到这个世界时，我不断遇到罗特列克那些来自巴黎卡巴莱夜总会的人物——伊薇特·吉尔贝、简·阿夫里尔还有纳·哥鲁——在悉尼街头出现。我看到橡胶腿舞者瓦伦汀·勒·德索斯从环形码头的曼丽渡轮上软绵绵地跳下来。这不是艺术代替生活：这是艺术以及生活，还有艺术融入生活。多年后，当我到欧洲时，我已经准备好接受真正的罗特列克画作，因为对于即将面对的作品，我已经有了一些概念。而我对巴黎本身的接受，也极大地得益于我从书本上积累的零星知识，我从中看到蒙马特和蒙帕纳斯那些活着的幽灵。其实它从来不是书本知识。它是激情：一种突然迸发的青春热情，对所有一切的激情，包括形状、色彩、对稍纵即逝的永恒记录、被捕捉到的动作那音乐般的宁静、一个锻造武器和时间战斗的伤者的英雄主义。和时间战斗的时候，它把空间打垮了：由于艺术学院大量收藏并奢华展示着罗特列克重要的画作，芝加哥的街道在我看来总有他小小的、弯曲但又完整的影子。二十年前在那里拍电影的时候，有一天夜里很晚在湖边，我觉得我看到了他。一对漂亮的金发双胞胎姐妹在溜旱冰，她们沿着湖边空地从黑暗中飞驰而来，从我们昏黄的灯光中一溜烟穿过，我们还没来得及抓住她们，她们就消失了。换作是他，就可以捕捉到她们。

而这还只是罗特列克一个人。高更带来同样的震撼，我后来才能把他的名字念对（我之前把他叫作戈尔贡）。"Degas"（德加）这个名字也是。我一开始给"e"擅自加了个尖音符，也就是法语里面的"é"，而没有意识到"De"是表示敬称的前缀，真正的读法比较接近"Duh"，这个词也更符合面对他的天才时我的总体反应。从杂志上撕下来的一页页纸，再加上一小叠薄薄的书，我开始收藏他作品的复制品，还把他叫作"Day-ga"，直到一个从维也纳来的好心女人终于纠正了我。（她在斯特兰德拱廊商场经营一家咖啡馆。我那时真是年少无知，没有了解一下她的故事。）从那以后，我再也没有嘲笑过谁读错艺术家的名字，因为这通常只意味着他读到的东西远远超过了他所听到的，而我很清楚这种情况是怎么回事。当你在学习一门新语言的时候有一个幸福的时刻，在那一刻，你从不知道如何做，进入到不知道如何不做的状态。第二个阶段是危险的阶段，因为它通向老练，而老练的一个标志就是会忘了天真是什么样子。但是，只有当我们还天真的时候，我们才能最深切地体会发现的欲望，一种和情欲一样浓烈的感觉，而且还有一样好处，那就是我们不必担心被拒绝。艺术总是需要我们。它发现我们对其有着无限的渴望。贝多芬晚期的弦乐四重奏等了我三十多年,在我最早为《英雄交响曲》疯狂过后;而当我最终注意到四重奏时,它们看上去好像一点也不生气。

对于任何热爱艺术的人来说,艺术就是那么个人化。艺术作品都是有个性的:是地球上的另一类人群,甚至连表现都和人很像。"二战"接近尾声时,巴比罗利的柏林演奏会为马勒的交响曲成为柏林爱乐者的谈论话题拉开了序幕,马勒的交响曲在希特勒统治期间从未被演奏过,但此时已成为议论的对象,仿佛它们丰盛的诱人之处是一场可口的丑闻。在斯大林统治下,肖斯塔科维奇最宏大的创作之一藏匿不显,直到世界局势有所好转。它躲藏在一部名叫《牛虻》的苏联电影的配乐中,我直到几年前才把它找到,之前偶然听到它是作为电视剧《雷利,王牌间谍》(Reilly, Ace of Spies)的主题曲。我那时已是一个中年人,我发现它是我梦寐以求的年轻伴侣,我会很乐意对我早年的女友哼唱或者用口哨吹这首曲子的旋律,虽然她是否会喜欢要另当别论。但是,如果艺术作品有个性的话,它们的创造者本身也是一类人群:他们永不衰老,而且也没有厌倦不朽,不像那些斯特勒尔布勒格人[*]。当你年轻时,尤其第一次遇到他们的时候,艺术家似乎不只是凡人。但是把他们尊为超人永远是与坏人为伍。(叶芝不仅应该知道得更清楚,他也的确知道得更清楚:可他无法抵挡其中的意蕴——这也是柏拉图想把诗人从"理想国"中驱逐出去的原因。)幸运的是,更深入的了解必定会告诉我们,艺术家不仅仅是凡人,因为他们比我们更有人性。如果我们认为艺术家是不容谴责的,这种信念一定会带来惨重代价。我们正在承担这个代价,在文化新闻界,有太多半吊子记者不断忙着向我们证明,我

---

[*] The Struldbruggs,斯威夫特的小说《格列佛游记》中虚构的永不死亡的人物,然而八十岁的时候法律宣布其已死亡,从此专靠政府救济悲惨地生活下去。

们的偶像有致命的弱点。这是一个双重过错，一是某种阴暗心理，二是他们所受的异常简短的教育：报复倾向驱使他想要削减压根就不是巨人的那些人的尺寸——倒不是真的要把人砍断。

很少有艺术家完美无瑕，所以要证明他们有问题并不需要什么了不起的伎俩。有些评论家对卡拉瓦乔怎么也不感兴趣，直到他们发现他杀过人。他们差不多要相信每一个杀手都是卡拉瓦乔了。但是，我们必须小心，把艺术暴露在太多光亮中会产生有害影响。比如，考察贝尔托·布莱希特对于他的朋友、他的爱人，还有公民社会而言是多么居心叵测和讨人厌，这本质上是一项政治研究。但是如果我们忘记他是一位伟大诗人的话，这项研究将毫无意义。我们的天真无法重新获得：一旦我们开始了解我们的男英雄和女英雄们如何生活，还有他们的所作所为，我们再也回不到最初对他们作品的纯粹迷恋。可我们的纯真永远不应该被忘记：如果它被记住的话，我们对创作者的失败与沧桑的了解会融入我们对他们所创造的事物的感激之中，而迷恋也会逐渐成熟，变为欣赏。艺术是给成人的，即使创造它的是孩子们。孩子们没人管，就会撕毁对方的东西。

罗特列克是我最早的挚爱之一，所以我经常会想象有史以来第一个艺术家，在洞穴里画画的那个，是一个双腿萎缩的男子。他无法外出狩猎，要不是他擅长画那些看着挺有趣的野牛和烧焦的树枝，他可能已经被杀死了。他的感情是什么样的？它们很原始：和驱使第一批猎人去狩猎，而不是地里没吃的可挖就躺着等死的本能一样原始。但画家和猎人一样，也在做一件自然秩序中没有的事。可一旦他做了，就有了。尽管西格蒙德·弗洛伊德作为科学思想家的声誉一直存在争议，但他作为作家的地位无可置疑。他是用散文写作的伟大诗人，《幻象之未来》是他用散文书写的巅峰之作，他在文中说，文化之所以存在，有其特殊的原因，那就是保护我们不受自然本性的伤害。然而，他还可以补充说，保护我们自己不受自然本性的伤害是我们所做的最自然的事情：是它让我们更人性。艺术，还有对艺术的学习，并不是对生命的补充：它们是生命本身，是生命的一种表达，又回馈给生命，从而使它成为它的样子——更重要的是，向它展示它的样子，让生命变得有意识。但利希滕贝格知道这一切。他的几十条其他格言证明了这一点。他写这一条那天不太顺心。肯定是哪个笨蛋书呆子把他惹恼了。

> 如果由理性，这天堂的女儿，来判断什么是美丽的，那么疾病将会是唯一的丑陋。
>
> 利希滕贝格，《格言》

利希滕贝格不只是说我们不应该以貌取人。他也在说我们会不由自主地那么做。这句格言的关键词是第一个，"如果"。(Wenn Vernunft, die Tochter des Himmels, von Schönheit urteilen dürfte, so wäre Krankheit die einzige Hässlichkeit：你会发现，我的英语译文损害了他的洛可可式德文的抑扬顿挫，但我已经尽我所能了。) 所以说，我们不注重外表的话，就离理性更近；但是我们离本能也更远。男性欣赏个人美的本能，历来被认为比女性更强大，因此，传统上女人被认为在这个问题上更为理性，如果在其他问题上不是如此的话。传统回答了事实：唯一的问题是，事实是否是生理决定的。二十世纪晚期的女性主义做了大量努力来论证对女性美的狂热崇拜是消费社会强加的产物。可是，想来消费社会并没有强加给希腊人任何东西，是他们自己让海伦的美成为把伊里昂高耸入云的塔楼烧为灰烬的战争的燃点。承认本能比否认它更有道理。文学、绘画、雕塑、舞蹈，所有证据都表明，人在美中看到神性。除了歌剧和芭蕾，音乐是和个体美不相关的艺术，或许因此也是最抚慰人心的艺术形式。E. M. 福斯特有足够的勇气说，音乐爱好者——他自己当然也是其中之一——不是很有魅力的人。他是在雷区里小心走着。他还可以说得更大胆些。在这一点上，音乐在没有与歌剧和芭蕾结伴时，总是很清雅。其他艺术形式很少如此。

承认本能反应的存在给了我们审视它的最好机会。说本能不存在，其实只是在说它不应该存在，而且是在谴责别人撒谎——哪怕是那些并没有多少吸引力的人。金斯利·艾米斯在《像你这样的女孩》(*Take a Girl Like You*)中使用了他最大胆的笔触之一，让笨手笨脚的格雷厄姆唱起痛苦的咏叹调，哀诉被美丽的女性拒之门外是什么滋味。这个插曲的精彩之处取决于我们承认一点：他在讲他的感受。我们可以争辩说他不应该那么想，可我们很难要求他不要有那样的感受。（美丽的珍妮·布恩，他在注定失败的晚宴上的对话者，的确要求他换一种感受，可让她惊恐不安的是，她发现她几乎和命运一样让他感到愤怒。）在我们承认自己对美的反应本来就不是理性的之前，我们无法理性地对待这个问题。托尔斯泰对真相的戏剧化处理无人能比——连他自己也包括在内——他让皮埃尔不顾一切爱上他未来妻子的美貌，即便在她忙着证明她自己愚蠢透顶的时候。托尔斯泰把这一主题推到了艺术所能承受的极限，他展示了皮埃尔对她匀称乳房的痴迷，而同一刻，她正痴迷于自己匀称的手臂。翻译成热衷叹息和沉默的傻瓜的话，她是雪莱的新柏拉图主义观点的化身，把他投射到了他最狂热的一个幻想高潮中："我是宇宙／打量自己并知道自己神圣的眼睛。"皮埃尔正奔着麻烦而去。他把自己的灵魂交给了只和镜子有真正恋情的女人坎荻·克里斯蒂安。

《坎荻》(*Candy*)如果只是色情小说的话，那它就远不会那么有趣。要是特里·萨瑟恩和梅森·霍芬伯格想让他们这本小小的杰作更淫秽，他们会赋予女主角一种性欲。可事实上，只有因性需要而发疯的男人才会激起她的欲望。在一个关键场景中，两个格林威治村的诗人（名字是杰克·卡特和汤姆·司马特，巧妙地代替了特里·萨瑟恩和梅森·霍芬伯格）为了获得占有她的权利像动物一样打斗。他们对她的占有权仅仅存在于观念当中，因为她已经被书中无穷无尽的好色医生弄去接受私密检查了。在这本书中，医生最有资格评估她身体的完美。但是打斗的诗人表明了这本看似轻浮的作品深处包涵的颠覆性真相。萨瑟恩，这次是一个人，在《色情电影》(Blue Movie)中取得了又一个突破，故事是基于这样一个前提：像斯坦利·库布里克这样严肃的导演，也许想拍一部所有主角都很漂亮的色情电影，让这个过程可以真正勾起人们的欲望，而不是反感。（这本书是献给"伟大的斯坦利·库"的，在其职业生涯的最后，库布里克的确把电影变得和书中描绘的更像，只是完全没那么有趣。）作为一部小说，《色情电影》致命地摒弃了《坎荻》的可取之处，和《坎荻》中的性爱场景都是为了搞笑不同，《色情电影》太喜欢直来直去了，所以会落入色情书的常见陷阱，试图展示只能被感觉到的东西。但是，性商业只会意外地——而非必然地——和审美冲动脱离，这个想法还是成立的。

只有该领域的学者（就像《坎荻》中的克朗凯特医生）才能把世界上完整的色情录像目录梳理一遍：这样的录像一定有成千上万个。但是，在世界各地的酒店房间里，任何在深夜搜索电视节目的人都会明显意识到，即使在情色节目点播这个奇怪的空间里，也存在着肉体吸引力的等级结构。在那一堆——她有时简直就是那个样子——的底部，是一个似乎只是被创可贴、文身和金属针固定在一起的女人。中间部分主要源自加利福尼亚，那些女人身体的一些部位被人为地增大到摄影师必须退出房间才能拍下全景的地步。但是在上层部分，有些女人你乍一看也许还会想结交一下。那些男人你永远也不想结交：如果你曾经怀疑过会有一种明确的愚蠢面相的话，这些人完全可以打消你的疑虑。他们穿着衣服时是最可怕的，他们努力扮演着有挑战性的角色，或者是来修理垃圾处理装置的人，或者是个心理学家,要检查刚从太空回来的女宇航员的触觉灵敏性。你得看到他们的一举一动,才会明白一个男人看上去可以有多么愚蠢。他们脱掉衣服,性器官配合地勃起时,他们只是某种国际掷棒比赛中的竞争者,而且他们还不能用自己的双手。女人则一如既往地让人兴趣盎然。其中一些看起来几乎完全正常:嘴唇里没有胶原蛋白,乳房里没有硅胶,一副若有所思的样子,好像前一天晚上读了一本好书,可能就是《达·芬奇密码》。她们在那里做什么?

最快捷的回答是,这块市场已大幅扩张,她们一天花两三个小时和某个蠢货混在一起,就可以赚个上百万。长一点但也许更接近真相的本质的回答,是她们几乎全都没有任何表演天赋。她们的长相也比不上辛迪·克劳馥,所以当模特的选项也不存在。(也许她们刚出道的时候还有点可能:显然从差点要当上模特变身为色情片女主角是发大财的经典路径。)但她们看上去也不错。其实她们当中有一些极为迷人,而这个尴尬的事实更增强了片子的效果,这也不难理解。如果看色情片的效果,是让一个独自待在酒店房间里的男人感觉更孤独的话,那他就等着和铁面人一样吧。她就在那里,"米洛斯的维纳斯",只是双臂完整,环抱着一个扮相还行而且裤子褪到脚踝上的商人。扮演商人的演员是少数几个前额比竖起的火柴盒高的色情男星之一。他乘坐黑色宝马在明媚的阳光中来到维纳斯的宅邸。他从车里一下来,太阳就不见了。当他按门铃时,太阳又出来了。(即使在最高层次的色情片中——这是大卫·杜考夫尼在手头拮据的时候发明的——灯光和声音的变化也趋向一致:如果她把自己的鞋子脱掉,那在鞋子撞到地板之前用手指把耳朵堵上吧。)不过,这会儿他已彻底进入角色。即使是挑剔的观众,也很难不嫉妒他。只要她别说话。不幸的是她开口了。哦,不,别那么说。别做出那副表情。只要什么都不做。可惜啊,她们从来不会什么都不做。美梦总是被破坏。

也许这是在做梦。外表在这里与个性分离，完全只为性服务。但是在现实生活中，外表从来不会与个性长期分开，也不存在除了性就别无其他这种事：如果有，那么妓院除了裸体女人就不会有别的了。可事实上，那些女人很难进入装备齐全的妓院：制服、鞭子、吊架、皮面具、刑具、充满牛奶蛋糊的浴池。想象力不会被拒之门外，有令人心醉神迷的体验售卖时更加不会。每个人都想要一种亲密关系。即使这个女孩满足了你的眼睛想要的一切，她也还是要满足你心路历程中的一些需要。布努埃尔最了解这些事情，他在《白日美人》(Belle de Jour) 中把它们浓缩成一个瞬间。对于来自东方的那个大块头顾客，仅仅给他身穿内衣的凯瑟琳·德纳芙还不够。她必须拿着一个小盒子，盒子打开时，露出某种说不上来是什么吸引他的东西，那是他永远想要的。我们不知道它是什么。布努埃尔在他出色的回忆录中透露，他也不知道：那正是问题所在。

所以利希滕贝格只说对了一半。他认为理智与审美判断无关，这是对的。他认为做出审美判断的本能并不复杂，这又是错的。我们的梦想世界把它复杂化了，也把理性变得更加复杂。其实正是这个问题让我们有了最清楚的证明，那就是我们对世界从来不可能有完全理智的反应。理智是诗意的：它承载着我们个人的经历。我们也许最好承认，诗歌和欲望是分不开的。在他的回忆录《夹层》(Der doppelte Boden) 中，马塞尔·赖希-拉尼奇引用的库尔特·图霍夫斯基的话很说明问题。（你或者读一个女人，或者拥抱一本书。）不过他没有告诉我们图霍夫斯基的话是什么意思。我认为他的意思是，这两种体验不仅是相容的，而且密切相关。十九世纪末，早在会有他好受的政治正确的时代到来之前，乔治·圣茨伯里——或许是当时地球上最渊识博学的人——用过一个比喻，很能表达一首成功的抒情诗对我们心思的影响：他说那感觉就像看到"一个小姑娘的脸庞"。

男同性恋者可能不太会认同。对于男异性恋者来说，男同性恋并非不可想象——我们大多数人早年在某种形式上都有类似体验——可是男同性恋滥交却无法想象。即使像克里斯托弗·衣修伍德这样敏感的灵魂，似乎也是滥交中的全能选手。卡瓦菲斯也许不是，可他的诗证明这就是他的全部梦想。在前艾滋病时代，四处游荡的同性恋者的性接触次数似乎根本称不上享受：听起来像是停不下来的弹球机游戏里的那颗球。难道所有目标都被认为是美的吗？也许这暗示了一个纯粹理性的世界是什么样子：任何人都可以有魅力的世界。

滥交的男同性恋者的世界中大概也存在一些审美标准，不至于让滥交的数量成为天文数字。众所周知，奥斯卡·王尔德在法庭上把自己害了，因为他说，有一个年轻男人他没亲吻过，因为他（那个年轻人）太丑了。可以进一步假设，对于一些男同性恋者来说，审美至关重要，甚至会扼杀行动力。托马斯·曼的作品，从第一部到最后一部，全都充满了情欲的想象：他小心地营建起各种家庭生活的城堡作遮掩，让他的想象力不断升腾到反复的欣喜若狂中，但只在有年轻男子的面容显露时才能被发现。《死于威尼斯》是所有文学作品中对情爱意象最有力的表达之一。对阿申巴赫来说，年轻的塔奇奥站在利多浅滩的阳光中，就好像来自天堂的消息。但是曼和这个男孩的人物原型没说上两个字。在《费利克斯·克鲁尔的自白》(*The Confessions of Felix Krull*) 中，主人公的魅力可能和澳大利亚的网球冠军卢·霍德，我青年时代的一个偶像，有相像之处，尽管并不完全一样：曼在书桌上一直放有一张霍德的照片，目的是寻找灵感。（照片被重印在一本颇有价值的影像册《托马斯·曼：一个生命意象》(*Thomas Mann: Ein Leben in Bildern*) 中，可球员的身份并没有明确。我在这里给出他的名字，也算我对关于曼学术研究的贡献吧。）倘若他们在温布尔登网球公开赛相遇，霍德也许除了握手，不会有任何危险。据我们所知，曼的婚外爱情生活主要是一种臆想：年轻男招待意味深长的一瞥，新来的泳池清洁工暧昧的一笑。要说实现了多少的话，这位伟大的作家完全没有：除了在他的头脑中。

但是这种臆想确实在他的头脑中。即使身体感到满意，头脑也不得安宁。我们知道利希滕贝格本人的情况就是如此，他自己的性史让人感到既惊奇又可惜。他不只严重跛脚，还是个驼背矮子，他虽然找到了爱情和婚姻，却是通过一条扭曲的途径。然而，他的经历足以让他成为一名激情现象的研究者。若非如此，他不可能写出这句格言。从这句话的表述方式，我们可以看出他比它明显的结论要领先一步。他总是领先一步。他属于那样一种人，他们有各种借口来告诉我们生活毫无价值，然而他们是那样热爱生活，以至于他们甚至可以原谅命运让他们经历漫长的痛苦，如果不是忘记的话。

> 一个伟大作家最可靠的证明，是他随口说的话可以编成整本书。塔西佗和斯特恩，虽各有特色，但都是有这种能耐的大师。
>
> 利希滕贝格，《格言》

劳伦斯·斯特恩差不多算是他同时代的人，利希滕贝格写这句话的时候把斯特恩和塔西佗扯到一起，是在故意大胆挑衅，就好像我们说从赛维尼夫人的《书简集》和《BJ单身日记》中可以汲取同样的教训一样。这是一种吸引眼球的传播事实的方式，但事实最好是真实的。这个事实是的。济慈在他的莎士比亚剧本空白处做过记号，他注意到莎士比亚"附带的描写"质量之高：局部的浓烈笔触超出了实际所需。利希滕贝格的原则之尴尬——实际上他所有的原则都很尴尬——在于它颠覆了任何艺术统一性的观点。理想的情况是，一部书面作品中没有任何想要另起炉灶、再续新篇的迹象。实际上，这种事总是在发生，而且不总是在说明文中，虽然阐述性论辩自然更有可能提供补充说明，这些说明也需要进一步展开。在《古拉格群岛》中有一幕非常出色，当时囚犯在囚车中汗流浃背，而让-保罗·萨特正站在几英尺开外的小路上，宣扬苏联的种种奇迹。我们可以想象这是另一本书的开始，内容是关于哲学家的愚蠢，但实际上它在这里也适合。另外一个精彩的时刻就不合适了。在囚禁着犯人的火车上，索尔仁尼琴被挤在一个车厢的地板上，几乎喘不过气来，他突然意识到自己是快乐的。这一点也不适合：它是另一部作品的开始，是关于神秘主义的——是神秘主义哲学家尼古拉·别尔嘉耶夫可能会写的作品。也许可以说，如果索尔仁尼琴没能体验过这样的时刻，《古拉格群岛》就不会是关于失落的可能性的最杰出作品之一，所以它终究还是适合的：但它的危险在于让完全误导的结论成为可能，也就是极端的处境可以在神秘经验中得到解释。

在小说中，尤其是最伟大的小说中，随意点评是相当常见的。理论上，一部伟大的小说应该符合诗歌的标准，不包含任何不相干的东西。实践中，伟大的小说总是违背这个标准，而且往往反而让作品更好了。在《包法利夫人》中，有社交抱负的艾玛受邀参加在乡村别墅举行的盛大舞会，她发现贵族们比普通人光鲜。这一观察引发了一通关于营养差别的社会学论述，只是听起来不像是她的结论：听起来像福楼拜的。如果他说她没注意到，这一观察其实源于他本人的话，他其实可以让我们对她了解更多。在《了不起的盖茨比》中，盖茨比给黛茜看他的漂亮衬衫那一幕，和衬衫一样再妥帖不过。盖茨比没有什么其他东西可以讨她欢心，只能靠证明自己的财富：在炫耀那些衬衫时，他把物质精神化了——这是了解他性格的关键，也表明菲茨杰拉德可以把他选择的庸俗主人公画出诗意来。（盖茨比的身份之谜根本就不是个谜：他就是没有天赋的菲茨杰拉德会成为的样子。）当黛茜冷酷无情的朋友乔丹·贝克在一局比赛中移动了她的高尔夫球，你已经了解了你需要知道的关于她的性格的一切。但菲茨杰拉德也会有一些突兀的附加评论。他的叙述者尼克·卡拉韦对格言警句之在行，让你感觉他在学习兜售债券的时候，是不是在研读帕斯卡。"如果个性是一系列连贯的成功姿态的话，"尼克说起盖茨比，"那他身上有一些令人惊叹的东西。"这是书中我记住的第一句话，但我记住它是因为它从书中割裂开来。同样，尼克宣称："极富自信的任何展现都让我为之赞叹。"这句话有点好过了头，因为说这句话的人正显得极富自信。这些都不意味着《了不起的盖茨比》徒有虚名：一部杰作。但这的确表明，一部杰作的特点之一，可能是作者宕开一笔，又让我们感觉不到有生硬和勉强之处的能力。即使在《了不起的盖茨比》中，你也可以看出菲茨杰拉德是个依赖笔记本的作家。笔记本中精彩翔实的记录，不用太可惜了，无论如何他也会把它们用到小说中。海明威的写作方式正相反。海明威真正出色的短篇小说，是他明智地没有以同样主题写就的长篇小说中的一个插曲。甚至可以说，海明威非常糟糕的长篇，是他为没有写出的短篇小说累积的成套笔记。

　　安东尼·鲍威尔的《与时代合拍的舞蹈》中有一个不同寻常的时刻，就发生在笨拙的反英雄人物温德莫浦——他此时正处在傲慢和权力的顶峰——做了一场关于珍贵花瓶的无聊讲座之后。美丽而危险的帕梅拉走过来呕吐在了花瓶里。你需要在这几部系列小说中一直留意这两个人物，才能看到其中完美的巧合。他们组合得很好，就像来自两个不同影子工厂的劳斯莱斯梅林引擎的部件。但我记得叙述者尼古拉斯·詹金斯的一句话，好像是"没有什么比得上一个有趣的女人对我们有兴趣的感觉"。我觉得这听起来像鲍威尔的一本笔记本中的句子。我搜遍了小说，但没能找到，在笔记本上也找不到。也许是我听他本人讲过。曾经有一段时间，我和鲍威尔相当熟，我们会谈论这些事情。他自己的写作技巧出类拔萃，但应该记住，他觉得几乎每个人都笨手笨脚，除了他自己。他曾因此被嘲笑。事实是，大多数作家感觉都一样，因为他们是从专业的角度去读其他作家，而且总在寻找搞砸了的把戏。

在《幸运的吉姆》(Lucky Jim) 中，金斯利·艾米斯自始至终巧妙地把吉姆特有的视角与叙事区分开来。法语中有一个术语，"style indirect libre"（自由间接文体），用来形容带有人物视角的叙事，因为人物自己就在叙事的场景中；但这一技巧的诀窍在于，作者的参照系不能为人物所知。在《幸运的吉姆》临近结尾处，有一幕喜剧场景堪称一绝，当时吉姆如果不想永远失去克里斯蒂娜的话，他就必须赶去火车站，可一切都串通好了要把他乘坐的公交车拦住，读者们乐坏了，所以没注意到，吉姆对公交车司机为何看上去趴在方向盘上的揣测是错误的。难道，吉姆问道，他是被诗歌的灵感击中了？吉姆并不写诗，所以无从知道获得诗的灵感会导致诗人精神紧张。这是叙述者才会知道的状态。但在当时，至少对一个读者来说，这一反常并不重要，事实上它现在也不重要。我认为它也许是所有文学作品中最滑稽的一幕场景，如果有什么瑕疵，这瑕疵也一定是美的一部分。写出来的艺术作品并不完美。它们营造了看似完美的氛围，可它们的生命力太旺盛了，以至于很难掌控住自己所有的内涵。利希滕贝格是在警告我们，不要强求一致。没有哪个作家，甚至包括写短篇小说的契诃夫，可以是维米尔。一个画家可以让你无话可说。而一个作家会让你有说不完的话。他使用的媒介的本质，就是在你内心引发一场对话，直到你死去为止。他真正追求的就在你最后听到的那些声音当中。

M

诺曼·梅勒

娜杰日达·曼德尔施塔姆

戈洛·曼

海因里希·曼

迈克尔·曼

托马斯·曼

津卡·米拉诺夫

切斯瓦夫·米沃什

埃乌杰尼奥·蒙塔莱

孟德斯鸠

艾伦·穆尔黑德

保罗·穆拉托夫

诺曼·梅勒
Norman Mailer

诺曼·梅勒（Norman Mailer）1923 年生于布鲁克林，他上过哈佛，在太平洋战场服过役，美国文学史上有三本战争小说成为严肃畅销书（既严肃又畅销），他是其中一本的作者。詹姆斯·琼斯写了《从这里到永恒》(From Here to Eternity)，欧文·肖写了《幼狮》(The Young Lions)，而梅勒的《裸者与死者》(The Naked and the Dead)最普遍也最正确地被誉为现代经典。该小说无可争议的地位立刻使他成为媒体宠儿和文坛希望：这种固有冲突既能配合他戏剧化的性格，也能配合他制造话题的天分，于是开启了一种全新的创造性表达——不妨用他一本书的书名作结：《自我广告》(Advertisements for Myself)。自从他的事业华丽起航，之后半个多世纪声誉未衰，梅勒的母公司和企业品牌主要在自我竞争，挑动小说家梅勒对阵反小说家梅勒，后者主要以非虚构作家的面目出现。小说家梅勒似乎要刻意躲避自己的天才，总是写些难以卒读的书来证明这一点，从《巴巴里海岸》(Barbary Shore)到《古代的傍晚》(Ancient Evenings)这一系作品只有拿到终身教职的学究才会喜欢。但梅勒偶尔也会在惨败后打个漂亮的翻身仗，《哈洛特的幽灵》(Harlot's Ghost)就是彻底重振旗鼓的尝试。如果梅勒能有一整套这样精雕细刻的小说作品，他本可以跻身菲利普·罗斯、约翰·厄普代克和索尔·贝娄等巨匠行列，为世人叙述战后美国如何成为主导世界的文化强国。我们可以说他选择了更有趣的事业，当然也可能是迅速增长的离婚赡养费替他做了选择。不管出于什么原因，他更倾向于拓展记者梅勒的事业。不像他在电视节目上拳打戈尔·维达尔那般驾轻就熟，他从来没有花心思去掌握说理短文的标准形式——这是他的损失，也是我们的损失。不过他发明的其他形式十分丰富，其中一些已有相当规模。他的非虚构文集比如《夜幕下的大军》(The Armies of the Night)和《月之火》(Of a Fire on the Moon)中包含了一些想象力惊人的散文。汤姆·沃尔夫在随笔集《情挑》(Hooking Up)中争辩——他倒也有权利这样做——说自己花了十年工夫的小说《完满的人》(A Man in Full)完全对得起商业上的成功，绝不是梅勒那些急就章或是被过誉的时评短文所能企及的。沃尔夫当然有权发表他的看法，但他危险地站在了一块极易塌陷的松土上，他假定自己的作品忠实于个人社会观察，因此自然比梅勒不负责任的夸张任性更有意义。沃尔夫勤勉的报告文学长于细节观察，他也知道如何用夸张、刻薄和模仿去打扮文字；但梅勒的文章，即便是在最粗制滥造的境况下，也能够达到诗意的瞬间，远超那些穿着白色西装忙忙碌碌的花花公子的见地。美国的名流崇拜教能对一位艺术天才所实施的一切毁灭，在梅勒身上都发生过了。这许多破坏，他要么默许纵容，要么乐此不疲地记录下来，比如那本极好看又极糟心的《性的囚徒》(The Prisoner of Sex)。但造星机器承认他是才子倒也没错,就好像天才可以作为潜能存在,并不需要实打实的成就似的。的确如此。当奥逊·威尔斯无所事事坐在电视机前追思那些从未被拍出的电影,创造性想象力只要通过自我暗示即可证明存在。文学才华尤其如此,即便才华的主人发了疯也无法阻止才华溢出。它可能以火花的面目出现,但若没有火花也不会有真正的火焰。然而我们必须坚定地说,线索要求我们追溯源头:每个学生都应熟读《裸者与死者》,其中充溢的才华已经完成了历史使命,正是这一刻,美国文化帝国主义(不论好坏)成为世界上最普遍的政治事实。

———·———

> 在中产阶级看来,一句"他赚了不少钱"就可以结束对话。如果你继续坚持,试图指出此人赚大钱是通过挖开祖母的坟墓寻找石油,那么你只会得到一次中产式的耸肩。
>
> 诺曼·梅勒,《总统文件》(*The Presidential Papers*),第 233 页

即便他一本小说也没写过,我们也会叫诺曼·梅勒大才子,甚至大诗人,因为他实在文采斐然。即便他经常成为尴尬场面的主角,我们还是会说他有规矩,因为哪怕他在对自己一知半解的话题表达最愚蠢的观点时,依然能够写出有深度的句子。哪怕他想(有时候真是努力),也没法把自己的名气取消。梅勒年轻时尤其努力,结果就是没有一位重要作家能在那么长时间里读上去那么年轻。被梅勒视为前辈的亨利·米勒,不仅没有漫长的青春期,反而更像是早衰案例。米勒过早地老态龙钟,流着口水胡说些傻话,但他从来没有自愿当过少年幻想家。梅勒则相反,在本应该成熟的年纪还像个毛头小伙:比如他曾白纸黑字写下自己遇上拳王桑尼·利斯顿时,从对方眼中看到了恐惧——意思是害怕已经勾身摆好架势的梅勒可能释放出的肢体暴力——这情境真是妙极了。(应该说,此处还有几分真实,

不过不是梅勒以为的那样：职业拳击手会竭尽所能避免与平民发生冲突，因为不戴保护手套直接去击打人类的头盖骨绝对不是好主意。）

前一段引文里梅勒的立场不足为奇：也就是萨特企图强加于福楼拜的那一套对布尔乔亚的拒斥，考虑到写作者的社会背景，这同时又是一种自我反驳。然而这其中包含的滑稽图示真是妙不可言。这图示甚至不是为喜剧效果刻意安排的：它被扔进来，就像被扔掉一样。（背景介绍很随意，甚至潦草：他可以用"that the"来取代"that that"以避免连续两次张大嘴，那总会令人看上去比实际上更错乱。）图示从陈词滥调开始：英语中早就有为了钱卖奶奶的说法。但在梅勒口中，挖祖母的坟是为了找石油。你会感觉梅勒是现场发挥的——当时气氛肯定比较沉闷，需要一点活力。在他某篇谈写作的文章中（可能是《自我广告》），提到过他改《鹿苑》（*The Deer Park*）最后一稿时的欢欣一刻，他为一个句子加了几个词，就给了它生命。通过习惯性地将谦虚和自负结合（梅勒的语言版"左右连续直拳猛击"），他阐明了一种原则。这原则很简单，但只是因为其复杂性不可缩减。这是一种诗性原则。像其他拥有同样才华的诗人一样，梅勒无法分析该原则。他只能在诗意来袭时接入而已。如果没有灵感，他只能等；在等待时他会说各种蠢话，做各种蠢事。但他永远不会等太久。

兰德尔·贾雷尔说一个诗人必须等待被闪电击中的时刻。即使在一篇看似癫狂错乱的文章中，梅勒也会多次被闪电击中，你甚至可以听到他头发通电的嗞嗞声。这效果就像一次精彩的对话。你和他喝酒，他要描述一个为了钱什么都肯干的人。他脑海里首先想到的是卖妈妈或者奶奶的人，但立刻他就看出这种说法有待完善。把她卖去当奴隶？不够好。如果她死了会怎样？神圣的墓地。那么钱在哪儿？神圣的墓地下面。于是这人挖了祖母的坟去找石油。梅勒好像是一个富有灵感的演讲者，立刻就能拼成故事。在爵士乐里，最理想的即兴发挥比事先谱好的音乐更棒。电光火石的创造力甚至能骗过有见识的人。难怪梅勒年轻时会把自己视为爵士乐独奏家。他如此写作时，就是最美国的作家，呈现为何美国处于现代性之核心——如果仅有复杂的物质发展，它依然是贫瘠的，但当那种复杂性回归到情感领域，便能达到最丰盛的境界。我们不会停止书写梅勒，他自己也不会。这两种情况的原因，是他带领我们如此近距离地观察了才华的尴尬现实。才华并不属于它的占有者；占有者反而属于它，只有承认自己是才华的奴隶，才能得到自由。

娜杰日达·曼德尔施塔姆
Nadezhda Mandelstam

娜杰日达·雅科夫列夫娜·哈津娜,也就是我们所知的娜杰日达·曼德尔施塔姆(Nadezhda Mandelstam,1899—1980),二十世纪俄国最杰出诗人之一奥西普·曼德尔施塔姆的英雄妻子(后来是他的遗孀)。奥西普·曼德尔施塔姆是沙俄时代知识分子的代表人物,后来成了斯大林治下最有名的受害者。正如这位天真单纯、不问政治的抒情诗人很快发现的那样,要不是娜杰日达翻译各大欧洲语言的学养尚能支付日常开销,他大概就要饿死了。1934年这位诗人被捕后(他的"罪名"是写了几行讽刺斯大林的诗句),娜杰日达被流放到偏远小镇,只能靠翻译英语文章过活,1938年她的丈夫死在了古拉格。直到1964年她才被允许回到莫斯科,开始写《一线希望》(Hope Against Hope),这部伟大作品使她身处苏联时期自由主义反抗的中心,甚至是整个二十世纪文化和政治史的中心。有人甚至将她的书置于普里莫·莱维的《如果这是一个人》(Se questo è un uomo，此书在美国出版时改名为《在奥斯维辛幸存》，意在让读者"感觉更好"，这简直不可原谅）和张戎的《鸿》之上，作为大学本科生的初阶必读书。《一线希望》在文字风格、传记体叙述和社会分析上都堪称经典之作，记述了诗人被害前几年所遭受的恐怖迫害和折磨。娜杰日达和奥西普是最主要的人物，但也有对安娜·阿赫玛托娃的生动描写。该书的续集《放弃希望》(Hope Abandoned)记述了娜杰日达本人的命运，从某种程度上说更可怕，因为正如书名所示，恐怖已经成为一种生活常态，而非正常生活的一次中断。两部书都由麦克斯·海沃德译成英文。苏联解体前俄文原版只能地下流传，或是由苏联境外的印刷厂印行。与阿赫玛托娃永久被禁的诗歌《安魂曲》一样，这本书一直等到苏联终结的那一天，才得以在俄国自由、完整地出版。尽管有堆积如山的相反证据，娜杰日达总是说自由终将回归，而自由——的确回归了。

---·---

> 我们都曾属于那个被标记出来要彻底灭绝的群体。让人惊诧的并非我们中的许多人被送进集中营或是死在了那里，而是有些人活了下来。处处小心没有用。活下来只能靠运气。
>
> 娜杰日达·曼德尔施塔姆，《放弃希望》，第67页

"活下来只能靠运气"是对国家恐怖下的生活的精确总结。娜杰日达·曼德尔施塔姆如此直接、勇敢地说出这句话，使人过目不忘。麦克斯·海沃德为这两部书的英译本选择了书名。《一线希望》讲的是人慢慢地、不情愿地，但又无可阻挡地意识到绝望是唯一剩下的感觉：这本书写了过程。《放弃希望》则是当人对另一种生活的记忆也被抹杀时，绝望意味着什么：这本书写的是结果。续作的主题是

精神荒芜成为一种生活方式。在行文中，娜杰日达多次重申她害怕"常态"（normality）这个概念从世界上永远消失。"我不会活着看到未来，但我无时无刻不在担忧，未来可能只是过去的一个略微修改过的版本。"对过去的记忆无法传递，除非冒着生命危险。"如果任何勇敢的年轻人没有经历过这一切，要来嘲笑我的话，我便要邀请他回到我们生活的年代，我敢担保他只要浅尝我们忍受过的百分之一，便会在夜里一身冷汗地惊醒，第二天一早为了脱身愿意做任何事。"还好，我们这些在六七十年代的西方过着舒适生活的勇敢年轻人里没有谁会去嘲笑她。叔本华定义过一个人的绝望处境：他不希望的事注定发生，而希望之事永无可能实现。娜杰日达用两本书呈现了这种感受，因此它们成为二十世纪为我们写就的新圣经中的关键章节。在一部圣经中，福音书彼此呼应或看似在讲述同一个故事并不稀奇。普里莫·莱维书中的主题常常给人这种感受：纳粹灭绝营里唯一真实的故事是那些被清除掉的人的命运，幸存者的故事太过反常以至于毫无价值，津津乐道只会导致莱维所鄙视的"活命主义"（Survivalism）。活命只靠运气：无法提炼哲理，更没有行为指导。娜杰日达在斯大林的俄国而不是意大利，说出了一模一样的话：活下来只能靠运气。

苏联政权在旧沙俄知识遗民中制造了一种定义不明的区隔，他们表面上似乎在过正常人的生活，内心却时刻被不确定感和恐惧包围，这种情形在后来纳粹德国的集中营世界更进了一步。纳粹统治下的欧洲受害者的一大不同，是他们从一开始就清楚自己是谁，最后也逐渐明白自己难逃厄运。而在苏联，资产阶级根本无从确认自己是否已被划入死亡名单。就像卡夫卡的《在流放地》中的受害者，他们永远在试图搞清楚自己到底犯了什么罪。是因为读了书吗？是因为长着红头发？还是因为屈服得太快了？（这是恐惧最残酷的形式。）类似故事在其他地方也有。早在提比略时代的古罗马就发生过这样的事，但二十世纪增加了新的历史意涵，各种打着改善人类境遇旗号的社会制造了一种普遍的恐惧氛围。娜杰日达捕捉到并提炼出的精髓是：新俄国出现的失望。不少大思想家都探讨过那个梦魇的实质，然而只要艺术家活得够久，他们通常要比哲学家讲得更好。娜杰日达的特别之处在于，她比艺术家说得还要好。她无法在抒情世界中找到避难所，于是掌握了一种比丈夫的诗歌更有力的文风，也许正是这让她跻身最伟大艺术家的行列。她找到了方法去表达一种史无前例的历史实验是如何改变了情感的结构。

即便才华横溢的安娜·阿赫玛托娃也从未摆脱使她成为俄国最受爱戴的现代诗人的浪漫气质。娜杰日达和阿赫玛托娃的亲密关系一直缠绕着激情、妒忌与尊重。阿赫玛托娃在《安魂曲》中用诗句浓缩了百万绝望妇女的痛苦，"夫亡，子囚：为我祈祷。"但她依然是一个浪漫主义者，依然相信超越时间之爱是富有想象力的。而在《放弃希望》中，娜杰日达坚定地认为她的朋友错了。当种种强迫分离成为现实时，超越时间之爱便不可能得到认真对待。现实生活被如此扰乱，浪漫主义的本质已经改变。在新的现实中，所有爱恋都是超越时间的。

重要的是，对于她笔下的"我们"（既包括主格的"we"，也包括宾格的"us"）*指的是谁，最好不要匆忙下结论。假若还有脑筋顽固的斯大林主义者在世，他们可能会说她指的是阶级敌人。早在政府开始清理门户时（肯定早于卢那察尔斯基1929年打倒先锋派），任何革命前的知识分子都被自动划入资产阶级残余分子——也就是阶级敌人。西西里晚祷的变体不断增生。说话文质彬彬就像双手细

---

* 前文引述曼德尔施塔姆夫人的英语原文：We all belonged to the same category marked down for absolute destruction. The astonishing thing is not that so many of us went to concentration camps or died there, but that some of us survived. Caution did not help. Only chance could save you.

腻柔软一样,都会泄露你的资产阶级身份。(苏联共青团会将一个人的口头自辩能力作为他有罪的证据,这怪异地让人联想到莎士比亚写叛乱领袖杰克·凯德的场景。)到最后,任何来自旧社会的知识都能让你倒霉。就像波尔布特手下的革命小将会质问任何戴眼镜的人,苏联"机关"觉得哪怕一点点工程学知识也会对国家安全造成危害。(索尔仁尼琴对工程师的遭遇尤其感到痛心。)任何研究领域只要有自己的客观标准,就会被认为带有天然的颠覆性。假如有时间,斯大林可能会把李森科主义应用到所有科学领域。直到今天,不少学者对斯大林为何要在1941年之前清洗红军的优秀将领大感不解。也许答案近在眼前——军事知识,比如战略、战术和后勤,都是独立于意识形态之外的可被检验的数据和原理,这些客观存在的知识都可能成为被痛恨的对象。

当娜杰日达似乎在说自己属于某个阶级时,我们应该记住的是,那个政权对敌人的概念是在不断扩大的。她将自己归入一个类别,该类别包括任何可能威胁到政权整体权威的人——也就是任何能够进行独立道德判断的人。她甚至没有提到独立道德行动的可能性:因为若对异议者的惩罚是让其所爱之人受苦,他们便无法积极反抗。但她相信独立道德判断是存在的,这是一种与那个政权完全对立的特质,因为政权无法容忍独立道德判断,而且正是为了消灭这些价值而产生的。

在她的两本书中,娜杰日达在人们对革命之前的记忆中寻找慰藉。但她的独创性在于她慢慢领悟到,正派作为一种个人品质,可以独立于社会出身而存在。若无这种认识,她将永远无法传递出书中最伟大、最响亮的信息,那种前所未有的诗意与预言的结合——"真理会自然而然地重生"。她没有活着看到那一天,所以这一理想只是她的信念。最终,她鼓舞人心的观点已无须证实,因为当噩梦结束之后,真理的确重生了。我们很难想象,若历史语境中没有她那样的书存在，一切是否还能发生。但像这样的书并不多，而且，尽管研究那些变革人物是如何学到了人性基本的仁爱总是有用的，但同样有价值的是考量她书中的两大主题及其牵涉的全部意涵。一大主题是非理性的无人性曾经大获全胜，其毁灭性后果超乎我们的想象；另一主题是理性和人性必将回归。前者是一种观察，后者是一种猜测；而正是这种观察的令人心碎的勇气，将猜测变成了一首爱之颂歌。

戈洛·曼
Golo Mann

戈洛·曼（Golo Mann，1909—1994）是现代德国最伟大的历史学家，也是最伟大的现代小说家托马斯·曼的第三个孩子。人们对他的最初印象不太明朗，他不受父母宠爱，比不过光彩照人的哥哥克劳斯和姐姐埃丽卡，地位尴尬的戈洛直到后来才慢慢成为家族最杰出的学术人物。他1940年流亡美国，有些史学作品写于这段时间，1952年他回到德国研究任教，开始撰写自己的代表作。广受称誉的《华伦斯坦传》(*Wallenstein*)德语原文很难读，英译本也不轻松，但他的丰碑之作《十九世纪到二十世纪的德国历史》(*Deutsche Geschichte des 19. und 20. Jahrhunderts*，皇皇一千多页)有着惊悚小说似的节奏，常被视为现代德国的最佳历史写作。该书的节选《1919—1945年的德国历史》(*Deutsche Geschichte 1919–1945*)曾单独出版，可能是了解德国二十世纪悲剧的最佳入门材料，也是学习德语的理想读物。他的回忆录《记忆与思考》(Erinnerungen und Gedanken, 1986)描写了童年经历和他在魏玛共和国时期的思想发展。戈洛·曼与不少伟大史学家的相似之处在于，理解他们最好的办法是从次要作品开始，因为只有在这些作品中他的个人观点才会凸显出来。随笔集《历史和故事》(Geschichte und Geschichten)和《我们就是所有我们读过的书》(Wir alle sind, was wir gelesen)显示了他将一本书中发人深省的部分写入一篇文章的能力。他对 A. J. P. 泰勒的时髦观点（纳粹对外政策是无法避免的）进行了细致的批判，这是严肃政治观念驱逐时髦观点的极佳例证。如果需要一位作家来代表"二战"后德国自由思想的复苏，戈洛·曼是不二人选。

―――◆―――

> 要说德国和欧洲犹太人所经历的浩劫有可预见的必然性，这完全是无中生有。这样的假设中有一种不正当的乐观主义在作怪。人类历史中更多的是偶然、任意、无理性和无意义，远超过我们的自负所能允许的范围。
>
> 戈洛·曼，《历史和故事》，第170页

在他作为卓越历史学家的一生中，戈洛·曼不断提醒我们将德国发生的悲剧视为不可避免这一观点的危害性。上面的引文只是他许多论述中的一处而已，使之特别显眼的地方，是它将一种思维恶习与心理癖好相关联。乐观主义、过度自信、后见之明，随便你怎么称呼，这种性格会凌驾于历史之上，将历史变成为自我服务的漫画。一个人通过最安全的方式成了预言家：倒推。他预言"过去"注定会发生。戈洛·曼生活在浩劫发生的年代，他总是记得不确定性。在他看来，魏玛共和国并非必然倾覆；在它倾覆之后，再说它注定如此就是另一种颠覆手段——事后破坏。同理，犹太人不必赴死，甚

至不必被划分为犹太人。人种划分是希特勒的主意，大屠杀也是：大屠杀是种族论可怕逻辑的产物。但种族论可能只会停留在他变态的脑海里，他也可能不会上台。只要减掉魏玛问题中的任何一个主因——通胀、萧条、就业低迷等，希特勒就有可能不会得势，只能在小巷子里跟边缘的政治极端分子混着。戈洛·曼面对着虽然没有发生却可能成真的多重可能性，总结出一条最为持久并发人深省的原则：如果你不想承认某个历史事件的重要性，最确定的办法莫过于放弃追溯其缘起的任务，因为缘起越久远，该事件就越像是无可避免的命运。而在形势发展的长链中，任何事情都可能会不同。

戈洛·曼的第一本书出版于1947年，是关于外交家弗里德里希·冯·根茨的专著。根茨的主要成就是他不像梅特涅那么出名。历史学家的第一本书通常会包容许多主题，这些主题往往会占据他之后的整个学术生涯，但这丰富性也部分源于主题之间的牵连：他知道自己的想法，但试图一次全部说出来。戈洛·曼论根茨的处女作则与众不同，可以说已经十分成熟。从某种程度说，这是被强加于他的：因为早年经历政治动荡，他出版处女作时已经年近四十。他澄明的观念无疑来自他经历的魏玛共和国时期，而不是他读到过的梅特涅时期。他称1848年革命之前的时期是希望的年代。人们对更自由更公正的生活充满了各种想法。Aber diese Ideen hatten zu ihrer Verwirklichung durchaus nicht der Revolution bedurft.（但这些想法并不需要一场革命来实现。）这至今仍是关键句；戈洛·曼第一次写下这句话时已经定立了基调，他要用许多本书来展开讨论，尤其是他的那一部杰作。在我看来，他的杰作不是1971年的《华伦斯坦传》，而是1958年的《十九世纪到二十世纪的德国历史》。《华伦斯坦传》无疑是一部精彩之作，但其真正价值在英语中难以体现，因为戈洛·曼的文风在写作此书时达到最密实的程度，翻译成外语时很难不丢失其庄严的节奏。和父亲托马斯·曼一样，戈洛习惯于写在德语语法允许的情况下最长的句子。跟任何有阴性阳性区分的语言一样，德语能够用比较长的句子来表达清晰连贯的含义，这是英语难以做到的。《华伦斯坦传》的英译者犯了个致命错误，他尝试尽量不打断那些长句。结果就像吃了一顿牛轧糖，还是混着糖浆喝下去的。

但即便在原文的密实风格中，《华伦斯坦传》依然有囫囵吞枣的问题：过多的文献细节淹没了观点，你在费劲析出观点并记住它们后，会觉得你的敌人就是这书本身。《十九世纪到二十世纪的德国历史》不是这样。这本书几乎每段都能记诵，让人不忍释卷，只为欣赏作者如何将复杂的历史呈现得如此清晰。我通过读《德国历史》这本书自学了德文，我们总是对那些带领我们进入另一种语言的书籍有一种泛滥的爱。但自从我第一次查着字典读完此书，之后又从头到尾通读过两遍，我每次开始一个特定的话题时，都喜欢从这本书里的内容入手。戈洛·曼在最佳状态时能做到金句连连：让你觉得自己在品读诗歌。在单卷本《1919—1945年的德国历史》中，他对魏玛共和国长期危机的分析凝练在一句话里。他说，资本和劳动力的分离是政治的核心，"共和国的统治基于这一核心，但总是以一种分裂的方式"。希特勒正是看准了这缝隙，像一只带瘟疫的老鼠钻了过去。这并不等于戈洛·曼认为魏玛共和国的崩溃无可避免。如果不是情势处处与它作对，它还是有许多机会喘息加固的。在《历史和故事》(1963) 收录的一篇随笔中，他痛批了 A. J. P. 泰勒的历史宿命论流毒。泰勒说从外交政策的角度看，纳粹的崛起意味着从之前的自由梦乡回到政治现实主义。戈洛·曼知道自由梦乡包裹着所有真实的憧憬，而希特勒的所谓政治现实主义才是致命的空想。

在《时代与人物》(*Zeiten und Figuren*, 1979) 中，戈洛·曼阐述了他的关键概念——对未来的开放心态。他不止将其视为一种优良的个人品质，更是历史学家的一种必备素质。通过想象，史家必须将自己放回当时场景，即便他是穿过历史回望过去，也必须明白：

当时的人不可能知道未来。如果叙述者知道主人公的未来，他"必定会为哪怕最简单的叙述添上反讽的色彩"。向反讽模式轻易屈服是在廉价地模仿塔西佗。塔西佗的真正价值在于，他总是很清楚悲剧事件的起因是意外和错误决定，而悲剧的深度正在于意外本可以避免，决定本可以正确。在一个预先确定的世界里是没有悲剧的，只有命运。戈洛·曼将塔西佗视为楷模，所以明白宿命论和浅薄往往紧密相连；你要严肃对待历史，就必须严肃地相信历史本可能会是别的样子。

戈洛·曼也有轻率的时候。他还没弄清楚恩斯特·荣格对重整军备建立强大德国的想法，就轻易以为荣格或许是真心疏离纳粹统治的可怕现实，好像荣格的优雅审美可以作为他政治冷漠的部分借口一样。但这个借口完全是一种防御机制。要是戈洛·曼看过荣格的日记（日记展示了他的种种才华，最主要是其精妙的分析），就会发现荣格沉浸在精微雅致之中，以至于对明显之事视而不见。这让人想到吉塔·塞雷尼对阿尔伯特·施佩尔沉迷于纳粹的评价：她觉得他只是不想去知道。但他其实知道。他一直知道。文明并不是发现野蛮的障碍，真正的障碍是人类内心的野蛮。荣格认同强大的、军事化德国的主张。这种认同让他无法迅速发现纳粹的真正意图。至于戈洛·曼为何没有迅速意识到荣格的意图，这就是另一个问题了。答案可能与戈洛·曼长期致力于重构德国自由主义的知识传统有关。他不想扔掉一个有吸引力的片断。

另一种可能是，他不想谴责一个与社会格格不入的读书人。他自己便是如此。曼家族本身不算不正常，但却是由一群不正常的人物构成的，而年轻的戈洛即便在曼家也算异类。他的回忆录《记忆与思考》中有一个既绝望又动人的段落，宛如发生在昨日（很明显他一直觉得像活在昨日），讲到他被某个青年运动拒之门外。他有一种急于融入的冲动。当他主动要求回到慕尼黑，抢救托马斯·曼那本会连累家人的私人日记时，他终于不再可有可无。然而同性恋一直是他的心病，这烦恼在他身上要比哥哥克劳斯和姐姐埃丽卡来得严重。破碎的性格可能使得他成为历史学家中的艺术家。艺术家在作品中完成自己。戈洛·曼的作品并不太像是一种完整人格的表达，反而像是一个人通过写作变得完整：他在你眼前一点一点揭示自己，理解自己，正如艺术家那样。他用内心的眼睛激活了外在的世界，为将来所有的自由主义德国史家设立了标杆。E. H. 贡布里希怒气冲冲地抱怨说，他那一代同化的犹太人已经不把自己视为犹太人了，这种情况已经出现在戈洛的写作中，而且被视为通则。（应该注意的是，戈洛及其兄姊只有四分之一犹太血统，也许可以躲过灾祸，但他们的母亲是一半的犹太血统，肯定会有麻烦；所以他有理由思考纳粹掌权会带来的问题。）

希特勒为种族强加了一个定义，但他并没有揭示一种现实：他只是通过自己有毒的执迷创造了一种现实。同理，二十世纪八十年代的修正主义史学早在出名之前就已经被戈洛·曼的旧作驳斥过了。恩斯特·诺尔特和安德烈亚斯·希尔格鲁贝尔想说的是，希特勒的种族灭绝战争无可避免，因为希特勒只是在对苏联的行为做出反应。戈洛·曼则早就说过，历史本身并无这种倾向，除非你以后见之明来倒推。在倒推历史的时候，读者会觉得历史若不是这样写就该多好，但读戈洛·曼的书时我们不太会有这样的感觉。在曼家族中，戈洛名望仅次于父亲托马斯，他的阐释性文字甚至比父亲还要优美。很可惜托马斯·曼没有活着看到最忠心耿耿的儿子的全盛时代，但他可能已经猜到了。我们都可以预测未来：这是想象力的特权之一。但预测过去是个淘气的习惯，戈洛·曼是最早注意到这种苗头的人之一，史家为历史事件强加上一种有害的形状：这形状是对事件本身的一种自我保护式的反应，也可以看成是小人物无助的报复。

这不是信念，而是坏文学导致的犯罪。

戈洛·曼，《1919—1945年的德国历史》，第138页

戈洛·曼是二十世纪最伟大的德国史家，但他的这句话抵押给了命运。他想说的是，大屠杀不一定会发生。当然他说的坏文学带来的恶劣影响并没有错。在当时的德国，几乎每个自认有点墨水的蠢材都满口反犹主义，而希特勒更是在廉价的镜子前摆出种种夸张的姿势，排练那富有磁性的领袖眼神。

不巧的是，戈洛·曼关于坏文学的观点为四十年后丹尼尔·戈尔德哈根的主张铺平了路，戈尔德哈根认为，一种浸透着"灭绝论"反犹主义的整体文化必然会走上种族灭绝的道路。戈洛·曼和戈尔德哈根的观点都不应被全盘接受；但曼的观点可能要比戈尔德哈根的观点更狡猾，因为后者会自打耳光，而曼的不会。有些纳粹领导甚至可以被描述为并不相信纳粹教条的投机分子。最后，希姆莱和戈林都打算谈条件以求自保；戈培尔虽然到最后都保持着狂热，但当初也只是赶浪头而已；就连海德里希都可能有不可告人的动机，为了扼杀那些关于他犹太背景的流言，于是索性杀光了所有跟他一样缺陷的人。（流言虽无凭证，但他可以想象到，此类流言在特殊情境下能够导致的祸害。）然而还剩下一个问题，关于希特勒的问题。如果希特勒的反犹主义不是信念，那还能是什么？

若我们将视线从希特勒的神秘主义上转移开去，就要去看他讲求实用的一面。在丑恶的党卫军诞生之际，希特勒只想让这支精英部队担任保镖。是希姆莱想让党卫军成为德意志骑士的新军团。在威斯特法利亚的维威尔斯堡，希姆莱扮演着亚瑟王。他圆桌边的十二位伙伴都有与十二骑士相匹配的华丽套房：不由让人想起赌城拉斯维加斯和"花花公子豪宅"。希特勒则认为一切神话都是胡说八道。他的狂热完全建立在实际的层面上：你可以——或者必须——

称之为一种真信仰。希特勒从不相信任何形而上的废话，除了他根深蒂固地认为布尔什维克主义有犹太根源，而且这一信念从未动摇。希姆莱则不同，他很灵活。此人先前大谈北欧农民贵族要统治东方，但当帝国保安部花了两年彻底调查，得出了一个显而易见的结论：波兰和俄国实施的犹太人灭绝政策在政治上已事与愿违，他也立刻就听进去了。无疑，希姆莱感到了大厦将倾，知晓其中利害。但我们也没理由假设希特勒不知其中利害。他只是没有让自己受其影响。对他而言，灭绝本身就是政治目的。不管是否自掘坟墓，大屠杀都是他的信仰。这不是他从坏文学里学来的。他读过的大部分坏文学都是卡尔·梅写的，卡尔·梅创作了一个西部英雄叫老沙特汉德，他成天追踪印第安人和响尾蛇，而不是犹太人——在遍地仙人掌和山艾丛的美国西部，犹太人可是很稀罕的。任何其他文学作品，不管多么糟糕，希特勒只是假装读过而已。他甚至可能没读过那些反犹小册子。他顶多听到过小册子的作者们呼号种族主义的污言秽语。他们大喊，是因为他们相信；而他立刻就能明白，是因为他们的污言秽语根本就不是观点。那是一种信仰，随之而来的观点，就好比胃痛之后伴随着呕吐。

海因里希·曼
Heinrich Mann

海因里希·曼（Heinrich Mann，1871—1950）比托马斯·曼大四岁，却注定永远无法追上弟弟的成就，托马斯获文学大奖无数，名满天下，海因里希几乎一无斩获。海因里希的长篇小说为他赢得了"德国左拉"的名声，却很少被视为严肃的文艺作品。他虽然也算是名流，但只能眼睁睁看着自己想要的顶顶桂冠落在没有他多产却更井井有条的弟弟头上。不过他的确有一样独特的成就：那就是为世界带来了一个广受认可的神秘形象。他的小说《垃圾教授》（*Professor Unrat*，1904）的主人公是一位受人尊敬的学校老师，却迷上了一个出身风尘的魅惑女子，直至最后毁灭。小说 1930 年被拍成电影《蓝天使》（*The Blue Angel*），让玛琳·黛德丽一举成名，通过她，海因里希·曼尝到了托马斯·曼无法企及的国际知名度。毕竟《威尼斯之死》中的艾申巴赫只有知识分子观众才能欣赏，而黛德丽的致命尤物形象至今仍对男性观众有毁灭性的魔力。贬低海因里希高产低质的评论家应该知道，托马斯虽然会对海因里希的粗枝大叶感到沮丧，但只要看到哥哥有超常发挥的迹象，便从来不吝于赞扬他的才华。托马斯对海因里希的不满主要集中在后者的反复无常上，这种尴尬场面在两人都在德国时还不算频繁，但在流亡时就成了大问题。海因里希非常不习惯流离失所的生活。他在欧洲虽然没有托马斯那么高的名望，好歹还算小有名气，而到了美国他什么也不是。托马斯的小说译成英文后行情看涨，海因里希却无所事事。他从托马斯那里借来的钱总是很快就花完，他酗酒成瘾，选情妇的眼光又差，总是让托马斯陷入尴尬——托马斯十分在意自己在战时洛杉矶那星光熠熠的移民社交界的显要地位，哥哥明显拖了后腿。不过，我们也不能仅仅因为托马斯的势利，就假想海因里希是那种潇洒的自由灵魂。他其实是那种放荡闹腾的讨厌鬼，连道歉都只会让事情更糟。但也许正是反复无常的感性给了他些许洞见力。不管怎么说，是海因里希而不是托马斯，早在 1936 年就猜到纳粹会干出超乎想象的滔天大恶。

———◆———

德国犹太人会被系统化地灭绝，这点已毫无疑问。

海因里希·曼，《德国人和犹太人》，收录于《政治随笔》(*Politische Essays*)，第 146 页

与任何现代德语写作一样，一切都关乎年份。1936 年，极少有知识分子愿意相信海因里希·曼的预测，他们认为那是歇斯底里的夸张。的确，那只是猜测，但他猜到了真相。他通过对高压法律不断升级的总体观察得出了结论，他从动向演绎出了目的。即便是那些已经饱受种种禁令之苦的人们，许多还不打算接受相同的结论。维

克托·克伦佩勒1936年的日记便提供了一种有启发的对照。克伦佩勒猜到事态可能会恶化，但还是没有看清螺丝不断拧紧到最后只会导致死亡。就连有些纳粹也没预料到。在当时，把剩下的犹太人迁到马达加斯加或是其他偏远地点的想法还没有被完全抛弃。有些历史学家出于不同的理由倾向于认为种族灭绝的想法是较晚产生的，他们绝不会认可1936年是该想法实际出炉之年。在约阿希姆·费斯特的希特勒传记中，大屠杀虽不是次要问题，但客观地说也不是希特勒最初的主要目标。我在伦敦的聚会上见过费斯特一次，向他提及了海因里希·曼的这篇文章。费斯特说他从来没听说过，而且很难相信是1936年发表的。

回过头去看费斯特的书，要说他弱化处理了大屠杀，可能会显得有些奇怪。费斯特在《第三帝国的面孔》（*Das Gesicht des Dritten Reiches*）中刻画的海德里希依然是我们所见最深刻的形象，在关于1944年7月刺杀希特勒的"政变"（Staatsstreich）的研究中，他向二十余名参与者表示了敬意，他们对盖世太保说，谋反的主要原因是受不了希特勒对待犹太人的方式。不论如何，只要浏览一下费斯特涉猎宽广的诸多作品，他对纳粹最为令人发指的罪行却用了奇怪的柔焦处理。拿他的希特勒传来说，这种柔焦手法只能是破坏性的，叫人很难看出他这部重头作品除了纪年完整之外，在心理深度上能比康拉德·海登的开拓之作《希特勒：一个独裁者的生平》（*Hitler: Das Leben eines Diktators*，与海因里希·曼的文章一样在1936年出版）高明多少。休·特雷弗-罗珀是战后史家中率先涉足该领域的，他的《希特勒末日记》（*The Last Days of Hitler*）自然未及后来的大量学术发现，但要比费斯特更清楚症结所在。（2002年费斯特在小书《倾覆》[*Untergang*]中重复了特雷弗-罗珀的主题，该书附上了地堡的清晰地图，但我看不出有什么超越特雷弗-罗珀的高明之处，以至于要再写一本书。）艾伦·布洛克紧随特雷弗·罗珀之后，写了第一部重要的大部头希特勒传记，至今依然影响极大。虽说布洛克在更有立体感的《希特勒和斯大林》一书中重复了希特勒传中的相关主题，但学生们不应找借口略过他的第一部专著：那是现代世界的关键书籍之一。J. P. 斯特恩 1975 年的小书《希特勒：元首和人民》(*Hitler: The Führer and the People*) 提供了有用的外围观察，但他是站在布洛克的肩膀上。伊恩·克肖新近完成的两卷本传记也没有真正取代布洛克，毕竟布洛克站得比较近，看得却更远。虽然头脑简单肯定会有犯迷糊的风险，但更大的危险是过于算计。在传主的臭气和战争的硝烟尚未散尽时，第一代战后英国史家就闻到了魔鬼的气息。他们是对的。海因里希·曼具有先见之明的陈词的恒久贡献在于，它解除了那种防御机制——即便在今天回首历史时，我们也常会将杀气腾腾的威胁话语归入修辞的类别。当史家对希特勒的阐释越来越详尽，也愈发有种倾向，认为他的杀伤力是随着一系列事件发生而增长的。但导致这些事件发生的，正是这种杀伤力。

迈克尔·曼
Michael Mann

电影导演迈克尔·曼（Michael Mann，1943年生）的招牌风格是，不管其电影主题如何暴力，他都能为影片罩上一层叫人舒心的柔和外表，就好像安逸度假的观众在晚上也要戴上太阳镜似的。虽然曼早年拍过不少电影，但直到当上全球热播的《迈阿密风云》（Miami Vice）的制片人，他才首度在这涂脂抹粉的电视剧中打造出了招牌造型，让堂·约翰逊成了英雄，也为佛罗里达打了一个大广告。和许多早年靠拍电视剧讨生活的电影导演一样，曼被迫学到了：故事第一，形象第二。（他刚入行时给《最佳拍档》[Starsky and Hutch]写过剧本。）结果就是，他拍的剧情片尽管赏心悦目，但都有强大而连贯的故事线，而不光是靠漂亮的场面调度。比如《孽欲杀人夜》是迄今为止汉尼拔系列影片中情节编排最好的，本该被视为系列产品的基准线，但坏就坏在主演不够有名。（不过后来就像好莱坞常说的,"讽刺的是",该片面目模糊的主演威廉·彼得森后来主演了《犯罪现场调查》,成为全球辨识度最高的男星之一。)电影的样貌扩充了世界的想象模式储存库,从这个角度说,导演时常发挥真正有塑造力的影响。这一点即便在大型制作中心也成立,虽说大部分成功的商业电影都是由电影公司掌控的合作项目,公司可以炒任何人的鱿鱼,包括导演。正如雷德利·斯科特的《银翼杀手》营造的氛围(包括范吉利斯的配乐)影响了一切未来科幻片的形态,迈克尔·曼的《盗火线》(*Heat*)也影响了一切罪案片——其他导演不论来自美国、拉美、欧洲还是香港,要么跟随他的脚步走华丽路线,要么反其道行之走肮脏路线,但他们的脑海里都绕不过迈克尔·曼。不过我关心的问题,不是电影怎么样,而是语言。在他的电影中,人物说的当然不是"普世语言",那么,对说英语的人来说,它们就是能被普遍理解的吗?对这个问题的回答牵连甚广,特别在国际政治方面。如果前来解放你的军人甚至听不懂彼此说话,你就只好希望他们明白举白旗是什么意思了。

――◆――

Let's violate his ass right now.

迈克尔·曼导演的《盗火线》

线人现在不配合。线人正在假释期。阿尔·帕西诺扮演的工作狂警官和他忠诚的搭档开始不耐烦了。搭档建议帕西诺惩罚不配合的线人,以违反假释规定的名义逮捕他。"Let's violate his ass."这就是搭档说话的方式。你真的立刻就听懂了吗?说实话吧。

一个英语程度极高的外国留学生也许能够根据足够的信息意识到"let's violate"是警察的行话,补全了就是"let's arrest him for violation of parole"(咱们用违反假释的名义逮捕他),"his ass"是用俚语表示"him"。但英语程度不那么高（只是不用查字典就认得这个句子里所有的单词而已）的学生可能很容易认为，愤怒的搭档和警官打算鸡奸那个不合作的线人。他会按照字面意义翻译这个句子，然后大错特错。（要是碰上英语更差一点的，比如中亚地区一些通过函授学英语的学生，恐怕不一定会明白"ass"[驴]就是美式英语的"arse"[屁股、肛门]……我们还是就此打住吧。）所以我们可以得出结论，翻译要比直接转换词义复杂得多：你得理解整个文化背景。我们还能得出结论：美国的文化帝国主义如此强势，它根本不需要关心你是否理解了文化背景。它只要你去看电影就行了。

我们就拿美国大众媒体的两个英语观众市场来说吧——英国和澳大利亚观众也仅仅处于刚才说的"英语程度不那么高的学生"的位置。对他们来说，一句这样的台词也需要字幕翻译。我本人在1996年第一次看《盗火线》，当时跟美国大众媒体至少打了五十年交道了。我看过上百部警匪片，其中"violate"和"parole"这样的单词时常出现。但当我听到没有"parole"的"violate"，还是会停下来想一想——这可不是《盗火线》希望的行为。这电影很好看。（我的意思是，相对于低级趣味的电影，比如《血染雪山堡》——笑点都来自于犯傻。）迈克尔·曼的电影精心设计，赏心悦目。他在《迈阿密风云》表面光鲜的编剧血汗工厂里锻炼出了对浓缩叙事的感觉，并且能将柔光结构转移到任何场景中去，包括太平间。这两种特质在《孽欲杀人夜》（*Manhunter*）中都有很好的展示，该片第一次吸引人去注意连环杀手汉尼拔·莱克特的暧昧魅力，也是汉尼拔系列影片中最有趣的一部。曼是那种能让吃人变成时髦宣言的导演。《盗火线》更是让他走上神坛。主人公毫无节制地犯下种种重罪，看上去却好似芭蕾舞般优雅。枪战场景极为耸动，不禁让我们想到，它要比真实生活中任何一场枪战激烈得多。在真实枪战中，只要有一个银行劫匪用手枪朝阿尔·帕西诺饰演的警探开枪，防弹衣也护不了他的头。但在影片中,瓦尔·基尔默和罗伯特·德尼罗都用机关枪朝他扫射了好几分钟,一排又一排的子弹像被施了魔法一样在他头上乱飞,可就是打不中。现实中,恐怕只有他那头公认漂亮的假发在与冲上脑门的子弹对抗。但导演不是在复写现实,而是在设计神话,尤其是男性冲突的神话:曼喜欢对决。他用战斗思考。在曼的电影中,哪怕屏幕上只有一个人,一部电话,那人也要和电话作战。

《盗火线》中最耸动的一场对手戏是帕西诺和德尼罗在咖啡馆里的夸张对峙。这两位演员之前从没在大屏幕上面对面。他俩都知道这是观众多年来期待的巅峰对决,于是两人都动用了至尊武器。阿尔·帕西诺的标配武器是突然大吼。在电影的其他部分他用起来随心所欲,但在这关键一幕中却没有出手。罗伯特·德尼罗的标配是用不同重音的细微变化重复一句台词五六遍。"收拾一下回家,"他对艾什莉·贾德说了两遍,"收拾一下回家。"艾什莉·贾德好像被这句咒语催眠了,真的回到了匪徒老公瓦尔·基尔默身边,如此彻底,好像她自己的意志被榨干了。德尼罗重复台词的力量是屡试不爽的标配武器。标配武器,屡试不爽,就是这样。屡试不爽。屡试,不爽。但这一场戏里,他也没用。

在咖啡馆里,两位荧幕骑士都脱下头盔,放下了战斧和狼牙棒。他们升级了各自的武器,打算来一场核战。他们拼的是特写镜头。帕西诺的致命武器:若有所思的停顿,一种全新的、无声的咂嘴唇。德尼罗则用一种新的噘嘴对抗。他不像瓦尔·基尔默的噘嘴那么极端,不过瓦尔·基尔默和琼·阿利森一样生来嘴就噘,叫他不噘都不行。德尼罗的新噘嘴有些发育不全,几乎是皮下噘嘴,想法多于行动的噘嘴。他想要证明他可以不动嘴唇地噘嘴。他还能不用转头就看旁边。他只用眼睛就能侧视:一种新的微表情。(所有现代演员都能一边说话一边侧视。只有一个叫迈克尔·马德森的人在对着镜头说话的时候会转过头去,让你看他后脑勺的特写。)慢慢地,你意识到

Michael Mann

帕西诺和德尼罗就像他们扮演的角色一样，会离开这场战斗。他们扮演的两个主角互相尊重。但若是演员互不尊重，他们扮演的角色也尊重不起来。

帕西诺和德尼罗在长期演艺生涯中早已习惯了在戏外也演戏。他俩至少有一样是心照不宣的：在荧幕上得演好。他们的互相尊重得靠特写的确切数目来衡量，实在太辛苦了。结果是平局。但他们得装得更像一点。的确，装得像是唯一的理由。好听是次要考虑。为了证明这一点，两人都拿出了大杀器：沉默。我个人觉得这也算是对话中的一种小小解脱，那段对话虽不坏，也说不上好。在《大眠》(The Big Sleep) 和《马耳他之鹰》(The Maltese Falcon) 的时代，类似的交锋最多一分钟可以搞定，两位主角都会有一句隽永的金句。过去是过去，现在是现在。现在的演员不说台词，他表现的是自己，好像从一辆装满鸡蛋的卡车上一个一个卸下鸡蛋。《盗火线》有结构，其中每一场精心组合的戏都有自己的情绪。它的弱项是台词，那又怎么样？它追求的是比金句引用率更大的东西。不过在这部戏里，为什么要甩出一句"Let's violate his ass"这样的台词呢？你能得出的唯一结论就是：没人觉得这话难懂。

没人觉得，或是没人关心：差不多一回事。在电影里，对话只是叙事的次要来源，不是首要的。如果这都能成为忧伤的理由，只能说还有好些事更值得忧伤呢。(史蒂文·西格尔或查克·诺里斯演的电影对语言的威胁简直比黄色新闻还要可怕。) 要是一个半文盲电影人宣称结构是最重要的，听上去当然像是投机取巧；但有文化的电影人也这样说，而且八成没错。有才的剧本作者威廉·戈德曼已经写了几本很有可读性的书来说明：哪怕最具娱乐性的电影也不能像书那样写。如果故事一开始就没有电影感，对话再精彩也救不回它直接被送去租碟店的命运。对于我们这些只要艾什莉·贾德露脸的电影就会看的忠粉来说（偶像号召力的定义），《桃色追捕令》(Kiss the

Girls》更是必看的。片中警察的对话套路是最高级的：摩根·弗里曼的任何台词都让你想听上两遍。但因为故事不成形，该片成了票房哑弹。《摇摆狗》(Wag the Dog)的对话写得更好：剧本简直跟战前的神经喜剧（screwball comedy）有一拼，这是你能达到的最高水平了。但若不是情节线设计得十分高明，它很可能会跟《桃色追捕令》一样票房惨败。很多时候为了让故事能讲圆，哪怕最聪明的作家也会被边缘化，他/她往往被迫加入一个团队，而这个团队的成员可能互相都不认识。S. J. 佩雷尔曼在《巴黎评论》的精彩访谈中指出，F. 司各特·菲茨杰拉德在好莱坞的悲剧之核心在于，他当时缺根筋，没能发现他并不是剧本创作的唯一作者，而等到终于意识到这一点时，他就彻底崩溃了。虽然也有明星作家——罗伯特·汤不想当导演的时候就写剧本，乔·埃泽特哈斯喜欢一人之下万人之上，理查德·普莱斯、汤姆·斯托帕德和大卫·马麦特也都一帆风顺——但找人帮忙写剧本的行规不太会改变。大导演不一定是好作家，虽然他自己可能会努力这样认为。一部成功的影片通常浑然天成，像一座小城市。我最爱的是《窈窕淑男》(Tootsie)，整体和每处细节都精彩之至，台词尤其棒。和成千上万的《窈窕淑男》忠粉一样，我能从头到尾背出每句台词。但我没碰上几个忠粉能够说出它的剧本作者，连我自己都不确定是否能把他们的名字说全。

电影这行当要生产出艺术品，得动用多方力量，抱怨工作环境恶劣没多大意义。只要时不时能有好作品出现，我们就应该心怀感激。《莎翁情史》(Shakespeare in Love)中出现的第一作者可能还在诅咒汤姆·斯托帕德，而我们要祝福汤姆，因为他让该片成为耳朵的福音。不过署名的第一作者也不是真正的第一作者，没署名的两位才是：《没给培根准备床》(No Bed for Bacon)的作者卡里尔·勃拉姆斯和S. J. 西蒙，他们在企鹅出版社用图片做封面之前就已经写出了这部讽刺喜剧。斯托帕德从来没读过这本书，可能依然相信他从第一署名作者那里继承来的一些点子（比如莎士比亚练习签名）不是抄来的，还有基本的情节线。这些都不重要，因为影片真正的第一作者是莎士比亚本人，他的借鉴精神让一切充满活力：《莎翁情史》真正让语言成为一部电影的主角，就像莎翁让语言成为戏剧的主角一样。写电影剧本就像房地产开发，起点可能很久远。（一些项目可以不断重新开发，比如那部打下冷战惊悚片基础的《谍海军魂》（*No Way Out*），凯文·科斯特纳和肖恩·扬版本的电影正是基于一套"二战"前就已打造纯熟的语言模板。）几乎不言自明的事实却往往叫人迷惑，自从《爵士歌手》（*The Jazz Singer*）以来，文字就进入了电影，而我们这些文学爱好者总在寻找文字的作者，因为我们喜爱的电影里也有我们喜欢的台词。但如果文字的重要性对那些电影人来说也像对我们一样，他们早就去写书了。我在洛杉矶拍一部纪录片期间，在一次慈善活动上碰见了乔治·佩帕德，我犯了粉丝爱犯的标准错误，试图用他本人的事迹来打动他。在《蒂凡尼早餐》中，他有幸表演乔治·阿克塞尔罗德写过的最具匠心的一段台词：短短三行台词捕捉到了卡波特小说的精雅，并将之压缩进最小的空间，这证明了为何阿克塞尔罗德是当时好莱坞最炙手可热的剧本作家。我记性实在太好了，依然记得佩帕德在影片中精准的重音，于是对着他模仿了起来。"I've never had champagne before breakfast before. With breakfast, often. But never before before."（我从没在早饭前喝过香槟。经常吃早饭时喝。但从不是之前。）

佩帕德已经忘记他演过这段戏了。现在看来，也很难怪他。他当时被选中出演此片是因为他的颜值和演技，而不是对语言的敏感度。要是他心里真的重视语言，就不会为了赚养老钱去演《天龙特工队》（*The A-Team*）。至少，如果有好台词，他会通过表演来证明他真的懂。在《桃色交易》（*Indecent Proposal*）中，罗伯特·雷福德控制着整部影片，他有段台词卑鄙地照搬了《公民凯恩》中最经典的段落。他那些东拼西凑糟糕透顶，他自己肯定也知道；他工作的原则不是为了打动我这样的人，他只要看上去能够打动黛米·摩尔就行了，从剧本看，这段照搬很有道理。所有这些都不代表文字在电影里就没地位。它们可以有：有时一句台词能总结整个剧本，不过只有在剧本所写经验能够被总结才行。在《浑身是胆》(*Bullitt*)中，史蒂夫·麦奎因和罗伯特·沃恩所饰角色的核心冲突使得整部电影能够用一个词概括。麦奎因说了这个词："狗屁"(bullshit)。在英国播出的电视改编版中，愚蠢的审查员竟然将这个重要词汇给删掉了。于是，你看到的就是麦奎因什么也没说。不妨说它暂时回归了默片时代，可惜不是在实质意义上，只是一把剪刀把一部好电影的心脏中微小却关键的部位剪掉了。几年后《浑身是胆》再次在电视上播出，这个引发争议的单词居然神奇地回来了。毕竟，文字还是有地位的，只是并非像我们期待中那样至高无上，而且在真实生活里也是如此。

我们称之为好片的东西其实是集体智慧的产物。它偶尔是集体天才的产物。《雨中曲》对整个流行文化进行了最强有力的提炼，每一行对话、每一句歌词都精彩得好像从奇迹的一端走向另一端。不管是书还是歌曲，都代表了当时一线作者的最佳水平，而这些作者之所以会出现，是因为百老汇和锡盘巷像工厂一样轮流倒班劳作了半个多世纪。但如果荧幕上的人物不是那样表演，不是那样唱歌，不是那样跳舞，文字再好也没有意义。很难想象此片如果没有制片人阿瑟·弗里德，没有导演斯坦利·多宁，没有贝蒂·科姆登和阿道夫·格林会怎样，他们都是精彩故事的缔造者；但要是缺了吉恩·凯利，那就根本不可能想象。哪怕弗雷德·阿斯泰尔都没法演出相同的效果，因为那角色要求英俊得没天理。吉恩·凯利正是英俊得没天理，舞姿潇洒得没话说，能演又能唱。整个美国现代史上就出了他这么一人。因为他本人、整个卡司、制作团队的努力汇聚于此，再加上难忘的文字——《雨中曲》是一部几乎实现了作家理想的电影：它从一句台词开始，最后成了片名。这是作家的理想，一个句子孕育了一部电影。但是，首先要有吉恩·凯利才行。故事需要正确的面容在正确的时间出现在正确的地点，这意味着电影从本质上说依然是默片。在《盗火线》中，必须是娜塔莉·波特曼要自杀，必须是阿尔·帕西诺发现她；这些都不需要一句台词。对一个文学评论家来说，电影最让人难接受的是：电影中的文字是超越分析的，因为文字的一大部分自带基因密码。最后，如果演员对头，情绪无误，角色说什么并不重要。他们尽可以说"Let's violate his ass"，我们会假装听懂，因为我们已经懂了。

托马斯·曼
Thomas Mann

托马斯·曼（Thomas Mann，1875—1955）的书一眼望去是那么厚，让人只想看介绍文章而鼓不起勇气啃硬骨头。不论如何，在许多文科生的学习生涯中，曼是最有可能反复出现的二十世纪文化巨人。我们开始以为可以不用管他，最后却意识到无法摆脱他。在他的生平和作品中糅入了现代德国史上每一个问题，以及德国在欧洲和世界中的位置。他起先是保守派，相信德意志民族的力量，这一信念早早导致了他和激进的哥哥海因里希发生冲突。他的小说《布登勃洛克一家》（1901）讲述了一个富裕家庭的衰败，因为这家人变得沉迷于艺术：即便在今天，强调这一点依然有新意而且有用。不过，学生们最好还是从短小好记的《威尼斯之死》（1912）入手，然后再拾级而上，直到那部将曼推上世界文坛之巅，捧得诺贝尔文学奖的《魔山》（1924）。《魔山》的故事设在雄伟的阿尔卑斯山的一间结核病诊所，年轻的主人公汉斯·卡斯托普和迷人的女病人克劳迪娅·肖沙之间并未发生情事，让人开始对曼的性取向生疑，并成为纠缠他事业生涯的一个大问题。（一句话总结：身为父亲和丈夫的托马斯·曼也过着一种充满了俊俏年轻男子的幻想生活，大多数在现实中不过是擦肩而过——餐厅侍者的微笑就能让他开始写一部小说。）三十年代初，他已经公开表示过希特勒对一切人类价值都是威胁，即将上台的纳粹肯定想把这位最惹眼的文学大敌打成同性恋。曼自己是纯正的雅利安人，他的妻子卡佳有一半犹太血统——不过赖因哈德·海德里希正确地将曼划入了犹太文化的同情者，将他的名字放在缺席者黑名单的前列，一旦回国就要严肃处理。

　　希特勒上台时，曼正好出国巡回演讲，并明智地留在了国外。最终他绕了一大圈去了美国，在流亡生涯中，他完成了似乎不可阻挡的事业上升，成为歌德之后德国最崇高的文化巨人。即便他自己真心那样觉得，也不应影响或贬低我们对他的评价。正如他的绅士派头、薄脸皮、戏剧化的难伺候，以及对荣誉的难填欲壑，他的心高气傲也是他能够在其他流亡者无法工作的环境里集中精力进行创作的一个因素。即便在埋首写作大部头系列小说《约瑟夫和他的兄弟们》时，他也会挤出时间帮助难民同行（包括犹太人——那些说托马斯·曼反犹的人是在造谣中伤），录制广播节目向德国同胞播出，揭发纳粹的真正图谋。他的长篇小说《浮士德博士》时常被视为是他最后一次与极权威胁对峙。学生们可能会发现，小说的主题是作曲，其实并没有明确指向对峙的力量。另一部可能更有价值，也肯定更好读的作品是《骗子菲利克斯·克鲁尔的自白》，其中曼对自己亲身经历的历史有所回应。出乎所有人意料，作为一位应时而生、身负历史责任感的艺术家，一位偶像级的巨擘，曼在自己生命即将走到尽头之时竟写了一个骗子，这个人物除了生命力之外毫无内涵。《菲利克斯·克鲁尔》甚至很好笑，所以学生们应该最先读这一本书，同时不断提醒自己，托马斯·曼写作生涯中那种苦思冥想的沉重感并不一定发自内心，而是扭曲的历史强加于他的，他本人会不惜一切避开那段历史。他肯定更希望德国一如既往，只可惜他还年轻的时候，德国就已经变了模样。

有好几部精彩的托马斯·曼传记，但对于德语读者来说，没什么能比马塞尔·赖希-拉尼奇写曼家族的《托马斯·曼与其家人》（*Thomas Mann und die Seinen*, 1987）更才华横溢。德语读者还能享有一本配图华丽的《托马斯·曼：照片中的生平》（*Ein Leben in Bildern*, 1997）。幸运的是，托马斯·曼的一些次要写作——比如日记——已经几乎全部出了英文注释本。按照时间顺序阅读的话，这些日记就是第三帝国史逐日的迷人记录，读到最后，你就会理解为何它注定会灭亡。斯大林格勒之役正酣，托马斯·曼在洛杉矶活得很滋润，还能约个修指甲服务。战后德国有人谴责他从未回国（两德政府都开出了丰厚的条件），他有自己的答案。他从未离开德国，是德国抛弃了他。如今德国任何一家书店的书架陈列都会证明这个国家承认错误的程度。

———◆———

转过脸去，转过脸！把自己禁锢在个人的精神世界里。

托马斯·曼，《日记：1937—1939》（*Tage bücher 1937–1939*），第 291 页

Abwenden, abwenden! 转过脸去，转过脸！他感受到了，他相信了，但幸好他没这么做。1938 年灾难性的慕尼黑会议召开之时，托马斯·曼曾想过将政治世界抛诸脑后。之前，他曾想过全世界著名作家如果联合起来也许能扭转局势。在日内瓦，他和保罗·瓦莱里、吉尔伯特·穆雷、卡雷尔·恰佩克和萨尔瓦多·德·马达里亚加筹划过

一份重量级宣言，并邀请当时最显赫的人物签名。但慕尼黑会议之后他想退出，而且很明显在考虑永久退出。对艺术家来说，超然事外是永恒的诱惑，而且看上去既严肃又声明了避难的权利。维托尔德·贡布罗维奇便从未有过质疑，在他《日记》的第三卷（第134-35页），我们看到他在读萨特的《情境种种》，把其中关于政治介入的说教全部挑出来撕了个粉碎。托马斯·曼得出过相同的结论，部分出于一如既往的直觉，部分出于苦涩的经历。

托马斯·曼曾在"一战"开始时倾向民粹派的政治立场，导致他在很长一段时间里得了个战争贩子反动派的名声。之后的乱世中，他用文学声望为自己打造了一副钢盔，越来越不愿意揭开面甲。他的孩子们指责他迟迟不肯公开谴责纳粹。（其实他数次公开提醒人们警惕纳粹，但真到了关键时刻他觉得还是闭嘴为妙。）毫无疑问，他内心可能更倾向于不表达政治立场，哪怕是在国外的安全之地。在加利福尼亚的流亡太适合一个戏剧化的灵魂了，简直可以将隐居也变成一场表演。1941年4月，猖狂的希特勒已经准备掉头向东，曼在日记中写道：Der Pudel gesund.（卷毛狗很健康。）这不是什么暗号，他指的真是家里的宠物狗。

要是光看这一条，我们恐怕会觉得他身上也有些卷毛狗的特质。不过在日记中，还有无数证据表明他花了巨大的时间和精力去担任移民精神领袖的角色。他通过自己的声望、人脉以及财力来维持移民社群的生存。地位显赫的难民住在他家里会得到他的热情款待，会听取他的建议，而最重要的是，会占用他最宝贵的时间。此外，他在他们无法达到的层面上为他们代言——国际舞台。他真是鞠躬尽瘁。Abwenden! 转过脸去！别管这些了！然而无论他内心多么想专注独处，他觉得有义务抛弃小我，而当他这样做时，没有人能比他更有成效。早在1942年9月，他便已经在广播中谈及在东边针对犹太人的大屠杀。曼当然没有机会接触盟军的"绝密"破译技术，只能自己厘清事实，部分信息来自瑞士报刊的详尽报道。但他广播消息的声音清晰而坚定，而当时大部分盟国政府还语焉不详。（沃尔特·拉克尔在《可怕的秘密》[The Terrible Secret] 一书中有精彩的描述。）后来，许多住在德国的德国人会声称他们根本不知道发生了什么。住在美国加州的德国人托马斯·曼反倒知道究竟发生了什么。之前，他代表德国艺术的说法已经毋庸置疑，现在他也在政治上代表了真实的德国。很久以前，他曾经希望艺术观念能够与国族理念相关联。最终，在一个更高更善的层面上，他又被迫回归初心，他甚至可能意识到历史灾难既逼他转向无奈的、耗费时间的、毫无个性的慷慨担当，也使他成为一个更伟大的艺术家。假若他不问世事，隐居在宝马山花园和布伦特伍德，应该还是能写出《约瑟夫和他的兄弟们》，但要写出《菲利克斯·克鲁尔》，就非得入世才行。菲利克斯·克鲁尔精于勾引之术，是个没有道德的谎话精，这个角色只有一个得到释放之人才能写出来；而托马斯·曼是通过顺从责任之束缚，才得到了释放。

史诗是一种升华的无聊。

托马斯·曼，《日记：1935-1936》，第 123 页

托马斯·曼很擅长写这种背后藏着一大篇文章的短句。他往往会亲自动笔写文章来解释，但上面这一句孤零零地出现在日记里，好像在等着别人来一起吃饭。他在餐馆里说了这句话，也许是在等一道迟迟不来的菜的漫长间歇。这话有一定道理，因为它带着一种沾沾自喜的元素，鼓励读者或听众去完成一部长篇大作所设定的任务。仅凭轮廓，一部史诗就要求我们投入相当的时间，并做好心理准备。有些长篇作品并不需要此类心理建设。要是我能一口气读完《战争与和平》，我肯定会这样做，只要我一口气能有那么长。全书毫无乏

味之处，除了结尾的哲理阐发。这些段落的乏味性质和卓别林在《大独裁者》最后的训诫一样，不仅对于创作的目标毫无必要，而且是对整部作品设定的艺术水准的背叛。从任何其他方面看，《战争与和平》都像一部普通小说，只不过要丰富得多。一部真正的史诗是以跟小说不同的方式运作的，但总是定调的一方：读者必须付出的代价是受苦。有些瓦格纳迷声称他们已经熟悉了全套《尼伯龙根的指环》，哪怕安心坐着听完《齐格弗里德》也完全没困难。我可不信。不过《指环》是一种偶尔被不透明打断的透明的兴奋，就像荷马史诗和但丁的《神曲》那样。《埃涅阿斯纪》要麻烦一些，它将比例颠倒了。狄多的情节，以及之后的地下世界之旅，好像一片精心造景的沙漠绿洲，需要花上很多力气才能说服自己去穿过那些烤焦的沙丘（尽管布置得很优雅），目标是抵达特洛伊，亲眼看着它毁于一旦。维吉尔在《农事诗·四》俄耳甫斯和欧律狄刻的情节中表现出了他能力允许范围内的戏剧才华，但当我们发现《埃涅阿斯纪》毫无戏剧冲突，仅是堆砌美丽的词藻去描写毫无美感的内容时，只会感觉更糟。归根结底，拉丁语史诗都走错了路。伟大的古典史家罗纳德·赛姆说为罗马书写史诗的是塔西佗而非诗人，他不过是随口点出了真相。只有一位诗人做到了，但他的名字是威廉·莎士比亚。

贝内代托·克罗齐区分了诗（poesia）和文学（letteratura），这不仅是克罗齐美学的根本概念，也为我们提供了方便的借鉴。在分析《神曲》时，他总结说，书中让人喜爱的部分是诗，其余的只是文学。同样的标准若用于《埃涅阿斯纪》，那就是一堆精雕细琢的文学，其中没什么诗。在荷马笔下，船只的分类记录只是休止符，但却叫人着迷：一长串的船只和部落名称，肯定比一张杂货购物单要来得响亮。尽管荷马会慢慢悠悠处理杂务，当你读到奥德修斯被冲上沙滩，醒来后抬头朝着太阳的光芒，看到仙女瑙西卡的轮廓时，还是会感觉电流穿过身体一般，这就是荷马史诗的素材。但丁也差不多，他的神学理论并不是主体。学者们常常警告我们不要妄下结论，假设但丁看重戏剧性超过神学：不过对我们来说，戏剧性无疑超过神学。对我们来说幸运的是，《神曲》充满了鲜活的诗意人物。要是《失乐园》也这样就好了。可惜除了亚当和夏娃，弥尔顿笔下的角色都不是凡尘之人，所以他不得不面对一个无法克服的问题：善良的天使都很无趣。于是路西法更有理由成为主角。善的力量必然缺乏活力，于是诗只能靠美德和反高潮来麻醉自己。结果并不荒谬（菲利普·贝利那首活该被人遗忘的长诗《非斯都》[Festus] 才叫荒谬），但它们能拥有的只有尊严，因为对这种语言来说，繁文缛节是唯一的目的：穿着长袍踩高跷。

在只讲英语的国家里，将《失乐园》称为失败之作恐怕会有生命危险——没有一所考试学校胆敢做这样的评判，哪怕只是暗示一点点。（许多考试学校里根本不提弥尔顿，当然不是因为他写得不够好，而是因为老师觉得太难。）济慈不喜欢《失乐园》的语言，但要是他能多活几年也许会改变看法，就像 T. S. 艾略特那样。黑兹利特可能是真心赞美弥尔顿的文字，但这真诚里有点尽义务的成分；他在赞美莎士比亚乃至彭斯的时候看上去放松多了。不论如何，弥尔顿的"高级风格"（high style）已经牢牢站稳脚跟，不会随我们的主观愿望而消失。没有人真正喜欢诗里的故事，因为根本没有故事可言。它只有一个轮廓，是作者写一部史诗的欲望催生了故事。更糟的是，它没有采用故事套故事的技法——让《埃涅阿斯纪》配得上其篇幅的可取之处，《失乐园》里几乎没有。最糟的是，《失乐园》没有什么能被记住的片段。你当然可以背诵其中的句子或是段落，但那不是一回事。我有个朋友在牛津大学专门研究《失乐园》，可以说对文本很熟悉了。不过在我认识他的那么多年中，只听到他引过两次弥尔顿，而他平时经常引用莎士比亚，就像呼吸一样自然。其中的区别在于：《失乐园》不适宜口语。维吉尔本该成为弥尔顿的反面教材：矫造的史诗不但难写，也难读。维吉尔也本该成为袖珍指南：如果你决定实施如此艰巨的计划，那就得不惜一切代价插入一些有趣的题外话。埃涅阿斯不得不离开迦太基，这当然很遗憾，但至少我们知道了狄多为何掉泪。弥尔顿的主人公应该找个女朋友才对。

歌德不会犯弥尔顿的错误。在《浮士德》中，天堂的战斗发生在人间。歌德对梅菲斯特的迷恋不亚于塔西佗对提比略的迷恋，艺术结果也是一致的：邪恶力量被赋予强烈的语言。梅菲斯特作为撒旦在人间的代表，有着伊阿古般具有说服力的人类声音，而他反对的神圣美德化身为你可以触摸的"永恒女性"（ewig-Weibliche）。浮士德忙于思索触摸女人的种种理由，以便之后用到。

就只花一点时间想我吧：
我会用足够多的时间去想你。

玛格丽特这样说，而浮士德必须摸摸自己的良心。什么样的男性读者不会这样做？诗歌的宏大、支配一切的戏剧性不是罗马帝国的命运，或是笼罩在改宗新教的英格兰上方的教会分裂愁云，而是无论何种处境中的我们如何生活，如何思考。《浮士德》只有在描写五朔节之夜的女巫时才显得过于冗长，脱离了人类事件，于是变得沉闷。不过这为读者提供了少有的机会——靠忍耐力来获得加分。几乎所有史诗都会提供此类机会。史诗作者假设读者会因为坚持到最后而祝贺自己，这完全正确。安东尼·莱恩风趣地写到自己年轻时如何沉迷于《指环王》，不是在他读第一页时，而是瞥了最后一页，发现这书有1077页的时候。

《追忆逝水年华》各个版本的单册销售数据显示，第五部《女囚》是大部分读者放弃的节点。哪怕是我们这些热爱这部书，但也从来没有读完第二遍的人都得承认，阿尔贝蒂娜的诱惑力已达到了"升华的无聊"的极致。但我们不光是承认这一点：我们还要坚持。我们对战斗的光荣无比自豪。甚至可以说，我们得先发现普鲁斯特能写多冗长，然后才能欣赏他的无比简洁。本质上普鲁斯特是格言警句式的人物。意味深长的结尾至少与漫长的开场一样具有普鲁斯特的特点。这点放在托马斯·曼身上也适用。我们读到《浮士德博士》中缓慢展开的长句时并不心急，因为我们知道曼有简洁陈述的诀窍。不过他有时候会做过头。1914年他说："德国的整体德性和美感……只有在战争中才能展现。"后来他意识到自己根本不该说这句话。在吃了年轻时自信满满的苦头后，他在一种立时囊括所有微妙的风格里找到了避风港，而表达人类情感的能力一直是其核心，在他生命的最后几年中，他通过完成（或者说继续：这次我们非常遗憾他没能一直写下去）《骗子菲利克斯·克鲁尔的自白》成功地证明了这一点。菲利克斯·克鲁尔天性无法忍受一刻的无聊，他的创造者捕捉到了这情绪。我们也跟着他俩一起坐了趟过山车：读托马斯·曼最冲动的一部作品，被主人公的勃勃野心彻底征服。但我们不能将喜欢克鲁尔归功于自己，这书写活了一个恶棍的魅力，但它不是一部史诗。要让自己去喜欢《魔山》里的卡斯托普才更难呢。如果我们意识到卡斯托普在疗养地无所事事本来就不是为了有趣，也许会心里舒服些：如果他更有趣了，克劳迪娅·肖沙就会没那么有趣，因为克劳迪娅在情节里的唯一功能就是代表他可能渴望的活力——如果他能够集中精力的话。可惜他没有一点精力。他毫无特别之处，是一个没有个性的人物。同样的情况加倍发生在《浮士德博士》的塞雷努斯·蔡特布罗姆博士身上。他那令人难以忍受的平庸存在就是为了衬托阿德里安·莱韦屈恩。在史诗中，平淡的闲笔也有用处。只有在我们看不到前方的解脱时它们才会成为累赘。

约翰·莫特利的《荷兰共和国的崛起》（Rise of the Dutch Republic）是唯一一本我明知道不好看却坚持从头读到尾的厚书。在皇皇三大本毫无灵气的文字中，莫特利连一句能让人记住的话也没写出来，直到结尾处写小孩子在街上哭。我从未忘记那个句子，但也许是因为要补偿自己付出的苦力：硬性规定自己每天读十页，直到读完。这一极端例子说明长篇大作能为我们做什么：通过分摊压力来把它的亮点压进我们疲劳的大脑。如果平均水准较高还好，但丁写神学的段落还是能让人赞叹其写作技艺。任何能够读下去的史诗都会有一条平均线，因为其中肯定会有低点。一部史诗必然要横跨历史，如果不是在叙述顺序中，就是在参照系中；而议论过多的话不可能让人兴奋得起来。这个问题在诗歌体史诗中的表现要比在散文体史诗中更明显，因为如果我们觉得散文体史诗出奇地沉闷，无论冗长的议论多么精彩，我们只是会跳过不读。（乔伊斯的《尤利西斯》要是再把那些故意模仿低等新闻的矫揉造作的无用文字加长一些，就不会成为那么成功的散文体史诗了。）从一开始我们对平静的诗歌体史诗的容忍就更具弹性，因为我们学会了降低期待。斯宾塞在此类诗才上仅屈居第三（第一是拜伦，第二是雪莱），他的长诗《仙后》能让读者注意任何别的东西，只除了这诗本身。我读这诗的时候，必须坐在背对窗口的位置，不然就会忍不住去数路过的公交车上的人头。不管是亚里士多德、塔索、卡蒙斯还是密茨凯维奇，一部时而迷人时而无聊的诗歌体史诗可能需要说明和借口，但无须辩护。学者们要继续为《仙后》辩护，因为没有普通读者能够在没有每日强制配额的情况下读完它。其他英语史诗对眼皮的要求会低一些，但它们都无法与但丁比高低。丁尼生的《国王之歌》跟马洛礼的《亚瑟王之死》比根本不算什么，即便马洛礼的诗里也有金色城堡之间的煤渣路。勃朗宁的《指环与书》和《失乐园》一样无法表述：都很伟大，也都拒绝被刻进记忆。这名单还能继续开，就像荷马的船只名单，只不过所有船都在水位线以下有漏洞。唯一一部从头到尾每一句都成功的严肃史诗是《叶甫盖尼·奥涅金》，它实际上是一部散文体小说。其他完全成功的史诗都是喜剧：英语中有《坎特伯雷故事集》《愚人志》，而在莎士比亚之后英语诗中的库利南钻石是拜伦的《唐璜》。一部自嘲的史诗可以使自身的机制成为优点。不然的话它就像攻城重器来到没有堡垒的地域，全无用武之地。任何试图提前卸除必要沉闷的努力都会毁掉其连贯性。一部史诗若只剩人物形象，便与目标背道而驰了。庞德试过，于是《诗章》成了一种负面提醒：没有人能只用调料做饭，或是用火花做雕塑。

昨晚我读完了海因里希的《亨利四世》，一部特别之作……
托马斯·曼，《日记：1935-1936》，第179页

托马斯·曼甚至可以对哥哥很慷慨：这点之所以值得记一笔，是因为从大量证据中我们能看出这位伟大作家是多么以自我为中心。在《日记》第413页上，我们看到宝马山花园的主人和他聪明优秀的孩子们开心地争论不休，不怀好意地讨论到底移民作家中的哪一位应该得"庸才奖"。斯蒂芬·茨威格、埃米尔·路德维希、利翁·福伊希特万格还是埃里克·马利亚·雷马克？他们即便在流亡中，也都是畅销作家。曼很容易感到威胁。跟老生常谈的观点相反，曼其实花了相当长的时间才成为永恒的德国无可挑战的文学代表。在刚到美国的几年里，他时常忧惧自己发展太慢，而别人发展太快。（这是在雷马克赢得宝莲·高黛芳心之前，不过《西线无战事》英文版已经热销到了曼难以想象的程度。）埃米尔·路德维希一人就足以让其他所有的流亡德国作家感到自己注定要湮灭。路德维希写的伟人传记名利双收，影响巨大。它们往往会潜移默化地给作者灌输一种荒谬的观点，好像他本人也是伟人似的，而且他还通过模仿伟人的生活方式来支撑这种错觉。路德维希的瓦格纳式骄奢生活招来了阿尔弗雷德·波尔加的刻毒评论，波尔加是比路德维希好得多的作家，收入

却没法比。波尔加不是唯一一位发现路德维希的自我估价和公平判断之间存在巨大鸿沟的人，嘲笑路德维希的装腔作势是移民圈的标准共识。

不过斯蒂芬·茨威格的名字也在庸才备选名单上就有点叫人难过了。茨威格以为曼是他的崇拜者。曼是写客套话的大师，能让人人受用。他能够不费吹灰之力地误导他们，隐藏自己的真实想法。不过最好的情况是，客套话正好是他的真实想法。他对其他移民作家的重要性不吝溢美之词，即便他并不欣赏他们的个别作品。"庸才奖"游戏是一种有用的提醒，一同遭遇逆境并不会让人们变成圣人。也许还要怪罪逆境：人们是它的受害者。在希特勒的残酷把戏中，有一种不容易马上发现：他能够远距离控制，驱使不同性格的人走进同一个空气稀薄的陷阱，让他们在争夺氧气的过程中发现彼此根本不是同道人。毕竟，让作家在超越友谊的情境下互相帮助并不自然。正常情况下，他们更倾向于彼此意见相左，如果他们不喜欢别人的作品，通常的反应是不说话。而移居海外时，本该互相鄙视的才子们得要彼此仰仗才行。有些比如优塞福·罗特对逆境中的人特别好，有些人则很糟糕。瓦尔特·梅林的回忆录《失落的图书馆》(*Die verlorene Bibliothek*) 是启发本书写作灵感的许多书之一，而梅林本人却因为接受经济援助不知感恩而出名。不管这名声是否公平，总归是跟定他了。而托马斯·曼从未收到过此类指控。他手头在写的大部头总是比计划要慢，他不喜被打扰，但得尽义务。

考虑到所有这些，曼的雄狮地位实至名归。他表现出了雄心，而正因为这与他的天性相悖，更显难能可贵。他痛恨第三帝国的许多原因中，有一条是它迫使他成了他并不想当的好人。若没有乱世，他本可以当他的自大狂。然而一旦体贴被强加于他，他亦从容应对，要是我们依然假设他只是为了在后人眼里当好人，这样不免就太自大了。文学矮人总想声称自己知道巨人的想法，却往往犯了过度自信的毛病。他们无法真正知道上面的事情。你对托马斯·曼最糟的评语无非是他的自我大到把历史当成自家事；但至少他知道那是历史。"可怜的恰佩克！"他在战时哀悼。"他因心碎而死……还有米诺·特尔·伯拉克，荷兰人，许多宝贵评论的作者，希特勒占领阿姆斯特丹的那天晚上他开枪自尽了。这两位友人曾是我生命中的明灯——纳粹谋杀了他们。"（《旧与新》，第 11-12 页）这句话用了德语的反身修辞，语气更强了：und der Nationalsozialismus mordete sie mir. 纳粹谋杀了他们，从我身边。迈克尔·伯利在精彩之作《第三帝国》（*The Third Reich*）中的警告不应被忘记：毁灭并不仅仅发生在艺术家和名流身上，也发生在普通人和无名者身上——数以百万计。如今我们可以隔着安全的距离说，托马斯·曼没怎么去想普通人。但他肯定会想到与他有相似点的人。可能像多数自我中心的人一样，他认为所有其他人也都以自我为中心。然而，如果他的自我中心程度真像有时被渲染的那样，他就根本不会去关心名流：尤其是名流，因为他们是抢风头的对手。

海因里希总是给托马斯带来麻烦，不光因为海因里希之前闹出那么多事情。事实上，托马斯可能会更希望海因里希所做的一切都是为了写出一部《垃圾教授》那样的畅销之作，正是这书最终催生了《蓝天使》。然而，以弟弟挑剔的眼光看，哥哥的艺术病根是草率：一个定期更新肥皂泡的间歇性喷泉。时常感到不耐烦的托马斯不得不降低自己的价值标准，说海因里希写得不错。这里还有一个问题，是托马斯要维持资产阶级的体面：维持家庭安定繁荣的表象是他盔甲的重要部分。相比之下，海因里希是个浪荡艺术家，而且越老越浪荡。后来在洛杉矶，海因里希的疯癫情妇也被当成了曼家的人，这要比海因里希的穷困潦倒还要让人难堪，因为穷还是比较容易救济的，但她那不可预测的当众出丑可掩盖不住。托马斯若是明智的话，就该跟哥哥脱离关系，反正海因里希最后也走上了自毁的道路。

但托马斯也认识到，是希特勒让海因里希走上了不归路，而且说到底，他总是想到海因里希也做过好事。托马斯觉得《亨利四世》算是其中一桩，也这样说了，并继续用潜力股的标准去评价海因里希，而不是用长期成就去评价。若为了艺术标准的缘故，托马斯·曼甚至可以将自我放置于大背景中：珠穆朗玛峰，是的，但它只是喜马拉雅山中的一座山峰，尽管是公认最高的一座。在唐纳德·普拉特精彩的托马斯·曼传记的第237页上，这位大师表扬了"我那忧虑的谦虚"。读到这里我们应该控制住自己的不屑。它听上去像是滑稽的自欺，但得到了他行动的证实。即便没有行动，也有他的艺术来证明：不谦虚的人是不会费心重写一个句子的。精雕细琢本身就是自我否定的行为。托马斯·曼写得太好，不可能是真的利己怪兽。通过他价值无量的日记，我们很快发现他在处理日常事务时可以相当无私，也不总是想让人知道。他死后，媒体想要从他身上挖出一个食人怪兽，但那只说明了媒体的素质，而无关他的素质。他是现代文化潮流的第一批受害者：这种潮流以为通过寻找偶像人物的致命弱点就能大规模治疗半吊子文化。

津卡·米拉诺夫
Zinka Milanov

津卡·米拉诺夫（Zinka Milanov）1906 年在萨格勒布出生时叫米拉·特蕾莎·津卡，她的职业生涯相当长，曾是纽约大都会歌剧院最受爱戴的女高音之一，于 1989 年在纽约去世。1968 年退出舞台时，她已经在纽约唱了整整二十九个音乐季；她自称 1937 年是"幸运年"，之前她住在欧洲，那年年底移居美国。在南斯拉夫和捷克斯洛伐克的歌剧院里辛苦唱了十年后，她在"幸运年"登上了维也纳的舞台，在布鲁诺·瓦尔特的指挥下出演《阿依达》（*Aida*）。瓦尔特的推荐让她得到了为托斯卡尼尼工作的面试机会，在萨尔茨堡参演威尔第的《安魂曲》（*Requiem*）；但她的美国事业已蓄势待发，稳拿大都会歌剧院的合同。1937 年 12 月她在纽约首次登台，那是德奥合并前三个月。政治研究有一大块领域尽可以研究纳粹时期欧洲音乐家和歌唱家的命运，但我们也不应忽视，美国在那之前已经很有吸引力：这是美国文化帝国主义强势的一个显著例证，即便在高雅艺术范围内，它也已经从消费的角度塑造了古典音乐的世界，正如它塑造了绘画艺术。（当时尚未明晰的是：消费最终会决定产出。）米拉诺夫所有的唱片都是为美国厂牌录制的，这些唱片虽开始于她职业生涯的下半程（她快四十岁时才第一次进录音棚），但光彩程度毫不亚于任何初登歌剧舞台的新星。她生来是女中音，后来慢慢涉足高音区，她的中音区如黑莓汁般醇厚，高音区如香槟气泡般熠熠生辉。在我看来，初阶爱乐者最好避免听全套歌剧唱片：因为很可能还没听到著名唱段就闷得打盹了。初阶者最好先听所谓"精华唱段"。米拉诺夫唱的《托斯卡》(*Tosca*，与约西·毕约林合作）或《游吟诗人》(*Il Trovatore*，与扬·皮尔斯合作）太过精彩以至于被掌声打断，足以让任何人立刻对歌剧上瘾。因为歌唱家的生活几乎是体力劳动，他们关于艺术的评论可以说非常脚踏实地。米拉诺夫说过的一些话如果在恰当的时候引用，便足以打断任何人大谈技术的势头。

———◆———

多林克，你要么有副好嗓子，要么没有：我就是有。

津卡·米拉诺夫（据称）

火爆脾气的女高音在采访者不停纠缠她，要她谈谈深奥的技术问题时发飙了。在不耐烦的时刻，米拉诺夫为艾灵顿公爵的"给我摇摆，其余免谈"提供了一次完美变奏。我一直没有找到确证她在何时何地说了上面这句话，以及对谁说的：这是歌剧圈里广为流传的段子，在我听到之前，它已经口耳相传了上百万次。有可能每个字都不对，但这里要表达的看法从未改变，因为任何艺术家被问烦了都可能说出这话。六十年代初我在伦敦的国家电影院听到让·雷诺阿对一个提问者说了类似的话，提问者滔滔不绝地分析了《兰基先生的罪行》(Le Crime de Monsieur Lange)中的一个高角度镜头,把他弄烦了。雷诺阿说,他自己解决了技术问题之后就把它们抛到脑后了。

下一代电影导演什么都不愿意抛到脑后。当阐释性的新闻体文章在一种艺术形式周围慢慢造起一座金字塔,实践者很容易被自己的雄伟墓葬打动,开始呼吸稀薄的空气,享受尘土的气息。只要有媒体关注,同样的情况也会发生在越野摩托车冠军身上。之所以发生在电影导演身上,是因为媒体除了电影之外几乎什么都不关心。电影像战争一样引人入胜,而导演就是将军。很少有人能有这样的后勤能力,组织一群天分平平的演员和一支电脑特效的魔兽军队大战一场——而当此人被告知他是米开朗基罗再世,他也找不到什么证据来反驳。很快他会忘记,自己除了能让别人结合种种才能来顺从他的愿望之外,并无什么了不起的天才。而歌唱家不同,天分的个性化、私人化和直接的生理本质,让他们从根本上保持谦逊。津卡·米拉诺夫拥有人人渴望的胸音,当她的高音在剧院穹顶华丽地转圈时,几乎也带动她的身体一起飞起来。很多这样的事她十五岁就已经会了。

除了罗莎·庞塞尔等极罕见的特例,歌手必须要训练声带,如果他们想让事业超过一个星期的话。不过从头说到尾,还是有天分存在的,而且起着决定作用。卡拉斯那一代有许多歌唱家可以完成她做不到的事情:从高音到中音无缝衔接。但即便她后来已经驾驭不了高音时,她还是能在中音区发出一种火热的轰鸣,好像在你的耳朵里灌进滚烫的热蜡。她的天分正在于制造戏剧效果。她给别人上大师班时,会试着讲解如何做到这一点,但学生们无法学会她那独一无二的技巧,将声音的暗哑转为光明,犹如调亮一盏灯,而她则像一艘返航的航天飞机一头扎进乐谱。

尼金斯基的所有大师课可以用一句话概括。别人问他腾跃的秘密时,他说:"我就是起跳,然后在空中停顿。"(你要么能停在空中,要么不行。)不过,尽管这些话说过算数,我们应该牢记的是:不经练习、天生完美的艺术只是白日做梦。津卡·米拉诺夫说那句话只是为了打发掉烦人的提问者,她当然生来有副好嗓子,但她自从被发现有副好嗓子就一直在接受训练。在萨格勒布音乐学院,她有一整年除了练习还是练习。她第一次在克罗地亚登台饰演《游吟诗人》中的莱奥诺拉之前准备了两年,一字一句地钻研了起码一百遍乐谱。这种艰苦钻研持续了她的一生,从舞台退休后,她仍旧作为教师训练歌手。她说自己"有好嗓子"当然是对的,但她在1940年接受《练习曲》(*Étude*)杂志采访时又跟自己唱了关键的反调。她说,"要达到唱得好这个目标需要一生的努力"——这个沉闷的真相对所有艺术都适用。(兰波那样的神童只不过早早地过完了一生。)谈论令人惊艳的天才更有趣味,他们也的确存在;但真正的奇迹是培养他们所付出的辛勤工作。在讲艺术家的电影里,这方面内容通常用两分钟的蒙太奇段落一笔带过,因为哪怕暗示一下为了艺术提高要付出真正的苦力,至少也得在屏幕上占一个小时。因为这原因,没有一部关于如何成就艺术家的电影是可信的。内心的专注无法在屏幕上表现,外在的冲击可以。有那么一刻,津卡·米拉诺夫像莎莎·嘉宝一样,以中欧女演员的身份在好莱坞大片里说了一句台词。这台词效果很好,但只代表了一半真相。完整的真相没法表演出来。"艺术天分是上帝的礼物,艺术家有责任用他的一生去匹配。"

切斯瓦夫·米沃什
Czeslaw Milosz

切斯瓦夫·米沃什（Czeslaw Milosz，1911—2004）生于立陶宛，说波兰语长大。1934年他拿到了法学学位，作为一位诗人和自由撰稿人，这对他的职业生涯大有裨益。作为广播节目撰稿人，他曾因发表左翼言论与战前的右翼政府发生龃龉。纳粹占领华沙后，他转而为地下刊物写稿，在更为严酷无情的政权统治之下，他过去躲避官方追责的经验也派上了用场。战后，他成为波兰共产政权的外交官并被派驻美国，1950年转任巴黎，后来他就是在这里申请政治避难的。他在巴黎待了十年，日后研究米沃什的学者们往往会感觉到，他喜欢自己的波兰语原文被译成法语超过英语。1953年他出版了《被禁锢的头脑》(The Captive Mind)，带着苦涩的幻灭感从内部分析了马克思主义正统对他那一代理想主义者的影响。时至今日，此书仍应被视为重要文献，是对《华沙条约》之基础的最先一波打击。《被禁锢的头脑》写于柏林墙建造之前，最后成了推倒柏林墙的重要因素。在巴黎过完整整十年后，米沃什移居美国加州，在加州大学伯克利分校任斯拉夫语言文学教授。1980年他被授予诺贝尔文学奖，1981年起，他的作品开始在波兰出版：并没有一次性出全，也不乏来自官方的猜忌，但其势头已不可阻挡。在这一政权晚期的漫长危机中，米沃什的国际声誉像教皇一样，大到无法被忽视。米沃什写诗、随笔和政论，好像它们全是一种媒介，一种超越体裁的体裁。奥尔特加在二十世纪初就指出报刊文章是严肃思考的一种重要媒介，现在，从技术角度看，这似乎是奥尔特加之后的又一次突破。超越体裁的体裁其实是米沃什的波兰流亡同胞贡布罗维奇最先创造的，但没有人像米沃什那样以渊博的流畅继承发扬。他的诗和散文交汇贯通，就像它们属于同一个水系。约翰·贝利的文集《愉悦的力量》（*The Power of Delight*）中有一篇介绍米沃什的文章颇有参考价值，里面这样说道："他用所有的形式写作，其实只写了一种：他的健笔引领所有的形式，对其予以指导。"米沃什有丰富的个人经历可为这种指导提供基础，其中许多经历都沾带着悔恨。正如另一位曾服务于战后波兰共产政权，后来成为自由主义者的马塞尔·赖希-拉尼奇，米沃什曾效忠华沙这一谜团其实很好解答：波兰人没有理由信任任何人。在个人历史被如此彻底毒害的情况下，米沃什作品的奇迹在于他对于人广博的同情心：他能讨论现代历史和自由主义的内部矛盾，就好像我们这些读者也跟他有过相同的童年，并因此变得和他一样睿智。

圣经构成了信徒、不可知论者和无神论者的共同善。

切斯瓦夫·米沃什,《旧金山湾景》(Visions de la baie de San Francisco),第 224 页

对于西方文明来说,圣经是信徒和非信徒的共同善这一点应该是显而易见的,但出于某种原因,人们很少注意到这一真相,除非该文明已走到崩溃边缘。米沃什曾目睹一种文明的崩塌:正如任何一位有幸活到成熟期的战后波兰语作家,他不得不问自己,当一个国家本身已被毁灭,是否还能说这个国族的文化有根。我们必须记住,典型的波兰作家是布鲁诺·舒尔茨。但要铭记这一点,首先得记住布鲁诺·舒尔茨其人,而他是如此容易被遗忘,其主要原因是一个盖世太保军官打穿了他的头。这件事发生在 1942 年的德罗霍贝奇犹太人隔离区,舒尔茨当时五十岁,还有大好的事业前景。他的小书《肉桂色铺子》(The Cinammon Shops)是需要经过时间沉淀才能认识的天才之作,因为时间本身正是它要定义的许多东西之一。哪怕他从未写下一字,仅凭绘画技艺他也可以成为波兰未来的一束希望。他是一个行走着的天才之泉,泉水在几乎未曾喷涌之前就被斩断——一枪命中。但至少人们还听说过他。而在纳粹到来之前,年轻的波兰精英们就已倒在苏联行刑队的枪下,其中像舒尔茨那样的可能大有人在。在华沙隔都一定还有更多,那里的文化生活曾经像一所集合了美梦的大学(马塞尔·赖希-拉尼奇的访谈录《夹层》中有凄楚的回忆)。唉,这所大学有一条铁轨直接通向屠杀场,所有那些美妙希冀随之湮灭。罗曼·波兰斯基通过他的存在,提醒了我们是什么不复存在:整整一代青年才俊被毁了;如果波兰斯基不是幸而生就一副不显眼的样貌,很可能会跟他母亲一样罹遭厄运。战争结束后,有关这一切的记忆却没有终结:对那些熬过来的艺术家来说,深渊

仅在身后一步之遥。只要回头，就看到无尽苦难，视线所及，除了瓦砾别无其他。米沃什说圣经那句话时，便背负着这一经验。

为了寻找可以依靠的东西，他在废墟中找到了圣经。对我们这些幸运地坐拥另一座废墟的人来说，可怕的东西似乎少一些——大部分人要比出生时过得好（虽然街头可能更危险了）。我们可以说服自己，历史是线性发展的，在这过程中即便永恒也会过时，会被安全地遗忘。也许我们自己的大灾难永远不会以任何可被理解的形式到来，所以无所谓有没有历史要回顾，没有过去能够证明永恒的现在，"现在"会以不作大恶来自证清白，只除了用蘑菇释放孢子般鸡毛蒜皮的浅薄来轰炸我们。我们这些自信地打破神坛、驱散传统的叛逆者可能是正确的。米沃什告诉我们别抱太大希望，但或许他只是运气不好。波兰知识阶层一半被一群疯子杀害，一半被另一群疯子消灭，跟他们一样，米沃什正好被夹在当中，他的身体逃了出来，但心已破碎。

不过，即便不是基督徒，也会惊讶于信徒们抛弃圣经的速度。在英国，对圣经最致命的打击来自教会。詹姆斯王钦定本圣经是一部散文杰作，诞生于一个连所谓的委员会都能写出漂亮英文的年代。现代诸多圣经版本重起炉灶，在便于公众阅读理解的名义下进行改写，结果却不啻为对阅读的侮辱。艾略特说过修正标准版圣经（RSV）是一群甚至没意识到自己不信神的人搞出来的。新英语圣经（NEB）更糟，德怀特·麦克唐纳不得不放弃搜寻庄严的踪迹，转而在其中寻找作者不是文盲的证据（那篇令人忍俊不禁的书评收在他最后一本文集《不食美粟》[Against the American Grain] 中）。那群负责编写新英语圣经的人大概知道自己是无神论者，不然他们肯定无法坚持这样的决心，非得把每块石头上的石头掀开来糟蹋一遍。对我们这些无法接受圣经是上帝亲口说出的话，却将圣经视为上帝本身的人来说，把一度鲜活的语言约简为平庸的概述，这简直是大逆不道的亵渎,而干这事的人就是文化破坏者。我参加反对重修《国教公祷书》的公开抗议时,伦敦编辑中的一位虔诚基督徒(《私家侦探》[Private Eye] 杂志的主编理查德·英格拉姆斯)指责我心怀不轨。他比我更讨厌新版祈祷书,但认为我没有正当的理由和他同样表示轻蔑。但那也是我的祈祷书啊。我自幼成长的环境里有圣经、祈祷书和赞美诗。我有理由表示痛惜,而不是迟钝地眼看它们被毁。米沃什有同样的理由。圣经是他的第一道食粮。对我而言,圣经提供了一种真实性的标准,对抗着广告、社会工程、道德改良、煽动性政治等无处不在的欺骗——所有这些都在用语言腐蚀民主,制造幻象。但对米沃什而言,圣经提供的真实性的标准对抗的是一种更为危险的语言:将谋杀合法化的语言。我们不得不去想象一个国家变得如此压抑和虚伪,以至于教会看起来反倒像自由的机构,而它的语言听上去就像真理。米沃什当然知道,教会在波兰政治中没扮演过什么光彩的角色。他在战后的许多英勇举动之一,就是毫不妥协地记述了波兰制度化的反犹行径,而教会始终牵涉其中。我们还应努力记住,任何热爱圣经的德国人都得小心应对一个事实:德语圣经的经典译本出自马丁·路德之手,而路德对犹太人的憎恨相当符合纳粹的标准。但我们现在讨论的不是对教会的爱,无论是天主教还是新教。我们讨论的是对一本书的爱,而我们爱的是它被书写的方式。重写它不属于可能的范畴,任何这样的企图都应被戳穿其本来面目:可能导致毁灭的威胁。

英国国教还没来得及成为自己经典文本的敌人,或许就已成功地抓住第一个机会自行解散了,这倒也不错。但不管它与国家的官方联系多么薄弱,光有联系已经足以让它负起注定无望的勃勃野心,想在民众中尽可能扩大信徒,就像一个电视台绝望地寻找更多吃薯片的观众。与彻底世俗化的国家分离后,教会本可以充分享受宗教所能期许的唯一教化功能:为私人生活提供精神指引。只有世俗的政府才可能是民主的；但就算公民不再相信宗教的神圣起源，总还能得到一些道德示范，如果公民完全失去精神指引，那么这一民主很快就会陷入麻烦。

除了佛教可能是个例外，没有一种已知的宗教能够与国家结盟而不摧毁自由。人们较少注意的是，这也会导致它自身的毁坏，要么是教化变得肤浅，要么是试图在法律上强制实施而招人厌恶，而不是通过循循善诱、典范和见证的力量来发挥作用。在宗教的恰当领域，即私人生活当中，只要不触犯法律，宗教可以随心所欲地保持其教义的严格、纯粹。这也可以保护其精神养分的源头不受污染，不必屈从于要让它们普及易懂的致命义务。我们可以肯定，1979年教皇带至波兰的一大安慰是一句用拉丁语说的话。他能说波兰语，这有利于交流，但他也能说拉丁语，这对信众来说是一种渴望已久的提醒：在头脑被禁锢多年后，还有一种永恒的语言没有被腐化。没有信仰的人听到这样的提醒也会高兴。

教会开始采用口语化的祷告文做礼拜的时候，伊夫林·沃曾在他的书信里大吐苦水。他说，他皈依天主教可不是为了拍手称赞教会笨手笨脚适应现代社会的。他希望它不要去适应。也就是说，他想要一个避难所。我们这些在新教环境中长大但后来又自甘堕落的人，当那扇门在身后訇然关上，才发现自己并不像当初以为的那般堕落。我们已堕入不信神的处所，但还没到愚昧的境地，看着我们曾经的摇篮开始哼唱蒙昧昏愚的民粹主义欢快小调，这简直是一种背叛——背叛了曾经深深打动我们的东西，打动的程度至少足以激发反叛的吁求。我不希望有人从我这里夺走耶稣的教诲。他也许不再是我的救赎者，但依然是我的导师。即便我不再确信救赎者是否存在，我至少能确定他不会像托尼·布莱尔那样说话。诚然，耶稣从未用钦定版圣经新约里的语言说过话，但钦定版的诗意张力与耶稣的话语曾在淳朴的灵魂身上造成的冲击想必是一致的，而我依然是他们之中的一员：至少淳朴到需要有人来宽恕我的罪孽。如今没有人能为我做这些，我必须自己宽恕自己。像大多数良心尚存的人一样，我感到这很困难，很多时候还觉得这很荒谬。如果没有圣经，我们这些可怜虫肯定会迷失方向，因为若是没有了圣经，良心本身将成为我们人格中另一处不安的骚动，得去接受心理治疗才行。我们被无数声音包围，告诉我们只要学会爱自己，一切都会好起来。想象耶稣在受难之时，除了长矛和浸醋海绵之外，他们也为他提供了心理辅导，想象一下耶稣会经受的折磨吧。米沃什在加州流亡时，看了太多宣扬个人成功的美国文化，或许会开始想自己到底来了什么鬼地方。但他从未忘记他得以离开的那个地方——如此压抑的不毛之地，令他渴望一种他能够尊敬的语言，哪怕这语言来自一部他并不相信的书。

埃乌杰尼奥·蒙塔莱
Eugenio Montale

埃乌杰尼奥·蒙塔莱（Eugenio Montale, 1896—1981）是"二战"后意大利最著名的诗人，并最终成为无可挑战的意大利人文主义文化在现代的鲜活化身。即便在尚未成名时，他已叫人过目难忘，他是邓南遮之后最能代表意大利的抒情之声，而且前途更为光明。鉴于邓南遮的故作姿态成为法西斯狂热的预兆，成长于法西斯时代的蒙塔莱预示了即将到来的自由民主清平调。在装腔作势盛行的年代，他接受了爱、忠诚和真性情的教育，为日常的清醒理智赋予了一种抒情之声，而他百废待兴的祖国对此应当感激不尽。1975 年他获得诺贝尔文学奖，被视为意大利文学声誉重回巅峰的标志。每个受过教育的意大利人都能背诵几句蒙塔莱的诗。熟悉但丁名篇和莱奥帕尔迪抒情诗的人，通常能对蒙塔莱写向日葵的名句（"带给我为光明发狂的向日葵"）信手拈来。意大利语的初学者只要认真花上几个小时，对着字典读蒙塔莱第一本奠定声誉的诗集《墨鱼骨》(Ossi di seppia)，就能直登二十世纪意大利文学的殿堂，并学会一两句脍炙人口的金句。蒙塔莱年轻时的主要目标之一就是驯服浮夸的修辞——过于音乐化的语言通常有词藻浮夸的毛病。（一个意大利诗人最难的技巧是避免押韵，蒙塔莱从不让人失望。）许多人尝试翻译蒙塔莱的抒情诗杰作，皆以失败告终，但至少他们提供了丰富的参照文本。在很长一段时间里，翻译他的批评文字的工作似乎也同样厄运难逃，但乔纳森·加拉西终于完成了差强人意的《艺术的第二生命》(The Second Life of Art, 1982)。加拉西有时会错过蒙塔莱句子的简单韵律，但他从不错过其论点的简洁。蒙塔莱能读好几种语言，特别重视常识经验的价值，他亲切有礼，在涉足的所有形式中都带着迷人的脚踏实地：即便他最繁难的诗里也充满了具体的细节。他还是一位歌手（早年的声乐训练为他超凡的音乐评论打下了根底）和画家。唉，等到他去世后，我们才发现他的才能中还包括一种特殊技巧：他的一些关于英语著作的书评其实是一名学生代笔，然后他俩平分稿费。

艺术注定要作为自然之真相的某一方面而存在，而不是什么冷冰冰的实验发现。

埃乌杰尼奥·蒙塔莱，《烧死异教徒》(Auto da fé)，第 81 页

在写评论文章时，蒙塔莱时常让人想到福楼拜的坚持：我们不爱文学。蒙塔莱也不爱文学，至少他不会从文学里推导原则。他实践文学。作为实践者，蒙塔莱也准备容忍实验。他会花时间读庞德。谈到庞德时他说，有才华的人也应该有尊严，所以他可以原谅庞德的政治失节。他知道自己很大度，因为庞德千真万确代表了向法西

斯说辞投降的那类人，而蒙塔莱自己没有这样做。对于庞德的碎片化以及隐喻等技法实验，蒙塔莱觉得没有大度的需要。他只是觉得这些实验无伤大雅而已，后来他也这么说奥登。抒情性如何达到并不重要，只要达到就行了。与他同时代的隐逸派诗人宣布放弃抒情性，但即便如此，他还是能发现抒情的蛛丝马迹。蒙塔莱的真爱是音乐，这也是他心底呐喊的来源。他从小受的是正规音乐教育，歌唱技艺达到专业水平。在意大利歌剧漫长的奄奄一息时期，他作为乐评人出席了几乎所有重要演出的首演。如果电视或电影评论新人想要学习如何将单一文化事件的评论转化为对整个社会的评论，就应该找一个意大利语专家带着读几段蒙塔莱的《斯卡拉首演》（*Prime alla Scala*）——这个集子收了他写日渐式微的歌剧院（teatro lirico）的最好文章。是什么毁了歌剧（或者说，是什么标志了它的毁灭？因果总是很难界定）？答案是理智主义（intellectualism）。蒙塔莱晚年曾听过先锋派作曲家诺诺的演讲，诺诺试图说服意大利的音乐公众：他用马克思主义写音乐，是为了让他们的生命更有意义。蒙塔莱早年听过写实主义歌剧的最后几部伟大杰作，听众的生命的确更有意义了，用不着提马克思，一切尽在旋律、配器和激动人心的戏剧效果中了。蒙塔莱当场指出诺诺的脑子是装在一个瓶子里。

不过我们应该承认，自然真相和实验发现之间的对照并不总是一清二楚。斯特拉文斯基开始无调性音乐的冒险时并没有牺牲感情：他本不必要冒险，除非是需要一种全新的机会。印象派画家觉得自己很科学，就色彩的分析和组合而言，他们的确如此。在文艺复兴时期，透视法是一种实验发现，有着房间和镜子的场景必须看上去足够冷。维米尔的画室可能看上去更像光学实验室，而不仅是他画中呈现的房间本身。一切时代的一切艺术都需要技法实验。人们发现韵律的时候肯定也觉得是这样，在声韵的即刻感官效果之外继续探索其无限可能性，那肯定就更像实验了。在现代写作中，约翰·阿什贝利后期作品的拥趸让我明白了一件事：他措辞中的磕绊和元音省略如何成为调制语调的一种释放机制。在我看来，它们听上去像是指向复杂的极简姿态，但菲利普·格拉斯的极简重复亦如此，直到我更花心思去听。（不过我越是花心思去听施托克豪森，他的重复愈发显得只是重复而已。）蒙塔莱抗议的真正问题是，若他乘时光机器回到过去，会发现他的早期诗歌（《墨鱼骨》和《风暴及其他》的时期）也经不起自己的怀疑。在意大利语抒情诗的丰盛语境中，他的酸涩措辞是一种实验。它们恰好成果丰硕。在内心深处，他知道这一陈述的两方面并没有他指出的那么两极化。他只是用一种礼貌的方式说他多么痛恨刻意的现代派、故意不好听、努力地叫人讨厌、自豪地惹人嫌、毫无愧疚的平庸音乐。天才褪去，实验彻底取而代之，任何一种艺术形式都会产生糟糕的结果——永远冰冷的实验许诺把铅变成金子，做无米之炊。且不提冰冷（我们应该把它暂搁一边，因为狂热也会导致毫无结果的艺术实验），也许我们应该知道蒙塔莱在另一篇文章中想出了一个完美的术语，去描述一部除了自身技巧没有别的主题的艺术作品。他称之为不带烧烤的调味。

真正的文化是当一个人忘记他所学的一切时依然保留的东西。不过，这预设了一种浸透式的吸收，一种深刻的渗入。

埃乌杰尼奥·蒙塔莱，《烧死异教徒》，第 313 页

蒙塔莱很小心地说我们应该在忘记之前先吸收。庞德也说过类似的名言（他说当我们忘记某一片断来自哪本书时，文化就开始了），但我们更容易接受蒙塔莱的想法。我们大可假设他的海量阅读渗透在他的写作中，好比一种蒸馏，如果不是参照系的话。他去世后，我们发现他并没有我们想象中阅读量那么大。他读过不少外语作品，并通过引用来证明这点，但他评论过的一些英语书实际上全靠一位

助手，此人不仅读了那些英语书，还以蒙塔莱的名义发表了书评。蒙塔莱一直谦虚地说英语是"一种学无止境的语言"，但真实情况是他发现英语比他想得要难。代笔丑闻即便用意大利人的松散标准去衡量也堪称巨型丑闻了，但最后也以意大利的方式平息。没有人会觉得帕瓦罗蒂逃了那么多税就唱不好歌，从长远看，人们也就心照不宣地承认：蒙塔莱辛苦了一辈子，难得去酒吧里轻松一下，让某个有前途的年轻人替他写明天晚报上的专栏。

撇开丑闻不说，蒙塔莱学习外语的能力（包括英语：他的确读了不少原文）着实惊人，而他几乎读过意大利语的所有重要文学作品。在文学知识之外，他还有绘画知识，他对罗伯托·隆吉艺术评论的赞扬是一次伟大学者的团契，能够迷惑任何学习艺术史的意大利学生，用一条魔法道路引领他们通向文学的王国。隆吉知道如何去写绘画评论，蒙塔莱知道如何去写绘画评论的评论，这条反应链中没有薄弱环节。接下来就看你读者的了，欢迎来到文明之境。除了文学和美术之外，他还有深厚的音乐知识，而且远远超出专业的程度；就算他不是艺术的化身，也是艺术品鉴的化身。将他所有的评论能力放在一起，你会看到一幅迷人的图景：一个人用全身心沉浸在艺术中来点亮生命。我们很容易说服自己：他的诗歌中体现了这些成果。但我们难道不是想当然吗？他的诗歌并不以暗喻著称。我们如何知道他的性格已经深深受到了艺术的熏陶？万一他不光忘记了学过的每样东西，而是真的忘光了一切呢？

马丁·艾米斯曾经对我说过，不管你多欣赏一部小说，一年过后你会忘记里面写的一切。他提出的是一条经验规律，不是热力学定律，但就我的个人经验来看，他说得有道理。我不断重读《幸运的吉姆》和《了不起的盖茨比》的原因，就是否则肯定会忘记；而且我知道重读《包法利夫人》的时候也到了，因为我能记得的情节只有：一，爱玛在鲁昂的情色马车之旅；二，有产绅士的健美身体给她留下的深刻印象；三，她丈夫给某人（谁？）的脚开刀很不顺利。当我忘记了那么多内容，所记得的寥寥无几，还能称之为全面吸收吗？可能称之为习惯更合适。也许我们的习惯就是让好东西通过我们的大脑，东西越好，就越容易习惯。也许"通过"这一动作本身就是关键事件：润滑管道，好比通往黄金国的咽喉要道。

我们都知道那些热衷于记住无用细节的"猜火车"人士。他们碰见一个同好就能乐上半天。但一个人若是一头扎进高雅艺术，死记一切细节，那可没什么好笑的。一些最糟糕的案例是幼年被迫学习，所以并不能怪他们，但也有在成年以后自己选择此种命运的半疯之人。我以前认识一个人，他听第一句，就能知道是哪部歌剧里的哪一首咏叹调，而且永远是原文原句。他不光熟悉威尔第和普契尼，还有雅纳切克和穆索尔斯基。更糟的是，他没法控制自己。在柯芬园的剧院酒吧间里，你会看到人们急急忙忙离开他，好像被投石机发射出去一样。我还知道一个人能记住他看过的电影的所有工作人员，不光是全部演员，还有所有的技术人员。我以前总是希望他俩一起下地狱，因为他们经常会选我当受害者，在谈论艺术的时候，那是一种丑恶的提醒：遗忘几乎和牢记一样重要。我喜欢背诵诗歌，但只是我喜爱的诗，我可怜那些要记住他读过的所有诗的人。在悉尼大学，有个同龄人就有这毛病。他在事业起步时就拿了一个诗歌奖，结果事后证明，他的诗中有一大部分来自别人的诗——真尴尬啊。没有忘记的能力，我们就无法回到我们所爱的事物，享受那种熟悉的最高境界的快乐，宛若新生。普鲁斯特的成就在于第一次读他就能给你那种感觉。之所以能做到这一点，是因为他一早就致力于让自己记住遗忘的感觉。

考考你的记忆力：迈克尔·弗雷恩的小说《早晨行将结束》里，主人公注意到他的车漆开始生锈时，他说了什么宽慰自己？（结实好看的棕色底漆露出来了。）（但主人公叫什么名字？）在《波特诺

Eugenio Montale

伊的怨诉》中，波特诺伊在试图说服溜冰的白种新教姑娘他不是犹太人时，说他真实姓名是什么？（波特-诺阿。）他给幻想女生起的名字是什么？（瑟瑞尔·麦考伊。）（但那个一直被他叫猴子的时装模特的真名是什么？你能记得他追求她时引用的叶芝的诗名，为什么却记不住她的名字？）（诗是《丽达与天鹅》。）你能记得塞林格小说（《一个聪明孩子》）里格拉斯家的孩子上的周播节目，但那是广播还是电视？在《弗兰尼与佐伊》结尾处，几个格拉斯家的孩子死了？谁是陀思妥耶夫斯基引文"绅士们老师们，我问你们，什么是地狱？我认为地狱就是无法去爱的痛苦"的收信人？"X中士"，还是"致埃斯米——心怀爱与肮脏"？谁是写信人？纳粹军官，他的妻子，还是主人公？伊夫林·沃的哪部小说里，斯蒂奇夫人开着小车下了男厕所的台阶？什么样的小车？

上面这段里提到的长、中、短篇小说，我全部读过至少三遍，但每个问题都让我不仅意识到有些事我只记得一半，而且痛苦地意识到有些事我全忘了。说到绘画就更痛苦了。考陶尔德藏品展还在百花里时，我肯定看过马奈的《女神酒吧间》不下一百遍。镜子里有个男人，他可能想要她当情妇。他的形象在她头的哪一边？我没记住真该死。但也许，一个能记住所有事的人，就真的该死了。在缓慢死亡的最后几周里，还是忘记的好。你会希望有一种拯救机制，一种脑力节约。我身体最好的时候觉得 H. L. 门肯的命运（语义性失语症）是对一个将生命奉献给文字的人最残酷的折磨：惩罚他的爱。但从内心的角度向外看，也许觉得是一种解脱呢。

从美好的记忆中解脱也许是正确选择：毕竟，它们除了让你渴望无法得到的东西（活得更长一些）之外还能做什么呢？也许我们该忘记可爱的东西，记住真实的东西。我还没到高龄，有时已经开始想象我对衰老的感受。最近，我看了至少第十遍肯尼斯·麦克米兰（Kenneth MacMillan）的芭蕾《冬梦》（*Winter Dreams*）的录像，是德里克·贝利精彩的电视版。又一次，我对麦克米兰的编舞心醉神迷，他让舞者达尔塞·巴塞尔和伊雷克·穆哈梅多夫看上去为彼此疯狂。然而又一次，在我已经忘了舞步之时，又想起了我自从第一次看之后便从未忘记的一刻：达尔塞·巴塞尔和安东尼·道尔那不煽情、安静而绝望的双人舞，他们将婚姻走到尽头的悲伤演绎得淋漓尽致。当情人起舞，他们飞上激情的云霄。当夫妻起舞，则死气沉沉——几乎没有感情。但他们在劫难逃的小动作正是麦克米兰的编舞想象力的巅峰，叫人眩晕。他曾经邀请我写一出关于尼金斯基的话剧版芭蕾舞剧。我猜这项目根本没机会上演，但好处是我可以经常去见他。自从第一次看《梅耶林》（Mayerling）后，我一直觉得他是个天才，他的其他芭蕾舞剧不断证明了这点——他编的任何爱侣双人舞都是现代艺术的燃点，让人体动作能有机会与诗歌艺术平起平坐。他很容易感到尴尬，所以我得很小心地表达感受，当他最后病入膏肓时，我惭愧地不知道说什么才好。（给年轻作家的成长建议：如果你感恩于一位艺术家同行的生命，不要满足于私下告诉他，请公开表达吧，也许并不认识你们二人的陌生人会感到振作。）我觉得麦克米兰的才华十分伟大，已经超越了美。当他创造的爱侣翩翩起舞，你会觉得理所当然。但当他为缓慢的心碎找到一种沉着的诗意，他给了我们一些能够铭记的东西。看出《梅耶林》中的双人舞之美没什么稀奇，但看出《伊莎多拉》中伊莎多拉·邓肯和帕里斯·辛格哀悼他们孩子的意外之死那段双人舞之美，那就是水平了。如果真到了将一生至高艺术享受的所有记忆缩到唯一一个形象的地步，那么最好是个高贵的形象。你会希望至少能记住这一个形象。但蒙塔莱肯定有这想法，不然他不会谈论遗忘的不可避免，同时还要强调铭记的内容的质量。

孟德斯鸠
Montesquieu

夏尔·路易·德·塞孔达，拉布列德及孟德斯鸠男爵（Charles Louis de Secondat, Baron de La Brède et de Montesquieu，1689—1755）是我们在历史上的代言人之一。如同修昔底德、塔西佗和蒙田，他在时间的纵深中代表了我们，好像他的头脑是现代世界建造的空间站，放置在过去的地表上方的观测轨道。另一方面，他那著名的纪念徽章令他好像是从古罗马元老院投影未来。真实的孟德斯鸠是他时代的造物，充分体现了时代精神。他的贵族出身自然有助成就，但他的才华并不是排外的上流势利。他在豪华沙龙中极受欢迎，对轻浮司空见惯。《波斯人信札》（Lettres Persanes，1721）是他第一本成名作，起于一个笑话。他成功的技巧如今被视为司空见惯，即从外国人的角度观察我们的社会，然后发现其中的奇异之处。孟德斯鸠想象两个波斯人来到法国，他们眼中的法国社会实际上正在走下坡路，不过能有外国人风趣地告诉我们本国一团糟，这也挺愉快的。孟德斯鸠自己也当过波斯看客，他在英格兰待了两年，四处风光游历，这段时期的观察将会对他之后的作品产生重要影响。不过，他先写了《罗马盛衰原因论》(Considérations sur les causes de la grandeur des Romains et de leur décadence, 1734)，此书扣人心弦，可能是新读者最好的入口。他毋庸置疑的杰作是分量更重的《论法的精神》(De l'esprit des lois, 1748)，这是塑造了现代世界的经典文本之一，在今天依然举足轻重。也许在当下，它最明显的意义是对多元文化含蓄的批评。孟德斯鸠实际上提出了这样一种概念：所有文化以各自的规则在不同的道路上演化。《论法的精神》阐发了这一主题，但他当时已经看出了其中的危险。当你暗示所有文化可能同等有价值，就为假设它们有着同等的道德地位提供了空间。为了防止此类推演，他进一步提出（以他亲自观察研习的英国宪法作为支撑）：在文化多样性之下，应该有恒定不变的价值。用现代术语来说，他认为对文化多样性的合理认可不应该发展为一种意识形态——多元文化主义，因为这种意识形态会导致对任何既定正义观念的抛弃。孟德斯鸠在面对自己的文化相对主义时，似乎宣布了正义是永恒的。以赛亚·伯林写过一篇很好的介绍性文章（收在《反潮流》[Against the Current] 一书中），但很奇怪的是，他没有看出孟德斯鸠的论点深深地影响了自由主义。伯林认为自由主义关乎互相竞争的价值观，孟德斯鸠也这么看，但他认为应该有不动的基点。孟德斯鸠提出（或至少是暗示）一种基于刚性原则的自由主义，而不是基于宽容，这就决定性地并且先发制人地介入了我们今天正在进行的辩论。

> 最令他蒙羞之事对他最有好处，这也不是不可能的。如果他从一开始就表现出伟大的心灵，整个世界都不会相信他；如果他吃苦耐劳，就不会让安东尼穷奢极欲直至毁灭。
>
> 孟德斯鸠，"七星文库"版《孟德斯鸠全集》，第二卷，第137页

当我终于学会了足够多的法语，有勇气挑战孟德斯鸠的著作时，却发现根本没法入手。上面引的文字是我对他沉迷的原因。当时我在"七星文库"版《孟德斯鸠全集》中随便拿了一卷翻阅，读到了这段评价奥古斯都的话，便知道未来很长一段时间里孟德斯鸠会占据我的阅读时间了。于是我放下书，非常确信等下一次拿起它时肯定会连续读上好几天。事情的确如此，不过几天变成了几周。（现在我有两套"七星"版《孟德斯鸠全集》，一套用于旅行随身携带，另一套供在家里以备不时之需，比如世界末日到来——对此孟德斯鸠会感到悲伤但不会震惊。）几十年前我还在悉尼读书时，诺思翻译的普鲁塔克曾带来同样的震撼。大而无当的现代文库版装帧很难叫人喜欢，但一打开就停不下来。我能立刻看出普鲁塔克为莎士比亚剧院的海报做出的贡献。即使在今天，我依然无法想象，假如莎士比亚没有在普鲁塔克笔下一溜大人物那里寻找如今好莱坞所说的"附加对话"，《尤里乌斯·恺撒》和《安东尼与克莉奥佩特拉》（所有莎剧我都喜欢，这两部是最爱）会如此丰富。在二者显而易见的联系之外，若是没有普鲁塔克，其他莎剧还会是莎剧吗（也就是说，没有性格决定命运的观念）？茨威格（在《欧洲的遗产》中）曾说过，蒙田读史不是为了博学，而是为了看别人如何处理世事，并以此为鉴。通过评估历史上杰出人物的行为，我们为自己找到了衡量依据。然而我们首先对自我的评估，是我们不太可能仅凭自己就达到如此伟大的客观性；我们需要通往人类灵魂的向导，而孟德斯鸠是其中

最难超越的,因为他可以克制自己不进行道德判断直到最后一刻,同时并不放弃道德判断。很明显他并不钦佩奥古斯都的为人,但他能够看出奥古斯都作为皇帝的伟大,而最终他看出了奥古斯都的伟大和他的为人之间的关联。这是一种抽离的壮举。我们大部分人早早就忍不住要表决了。

孟德斯鸠对提比略也延迟了判断:这种自制连塔西佗也做不到。应该提到的是,孟德斯鸠曾这样评论塔西佗笔下的世界:"qui abrégeoit tout parce qu'il voyoit tout."("他简化了一切,因为他看到了一切。"完美。)塔西佗被提比略迷倒了,不过那只是脖子柔软的少女被老练的吸血鬼蛊惑而已。孟德斯鸠和塔西佗一样,颇为欣赏提比略的施暴艺术。孟德斯鸠说:"没有比一个能在法律的笼罩下、带着正义的色彩施暴更残酷的暴君了。"作为一个残暴诡辩的鉴赏家,孟德斯鸠对提比略扭曲司法体系的能力和效率印象深刻。虽然远隔一千六百年,孟德斯鸠对这位帝国时期的行凶者回馈了文字之美:"les couleurs de la justice"(正义的种种变色)是何等漂亮的文字,此处只有保留原文才能向造就了这句话的文化表示敬意。塔西佗看出了提比略虽希望元老院俯首帖耳,却又鄙视奉承。塔西佗对之既着迷又反感,在这个有着恶魔般天才的人物身上穷尽了反讽修辞。孟德斯鸠没有那么多感情投入,他看出了提比略身上可以延及全人类的一点。"像大部分人一样,他想要矛盾的东西;他的总体政策跟个人热情毫不相干。他想要一个自由的元老院,让自己的统治为人所敬重,但他又想要一个能够随时迎合他的恐惧、嫉妒和仇恨的元老院;最后,政治家屈服于一己之私。"我们从中可以自由推演出一种普遍的原则——政治家除非被限制,他们总是会徇私。阿克顿勋爵后来关于"权力的本质是腐败"的论述早就存在,而且早已用平实的语言解释得很清楚。部分冲击来自我们注意到内心频繁发生的悸动:当我们在恪守公民责任时难得任性一回,便会感到发泄和放松。

不过孟德斯鸠十分清楚，专制帝国权力带来的伤痛远远超出了理智败坏，在私人腐化之外还有彻头彻尾的神经症，在母亲肚子里或是刚出生就已经神经错乱。孟德斯鸠从不怀疑卡利古拉是疯子，但他并不只是一味谴责（进行分析，而不是胡乱发泄），他检验了卡利古拉的公然发疯不仅没有妨碍智识的微妙，甚至还有可能是鼓励。他认为卡利古拉是暴行的诡辩家。卡利古拉与安东尼、奥古斯都一脉相承，他说执政官若是庆祝亚克兴战役纪念日，就会被惩罚，若他们不庆祝，也会被惩罚。（对不了解情况的或者单纯的读者，让我来解释一下：安东尼在亚克兴战役中败给了屋大维，也就是未来的奥古斯都。所以，庆祝该战役是侮慢安东尼，不庆祝就是侮慢奥古斯都。卡利古拉这样说是为了可以惩罚任何人。）

孟德斯鸠对残酷与某种艺术天分相伴这种可能性并不反感，这便开启了一种研究领域，在这个领域，但愿能光读萨德侯爵就好了，可惜远远不够。萨德的许多影响是逐步累积起来的，再说他的大部分作品都是虚构。他在监狱里意淫了许多事，鹅毛笔是想象和现实之间唯一的通道。他可没有带电话的办公室。唉，二十世纪也发生过同样的疯狂，他们掌权的方式除了天分之外，还要加上中世纪以来未见的酷刑，以及一整套的心理折磨（人们曾以为这些都跟着疯狂的罗马皇帝们入土了）。如果萨达姆·侯赛因在凶残的本性之外还想要深造，只要跟着学就行了，通过攻击孩子来从心理上击垮父母。（我们可以想象萨达姆这样说："我英俊的儿子乌代很想见见你的女儿。"）但即便这种别出心裁也不是没有古代的先例，而希特勒对"连坐"的钟爱更是对提比略的直接继承。维克托·克伦佩勒在日记《我见证》和《直到最后》记录了德累斯顿犹太人的两难，他们在那些年里好像日子还能过，直到最终解决方案正式启动。

维克托·克伦佩勒有时过于琐碎，因为他似乎迷失在日常细节中。但当日常细节如此可怕的时候，记录它就成了英雄行动，读过他日记的人都应该告诉那些还没读过的人，这些日记是二十世纪的伟大文献。它的核心观感，是自新政权上台第一天起，犹太人就被有计划地置于难以承受的心理压力之下。当他们还有乘电车的奢侈权利时（去挣得越来越少、路程越来越远的地方工作），他们只被允许在某个站台上车，而这个站台只通往他们被禁止上的那节车厢。他们的两难是要么走路上下班（这越来越不现实），要么上车，坐等几乎是肯定的罚款。"几乎"让情况更糟：如果除了在家等着和家人一起饿死之外别无选择，也许还好面对一些。但别的选择是存在的。这别的选择就是面对两难。恐怕很少有比这精心诱导恐惧的机制更难设计的了。但它还是设计出来了：我们后来得知这点子是自己演化而成的，没有一个具体的创制者，我们或许会因此松一口气，但无疑有一些变态的纳粹官员坐在办公桌前想出了整套方案。孟德斯鸠比塔西佗更值得我们感谢，因为他为我们做好了面对我们自己时代的准备。塔西佗认为严刑拷打有一定的道理。孟德斯鸠同意这个看法，但他说我们的天性中有些东西会大力反对这么做。塔西佗预言了我们不得不去面对，但孟德斯鸠预言了我们面对它的情形，所以他甚至高踞于一般历史上的贤者之上，他们只是告诉我们永远存在的未来——或者反正过去已经发生了无数事件，以后也不会有什么史无前例之事，顶多是时代错误。这就是读他们的一种安慰，虽然也让人悲哀；而在孟德斯鸠那里，安慰成为了启发，好像我们的疑虑找到了心声。

> 我认为最终毁掉庞培的是羞耻感，他羞于承认自己当初拔高了恺撒的地位，太缺乏远见。他起初根本不习惯这个想法；他没有自辩，以免公开承认他涉险是咎由自取；他一直对元老院说恺撒决不敢开战；因为他经常这样说，就得永远继续这套说辞。

孟德斯鸠，"七星文库"版《孟德斯鸠全集》，第二卷，第 127 页

不管从哪方面说，这段话都比吉本好太多了，除此之外再想想它所处的谱系。对权势者的心理分析在修昔底德那里已经有了：我们的亚西比德也是他的亚西比德。萨卢斯特和苏维托尼乌斯也类似，尤其是普鲁塔克：莎士比亚在诺思翻译的普鲁塔克中发现了其他伟人的思想，同时也发现了自己的。如果普鲁塔克没有英译本，莎士比亚或许同样可以从蒙田那里学到，因为蒙田对我们上述提到的人物都有充分的评价，而我们知道莎士比亚对蒙田是烂熟于胸。然而所有这些名字加在一起，哪怕加上莎士比亚，你得到的政治分析的总和还是无法达到孟德斯鸠的高度。我们可以说，孟德斯鸠即便艺术天分异常高超，他也不会轻易去下不成熟的结论，他会在自己内心找到一切人类行为的源泉，同时保持一种仁慈的清醒。庞培在成为平民代表时，便牺牲了贵族中的影响力。与恺撒不同，他缺乏对冲打赌的直觉。这两人拥有同样的领袖魅力和同等的残忍，但恺撒在最后一战中占了上风。之所以如此，唯一的原因是庞培有心理弱点。孟德斯鸠没有诋毁庞培的智力，而是告诉我们他的弱点在哪里，从而让一种心理评述像悬疑小说一样令人欲罢不能。（《达·芬奇密码》之类小说的无数读者真正想要的正是这种心理紧张，只不过他们选了一块不毛之地。）

完全开放的头脑通常很空洞：孟德斯鸠的头脑则充满了相互关联的看法，好像一个网络化仓库，现实种种在其中似乎自动建立起

了联结，因为他的媒介（文字）是如此透彻。要明白心理学不是一门科学，最佳途径就是看看孟德斯鸠，他是心理学的行家，也是精通此道的艺术家。关于人的心智，孟德斯鸠能教我们莎士比亚没教的一招半式：在最普遍的常识背后，必定有个人的思考。就用他们两人做例子，他们若不是如此不同，也不可能如此相似。在这里莎士比亚变成了孟德斯鸠，在《雅典的泰门》第二幕中，弗莱维斯试图让挥金如土的泰门产生节约的念头（他肯定已经试过百万次了）。

啊！当你不再有财力购买赞美
那赞美的内容也就没了生气：
酒肉朋友来得快，去得也快……

Ah! When the means are
gone that buy this praise
The breath is gone whereof
this praise is made:
Feast-won, fast-lost...

若不是听上去十足地莎士比亚，孟德斯鸠也可以写下这段文字；之所以听上去十足莎士比亚，不光因为其韵文，也因为第三句在本不该断句的地方断开了，从而瞬间凝聚了我们不可能注意不到的超验语言力量。莎士比亚即便在写散文体时也有诗人的精髓，而孟德斯鸠总是将散文体推向诗歌的内在平衡；两端往往只有一线之隔。他们概括的力量是相同的，因为两人都对特定的心理有一种警觉的天赋。比如，无论孟德斯鸠对庞培的概括正确与否，这一概括也适用于你我。一旦我们投入了自己的观点，就会紧握不放；所以我们赌注越高就越冒险，哪怕什么也不做。我们越有力量，就越容易握紧自己生锈的枪：因为是目标的坚定让我们有力量。

孟德斯鸠笔下的庞培拒绝接受显然的事实，他的行为回答了为什么：他对这个问题迟钝，因为他是庞培。孟德斯鸠观测到了人物视野中心的盲点。德加的视力出了问题，最终导致他直视前方时什么都看不见。庞培在他的道德视网膜中心有一块盲点，这令他成为庞培。同理，莎士比亚写出了泰门的本质——他无法看到慷慨会毁掉他；科里奥兰纳斯无法看到他必须讨好人民，不然就不该当护民官。这些都是没看到的大事，而且得是大人物才看不到。

或者需要一个大恶人。在我的时代（这的确发生在我活着的时候，不过我很幸运地没有在现场），斯大林拒绝相信纳粹德国会进攻苏联。人们对他失算的初衷有所怀疑，最有道理的猜测是这源于他将意识形态置于一切其他考量之上的疯狂，哪怕是保卫国家的能力——而他的大部分精力都花在了绝对控制这个国家上。斯大林已经清洗掉了红军最得力的将领：事实上是整个指战员精英层，也就使军队失去了作战能力。如果他签订《苏德互不侵犯条约》是为了让自己有机会继续完成大清洗，那么还算是有前后逻辑，哪怕它是从一个已经错乱的前提出发的。不过，如果他认为不会有战斗，因为他的军队已经无法作战，那么他的行事就毫无逻辑。仔细考察，好像第二种更奇怪的思维进程更有可能，因为他接下来做的每件事都同等妄诞。斯大林把他举世皆知从不犯错的名声押宝在了《苏德互不侵犯条约》会被遵守的判断上，以为希特勒不会在条约期限内攻击他。要是希特勒还没证明签约根本对他毫无约束力，斯大林自身的行为（承诺从来不会高于私利）也会提醒他，对手有可能会悔约，反正这条约从一开始就是为了瓜分波兰而签订，同时还能让民主政权陷入毁灭性的失利。

然而所有人里，竟然是斯大林选择去信任希特勒。而且他固执己见，哪怕反面证据堆积成山。在巴巴罗萨行动实施前夜，西方向苏联提供了德国计划的细节情报。"绝密"（Ultra）破译了德军密码，丘吉尔亲自下令将情报传给斯大林，并将德军的战斗命令传递到了每个单位。苏联情报权威早就不再怀疑这是西方的把戏。就算没有"绝密"破译，他们也有德占波兰以及德军内部的大量证据显示侵略苏联迫在眉睫。苏联高级情报官员不断将证据摆在斯大林面前，哪怕这样做意味着触怒他。这些平日绝不留情的人甘愿冒送命的风险，就是为了告诉斯大林实情，可惜连这样都无法撼动他的信念，反而更坚定了它。他让前线部队按兵不动的命令并未撤回，以免刺激德国人。直到德军入侵之前乃至入侵的时刻，他还在重发该命令。结果就是侵略者长驱直入，几乎未遇抵抗。侵略发生整整一天后，洪水般的信息终于让斯大林开始认真考虑。这一考虑，他精神崩溃了。

由于他垄断权力极为成功，痛恨他的人感到即便在这种情况下也找不到合适的机会暗杀他。这真是世界的重大损失。结果就是他有机会从精神崩溃中恢复，重新掌权，伴随而来的是无穷无尽的谎话，泛滥成灾的暴力和愚蠢。他有足够的力气让宣传机器疯狂运转，将他铸成的大错反转成伟大的卫国战争，于是苏共拯救了国家的幻觉从一开始就很有市场。主要因为西方知识分子在苏联的存在上进行了巨大的精神投入，真相等了超过半个世纪才完全浮现，不过广为人知的是，红军在前几周里有敌对情绪。斯大林在战争开始时因为傲慢险些败阵，而后来他用最昂贵的方法赢得了战争。从开始到结束，没有一场胜仗是需要损失那么多士兵的：这一事实即便是军官团中的斯大林支持者也承认，要知道他们可是活过了战争与和平年代的死忠之士。和平年代其实和战争一样危险，因为最后斯大林再度鲁莽地清洗了自己的军队（毫无反讽或羞耻之意），军队以为自己不可或缺就有些自高自大：可能这自大正是导致斯大林清洗的起因。从"二战"结束到今天，一听到那些比我还不懂战略、足不出户的西方知识分子赞扬斯大林是军事天才，就让我又气又好笑：这正好与斯大林自己的看法相合,彻彻底底地脱离现实。本来这并不值一提,但有太多的优秀苏联士兵发现德国军队只是他们麻烦的开始而已。他们的灵魂在雪地里呐喊,在雷区他们被作为人肉雷管,还有数以千计的人被扔在战俘营里,他们的命对统治者来说还不如尘土,他们被另一个疯子活活饿死,那人比斯大林还要草菅人命。我至今仍无法相信这些可怕之事发生在我的时代,1946年的纽澳军团日,我们在悉尼游行,我还戴了一顶别着徽章的军便帽,庆祝斯大林的英雄主义和天才。如今六十年过去,我的心依然和那些在战俘营里饿死的年轻俄国士兵在一起。我不知道他的名字,当他被饥饿和严寒折磨致死时,连他的母亲也不知道。萨拉米斯战役中波斯将军的话犹在耳边:"死者的名字在哪里?"当然,斯大林对死刑判决书上的名字记得很清楚:至少他的记忆力好,这一点我们应该承认。但说到大局判断和管理军事行动所需的细节知识,他就完全没有:一丝一毫、一丁点都没有。任何持不同意见的历史学家只是无法放弃一种幻象,害怕重新判断会费劲。那是什么样的历史?唉,简直连治疗都算不上。

希特勒的固执跟斯大林不相上下,不过希特勒有更好的借口。在早期战事中,希特勒的确看上去要比军事将领懂得更多。但这主要是因为他比将军们对敌军普遍心理状况有更准确的预估。在战争的第二阶段,敌军对抵抗已经有所准备,希特勒自大地认为总参谋部不清楚战局,这一错误被证明是致命的。(艾伦·克拉克的《巴巴罗萨》(*Barbarossa*)很好地论证了总参谋部负的责任要比希特勒更大,这书不应被小瞧,尽管它的年轻作者后来过于天真地相信元首的记忆了。)虽然所有活下来的将领们在战后都假装他们曾试图劝阻希特勒不要在战争中犯傻(其中更聪明的人物更是说自己注意到了纳粹德国进一步取得胜利的危险,假装他们曾试图阻止希特勒开战),事实上当时没有什么人敢说一个字。伦德施泰特和古德里安都被排挤了，因为他俩对希特勒说他的"不许后退"政策只会影响军队的灵活性，进而导致失败。曼施坦因是那群人里最会打仗的，也最理解人的心理，他几乎从不提高声音，因为知道希特勒不会醒悟。在《失落的胜利》(*Verlorene Siege*)一书中——感谢上帝他们被打败了——曼施坦因大谈他对希特勒如何开诚布公。虽然他成功的战略撤退延长了战争，我们应该感谢曼施坦因在从高加索撤退的问题上表了态。但那些私下接触、希望他参加政变的军官都得到了同样的答复，他对希特勒只有忠诚没有反对。希特勒究竟如何获得了这样的忠诚依然是疑问，可能收买人心起到了一些作用。它肯定与希特勒对军事的理解力无关——曼施坦因发现希特勒是比敌军还要大的威胁。（希特勒在曼施坦因的前进指挥部视察时，苏联人忍住了没有空袭，这沉默的证据说明他们认为希特勒继续担任德军最高统帅对他们有利。）希特勒不听建议，即便是能挽救他陷入灾难的建议。不理智无法成为理由：他打胜仗的时候已经不理智了，但那时还是可以听取建议的。最可能的解释大概是孟德斯鸠在庞培身上发现的问题：因为他之前总是这么说，所以就得坚持这么说下去。

他甚至对暴虐残忍同样坚持。丹尼尔·戈尔德哈根在那本不幸出了名的书《希特勒的自愿行刑者》(*Hitler's Willing Executioners*)中描写了令他震惊的不堪事实：纳粹集中营的守卫明知大势已去，还在继续虐待囚犯。他们之前一直在这样做，如果突然自行停止暴行，那就等于承认之前所做一切都是徒劳。"二战"中最叹为观止的盲目顽固的例子是日本高级军官的行为，他们在败局已定的情况下不但还想继续战斗，并且看上去真的相信还能反败为胜。或者说，这本该是最叹为观止的例子，但至高荣誉还是要给斯大林。性情古怪的他，在无比正确地判断军事对自己极为重要之后，又拖上了几百万无辜生命，这还不包括已经死在政治清洗下的冤魂。对他的意识形态罪行也许还有辩护的余地：毕竟像萨特那般聪明的外国观察者就是这么想的。但斯大林的愚顽铸成大错已有堆积成山的证据，根本没法辩护。他从战争前夕到结束的一以贯之的非理性行为在德米特里·沃尔科戈诺夫的传记中有详尽的记载（德米特里为杀父凶手写的传记不能不读）。然而我们需要注意的是这种现象的常态化：先发制人的、沉默无声的愠怒是一种拒绝聆听的态度，它的破坏性后果让我们意识到，我们本该好好聆听的。孟德斯鸠用一个词穿透了这个问题：honte，意思是小孩做坏事被抓住时的羞耻感。他实在太在行了。因为他能追溯到儿时记忆：那些记忆帮助我们快速成长，但不是为了忘记。就算幼儿园里的孩子闹得天翻地覆，也无法让孟德斯鸠对人性绝望。他说他读马可·奥勒留时对自己有了更好的认识，因为马可·奥勒留对人的观点更高一筹。我们读孟德斯鸠的感觉也一样。

艾伦·穆尔黑德
Alan Moorehead

艾伦·穆尔黑德（Alan Moorehead，1910—1983）是"二战"后澳大利亚最显赫的文化输出之一，他的非虚构作品如《蓝色尼罗河》（*The Blue Nile*）在本土成功之后得到了英美的广泛关注。"二战"期间他已在国际文坛崭露头角。他是少数几位澳大利亚战地记者之一，抓住机会将自己在悉尼和墨尔本新闻演播室里多年的艰辛操练和澳大利亚教育体系中学到的晓畅写作风格运用到了更宽广的舞台上。穆尔黑德去过北非、意大利、诺曼底的诸多战场和谈判桌，直到战争结束。拿起就放不下的大部头《非洲三部曲》（*African Trilogy*）今天依然在印刷出版，也许代表了穆尔黑德作为战地记者的最佳品质：他能将一个本地故事放大到全球背景中去考察。后来他对自己的祖国也进行了拓展：他住在意大利，开启了澳大利亚作家侨居海外的时代，一直延续至今。战前就有澳大利亚音乐家和戏剧界人物住在国外,近年来各个领域的澳大利亚艺术家更是遍布全世界,但若没有穆尔黑德自信闯荡的示范作用,告诉大家住在别处是有好处的,恐怕战后一波又一波的澳大利亚侨民作家对出国冒险也没有那么多信心。没有一位作家比穆尔黑德将澳大利亚放入世界版图的贡献更大,他提供了一个老帝国如何在分崩离析中制造出全新艺术中心的最佳例证。当穆尔黑德起步时,大部分澳大利亚艺术家(不管什么领域)都觉得英国是自己的"家园",来自无限丰富的母国文化的认可就像是颁发许可证。如今立场已经对调了:英国想要探知澳大利亚的秘密。穆尔黑德一早就明白殖民主义终将自食其果,他在战后的欧洲安家时,想到了把这里建设为澳大利亚即将到来的文化扩张的前哨,不过,恐怕连他都没料到扩张会如此成功。

他本人贡献了很多作品。在自我放逐期间,他写了许多书,《方舟中无处容身》(*No Room in the Ark*)是对非洲野生动物的致意,也证明了他对时机和潮流的敏感把握。老帝国终于在非洲退场时,野生动物成了一种资源,这资源正处于管理不善的威胁之下。他嗅到了这个用不了多久就会变得极为重要的主题。穆尔黑德汗牛充栋的作品中有许多今天读来和当初一样新鲜,归根结底,它们是要说服我们这些生活在自由、繁荣的民主社会中的人们,不光要花精力去观察世界,更有责任去理解世界,为那些没有机会的人们。

———◆———

> 外面,街上的小贩来来往往,开罗小贩的叫卖声就是你想象的那样——晚上听起来有趣而浪漫,而清晨你正想工作时听到却简直要咒骂。有一个男人的声音充满了无名的痛苦,我只得打开窗户听个清楚。原来他在卖浴室脚垫。
>
> 艾伦·穆尔黑德,《非洲三部曲》,第189页

二十世纪三十年代末以前，也有澳大利亚人单枪匹马闯世界，在高雅艺术和流行艺术领域就有内莉·梅尔巴、罗伯特·赫尔普曼、埃罗尔·弗林等，但"二战"开始后，他们开始成批涌现，第一波就是战地记者。当然，艾伦·穆尔黑德是其中最耀眼的一员。作为澳大利亚第一批真正有天才的国际英语作家，艾伦·穆尔黑德的声誉在战后达到巅峰，他的两部关于十九世纪非洲探险的书《白色尼罗河》和《蓝色尼罗河》十分畅销。他名声的坚实基础是在战争中打下的，他的写作全力以赴。虽然写尼罗河的书有其贡献，我一直觉得它们不太成型，我猜它们的作者也觉得探险充满了不确定：没有多少定论，争论无休无止，叙事整体上是失败的。穆尔黑德重新走了探险家们走过的路，但所有的道路都杂草丛生，他很难知道以前到底是什么样子。另一方面看，《非洲三部曲》是用现在时讲一个缅怀过去的简单故事。盟军部队在落败的情况下回到北非对抗意大利人和德国人，并最终击败了他们。穆尔黑德见证了这一切。就这点而言，他比另一位澳大利亚明星战地记者肯尼思·斯莱瑟有更大的优势，斯莱瑟犯了一个糟糕的错误，他在记者生涯最重大的任务中听任妻子成为拖累。阿拉曼战役正酣时，斯莱瑟的妻子要求他去耶路撒冷帮她购物。斯莱瑟是他那一代最重要的澳大利亚诗人，他的语言天赋甚至超过穆尔黑德，然而不在现场的遗憾是无法弥补的：斯莱瑟写了关于北非战场的最佳诗作《海滩葬礼》（"Beach Burial"），但是在战事结束后写的。

穆尔黑德几乎从不错过大事件。他轻装出行，没有什么能干扰（除了官方审查之外）他发回舰队街的行云流水般的文字。他的稿件在当时世界闻名，至今依然优秀，二十世纪末澳大利亚无数作家（包括罗伯特·休斯）对他的盛赞实至名归。穆尔黑德能够在形势最严峻的时刻控制住语调情绪，这是一个记者最难做到的事。如果要做一个最明显不过的比较，他报道战事要比他的朋友海明威好太多了。

Alan Moorehead

有时他会借用海明威的结尾，但总是有害无益。但他从来不会去学海明威的自负。海明威总是让人感觉到战斗围着他转。穆尔黑德让人感觉他是无意间撞上的：这才是战争的真实体验。矛盾的是，他有时不得不假装出偶然性。他亲切的魅力、英俊的外表和教养让他四处通行无阻。（不管在当时还是之后，只要贴上澳大利亚人这个标签就能让英国上流人士避之不及，而穆尔黑德却能在高级军官餐厅里滔滔不绝地引用忒奥克里托斯和贺拉斯，直到酒瓶见底。）除了能在高堂雅座游刃有余之外，他还有绝好的办事能力，搭车进入禁区，充分显示出了澳大利亚人潜行匿踪的天分。

就报道现代战争而言，穆尔黑德只有一个恼人的缺点，就是他对机械认识不够。即便是他觉得对局势关系重大的武器——他曾亲口告诉比弗布鲁克男爵：诺曼底登陆后与德国坦克对阵的盟军坦克要差很多——然而一旦涉及具体细节，他就表现出对金属构件毫无概念。他是那种作家，说"麦克风"的时候，其实指的是扩音器。另一个澳大利亚人保罗·布里克希尔（Paul Brickhill）旨在教育整个大英帝国聪明的在校生，他写了一系列热门图书（《大逃亡》《轰炸鲁尔水坝记》《翱翔蓝天》），不经意间展示了穆尔黑德未能洞悉的年轻人的心理，即他们被战争推向了一个全新的、无阶级的高科技世界。（极具社会意义的是，没有几位英语通俗作家能复制布里克希尔的成就，但此处的重点是：穆尔黑德没有做到。）从这点上看，穆尔黑德是有局限性的。他众所周知的游刃有余主要是在上层社会，而机械修理厂的另一个故事他完全没有注意到。（下一代澳大利亚社会史家对技术和工业皆有了解，其中以杰弗里·布莱尼身处第一线：他被正确地视为强调技术层面的第一人。）虽然穆尔黑德的描述有神奇的召唤力量（参见《拉姆丛林》[Rum Jungle]的第五章写蚁丘的段落），但对技术没有任何回应，这意味着他的战地报道失去了一整个维度，毕竟，"二战"是一场科技大战。

他写到的诸多其他维度补偿了这一缺陷。对于一场世界大战，他有世界的眼光。从一开始他就很清楚战区与世界的内在关联。他对欧洲的透彻了解是只有殖民地居民才会有的，这种世界眼光使他能够在不陷入沙文主义的情况下评价欧洲的悲剧。不管当时还是以后，很少有澳大利亚知识分子能够像他那样看出：澳大利亚在中东战场出力远不是浪费军事资源，而是为本土自卫做出必要的贡献。近年来，某些修正主义史学家将澳大利亚与英国的关系诠释成一种诱人的理论：他人的战争。这种贩卖神话的理论却得到了神一般的地位，令穆尔黑德的立场变得难以理解。现在这一受政治力量影响的寓言思潮已经消退，穆尔黑德的观点看上去更连贯，甚至更好理解，因为它勾勒了一整套顽固的事实，如果这些事实不是那么可怕，要否认它们的冲动也许永远不会出现。穆尔黑德是澳大利亚知识分子里第一批克服了自己的小聪明，从政治家的宏观角度看问题的人之一：澳大利亚不可能置身一场世界大战之外。对宏大战略的灵敏嗅觉令他甩出其他澳大利亚记者几条街。（一位可能的先驱是来自新西兰的漫画家大卫·罗，不过我们应该记住，罗在战争开始前实在错得离谱。）穆尔黑德的客观冷静不仅令祖国受益，但一个同胞若是先注意到他写澳大利亚军队的文字，那也无可厚非。他忠实地报道了澳军前往班加西的长途行军，途中重创一支意大利军队，使之失去战斗能力，起到了关键性的作用。穆尔黑德没有提克里特岛大败的细节。当然，如果当时审查不是那么严，他本可以严厉批评那些军事错误，不过他在字里行间还是留下了酸涩的空间。在关键问题上他斩钉截铁：虽然澳军打了败仗，但在拖延巴巴罗萨计划上扮演了关键角色，由此影响了在苏联的战事。他看出了失败如何为胜利做出贡献，而不会犯知识分子的典型错误：在拼图里拼命寻找最关键的那唯一一块。他背包里总带着《战争与和平》，并为托尔斯泰的关键洞见提供了补充——托尔斯泰说一切取决于士气，穆尔黑德说：

士气取决于一切。

我们可能很难想象,一个好作家说出如此复杂而关键的事实是多么重要。在第一次世界大战中,基思·默多克天花乱坠、连篇累牍地报道达达尼尔海峡战役,却没有像样的文字强调澳军在西线的成功。直到今天,很少有澳大利亚人(哪怕他们学的是现代史,唉,尤其是那些学现代史的)知道本国同胞在"一战"尾声打破战壕僵局中起到的重要作用。(菲利普·奈特利是唯一提到这一点的通俗史学家。)不过,多亏了穆尔黑德,"二战"托布鲁克战役中澳大利亚第九师的重要性很难被忽略。如果没有澳大利亚人和新西兰人,德军可能会在沙漠中所向无敌,然后会更有把握打败苏联人。只有希特勒觉得北非是次要战场,隆美尔比他明白。穆尔黑德也明白。他能看出战争中的每个部分如何影响其他部分,这是作家在描写一场世界战争时最困难的方面,因为作家总是容易迷失在细节中。然而在战争中,细节在全世界都有回声,不能跟踪这些回声就见不到大局。

后来大家的注意力转到了欧洲大陆,穆尔黑德很小心地不让自己畅行无阻的飞贼天赋影响宏观判断。战后另一位澳大利亚侨民切斯特·威尔莫特作为 BBC 的战地记者大获成功,上升为在能力和地位上都能与穆尔黑德一较高下的文艺界重量级人物。威尔莫特在畅销书《争夺欧洲》(*The Struggle for Europe*)中明显偏向蒙哥马利的观点,蒙哥马利说,要不是艾森豪威尔阻止了他,他本可以长驱直入柏林。威尔莫特让蒙哥马利给糊弄了,穆尔黑德不会。穆尔黑德和蒙哥马利在西西里成了朋友,可以出入他在诺曼底的总部,最后还得到授权写蒙哥马利传。蒙哥马利保留了一些最具爆炸性的内容,包括自己的日记,但总体上说他给穆尔黑德透露的都是内部消息。这样一来,穆尔黑德很容易会过度感激。回过头去看,他可能的确如此:他照单全收了蒙哥马利的荒谬言论——在卡昂迟迟不推进是有意为之，而且对毫无必要的阿纳姆惨败几乎只字未提。但在当时，穆尔黑德的《蒙哥马利》(Montgomery, 1946)称得上是一部深入锐利的佳作，今天看来依然客观持正。穆尔黑德能够观察到蒙哥马利开战时记者会时所用技巧的致命缺点：蒙哥马利对记者总是带着纡尊降贵的态度，试图事先帮助他们将专门术语简化再简化。在蒙哥马利的功业和缺点之外，穆尔黑德还能看到（这正是威尔莫特没能看到的）艾森豪威尔在性格和判断力上都要胜过蒙哥马利一筹。最终穆尔黑德没有被亲近感带来的舒适华丽迷惑。他本人就是引诱大师。

跟明星打交道，最好自己也是个明星。所有澳大利亚战地记者都是行家里手，但穆尔黑德还有另一个无价的附加特点，那就是他在大人物的指挥部里泰然自若。高高的石膏天花板和大理石地板不会震住他。他是那种四海为家的殖民地居民，能够在任何地方安身，只要给他们几分钟掸掉鞋上的灰尘，扶正领结。在开罗，奥金莱克将军交给他几封信，请他带给身在德里的韦弗尔。在德里，他有机会近距离观察了杰出的斯塔福德·克里普斯爵士，有可能他高估了克里普斯，如果丹尼斯·希利说克里普斯"是个最高级的政治蠢蛋"(《我的生命时光》[The Time of My Life]，第 147 页) 没有错的话。穆尔黑德对甘地的不妥协也有令人不安的记录。当有人质疑依靠消极抵抗来阻止日本人未必有效的时候，甘地就会进入退守模式，极力声明哪怕是日本人也不可能杀光所有印度人。穆尔黑德对德国和苏联在人口控制上的能力已经有所认识，很明显他有自己的看法。在这些问题上，《非洲三部曲》不仅关乎"二战"，更关乎整个二十世纪的残酷历史。不过，对一部已远超预期的佳作，我们不应苛求太多（毕竟它是在战场上写成，作者时常奔波），读者最好就是去享受简练的细节，通透的常识，那是来自一个年轻人如清泉般的冷静判断，他意识到世界的危机是他的机会，同时这并没有令他头脑发热。是文字的尊严气势而非事件大小体现出了这种使命感。就此而论，他是整个世界开始熟悉、珍视以至羡慕的澳大利亚之声的先驱——《来自雪河的人》的那种说话方式。穆尔黑德真挚而自信，他能勾起效果而不是挤出效果，"阿拉曼的大海是玉色的，当阳光洒向白色沙滩，会反射回海面，于是海水充满了跳跃的光和色彩"。他知道如何恰如其分，点到为止，在此前提下他用一种权威的口吻讲述了澳军第九师在战斗两年之后来到阿拉曼前线的真实故事。

"托布鲁克战役中，澳大利亚人发现了自我。"这是一个富有洞见的历史性观点，我在五十多年后报道悉尼奥运会时得到了全身心重返这一洞见的机会；而且我非常清楚自己在模仿谁的声音。我这一代的澳侨作家或多或少都会向一位伟大的前辈致敬。他本可以更好地对待成功，他本不该让《纽约客》用那臭名昭著的不规则"本刊风格"乱改他的文字，但他要供养一间地中海畔的大房子，只能让钱说了算。他的第一本书讲世界大战，为他阔别的祖国打开了一扇窗。穆尔黑德仅在几页纸之间就让自己来到了澳英关系的讨论中心——不论是过去的关系，更是未来应该怎样。支持澳大利亚建立共和国的人自有其道理，但只有在他们吸收了穆尔黑德的观点以后才能算完整。我很惊讶于发现罗伯特·休斯——一位穆尔黑德的铁杆粉丝——竟然忘记了他导师在这个问题上说过的话。他讲出了优秀作家一直在说的话：以历史这块土壤为己用，就得先向它投降。

保罗·穆拉托夫
Paul Muratov

保罗·帕夫洛维奇·穆拉托夫（Paul Pavlovich Muratov，1881—1950）向世人证明：如此才华横溢的一个人也会被遗忘。他集散文家、评论家、小说家、剧作家于一身，还是当时知识最渊博、最有文字天赋的俄国艺术史家，他至少写出了一本能够流芳百世的书；可惜到了今天，他好像从未存在过一样。和他一同消失的，还有他生长于兹的旧俄国。和佳吉列夫一样，他有着革命前俄国的一切艺术宝藏和生机勃勃作为知识背景，但与佳吉列夫不同的是，他没能在应该离开的时候带上这些精神财富。1914 年穆拉托夫是《智慧》（Sophia）杂志的主编，宣传古典主义常青的理想。他之前写过一本体现该理念的游记：Obrazy italii，该书通常被译为《意大利的图像》，但也许"意大利的形式"更贴切，因为他不光讨论了绘画，还讨论了雕塑、建筑、园林和城市规划。（我们有相当的自主权翻译该书的标题，因为它尚未被译成英文。）1917年的革命是一场有力的暗示：常青的古典主义在现实中并没有坚实的基础。这一暗示很快变成了风暴。1918年之后，穆拉托夫平日在莫斯科光顾的书店只有一家没有受到国家的干涉。在这家名为"作家图书馆"的书店里，沙皇俄国的珍本图书可以用来换谷物、衣服和柴火。（能读意大利语的人如果能翻阅克劳迪娅·宗盖蒂的优雅译本，也许能看到迈克尔·奥索尔金讲俄国知识分子命运的文章，这简直是最不堪忍受的讲述作家和学者挨饿受冻的故事，而他们还要用在劫难逃的珍贵书卷去换生活必需品。）穆拉托夫于1922年被流放，在接下来的生命中被剥夺了一切学术资源，只剩下记忆。二十年代他生活在柏林，在妮娜·贝蓓洛娃的《斜体为我所加》一书中——这是关于流亡俄国知识分子的最好的一本——他是活跃的流亡者群体中很有价值的一员。贝蓓洛娃和他下过国际象棋，记忆中的他"是一个正派、渊博的欧洲人"：她说这话是很高的赞美，因为她本人就是这类人的代表。（贝蓓洛娃还有一句美妙的评语："他总是用一种平衡的、安静的方式去爱。"她还说"他看重内心的秩序，因为他懂得别人的混乱内在"。）在出过几本书之后，穆拉托夫出版了《意大利的图像》。三十年代他在巴黎，并在左翼知识分子中得到了反布尔什维克的名声——这是很有可能的发展。"二战"中他在爱尔兰开启了战争报道的全新事业。他为企鹅出版社写了俄国的战事，并由此讲述了一个几乎有些可笑的反讽故事：之前毁掉他生活的势力打败了纳粹。就我所见的他的生平事迹，爱尔兰是最后一站。在这本书里，我不写他也不会引起任何注意。二十世纪的人文史湮没了《意大利的图像》，没人在意。我们认为一本书如果足够好就不会消失的想法被证明是错误的，因为《意大利的图像》正是同类型书中最才华横溢的一部。如此精彩的书怎么会消失？穆拉托夫本人可能甘心接受了命运。在"作家图书馆"书店里，他曾经目睹整个文化支离破碎，好像被击中的潜水艇陷入万丈深渊。所以，他不会心存幻想。但他没有屈服，他之后作为流亡学者的事业证明：思想的英雄主义是存在的。

———◆———

德尔·萨托的金色手臂不会让我们忘记他内心的平庸，就像韦尔夫林在德尔·萨托的画作中努力揭示了如此清晰的古典艺术法则，却依然没有为我们带来一位文艺复兴全盛期的英雄。

保罗·穆拉托夫，《意大利的图像》，第一卷，第 277 页

一本伟大的书会消失吗？保罗·穆拉托夫的《意大利的图像》给出了肯定的答案（我倾向于将它译为《意大利的形式》，作为少数几个碰过它的活人之一，这是我的一项特权）。此书在今天很少有人提及，它的作者即便在 1917 年之后的俄国侨民史中也不太见到。（通过网络检索，我发现全世界所有大学的俄语系只有三位学者研究过他，一个是法国人，两个是意大利人。）在我开始涉猎意大利艺术之后很长一段时间，根本不知道穆拉托夫的存在。不过回望过去，我很高兴自己是在较晚的时候发现了穆拉托夫。他的品味过于绝对，他的视野过于宽广，要是早些年发现的话可能对我也没有太多帮助。被遗忘是他的坏运气，也是整个现代历史的坏运气，但却是我的好运，因为当我发现他时我已有了相当储备，他的杰作《意大利的图像》就像一首优美长诗般击中了我。表面上看，这是一部三卷本的论文，用俄语写就，由 Z. J. 格里什宾（Z. J. Grschebin）出版社于 1924 年发行，这是一家莱比锡的俄国侨民出版社。但对于有足够的耐心，还有一本收词量足够大的俄英词典的高年级学生来说，穆拉托夫的头几段文字就能给你惊喜。如公式般冷静，如抒情诗般丰饶，当美妙的一瞬发生，立刻有数千个瞬间随之而来，让心醉神迷的读

者难以相信自己的好运气。

在这个世界上有许多不知名的杰作，但它们落得不知名的下场，通常是因为的确还不够好。《意大利的图像》则是千真万确的不知名杰作。作为意大利艺术的巡览，它不仅直接继承了歌德、格雷戈罗维乌斯、布尔克哈特和阿瑟·西蒙斯的传统，而且青出于蓝。（比歌德还要好？是的，比歌德还要好。）穆拉托夫去过意大利所有的小镇和城市，熟知关于艺术和文学的一切，有老练的判断力，能将极为复杂的身体和精神体验化为浸透着意义和感性的简洁紧凑文字。这书简直好到令人难以置信，除非有人能将它译成恰切的洗练英语，否则别人总会觉得我这样的狂热粉丝是在胡编乱造。但它的确存在，我有两套，一套正端放在我面前。三卷本很小，这种独特的开本可能是作者要求的，比八开本略短，接近正方形，用淡红色尼龙绳装订，插在褐紫色的纸盒中。书中插图皆为黑白凹版印刷，包括名画、壁画、喷泉和建筑，但当你翻阅书籍时，能看到的主要还是奶白色方形书页上紧致排列的黑色西里尔字母，一共一千多页。魔力存在于文字中，是真的魔力；没有天花乱坠，只有丰盛的果实；理智与情感得到了最为凝练流畅的和谐体现。如果他在某处判断偶然失误或过时，我几乎都要松一口气。回顾过往的谬误也可以成为一种安慰。然而他的语气总是如此自带权威，似乎来自未来而非过去，就像他在流亡中发表的陈词，预示了现代历史令人痛心疾首的倒车。

六十年代我第一次去佛罗伦萨，完全生吞了海因里希·韦尔夫林对安德烈·德尔·萨托的评价。我去教堂、修道院和美术馆时都会随身携带费顿版的韦尔夫林《古典艺术》(*Classic Art*)。该书展示了他的典型结构主义理论：十六世纪意大利艺术家采用了类建筑学的方式去搭建一个更为稳固、更符合逻辑形式的金字塔（他举了达·芬奇的草图为例），神圣家庭成员都快坐在彼此身上了。据韦尔夫林说，安德烈·德尔·萨托将这种庄严的、形式化的艺术手法推上了巅峰。在他之后，偏离正轨的风格主义开始流行，蓬托尔莫是一个臭名昭著的例子，初生的庄严遭到了神经衰弱的蓄意破坏。在韦尔夫林专著的帮助下，我成了十六世纪意大利文艺的毒舌专家。而对于十五世纪文艺复兴初期，我没有学院派的牵制，能够做出奇怪的独立判断——我觉得任何不给保罗·乌切洛崇高地位的艺术史理论都不太对，而到了文艺复兴全盛期，我又得乖乖地听导盲犬的指引，这条吸溜着鼻子的小动物又是韦尔夫林提供的。蓬托尔莫近在咫尺（我住的地方离圣费利西塔教堂仅隔几条马路，每天只要迈出前门就能欣赏到他的最高成就），但我努力说服自己（在用大烧杯喝便宜的基安蒂红酒后不停大喊大叫），德尔·萨托才是巨匠冲动最后的、真正的楷模。我怀疑就连穆拉托夫恐怕也无法纠正这一根深蒂固的愚见，当然，除非先读到他的书。可惜他的书还在遥远的未来等我，还好够遥远，这样我就不至于被他的观点先入为主，而是能够在遇见他后因开阔眼界深感满足，虽然不免会有懊悔。

多年后，我已失去了初犯不究的特权，逐渐开始欣赏蓬托尔莫和布龙齐诺。发现穆拉托夫对蓬托尔莫年轻时在美第奇庄园留下的壁画赞不绝口时，我感觉无比甜蜜。他说这组壁画是"意大利艺术最惊喜的美妙产物之一"，这里的关键词是"惊喜"。穆拉托夫用了整整十页文字倾情描写了发现蓬托尔莫的意外之喜，像他那样少年得志并且创造力不断，似乎有些脱离时代；通过这样一位天才青年，一个已经被成功掩埋的传统迎来了意外的振兴。穆拉托夫对布龙齐诺的评判也跟我一样，将后者视为杰出艺术的典范人物，同时不可避免地会与文学人物进行比较，因为他的作画方式与文人写作有相通之处，不管画布多大，他都能呈现轮廓清晰的局部小品，留白的部分和精雕细琢的细节一样精准：大写意和工笔的独特结合。

但穆拉托夫的书真正揭示的是：高水准的审美判断如何延伸到艺术语境中的社会和政治。他并不是这样来处理意大利文化史的第一人，但无人能像他那样将百科全书式的渊博压缩成戏剧性的文字叙述，哪怕格雷戈罗维乌斯或伟大的布尔克哈特都不及。我还想到，马克思主义文化分析本应这样，却没有做到，即便是瓦尔特·本雅明。（我没注意到的是，佳吉列夫在世纪之交的艺术评论已经建立了一个文化坐标系，穆拉托夫之后的写作也在其中：换言之，哪怕穆拉托夫也不是从宙斯的脑袋里直接蹦出来的。在文化领域，从来没有一种创新不是来自一种传统，因为文化本就是创新和传统的交织。）

那么，如此一部天才之书是如何消失的？埃贡·弗里德尔的《现代文化史》可供比较，它险些湮没，最终却证明无法消灭。与作者不同，书是不会被摧毁的。太多的难民随身带着这本书。弗里德尔的毕生心血在漫漫长路中被珍惜，被爱护。穆拉托夫的同等成就却被遗忘了。流亡中的俄国人，除了极少数犹太移民群体外，没有为这本书的流传提供环境。保守派乃至自由派的俄国移民都未必能在西方知识界立足，西方在接下来的五十年里对俄侨的忽略，无形中坐实了苏联官方对资产阶级文化传承的贬低。没有一家俄国移民出版社能够与费顿出版社或艾布拉姆斯出版社在推出英译本上的成功相比。要是穆拉托夫去了美国就好了，像恩斯特·坎托罗维奇那样（这位渊博的作者写了一本讲腓特烈二世的书，墨索里尼、希特勒和戈林都很喜爱）。但我后来听说穆拉托夫在战争中去了爱尔兰，为企鹅出版社编写关于"二战"俄国战场的书。没有一所美国大学出钱出力为他建立档案。弗里德尔的主要作品单靠费顿出版社就足以流芳百世，但我怀疑世界上任何地方存在一个书架，专门存放穆拉托夫的作品。我的两套《意大利的图像》是在伦敦和布宜诺斯艾利斯分别购得，此外我还有他的《天使之间》(*Fra Angelico*)，1928年从法语译成英语：因为所有的整页插图都是黑白的，哪怕在今天日益萧条的二手书店里，它也会被视为占库存的垃圾。他二十多岁到三十出头的那些年里出了几本法语书，我有其中一本写俄国圣像画的《三十五位俄国古圣人》(Trente-cinq Primitifs russes)，1931年在巴黎出版。他还写过一本谈塞尚的俄语小册子（1923年出版于柏林，可能是为写《意大利的图像》练笔，我在牛津买到这本书，看上去页边角至少被两只不同大小的老鼠咬过）。他为企鹅出版社写的"二战"苏联战场记录也在书架上，我觉得这部作品给了他的写作事业一个未曾预料的启示，就好比麦克斯·弗里德伦德尔用生命的最后几年写了本冰球专著。但看着自己收集的穆拉托夫大杂烩，我不禁在想应该如何理解这一切。

事实上，我根本不该去想。这是学者的任务。我真正好奇的是英国大学的俄语系都在干什么。他们不像美国人有那么多经费，但即便是冷战已经结束的现在，对翻译的需求大大降低，还是有一些博士生需要找合适的研究对象。被恐怖统治夺去生命、因流亡而失去权利的学者和艺术家都是潜在的论文题目，能够真正为知识做出贡献，而不仅是当作事业跳板。我书房的墙上挂了三幅尼娜·科根的至上主义画作，她于1920年至1922年在维捷布斯克的马列维奇乌纳维斯派（Unovis）艺术小组进行教学。在那段时间，穆拉托夫在莫斯科的"作家图书馆"书店做一件令人伤感的事——根据祖国文学遗产的重量来换黑面包。虽然马列维奇当时热衷于所有同事的创作都应该相通的想法，科根的作品看上去还是不一样：她虽然运用了至上主义的标准元素——椭圆和漂浮的碎片，但她用轻盈的粉彩暗示了一个未来主义天使的空中闺房。虽然乌纳维斯派（毫无反讽意味地）坚持艺术家的个性应该彻底消失的信条，她的作品还是立刻就能引起特别注意。当然，当时没有一个乌纳维斯派艺术家意识到他们的国家最后会采取措施来确保这一结果。到了1922年末，官方文化机器已经清晰表达了观点：在大方向问题上不必先听艺术家的意见。（大概也就是这个时候，穆拉托夫幸运地被驱逐了。）科根这位正直的女性留在了俄国，真诚地相信自己对国家的前途负有责任。

Paul Muratov

她的信念不可避免地招致了迫害，最后（可能在列宁格勒被围期间）她消失在风暴中。我倒希望她是和那些没有得到配给食物的可怜人一样饿死了，但在那时，除了外部包围之外还有对内清洗，更有可能是暴徒抓走了她。对她那轻盈的抒情艺术的最终判决很可能是送去西伯利亚，在内务人民委员会的监督下劳改。1985年苏黎世办了一次她的回顾展，同时有一部关于她的小书问世。小书是巴黎彼得鲁什卡精品店的店主给我的，多年来我在他店里买了好几幅科根可爱奇异画作的印刷品。书的扉页上印着"尼娜·奥西波夫娜·科根"，"1887（维捷布斯克）—1942（？）"，那括号里的问号背后潜伏着悲剧。此处有泪水，这泪水是在看不到尽头的冰湖上：难怪它穿透一切。但科根至少还有一本写她的小册子留下。关于穆拉托夫还有什么？

威廉·萨罗扬爱说可爱的傻话，有次他这样说萧伯纳："我就是他，不过换了个名字。"我不确定我是否是换了名字的保罗·穆拉托夫：他比我懂得多很多，而且从我可以很快地理解他的俄语并跟上他的节奏来看，我担心他也比我写得更好。但我能确定的是，我的命运与他不同。当我翻阅他透着权威语气的书籍时，我看到的是对艺术的爱得到的回报——生活被扭曲，创造力在面对无边的毁灭时得到了安静而绝望的肯定。我愿意相信我有同样的激情，但除了道听途说之外，我对他的命运几乎一无所知。猜测你会被遗忘是一回事，但在你死之前就知道你已经被遗忘，这又是什么感受？

N

刘易斯·内米尔

刘易斯·内米尔
Lewis Namier

在纳粹时代及其余震中，刘易斯·内米尔（Lewis Namier，1888—1960）在英国学术和知识界拥有很高的声誉，以至于对许多英国历史学家同行来说，祖国之所以还能称得上文明国家，只因为它为内米尔提供了避难所：即便他们中的一些人未必喜欢他。内米尔出生于波兰，本名刘易斯·伯恩斯坦，他是俄裔犹太难民，一直在寻找家园。他对接纳自己的英国进行了细致入微的观察。他的史学方法是研究英国代议制的书面记录，细致到选民名册，这也导致大量的史实材料淹没了他的结论，使得他的主要作品相当难读。另一方面，他的新闻写作依然是锐利风格和尖锐观点的范本。封爵让内米尔听上去好像打入了上层名流，不过1931年至1953年他一直在曼彻斯特工作，从侧面说明了牛剑官僚更倾向于让他离得远远的。他们大可以说这是激将法，让他沮丧从而刺激他的创作：这是上流社会反犹的典型说辞。更好的例子是另一位犹太学者以赛亚·伯林，他在知识界和上流社会都爬到了顶端。真相可能很简单，内米尔只是缺乏魅力。但他的英语具有如此朴素的美，相较之下伯林就显得啰唆。有才华的犹太移民涌入英国是二十世纪欧陆给英国的大礼之一，但内米尔的事业在各个方面都相当戏剧化，提醒我们不要过于多愁善感。自由民主国度的收获是被抛弃的国度的致命损失。内米尔在新家园蒸蒸日上时，波兰的二十世纪悲剧已经写就。如果他对此轻描淡写，只会让灾难更显眼。

———•———

> 时至今日，历史研究依然不够规范，人们期待历史学家自制工具，或是根本不用工具；我们依然在用木犁耕荒凉之田，只有耕到沙土时才特别顺畅。
>
> 刘易斯·内米尔，《权力的十字路口》(*Crossroads of Powers*)

二十世纪的许多政治难民能流利地使用第二语言英语进行写作，约瑟夫·康拉德可以用他的英语实现任何效果，不逊色于任何一位风格散漫的本土作家。许多移民有与生俱来的诗性才华，好像他们生而沐浴在语源及典故的微妙与丰富中。纳博科夫是跳入脑海的第一人，也是这一讨论中最难忽略的人物，因为总有仰慕者认为他达到了英语的至美境界是他自恋的真正原因。

但流亡的欧洲作家中真正精熟英语分寸感的是刘易斯·内米尔，他最不张扬，却影响深远。他早在 1906 年就来到英国，为了躲避波兰的反犹屠杀。他的文风从来没有得到特别关注，因为他通常不被当成作家。他被视为历史学家，当然，是特别著名的那种。不过，如果文笔不是那么好的话，他可能也不会那么著名。正如所有真正成功的文体家，他既能传达情绪和经验，也有节奏感和分寸感——

毕生苦修得来的知识和感慨融入了他那辛辣的语调，他能将令人厌烦的长长凝视概括成简练的比喻，而不失一毫一厘。他的文字仿佛半闭的眼睑，却从未完全合上。上文所引的这句话里，你能看到他的警惕。对原始的简易工具来说，"木犁"已经很好了。对孤立而无甚回报的工作来说，"荒凉之田"已是进步；"耕到沙土时才特别顺畅"是诗意的高潮，将散文的论点推向记忆的深处。思想的线索是朝向悲观主义的跋涉：他真正要说的是，史学工具只有在他们的工作没有价值时才能派上用场。但通过风格的卓尔不群，他使自己免于苛评，通过暗示，他豁免了能看出问题（写得如此清晰，谁还看不出来？）的其他人。这里有一场游戏正在进行，赌注极高。因此戏剧性如影随形。

内米尔一直很戏剧化，虽然他在核心作品中努力控制自己。他的原创研究大作《乔治三世初期的政治结构》中堆满了无可挑剔的材料。此书难写，也被证明相当难读——就像罗纳德·赛姆爵士在古罗马研究中不知疲倦地清点人头，内米尔的文献挖掘能力毫无疑问地说明他有真材实料。但即便在这充满干燥尘埃的空气里，他也建立了一种戏剧化的原则：他讨论的是塑造了阶级的个体。他与马克思正好相反，后者讨论阶级时好像是阶级塑造了个体。内米尔虽然赞成决定论，但并不会在宏大思想上浪费时间。他对艺术和科学都很少费心，这从他的学术背景来看相当不同寻常。出于了解个体生命的冲动，内米尔研究的是教区记录以及选民名册，虽然他相信个体生命在最终极意义上是无法了解的。在毕生研究精简到残忍的各类名单之外，内米尔还做出了另一种来自欧陆的贡献，这类贡献主要来自犹太知识分子移民——他们能看到历史的发展，但拒绝接受这种发展会达到某种高潮顶点的说法。他已经看到，这些发展也会成为悲剧。

内米尔附带也会写"二战"前的外交和政治，在这些作品中，他的戏剧天分得到了充分展示。他的文字是记者式的，要说他这样写作给新闻做出了很大贡献，这既非侮辱也非悖论。五十年后再看，他的单刀直入依然是新闻写作的闪光典范。他供稿的都是英国最高眉的刊物——《泰晤士报文学增刊》《新政治家》《听众》等，他的文章被收入一系列书籍中，有志于学习现代英语散文尤其是历史散文的人应该去找出来好好阅读，因为它们要比任何人写的任何书都更能让你体会事件的整体分量，哪怕他描述的只是一个片断。现在我面前就有一排他的书，八开本，黑色或深蓝色亚麻布封面，银色的书名刻入其中——《纳粹时代》《陷入腐朽的欧洲1936—1940》《写在历史边上》《冲突》。其中有一本精彩纷呈的《外交序曲1938—1939》，虽然是为《政治季刊》杂志写的一系列文章合集，但其构思就是一本完整的书。许多文字是在相关官方文件公开前写成的，他的猜测功力相当惊人，今天看来依然力透纸背。内米尔的同时代学人常常写文章批评他脚注太多，以至于有离题的倾向，但以他新闻写作的笔力来说，他天生就有极强的说服力。他的书加在一起，形成了自黑兹利特以来英语高级新闻写作中最鲜活的部分，虽然其背后是深厚的学养铺垫——用铺张的脑力冲动去达到吸引眼球的效果。他都是即时评论而非事后分析，有时候也会犯错，但向来是中肯的，甚至当情势危急，他面临着写出悲愤直冲九霄的文字这一使命的时候。1942年，他说（冷静地说而不是大喊大叫，只有上帝知道他是怎么做到的）犹太人在战争结束后会离开欧洲，去往新的家园。当时他并不确定，或者说不愿意相信希特勒和希姆莱已经想好了激进的新办法把他们赶出欧洲，但他的文章是在这种恐怖的可能性的语境中写就的。沃尔特·拉克尔令人信服地证明，位于布莱切利园的破译小组从一开始就得知了东边发生大屠杀的消息，为了保护"绝密"破译项目的秘密，这个消息仅在最高层流传，但肯定是有人谈论过的。内米尔是天生的跟踪者，他绝不会错过一个重要的词，或者意义不同寻常的沉默。虽然内米尔没有写过犹太大屠杀的专著，但从他听到风声的那一刻开始，大屠杀的重要性便弥漫在他所有的作品中。

战争结束后，当幸存的德国高层文质彬彬地呼吁进行一次级别高于纽伦堡的审判时，内米尔展示了不同寻常的人物分析能力。（他在《纳粹时代》中写道："这些书里的史实材料大部分没有什么价值。"他的意思是他们在说谎。）他一刻也没相信哈尔德的话，哈尔德说希特勒诱骗国防军陷入了一场他们并不想要的战争。五十年后，卡尔·德克斯和卡尔-海因茨·扬森在《将军的战争》（*Der Krieg der Generale*）中引用了解密军事档案的内容，证明德国军方早在希特勒之前就有了扩张的野心。内米尔只是通过各种否定真相的声音就猜到了真相。他尊重贝克，认为他是个体面人，但也正确地发现其他活下来的将领都在寻找不在场证明，把军队在西线和东线的侵略行为全推到希特勒身上。内米尔对哈尔德工于心计的小册子《作为地主的希特勒》（*Hitler als Feldherr*）吹了一声悦耳但也刺耳的口哨。内米尔从三十年代起就开始提醒全世界纳粹得到了德国政治文化的支持，放任不管的话，威权主义就会上升到野蛮的境地。开个不太像样的玩笑，他在这个问题上算得上是"反反犹主义"。

在剑桥，J. H. 普拉姆的叙述风格和趣味影响了整整一个学派的年轻史家。今天，只要查一下年谱，我便能羞愧难当地算出我在小库里街上的红狮子酒吧跳主流爵士的那段时间，西蒙·沙玛当时就在听普拉姆神侃——或者说，更可能是普拉姆在听沙玛神侃。内米尔没有这样的影响力。他缺乏以赛亚·伯林那样的个人魅力和交际能力，进入上层的过程相当缓慢。A. J. P. 泰勒觉得他没有将学术放在第一位，理由是他的观点以及他表达观点的张扬方式，还有他在舰队街发表的那些不够严肃的文字。内米尔错失了盛大邀约的机会，还有更为私人的原因。他挚爱的贝列尔学院很迟才授予他荣誉学位，甚至险些落空。老牌英国大学的学术职位有一个缺点：除了搞学术也要搞好人际关系。牛剑就好像伦敦的俱乐部，只不过酒食稍好些。聚会娱乐跟庄严大事同等重要。同事相处应该其乐融融。内米尔说话有很重的口音，但这并不代表他的观点就更难理解，只是在不同意别人观点就已经足够不讨喜的环境里，他就尤其不讨人喜欢。他就像是利沃夫阴雨绵绵的周末。从长远看，也许这于他于我们来说都是幸运。以赛亚·伯林浪费了太多时间在聚会的餐桌上（这是大实话，可我们还是只能小声说）。内米尔像 F. R. 利维斯一样，因其性格中苦行僧的一面而遭到谴责，学院体制表面赞赏，实则反之。单凭在曼彻斯特露面，他就能让那些红砖大学[*]在战后英国的知识界中心占据一席之地。他扎实、才华横溢的历史书写使得战后英国达到了美国也无法企及的严肃高度。美国有强大的东海岸外交政策精英圈，诸如乔治·凯南的学者型外交官在塑造世界。但内米尔在理解世界，此中自有区别，而区别的一部分在于内米尔有先见之明——精打细算地制定资产负债表应是欧洲的特权，原因正在于它的权力已分崩离析。内米尔显然发现，事实既能解放人也能约束人。他后来写的一本书题为《消失的霸权》，这不完全是哀叹，消失的霸权也可以意味着价值重新获得肯定。老人的一个强项在于，他可以在不变成唯物主义者的情况下成为现实主义者，抽象理念从来不是他所长，但精神价值的具体概念对他则从不陌生。所谓"权力政治"（realpolitik）毁掉了他出生的世界，但并没有腐蚀他。他对瘟疫有免疫能力。

除了杰出的历史学家，他到底是谁？对我们大部分人来说，他的杰出无可置疑，因为我们在专业领域永远无法企及他。最终他减少了新闻写作的时间，回到了议会史的研究领域，埋首于档案直

---

[*] 相对于牛津和剑桥而言建立比较近期的地方性大学。

至去世，所以只有该领域专家才能判断他的研究是否有价值。不过他作为文体家的成就则有目共睹。他是那些难民中的一员（尼古劳斯·佩夫斯纳爵士是另外一位），他们让英国在筋疲力尽中依然明白自己有着持久的力量。佩夫斯纳是通过研究建筑，内米尔则是通过再次肯定语言的流畅经验。来自新世界的巨大力量最终决定了战局，成为权力中心的美国似乎应该顺理成章地成为西方思想的中心。然而像内米尔这样的人物确保了旧世界依然有发言权。在他们的帮助下，凡是遇到分析总结复杂历史经验时，总是英式英语而非美式英语继续承担恰如其分的媒介功能。有内米尔在前方冲锋陷阵，英国成为外交史语言的天然家园，这在个家园中，人们超越了美国视野，关心事件牵涉的范围广度，而强国无法决定一切。内米尔的回响可以在阿巴·埃班迷人的《个人见证》(Personal Witness) 听到，也许这是阐述外交复杂性的最有生命力的出版物。埃班说话就好像内米尔在耳边。埃班说阿拉法特从来不会放过任何一次错过机会的机会。内米尔也说过类似的话。虽然他是用浓重的波兰口音说的，一切全靠他对英语语法的精熟掌握。这是犹太式的幽默，但动用了英语中的所有资源，正如以前他们用德语一样。你不能说这是权势转移，因为这里没有权势。这是文明的重新排列。

衡量文明程度有一个标准，那就是我们能否意识到物质的重要性不是全部，哪怕它是关键的一部分。（作为狡猾的塔列朗的崇拜者，内米尔却觉得他对金钱的渴求不仅病态，而且"可悲"——这词用得真恰当。）内米尔去世时跟他在世时差不多，无人怜爱。他性格没有讨喜之处，说话也没什么魅力，除非我们被他那种匹配阴暗真相的文风所吸引。我们理应如此。归根结底，神圣之书以及它们如何被保存才是最重要的。要是我必须在战后那些论文中选择一种语调，能够与刚刚发生的世界劫难的重要性相匹配，我会选择刘易斯·内米尔爵士。剑桥的一位历史教授有次抓到我在读阿克顿勋爵的文章，教授认为阿克顿彼时尚能算实至名归，但"当然现在他早过时了"。我想，内米尔对乔治三世登基时的政治结构研究总有一天也会过时，但若有一天历史学者不再读内米尔的"附带"作品，那将是灾难性的，因为"附带"是最不恰当的形容词：那些文字关乎他的时代的所有问题，许多依然是我们今天的问题。其中一个暗含的问题是人文传承面临的最大难题：我们如何将人文传统的复杂性整体传递下去，除了风格之外还有什么能做到？内米尔说乔治·坎宁给乔治四世的信"精彩、尖锐，有时甚至狂暴"。虽然这不是我们想到内米尔本人时会联想到的第一个词，但"狂暴"最终肯定也会被用在他身上。他看见了，也预见了摩登时代的整个欧洲悲剧；不知怎的他竟从悲剧中汲取了能量。这有些圣经的意味，好像一位先知从罪恶之城被天火毁灭的灾变中汲取了预言的灵感。有时衡量一位艺术家的标准是看他是否能保持冷静，在历史只给他两种选择——说话或哭泣之时。如果他说话，他就是预言者：他语调带着悲伤，但没有中断，我们叫它诗。

P

奥克塔维奥·帕斯
阿尔弗雷德·波尔加
比阿特丽克斯·波特
让·普雷沃
马塞尔·普鲁斯特

奥克塔维奥·帕斯
Octavio Paz

奥克塔维奥·帕斯（Octavio Paz，1914—1998）不仅是现代墨西哥伟大的诗人，也是伟大的散文家。在任何一种主要西方语言中，没有人比他更能证明这两种文学形式的亲近。他的每一首诗都开启了一个话题，每一篇散文都闪耀着诗性的光辉。西班牙语初学者也能自信地去读帕斯的散文，因为他的文字风格天然适合作为学西语的辅助教材。他的散文集由西班牙的塞伊-巴拉尔出版社（Seix-Barral）出版，印刷在精美的白色铜版纸上，所收文章数不胜数，而且覆盖了每一个艺术话题。读者会惊讶于这位作者竟然还能找到时间当诗人；更叫人惊讶的，是他还有时间去当活动家。在西班牙内战中，他在共和国一方战斗。二十世纪六十年代，他担任过墨西哥驻印度大使。他与祖国政治的关系从未间断，并且轰轰烈烈。他对艺术的激情以及丰富的政治经验，都成了诗歌的素材：他是歌德原则的体现——没有诗歌的金色影子，生活就失去了意义。这座喷发着高质量创造力的火山在 1990 年被授予诺贝尔文学奖，令他的崇拜者们好奇，为何之前那些获奖者还没有害臊地把奖还回去。在老牌欧洲帝国中，西班牙是殖民地创造力为母国注入能量的最显著的例子。从鲁本·达里奥开始，拉美作家意识到自己的使命是重塑西语世界的智性力量。我们可以从二十世纪的典范人物中选出几位最爱（我个人选埃内斯托·萨瓦托和巴尔加斯-略萨），但帕斯与博尔赫斯凌驾众人之上，无论我们喜不喜欢他们两位。碰巧，我觉得帕斯献给修女胡安娜·伊内斯·德·拉·克鲁兹的书是全世界最浪漫的书之一，哪怕他只写过这一本也足以令他成为大师，何况这只是他全部作品的百分之一。

当我们发现胡安娜修女的通信不见了，研究过去无可避免地带来的伤感变成了绝望。

奥克塔维奥·帕斯，《修女胡安娜·伊内斯·德·拉·克鲁兹》(*Sor Juana Inés de la Cruz*)，第 181 页

换句话说，他爱上了她。任何男人读这书都会爱上女主角，并希望自己也拥有帕斯那样的英俊容颜，以及伴随着渊博学识的暗黑魅力。他拥有一切资格想象自己能将她从修道院的孤寂生活中拯救出来。幸运的是，他记起了——我们也必须记住——这位动人的文学天才去当修女，是她自己的选择。我们的自我救赎就是去思索，她起先未必是出于对耶稣的爱才去了修道院。在墨西哥的巴洛克时代，学识是男人的事。墨西哥殖民地是西班牙征服者建立的，他们的盔甲依然矗立在大庄园的走廊里。时至今日，墨西哥依然是男性文化的社会，想象一下古时候吧。胡安娜·德·阿斯巴耶·伊·拉米

雷兹·德·桑蒂亚纳小时候天赋异禀，竟然飞速地自学了拉丁文。她梦想着能上大学，一度打扮成男生企图混进学校。很快，她就不得不面对现实。她听上去高贵的姓氏实际上并没有家产支撑。她美貌活泼，追求者众多，本可以选一个金龟婿，过上悠闲的生活，以读写为乐。但她不想出卖自己。修道院是唯一的去处。虽然她的信仰不假，但无疑只是工具而已。如果我们不能说她持续终生的虔诚只是表面文章，那么至少可以部分视之为权宜之计，然后做梦也想加入去修道院追求她的男士的长队。虽然其中某些人应该有机会成功，但一直有人怀疑她的性取向。有些人甚至坚信她其实一直是男儿身。

就连帕斯也认为她有男人的头脑。女人也像男人一样梦想得到她，而且也许机会更大。从修道院到总督府有一条直达通道，胡安娜的诗被权贵视为殖民地地位上升的证据。有一位总督夫人像男士一样眷顾胡安娜。她的姓名加封号极为显赫——玛丽亚·露易莎·曼里克·德·拉腊·伊·贡扎伽，帕拉迪斯和拉古那伯爵夫人。这位贵妇人名副其实，不过她坐拥财富和地位，却只想当才女。伯爵夫人被胡安娜吸引，是一位知识贵族被另一位知识贵族吸引。因为修女不能去总督府的会客厅，帕拉迪斯和拉古那伯爵夫人就亲自前往修道院的狭小书房。修女赋诗称赞贵妇人的美貌。那些表达仰慕的词汇是当时的标准辞令，但其中包含的激情也明白无疑，即便在西班牙语的欲望欢唱被译成干瘪的英语之后：

> 你是花中女王
> 哪怕夏日也要祈求
> 你双唇的粉色
> 你双颊的玫红。

在电影里，她俩肯定要紧紧抱在一起，虽然得小心翼翼。在真实生活中，几乎可以肯定她们没有私情，胡安娜修女写出了她文学生涯中最精彩的诗，说明她将激情供奉在了西班牙诗歌历史的至高神龛之中。我们讨论她的才华时，第一件事就是抛弃谨慎。她的一首淳朴的十四行诗，只要其中一瞬就足以将墨西哥放在西班牙语文学的中心。这首诗是要打发那些对她肖像的溢美之词（"desmentir los elogios"），那一瞬在最后一句，是对贡戈拉诗句的华彩变奏："es cadaver, es polvo, es sombre, es nada."（是尸体，是尘埃，是影子，是无。）若是没有前十三行的坚实铺垫，那一瞬不会有这般分量。即便在游戏时，她的形式感也是庄严的。她用诗歌将文艺复兴带到了巴洛克时代：在第一个拥有完全自我意识的艺术时代，她重新发现了发现的意义。

如此自由的灵魂如何能把世界关在门外？可能是为了获得更好的视角，无论如何，她的孤独严格来说是一种隐喻。年复一年，她的陋室里访客络绎不绝，许多人会带来新书。她的书房好像一间小咖啡馆。与她聊天是殖民地的文学生活中心。教会离容忍世俗文明还很远。在她四十岁，也就是生命快走到尽头时，她的告解神父和大主教要求她守规矩，还要求她重新宣誓。她的良师益友和保护人帕拉迪斯和拉古那伯爵夫人已经去了西班牙，再也没有回来。在马德里，伯爵夫人资助出版了胡安娜·伊内斯诗集的第一卷。胡安娜·伊内斯开启了未来之旅，但她的现在行将结束。那一年她再度宣誓，抛弃尘世，散尽了珍爱的藏书，文件和信件也随书散佚。帕斯对她信件散佚的悲哀毫不过分：如果我们能看到这些信件，就会更完整地理解克里奥尔文化如何逐渐意识到自身的力量。当然，这些信件会充满各种闲谈。有无数专著无穷无尽地猜测她的非正式写作的内容，帕斯的书远不是第一本写胡安娜修女的，而且以后会有更多。但不会再有一本书像他的这么令人兴奋，因为他是一位能与她比肩的诗人，也是一位散文家，能将诗性张力呈现在文章中。在前引那句话之后，他继续写道，她的通信本可以将她置于十七世纪的同时代伟人之中——不是在马德里、利马或墨西哥，而是在欧洲那些开创了摩登时代的伟人之中。通信散佚只是因为漫不经心：帕斯对西班牙人的漫不经心恨之入骨。"有人说腐蚀西班牙人心的罪魁是嫉妒；但更糟糕、更严重的是漫不经心：它导致了我们身处荒漠。"当写下"它导致了我们身处荒漠"（creadora de nuestros desertos）这样的句子时，帕斯展示了一种从乌纳穆诺、奥尔特加到他本人，再到略萨的一脉相承：让西班牙语文明重焕生机的能量从美洲的海岸吹过。这几位定义的二十世纪西语论说文体是一个奇迹，但他们并不是凭空想到的。在诗歌中已经有悠久的修辞传统，揭示性的神来之笔看似分隔，但之后会被漂亮地贯穿起来。

帕斯写才女胡安娜修女的杰作引人入胜，其诸多优点之一是讨论了她诗歌的散文质地：凝聚的智性，严肃的争论。对西班牙语的初学者来说，帕斯写胡安娜的书是那种值得放一本大字典在旁边，逐字逐句翻译咀嚼，绝不会有丁点浪费的文本。你会听到两个从未谋面的人穿越时空的对话，并彻底意识到大部分评传失败的原因是传记作者不再钟爱传主。帕斯对传主的爱则愈发深沉，我们也跟着他一往情深。

阿尔弗雷德·波尔加
Alfred Polgar

阿尔弗雷德·波尔加（Alfred Polgar）1873年生于维也纳，接受的是咖啡馆文化的熏陶，一早就确定了自己在现代德语散文领域无可超越的典范地位，虽然严格意义上说，他一本书也没写过。因为评论、随笔和文章写得太好，1927年他移居柏林，1933年纳粹上台差点要了他的命。他在预定逮捕日期的前一天逃了出去。作为一名依赖于读者数量的记者，他在维也纳、苏黎世和布拉格依然有市场，但日渐绝望。"我热爱生活，绝不会自愿离开，"他告诉一个朋友，"但生活正在离开我。"1938年，他乘坐夜班火车离开维也纳去了苏黎世，就在德奥合并的前一天。他幸运地走了一条安全的流亡路线——布拉格，巴黎，西班牙，一直到美国，不过他早就知道自己不具备在美国过上好日子的能力。他的道路并非自己选择，也没有可以兜售的技能。在美国市场上，他的写作方式毫无用处（即便不限于德语），因为他的读者对象仅限于德语社群：他的文风与主题互为表里。在好莱坞，他受了米高梅的恩惠，米高梅有个项目专门给流亡作家的剧本付稿费，但从不拍摄。他很清楚这无异于在施粥场领救济，但也别无选择。他已经不再年轻，没法像掌握母语那样去掌握英语。

波尔加在德语主场则出神入化，他的德语充盈着诗意的精准，他笔下时代图像的丰满细节以及议论之精妙无人能及，哪怕优塞福·罗特的精彩文章也无法望其项背。也许波尔加的文字注定只能拥有德语读者，他们还可以买到几本他的文集。一共有九本，其中最好的一本是波尔加的自选集，1950年在西柏林出版，名为《选集》（Auswahlband）。还有一本《气球的使命》（Die Mission des Luftballons）1975年在东柏林出版，但你也能预料到其中肯定有删节。波尔加的声誉不是把他贬为资产阶级作家就能轻易打发的。乌尔里希·魏因齐尔写过一本很棒的传记《阿尔弗雷德·波尔加》。战后波尔加回到欧洲，虽然所到之处都将他奉为英雄，但他感觉既无法在奥地利也无法在两德中的任何一边定居。1955年他在苏黎世去世，一生所写的"短文"（kleine Schriften）奠定了他的不朽，马塞尔·赖希-拉尼奇恰当地称之为"老练与智性、良知与品位的完美结合"。玛琳·黛德丽想让波尔加给她作传，可惜这事没了下文。

———◆———

要是亚伯能从哥哥该隐的杀心中逃离，那他作为流放者就不得不忍受更苦涩的不便。他将不得不在后半生流浪天涯，额头上刻着亚伯的烙印。

阿尔弗雷德·波尔加，文章《朝向一个当代主题》（"Towards a Contemporary Theme"）的片断

要是我有本事翻译波尔加的评论片断并集成一本书，大概会以

《亚伯的烙印》(The Brand of Abel)为书名。不过,他的大部分评论都不能断章取义,而是深深嵌在他小品文的纹理中。卡尔·克劳斯对小品文这种体裁恨之入骨,他甚至怪罪海涅发明了它。克劳斯不会写散文,对此波尔加一语道破原因:"他是批评的天才,而没有构建的天分。"(波尔加还说过,克劳斯就算在世,也没有人让他抨击了。)波尔加是短文高手,每篇文字从头到尾是一个节奏单位。不过,偶尔也有一两个句子可以单独截出来自由行动。库尔特·图霍夫斯基说波尔加写出了花岗岩的细纹,他想到的可能就是那些句子。("花岗岩的细纹"作为书名也不错,但会有些避重就轻了。)"亚伯的烙印"就是其中的一道细纹。该隐的烙印已经在我们拥有的经文里,亚伯的烙印则属于二十世纪为我们而写的经文:书籍、文章,有时几句陈述就能唤起人类带来的灾难。在这部新圣经中,见证过多次现代末日的人们说的正是这样的话语。能被收入这部圣经的每一句话,门槛都是极高的。

能进入这部新圣经千万遍的,是阿尔弗雷德·波尔加。要衡量他的时代有多可怕,就要去看他拼尽全力写下的文字。衡量他有什么,是看他能做出什么。当然,这本不应发生。如此的抒情天赋本不应用在如此人为造成的痛苦之上。它至多应被用于日常生活的悲剧——娜杰日达·曼德尔施塔姆后来归入她所说的"日常心碎的特权"的概念。但当大事发生时(希特勒推动了事件发生),波尔加得到了这个暧昧的机会,用自己的天才去反映德语文明的生活,并记录它的崩溃。这项任务要是搁在更年轻的人身上只会令其望而却步。但波尔加流亡时已经六十五岁,在维也纳和柏林都是文坛翘楚。离开这一切,他便一文不名。他出售藏书得来的少得可怜的钱很快就用完了,他有理由相信自己再也挣不来更多。他要去的地方说的是英语,要彻底掌握一门新语言,他已经太老了。

1940年10月4日"新希腊"号邮轮离开葡萄牙驶往纽约,乘客中有海因里希·曼、戈洛·曼、弗朗茨和阿尔玛·韦费尔夫妇，以及阿尔弗雷德·波尔加。这里真是群英荟萃，即便骄蛮如阿尔玛（她与维也纳文艺界所有大人物都有过情缘）也知道，这艘船上与她同行的男士中不乏杰出的天才。波尔加是其中一位，能够将悲剧升华为诗。"许多人想用个性缺陷去弥补天分匮乏却没有成功。"他有资格说这番话，因为他个性的力量和深度体现在他说的每一句话中。"平庸之人往往会不同寻常地有活力。但破烂依旧是破烂，哪怕会发磷光。"他同样有资格这样说，因为他从不浮夸俗丽。他最好的文字往往是先做好铺垫，然后微妙地转折。有时你几乎连转向的声音都听不到。"要改造一个作恶者，你必须首先帮助他意识到他干的是坏事。对于纳粹这很不容易，他们明确知道自己的所作所为，他们没有什么想象力。"好像用上好的毛笔挥出书法的关键一笔，他区分了"知道"和"想象"。有了这个区别，他便能从赤裸裸的事实中找到文学，无论多么悲哀。"罹难的警句大师才能写出精妙的警句。"我们几乎就要告诉自己，他乐于见到苦难了。

　　实际上他痛恨着灾难的每一刻。"流亡者的命运是外乡不会变成祖国，只是祖国变成了外乡。"他将书籍以及一切能够维持他想象的东西都留在了身后。"当一切离开你，你是独自一人。当你离开一切，你是孑然一身。"在好莱坞，骄傲的波尔加虽然接受了救济，内心并非没有反抗。汉娜·阿伦特说过，曾有一个阶段，难民对美国的感受是：Dankbar aber unglücklich（感激但不快乐）。波尔加也有如此感受，但礼貌的他不会说出口。（有几次他几乎说了出来，他曾说过：好莱坞是天堂，但门口贴着"放弃希望"。）那些相信托马斯·曼反犹的人不得不面对一个不容置疑的事实：曼在关键时刻自掏腰包救助了波尔加，他知道波尔加和自己一样是德语的守卫者。（曼说过，波尔加的文章特点是轻盈却直入深处。）在战争期间，波尔加依然为德语刊物撰稿；战后他回到欧洲，获得了迟到的喝彩；但他再也没有恢复曾经的活力,到了今天他已不再有国际声誉。他预见了原因。"我的精神笔迹无法被翻译。"

若有人明知注定失败,依然要努力尝试翻译,那么应该将注意力从波尔加的晚期转向他光芒四射的早期,他那时洋溢的语言灵敏度在今天看来依然鲜活,哪怕翻译成英语会显得笨拙。波尔加还有其他天赋,他是戏剧评论人,能每周写一篇关注面辐射整个社会的评论。最伟大的英语戏剧评论家萧伯纳只关心自己写剧本的事。波尔加虽然颇有戏剧天分(在两次大战之间,他和埃贡·弗里德尔合写了多部广受欢迎的卡巴莱助兴短剧剧本),却不局限于此。他能够看到整出戏以及背后的整个世界。要挑拨一个评论天才去对付另外一个,且让我们听听波尔加对萧伯纳《卖花女》的评价:"这出喜剧讲的是一个男人将一个女孩调教成了淑女,但他在此过程中忽略了女人。"波尔加在评价他喜爱的毕希纳时,对人物分析如此力透纸背,我们得回到柯勒律治才能找到对手。波尔加这样评价毕希纳笔下的丹东:"他不再支持流血和恐怖并不是出于道德考虑。他只是对政治杀戮不再有胃口,就像一个东西从松开的手上掉下来,只是因为手拿的时间太久了。"波尔加觉得毕希纳的才华是莎士比亚级别的,这评价从一位对莎士比亚的喜爱无边无际的评论家口中说出来,堪称至高的赞美。波尔加这样评价莎士比亚的理查二世:"拜上帝所赐,他本来是个虚弱、徒有其表的国王,但在上帝的恶意下,他变成了一个完整、丰富的人,柔情和智慧成了他的必需品。他具有了升华的深度。"先提出观点,然后加以凝练。波尔加这样说《威尼斯商人》:"在莎士比亚这位大师级的假发制造者在一夜中制造的所有栩栩如生的面具中,夏洛克是唯一的脸孔。"年复一年,波尔加会跟踪莎士比亚、易卜生、萧伯纳、豪普特曼、皮兰德娄戏剧的每一次演出。他将易卜生与瓦格纳对比研究的长文只有一个词可以形容:精彩纷呈。他写易卜生的系列文章让萧伯纳在同一领域的努力显得相当单薄。波尔加从来不会滔滔不绝；他即便在崇拜某人时也不会丧失鉴别能力；他热情的源泉是感激的爱。

在我们开始享用他的判断力之前，应该首先想到这一点。评论家总是在攻击别人时最容易被记住。"幸灾乐祸"（Schadenfreude）存在于人类灵魂深处，读一篇恶评似乎是无伤大雅的放纵。但真正有分量的批评是为了捍卫一种价值。波尔加是因为敬重有才之人，才会攻击无能之辈。他写恶评时可以妙趣横生，但从不只为了有趣而有趣。段位略低的评论家会找机会奚落别人，波尔加则尽量避免。但是到了不得不发泄的时候，没有人比得过他。且看他描绘赫尔曼·巴尔剧中的拿破仑如何使用妙招扭转败局："他下了死命令'所有部队前进'！同时拔出匕首，从代表伦巴第方向的舞台左边退场，在下一幕中，他就占领了伦巴第。"年轻的肯尼思·泰南想必会对此自豪。波尔加的破坏力通常是瞬间爆发的。他说萨沙·吉特里的《欲望游戏》(Desirée) "比老掉牙还要老"。他这样说萧伯纳的《人与超人》："观众对该主题的无穷无尽感到筋疲力尽，连无聊都带着英明。"他说某个年轻女演员："她很漂亮，并且走了一个机智的决定：自己提供的视觉愉悦不应被任何超过最低限度的演技要求所干扰。"他这样说一个糟糕的剧作家："空谈是他艺术的母语。"偶尔波尔加会觉得把一个糟糕的剧作家放火上烤还不够，尤其是此人空有虚名时——他应该被彻底踩死。遭此厄运的一位不幸者就是红极一时的拉乌尔·阿文海默。波尔加专门给了他一整段的篇幅。我现在要试着把它翻译成英语，虽然可能会破坏原文层层递进的风采：

> 如果长时间没有发生战争和瘟疫，文明和文化就容易发霉。在霉菌之上是一层灰尘。在这层灰里有微生物居住。这些微生物会产生排泄物。在这排泄物的分解产物中会有更小的生物居住。这些更小的生物只要住在维也纳的外围，有资格在中心选

区投票，就能形成拉乌尔·阿文海默在喜剧里刻画的那个世界。

让我再说一遍，波尔加能够这样写作不是因为残忍，而是因为悟性。证据是他在赞美和责备这两极之间的微妙判断。他尊重马克斯·莱因哈特的独立和勤奋，但也知道在哪里找问题。波尔加觉得莱因哈特的有些作品程式化而干瘪。他与埃贡·弗里德尔要好，但对这位通才的《犹大审判》（*Judastragödie*）只有两声喝彩。他注意到了好友"特别的击剑姿态，他用来攻击的剑尖上挑着投降的白旗"。弗里德尔的脑力无须波尔加赞扬也一目了然："他智力超群，新鲜的词汇如雨降下，提供了一种丰富的艺术替代品。"施尼茨勒在信中透露了波尔加的批评对他造成的巨大伤害。要是波尔加直接说他是糟糕的作家也许还好受些，但波尔加说他是个好作家，可惜做了错事，沉溺于"半是怨恨半是伤感的怀疑主义的氤氲色彩中"。韦费尔要是听到自己的措辞被评价为"惹人烦的过度调味"恐怕也不会高兴。（过了很久，等到韦费尔忘记这一恶评后，他对波尔加的风格给出了最佳评价：波尔加具有在海面上捕捉深海鱼的天才。）当波尔加点出《威廉·退尔》"不是在抗议独裁，只是反对独裁用错了地方"，席勒大概都想要从黄泉回到人间了。当我们说一个批评家正中要害，那是因为他理解生活，无法忍受对生活的歪曲。波尔加对戏剧有些怀疑，他称之为"江湖骗子使出真魔术"。他对戏剧的爱是思想上的。他用现实世界的标准来衡量戏剧，而不是戏剧自身的标准。所以他对糟糕评论家的嘲弄永远有效："瞄准，射箭。箭落地时在旁边画一个圈。这样你每次都能打中靶心。"

阿尔弗雷德·布伦德尔让我注意到了波尔加。布伦德尔熟知所有维也纳咖啡馆才子，随身带着一本他们的金句合集，每句都打印在单独的一页上。不弹琴的时候，布伦德尔的手指通常裹在弹性绷带里。（要是我的手指也值每根一千万美元，我也肯定把它们都裹好。）

每当你看见他用裹着胶带的手指从口袋里掏出一个活页本，你会明白这是真正的热情。布伦德尔给了我每张卡片上的人名，并让我记住：阿尔弗雷德·波尔加是钻石中的王牌。这条建议节约了我好几年的时间。我自己可能最后也能找到波尔加，但一早接触到他，为我打开了通往那个已然消失世界的大门，因为波尔加就是它的守门人。他虽然害羞，但认识所有人，因为大家都想认识他；他总结了这些人物的性格。读他的书让我身临其境。他的写作方式让我确认了我一直在尝试做的事，而他完成的质量为后来者设置了难以跨越的标准。他的书哪怕有一页沉闷，我也能松口气，可惜没有。我因为拍电视节目的缘故经常旅行，会在全世界的二手书店里找他的书，不论哪里有移民安详去世，他们的子女会马上卖掉藏书，不想再听到旧世界的语言。我在纽约的斯塔滕岛发现了六本，在特拉维夫买到三本。奇怪的是，慕尼黑竟然到处都是，尽管有纳粹禁令，但真正被烧掉的犹太书籍其实并没那么多。

波尔加的原版书赏心悦目。通常它们的封面是基色卡纸，随着时间流逝颜色会变得柔和，开本很小巧，可以装进衣服口袋。但装订不太牢，容易断裂。我很高兴地发现，八十年代罗沃尔特出版社重出了一套多卷本全集，内文用的薄纸，装订牢固。编辑人选再合适不过：马塞尔·赖希-拉尼奇是波尔加的常年拥趸，绝不会乱来。他完成得很好，但这一版有一个关键部分无法令人满意。每篇文章的结尾处没有标注出处，要知道它是什么时候写的，你得到卷末的附录里去找。将他的文章分门别类有一定的道理，但最好的方法还是按照时间顺序排列，以展示他在同一时间段里的多样性文字。然而，将日期从文章剥离的做法不动声色地体现了编者的一厢情愿。二十世纪的德语文学注定不是永恒自足的丰碑。文字的一切意义都取决于它写于哪一年，哪一月，甚至哪一天。遮盖写作时间会让你错过政治如何入侵艺术，并几乎扼杀了这一层叙事。如果波尔加的精神无法穿透大理石,他的全集只会成为坟墓。你看,我老是借用他的诀窍,根本停不下来。但真正的诀窍是模仿他的语调。如果你的英语没有他的德语好,最好不要尝试,恐怕我自己也露了怯。写出一句能与他较量的话已经够难了,而他能够这样写上一整篇文章:将无与伦比连缀成篇。

比阿特丽克斯·波特
Beatrix Potter

比阿特丽克斯·波特（Beatrix Potter，1866—1943）常被称为大人也应该读的儿童作家，这看似表扬，实则贬低。哪个小孩听到这个会觉得了不起呢？格雷厄姆·格林写了一篇半严肃的文章评论她，她并不高兴。她没有兴趣成为一个半严肃的对象。奥登的评价更恰当些，他直言她是散文艺术家。她的确是，那些小书哪怕没有她的插图也值得珍藏。她的故事情节本身并没有太多吸引力，之所以容易吸引幼萌的听众——除了特别小的孩子，应该不会有人喜欢看彼得兔跳芭蕾吧——主要是因为她对语言的强烈感知。她有连着使用多音节词却又不显得空洞的本领，这是一种罕见的、严格来说属于诗歌的节律。"二战"后的一些儿童作家靠押韵和节奏来获得诗意，比如詹姆斯·瑟伯在《十三座钟》（The Thirteen Clocks）里做到的，而这在苏斯博士的作品中更是处处可见；另一些靠氛围取胜，莫里斯·森达克是其中翘楚，罗阿尔德·达尔有些恶趣味，J. K. 罗琳洗劫了魔法师仓库，把自格林兄弟以来的所有魔法道具都用上了。（在哈利·波特的世界里，语言很少具有魔力，不过德姆斯特朗魔法学校的名字对任何一个熟悉德语文学史的十二岁读者来说都会很讨巧。）比阿特丽克斯·波特的诗歌靠文字取胜：它极为凝练。在她写作的时代，人们还没有觉得小孩听到一句不能马上理解的话就会大脑受伤，她的书里有大量高级动词结构。聪明的孩子看到不熟悉的句子在头顶上飘过，就会努力去抓，他们的父母则会明白，自己幸运地出生在一个自由的文明——童书（哪怕质量最差的童书）的生死是由供求关系决定的，而不是由国家计划强制实施。在某些国家，童书里宣扬的美德是告父母的密。比阿特丽克斯·波特对公民美德有自己的见解，其中大部分依然是我们所共享的，虽然我们可能比她更想知道那些并非自愿前往集市的小动物的命运。

——•——

平小猪严肃地听着；亚历山大无可救药地乱动乱跳。
比阿特丽克斯·波特，《平小猪的故事》（*The Tale of Pigling Bland*），第 25 页

小时候没有听过比阿特丽克斯·波特写的故事的人很快就会开始羡慕自己的孩子。对我们这些后半生才第一次读到的人来说，她的曼妙文字简直是对小读者的过分溺爱。我女儿不介意被比作"无可救药地乱动乱跳"的亚历山大，只要我别停下就行。小孩喜欢把好故事听上一千遍，要是能像这一篇这样好，就更是锦上添花了。《平小猪的故事》尤其充分地展示了波特在语言上的精雅之姿。在上面这句引文后面的段落，猪阿姨给每只小猪一个小包，"用纸包了八块'谈话薄荷糖'，每块都有恰如其分的道德味道"。聪明的小听众会

像品味薄荷糖一样品味"恰如其分的道德味道"。更重要的是，即便他们并不很确定什么是恰如其分的道德味道，他们已经在品味它了。如果作为成年人的你正好看到你的孩子在琢磨这句话的意义，那个时刻真是意义重大。尤其是诗人，很可能会甘拜下风：这正是他们实践的艺术的起点和终点。

《平小猪的故事》唯一的缺点是：小猪们要去集市，但书中并没有提及它们将来可能会以另一种形式在集市上被出售。书里经常提到熏火腿，但作者并没有暗示这肉的含义，这个任务只能由讲故事的人来完成了：真是艰难的道德抉择。在提米脚尖的故事里，波特更为直接地写出了老鼠的命运：猫会吃掉它们。在这一前提下，再讲拯救提米脚尖的解围神力时就不用过于多愁善感。花栗鼠引诱提米脚尖去吃许多坚果，结果提米被困在了树干上。波特在描写提米吃坚果时有两种令人过目不忘的方式。花栗鼠"ticed"提米吃"海量"（quantities）。讲故事的人会发现，小听众自然而然会好奇为什么"enticed"（引诱）被缩写成了"ticed"，但最叫他们兴奋的还是"海量"这个词。（在接下来的几天里，无可救药地乱动乱跳的小孩们不管吃什么都要吃"海量"。）解围神力是"一阵狂风"，把树顶吹掉了。故事里没有说狂风能帮助提米不被猫吃掉，但是波特明确地暗示：平小猪和无可救药地乱动乱跳的亚历山大不会变成熏火腿。毋庸置疑，这是必要的结局。毕竟波特写的是童书。这些书非常棒，但哪怕暗示一丁点人间烟火都是出格之举，其程度堪比简·奥斯丁在小说里忘了提财力身家。

让·普雷沃
Jean Prévost

在法国抵抗运动的所有牺牲者中，让·普雷沃（Jean Prévost，1901—1944）可能是法国文化前途的最大损失。战前他作为记者鹤立鸡群，不仅因为兴趣广泛，更因为他在很多方面都有坚实的专业背景——单凭他这样会写文章，已经足以跻身文坛，而他的体育评论文章尤其有分量，因为他本人就是运动员。普雷沃享受着成果卓著的民主社会的方方面面，要是他能活得长一些，可能会与左派有分歧，因为他广泛的爱好暗示了资本主义社会可能更丰富多样，也不像马克思主义理论中所说的异化那么恐怖。唉，可惜他的未来从未到来。他加入抵抗运动，是活跃分子，在战斗中牺牲。下面我会尝试讨论一个问题：是他勇敢的牺牲而不是他的顺从，让他的名字等了这么久才回到我们的视线。热罗姆·加尔桑的《致让·普雷沃》（*Pour Jean Prévost*）是关键之作，是唯一一部写普雷沃那短暂却意义深远的一生的专著。书中说，作家的责任之一是以身涉险，他的生命可能注定是个奇特的现象，而不是为了树立模范。

——◆——

但我的灵魂是一团火，若不燃烧就会痛苦；我每天需要三四个立方英尺的新点子，就像蒸汽船需要煤炭。

热罗姆·加尔桑引让·普雷沃，《致让·普雷沃》，第111页

1944年8月1日，让·普雷沃在韦科尔抵抗德国军队的战斗中牺牲，年仅四十三岁。他是抵抗军内少数证据确凿的作家英雄，所以他等于死了两次，因为战后的法国知识界恢复元气的过程漫长而浅薄。失足落水的人比真正可敬的人物得到了更多的讨论，于是后者无人知晓。那些明目张胆的通敌者如皮埃尔·德里厄·拉罗谢尔、勒巴泰或布拉西亚克等人得到了无比的关注，他们的墓前放满了理解和同情的花环，甚至有时还会得到充分的认可，就好像和敌人交好是有冒险精神的明证；而普雷沃或马克·布洛赫这样的真英雄得到的关注却不及通敌者十一。我倒希望这样说是夸张了，但任何人不相信的话，只要去比比写普雷沃的寥寥文字和写德里厄的汗牛充栋就行了。

在战前，普雷沃轻松地结合了两种写作事业，一种是文学评论，一种是高端新闻写作，对象是那些之前没有受到太多关注的主题。他对司汤达和波德莱尔的研究至今依然重要。（他去世时还没有写完关于波德莱尔的书。）他写电影和建筑的报刊文章要比大部分学界观点还要全面，文字也更好读。他是冠军拳击手，是体育圈的内行。正如加尔桑将普雷沃从历史湮没中挖掘出来的书中所言："他想谈论一切，想被所有人读到，这一点没有得到原谅。"他是伽利玛的神童，《新法兰西评论》杂志的天才小子，但被成名作家瞧不起，虽

然他们也坦言欣赏他的活力。莫里亚克好心地提醒他要当心"小时了了"（cette prodigeuse facilité）。要是想知道普雷沃的性格大概，你不用去看他的同时代人说的好话，而要看他们不认同的地方。普雷沃是人文主义的重生：饥渴，眼界，活力，内在之光——这内在之光来自生命的所有方面，在思想中互相照亮。如加尔桑所言，百科全书式的生命（encyclopédisme）对普雷沃而言是存在方式。在普雷沃随和英俊的外表之下，他的内心好像"被永恒的痛苦滋养的巨大胃口"。若没有纯洁的心灵，他不会有任何成就。他对公正的追求，对普通人民的真诚同情（他对建筑的关心是为了老百姓）让他不会投入任何一种意识形态。战后想找到心灵纯洁的人是很难的。萨特对普雷沃的贬低有着不为人知的居心。这位无所不知的哲学家认为，普雷沃的"失败"在于他不够自信，没有追随明星。

不像同样拥有"抵抗英雄"名号的萨特，普雷沃是真正追随了他的明星去打德国人的，但这点萨特没有提。战后每个人都有许多不想再提的事。普雷沃所代表的那种三十年代自发的普世主义是不可撤销的过去。劳动分工再次成为文字工作的通则。像普雷沃那样的人们曾经致力于一种通识的愉悦，如今再度分裂成不同的专业，每个领域都有装神弄鬼的萨满和江湖术士。曾经极有可能成真的对万事好奇的人文主义已经衰退，分裂成文学理论、伪哲学、为政治制度服务的意识形态，而一种活生生的文化不可化约的复杂性正是它们的大敌。所有这些领域的互相分离的实践者都有理由忘记曾经有普雷沃这样的人存在过。但所有人都想忘记的，是他斩钉截铁地决定抵抗纳粹。这一决定与他所有作品中体现出的朴素高贵是一致的，包括那些通俗报刊文章，他从不刻意讨好读者，只会让他们读完文章后感受到才华。你能看出萨特在害怕什么。首先，普雷沃是真正的抵抗斗士，而萨特只是假装——我们本可以原谅他的假装，但他后来竟然谴责其他人懦弱就有点过分了。真正令萨特害怕的是人们残留的对普雷沃文学品格的记忆：他爱好自由、人文、民主，要是他能活下来，必然会上升到萨特的地位（在加缪突然去世后，萨特得以独占文坛鳌头），成为学者、哲学家、生活和文学的批评家。光说文学批评这一点，普雷沃没有写成的书想想就叫人心碎，成为永远失去的图书馆。就像马克·布洛赫在历史学的地位（但普雷沃的例子更伤感，因为像他那样的天才极为少见），一旦鸿沟产生，想象力是很难去填充的。你会发现你无法计算损失。也许我们只能试着去想象，假如奥威尔死在了西班牙，英国的文学批评会怎样。

马塞尔·普鲁斯特
Marcel Proust

马塞尔·普鲁斯特（Marcel Proust，1871—1922）写了一部奇长无比的书，就连最散漫的读者也会在空白页上写些注解，把它变得更长。《追忆逝水年华》的存在就是为了被注释。它本身是经典意义上的札记书，是作者普鲁斯特对自己读过的、翻过的、听过的或喜欢过的各种艺术作品，以及所有他所知的一切——自然、自然科学、爱、性、大脑的运作——的全套注释。你现在正在读的这本书本可以轻松地多出十倍，光是把我过去四十年来对普鲁斯特各个版本做的注释加起来就行。（考虑到这一威胁，我必须克制自己，只写一篇短文。但你会发现，在这本书的其他地方，对普鲁斯特的思考常常会在讨论别的作家时偷偷潜入：关联无处不在，普鲁斯特的粉丝往往会发现彼此，而且很快会抛弃之前的话题，转而讨论普鲁斯特。）我与普鲁斯特结缘已有四十年，目前还没有看到兴趣衰竭的迹象。

《战争与和平》也是一部大书，但你可以舒舒服服地一周读完，然后某一天会拿起重读。而《追忆逝水年华》永远读不完，因为你一边读它一边在变长。普鲁斯特的书独一无二，它指向一切地方：一座全是走廊的建筑，走廊的墙上全是门。学生不妨以现代文库的六卷本英译版为入口。这套精美的便携本勇敢地用了作者的照片做封面，基本沿用了 1920 年司各特·蒙克里夫的译本（二十世纪二十年代以《追忆往昔》的书名出版过），特伦斯·基尔马丁和 D. J. 恩赖特分别在八十年代和九十年代进行了修订。英语翻译的全过程长达四分之三个世纪，现在没有一个学生的书架上能缺这套书。但也许没多久你就会渴望阅读原文。

这种渴望不应被抗拒。学究和势利眼喜欢说，只有法语好到一定程度才能领会普鲁斯特的语调。可能的确如此，但并非只有语调是重要的。只要具备基础法语知识，就能开启这本层次极其丰富的大书，基础知识会随着细嚼慢咽的阅读而不断扩充。我自己就是通过读普鲁斯特学法语的。我花了十五年才能白天不用字典自信地阅读法语作品，而即便如此，我还是会带一张生词表回家，晚上继续研习。（一部《拉鲁斯百科全书》是对普通词典的重要补充材料：就像帕斯捷尔纳克说普希金的那样，普鲁斯特的书里充满了"词条"。）但思想上的提升完全可以抵消挫败感。认为必须做到法语精熟才能欣赏最伟大的法国作家，就好比要求你必须会读总谱才能欣赏贝多芬晚期的四重奏一样，荒谬至极。要是贝多芬也这么想，他根本就不会动笔写了。同理，普鲁斯特不会有兴趣写一部完全依赖于语言的书。他年轻时十分关注风格，但总是作为一种提炼和强化的手段；之后他就将这一关注抛在脑后，步入了一种自由即规范、规范即自由的成熟境界。

即便他在生活中攀龙附凤，那也是为了艺术。毫无疑问，他觉得上流生活叫人着迷，那个世界没有平凡到不能写进书里的东西，而且真正的贵族都是艺术家。在英国，直到今日，哪怕约翰·凯里这样睿智的评论家也常常会假设：高雅艺术曾是乡绅贵族的专属物，属于压制普通人民的传统建制，因此其声誉不应得到承认。美国人不太有这样的观念，但任何时候想要反驳这种观念，普鲁斯特的存在就足够了。他将艺术牢牢放进那些热爱艺术之人的手中，无论他们出身如何。事实上，他笔下的贵族绅士们恰恰是最容易向流行的市侩之见低头的人，对德雷福斯怀有偏见的人。德雷福斯案中，左拉是最有名的自由派评论人，而普鲁斯特看透了问题的实质。他预见到民事裁定中流行的反犹主义的腐蚀性影响，这种影响打开了另一扇门——法国在两次大战之间逐渐积累的政治灾难。像普鲁斯特这样身体羸弱的人，内心竟有如此力量和智慧，实在是一个谜。很多人试图探索这一谜团，不过乔治·D.佩因特的两卷本传记《马塞尔·普鲁斯特》仍是关于这位作家生平的必读书。（威廉·C.卡特出过一本大部头单卷本，其中的事实订正很有价值，但还不能取代佩因特的杰作。）关于普鲁斯特的最佳论文是让-弗朗索瓦·勒韦尔的《论普鲁斯特》(*Sur Proust*)，因为勒维尔坚定地告诫我们，不要徒劳地去寻找小说的结构。它或许是有结构的，但只是在这样的意义上：我们得知空间是弯曲的时候，自以为懂得了宇宙的结构。

———◆———

> 他对我说："一个人不管多么智慧，在年轻时都会说蠢话做蠢事，这些记忆在他年长后会希望抹去。但他绝对不应该后悔，因为在最后的道成肉身之前，不经历荒谬或丑陋的具体阶段，是不可能成为圣人的——如果某种意义上圣人真的存在的话。"

马塞尔·普鲁斯特，埃尔斯蒂尔给马塞尔的建议，《在如花少女们倩影旁》，第 457 页在普鲁斯特笔下，没有几个人物能够赢得叙述者长久的信任，但受人尊敬的画家埃尔斯蒂尔是其中一位。埃尔斯蒂尔说圣人必须原谅自己过去犯下的错误。埃尔斯蒂尔忘记说的是，圣人还应该纠正这些错误。普鲁斯特在别处帮他说了出来：我们最不喜欢的那些人是最像我们的人——那些没有纠正错误的我们。要说"这就是我们为什么要读普鲁斯特"总有些危险。有些人读普鲁斯特只是为了面上好看。但我们这些为了读他对生活发表的评论的人，总是好奇《追忆逝水年华》是否真是一部艺术作品。一部想象力的杰作，当然，它是至尊无上的。但它是一部小说吗？还是一部评论合集，只是偶尔有小说人物走进走出？作曲家布索尼读过《在斯万家那边》后，向里尔克抱怨说，虽然自己很喜欢其中对音乐的看法，但他觉得剩下的部分有点像小说。它难道不是一部大百科全书吗？托马斯·曼在日记里记笔记的方式跟普鲁斯特的笔记如出一辙。他尤其赞扬了普鲁斯特对甲虫飞行的兴趣。它难道不是一部哲学作品？让-弗朗索瓦·勒维尔的《论普鲁斯特》显然着迷于普鲁斯特将哲学重塑为智慧的可能性。勒维尔在等身的著作中常常说哲学在十八世纪已经失去了在科学中的统治地位，在现代除了智慧外没别的角色。在《论普鲁斯特》中他将这位作家打造成了哲学复兴大戏中的一个角色。勒维尔说《追忆逝水年华》是那种罕见的书，哪怕它的弱点也能成为"彻底的成熟思想"的例证。

普鲁斯特的例子促使勒维尔概括了自己的哲学思想。他说，激情包含了在有限中看到不存在的无限。勒维尔开始考虑，如果阿尔贝蒂娜保持忠贞的话，她可能会成为一名更有意思的狱卒：这是普鲁斯特对性与嫉妒的看法的冰山一角。（E. M. 福斯特从家庭出发，也有类似的保留，并将之升华为一种从总体上涵盖普鲁斯特的原则：他说普鲁斯特的分析之刃太过尖锐，以至于刺穿到另一边。）在政治方面，勒维尔赞扬普鲁斯特对集体暴行保持了清醒的头脑，始终没有失去道德底线和心理洞察力。这种集体暴行就是已经毒化了法国政治的反犹民粹主义，当时普鲁斯特正在社交场上结交贵人，为写小说做准备。勒维尔只是普鲁斯特的一个读者，但他的解读足以暗示《追忆逝水年华》能够为我们提供的丰富性，哪怕它只是一部评论的合集。当然，它远不止是一部评论合集，其中一个原因是：它从不缺乏什么。我们要牢记这本书的非虚构性，这很重要，这会让我们意识到这部史上最长的小说有多么缺乏小说的特质。比方说，它没有值得一提的结构，也许就算普鲁斯特再花上十年也不会写出一个结构来。在最后的聚会上，人物要么年轻了二十岁要么老了二十岁，或者干脆是应该死掉的人物还活着。说《追忆逝水年华》让他们想起大教堂的拥趸们应该想想，他们说的到底是哪一座大教堂。它让我想起的是一座沙堡，在入迷的建造者没来得及完成的时候，潮水就把它冲散了；但他知道这迟早会发生，不然为什么要造在海滩上呢？

Q

埃德加·基内

埃德加·基内
Edgar Quinet

埃德加·基内（Edgar Quinet，1803—1875）生于法国大革命爆发之后，一辈子生活在大革命的漫长投影下。今天已经很少有人读他的书，更少有人引用他，除非是他一句简短的评语。然而在他生前，他是那种我们今天所熟知的那种公共知识分子，任何稍有想法的人都会讨论他的观点。他是宗教的拥护者，但与耶稣会士划清界限，他针对后者的演讲引发了争议的狂澜，以至于政府下令禁止他演讲。1848年革命中，他在街头路障后战斗，在国民会议中投票给了极左派。反革命政变后他流亡布鲁塞尔，1857年定居瑞士，直到拿破仑三世倒台后才回到巴黎。1870年的巴黎围城战中，他是一位声名显赫的爱国斗士。他去世是在巴黎公社五年后，已经写了一书架的历史哲学著作。可能除了1855年的自传体短论合集《我的思想史》（*Histoire de mes idées*）之外，他的大部分作品已经无人问津。

但有一句话（下面会引到）一直到二十世纪九十年代还经常被引用，因为它预示了谁的时代会来临。

———•———

但这成功，又在哪里呢？

埃德加·基内，引自让-弗朗索瓦·勒维尔《阴影世纪的终结》，第 246 页

基内的这句名言来自一段不那么出名的话，但值得整段引用，因为它能唤起一种挥之不去的特定语境。他不仅是提供了一句俏皮话，每当有人把事情搞砸了还要恬不知耻地说成是胜利的时候，我们都可以引用。他的话是有所指的，即专制思维下的观点主张和现实罪行之间的关系。

> 恐怖主义者的执念是要调动起一种成功，好向后代有交代。实际上，只有成功能够赦免他们的罪过。但这成功，又在哪里呢？恐怖主义者在他们自己搭建的绞架上送命，共和国不仅失败，而且变得面目可憎，曾让整个国家愿意为之付出生命的自由，如今被反革命的专制统治取代——这是成功吗？你们还要重复这奇怪的胡言乱语多久呢？说什么绞架对挽救革命是必要的，革命被挽救了吗？

只需这一段就能提醒我们引言的历史语境。在有了语境之后，这句话就可以被用来讨论塑造现代政治史的事件。基内讨论法国大革命的只言片语在让-弗朗索瓦·勒维尔和弗朗索瓦·菲雷那里回响，他们二人都谨慎地注明了出处。"我们离大革命已经相当远，只是轻微地感受那种令革命亲历者目眩的激情，"托克维尔在《旧制度与大

革命》(*L'Ancien Régime et la révolution*) 中这样写道，"同时我们离大革命又相当近，能够深入到指引大革命的精神中去理解。过不了多久，人们就很难做到这点了：因为伟大的革命一旦成功，便会让产生革命的原因消失，革命由于本身的成功反而变得不可理解了。"不过，"成功在哪里"的问题在拿破仑第二帝国时期已经有人问过，基内正是一小撮不合时宜的怀疑声音中的一个。贵族当然会这样问，但基内是知识分子。法国大革命到底值得那么多痛苦吗？

"成功在哪里"是奥威尔对苏联争论的答复的另一版本。有人说，要做一个蛋饼，不可能不敲碎几个鸡蛋。奥威尔问：蛋饼在哪里？就十八世纪的法国而言，没有一个理智的人会真正怀疑民主的到来：但革命是最好的方式吗？它难道不是有助于确保了民主的不完整吗？这个问题总是会表现为：雅各宾派的恐怖行为是否不可避免。（雅各宾派最暴烈的表现是旺代大屠杀，但此类屠杀直到二十世纪才成为问题，尸骨等了很长时间才见天日。今天，大型坟场可以在卫星照片上看到。）同样的问题把现代法国左派分为了极左和独立左派，世界其他地方也如此。如果少了雅各宾主义就不可能革命，那么问题就变成了：如何在不革命的情况下施行改革。任何"接受雅各宾主义的必要性"的人都可以自己尝试一下。弗朗索瓦·菲雷关于法国大革命的书是真正具有革命性的，他在结论处只是稍微这样暗示了一下，便立刻被左派贴上了死硬反动右派代言人的标签。他们认为，如果他反对恐怖，他就是反对人民。他认为恐怖行为也施加于人民，但这个观点没有被接受。基内提出同样的观点已经一百多年了，但它依然被认为是自相矛盾的，因而不受欢迎。我们大可得出一个结论，上世纪各大革命导致的死亡总数在下个世纪依然会被视为理所当然。

R

马塞尔·赖希-拉尼奇

理查德·罗兹

莱纳·马利亚·里尔克

马塞尔·赖希-拉尼奇
Marcel Reich-Ranicki

马塞尔·赖希-拉尼奇（Marcel Reich-Ranicki，1920—2013）是"二战"结束到千禧年之间德国最有名的评论家，二十一世纪依然雄踞德语文坛，一些作家倾向于将其视为凌驾文坛的恐怖统治。事实上他的评判十分公允，因此那些不够格的人被他批评之后只会更觉得难受。他的文字极好，观点常常被一字不差地引用。被他羞辱的人要面对成为全国笑柄的可能性。晚期作品被他批评的不少作家，往往早年都被他赞美过：这些人是所有反对他的人之中怀恨最深的。赖希-拉尼奇自卫的能力绰绰有余，对他发难并非易事。看君特·格拉斯等大人物徒劳地企图报复赖希-拉尼奇正是德国群众喜闻乐见的。即便那些被他伤到的人，要是在致幻剂作用下也会承认他在骂人的时候特别有趣。于是，当历史证明他也会犯错的时候，这些人就格外高兴。1939年，赖希-拉尼奇被驱逐到华沙犹太隔都，幸免于大屠杀，战后留在了共产主义波兰，在东德的支持下搞文学评论。他最后叛逃西方时，没有告诉别人自己是东德记录在案的告密者。那时几乎所有人都是告密者，他的错误在于让别人先把这事捅了出来。丑闻激起的巨浪抵消了他在战争中身为犹太人躲避纳粹暴行的清白记录。他感到挫败却并无悔意，这又激起了更多敌意，但尽管如此，常识最终还是回归了，他作为纳粹恐怖幸存者的故事重回公众关注的中心，特别是他于世纪之交出版了畅销自传《我的一生》之后。此书有英文版，题为《作者本人》(The Author of Himself)，但没有什么影响，这也很容易理解，因为他的名字在德国之外很少有人知道。在德国，他与任何一任总理一样家喻户晓，而且比哪一位总理的在任时间都要长久。一般而言，评论家不会超过诗人和小说家成为文学的活代言，但赖希-拉尼奇的巨大成功并不奇怪。他极为渊博，对微妙处的判断极为敏锐，他的风格是极具引诱力的清晰透彻，这对德语初学者来说是个福音，他们可以通过这一位作者，通过阅读他评价其他作家的文字来学习德语。他最拿手的是短随笔，长度正好适合轻松的泛读。他的短文合集可以填满一书架，没有比这更好的进入德语文学和文化的方式了：可以从诗歌到政治，或者反过来。他的褒扬文章甚至比批评写得更好，只不过批评文章更有趣味而已。赖希-拉尼奇很清楚这一点，他时常指出，文学文化若是失去了活跃的批评风气，很快就会死于彬彬有礼。很明显他是对的，但这也不妨碍其他作家希望他对他们亲切有加，若他没做到，他们就会大声抗议。

> 我们不能因为一个批评家的责任是签发死亡证明，就叫他杀人犯。
>
> 马塞尔·赖希-拉尼奇，《文学拥护者》(*Die Anwälte der Literatur*)，第 88 页

二十世纪行将结束时，德国抓住了一次好机会。畅销书榜被赖希-拉尼奇的自传《我的一生》占据了一整年。德国最强势的文学批评家撰写了自己的生平，让整个国家入迷，但这不仅仅因为一位高眉文人上了接地气的畅销书榜，也因为他是个犹太人。他生平中的关键环节是他如何逃过了纳粹魔爪。这也成为德国故事的一部分，尽管困难重重，德国历史上最惨痛的世纪也终于得到了救赎。新一代读者冲到书店里寻找讲述上一代人罪行的书籍。从 1945 年起，反犹主义在官方层面成为历史。到了 2000 年，它在文化上也不复存在。虽然还有人故意发表反犹言论污染空气，但绝对占不到主流。一个犹太人坐在驾驶席掌控大局，这代表了反犹的终结。

赖希-拉尼奇本人不太会因为这些赎罪的迹象而感动得痛哭流涕。他的畅销成功在旁观者看来如此叫人满意，因为这并不是给谁一个终身成就奖。他在整个批评生涯中（如果把他在波兰和东德的新闻写作也算进去），是出了名地不听话。1984 年他出了一本很有个性的文集，名叫 *Laute Verisse*，可以直译为《赤裸毒舌评论》。在现实中他有着广阔的文学同情心，也是任何语种中都罕见的能将褒扬和批评写得一样有趣的评论家。他总能找到办法向你推荐一本书，让你甘愿跋山涉水去寻找：在赖希-拉尼奇大力赞扬之后，你还能不去试着读读西奥多·冯塔内的十九世纪经典小说《寂寞芳心》(*Effi Briest*) 吗？但我们也无法否认，赖希-拉尼奇很强势，一些被他批评过的在世作家公开表示受到了伤害。受伤者有的呜咽，有的

大哭大闹，而当 MR-R 的东德往事被揭发时（就像奥匈帝国的全称 Kaiserliche und Königliche 在印刷品中经常被简称为 k.u.k. 一样，赖希-拉尼奇的名字经常用首字母缩写来替代，即 MR-R），不少文坛看客很难做到不幸灾乐祸。事实上他从未真心为东德政府卖命，只是象征性地报告些没有秘密要隐瞒的人的情况，不过这也令 MR-R 处于不利境地，那些没有他的刻薄天才又被他挤对过的写字同行们乐得看他受窘。他一直错误地以为，那些伤了自尊的作家大可以通过语言的力量来回击他。他从不自我表扬的优点值得称赞，但他迟迟没有意识到，他的报纸文章能轻而易举抓住观众，靠的不仅是技巧，更是天分。

不过，刻薄的天分要是背后没有更强大的鉴赏力支撑就毫无价值。要是一个评论家什么都不做而只会敲打，被他敲打的人根本不会在意。最伤人的是被那种你满心期望得到他肯定的评论家敲打——德语世界的在世作家都想得到赖希-拉尼奇的肯定。说不定死者也一样，如果能征求他们意见的话。赖希-拉尼奇是文采不输任何作家的评论家，所以即便是对他最怀恨在心的敌人，也知道从一开始他的文学地位已经奠定，虽然他从未自己宣称过这一点。他总是坚持这样的原则（茨威格也赞同这一点）：伟大的艺术家没有资格成为客观的评论家，因为他们总在想换作自己会怎样做。继弗里德里希·施莱格尔之后，赖希-拉尼奇也这样说了最伟大的德国作家歌德。要说《浮士德》的作者因为是太彻底的诗人因而对其他艺术所知不多，这是相当大胆的言论，毕竟歌德对万事万物都有渊博的知识；但这是赖希-拉尼奇的典型手段，用最大的例子来支撑自己的论点。他真正的意思是，歌德的评论和判断都是为己所用的，当你陶醉于歌德用一句简单的话唤醒一整个审美世界时，应该牢记这一事实。赖希-拉尼奇一直坚持，评判一本书永远是临时行为：他表达了不喜欢那种将自身定位为"备选飞机场"的批评，用评论对象作为借口，空运一切批评家想用来证明自己有能力的东西。赖希-拉尼奇这样说是一种自我否认，因为他本人就是全能通才。我们不该因为他拥有无可救药的傲慢诀窍，就无视他谦虚的本质。在讨论伟大艺术家无法以纯粹之心进行批评时，他已经准备好遵循一条未明言的结论：没有一位客观的批评家能成为一位伟大的艺术家。他准备好遵循这个结论，却没法使之服众。他写得实在太好了。难怪他令人生畏。

马塞尔·赖希-拉尼奇写得如此之好，他甚至可以把批评观点写得像诗一样，这样你就能像背诗一样记住他的句子。在《检验》(Nachprüfung) 一书中，他说优塞福·罗特是"Vagabund mit Kavaliersmanieren"（第 210 页），"胸怀骑士精神的流浪汉"——真是纪念罗特的完美方式，我们都知道罗特三十年代末在巴黎酗酒致死，无人关心。同一本书里还有对罗特更精彩的评价，牢牢抓住了罗特文字质感的魅力："他的文字读者看起来轻松，译者却颇费心力。"这句话的德语原文"Er hat es seinen Lesern immer leicht und seinen Interpreten oft schwer gemacht"组织起来丝毫没有笨拙之感。你看，赖希-拉尼奇也是一样，他的德语如此平实，让初学者也能感到如履平地，但又组织得如此简洁有力，翻译时很难不拆成几个句子来充分表达其含义。要用一句话来总结赖希-拉尼奇对罗特的敬仰，我们可以说赖希-拉尼奇也拥有批评家的关键天赋：能够旁征博引，又总是一语中的。文人卡尔·海因茨·博雷尔说罗特是风格纯粹派中的道德家，道德敏感派中的文体家。即便是赖希-拉尼奇也无法再为其添彩，所以他便直接引用——这是一个优秀的批评家应该做的，但得有足够的谦逊才能做到，这种谦逊需要一种傲慢的空气来保护其德尔斐神谕般的使命。

赖希-拉尼奇从来不是一位只评价写作风格的文体家，虽然还有比这类评论家更糟糕的。他能抵达作家的心脏地带，有时候一待就是几十年。在托马斯·曼的心脏地带，他开了家店。他写曼家族的书是该主题的首选必读书（当然，你应该先读曼本人写的书，这已经会占用大量时间），但就算他单单讨论托马斯·曼这一个人，他也能将这位巨人置于恰当的社会背景中去看待，而最难的部分是从巨人的内心世界入手。"他的生活经验极为贫乏，却几乎能描述一切。"——这太真实，以至于听上去不那么残忍了。赖希-拉尼奇将这种真实视作深入探寻的邀约，而非阻遏。他从未停止对托马斯·曼的兴趣，也一直拿托马斯·曼打趣；但他始终明白，托马斯·曼对生命和艺术的投入正是为了不需要这类外在的协助。那么为何批评家是必要的？当然，总有一些评论家不是必需的，他们通常很难闭上嘴，除非有人提出异议——总得有人站出来说明白。托马斯·曼能做很多事，他是完全能澄清视听的，但他不能总是那样做。在一位伟大作家的风格中，太多的清晰会碰撞形成彩虹：厘清混乱的光谱可是要花时间的。

还有些伟大的名字是赖希-拉尼奇并不想牢牢抓住不放的，他总爱附和塔卢拉·班克黑德的口头评价，后者在观看梅特林克一场矫情的戏剧时说："徒有其表。"瓦尔特·本雅明的粉丝在发现赖希-拉尼奇的评价后可能会不安，他认为本雅明缺乏他最应该大量拥有的品质：深刻。赖希-拉尼奇认为，作为评论家的本雅明犯了一个错误：试图像作家那样思考。赖希-拉尼奇击中了本雅明性格的要害，理由是本雅明对瓦尔特·梅林出身的势利评论。（梅林在魏玛共和国时期写了些通俗的歌词和小文章，流亡时成了别人的累赘，但他是真心实意的爱书人，后来他在《失落的图书馆》[*Die verlorene Bibliothek*]中哀叹了藏书的散佚。）考虑到本雅明的权威声誉在德国本土和海外一样高，你就能明白赖希-拉尼奇有多么勇敢，或者说有多自傲了。在德国电视2台的脱口秀《文艺四人谈》(*Das literarische Quartett*)中，他多次发表令人震惊的言论，说超过五百页的当代小说肯定不值一读。（该节目的文字记录稿结集成书，书名颇时髦，叫《未决问题》[...und alle Fragen offen]，厚达 768 页，很值得一读。) 虽然他的对谈嘉宾和大部分电视观众都暗自同意他的说法，但他们也很乐意将这些观点归因于他的易怒和没耐心。事实也的确如此，他每次手拿一本书都好像马上要把它咬断，哪怕他说喜欢这本书。但他对所谓深刻的文艺理论（kunstwissenschaft）惯常的不屑，不应归因于有些人所认为的他无法长时间保持专注。他确实也花了时间去理解这些"高层次"的批评。他只是不同意而已。

赖希-拉尼奇希望批评家的工作脚踏实地。事实上他希望作家也能如此。在一种对崇高着迷的文化中，他一直是一股有价值的纠正力量：从高雅闲扯转向直截了当。这条道路的危险在于容易陷入未开化的无知境地，但他用无所不知抵消了这个危险。他对政治一清二楚，总能找到当代德国作家最可能出现的盲点，那就是他们对自由民主的态度。在一场激烈的斗鸡大战中（飞扬的羽毛至今尚未落定），赖希-拉尼奇跳在君特·格拉斯的背上，针对后者同情"起码德意志民主共和国还有一套信仰体系"的言论。（格雷厄姆·格林也兜售过同样的观点，说西方缺乏信仰，但除了德怀特·麦克唐纳之外，没有一个像赖希-拉尼奇这样的人物去痛斥他。）与他心怀怨恨的德国反对者的观点正好相反，他总是对任何认为资本主义西方缺乏人道价值的作家相当友好。他只是反对任何关于极权主义可能残留着人道价值的暗示。他在战后留在东德的代价是做了告密者，这件事被揭发后，他的信誉看上去不那么白璧无瑕了，但他逃到西德之后发起的对东德作家的攻击，并不会因为他的个人历史（他错在没有主动承认）就是无效的。他表达了遗憾，但坚定地驳斥了那些东德作家自称的严肃性，他们没有逃走，而是选择了留下，与国家妥协后过着舒服日子。他认为妥协不仅将他们的观点变成了辩解式的，也把他们的文学变成了政治宣传。但他这样毫不妥协的严苛也能变成伤害自己的利剑，人们会产生这样的疑问：一个批评家是否应该扔石头，而完全不顾自己家的房子是玻璃做的？

然而，当我们仔细读前面引的那句陈述就会发现，赖希-拉尼奇并没有主张扔石头的权利。死亡证明是医生签发的，死刑判决书是法官签发的。赖希-拉尼奇所说的判断是诊断书，诊断放在他眼前的这部作品是活的还是死的，而不是宣判它应该活着还是死去。在我看来，只要心中记着这一点，坏脾气的大批评家就能稳守阵地。他常常被叫作"绞刑吏"（Henker），但这只是外号。他至多是掘墓人，我们要是没有他们可怎么办？不过我们有权利请掘墓人动用一点点机智。哈姆雷特就碰到过一个颇有幽默感的掘墓人。赖希-拉尼奇的幽默感是真实的，时常引人大笑，但他本可以让他的同情表现得更明显些、更频繁些。他在晚年早已满载荣誉，地位稳固，但依然像未成名时那样全力写作。他自传中最辛酸的一处抱怨，是他从未在德国文坛感到自在，这一抱怨可以一路上溯到雅各布·瓦塞尔曼（Jakob Wassermann），赖希-拉尼奇在那本不可或缺的口袋书《夹层》中引用了瓦塞尔曼作为例子。瓦塞尔曼在魏玛共和国时期享誉全国，但他并没有归属感。大屠杀过去半个世纪后，赖希-拉尼奇在民主的德国妇孺皆知，他同样没有归属感。如果这是犹太人在德国的普遍境况，那么它确实无法改变。（有很多证据表明德国知识界已经尽全力在补偿。）但这或许只是个体感受。不是所有艺术家都有职业安全感，赖希-拉尼奇显然是一位艺术家：可以说他是评论的艺术家，对任何一个能像他那样写出句子来的人，想要把自己排除在外是不可能的。赖希-拉尼奇总是第一个坚称评论家不是科学家，因为他没有黄金准绳：没有标准米尺。这就使得评论家要么是艺术家，要么是勤杂工。赖希-拉尼奇自称处于较低的位置，但他写作的方式偏偏要将他向高处拉。我很晚才开始学德语，有时候很费脑筋，但以我现在的经验，我会说，就算我看不懂任何别的德语作家，能读他就足矣。

理查德·罗兹
Richard Rhodes

理查德·罗兹（Richard Rhodes）是一位拥有演艺明星地位的美国记者，他像女明星一样不愿透露自己确切的年龄，但有记录显示，他于1959年从耶鲁毕业，而旧金山的耶鲁俱乐部记录上说他生于1937年。像我们许多人一样，他在"二战"中度过了童年，长大后发现我们继承的世界已经被技术改变得面目全非，所以他对机器和系统有着极其浓厚的兴趣。他名下的十八本书大部分都涉及相当复杂的技术问题，而他本人也能以专业的精准进行讨论。他在哈佛大学和麻省理工学院当过访问学者。在科学和技术话题之外，他或许陷入了整体社会学理论的窠臼——对机械爱好者来说，总会有将社会想象成一架巨型机器的诱惑——但就纯粹的技术问题而言，他有那种罕见的深入浅出的能力，用平易近人的文字讨论繁难话题。他也写小说。我没法假装熟悉他的虚构作品，但他至少有两部非虚构杰作引人入胜，其中一本应该成为每个相信自由民主的学生的必读书。《原子弹秘史》(The Making of the Atomic Bomb, 1986) 基于全面彻底的调查研究，若没有福特基金会和斯隆基金会长达五年的支持，恐怕无法完成。（能提供如此规模的支持，可能是美国比英国催生出了更多此类作家的主要原因：不光是美国人"我可以"的大胆精神，更因为得到支持的力度。）不过罗兹得到的盛赞实至名归，因为他在讲故事的过程中做出了非比寻常的明智判断。

此书还有一个更难得的成就，那就是罗兹没有动用大量科学术语，便讲述了一个戏剧化的科技故事。一些相关人物本身是很了不起的，想必也加强了全书的戏剧效果。在洛斯阿拉莫斯聚集的人物往往自带戏剧性人格（即便离群索居时也不例外），罗伯特·奥本海默管理天才们的方式以及时不时闹情绪本身就是戏剧事件。但说到最后，他们追寻的目标依赖于物理学和工程学，罗兹的真正成就是在这些对象里也找到了戏剧性。叙事扣人心弦，但这未必适合读者的气质，除非他一早就相信不光制造原子弹有必要，把它扔到一个城市也有必要。

对于后一个问题，罗兹在摆事实讲道理时没有偏向两派中的任何一方。反对使用原子弹的一派会发现，奥本海默从来不在这一方。虽然对德战争已经结束，但他认为使用原子弹能够快速结束与日本的战争，人们很难去指责这一逻辑。奥本海默对自己作为核心成员参与建造的核武器心存疑虑，其疑虑不在于反对原子弹，而是反对后来的氢弹。此后罗兹在几个大型基金会的资助下，又写了氢弹的故事，书名叫《黑太阳：氢弹秘史》(Dark Sun: The Making of the Hydrogen Bomb, 1995)。这本书像《原子弹秘史》一样详实透彻，但没有那么引人入胜，因为它蕴含的道德问题是假设性的。氢弹若用于战争，其毁灭性太过强大，这一事实对任何政府而言都清楚明白，假如军事将领想使用氢弹，政府首脑会勒令其三思后行。在古巴导弹危机中，美国军队险些自行发动了一场全球热核大战，当时美国空军尤其是战略空军企图刺激苏联，而这直接违背了肯尼迪总统的明确命令。还好宪政守住了底线，但也只是勉强守住了而已。由于世界末日近在咫尺，人们很容易开始讨论发展核武器本身是否邪恶：那些反省向日本投核弹以结束战争这个代价是否可以接受的人，更不可能认同为了捍卫自由，值得去冒把地球烤焦的危险。但自由主义者应该面对两种令人不安的可能性：第一，它是必要之恶；第二，在冷战年代，没有别的东西能够阻止两大霸权开战。左派每到讨论历史的另一种可能性（由更好的人来管理）时就显得很弱。更好的人只能是像他们的人。（这种高人一等的假设正是长期左派与古典右派最相近的地方。）其实，在真实的历史上，最差的领袖也跟他们一样聪明。罗兹的洛斯阿拉莫斯专著有个最大的优点，那就是让你明白一群地球上最聪明的人全力以赴群策群力去制造一种能一次性杀死十万人的武器——是当时唯一的选择。你尽可以讨论现代世界的道德状况而不考虑现实，但那些讨论不可能是严肃的。

———•———

> 不过，恩里科·费米和爱德华·特勒不是第一个想到用原子链式反应去触发氢热核反应的人。
> 理查德·罗兹，《原子弹秘史》，第 375 页

在《反陈词滥调的战争》（*The War Against Cliché*）中，马丁·艾米斯兴高采烈地摧毁了——或者说"核爆"了（这是他最爱用的动词之一）——理查德·罗兹写的一本关于性的书。根据艾米斯引用的例证，罗兹的性学著作肯定是个灾难。我鼓不起勇气去读，部分是因为我想保持对这位作者的尊敬，毕竟他写了我看过的两本最棒的科技读物——也就是《原子弹秘史》和《黑太阳》。罗兹有一种将细

节大大丰富的敏感性，虽然这未必适用于性事（有些秘密藏得太深）。我们读到上面这句引语时，第一反应肯定是想找出是谁第一个想出了氢热核反应，从而产生了我们后来所知道的氢弹。就算你挤破脑门也想不到是谁。

1941年5月，日本物理学家荻原笃太郎在京都做了一次讲座，那是袭击珍珠港前七个月。荻原很早就开始研究铀同位素分离问题，尤其强调钚的作用（《黑太阳》，第77页）。后来，钚成了战时同盟国最大的秘密，甚至比破解德军密码的任务还要重要。虽然罗兹没有说（他没有必要说），荻原的理论进展引起了一个有趣的疑问：如果日本军方的最初战略计划实施成功，日本物理学界会取得怎样的成就；美国很快就会被迫投降。我们可以告诉自己，日军的战略永远不可能成功。我们还能告诉自己，日本永远无法像美国在洛斯阿拉莫斯那样投入巨大的人力物力，去配合物理学家的脑力劳动。但是我们对后一条的判断没法像前一条那么斩钉截铁。毕竟在接近毁灭的战败后，日本科技行业很快就恢复了元气。如果日本能在开战后不久与美国达成和议，留出时间组织研发，很难说他们一定不能做到，虽然现在日本人自己也在说，若非战败和被占领，日本恐怕不会有科技工业的全面现代化改革。罗兹大概是对的，不必去讨论那些可能的道路。他的天才之处在于呈现事实，让读者去大胆猜测。（如罗伯特·容克的《比千阳更灿烂》[Brighter than a Thousand Suns]等技术类畅销书最后被人遗忘是有道理的，因为作者掌握的资料不够多，感慨却不少，总是先于读者一步去模拟他们的感受，结果只会让他们窒息。）罗兹明白自己面对的是真正高潮迭起的大戏，所以处理戏剧效果时极有分寸。我们看到尼尔斯·玻尔在剑桥时靠读《大卫·科波菲尔》提高英文水平。费米在芝加哥建造第一个反应堆时，是穿便服的校橄榄球队把石墨板抬到了正确位置。（未来队长，扑掉那个进球！）1954年3月1日比基尼岛上实验引爆了代号为"喝彩城堡"的氢弹，TNT 当量达 1500 万吨。罗兹的贡献在于他把道德判断压到了最后，以突出一群天才在一起工作时的创造性氛围。在《原子弹秘史》中他甚至可以让你理解，莱斯利·格罗夫斯将军那样不友好的客户可能正好是你需要的人，如果你想造一个能用的原子弹的话。这里也有无奈的暗示：如果你不想要格罗夫斯将军那样的人，那你就得去找一个没有冲突的世界。这样的世界很难想象，但也许罗兹想到了：从设定无压力性爱的原则开始吧。

莱纳·马利亚·里尔克
Rainer Maria Rilke

对那些将艺术视为天界体育竞技的人来说，莱纳·马利亚·里尔克（Rainer Maria Rilke，1875—1926）和贝尔托·布莱希特肯定要争二十世纪德国首席诗人的称号。人们对这两位大文豪的标准评价是：布莱希特的诗献给社会革命，里尔克的诗献给艺术。对里尔克的这一评价值得详加阐述，因为像他那样英年早逝，却在审美领域有如此宽广造诣的作家并不多。里尔克出生于布拉格，曾在布拉格、慕尼黑和柏林学习艺术史。他的早期诗篇中，个人伤感让位于对上帝的追寻，这发生在他去了两次俄国之后，在俄国他见了托尔斯泰和帕斯捷尔纳克一家。（露·安德烈亚斯·莎乐美是他生命中反复出现的人物——正如她出现在当时许多著名男性的生命中——他俩曾一起在伏尔加河畔骑马。）在巴黎他当过罗丹的秘书。1907年的《新诗集》（*Neue Gedichte*）中，理想的审美主义取代了神秘的启示。有人说里尔克最强烈、最少自我意识的空灵诗篇就在这卷诗集里。1922年是他的奇迹之年，有迹象显示他已经达到了艺术之神的高度，上升到了最高天的境界，那一年他写出了《致俄耳普斯的十四行诗》和《杜伊诺哀歌》，这些作品让诗人被推选为（有些人可能会说是诗人自认为）唯一能够与自然能量一较高下的塑造力。里尔克的诗很难翻译，但一些中期诗歌还是比较明白易懂的。他的散文更好读，尤其是特意写得浅白的《给青年诗人的信》。当他真正有许多想说的话时，他也希望别人能理解，但他写出的句子能让你再写一本书去讨论。

―――◆―――

名气不过是簇拥在一个新名字旁的所有误解的总和。
莱纳·马利亚·里尔克，《作品选》(Gesammelte Werke)，第五卷

这句话是里尔克的散文中被引用最多的，相当于里尔克版的梅·韦斯特说"抽空来看我"。她其实从来没有那样说过，就像鲍嘉从没说过"萨姆，再来一遍"。但里尔克的确这么说过，字字属实。当然他是用德语说的，听上去更雄浑，因为在德语里"名气"和"名字"不押韵，所以也就没有廉价的首尾呼应。[*]这个句子尽管在英德两种语言中都很简洁，但却是个极易产生误解的典型例子。其背后的想法至少有一半是对的，而且除非不全对，否则也不会有力量。让我举个例子：女演员玛丽昂·戴维斯只是因为当了威廉·伦道夫·赫斯特的情妇才出了名。然而，事实上她是极有天分的喜剧女演员，完全可以靠自身能力赚得高薪；而且她真心爱赫斯特，赫斯特也对她敬畏有加。这对他的名声也有好处；虽然他能够花钱玩到任何女

---
[*] "名气"和"名字"在英语里分别是 fame 和 name。

人，但他真爱的是才华。

事实总是很难搞清楚的。她的电影没有流传开来。制造了神话的是《公民凯恩》，其主角以赫斯特为原型，更加强了玛丽昂·戴维斯是陪衬的流俗观点，因为电影里凯恩的情妇是个毫无才华的歌手，她被迫自贬身价去满足凯恩以自我为中心的梦——他对年轻女子的爱就好像玩具。神话蓄积的力量，以及驱散它的困难，都被一再证明——一代又一代高智商的影协成员都自矜于对《公民凯恩》人物原型生平细节的了解，一直细到无中生有的说法，如"玫瑰花蕾"(Rosebud)是赫斯特给戴维斯的阴蒂起的小名。里尔克的那句话里，"Inbegriff"大概可以译成"精华"(essence)，但因为字典给了我们另一个义项"总和"(sum total)，那我们也应该可以用到，因为兜售神话的大厦总是建筑在浮木上。对玛丽昂·戴维斯的误解的"Inbegriff"很难消除，即便在《公民凯恩》的片尾字幕中插入她的喜剧片段集锦，无论以何种媒介复制传播也于事无补。奥逊·威尔斯对威廉·伦道夫·赫斯特做了一件特别糟糕的事。攻击大亨的名誉是一回事，当然赫斯特罪有应得；但是贬低他如此低声下气去爱的女人，就不禁叫人好奇，这宗罪是否一直萦绕在威尔斯的良心里，也有助于解释他后来的自毁行径。无论真相如何，毋庸置疑的是，威尔斯力证了里尔克的话。玛丽昂·戴维斯死后名气依旧，但这名气与那个曾经活过的女人并没有多少关联。它只是误解的总和而已。

名气可能会被扭曲为相悖的两极，而真实的人类主体却留在中间，与这两极毫无关系。布莱希特是个经典案例。作为国际左翼诗人和剧作家，他受到全球进步知识分子的尊敬。在斯大林主义好不容易开始有人质疑时，国际左翼只是继续强调时髦的权威，布莱希特的名字亦在其中：他被视为代表了社会主义世界观中的永恒价值。除了价值很少有人质疑的歌剧之外（只有罗特·莲娜敢于说出，要是没有库尔特·魏尔，布莱希特什么也不是），话剧被视为对危机中的世界资本主义的深刻分析。五十年代末我在悉尼读书时,《四川好人》备受称誉。参与演出制作的许多业余演员是我的朋友,他们焦虑地试图记住那些死气沉沉、虚张声势的台词(讲的是要让中国农民放下一己私利是多么困难),虽然他们对于正在中国发生的事情一无所知。(正是从《四川好人》的导演那里我买到了一套布莱希特-魏尔的歌剧《玛哈哥尼》[Mahagonny],并得知要不是危机中的世界资本主义无可避免地导致他极度缺乏资金,他当初绝不会放弃这部戏。)即便后来我在剑桥读研究生时,布莱希特毫无吸引力可言的《人之为人》(A Man Is a Man)也是剑桥剧团献给爱丁堡边缘艺术节的礼物之一,一个年轻热心的戏剧流浪汉导演了该戏,理由是他曾经为柏林剧团打过工。

后来的调查结果表明,他在柏林剧团只是打扫舞台,但这层关系就已经足够,说明布莱希特的名气已经大到令人盲目。很长一段时间柏林剧团成了冷笑话,事实上没什么笑话能比这更冷了:六十年代初剧团巡演《三便士歌剧》(The Threepenny Opera)来到伦敦时,沃尔夫·凯泽饰演暗刀麦奇,显示了十几年如一日演一个角色能让演员怎样熟练。(他令人信服的自然主义表演完美地表现出麦奇极具魅力的生活品味,也显示出布莱希特关于间离效果的理论是胡言乱语;但这只是顺便提一下。)不过从长远来看,没什么能逆转布莱希特作为激进剧场化身那萨满巫师般的名气带来的腐蚀效果。弗里德里希·托尔贝格战后对布莱希特戏剧的批评不能简单斥为右翼宣传,虽然托尔贝格与那些得到文化自由代表大会部分资助的刊物有关系,自然会被用来抹黑他的名誉。(我们不得不去想象一种知识界氛围,好像如果一个人对布莱希特宣扬的"西方阴谋反对仁爱的社会主义"持怀疑观点,唯一的解释是他拿了美国中情局的秘密资助。)很明显,自《阿图罗·乌依的可抵抗崛起》(The Resistible Rise of Arturo Ui)开始,布莱希特从未想要揭示他所处时代政治的核心真相。他知道真相是怎样的，没有人比他更清楚，他只是不想去写，哪怕暗示都不想。于是，最主要的真相被遗漏了。根据他的戏剧作品，纳粹主义自始至终是因为资本主义的需要而存在。到最后，无论在西方或东方，这样一种狂热的阐释都已经找不到像样的观众，于是布莱希特的先知名声迅速消散，反被他真实生平中种种不堪的细节取而代之。

他冷若冰霜，无情无义，只关心自己，不在乎任何礼貌，要是有女人犯了没有拥戴他的错误，他就会加倍冷酷。哪怕是崇拜他作品的人，也会写下他一些让人倒胃口的事。心理学家马内斯·施佩贝尔一直对布莱希特的天赋敬爱有加，但他也见证了布莱希特对演员们的无情操纵，并十分鄙视这种行径。马塞尔·赖希-拉尼奇对布莱希特的仰慕远远超过了他作为诗人的天分，赖希-拉尼奇真心觉得布莱希特是戏剧的生力军。但赖希-拉尼奇讲过一次与布莱希特的面对面经历，当时布莱希特一副混账做派，你会好奇为何赖希-拉尼奇没有立刻改变看法。而他确实没有改变看法，这也证明了布莱希特的光环。不过，也许这也是一个精准的批评案例。布莱希特在真实生活中完全不值得信赖，在剧院的说教里是个空洞的先知，而在这两者之间，他是个伟大的诗人。在二十世纪德语诗歌的编年中，他与里尔克双峰并峙，而里尔克也并非完人。

里尔克的名气建立于一种假设之上：他代表了为艺术而艺术的理想。因为支持这一假设的证据不胜枚举，他的名气也就固若金汤。他没有其他的效忠对象，显然没有政治兴趣能分散他对精致的追求。他生命中的每样东西都必须配得上他优雅的妻子，而如果他的妻子不再达标，她就得离开。他的便笺纸和他的书法一样优美。他的衣着打扮像博·布鲁梅尔（Beau Brummell）一样一丝不苟。他写诗时的不同布景，是从欧洲豪宅目录中精挑细选而来的。坐拥豪宅的贵妇人会收到他的一纸雅笺，委婉表达若主人方便时能邀请他到府上小住，他便会奉上几首杰作。他写下哀歌的杜伊诺城堡其实不是城堡，而是一座意大利风格的豪宅，他曾于此小住，写下哀歌以抵房租。里尔克的完美品位在死后依然为人称道。德国岛屿出版社至今仍在源源不断地出版里尔克的通信集，本本装帧精美。目前我已经有整整一架（五英尺高）里尔克写的书，这还没算上别人写的关于他的书；而且那些人现在还没有收手的打算。我没法扔掉任何一本，它们看上去实在太美了。

在书架的某处有相对较单薄的一捆诗集，它证明了一切奔忙都值得。英语诗人排着队翻译里尔克的短诗，失败却无可避免。我目力所及的最好译本是芭贝特·多伊奇（Babette Deutsch）的，其他几乎没有人合格，哪怕是耗费毕生心血翻译里尔克诗歌的 J. B. 利什曼（J. B. Leishmann）。虽然精研里尔克的语言并不是好差事，但等到你去做了，他就会给你回报，《旋转木马》（"Das Karrussel"）之类的抒情短诗会向你证明他真的是妙极了的诗人。但你若不像他那么讲究，就没法捕捉到所有的附带内涵，在哀歌中有那危险的一刻，"泪之树和盛开忧愁之花的田野"会听上去像饱含意蕴的层次，而不是强行的多愁善感。里尔克过于文明，正如布莱希特太不文明：都偏离了常轨，但一样的不好相处。跟这两人出去，你最后可能不想跟任何一位喝上一杯。你还会得到一种相当公正的观点——评价一个作家是通过他自己的语言，而不是围绕他的语言。汉娜·阿伦特因为她写布莱希特的文章《朱庇特做不到的事》（"Forbidden to Jove"，收录于文集《黑暗时代的人们》）而饱受批评。）约翰·威利特是布莱希特的首席死忠和译者，因为这篇文章而大骂阿伦特。一眼看去，阿伦特说布莱希特赞美斯大林等于自毁诗名的确有武断之嫌，这让我们想起了她讨论的那些协助大屠杀的文职人员的恶之平庸：那个解释性的观点留下了许多未解之处。

但还是应该再看一眼。作为一名诗人，一位抒情体的大师，布莱希特可以写任何主题，但却绝口不提东边的真实生活。如果他的诗歌是一棵大树，那么就少了一整面的枝干。但我们并不在意，因为剩下的树枝繁茂壮观。对英语国家的读者来说，迟至1987年伟大的译本诞生后，他们才有机会领略布莱希特的诗歌成就。布莱希特的德语口语化，凝练，有创意，带点街头智慧（"in der Asphaltstadt bin ich daheim"，我在柏油城市就像在家）：对外国人来说很难理解。换句话说，就连里尔克也比他容易翻译。多亏了里尔克的译者们对细枝末节的倾情投入，这个热衷社交逢迎的诗人对言辞的雕琢讲究，被转化成了非德语读者也能领会一二的文本，而布莱希特的酒吧俚语依然是纯外语。即便一位如迈克尔·弗雷恩（Michael Frayn）的语言学家也能从这个新摇篮中受益。我知道这一点，因为他肯定和我在同一个礼拜读到了布莱希特的新译本。我们在读这本书的第一天晚上见了面——我记得那天他刚读到——不到一分钟就谈到了这个话题。弗雷恩说布莱希特的诗歌叫他惊艳。我不得不表示同意；那时候我相当坚定地以为没什么能叫我惊艳，特别是我早就认定此人是现代最令人不寒而栗的主要天才。从历史的长远眼光来看，布莱希特其人卑劣的名声会持续下去，也理应如此。他毫不脸红地为有组织的反人民暴行辩护，而又声称将人民的福祉置于自己之上，实在不比奥斯瓦尔德·莫斯里爵士好到哪儿去，而且更危险。布莱希特作为诗人的名声依仗于人们对他语言才能的激赏，但也有不利因素：因为你越是欣赏他的语言天才，你就越意识到他看得有多清楚，也就越会面对一种事实：有多少事情他故意不提。于是你会面对的就是：那些他没有写的东西。

天才通常会得到宽恕，但语言天才却不太容易，这是有原因的。奥登原谅了吉卜林和克洛岱尔，这是对的（就像他说的，他原谅他们是因为"他们写得好"），奥威尔最终也会原谅奥登如此油滑地认可了"必要的暗杀"：但没有人会忘记别人说过的话。词语会留下烙印。作家常常会对画家做无罪推定，也就是说，作家居高临下地对待画家。毕加索很少被贴上布莱希特的那种坏标签。偶尔他也会因为苏联对其卫星国的外交政策导致的群情激愤而感到尴尬，但无论如何，他"只是"一个画家。世人对他性格的判断更有可能根据他对待女性的方式，而不是他读报纸的方式；评判过之后也就一笑了之。在写作中，天才强化了各种罪；在绘画中，天才消解了各种罪。作为画家的毕加索永远不会因为虐待女性而成名，更不会因为协助或支持某种政权而成名。他出名永远因为他是一个伟大的风格多变的画家——他的时代最伟大的画家，可能只有马蒂斯能比肩。

从这方面来说，里尔克的名言需要被放大。名气不光是簇拥在某个名字周围的误解的总和，还取决于人们没有朝哪个方向去增进对它的理解。不知为何，毕加索的私下举止和政治倾向没有吸附在他的名气中心。要说我们被哄骗了可能也没错。当一幅画里出现有毒的想法时，它更有可能让我们微笑而不是反胃。比画家更甚的是音乐家，他们好像生来就自带免责卡。我到伦敦第一年，在节日大厅听了瓦尔特·吉泽金的钢琴音乐会。当时我若知道他曾经是纳粹分子，我可能会愤而离场，当然也就错过了一场精彩的贝多芬演奏会。至少吉泽金是德国人。阿尔弗雷德·科尔托是法国人，所以要比纳粹同党还糟糕，哪怕他只是在巴黎的社交聚会上（充满了穿着灰黑色军服的人）弹弹琴而已——一个弹键盘的萨沙·吉特里。事实上他不只是弹琴，他是个积极的合作者、告密者和彻底的叛徒。但他并不以此出名，或许也不应以此出名。在鲁宾斯坦之后，肖邦作品的两大演奏家便是拉赫玛尼诺夫和科尔托。拉赫玛尼诺夫离开了苏联，科尔托为了获益而留下；但他俩弹得都棒极了。我初到伦敦的头几年里，在柯芬园和节日大厅听了不少德国人指挥的音乐会，他们有的被迫流亡，有的选择留下，其中有鲁道夫·肯佩、卡尔·伯姆、汉斯·克纳佩茨布施、赫伯特·冯·卡拉扬和奥托·克伦佩勒。人人都知道克伦佩勒流亡了,卡拉扬加入过纳粹党,但现在谁还知道肯佩、伯姆、克纳佩茨布施中哪一位留在第三帝国了呢?(这个问题有点欺骗性:其实他们全都留下了。)但谁又在意呢?

当然,我们应该在意。问题是如何才能做到。不论在行政管理部门还是道德责任领域,指挥向来要比表演艺术家高级。看着伊丽莎白·施瓦茨科普夫唱施特劳斯的《最后四首歌》("Four Last Songs"),把嘴唇嘬到最大程度施展元音变音,我还是按捺住了向她行礼的冲动:纳粹礼,好提醒她过去在柏林为她倾倒的是什么样的观众。但如果富特文格勒在指挥乐团,可能就是另外一回事了。罗纳德·哈伍德写过一出讲富特文格勒的精彩话剧(《抉择》[Taking Sides]),列举了所有道德问题,那些问题的确不少。哈伍德唯一漏掉的一条,是1944年希特勒提出为富特文格勒造一座小型地堡,以奖励他留在德国指挥劳军音乐会。富特文格勒婉拒了这好意,慷慨地建议应该为工人们建一座地堡。这位天赋异禀的老艺术家似乎真心想尽一切所能存续文明价值。他只是从未意识到,他一心奉献的理想艺术世界已经事先注定了要被那股恶势力带向毁灭。他也不是唯一的异数。有雅利安指挥家挽救了犹太乐手的性命,或至少推迟了他们的厄运。不幸的是,没有雅利安指挥家能够将自己的名誉借给一个政权,而不加强其合法性。在指挥家之上,还有尊贵的作曲家,讨论起来没有这么模棱两可,不过还是没有作家那么黑白分明。剧作家戈哈特·豪普特曼留在纳粹德国,最主要的原因是他被捧上了天;其次因为他太老了,不到万不得已不会逃跑;第三,他自己亲口说过,因为他是个懦夫。(Weil ich feige bin!)他的名声理所当然地毁了,但我们也应该遗憾:他的名声被毁得如此彻底,我们甚至不再记得他在纳粹上台前是多么受人尊敬。(马塞尔·赖希-拉尼奇年轻时是个狂热的话剧迷,他看过豪普特曼的所有话剧,并慷慨地在自传中记录了当时的陶醉。)理解,而非误解,成了豪普特曼名气的部分缩影，并彻底地毁了它。

理查·施特劳斯就没有这种经历，他留下的两大原因与豪普特曼并无二致：他正在事业巅峰期，作为雅利安人，他觉得无须逃命，何况年事已高。至于第三点：懦弱，他向来高傲，不可能承认，不过当帝国文化部开始对他施压后，他的勇气立刻蒸发了。斯蒂芬·茨威格曾应施特劳斯之邀为歌剧《沉默的女人》（*Die Schweigsame Frau*）写台本，然而一旦纳粹听说此事，茨威格便被火速解除了邀约。施特劳斯后来煞费苦心地假装他从未与纳粹图景有什么瓜葛，有点像海德格尔的行为，但看上去更可信一些。他想要有瓜葛的图景是1945年，他大踏步跨过瓦砾成堆的末日废墟，告诉美国大兵他是《玫瑰骑士》（*Der Rosenkavalier*）的曲作者。瓦格纳在世时，德国人没有大规模灭绝犹太人。在施特劳斯有生之年，数百万计的犹太人被害。不过背黑锅的是瓦格纳；施特劳斯侥幸逃脱，部分原因是每当谈话开始变得难堪时，精明的他都会让自己看上去有点低能，不过主要还是因为他的音乐不像《查拉图斯特拉如是说》（*Also Sprach Zarathustra*）那样产生令人尴尬的联想，他的音乐多半是在一对女高音之间发生的爱情，其中一位还穿着天鹅绒裤子。我有次在芝加哥录像，去歌剧院请求乔治·索尔蒂爵士在下午排练休息时接见我。我打算请他接受采访，谈谈芝加哥，而不是他自己的事业。很明显，这不是他特别想谈的话题，但他还是请我去休息室进一步交谈。我真心实意地告诉他，我觉得他的《叶甫盖尼·奥涅金》是有史以来最伟大的歌剧录音之一。他欣然接受了这不羁的赞美，送我到空荡荡的观众席，向我保证会有惊喜。

他保证的没错。芝加哥交响乐团的乐手们依次上台入座，大师站在乐队前，挥起指挥棒，开始了《查拉图斯特拉如是说》。因为他是索尔蒂，还没到八个小节，他就停下来教训一个小提琴手，但我已经完全被那历史一刻的庄严宏大给冲昏了。这是一个被纳粹抓住便格杀勿论的人，而他在指挥一首纳粹喜爱的作品。当然，它不光是纳粹的音乐，这才是重点。它是我们所有人的音乐——即便纳粹在企图威逼施特劳斯就范时，他肯定也明白这一点。毕竟，他不是傻子，他只是个自负而虚弱的老人，我们所有人在不同时间段都会经历衰老、自负、虚弱，不巧的话会同时经历这一切。作家立刻会知道自己是否虚弱，作曲家则可以数十年如一日地自欺欺人。

悬而未决的是，到底有没有一种东西能叫极权主义的音乐。若观看身材健美的舞者在《斯巴达克斯》（*Spartacus*）里跳着奴隶的爱之舞，很难不去想所有那些快要冻死的人们，而大剧院那些主席团成员只顾色迷迷地盯着女芭蕾舞者光洁的大腿，当然这一切并不是作曲家哈恰图良的错。（芭蕾女神普丽赛茨卡娅后来在回忆录中偶然透露，她很清楚自己在为谁跳舞；但她是个舞者，除了歌剧院还有哪里能跳？）我在悉尼读书的时候，一个欧洲难民向我推荐了卡尔·奥尔夫的《布兰诗歌》（*Carmina Burana*），她可能完全不知道这位作曲家深得将她家人送进毒气室的纳粹的宠爱：音乐里没有任何迹象告诉她这些，可能除了一种对夸张的偏好。假若普罗科菲耶夫没有回到俄国，他可能不会写出《罗密欧与朱丽叶》，但他还会是普罗科菲耶夫，不会变成斯特拉文斯基。世界上已经有够多历史决定论了，我们毫无节制地将自己的智慧套在创作音乐的人头上。《浮士德博士》中有托马斯·曼写过的最佳片段，但也漏掉了一些关键内容：我们不知道雷维库恩与魔鬼的交易如何在音乐上表现。打个最保险的赌，它会表现为无聊。

詹姆斯·瑟伯写过一篇精彩的文章，讲一个单人飞行员英雄赢得了整个美国的崇拜，但后来人们意识到他是个充满偏见的小丑，如果送他到国外去代表自己的国家，将成为一场公关灾难。最后他被推出了窗外。很明显瑟伯写的是查尔斯·林德伯格。在现实生活中，林德伯格从未被引诱到合适的窗前，但若将眼光放远些，更激烈的事情发生了。作为单人飞行员，他以勇敢和技巧高超而著称，实至名归。但当他的孩子被绑架并杀害时，他表现出了一种媒体并不喜欢的勇气：沉默。当他支持的孤立主义政策被珍珠港事件破坏时，他的名声坠落之路已经铺就。聚集在他名字周围的看上去是正确的理解，而近距离观察后，他对独裁者的喜爱毫无高贵可言。（戈尔·维达尔曾经写过林德伯格倾向孤立主义，但没有解释为何反犹主义必定会跟随其后。）但他后来还有不太为人知的一个阶段，也应该纳入考量。林德伯格飞行技术一流，可能在战斗中击落过日本战斗机，是为泛美航空开辟远距离航线的先锋，总体上说过着一种高效的人生。像布莱希特一样，他的名气分两部分：既是英雄也是恶棍。对深思熟虑的人来说，还可以再加上一部分：他也是名人文化的第一批受害者。（要不是他如此出名，连路都走不好的笨蛋也知道他，也许绑架案就不会发生。）不过至少应该有第四部分，因为在那种被事件决定的表象人格之后，还有一种一以贯之的性格。他看重自力更生，可能过于看重了：这令他盲目地痛恨集体主义，以至于认为法西斯主义是其对立面，殊不知二者是同一本质的不同体现而已。然而这个人自有辉煌之处，他能够完成任何任务。要将里尔克的观察补充完整——的确是观察，因为它回应的是可见的事实——我们必须接受一点：要衡量所谓名气的扭曲程度，光用误解去对照理解是不够的。我们得去看透那个实实在在的人，确定他是否像许多艺术家那样由他的事业来定义，还是像单人飞行员那样有一种独立的，甚至不可言传的自我。

S

埃内斯托·萨瓦托

爱德华·萨义德

圣伯夫

让-保罗·萨特

埃里克·萨蒂

阿图尔·施尼茨勒

苏菲·绍尔

沃尔夫·约布斯特·西德勒

埃内斯托·萨瓦托
Ernesto Sábato

埃内斯托·萨瓦托（Ernesto Sábato）1911 年出生于布宜诺斯艾利斯，在拉普拉塔大学攻读物理和哲学。他漫长生涯的前半段致力于科学和激进政治，1930 年加入共青团——当时是个危机四伏的组织——1933 年晋升为书记，但他此时已经开始怀疑斯大林。他不想就此放弃党，为了重拾信仰，他准备去莫斯科列宁学院深造。侥幸的是，他走到布鲁塞尔时听说了莫斯科审判的消息，后来他承认，如果不是中断了行程，他早就送了命。他在巴黎的居里实验室继续研究物理，亲眼目睹法国的原子实验足以表明一种毁灭性力量将要出现。萨瓦托总是对自杀的念头和生死大事感兴趣，对人类在劫难逃的前景深有感触。1945 年之后，他不再涉足物理学，而是将全部时间用于写作、绘画和教育。但是，他撰文批评了庇隆政权之后，公共教育系统里就不再有他的位置，他只能通过写作来传播自己的想法。他的小说——最有名的是《隧道》(El túnel, 1948)——非常重要,但对初次读他的人有些棘手。他的散文是了解他如何才思涌现的理想途径,他的想法几乎都合情合理,即使居于梦幻世界与现实世界之间也不例外。1982年马岛战争期间,他站在阿根廷一边,但这并不妨碍他主编《永不再来》(Nunca Mas,常被直接称为"萨瓦托报道"),详细记载和分析了军政府的残忍暴行,使军政府在道义上失去了最后的立足之地。他甚至比博尔赫斯更擅于应对访谈,所以当他俩自己交谈时,可以直接撇开中间人,对话录读来妙趣横生。萨瓦托的非虚构文章收录在六本装帧诱人的散文集中,几乎像是他这位教育家自己亲自设计给外国人学西班牙语的课本,具有令人不忍释手的魔力。晚年的时候,医生说他视力极差,不能读写,于是他只能一心绘画:这是典型的跨界行为,出自一位作家,他非常善于说服我们,让我们意识到自己没有努力发掘潜力,尤其是没有发掘自己的记忆。萨瓦托对自己激进岁月的记忆令他受益匪浅。他不受势利偏见拘囿,从来不相信在高雅的阿根廷文学圈里由来已久的幻觉:艺术只为少数天之骄子专有。他认为即使普通的记者也能分享天才的荣耀,只需指出他在那里,让他感到有人理解的慰藉。萨瓦托对此有个说法:la infinita liberación de no saberse solo(知道自己并不孤独,因而心中无限释然)。顺便说说,其实阿根廷还有些青年知识分子不理解我为何赞赏萨瓦托,他们记得他也像博尔赫斯一样,曾经与将军们同坐一条板凳,但是我记得他又站了起来;他们认为他的文笔沉闷乏味,我却认为明了晓畅,但这也许是阅读非母语文字的结果:你很容易就对它印象深刻。

> 只有厚脸皮才会为自己申辩，而艺术家的特征恰好是脸皮极薄。
>
> 埃内斯托·萨瓦托，《文字与鲜血之间》(Entre la letra y la sangre)，第 126 页

如果此生重来，我决不再会对批评做出公开回应，无论它多么毫无来由，除非争议的问题涉及事实真相。因为辩解只不过是在帮助攻击你的人，使你自己陷入窘境，难以自拔。当然这还只是出于策略的考虑，真正要紧的是你不应该感到批评是一种冒犯。毕竟你批评别人，总归是希望别人有所感知，或应该有所感知。批评措辞之凶猛，往往是因为批评者相信他批评的对象既然已经成名，那就握有权力优势，除非狠狠鞭打一顿才会在意；他们同时还用这样的套话自我宽慰：反正伤害不至于太深，因为遭到批评的人受世人宠爱，已经刀枪不入，成功令他脸皮厚了起来。但是萨瓦托说得很对，对于艺术家来说根本没有厚脸皮这回事，有时他的薄脸皮必须承受钢铁般的重压，但也会因此受苦：假充硬汉会让神经吃不消，你穿着盔甲上床睡觉不可能不失眠。

托马斯·曼在日记中对批评家阿尔弗雷德·科尔说的话貌似反犹言论，其实曼并非反犹人士，但是他大发脾气，只是因为科尔撰文贬低了他。（曼自认为是歌德，这不无道理，因此让他觉得有人贬低他并不难：你只需要暗示他只不过是席勒就行。）普鲁斯特对意见相左的批评一贯的反应就是给批评者长篇大论地写信。《追忆逝水年华》第一卷出版后，一位名叫保罗·苏代的冒失家伙在《时报》(Le Temps)上撰文猛烈攻击，普鲁斯特给他写信，不厌其烦地表示抗议，随后好几年都请他一起吃饭。苏代后来声称是他发现了普鲁斯特。实际上，普鲁斯特是通过迎合苏代夸大其词的荒谬看法，以

此解除这个人的武装。根据我本人写评论的经验，我必须承认，还没有哪个作家对此会有其他看法，不管他写的是什么，水平高还是低。安东尼·鲍威尔和帕特里克·怀特两人都有一个了不起的本领，那就是念念不忘对自己出言不逊的人：怀特坚信他们全都是一伙的。他保存了一个名单，当我听说我也名列其上时，很好奇他是否会派副手过来，或者派个大个子拎着修车的工具上门。我曾经写过一些话批评约翰·勒卡雷的长篇小说《荣誉学生》(*The Honourable Schoolboy*)，我说了心里话，称之为拼凑之作，结果被他私下的反应吓了一跳。勒卡雷没有公开回应，但背地里到处说我对他怀恨在心，伺机报复。但既然我在同一篇文章里称赞他的《柏林谍影》(*The Spy Who Came in from the Cold*) 是杰作，如此"伺机报复"倒是有点奇怪。

业内的情况是，《纽约书评》上的负面批评无助于新书在美国的销售，甚至可能会带来很大损害。如果勒卡雷只限于对此表示恼火，那倒是理由充足，但我猜他之所以像个孩子发脾气把玩具扔一地，是因为我暗示即使就他本人的水平而言，他的新书也是蹩脚货。这样一种指责里即使包含了奉承的元素，那也不算数。我见过一位以冷静著称的文学界朋友愤怒到准备杀人。当时《泰晤士报文学增刊》刚刚以蔑视的笔调评论了他的一部批评文集，书评的大意是以我这位朋友的天赋之高，不应该浪费时间在报刊上写文章。那时报刊书评撰稿人还是不具名的，但我朋友知道谁是幕后黑手：一个尽人皆知的傻瓜。受害人不仅大声诅咒那傻瓜不该写那篇书评，而且诅咒同意发表它的主编。显然，他希望看到这对罪犯用铁丝背对背绑起来，扔进泰晤士河河口填海造陆，但先要用喷火器把他们烧个半死。他嘴唇发白，双拳紧握，其中一只拳头还抓着一杯啤酒，因此还有碎玻璃四溅的危险，我被他吓到了，差点忘了三个要紧的事实。一，文章让大家一眼就看出那个傻瓜的琐碎平庸；二，他批评文集里的几乎每一篇文字都比针对他本人的书评更经得起批评；三，就在二十四小时之前，这位受害人还在同一个酒吧里振振有词地教训我，不应该对别人的批评敏感到荒谬的程度。

但受到伤害的自尊心是不可理喻的：我从身为作者的经验也深知这一点。我花了好多年时间才逐渐放弃"任何负面批评都是一种人身攻击"的想法。负面批评给人的感觉就是人身攻击。有时它也的确意在让你如此感觉，但是常识也告诉我，写下指出局限性的评判既可以出自蔑视，也可以出自遗憾。毕竟，如果任何人胆敢暗示说，我自己对其他作者的局限所做出的评判并非出自对文学的无私关怀，我一定会怒火万丈。就如苍蝇掉进油膏（起先 W. C. 菲尔茨会说"黑鬼掉进输油管道"，后来不敢这样说了），板上钉钉的事实的确是，文如其人，因此一位作家会不由自主地感到，任何对作品的诽谤都是对他本人的诽谤。意识到这一点是文学界的生存诀窍之一：正如生活本身所表明的，人必须承认自己有弱点。如果不能容忍自己有弱点，那你也应当客观地看待它。不能做到这一点则会导致因心怀郁闷而束手无策。必须保持自信心，但是认定所有批评你的人都是存心要拿你开涮，则并非保持自信心的好办法。

有位曾经很有名的剧作家为人处世的原则，是假设任何不怀好意的批评都是因为羡慕他的名气、金钱、房子和太太，报纸副刊每周都以彩色照片展示这四大件。他错过了好好听取必要忠告的机会，到最后他收入的大部分只剩下从挪威来的版税。我自己也得到过教训，有次我很喜欢的一位熟人告诉我，在情绪紧张时应该字斟句酌，当时我们大吵了一顿，我认为他说的每一件针对我的事情都意在伤害我。有些的确是，但至少在这一点上他说对了。我后来又得到另一个教训，我终于意识到，我之所以不肯宽恕他，恰恰是因为他说对了的那一点。即使只限于私下交流，这些刺人的小小敏感之处还是会积累，成为创作生涯中最令人不适的事情。熟悉艺术界有许多好处，其中之一是明白即使最杰出的人物也无法对批评免疫，但他们的杰出之处在于并不会因此而束手无策。威尔第渴望瓦格纳的赞扬，但最后就算没有得到赞扬也还是写出了《福斯塔夫》。德加认为雷诺阿的绘画技巧有缺陷，雷诺阿当然感到有失面子。（雷诺阿错在为了弥补缺陷而牺牲了原来的优点：他本该信任公众。）自我戒备是一件困难但却必需的任务，而无论批评多么令你伤心，都能帮助你办到这一点。厚脸皮刀枪不入，最后只会干燥开裂。薄脸皮才是强者。萨瓦托说：这很现实。他这么说并非出于宽容大量。

探戈……是人类创造的最奇异的流行曲调，同时也是绝无仅有的内向甚至内省的舞蹈。

埃内斯托·萨瓦托，《文字与鲜血之间》，第 131 页

博尔赫斯就不具备萨瓦托那种对探戈的直觉：这种最奇异最可爱的舞蹈是由音乐带动的不由自主的自我评价。人们常常称赞博尔赫斯热爱和理解探戈，但遗憾的是，他以他的那种热爱方式宣告了探戈之死，以他的理解方式错过了其含义。二十年代，他从欧洲回到布宜诺斯艾利斯，也在 compadrito（酒吧和妓院的流氓阿飞）常去光顾的底层生活场所跳过一阵子舞。他得出结论说音乐和舞蹈最辉煌的时代已经结束了，而实际上那个时代才刚刚开始。然而，虽然关于探戈这个话题萨瓦托比博尔赫斯说得更多，却仍然说得不够。"探戈舞是悲伤的思绪"，人们有时将这个定义的出处归于萨瓦托，我们很高兴萨瓦托留意到这个想法，但这想法却并不是他的。他总是小心翼翼地承认，这一定义在十九世纪三十年代由民间诗人恩里克·桑托斯·迪谢波洛（Enrique Santos Discépolo）提出。布宜诺斯艾利斯有许多饶有天赋的探戈词作者，有些人比他更有名——卡洛斯·加德尔享誉世界——有些同样多产，但是没有谁像迪谢波洛那

样既有天赋又多产。有关探戈真正有意义的全部文字都存在于他的歌词之中。刻骨铭心的嫉妒，还有肮脏龌龊和危险都在歌词里。读这些歌词令人受益，我们可以从中了解当一位无名诗人无须考虑是否受到尊崇时，他能够成就什么。但是，与其默读歌词，不如听人把它唱出来，即使是迪谢波洛的歌词也是要回归乐曲的，而观察力不够强的词作者写出的平庸歌词从来离不开音乐，因为它过于单薄，这也是意料之中。通常的探戈歌词是悲泣的故事，"corazón"（心）这个词紧紧抓住了几乎每一段歌词。（试着用英语里缺乏洪亮共鸣音的小词"heart"换进去试试，你就会立刻明白为何大多数探戈歌词没法译成其他语言。）经过数十年的积累，探戈歌词的宝藏——尽管时有重复——已经有游离于音乐和舞蹈之外的倾向了。

不幸的是，很少跳舞的学术界人士出于自身需求，也拼命纷纷跻身这一活动。每个月都会出版一本关于探戈的新书，不管用哪种语言写就。有很多社会学论文阐释这种舞蹈是如何产生的。是妓女同皮条客展示拥有彼此的仪式？还是快乐的高乔人为安抚倔强的公牛而念念有词？可以确定的是，这种全新的舞蹈源自布宜诺斯艾利斯底层聚居的港口区博卡，它绝不是与黑奴一同来自非洲的，因为博卡压根就没有奴隶。如果事实上不是酒吧和妓院的常客创作出米隆加（milonga），并将其转化为探戈的话，为何那些对生活没有过多指望的人们会去发明一种如此不知节制、不顾和谐、毫无必要地精雕细琢的艺术形式呢？（因为探戈的即兴舞步如同象棋走法，是迅速地向无限推进。你不可能两次跳同样的探戈，除非根据记忆把整个花式舞步重复一遍，而且是在空荡荡的舞池里。）怎会如此呢？既然起源已经模糊，那么就有无限的揣测空间。如同对待爵士乐一样，学术圈带来的主要威胁是将探戈人为拔高，从而使其失去激动人心的效果。但令人感到欣慰的是，探戈在其起源国从未登堂入室。阿根廷的上流社会认为探戈是底层生活的事情，卡洛斯·梅内姆总统宣

571

Ernesto Sábato

称热爱这种舞蹈——在1989年至1999年担任总统的十年间,他提到探戈不下一千次——这只能表明他的出身与他的头发式样和叠层鞋跟是同一个档次。

听梅内姆谈论探戈——我在他的办公室采访时听他谈到过——仿佛他是土生土长的探戈老手。实际上他真能跳个两三步,至少比伊娃·庇隆要强,后者从未跳过探戈。当然,她死后跳得越来越多了。在电影《庇隆夫人》中——寻开心的法西斯分子燃烧纸板!——她身边全是跳探戈的人,好像那是阿根廷的"国舞"。然而它从来就不是,现在也不是,很可能永远也不会是,只要还有出身好人家的年轻姑娘准备貌似乖巧地待字闺中,等待一门合适的好姻缘。奇怪的是,的确有个国家视探戈为国舞:芬兰。但将《庇隆夫人》的故事移植到芬兰也是不可能的。

即使探戈尚未完成征服它的出生地这一事业,它的确已经征服了世界其他地方,几乎可以肯定这是因为它独一无二地结合了美感与难度:舞艺高超是件很妙的事情,但要想舞艺高超则需要全神贯注。日本这样一个极其认真对待舞厅舞的国家就做出了正确的判断,认为探戈让其他所有舞蹈看上去都像初级教程。必须说明一点:阿根廷探戈根本就不是舞厅舞。在很长一段时间内,舞厅舞形式的探戈是世人所知的唯一一种探戈,因此才有至今广为流传的印象:探戈由迈开大步和摆出造型构成,一朵玫瑰从一排牙齿传到另一排牙齿,就像电影《热情似火》中那样。阿根廷的巡回探戈演出渐渐用另一种更为微妙的形式取代了前面那种,全球舞蹈者现在都将探戈本身视为一种真正的国际性文化,摆出一整套阵势,包括传说、仪式、着装要求和学术研究。要让一种舞蹈挑起这副担子着实有点过分。

探戈只是舞蹈而已。它是独一无二的舞蹈,你要么认真对待它,要么干脆别跳,但是如果你跳的时候不懂得自嘲,那跳到一半也还是会笑起来,男人尤其如此。女人可以相对容易地学会舞步,但男人必须领舞，如果发现自己跳不好，那就只有自己面对。搂着舞伴跳任何一种舞的经历都会有所帮助，但这还不足以挽救他濒于绝境，如果他在某个晚上第十次领着舞伴陷入窘境的话。除了要抓牢她抽搐的手和颤抖的脊背，还必须记牢：一分钟的舞步值得别人谈上一个月。有许多伴随跳舞而来的事情令人着迷，其实并没多大干系。真正有绝对价值的是音乐，但那也有可能令人过分痴迷。蜡筒唱片录下的第一支探戈乐队演奏现在也转到了CD上，证明探戈音乐那夸张的音乐结构与生俱来。这种音乐不需要鼓点也能激动人心：低音提琴、吉他的节拍、班多尼翁手风琴断断续续的抽泣和弦乐拨奏混合在一起，营造出不可阻挡的气势。在此气势之上，曲调的相互照应给予持续不断变换的提示，让领舞变换舞步，让女舞者以踢腿或摆腿来跳出花样舞步。音乐结构一直向音乐天才招手，要追溯阿尼巴尔·特洛伊罗、恩里克·卡多卡莫、奥斯瓦尔多·普列塞、卡洛斯·德·萨利等作曲家和乐队指挥的成就，颇似追随艾灵顿公爵在三十年代晚期和四十年代早期的成就一样，各有各的妙处。

阿斯托尔·皮亚佐拉高居于"二战"后探戈舞传统的顶峰，他的确是个奇迹，但也很可能是个警告，更别说还是个报应。皮亚佐拉是特洛伊罗乐团的主力，他有无数不合节拍的想法，对乐队的影响几乎就像查理·帕克之于杰伊·麦宣的萨克斯。特洛伊罗警告皮亚佐拉，人们不是来听音乐，而是来跳舞的，他也许并没有错。皮亚佐拉将探戈典型的自由速度发挥到一种程度，以至于只有专业舞者才能跟得上节拍，而探戈音乐如果失去与舞者的联系，就是死的音乐。但无论如何还是多收藏唱片吧。有位姓马场的日本乐迷已经积累了五千多张唱片，他一年会数次从东京飞往布宜诺斯艾利斯，每次花费三十五个小时在路上，只为了一头扎进科连特斯大道以及附近的唱片店。据我估算，即使他每张唱片只听一次，也永远听不完手头已经拥有的碟片，但是一个显而易见的事实表明他并非"探戈疯病

Ernesto Sábato

患者"（tango loco）：他在听的时候肯定也同时在练习舞步，因为他跳得很不错。在布宜诺斯艾利斯，我好几次看见他夜半三更随着自己如此热爱的音乐跳舞。他潇洒地迈着大步，干净利落地转身，他肯定常在日本的家中练习，熟稔地避开放置在地上的立体声音响。

马场用双脚来听，我们也都应该如此，因为我们的双脚想要对我们诉说什么，告诉我们只有见识过跳探戈，才能欣赏这种诱人音乐中饱含的无尽倾诉、催人泪下和浓郁醇厚。探戈就像当年的爵士乐一样，大众化之前爵士乐的韵律如同人的心跳，充分感受爵士乐的方式是观看爵士舞者对舞。探戈的韵律则是人的呼吸，你只有观看探戈舞者以视觉方式表演遗憾的叹息和极乐的呻吟，才能完全感受探戈。你必须亲眼看见跳出悲伤的思绪。即使我只是个旁观者，这样体验探戈也是值得的。不仅在布宜诺斯艾利斯，还有伦敦、巴黎、柏林、马德里、纽约、奈梅亨、悉尼、墨尔本、阿德莱德和奥克兰，我都见过男人和女人在拥挤的舞厅中间营造出一种只能用"诗歌"来形容的情景，"雕塑"这个词则过于静态了。如果我没有在场的话绝对无法了解，因为这是写完便消失的诗歌。即使在人群中追随探戈舞者，小型照相机也无法捕捉这些时刻。观察者必须身临其境。

至于像我这一代的男人如何看待女人，我到了最后还是察觉到一些改善的迹象。毫无疑问，老色鬼搂抱着漂亮女子的情景也是吸引我进入探戈世界的原因之一，就好比身处寒冬的人渴望一抹春色。性与探戈紧密相关也是无可辩驳的事实，但是事物要相关联，首先必须分离。初学者很快就会发现，如果将舞厅视为纵乐的卖场，那他不会有很大长进。诱惑是真实的，妒忌也是可怕的，但那更多关乎跳舞而非欲望。在布宜诺斯艾利斯，我曾经与年龄同我母亲相当的女人跳过舞，可是看见她们与自己的丈夫跳得更好时，我竟然怒火中烧。所以说，即使占有的激情不能平息，它至少并不仅限于那么狭窄的范围。总而言之，我很少见过还有别的人类活动领域能使深藏的情爱冲动得到如此的安抚和驯化。我甚至不再能肯定，跳舞的冲动是否也隐藏得如此之深。跳舞是中性的，哪怕仅仅是因为人们在跳舞的时候便无暇他顾。甚至战争舞蹈也只会发生在战争之前，而非战争之中。希特勒和戈培尔都听过探戈乐队演奏，相当赞赏。很可惜他们从来没有上瘾，因为任何尝试过的人都必然会发现，少了谦卑就跳不成舞，如果你没有很多谦卑，那至少还是需要一些，否则就只能放弃。萨瓦托关于内省那段话是对的，一个想要了解自己究竟是谁的男人，应该去观看自己爱的女人如何与一位舞蹈大师跳探戈。

爱德华·萨义德
Edward Said

爱德华·萨义德（Edward Said，1935—2003）是流亡他乡的巴勒斯坦人中最为灿烂的知识宝藏。他一直流亡到了哥伦比亚大学，在那里任英语和比较文学教授，连年不断的中东危机持续塑造了他的学术和批评著作，因此可以说他身处纽约和困境之间。他从小就乘豪华邮轮来来往往，在普林斯顿和哈佛戴上桂冠，西方文明能够授予的荣誉全都纷纷落在他的头上，但我们并不能因此就有理由怀疑他的正直。可以怀疑的是他的准确性。他的著作《东方主义》（*Orientalism*，1978）影响广泛，描绘了这样一幅图景：研究非洲、阿拉伯和东方文化的西方学者借探索知识之名行种族帝国主义之实。这本书影响极大，其"压迫叙事"概念成为非西方学者在西方平步青云的阶梯。萨义德的观念广受国际左翼人士的追捧，以至于他在右翼人士那里代人受过。然而，我们有必要指出，有些阿拉伯思想家也认为《东方主义》是固执己见之作，在他们看来，该书鼓励了受害者心态，使失败的国家将自己当前的困境归罪于西方：这是一种西方左翼人士常有的居高临下的观念，当它得到萨义德这样德高望重的学者的认同，新崭露头角的非西方知识分子则倍感难以反驳。尽管大多数崇拜萨义德的西方人从来意识不到这一点，但是这种模棱两可却贯穿了萨义德毕生的著作：他一面宣称要帮助人们脱离西方的影响，一面说他们深陷其中难以自拔。萨义德担任实务外交家的角色时，同样展现出一种不利于自身企图的模棱两可。1988年，他促成了一项突破性进展，巴勒斯坦全国委员会终于承认了以色列国存在的权利，但是1991年奥斯陆和谈期间他却愤而辞职，甚至连阿拉法特都还没来得及发难。如果能够达成决议的话，很可能会意味着谈判桌旁巴勒斯坦方面所有人的生命都危在旦夕，但是萨义德不大可能会被阿拉伯极端分子吓住，这些极端分子长久以来对他叫嚷威胁要取他性命，正如犹太复国主义极端分子也同样气势汹汹地对他叫嚷威胁。但是萨义德坚持认为以色列在历史上对巴勒斯坦拥有某种权利，阿拉伯国家必须理解以大屠杀为核心的反犹主义实质，否则冲突将会永无止境，这种观点倒也可圈可点。他把历史简单化，并非因为他头脑简单：虽然很多小丑角色希望能因为站在他一边而给自己的智商加分，但这却无损于他的尊严。即使由一本正经的塔里克·阿里陪同着，他看上去依然富有智慧。

萨义德关于艺术的最优秀的文字具有他描写音乐这门艺术时一贯的感情洋溢。他弹奏钢琴具有专业水准：这生动地表明，西方和非西方世界的艺术创作力是不对等的。然而他对此的回答令人信服：如果东西方并非都能创作音乐，至少东西方都能演奏音乐。他去世后，他的乐队依然继续演奏：由他和巴伦博伊姆共同建立的"东西方和平交响乐团"（West-Eastern Divan）曾在巴勒斯坦以占区举行演出。萨义德事业有成，富有魅力，使得对他顶礼膜拜的左派人士生出危险的幻觉，以为只要理解他的作品，就能走捷径把握中东历史的精髓，而不需要进一步深入研究。也有非西方人士认为他对自己命名的主题也有同样的幻觉，没有哪位东方研究学者像他这样肤浅而具有危害性。毫无疑问，他的一些主要思想是带有夸张色彩的，他认为自启蒙时代以来所有种族帝国主义的东方研究学者都在推动占有巴勒斯坦领土的野心，但是这种论点因为显而易见的一点而不攻自破。这些学者中最优秀的出自德国，而德国在二十世纪之前压根没有值得一提的殖民地。研究异族文化的伟大欧洲学者全都是人道主义者，而非帝国主义者，正是因为他们相信知识的客观性，而且常常出自爱心和尊重而捍卫前者，抵御后者。今天研究印度语言的印度学者是站在他们所崇敬的英国学者肩膀上攀登，这是萨义德觉得最好不提或根本不知道的许多事实中的一个。他还认为拿破仑损害了埃及的现代化进程，但纳吉布·马哈福兹不赞同他这个观点，认为埃及要为其拥有的一切现代事物而感谢拿破仑。然而，至少萨义德有一点是对的：西方知识界对东方世界所想所写了解甚少。萨义德的西方崇拜者中很少有人能审视这样的事实：东方的有识之士认为萨义德不过是又一个国际风云人物，通过对他们居高临下地表示关怀而得到好处，而且萨义德比其他人更没有借口这样做。我在萨义德最终死于绝症前不久写完下面这篇文章，所以就保留着现在时态，这有助于表明我将他视为一种活生生的力量，在一场极其缺少如他这般战士的事业中做出了英勇的表现。

———◆———

> 我继续追问。当马修大步迈进阿尔及尔时，镜头充满仰慕的抚爱不断落在他身上，那又是怎么一回事呢？
>
> 爱德华·萨义德，《流亡的反思》(Reflections on Exile)，第 286 页

除了一开始提到"几个月之前"以外，萨义德关于吉洛·彭特克沃的文章令人恼火地未注明日期。这篇文章叙述了一次个人会面，大约是九十年代后期的事情，那时彭特克沃已经好多年未拍电影了。但是 1966 年他曾经拍过一部电影，萨义德一直推崇为政治分析杰作：《阿尔及尔之战》(The Battle of Algiers)。我也有同感，但理由却与他不同。注意上述引文的第二句话，就很容易看出不同之处。萨义德希望电影直截了当地谴责帝国主义，决不同压迫势力妥协。他认为法国声称将文明扩展至阿尔及利亚的说法不值一提，反抗的阿尔及利亚人无论犯下什么暴行，都是他们的权利，因为别人曾经对他们施加过严重暴行；而我只希望实事求是地看待这部电影。该电影当然谴责了帝国主义，但也表明在阿尔及利亚的法国帝国主义是人之所为，而非机器人之所为。萨义德认为法国人在阿尔及利亚的殖民貌似取得了成功，这导致他们幻想自己天命昭昭。他这种观点是正确的，毋庸赘述。在同一本书其他地方，萨义德拿托克维尔开刀，将他痛斥一顿，因为虽然他对美洲受压迫的少数民族有足够的尊重，但是当他热心效劳法国的阿尔及利亚时，却选择蔑视伊斯兰。

萨义德唯一的然而却是关键性的错误，是在彭特克沃极为敏感之时质疑他的导演重心，而他最为敏感之时也是最面面俱到和最能让人心神领会之时。彭特克沃让镜头——因此也让观众——对法国将军带领伞兵部队进入阿尔及利亚的英雄姿态留下深刻印象，因此表明他是像科斯塔·加夫拉斯那样独具一格的电影导演。在科斯塔·加夫拉斯的电影《大冤狱》(The Confession) 中也有相似的直击人心的时刻，当伊夫·蒙当从监狱中释放出来，在街上遇见折磨过他的人时，除了尴尬之外无法有其他表现，而折磨过他的那人（加布里埃尔·费泽蒂）则认为受害者会同他一起将整件事情归罪于当时不幸的环境。这就是普通人的反应，模棱两可，莫衷一是。在《阿尔及尔之战》中，伞兵部队司令马修（现实原型是雅克·马叙将军）带领士兵在大街上行进时受到"黑脚"狂热的欢迎。他们欢呼，哭泣，就差没有将棕榈枝放在他闪亮的皮靴前。他受到称颂，因为他看上去就像个大救星。这里终于来了个人，他将采取必要措施确保我们无辜的子女再也不会在夜总会和餐馆里被炸得粉身碎骨。镜头落在他身上，那是崇拜者的眼神。如果镜头仰慕爱抚他，那是因为众人正在做着同样的事情。

自1834年以来，阿尔及利亚的好几代法国人从小就相信，他们居住的地方是法国的一部分。1963年，戴高乐说阿尔及利亚仍然是法国的，他们也相信了他。在他们看来，伞兵部队貌似证实了这一点。伞兵自己也相信这一点，而电影悲剧性的逻辑展开却表现了这种信念是如何被摧毁的：他们惊恐地发现自己遭遇了另一种顽强的信念，也为对抗这种信念所必须采取的方式感到惊恐。"Non siamo sadici"（我们不是施虐狂），将军告诉新闻界。电影一个独特的微妙手法在于：我们也相信他们不是，尽管他们采取了施虐的行动。有一个关键时刻，两位伞兵对即将受到酷刑折磨的人恭恭敬敬地说："拿出勇气来！"萨义德可能会理所当然地对此不以为然。在任何动用暴力来审讯的队伍里面，无论人们如何勉强地奉行命令，总还是会有几个真正热心此道的人，热切地抓住机会让自己邪恶的梦想成真。但萨义德的异议针对的是别的方面，他不赞成的是：在阿尔及利亚的法国人认为他们有东西必须保护，而有人居然会认为这样的想法是有道理的。

萨义德坚信帝国主义始终是致力于毁灭的力量，从他写的东西来看，似乎法国人毫无理由相信他们的"文明使命"（mission civilisatrice），似乎法国人只需稍作思考就能看到真相。但是，他们从小受到的教育就是要相信此事确有意义。在影片的开头场景，彭特克沃表明了他们的信念是虚幻的。当后来的造反者从监狱窗口默默朝外看，有位无名的伙伴在院子里以惊人的效率和速度被处决了。

文明意味着断头台，但是"黑脚"以为压迫当地人只是偶然的，而非根本性的。既然他们创造了一种文化，就有理由相信其优越性，而且有心要保护它。（萨义德的作品后面总是有种假设：在帝国主义时代，多元文化主义是一种必须受到舆论压制的先验观念，而非随着帝国主义的推进，不同文化之间发生接触而产生的观念。）对于在阿尔及利亚的法国人，他们合法统治的使命是一种可以理解的信念，甚至加缪也在某种程度上持有这种想法：他始终如一蔑视纳粹和共产主义，但关于阿尔及利亚，他到最后一刻都举棋不定。萨义德会希望彭特克沃如何拍摄刚才提到的那个场景呢？在电影中，伞兵部队在神气十足、时髦风雅的司令官带领下，如同拯救世界的英雄一般进入阿尔及尔。扮演他的演员是否应该长得更丑一些，即使现实中的马叙的确长得像个电影明星？他的对白应该不那么微妙吗，尽管马叙很清楚，他能够指望的也不过是牵制羁縻，而且也这样说了。难道他非得戴上一个纳粹袖章才成吗？

萨义德还对彭特克沃另一重大的政治宣言《奎马达政变》(Quemada) 中马龙·白兰度所饰角色的光彩持有异议。帝国主义者长相太好看了，这令萨义德感到不安，尽管像《阿尔及尔之战》一样，《奎马达政变》一丝不苟地将所有的历史推动力与合理性都归之于造反者：在我们这些怀疑造反成效的人看来有着一丝不苟、无情、令人不安的说服力。萨义德对此没有异议，但是他在彭特克沃那里还发现了一种挥之不去的倾向，即欣赏现有权力的使者。我们不会去说萨义德也有这种倾向，人们发现他具有一种清教徒似的坚定，毫不掺杂同情自身文化的甜言蜜语。他作为批评家和作家的视野令人羡慕，却时时受到他本人政治观念的侵蚀。因此而责怪他是愚蠢的，如果他身后有着一个世俗伊斯兰知识界的支持，他本可以让别人来承担一部分他加诸自身的任务，但他基本上是孤军作战，需要秉承不折不扣的绝对原则才能奋战下去。尽管他的审美判断常常细致入微，但他的基本政治立场却很少有微妙之处，因此，如果一名他想毫无保留加以赞赏的老牌西方激进主义者在立场上打了折扣，他就很容易动气。在他与彭特克沃交往的末期，他很失望地发现彭特克沃一直在拍商业广告，而且没有告诉任何人。言外之意就是如果彭特克沃践行了自己早期杰作中的严肃态度，那他现在就应该住在帐篷里并为之感到骄傲。但是彭特克沃直到1956年还是共产党人，萨义德低估了——或者说高估了——意大利共产主义知识界的风云人物，他们很少有人体验过无产阶级的物质匮乏。战后左翼阵营的意大利知识分子可能口头上奉承过葛兰西，但是他们真正的楷模却是欧洲那些永远的左翼艺术家，例如毕加索，把自己的豪华轿车装扮成出租车的样子，还有布莱希特，终日穿着工人阶级的蓝褂子，但那其实是磨砂真丝定制。意大利的左翼明星关心的是在当前的社会，而非未来社会的一席之地。左翼原教旨信仰受到了文明的腐蚀，萨义德或许最终会得出结论说，如果伊斯兰世界也发生同样的事情或许会更好。

萨义德的长篇论文《民族主义、人权与诠释》(《流亡的反思》，第36章)中有一个令人感到鼓舞的迹象，表明他已经走到了这一步。他指出，黎巴嫩作家阿多尼斯像萨尔曼·鲁西迪一样受到辱骂，是因为他指出严格按照字面意思解读经文会毁掉其精髓。萨义德只差一步就要说没有什么经文是神圣的了。他足以勇敢走出这一步：他习惯了生命受到威胁。他的另一个担忧会使人裹足不前：害怕给予伊斯兰的天然敌人以帮助和宽慰。但如果有人说虽然所有的经书都是神圣的，却没有哪部经书是神的真言，那也并不一定就是伊斯兰的敌人。即使最伟大的经书也是生命脆弱的人类之作，没有这种脆弱，就不会有艺术，甚至不会有思想。萨义德见到银幕上的将军那么具有诱惑力，以为自己抓到了彭特克沃的短处，但这短处恰好也是长处。彭特克沃问过自己："如果我是阿尔及利亚的法国人，也曾经在大街上等待强人的到来，等他来向我保证我没有浪费生命，我会有什么反应？"只有通过自我审视，他才能看清楚其他一切：这就是艺术家的标志。至于彭特克沃这位前艺术家本人，他制作商业广告片是为了维持自己作为名流、作为举足轻重者的生活和排场。毕竟，当彭特克沃在抗议轰炸阿富汗的游行队伍中雄赳赳地走在前列，成为头条新闻时，这种名人声望曾经发挥过引人瞩目的作用。看，他就在那里，在屏幕上：伟大的导演，仰慕者镜头的抚爱纷纷落在他身上。可以想象，萨义德应该很高兴看见这个情景。

圣伯夫
Sainte-Beuve

夏尔-奥古斯丁·圣伯夫（Charles-Augustin Sainte-Beuve，1804—1869）是卓越的十九世纪文学家，受到从福楼拜、普鲁斯特到弗拉基米尔·纳博科夫等一长串好作家的差评：他身后留下的是坏名声，而非好声望。然而学者们在加入贬低他的行列之前应该三思而行。圣伯夫的确是他那个时代最杰出的文学批评家，即便他有时过分称赞平庸，对天才赞誉不够，但他并没有错过所有的天才。他推崇和理解维克多·雨果，由此结下了亲密的友情，尽管他同雨果夫人的风流韵事有失谨慎，无助于巩固友谊。这对精力充沛、兴趣广泛的圣伯夫或许是最好的事情（他既是批评家，也是诗人和小说家）：他不愿意被分门归类。他善于发现日常，他发现日常无处不在。像他这样的作家，却将文艺批评作为自己的主要创作，这是没有先例的。终其一生，在周刊上撰文是他典型的写作形式，他愿意在貌似随意的文章中倾注充沛的观察力、创造力和论辩说理的才能，这最终使他与众不同。即使在今天，读他成卷的周刊文章合集依然是人们磨炼法语阅读能力的好方法，因为哪怕所谈论的问题本身是短暂的，他却令其获得了永久性，他记载当时的生活细节，让读者不得不去翻阅词典和《拉鲁斯百科全书》并从中受益。（案头摆一本《拉鲁斯百科全书》就表明你已经走上了正轨。）作为文学界的大人物，圣伯夫在闻名遐迩的巴黎马格尼餐馆占有显耀的位置，文学界人士全都来此就餐，龚古尔兄弟偷偷记下他们交谈的内容。（不妨推荐罗伯特·鲍狄克所著《在马格尼就餐》[Dinner at Magny's]，它在有关巴黎艺术生涯洋洋洒洒的八卦书籍之中名列前茅。）圣伯夫代表了十九世纪法国有关文学界的概念——围绕杰出文学人物的环境，这种环境能缓解他们天生的与世隔绝，并恰好为那些不怎么杰出的人物提供一种体面有益的谋生方式——正如约翰逊博士代表了十八世纪英格兰文学界的概念。文学界将咖啡馆变为校园，以谈话作为永久的研讨会。圣伯夫的高明之处在于他既能与作家对话，也能与公众对话。他在大学里没有那么所向披靡。1854年拿破仑三世任命他为法兰西学院的拉丁诗歌教授，桀骜不驯的学生对他大声吆喝。后来他担任参议员，因鼓吹自由主义思想而重振声望。他通过报纸专栏对那些能读书识字或正在努力读书识字的公众说话，塑造了一种知识分子公开演讲的风格。这种角色易遭人攻击，但却天然会成为批评力量的中心。现代文明永远受惠于圣伯夫，因其不吝惜自己的才能，积极发挥自己的作用。

> 每一个社交圈都是独立的小世界；人们生活其中，了解一切事情并且相信别人也了解同样的事情。然后就这么过去了十年、二十年、三十年，小圈子解散了，消失了，无迹可寻，没有任何事情记载下来，最后人们不得不胡乱猜测一通，根据模糊的传说，根据微弱的回声试图追怀以往。
>
> 圣伯夫，摘自《书信集》第十七卷所载信件，《泰晤士报文学增刊》，1975 年 10 月 3 日

除了道出显而易见的事实之外，这还是圣伯夫的最佳文字：我们无法忽视的最佳文字。许多批评他的人——批评家的批评家——都竭力要让我们忘了他。恩斯特·罗伯特·库尔提乌斯认为，圣伯夫漫长的批评生涯赋予法国文学连贯性和一致性，这是德国文学所缺乏的，因为那里不存在可与圣伯夫相匹敌的人物。但是很少还有能与库尔提乌斯相匹敌的人物对圣伯夫表示过同样的热情，他们大都谴责他抬举新闻行活儿，视其为二流货色的代表和保护人。纳博科夫一贯善于发现不配受到称赞的小说家，因此也痛恨他，这并非没有道理。圣伯夫的确擅长冒犯有天赋的人，同时滔滔不绝地夸赞庸才。福楼拜将他天才的能量倾注于证明圣伯夫是如何彻底误解了他的《萨朗波》。至于普鲁斯特本人，可以说他的整个写作生涯就是他的《驳圣伯夫》(*Contre Sainte-Beuve*) 一书的长篇版本。音乐批评家爱德华·汉斯立克肩负的责任略微轻一些：他遭受瓦格纳的蔑视，是《纽伦堡的名歌手》(*Die Meistersinger von Nürnberg*) 中贝克梅瑟的原型，这并非他所愿，但不管怎么说，只有这一部歌剧与他为敌。圣伯夫是整部《追忆逝水年华》的靶子，真幸运他早已辞世。

但是在文学中，的确有——或者应该有——先来者居上这么一回事，时间顺序也证实圣伯夫说的话在普鲁斯特发声之前听上去就

像普鲁斯特一样。有段时间我读完了所有的《周一漫谈》(*Causeries du lundi*)专栏文集,那是我在左岸一家书店购买的一堆书页散落的平装书,黄色封面破烂褪色,比书页还薄,破破烂烂一捆,书页零零落落,一碰就散开。这是我学会法语的方式之一:"每日一词",划出你不认识的生词,只要还能明白意思就一直读下去,回头再去查找生词。后来我扔掉了这些破破烂烂的圣伯夫周刊文章合集,换了一套闪亮的"七星文库"。虽然我再也没有动作爽快地从书架上取下这套书,但它还是有其用途的,主要是核对这位明星批评家如何完全误解了他那个时代的大部分杰出作家。纳博科夫是否夸大了圣伯夫对那些无趣之人的眷顾?事实上并没有。最后,一时狂热冲动之下,我在他的文学批评著作之外又购置了一整套"七星文库"三卷本社会学杰作《皇家港史话》(*Histoire de Port-Royal*),万一我想要就他关于詹森主义说过的什么话占点上风,也许用得着。还没有发生过这种事情,但或许会有那一天。我想要说的是,虽然现在他的这些书全在书架上,我可能还是会错过上面那段话,因为尽管我可能会去读他写的任何东西(我读他是因为他的笔调,而不是以他为指南),但我仍然不大可能通读他所有的书信。我有伏尔泰的全部书信,很喜欢时不时看看:但很可能永远不会去通读它。你只有对某个作家如痴如醉,才会去追踪他的每一步,因为那样做的话你会把时间都消耗在他的细枝末节上,而你本可以用那些时间来关注其他人的主要事件。(有时书信本身就是主要事件:塞维尼夫人把经历过的一切都写进了书信,而别处却再也找不出她到底是谁。)

事实很简单:即使是最伟大的作家,有关他们的次要作品,我们也几乎必须完全依赖由研究、出版和批评构成的机制,由此去注意这些拼凑出大画面的小图景。首先要有人来编辑圣伯夫的至少十七卷日常书信,还要有人大致通读这些书信,在《泰晤士报文学增刊》上刊登一篇文章,我才能抓住这一段,把它抄在笔记本上。

我这样做有两个理由：因为它说出了真理，因为它让我想到了普鲁斯特。当时——四分之一个世纪之前——我同普鲁斯特一起生活的时间还不够长，不足以意识到两者之间的关系其实远不止是偶然，也没有意识到这两人写作用的是同一种语言。然而随着时间的推移，普鲁斯特的心思变得像一本打开的书——当然是他的书，永远是，但不再那么令人困惑，即使愈加高山仰止。普鲁斯特这位卓越的作家越来越呈现出卓越批评家的特性。他是卓越的批评家，因为他对所有艺术的反应都着眼于创作的层面。他观看一幅画，听一曲音乐或阅读一篇散文，都必然会与画家、作曲家或者作家融为一体，似乎他总是在那里，一起合作。

即使是他讨厌的圣伯夫，他也与其同在。普鲁斯特认为圣伯夫的文章是发表愚蠢意见的工具，但他同样发现，其中有可以为己所用深刻内容；只要是他注意过的人，他都能从中找到可以为己所用的东西，哪怕他们只会做做蛋糕。我认为他在圣伯夫那里发现的是累进的手法：一段话稳步地展开论辩的方式。在圣伯夫每周零敲碎打的评论中，大部分论辩都无法得出什么与众不同的结论，他自己也说过，他之所以赞扬平庸之人，是因为"在我看来这的确是平等的问题"，这样坦言相当有杀伤力。

但是，即使一位法官的意见可能有错，也会因其蕴含的生活观而别具一格。圣伯夫的意见与众不同的标志，是他能够在表达意见时信心十足地进行归纳概括，年轻的普鲁斯特正是在此见到了一种可能性。他不可能在这封书信中见到这一点，因为他不可能读到它；但是这封信——这就是为何我会用到它——是圣伯夫典型姿态的浓缩，普鲁斯特或许憎恶它，但却无法避免，因为那是全景图的一部分。圣伯夫的意见像下水管道的流水那样在街道下面持续奔涌，普鲁斯特从中看见了一条让他自己向前的途径。后来他可能忘了在哪里见过它。但他并非吝啬小人，不会仅仅为了拒绝承认受惠于人的来源就去贬低圣伯夫。想象一下圣伯夫会如何评论完成了的（说得确切些，是从未完成的）《追忆逝水年华》，这是很有意思的心智游戏。他很可能会错过其重要意义，但也很可能会在《追忆逝水年华》中察觉到他自己的行文韵律，在借用中转换，用于更有野心的目的，但毫无疑问，用他自己的话来说，这是"掐下来的"。

伟大的作家可以借鉴名气稍逊的作家的发现而若无其事，如果伟大的作家足够伟大的话——例如 T. S. 艾略特——即使他直截了当地说自己剽窃了别人，也能平安无事。很少听见被剽窃的人有所抱怨，因为他已经死了；但有时他几乎是明星作家的同时代人，甚至都谈不上是"几乎"。罗伯特·格雷夫斯有段时间一直令人尴尬地念叨 W. H. 奥登自说自话地借用了劳拉·赖丁的韵律。罗伯特·格雷夫斯不幸身为劳拉·赖丁的丈夫，人们认为他在这个问题上有些嘴碎，但很有可能奥登的确看过她的诗，吸收了她一些韵律特点，将其融入自己正在酝酿的作品。只有一位批评家曾经指责休·麦克迪尔米德公然剽窃 e. e. 卡明斯：苏格兰批评家认为他们的诗人具有"天赋的权利"(droit de seigneur)，可惜几乎没有别人当回事。麦克迪尔米德说他从未有意剽窃任何人，也许这是实话。他可以眼都不眨地剽窃成百行诗歌，而只有神经过敏的剽窃者才会担心被人抓住。大多数剽窃者只是让自己受人影响而已，偷盗者甚至不用顺走别人的现成概念：只需稍稍提及。我的熟人中至少有两位小说家会捕捉他们在谈话时听见的任何妙语，而且至少有一位完全清楚自己在做什么。就我所知，他的辩解是反正他自己最后也能想得出来。也许他有他的道理。普鲁斯特最终也还是会写得像普鲁斯特，即使他从来没有读过圣伯夫，但是如果没读过圣伯夫，普鲁斯特可能不会那么快意识到普鲁斯特听上去应该是什么样子。

让-保罗·萨特
Jean-Paul Sartre

让-保罗·萨特（Jean-Paul Sartre，1905—1980）就像一个长着邪恶之眼的天才在这本书的角落里若隐若现。在笔者看来他是魔鬼的一位代言人，甚至比魔鬼还要可鄙，因为他更精明。毫无疑问，这种反应有失分寸了。毕竟，萨特从未杀害过任何人。但他的确为很多杀人者辩护，而这些人大多也没有真的杀过人：他们只是命令下属去杀人而已。这里存在一个道德问题，是萨特很擅长应对的那种问题，如果他愿意这么做的话。他是个才华横溢的人：这是关于他首先要说的一件事，但很遗憾，这并非最后一件。1944年巴黎解放后，他以抵抗组织成员的身份呼吁清算与纳粹合作过的文学界同行。至于他本人当初究竟参与了多少抵抗，这个问题并没有妨碍他在战后爬上显赫的地位。作为哲学家、小说家、戏剧家、社会评论家和政治分析家，萨特是法国第四和第五共和国时期名声卓著的左翼知识分子，统治着左岸咖啡馆，身边是女王西蒙·德·波伏娃。这两人让出众的才智成为新闻争相报道的故事：贝尔纳-亨利·莱维这样耀眼的明星哲学家如今享有的名望，可以在战后严肃思想与媒体瞩目的互动中找到先例，那是一种巴黎的微气候，在食品和燃料依然短缺的年代给予巴黎一种奢华感。加缪过早死于车祸后，萨特真正的竞争对手雷蒙·阿隆长期受到独立左派的拥戴，与此同时，萨特的左翼观念是法国政治思想的风向标，建立了一种正统，法国知识界至今依然浸润其中，而且在某种程度上继续为世界各地的知识界设定"介入"（engagement）的标准（这个词在法语中看上去好些，尤其是不涉及任何实际内涵时[*]）。这种观念的关键原则是，与无可救药地图谋私利的资本主义西方相比，共产主义政权具有严肃的利他主义意图。（资本主义西方的学究们满怀崇敬地接受这种奇思妙想，没有意识到既然他们的社会允许他们这样做，那就很难说是自私自利的——除非言论自由只是玩弄诡计，意在让易受欺骗的人相信他们享有自由。）分道扬镳之后，萨特依然乐意说些"洗地"的话，哪怕要洗白的是古拉格群岛。他最后不再否认其存在，但也从来没有谴责它是体制的核心产物，他仅仅表示遗憾，认为那是偶然的污点。这种手腕意味着他有种强大的能力，即使在承认实情之后也要否认其重要性，很难说跟道地的欺骗有什么区别。

怀疑论者可能会说，让欺骗貌似渊博是萨特与生俱来的论辩风格。学者们研读他的《自由之路》（*Les Chemins de la Liberté*）小说三部曲或者戏剧《凯恩》（*Kean*）中的文学创作部分，时不时会发现清晰的叙述（在剧中，他对作为生活哲学的存在主义给出了最令人信服的阐明），但是一到那些被认为是哲学论述的部分，这种清晰就消失了。公平而论，即便是对萨特持严厉批评态度的英国哲学家

---

[*] 这个法语词此处特指文学艺术家对当代问题表示的态度和采取的行动。

罗杰·斯克鲁顿也认为萨特的奠基之作《存在与虚无》(*L'Être et le néant*)内容充实；让-弗朗索瓦·勒维尔将萨特的政治哲学逐一驳斥得体无完肤，却仍然钦佩他是一位自学成材的哲学家，其声望并非依赖学院体制。但我们这些不受职业哲学家或法兰西爱国者身份之累的人可以肯定地说，萨特的第一篇，也即最有名的一篇论文，已经显示出他后来所有装腔作势的迹象，还有其他后来成名的学者们的装腔作势。我们并不需要动用科学方法就能揭示福柯、德里达所具有的欺骗性：浮夸的文风意在制造混淆，仅凭这一点就足以证明其论辩的空虚。他们的先驱也正是如此。萨特的文风来自何处是个有待解释的谜题。这可能与他战前在柏林的经历有关，尤其是他所崇拜的海德格尔的影响。在萨特的论辩风格中，德国人的形而上学遇到了法国人的诡辩，类似某种欧洲煤钢共同体，唯一产出的东西是雄辩的气体。

但最好的解释或许还是同他的个性有关，也许他过于努力想要弥补自身的缺陷。如果认为萨特有一只眼睛不好就决定了他的个性，就像戈培尔的腿有缺陷一样，这种想法是轻浮的；不管怎样，萨特相貌丑陋丝毫没有妨碍他在女人那里战绩辉煌。但也许他是在弥补他自知有残缺的心智问题。他或许知道自己天生无法长时间就任何要紧的大事说真话，因为说真话是普通人做的事情，而他想要与众不同的迫切愿望，对他来说更是一种动力，而非仅仅看清这个世界的模样。这种反常——他的确是反常的，无论他自己是否意识到这一点——使他成为二十世纪最突出的一个例子：一位名副其实的知识分子，为文明的颠覆者兴风作浪。他比埃兹拉·庞德更甚，虽然哪怕是对纳粹而言，庞德也太疯狂了一些；比布莱希特更甚，虽然布莱希特的愤世嫉俗更加直截了当，还把钱都存进了瑞士银行。萨特从来没有这样腐败过，和罗伯斯庇尔一样，他有着令人敬畏的纯粹。萨特拒绝了诺贝尔奖。他是一个活生生的例子，证明了魔鬼的代言人也可以是理想主义者，甚至不惜自我牺牲。如果除去美德的话，他可能会更容易打发，但他恰恰是有美德的，于是他成了最值得我们担忧的人，时刻提醒我们：与道德无关的智识并不仅仅局限于科学，它也可能与文化相关。这意味着在某种程度上，要做一位人文学者，就不能做萨特那样的人。他的崇拜者可能会说我们没有那种危险，但当他们如此崇拜他，通常就会发出他那样的声音。令他露馅的正是拒斥凡世的那句话，一戳即破。

———•———

除了我们让它提供的内容之外，"我思"（Cogito）从来不会提供任何其他内容。笛卡尔从来没有询问过与其功能性相关的方面："我疑故我思"，由于想要在没有这种功能性主导的作用下继续向前，直至其存在的辩证，他陷入了实体论者的谬误。胡塞尔受到这种谬误的指导，令人可怕地停留在功能描述的层面。因为这一事实，他从来没有超越纯粹的外貌描述；他固定在了"我思"；他称得上是个现象主义者，而非现象学家；他的现象主义始终接近于康德的理想主义。描述的现象主义导致本质的强有力和非辩证的疏离，海德格尔想要避免它而直接应对存在的分析，无须通过"我思"……

让-保罗·萨特，《存在与虚无》，让-弗朗索瓦·勒维尔在《为什么是哲学家》(Pourquoi des philosophes) 中摘引，第 69-70 页

但是够了，足够了。这样一口气试图把万事万物说尽的华丽言辞通常会掩盖重要的事情。就萨特而言，勒维尔非常清楚那是什么。勒维尔可以把萨特挂在外面晾晒，如果他想要的话。勒维尔有凭据和信息来揭露萨特冒充了抵抗英雄。萨特在这方面令人不齿的作秀

（他不在乎把波伏娃也扯进这场装模作样的表演：这次两人总算是真的一对）最终在吉贝尔·约瑟夫1991年那本令人不寒而栗的《甜蜜的占领》(*Une si douce occupation*) 中被揭露无遗。但好多年前就应该这么做了，应该有当时在场、知道真相的人们来揭露，像勒维尔这样的人。

勒维尔仅仅满足于指出不言自明的事情：任何能够弄出这样一段胡言乱语的人，还真是费了很大力气将哲学与智慧分离——在勒维尔看来，自从科学的兴起最终消除了哲学本身成为科学的可能性，智慧就是哲学唯一能够关切的事情。在法国，语言没有提供对抗唯科学论废话的自动防御机制，因此直到不久以前，这个论点依然需要不厌其烦地重复。最后还得是两位以法语写作，但充分了解美国特有的怀疑主义的科学家，才能著书揭露后现代知识分子夜总会花哨的歌舞表演队列前排的雅克·拉康、茱莉亚·克里斯蒂娃、让·鲍德里亚和其他艺术家。但这两位持怀疑态度的批评者，艾伦·索卡和让·布里克蒙没有把他们嘲讽的嘘声延伸至上层。他们的《知识的骗局》(*Impostures intellectuelles*, 1997) 所获赞扬实至名归，但内容并不具有革命性。此书居然一石激起千层浪，正是因为有资格评价法国知识生活健康状况的批评家们数十年来态度暧昧，他们不安地意识到，伪科学诡辩所造成的影响并非在人文思想领域的边缘，而是处于中心位置：高妙的胡言乱语是他们的共同财产。勒维尔很清楚萨特是以赌徒的心态贩卖一种制度。有趣的问题是，像萨特这样把该制度当真的客户是如何让自己陷入可笑的处境的，而这个问题恰恰是勒维尔不敢触碰的。

当然，部分原因是作为分析思想家萨特，无法像作为艺术家的萨特那样做到一件事——实践他糟糕的信仰。在作家身份先于哲学家身份的作家-哲学家行列里，萨特排名很靠前。蒙田、帕斯卡、莱辛、利希滕贝格、叔本华、尼采——一群崇高的人，但萨特却是作为一位能够让语言在对白中焕发生机的文体家赢得自己的一席之地。有幸扮演萨特戏剧《基恩》中主角基恩的演员（首演的扮演者是非凡的皮埃尔·布拉瑟，他曾在德占时期的避世主义电影杰作《天堂的孩子》[Les Enfants du Paradis] 中饰演弗雷德里克·勒迈特）在台词中告诉我们的关于存在主义的内容，比萨特在他有关这个话题的所有其他正式作品中都更好。萨特的戏剧《禁闭》(Huis clos) 后来备受赞誉，人们认为当初撰写它是一种政治上的勇敢行为。但它最初演出时获得了德占当局的正式批准，有些德国官员还来观看演出。他们允许该剧演出，是因为知道它对自由的呼唤是空中楼阁；他们来观看演出，是因为知道自己置身可靠的队友之中。与那些当时甚至会让法国知识分子中公认的亲法西斯分子每晚冷汗直流的道德问题相比，该剧中那些陷入困境的角色优雅地纠结的道德问题实在抽象得可怜。（如果萨特把故事背景放在1941年载着贾克·夏多内和马塞尔·茹昂多等小作家去德国一游的卧铺车厢之中，或者放在饰有纳粹标志的维也纳酒店大厅里——那里不但聚集着法奸德里厄·拉罗谢尔和罗伯特·布拉西亚克，还会有身着全套制服的纳粹上层人士巴尔杜尔·冯·席拉赫——那他还真可能会有些想法。至于那些自以为半推半就地服从命令就算反抗暴政的法国知识分子，等待着他们的道德问题还没有以可见的形式出现，而在萨特和波伏娃这样显而易见的情况中则根本就不会出现。《禁闭》是一出与那个时代无关的戏剧——那个时代人性的案例并非关起门来裁断，而是敞开大门，因此大家都能看见，但却只能伴随着痛苦屈辱的眼泪。然而它又的确是那个时代的戏剧，而且由于它无视的东西而愈发如此。也就是说，内心的骚动以某种方式进入了表演，否则为何这些苍白的角色会假装普通的生活是地狱，除非在外面某处真实的生活中，真实的人物不用假装就遭遇了真实的地狱？在大街上不能说的话就在剧院里，以不能在舞台上说出来的响亮的形式存在。总而言之，作为一个作家，萨特无法逃避历史，因为他使用的语言无法将历史排除在外。

作为哲学家，逃避历史是萨特最关心的事情。在分析德占时期的重大事实可能发挥作用的时候，他几乎从来没有直接触及那些问题。等到可以放心这么去做时，他才壮起胆子来说反犹主义是错误的。《关于犹太人问题的思考》(*Réflexions sur la question juive*) 甚至还包含一个好警句：他说，以反犹主义为武装，即使白痴也能成为精英人物。虽然列车已经驶离了巴黎市郊的德朗西集中营——等到他写这个小册子时，纳粹也早已离开了——但至少他的意见发表了。他撞了一下结实的大门，但从来没去过问：在占领期间继续工作的作家和知识分子为何只能以默许纳粹政策为代价才能维持其写作生涯——这正是德国宣传部精心谋划的结果。所有政策都出自一个核心政策，那就是消灭犹太人。没有哪个问题比这更加真实到无法回避，甚至连漠视它的代价都可以用失去的生命来衡量；没有对哪个话题的哲学讨论少得了那个话题的介入。如果萨特想避免自我审视——显然，他的确这样做了——那他就必须发明一种撰写哲学的方式，只有以这种方式，他才能听上去在谈论所有事情，其实却什么都没说。长期地糊弄文明社会，他成功了，至少在职业声望层面上做到了。乔治·奥威尔本能地善于发现夸夸其谈的虚假语言，他这样的非哲学家可以称萨特的政治作品为一堆无用之物，但是很少有职业思想家认为蔑视萨特的才气是可取的：他们要冒极大的危险，自己很可能会被说成是缺乏才智。Effectivement（实际上）——再用一个当时被用滥的法语词——萨特被称为渊博，因为他听上去要么渊博，要么就空洞无物，而很少有人会去说他们认为他空洞无物。

他是怎么耍出这一套把戏的呢？有一扇隐蔽的门。对于致力于晓畅的作家，这样说可能有些不合时宜，但有的模糊晦涩也是言之有物的，有的内容过于微妙，难以清晰表达出来。卡尔·波普尔专心致志于他所谓的"日常语言哲学"(ordinary language philosophy)，但是在《无尽的探索》(*Unended Quest*,副标题为"智识传记")中,他意味深长而又无可奈何地承认,日常语言是保守的;"事关智识(也许相对艺术或政治而言),没有什么比保守更没有创造力,更平庸了";尽管"常识"往往是正确的,"但是当常识出错时,事情才变得实在有趣起来"(第125页:着重字体为原文所有)。因为波普尔是看门的人,我们大可以相信肯定有一扇门,而且还是一扇很大的门。合情合理的推断似乎是,一种深入挖掘原创性的阐释性语言并不一定非要明白易懂;由此得出一个微妙的结论:乍看晦涩难懂的语言也可能是开创性的。

勒维尔对萨特堆砌的冗长论述失去了耐心,他振作精神,记下了克尔凯郭尔对黑格尔的一个有用的威胁:他要派一位正在寻求建议的年轻人去见他。克尔凯郭尔暗含的威胁之意是,黑格尔要么老老实实讨论实质性问题,要么就应该对年轻人的困惑负责。勒维尔甚至更有用地提出,我们也应该这样威胁海德格尔。我们说"甚至更有用",是因为"黑格尔的晦涩难懂从来没有意义"这种说法尚有辩论的余地,但"海德格尔的晦涩难懂总是毫无意义"这种说法,我们无从反驳。黑格尔试图将某些难解的事情明确地表达出来。海德格尔竭尽全力拉扯扭曲德语,来达到恰好相反的目的。半个多世纪之后,似是而非的谜团仍未完全解开:正是海德格尔浮夸的哲学呓语为萨特提供了一些可信度。似是而非,因为海德格尔是比萨特更加昭然若揭的例子,表明纯思辨的心智无法让自己在某个领域里自由思辨,而在这个领域其心智本来完全有能力应付具体的事实——这是它自己与现实的妥协。但仅仅称海德格尔为"更加昭然若揭",就足以表明我们面对的是什么。时至今日,我们仍然不清楚这个问题;而在萨特和海德格尔处于据称成果丰硕的智识促进关系的时候,这甚至都不成其为问题;海德格尔同纳粹的牵扯被视为一种调情。任何人——哲学家、文学家、文学评论家、记者或临床心理学家——

都没有什么办法来指出一个已经愈发显而易见（虽然还未成为公理）的真相：这两个人，海德格尔和萨特，只是假装在应对"存在"，因为两人都在明目张胆地否认自己的过往经历，他们将存在与事实分开的背后是自己的既得利益。人们有一天会意识到这两人在表演杂耍吗？很可能不会，即便是很少对历史背景无动于衷的乔治·斯坦纳，每当谈起这两个人时也好似他们是歌德和席勒。而我们这些认为他俩只是喜剧双傻阿伯特和科斯特洛的人最好还是接受现实：没人改变主意。

有很多哲学著作是作家应该读的，从柏拉图的对话录开始，如果不是比那更早的作品的话。然而人生苦短，艺术家应该知道的事情又那么多，他们只有有限的时间去读关于哲学的书。伯特兰·罗素写了一本杰作——《西方哲学史》——以及其他许多杰作，其中有一些非常诱人：布赖恩·马吉编辑的波普尔入门手册本身比它介绍的主题更有趣，但caveat lector（读者请注意）：生活在等着你，而阅读别人写的关于生活的书只会让你远离生活。叔本华告诫你别读太多书，你在读这段告诫时已经是远离生活了，更不用说读二手文本，也就是别人转述叔本华如何告诫你不要让读书成为你和生活之间的壁垒。在哲学中，无穷倒退意味着有人犯了逻辑错误，在日常生活中则意味着有人正在逃避现实。

萨特逃避了。他当然逃了；如果他都这样做，其实任何人都可能这样做，包括我们自己；虽然我认为如果我们躲在谎言中，那个谎言至少不应该亵渎神圣。萨特亵渎神圣，因为他捞取了战斗的荣誉，并且余生都占有着那些荣誉，而它们本该属于那些冒着他从来不曾冒过的危险参加抵抗的人们，那些代替他而死去的人们。他所有其他的弱点都是可以理解的——即使我们无法忽视，至少可以宽恕：我们大多数人也会表现出同样的意志薄弱。许多饱受创伤的法国士兵获准离开德国战俘营回家时，假装是自己逃出来的：这样听上去没那么软弱。而为了能上演一出戏剧，萨特向占领军当局卑躬屈膝。波伏娃的一部小说中，有一个明显以加缪为原型的角色也被描绘成这样，而以萨特为原型的角色则比雄狮更勇猛。萨特认为波伏娃具有独特的个性，他是真诚的（此时真诚很容易），这样他就有借口不必感到应当对她负责；但在这件事情上，对加缪道歉应该不会有错。然而，自我质疑并非萨特的本性。他的抵抗小组除了碰碰头之外没做过其他事情，这样一个人在战后肃清运动中却是个神气活现的审讯者。似乎法国大革命的往事还不足以告诉他，一位哲学家不是站在审判台前，而是坐在审判台上，这种现象本身就有些不对头。

但是，战后肃清运动期间有许多老鼠跑出来吱吱乱叫：那场表演的目的就在于此，戴高乐后来意识到了这一点，于是尽快结束了这场运动。萨特本应就此歇手。加缪这样做了：恰如其分地意识到他的抵抗算不得什么（尽管他比萨特冒了更多的险），他去世之前很久就不再以英雄自居。但萨特从未歇手，他假装自己曾经很英勇：当其他人真的很英勇，并且为此付出了代价时，假冒英勇是一个人能够做出的最无耻的事情。萨特这位哲学家，这位爱真理之人，终其一生都对自己成人生涯中最基本的事实撒谎，他的哲学一派胡言也就不足为奇了。勒维尔注意到现代哲学从一开始就否认"散文家和批评家的层次"是其出发点，这个发现颇有价值，他肯定也注意到，在萨特的情况中不可能如此，因为萨特这样的散文家和批评家几乎完全专心致志于隐藏而非揭示真相。正如索尔仁尼琴在《古拉格群岛》中指出的，萨特在莫斯科之行中，曾一度距离一辆装满无辜劳改犯的警车几步之遥，那是驳斥他有关苏联全部谎言的活生生的证据，但是即便当时警车后门不小心打开了，他也很可能会说里面装的人全是罪犯，或演员——任何人，偏偏就不是所有俄国人都知道的那种人。前铁幕国家没有哪个严肃的人认为哲学家萨特比一

Jean-Paul Sartre

本正经的小丑好到哪里去。但在萨特的祖国，他享受的威望太大了，任何人都不会想到要彻底摧毁它。嘲笑是允许的，但仅止于朝凯旋门扔几只鸡蛋。

即使是迄今为止对萨特浮夸的哲学风格最为犀利的批评者勒维尔，也无法让自己说那不过是一种机制，它不仅在回避意义的同时模仿意义，而且是通过回避意义来掩盖意义。正如埃贡·弗里德尔指出，真正的哲学家接近于艺术家，唯一不同的是他只有自己这个角色可扮演；因此任何感受深刻的哲学都是一部自传体小说。反之亦然：萨特的自传是他最不想让我们知道的东西，因此他的哲学从未被感知过，只是佯装姿态而已。

埃里克·萨蒂
Erik Satie

埃里克-阿尔弗雷德-莱斯利·萨蒂（Erik-Alfred-Leslie Satie, 1866—1925）是成就辉煌的法国青年作曲家的永恒形象，他在同时对抗一切事物：社会秩序、资产阶级情调，甚至还有音乐本身。瓦格纳为德彪西开辟了道路，但是在萨蒂看来瓦格纳却是压制者，仅仅因为瓦格纳得到了普遍认可。必须使德彪西免于瓦格纳的影响，萨蒂以此为己任。他留着山羊胡，歪戴夹鼻眼镜，手指光滑——他像霍华德·休斯那般执迷于保持双手洁净——萨蒂是那种怪异的人，通过让普通人产生强烈的保护欲而团结他们。德彪西和拉威尔从来不肯宽容大度对待彼此，但都对他很慷慨。萨蒂憎恶一切正统的东西：他的芭蕾不像芭蕾，他的歌剧没有戏剧性，他的室内乐专门要让满屋子的听众烦心。他在巴黎音乐学院读了一个学期之后就退学了，在蒙马特的夜总会演奏钢琴开始音乐生涯，但是这位作曲家很快就不再有任何兴趣取悦广大听众。相反，他的愿望是让他的节目表和表演拒人于千里之外，从而将听众减少到精心挑选的数人，或者无人。他出版第一套钢琴曲时，称之为作品62号。他穷困潦倒地生活一段时间之后，回到巴黎圣咏学院继续求学，小心翼翼地掩盖他此后作品的严肃性，恰如其分地为作品起了有点离谱的名字：《梨形三曲》(Trois morceaux en forme de poire) 就是典型的例子。但这没有骗过他的一些作曲家同行：达律斯·米约和"六人团"(Les Six) 全都密切关注他到底想干什么，他的《萨拉班德》(Sarabandes) 和《吉诺佩蒂》(Gymnopédies) 的印象主义手法先于德彪西和拉威尔，他执意不再强调悦耳和谐，回到简朴的旋律，这种执着在他死后也持续影响着法国音乐。今天赞赏先锋音乐的人甚至会认为约翰·凯奇也是历史人物，认为在他为"预制"钢琴谱写的乐曲、故意沉默的乐段等等之外肯定还有尚未探索的发展道路，他们或许会愿意去研究一下萨蒂短暂但却疯狂得与众不同的音乐生涯，他们会在其中找到任何他们热望的东西，除了电音效果——萨蒂的时代还是太早了——虽然他赶上了电话的时代，他也将电话融入《游行》的乐队演奏。谢尔盖·佳吉列夫这部1917年的芭蕾舞剧使公众同时认识了萨蒂、科克托和毕加索，设立了此后不断被人徒劳追求的创新标准：要达到这样的效果，你不仅需要这些人，还需要一场他们视而不见的战争。在《游行》的乐谱中，萨蒂的器乐与西线战场竞争。但是，最终萨蒂的抒情才能还是胜过了他的奇思怪想。他去世四分之一世纪之后，他的钢琴曲被重新发现，进入了标准保留曲目，变得大受欢迎——真正受欢迎，像肖邦那么受欢迎，像拉赫玛尼诺夫那么受欢迎——以至于恐怕连他自己都会误以为那是他曾经如此蔑视的背景音乐。萨蒂对此可能会有话要说：他说话一贯机智凌厉，尤其是在不合时宜的场合。从特里斯坦·查拉到小野洋子这些达达主义的学生们有时渴望真正能令人发笑的玩笑，萨蒂的玩笑的确有趣得很，很可能是因为他的确有天赋。要拿出舍得抛弃一切东西这种大派头，首先需要有东西可抛弃才会产生效果。

拉威尔拒绝了法国荣誉军团勋章，但是他所有的音乐却接受了它。

埃里克·萨蒂，罗洛·迈尔斯在《萨蒂传》中摘引

拉威尔也是他的朋友之一。他的创作生涯贯穿二十世纪一〇年代和二十年代早期，在他的高峰时期，萨蒂常常会将完成的曲谱扔在钢琴后面，要么是相信有意义的东西自会脱颖而出，要么是压根就不在乎。这位影响了拉威尔和德彪西的重要作曲家不在乎自己的尊严，他甚至愿意侮辱自己。在我们的时代，巴瑞·哈姆弗莱斯是位萨蒂式人物，但却是一位很高兴融入传统生活的人，即使他同时也向其宣战：这是他创作生涯经久不衰的秘密之一。萨蒂却融入了战争，自我毁灭是他叛逆的最明确标志。在阿尔克伊的皮革鞣制工厂和市场花园里，萨蒂不崇拜任何人，除了他称之为"平民圣母"（Notre-dame Bassesse）的圣母玛利亚的幻影。如同科沃男爵（真名为弗雷德里克·罗尔夫）那样，萨蒂签名时会自称主教，但只是开个玩笑而已。与科沃男爵不同，他并不想当教皇。所有这些事实迈尔斯的书中都提到了，但是根据罗伯特·奥莱吉（Robert Orledge）的说法——他是研究法国音乐那个生气勃勃的年代最有资历的学者——许多内容都是从皮埃尔-丹尼尔·唐普利耶早前的同名著作中摘取的，而且没有充分说明来源。萨蒂可能会赞同这种挪用，除了作曲之外，他在各方面，甚至在曲目演奏上，都播撒了无政府主义的种子。

莉迪亚·索科洛娃在她的俄国芭蕾回忆录中记载了与萨蒂和科克

托因为《游行》的会面。法国有一个不大起眼却很关键的传统，那就是一本正经地对待琐事，《游行》就是两位权威人士在这样一种法国传统上的合作。但是萨蒂眼里没有什么权威等级：他的优越性是不容置疑的。"我要求那些无法理解这一切的人采取完全顺从和谦卑的态度。"他在《苏格拉底》首演之前说的这番话，"我"这个词则告诉了你一切。他坚信自己的音乐所具有的纯粹性——曲调不加修饰，甚至没有和弦——非常重要，这始终是他最令人震惊的地方，虽然这种信心不无道理。今天他的音乐属于那种一旦听到便永难忘记的情形。但他决心先被世人忘记。他做到了。他写的演奏说明（"像患上牙疼的夜莺那样演奏"）本身就意在不合时宜。他知道没有什么比一心要标新立异更容易生出铜锈。巧合的是——这肯定不是有意为之的回应——林·拉德纳在他短剧的舞台指示中，精确地再现了萨蒂超现实主义注解那种癫狂的口吻："大幕落下七天，表示一周过去了。"在这方面，萨蒂像怀着同样心情的拉德纳一样，一心只想恶作剧。埃德蒙·威尔逊讨厌拉德纳给一本短篇小说集取名《如何写短篇故事》(*How to Write Short Stories*)，为何要设置无意义的障碍呢？就萨蒂来说，这很可能是一种恐惧，害怕如此透明的秘密被庄严所穿透。任何没有资格揭开匣子的人都应该对其中晶莹剔透的珠宝闭上眼睛。达达运动的先驱绕过了整个运动，因为达达主义者没有秘密：有的只是试图隐藏的样子。萨蒂的防御标注出了通往宝藏的道路。没有哪位听过并喜爱萨蒂钢琴曲的作家能够克制住冲动（这些曲目直到二十世纪六十年代早期才汹涌再现），不去将文字中的一切剥离，只留下旋律，仿佛在文字与思想必要的相互作用中存在着纯粹的抒情本质。其实是没有的。但是在音乐中，萨蒂从一个核心的、根本的无望理想中创造出了生动的现实。他让我们成为婴儿，除非我们因为他的话而分心，那样我们就不配了。

阿图尔·施尼茨勒
Arthur Schnitzler

阿图尔·施尼茨勒（Arthur Schnitzler，1862—1931）是维也纳文学界在其成果最为丰硕的年代出现的一位巨人。他在成为专业作家之前是执业医师，将深入医院会诊室和手术室的严酷现实视角纳入了自己的小说和剧作。这种诊所现实中最引人注目、最引起长久争议的因素是他对色情的探究。身为医生，他对此有很多间接了解，而直接的了解则因为他是一位精力充沛的年轻人，对各阶层女性都有吸引力。与生俱来的优越条件加上名望，使他令人难以抵挡，有关他的生活，值得称赞的一点是：他在机会俯拾即是的环境下依然营造出了道德感。真正令他闻名遐迩的是戏剧，他以戏剧家的身份统治着这座城市。尽管他作为剧作家在国际上也受到尊重，但众所周知，他的戏剧很难在英语中再现出来，尽管汤姆·斯托帕德这样技艺娴熟的剧作家曾经这样尝试过。（他剧本中有些情节会时常出现在电影里。）或许通过施尼茨勒的短篇小说更容易了解他，但如果想要研究文化与政治之关系在危机年代的关键地位，我们不应该忽视他的长篇小说，Der Weg ins Freie（常常译作《自由之路》，虽然译作《通往旷野的路》更不容易让他同萨特混淆在一起）。他其他任何体裁的作品都不曾如此尖锐地涉及奥地利犹太人的身份问题。施尼茨勒也是犹太人，他并未因为自己巨大的成功而对充斥维也纳上流社会的反犹主义视而不见：他的剧作《伯恩哈迪教授》(Professor Bernhardi) 就是针对这个问题。衣着光鲜的人们在剧院静静坐着观看这部剧。但施尼茨勒很快就注意到，还有另一群衣着过于讲究的观众不大可能安静地坐着，眼看着自己的偏见被拿出来审视。纳粹早在上台之前就大声反对犹太文化界的布尔什维克主义，他们发现诽谤施尼茨勒是世界主义的淫秽作者是件很容易的事。施尼茨勒比弗洛伊德更快地意识到纳粹将使维也纳文明的一切遭到毁灭。人们对施尼茨勒依然有着挥之不去的误解：因为他青年时代的回忆录如此直面现实，人们认为他粗鲁到了不可救药的程度。但是，即使在之前人们讳言的话题上，他的现实感也都出自敏感而非愚钝。他有一种抒情的意识，能够穿透一切，甚至穿透那些真正病态的心灵，穿透那些将他的诚实称为病态，并要以此为由将他杀害的人。

———•———

> 有各种逃避责任的方式。逃往死亡，逃往疾病，还有逃往愚蠢。最后这种是最不具有危害性和最舒适的，因为即使对于聪明人来说，逃往愚蠢的旅程也不如他们想象的那么长。
>
> 阿图尔·施尼茨勒，《箴言与思索》(Buch der Sprüche und Bedenken)，第 78 页

当雷蒙·阿隆在《介入的旁观者》中说低估愚钝在人类事务中扮

演的角色是一个错误时，他只是表达了一个有用的想法，但施尼茨勒上面这几行字真正达到了格言的高度，而他所有关于"格言警句不该成为一种文学形式"的警告都适用于此。（他说：摇一摇警句，在大多数情况下都会有谎言掉下来，最后只剩下陈词滥调。）但是施尼茨勒一生不信任似是而非的悖论，这反倒使他自己的格言警句得以巩固和充实，否则他的格言也会像王尔德那样更受人欢迎。施尼茨勒的确是力求真实，这种将聪明与愚蠢相联系的大胆言论典型地表现了他可以多么毫不畏惧地诚实。

　　愚蠢仅仅是缺乏心智吗？还是自有另一种心智？如果后者属实的话，那么愚蠢本身就是一种力量：但要探究这种力量很难，因为它似乎总是同其他东西混杂在一起，例如，同聪明混在一起。在地缘政治领域，希特勒至少就提供了一种乍看是纯粹愚蠢的突出案例。1941年6月发动巴巴罗萨行动之后，他以恐怖手段对付多年来承受高压手段的上千万苏联人民。作为一位征服者，略施手腕本来只会对他自身有利；但他却只想到了采取高压手段。这是最终导致他战败的许多转折点之一，但是这也意味着：这许多转折点都能回溯至起点，根源都在于他毫无理智地执着于种族纯净。他本性里就认定大规模屠杀本身就是目的，而缔造一个大德意志只不过是手段而已。他1933年夺取政权之后开始的反犹运动将犹太人从德国自然科学研究中清除了出去——这是一种自残行为，最终必将使他失败。然而，虽然现在回头看很难否认，但也需要加一些限定。尽管德国的基础科学研究遭到了损害，应用技术在纳粹统治之下却依旧存在了很长时间。有一种回溯过往的自我宽慰是：即使时间充足，海森堡和其他雅利安物理学家也不可能造出原子弹，更无法在同盟国之前扔出原子弹，因为德国远程轰炸机的性能没有跟上来。希特勒的德国完全拥有主宰世界的潜力。暂且不谈主宰世界这个念头本身是否正常——反正我们一般不会说亚历山大大帝是个疯子——希特勒至少没必要以精神不正常的方式来追求这一目标。他确实这样做了，不知是否是我们的幸运。正是因为他坚持的原则才导致他一败涂地。如果他能够因势利导，牺牲原则，反倒可能获胜。

在他癫狂的世界观（Weltanschauung）的范畴内，希特勒可谓足智多谋，甚至才华横溢。他的意识形态取决于灭绝，但那无疑是一种意识形态，尽管雷蒙·阿隆多次指出，没有哪种意识形态是现实的，但这并不意味着意识形态分子在所有领域必然是愚蠢的。希特勒始终错在聪明过了头。他显然善于玩弄大众政治，并为自己的成功感到欢欣鼓舞，以至于幻想自己对任何略知一二的领域都无所不知。希特勒并非不知道远征俄国给拿破仑带来了什么后果，他研究过这个问题，知道历史学家一致认为拿破仑不应该占领莫斯科。希特勒同样知道德国对战略资源的需求，因而认定高加索油田是更重要的目标。他的推断在宏大战略层面上很聪明，但在军事战略上却忽视了一个同拿破仑的时代没有关系，但对当时却至关重要的事实：莫斯科是苏联的通讯中心。假如希特勒在1941年秋天集中兵力来对付莫斯科，不久之后就能得到他想要的所有的石油和矿产。但他聪明过了头——或者，如果你愿意这么说的话，愚蠢过了头——虽然这样说扭曲了"聪明"一词的意思。

如果美国当时能够找到一种方法扶持卡斯特罗早期的社会主义理想，古巴政权可能一开始就不会形成。但美国推行的外交政策认为，任何社会主义的迹象都将招致共产主义。该政策是愚蠢的，但也同样并非必然是愚蠢者的产物：东海岸外交政策精英是美国最聪明的政治头脑。"二战"结束之初，为了让一项真正有益的举措——马歇尔计划——在国会通过，他们却在别无选择下启动了一种不明智的政策：煽动对共产主义的恐惧。他们需要借此获得大众支持：这对任何知识精英都是尴尬的处境。大企业才是获得大众支持的行家里手。

有些报纸、杂志、电视节目和电影令我们为生活在西方而感到羞愧。对此，施尼茨勒所说的以愚蠢来逃避责任似乎可能是唯一的解释。乍一看，大众传媒似乎提供了理想的机会来单独审视愚蠢，但这种计谋也同样不易奏效。还有一种可能（甚至可以说非常可能）的情况：当真正涉及财富时，聪明人也会制造愚蠢，因为商业动机使他们暂时搁置了自己的品味、见识和诚实。这种本质上平凡的想象在好莱坞大片中最为明显，需要长时间深思熟虑的创造性才智为了高额票房收入而投机取巧，走了捷径。当大片在首映周末票房不佳时，每位自诩有辨识能力的旁观者都乐不可支。然而，真正赏心悦目的大片就不那么好说了。《血染雪山堡》一直是我最喜欢的例子：我第一次看这电影就幸灾乐祸，因为能够借此反驳专家们，他们曾经轻率地断言，说屏幕上的愚昧只不过反映了镜头背后的心智。每次电视重播这部电影我都会看，目的是加深我对那些揭示真相的细节的记忆——好吧，其实就是为了高兴。《血染雪山堡》固然智力上有所欠缺，但还是有些有价值的东西：它是一块沼泽，表面漂浮着一层从祖母绿中挤出来的绿色浆汁。你无法从《三角突击队》(*Delta Force*) 系列电影或者尚·克劳德·范戴姆在无脑世界的冒险中获得同样的能量。在范戴姆的电影里，带枪的竟然挡不住赤手空拳的。《血染雪山堡》是某种形式发展的顶端，比《纳瓦隆大炮》(*The Guns of Navarone*) 走得更远。而在《纳瓦隆大炮》那个笨蛋平流层里，即使《野鹅敢死队》(*The Wild Geese*) 也无法动弹。在染血的雪山堡里，对荒谬的知觉渐渐淡出，视野充满了现代书生的装腔作势，他们相信——哪怕只是"特设"（ad hoc）和"临时"（pro tem）的——电影感可以在真空中存在，也即脱离其他任何感觉，是一种自愿的脑死亡，而这整个复杂的现象又全都集中体现在理查德·伯顿的发型上。

我们要记住，施尼茨勒还说过逃入愚蠢也是逃避责任。然而，理查德·伯顿在《血染雪山堡》中的发型已经是连施尼茨勒也无法想象的人类荒诞的极致了：逃入愚蠢，逃离发型师。伯顿扮演一位英国特工，当然也可能是德国特工，虽然我们可以肯定他最终会是英国特工，因为理查德·伯顿扮演的特工永远不会做一笔让他的客户在黎明被枪杀的交易。伯顿这位几乎可以肯定是英国特工的角色与克林特·伊斯特伍德等特工——其中一些人还真的是德国特工——被派遣去德军后方的一座城堡里营救一位演员，也可能是去确认他的可信度，或者是去暴露他的真实身份。这位演员假冒的是一位掌握了开辟第二战场计划的美国将军。扮演这位演员的演员不需要吸引我们的注意力，考虑到他的表演功力，德国人会逮捕本身就是个奇迹。（德国人的行为更令人惊讶，但我们稍后再来谈这个。）真正要紧的演员是理查德·伯顿和克林特·伊斯特伍德。克林特当时已经处于票房号召力的顶峰，这次扮演的角色是个头脑简单、有话直说的美国刺客，负责协助聪明透顶的英国间谍：就像菲力克斯·莱特与詹姆斯·邦德的关系一样，只不过为了照顾美国市场，两人的地位是平等的。克林特会说"哈啰"，等德国人转过身来再用消音手枪开火——如果他说完"哈啰"就在背后开火，那就是另一种电影了，符合现实的电影——此外他的性格中没有什么与时代不符的特征，除了他固执的沉默无语。我们很高兴地意识到，作为一名演技平平的演员，他在长期职业生涯中已经养成了这种过分低调的习惯。伯顿的表演风格也同样不合时宜，但却是朝着另一个方向：过分高调。从银幕生涯开始到结束，他看上去都完全像一个死命对着后排观众表演的舞台演员，除非有一个会驯兽的导演（例如《柏林谍影》的马丁·里特）能用鞭子把他管教好，或者偷偷弄点镇静剂放进他的早餐三件套。伯顿说话时总是快速翕动嘴唇，以致嘴唇都扯过了鼻尖。《血染雪山堡》有几场戏里，他的嘴唇都从银幕边上出去了，好像是要再吃一份早餐似的。

然而，伯顿之所以与"二战"时期的堡垒前厅不协调，问题并不在于他的表情，而是他头顶上的东西：他的发型。当时他的头发大概还都是他自己的，但那毕竟是一种发型：要知道，在"二战"期间，哪怕是女人都难得做发型，男人根本就没有发型可言。（在电影中，玛丽·乌尔显然带了位发型师同行，但我们从来看不到他：就算他拿着卷发钳子走到镜头前，她也不会更像是穿越过来的。她柔顺的头发闪着金色的光泽，即使爱娃·布劳恩这样与大人物交往的人也只能梦想而已。罗马尼亚军队最高指挥部曾经发出命令，少校以下军官不能化妆，但英国和德国军队都规定所有军阶的人员头发后背和两边必须剪短，德国军人更是都要剃平头。然而，伯顿为了能被人当作德国军官以便深入敌军堡垒，竟然做了这样一个报童的发型，乱七八糟的卷发全都披在领后。伯顿的脑袋毕竟很大。我采访过他之后才明白为什么他在银幕上总是看起来那么结实：他上半身非常宽，你得侧着身体才能看见他背后的东西。即使头发剪得很短，他也必须戴上一顶大小在整个德国国防军中都难得一见的帽子。但以他的发型再加上大脑袋，帽子得要给野牛戴的那么大才行。即使这样都未必能掩盖——其实反而突出了——后面冒出来的异常茂密的头发。在电影中，他好几次要通过德国人的检查站，你只能推断驻军是从盲人学校来的吧。战争后期德国正规军处于崩溃状态，人民冲锋队里都是老弱病残，但我不记得有很多盲人被派去端火箭筒，听见哪里有盟军坦克就朝哪里射击。但在这个堡垒里，人们倒也不歧视眼神不好的人。

无论是单重、双重还是三重特工（"三重，求你了"，你能想象出他会这样说），伯顿扮演的角色几乎还没出降落伞就会被捕，光看外表就能抓起来。在单纯的电影规范以内，剧本所有其他时代错误都是可以解释的。在堡垒下面的酒吧里，伯顿、伊斯特伍德和其他间谍——其他间谍的主要作用在于可以随时牺牲——大声用英语交谈。是的，当他们讨论骗过德国人的计划时，他们选择用英语交流，而且当兵营里的人从他们身后经过时，他们也没有降低音量。当然，我们也可以说这是约定俗成的处理方式，特工们实际上是在说德语。（但也可以说，如果他们的确是在说德语的话，察言观色的德国人更有可能注意到有人正在大声讨论如何愚弄他们的计划。但姑且就这样吧。）此外，我们大概还可以认为，英语似乎是当地德国人都会说的语言。同样，德军指挥官乘直升机到达城堡庭院，也可以归因于同样神圣的电影界的约定俗成。第二次世界大战时直升机还没有投入作战，但古罗马打仗也同样不用大炮，莎士比亚还是放了几门大炮去那里。莎士比亚是好莱坞对真实性采取灵活态度的先驱，任何受过一点高等教育的好莱坞大亨都会很乐意这样告诉你。电影中每个愚蠢的错误都有理由来解释，最主要的原因是：制作电影的人肯定早就知道这些错误，但判断他们在乎的那部分观众不会注意到。"二战"以来拍摄的多数大制作战争片以及所有小制作战争片里，敌人总是发射一种特殊的子弹，恰好打偏而不是打穿我方演员，最多是子弹偶尔穿透肩膀或打到腿部等不致命的部位。在《硫磺岛浴血战》(Sands of Iwo Jima)中，约翰·韦恩最后在他坐下来的时候被一颗日本子弹打死了，但之前当他一直慢吞吞跑着的时候，日本机枪手徒劳地朝他发射了上千颗子弹。在《血染雪山堡》中，大量装备了致命的MG42机枪（射速：每分钟1200发）的德国火力点甚至无法擦伤理查德·伯顿一根头发。他那一头秀发，目标大到足以让一头慢吞吞的母牛上来啃两口，但为了电影效果，飞行的子弹却都打不中。子弹打不中，这是有先例的；伯顿的发型，这倒是他自己开创的先例。

正是在这样的地方，权威人士可以坐实一件看似一目了然的事情，即施尼茨勒所说的逃入愚蠢是这部电影的创作者（或者犯罪者）的主要动机。他可能会承认一些罪魁祸首从技术上讲很有实力，但这样一来，他就会坚持认为还存在一种集体的犯罪：体制本身。他可能说得有道理，但不会像他自己认为的那样有道理。他忽视了明星效应的因素，而这正是吸引他来看电影的首要原因。让伯顿保持他的日常发型是制片厂让他进入"二战"这个场景的唯一机会。（他在《最长的一天》中客串角色时，浓密的头发留得少了些，还不足以让他被自己人逮捕，更别提敌军了）。伯顿也不蠢，他已经意识到，关键不在于让自己看起来像个冒充德国军官的英国特工，而在于看起来要像理查德·伯顿。明星效应的现实就在于此。可塑性只是对于演员而言。对于电影明星来说，重要的是辨识度。很久以后，在一部更好的电影里，罗伯特·雷德福再次证明了这一点。他在《走出非洲》中扮演丹尼斯·芬奇·哈顿时，直到最后一刻才拒绝采用英国口音。他是对的。《走出非洲》是一部严肃的电影，但同样是商业大片，票房靠的是雷德福，不是真实还原。雷德福很乐意把真实性全都留给梅丽尔·斯特里普和克劳斯·玛丽亚·布朗道尔。他不光是愿意，而且是坚持要给她们。正因如此，他才成为罗伯特·雷德福。如果我们怀疑这一点的价值，就应该记住假如他一开始不是罗伯特·雷德福的话，圣丹斯电影节就根本不会设立，更不会永远改变美国独立电影的面貌。雷德福是个非常聪明的人。伯顿不喝酒时也一样，他能够大段背诵英语诗歌。伯顿足够聪明，能凭直觉发现令人深感尴尬的真相，并在自己演过的最赚钱的一部电影里，将它融入发型中。世界上那些重大事件总伴随着关于它们的诠释。这种诠释的旁边伴随着娱乐。而娱乐的旁边伴随着荒诞。但我们如果对荒诞做出了正确的判断，就会发现它能提供娱乐性，就连那些深知被歪曲事件的真实意义的人也会感受到这种娱乐性。逃入愚蠢可以得到大众自愿的、广泛的参与，因为总有那么一个时刻，逃避责任会变得不可抗拒。选择那个时刻需要某种才能。它可能是一种败坏的才能，但绝对不能是平庸。

613　　　　　　　　　　　　　　　　Arthur Schnitzler

在所有那些本该更好的大片里（不是指那些糟到不能再糟的电影，比如《复仇者联盟》或《珍珠港》），愚蠢已经制度化了。如果这些电影在周末首映大获成功，你大可相信几乎所有参与其中的人都很聪明，而且往往有着惊人的文化修养。但这些策划者的精明世故也足以让他们明白，周末首映的目标观众既不聪明，也没什么文化。他们想迎合无知的年轻人。高估他们的愚钝程度往往会犯错——电影多少得有点意义——但是，他们的无知是如何高估都不过分的。假如不是消费者支配生产者，而是相反的话，那么生产者和消费者之间的智识差距会大到可怕的程度。因此，加州的电影大亨才会往往陶醉于自己的过人之处：他们没有其他地方可以逃避犯错带来的后果。他们并非逃入愚蠢，而是逃入世故。你在英国电影界能认识很多对弗兰克·劳埃德·赖特略知一二的人。但只有在洛杉矶，你才能遇到这样一位电影总监：他住在弗兰克·劳埃德·赖特设计的房子里，并且将大把时间、趣味和知识用在翻新这所房子上。他名叫乔·西佛，就是他在《虎胆龙威》（*Die Hard*）里让赤脚的布鲁斯·威利斯撞穿一扇钢化玻璃窗，让二十来个久经沙场的恐怖分子瞠目结舌，而不是把他自己搞得遍体鳞伤。幸运的是，恐怖分子的枪支装满了标准的魔法子弹，碰见我方任何一位明星演员都能转弯，没有任何道德高尚的人被杀，除了一位日本行政主管——那也许只是为了给硫磺岛算个旧账。

在大众传媒中，这些不良现象都是功能性的、常规化的。我们不禁要想：是不是制度规则在诱导这些聪明人干蠢事。其他领域亦然。在参议员约翰·克里同乔治·W. 布什竞选总统的那一年，布什为何假装会讲英语这个问题，永远不像克里为何假装不会讲法语那么值得玩味。在美国，自由民主的选举制度最接近自由市场，聪明人早已达成了历史共识：候选人不仅要把事情简单化，而且自己也要看上去简单。文化记忆很困难：有太多的细节，而文化失忆就比较容易。反正到最后不会有活着的人确切地知道在"二战"中从来没有《血染雪山堡》中理查德·伯顿的这种发型，那我们为何不索性忘了它呢？布什总统的演讲撰稿人鼓励他忘掉珍珠港事件之前已经有"二战"这回事。他不但不能知道有这回事，而且他还应该看上去不知道这回事。人们如何看待这种功利性的无知，本身就值得研究。但是就知识分子这个群体来说，这恰恰是他们最没有能力做的研究。那些迟钝的知识分子试图将过往的灾难归罪于愚蠢的个人，因此才会认为"一战"战壕内所有的士兵都是道格拉斯·黑格元帅杀害的。而稍微精明一点的知识分子则试图归罪于愚蠢的集体，因此才会认为越南战争的升级是美国中情局的过错。（事实上，中情局警告过肯尼迪不要派遣地面部队，但被总统无视了。）聪明的知识分子可以分析复杂的事件，但却往往将之归于简单的动机，才会认为冷战和军备竞赛是美国的发明，旨在扼杀解放后欧洲的社会主义事业。只有异常精明的知识分子才会承认规模巨大、成本高昂，甚至堪比刑事犯罪的愚蠢行为是由像自己一样聪明的人造成的，那些继续认为自己的前辈很愚蠢的当代思想家很容易写出弥天大谎，酿成弥天大错。施尼茨勒的格言将这一点考虑排除在外：以逃入愚蠢来逃避责任，这种情况是存在的；但以逃入聪明来逃避责任也同样具有破坏力。

"可是万一，"利奥说，"恢复执行枪决该怎么办？"
"那么，"海因里希说，"我郑重承诺我会直接到你这里来。"
"噢，"乔治表示反对，"永远不会再有那种时候了。"

阿图尔·施尼茨勒，《通往旷野的路》

十九、二十世纪之交的某一天，三个犹太男孩懒洋洋地躺在一个视野极佳的山坡上。他们在进行一场漫不经心的辩论：关于巴勒斯坦的梦想是否是对维也纳日常琐碎的反犹势利行为的恰当反应。毕竟,他们三人都不虔信宗教。但争论渐渐变得相当激烈,于是他们用上述玩笑来冲淡紧张的气氛。八十年后回顾过往,我们可以视其为现代文学中最具预示性的时刻之一。但它也应该提醒我们历史主义的危险:后见之明与世界无关,而是一种自我放纵。它使得我们能够控制历史,然而关于历史,我们应该认识到的第一件事却是,我们不能控制历史:不能通过回顾以往,更不能通过朝前看来控制它。三位年轻人中只有一人相信"犹太人同化"是一种危险的错觉,即使他们三个人都同化了,他们仍然只是小说人物:他们不会是施尼茨勒。如果施尼茨勒自己真的以为未来是注定的,那他永远不会再写一行字。但灾难可能发生的想法无疑已经浮现,它源自作者的内心。施尼茨勒理解西奥多·赫茨尔关于犹太人同化是"幻想"（ignis fatuus）的看法。他本人已经同化到了一个有着犹太背景的人可能同化的最高程度。即使在"一战"以后,随着旧帝国的瓦解,施尼茨勒在维也纳文化生活中的声望,也与弗朗茨·约瑟夫统治时期的马勒相当。在城堡剧院,施尼茨勒这位无可匹敌的剧作家习惯了在每一个成功的首演之夜多次谢幕:有时他在舞台上的时间似乎同演员一样长。

但是,即便以他如此高的声望,他也明白缺乏安全感意味着什么。他的一些最佳剧作就是以此为题材。《伯恩哈德教授》的主题是一位如施尼茨勒般身处高位的人发现,以他的声望来试图消除人们长久以来的仇恨是无济于事的。施尼茨勒从没有像雅各布·瓦塞尔曼那样神经质。后者是一位小说家,社交界对他接纳的程度无法与其小说畅销的程度相提并论,令他感到绝望。施尼茨勒把自己的声望视为得到认可的标志。但他也知道轻蔑一直存在,是文化中的一抹杂色。散文家阿尔弗雷德·波尔加的批评令他尤其感到刺痛,原因有两个。一个原因是波尔加写得实在太好:负面评价如果出自一位有才能的作家，伤害是最大的。另一个原因连施尼茨勒的私人信件中都几乎没有透露，但可以从字里行间窥见。施尼茨勒认为，既然波尔加也是犹太人，贬低他时又何必动用那么具有敌意的语言呢？弗朗茨·韦费尔对卡尔·克劳斯也可以有相同的感受。在二十一世纪的第一年，杰出的艺术史家贡布里希在漫长人生行将结束之际，对一种他认为被误导的舆论共识提出了抗议，这种共识似乎认为，在希特勒荒谬地发明"犹太人"的概念之前，就已经存在一个拥有这种自我意识的犹太人群体。犹太人的团结一致是外部强加的，而且即便在当时，也从未有人真正感受到这种团结。在生活富足的专业人士阶层中，完全同化的犹太人困惑地发现自己受到了纳粹的排斥，有很多人在厄运临头时仍然深信，如果不是从该死的东边大量涌入了那些衣着怪异、不善与人相处的难民，从而引起了不满，整个事情根本就不会发生。但你仍然可以明白为何一位遭到犹太评论家贬低的犹太艺术家会感觉遭到背叛：事情本来已经够糟了，哪里还需要自己人来七嘴八舌。如果你这位同化的犹太人竟然拒绝承认存在本民族这么一回事，那就更糟了。很多明星经常听人们七嘴八舌地说他们代表了一个民族的希望，跟他们一样，施尼茨勒也只想做一个人，而不想做代表。由你自己的原则所引起的痛苦是难以忍受的。

施尼茨勒很幸运，在希特勒尚未掌权时就已经寿终正寝，但如果他活得够长，看到纳粹实施他笔下的人物一笑置之的那种返祖式的威胁，他会怎么想呢？幸运的是，这种猜测没有用处，因为它假设个人心理具有连续性，而这没有什么根据。施尼茨勒是个异常敏锐的人，但他的洞察力也可能随着年岁增长而衰竭，甚至可能会拒绝自己感受到的证据。卡尔·克劳斯活得倒是够长，而他只是说自己对希特勒无话可说。言下之意就是，希特勒可怕到无法形容，甚至超出了克劳斯讽刺的范畴。其实在很大程度上，正是因为克劳斯认为十九世纪九十年代末维也纳制度化的反犹主义已经达到了可恨的极点，所以才没有意识到希特勒的到来，而且他的这种盲目至少部分是故意的。后来，颇有天赋的讽刺作家库尔特·图霍夫斯基在流亡中陷入绝境，开始怀疑自己过去对魏玛共和国持续不断的嘲讽是否明智。但克劳斯已经走得太远了，他对自己在"一战"后奥地利的所作所为没有这样的怀疑。他太累了，无法重振旗鼓适应新的挑战。同样的事也可能会发生在施尼茨勒身上，但是1931年施尼茨勒去世时，他已经听到过纳粹声嘶力竭的叫喊：他们发现犹太富豪和色情狂施尼茨勒对他们自己的文学创作是一种充满诱惑的刺激。关于他的一些文字太可怕了，不宜在此引用。

但他并没有将此作为写作的题材，街头巷尾的吵吵嚷嚷竟然能夺取权力，即使对他来说也很难想象。他在世纪之交经历过这一切。（我手边的《通往旷野的路》是1922年出版的，但他1903年就已经动笔了。）他在一部伟大的小说中注入了他对犹太人身份、同化以及千年来犹太人无法被同化的所有思考，所有相关的人都应该想办法找出自己通往光明的路。从那时起，他已经找到了自己的出路：通过文学成就、世俗成功、名望以及私生活中丰富的情感回报。即便他曾在社交场上的豪华客厅遭遇过反犹行为，但他进不去的豪华客厅也很少。我们很难想象，老式客厅里的所有这些微妙的、彬彬有礼地暗藏阴险的偏见，等到疯子们来重申时，竟会获得完全不同的力量。在弗洛伊德最后的日记中，我们可以看到，即使是这位伟大的潜意识研究鼻祖，也迟迟不愿承认纳粹对文明的挑战。弗洛伊德、克劳斯、施尼茨勒——他们都处在维也纳文化智识的顶峰。但对这三个人来说，都不存在希特勒式的犹太人问题。他们关注的一直是作为现有文化污点的反犹主义。希特勒新的反犹主义本身就是一种全新的文化现象：一种死亡文化。西奥多·赫茨尔曾预言了它的到来，但依据的仅仅是一直发生在东欧的事情。要承认同样程度的毁灭性破坏也可能发生在西方文明中，那真的需要一名先知。至于先知，理性的人往往会说他可能是疯子。先知预言和创造性直觉或许有一个共同点：两者都依赖于对于各种可能性的思考，而不是事先进行自我审视。施尼茨勒作为一名作家的丰富性，取决于他有能力不去审查直觉告诉自己的东西：在书写欲望时，他建立了一种一直延续到菲利普·罗斯的传统，后者受惠于施尼茨勒，超过受惠于卡夫卡，因为正是施尼茨勒开创了欲望如何渗透想象这个主题。（罗斯最令人难忘的书名之一《欲望教授》[The Professor of Desire] 正好适合施尼茨勒。）

同样地，施尼茨勒也没有审查自己的不安全感。在他成年生活的各个方面，他都为自己营造出一个殷实资产阶级的完美形象：他实际上是"环城大道"的一部分，那是维也纳市中心的环形建筑群，就像一个剧院，布景由石材砌成。但他仍然保留了对不安的感受。他已经足够强大了，在老奥匈帝国宽容的社会氛围中茁壮发达，但正是这种宽容一直困扰着他。宽容是可能被收回的。如果山坡上的一个男孩指出——利奥是最有洞察力的一位——古老的敌意比他们想得还要深，他表达的肯定是作者心中一直警觉的疑问，即使不是他确定无疑的想法。施尼茨勒的作品卷帙浩繁，与人的美貌一样，依赖于事实上不可避免的转瞬即逝。读他的剧作原文会发现，他足可与易卜生和契诃夫齐名，尤其是契诃夫，不仅仅因为施尼茨勒最早的职业也是医生。易卜生剧作的故事发展动力是表现人们如何自食其果，而契诃夫则像飘落的树叶。施尼茨勒的短篇小说、小品文和中篇小说也能使他与契诃夫齐名，虽然《古斯特尔少尉》（*Leutnant Gustl*）也会让你想到乔伊斯，因为早在乔伊斯开始探索内心独白之前，施尼茨勒已经穷尽了内心独白的各种可能性。施尼茨勒的大段格言是自成一体的哲思散文，即使他其他什么都没写，《通往旷野的路》也可使他跻身现代欧洲小说大家之列。在我的书架上，纸页轻薄的施尼茨勒全集构成了空间里的一个点，在那里，引力不断吸入更多的光芒，使之无法逃逸；靠近它，你自己便会一同被吸进去。

但这样的光亮是磷火闪闪。施尼茨勒知道他描写的是一种日渐衰落的社会秩序。他从未对世界放弃希望——他认为文明不管如何变化，都将继续下去——但他的确同他出生于兹的社会秩序明确地道别了。他详细地描述这种秩序，以至于我们几乎认为他有着难以抑制的怀旧情感。但并非如此，他是个现实主义者。那位名字取得巧妙的美国评论家约瑟夫·伍德·克鲁奇（Joseph Wood Krutch）在评论塞万提斯时说，只有浪漫的人才能足够现实，他说得不无道理。然而，施尼茨勒的浪漫主义并非自吹自擂的虚饰，而是世界观的一部分，因为他情场无敌，甚至到了老年，世界对他来说也总是充满了性冒险。在这方面，他就好似糖果铺里的小男孩。但他对糖果铺老板已不抱任何幻想，他也没让个人的满足迷糊双眼，以至于看不到令他本人心满意足的世界普遍存在的脆弱。施尼茨勒的黄金时代与优塞福·罗特的黄金时代之主要区别就在于此。施尼茨勒一直没有离开，而且说出了实情；不自觉地说谎的罗特却是缅怀那个世界，对往日消逝的和谐一致恋恋不舍。罗特的《拉德斯基进行曲》（Radetzkymarsch）是一部杰作，你不用太了解奥匈帝国也会明白这一点。然而，你了解得越多，就越能明白《拉德斯基进行曲》只是一个美丽的梦。施尼茨勒是对你展示现实的人——这是走出迷途的唯一路径。

孤独是侵袭我们的幽灵，没有什么比它有着更多的伪装，而它最神秘的面具之一就是爱情。

阿图尔·施尼茨勒，《箴言与思索》，第 117 页

1927 年，费顿出版社在维也纳出版了阿图尔·施尼茨勒的小开本布面文集，标题可以译为《箴言与思索》（*Book of Sayings and*

Thoughts），这是费顿首批出版的作品之一。我这本是 1983 年在纽约斯塔滕岛的一幢房子里找到的，当时那里塞满了难民的孩子出售的书籍，这本书我一直读到今天。书籍大小没有超出手掌，可以随意装在夹克口袋里。我认为这是现代世界的杰作之一。这本小书用波多尼黑体小字印刷，不足两百页，却包含了一个人一生的回顾。此人深入自己内心，表现出的胆量不亚于后来人们游历太空的胆量。不同之处在于，他发现的一切都是活生生的。你可以称这本书中的一个个段落为格言——他自己有时也采用这个词——但我更愿意称之为散文，要记住，当蒙田试图从自己绵绵不绝的经验和阅读中得出一些结论时，他就称之为"散文"（essai）。施尼茨勒亲身经历过他书写下来的一切：经历的时间越早，思考得就越多，所以这本书给人的印象是在深处照亮的光，鲜活的色彩令人惊讶地跃动着，仿佛它们还不习惯被展示出来。（当雅克·库斯托第一次把强大的光源带到此前从未被照亮的珊瑚架面前时，他问：这些颜色藏在这里干吗？）施尼茨勒某些最令人不安的文字是关于爱情的，他的爱情总是以肉体之爱开始，即使他后来年岁渐长，能力有所下降。他年轻的时候肯定很在行，按照他自己的说法是肆意征战情场。但长远来看，多样性的经验也并未使他的感知变得粗糙，而是经常有违他的本意，让他的感受更加细腻。在这篇只有一句话的有关爱与孤独的文章里，没有任何给人慰藉的成分，但也没有绝望。周遭的反犹主义不断激起他的愤怒，除此之外，维也纳人的生活还有很多内容使施尼茨勒忍不住反唇相讥——他对负面批评的反应并不比其他任何剧作家更好——但他从来不会仅仅因为爱情令他孤独就与爱情过不去，他认为自己能找到爱情很幸运：这当然是理智的态度。

他关于"神秘面具"的说法对吗？开始错了，最后是对的：因为爱不像孤独，它是一个过程而非永久的状态。德语中"最神秘莫测的面具"是 undurchschaubarsten Masken，"最难看透的面具"。（此时我们可能已经注意到"孤独"一词是阴性的：任意词性的确是任意的，但在这种情况下却是一个很好的巧合。）当爱情来临，就不会有面具：或者不应该有。没有什么需要看透，因为你并不孤独，真的有另一个人在分享你的生活。但后来又有另一个不同的事实像一束光一般出现了——是一个你熟悉，但希望不要再遇到的事实。与空间中的光不同，它需要一种介质才能起作用，回过头来看，这种介质就是面具本身。于是你又孤独了。你一直都很孤独，你只是欺骗了自己。

如果施尼茨勒对此十分肯定，那便是沮丧到了极点。但如果他真的那样肯定，他也不会一直为此操心了。在同样了不起的页面上——了不起的书籍当然有了不起的页面，这本书的第 117 页是其中之一——他又尝试了一次。"我们觉得自己一心向往自由，同时寻求与别人同心相随，却又不能确信这在我们的权利范围之内——就是这一点使得任何爱的关系如此成问题。"此处的问题有关占有欲，首先要知道的是，如果没有任何真正的东西可以占有，那就不会有占有欲。所以这不是由神秘面具掩盖的孤独，这是另一个人，你对她有足够的爱，以至于要担忧她的权利。你是在为另一个人担忧。你想要自由，假设她也一样：但你希望她是你的。如果你不是那么富有同情心，就会一心一意希望她是你的。在任何时代包括现在，世界各地都有这样的男人，他们毫不犹豫地相信他们的女人属于他们。但这是一些没有受过教育的男性。如果说施尼茨勒的作品在此题材上有一种倾向，那就是指出爱提供了一种教育。这种关系的问题本质上就是：什么来告诉你它是一段关系。这可能不是牢不可破的纽带，但是作为一种无法解决的问题，它赋予你一种特权，让你意识到：如果没有他人的自由，你自己的自由就毫无意义。当你爱时，问题就开始了，你的现实生活也一样。

还是在同一页上，不过是在顶部——我按照不同的次序来谈论这些段落，为了还原他可能故意打乱的次序——他把爱与孤独的主题推向了一个令人毛骨悚然的方向。"每段爱的关系都有三个阶段，"他说，一反常态地听上去有点像汉娜·阿伦特或奥登在摆设哲学的水果摊，"不易察觉地彼此相继：第一个阶段，即使在沉默的时候，你和对方在一起也很快乐；第二个阶段，你们在沉默中厌倦对方；第三个阶段，沉默就像一个邪恶的敌人站在恋人之间。"我们知道这样说的确有些道理，否则可能就不会那么可怕了，但我们大多数人都会承认"激情已经变质"这种司空见惯的衰退。当然，有些激情应该变质，让位于一种可能会保鲜的新的激情。应该可以说，施尼茨勒自己在这方面一点也不像普鲁斯特。普鲁斯特在《追忆逝水年华》里一遍又一遍地说，爱总是会升华为嫉妒：它不仅仅是传播自我毁灭的种子，它本身就是由自我毁灭构成的。在普鲁斯特看来，现实生活中的事情似乎就是如此。

施尼茨勒的现实生活不是这样。从雷纳特·瓦格纳的传记佳作《阿图尔·施尼茨勒传》可以推断，他从来不是那种来者不拒的人。直到进入中年很久以后，他急于结束一场恋情的主要动机，似乎还是害怕女人可能先有同样的想法。一旦他觉得自己不会遭到背叛，安心下来，他就会建立持久的关系。奥尔加·维斯尼克斯不幸早逝后，他一直在怀念她。如果他的妻子（另一个奥尔加，名叫奥尔加·古斯曼）没有坚持自己的自由，以便无拘无束地追求歌唱事业的话，他可能永远不会放弃她。结果是她有点像泽尔达：事业起步太晚，最终也没有成功，他俩在一起太不快乐了，他不会与她破镜重圆，但一直保持着密切的联系。他对年轻女演员维尔玛·利希滕施特恩的爱激烈而持久：她死于一场车祸，令他伤心欲绝。克拉拉·波拉切克慰藉了他的晚年，但如果她知道这老头还藏了个年轻女士在羽翼之下，可能就不会那么忠诚了。虽然他不喜欢说谎，却是沉默的大师。但我们如果怀疑他情感不健全，那就大错特错了，他的情感很宽广，而且慷慨：如果你把他同伯特兰·罗素那样真正自私的花花公子相比，就会发现一个关键性的差异。有充分的证据表明施尼茨勒信仰女性自由与自我完善，他希望他的女人们为了她们自身的利益去做自己，而不单单是为了他。

尽管如此，他会是今天的心理医生所谓"区隔化情感生活"的典型。然而，颠覆性的元素却在于他如何从这些"区隔"（compartments）中摄取创造的能量。他认为人的心灵就是这样运作的，他在戏剧化地呈现观点这方面做得很出色，以至于托马斯·曼和西格蒙德·弗洛伊德都认为他是卓越的心理学家。但今天很少有心理学家会同意这种说法，尤其是如果他们从事心理咨询工作的话；按照美国人的标准，一对已婚夫妇应该一生快乐健谈，他关于沉默敌对的观点听起来就像恶魔的化身。夫妻永远和谐幸福的美国标准要求两个人各自只有一半个性。施尼茨勒按照欧洲的标准行事，两个完整的个人可能相处得好，也可能相处不好。这两种标准我们究竟采取哪一种作为范式，可能是个选择问题。但是，虽然施尼茨勒不至于那么过分，坚持说天下男人都像他一样，却的确相信其实是别无选择的。在他看来，社会习俗同灵魂的冲动相抵触，而他正是从这种冲突中创作出戏剧。在艺术上，这是无可非议的决定；但其结果却是一种美国人无法理解的艺术，这就是他从来没有享誉世界的真正原因。易卜生乃至斯特林堡都闻名全世界。在美国，斯特林堡被公认为爱德华·阿尔比的先驱；《谁害怕弗吉尼亚·伍尔夫》中的爱侣可以在百老汇当场撕碎对方。毕竟，他们都结婚了，会永远在一起，像一对戴了铜脚套的斑鸠。只有菲利普·罗斯的小说认可了一种施尼茨勒在其中游刃有余的精神世界。但罗斯笔下的主角也必须承认，在现实生活中，他们被代价高昂而可耻的欲望所支配，这让他们感到痛苦和迷惘，就好像他们是亨利·米勒笔下放荡不羁的波西米亚人，只是衣着更考究。施尼茨勒却不承认有这样一回事，他认为想象和忠诚之间的战斗是生活的现实。即使在今天，他去世七十多年之后，那些认为他说的话有些道理的人仍然必须伸出手去，摸索至书架顶端，才够得着他的作品。在那里，危险的出版物包裹在塑料薄膜里。他曾经竭力探索这个充满了被压抑的欲望的文明，但这个文明至今还没有准备好接纳他。

苏菲·绍尔
Sophie Scholl

有关苏菲·绍尔（Sophie Scholl, 1921—1943）的史料记载很少，因为她的生命很短暂。1942年在慕尼黑，苏菲的哥哥汉斯想方设法阻止妹妹参与"白玫瑰抵抗小组"的活动。但是苏菲很执着。除了父亲之外，绍尔"兄妹"（对应的德语词是Geschwister）几乎很少跟成年人打交道。这是一群孩子。毫不奇怪，他们没有多少抵抗可做。但打印和分发传单已经足够大胆，如果被抓住，会遭到什么样的惩罚是毫无疑问的。苏菲如果愿意的话，本可以免于惩罚，但她又一次坚持了自己要做的事。绍尔兄妹所树立的榜样在德国以及其他地方都具有重要意义，因为他们身为雅利安人，却抗议犹太人遭受的命运，这纯粹是出于共同的人性。丹尼尔·乔纳·戈尔德哈根在他的著作《希特勒的自愿行刑者》（Hitler's Willing Executioners）中对他们只字不提，这是个严重的错误：他的观点是全体非犹太德国人全都效力于灭绝式的反犹主义，但如果他有意忽略了一群有证据表明并非如此的非犹太年轻人，那他的结论就必然站不住脚。现在有几本关于白玫瑰抵抗小组的书籍，其中最好的一本是由苏菲的妹妹英格编辑的文件汇编《白玫瑰》（*Die Weisse Rose*，增订版，1993），包含传单文字内容、纳粹法庭记录、亲朋好友的回忆，在第 32 页上还有一张苏菲的照片，见之令人心碎。当初纳粹决定低调处理苏菲一案，他们成功了。乌尔苏拉·冯·卡多夫在她优秀的回忆录《柏林笔记》（*Berliner Aufzeichnungen*）中透露，她在柏林的那些聪明的青年朋友们对纳粹始终保持怀疑态度，但即便是他们，在此案过去一年以后，也几乎没有人听说过绍尔兄妹的事迹。绍尔兄妹获得声望是在"二战"以后，直到现在还在稳步增长，但愿他们的故事从此不会再湮灭。换作一个从未对此深究的国家，会如此看重这样一个故事吗？2005 年，一部关于苏菲的电影在德国上映，名为《苏菲·绍尔：最后的日子》（*Sophie Scholl: Die Letzten Tage*）。一百多万人观看了这部影片。至于好莱坞是否会为全世界观众拍一部电影，那就是另一个问题了。

———◆———

最终还是需要有人来开个头。我们只是说出和写出了许多人的想法，他们只不过不敢表达而已。

苏菲·绍尔在慕尼黑"白玫瑰案"审判中说的话，理查德·汉泽尔在《为了德国》（*Deutschland zuliebe*）一书中摘引，第 15 页

她反正没有活下去的机会了。狂热的罗兰·弗莱斯勒被派去担任主审法官就注定了她的厄运。但她在自己短暂的一生中再一次做了见证，连精神病人般疯狂的弗莱斯勒竟也一时哑口无言。当他终于缓过神来，说的第一句话是提醒她，他的使命是让她永远沉默。

1943年2月22日下午5点，苏菲在慕尼黑的斯塔德海姆监狱被纳粹送上断头台，年仅二十一岁。她在世时与陌生人相处沉默寡言，但在自己所爱的人面前则充满乐趣。她并非特别漂亮，但她散发出的道德之美甚至让审讯她的盖世太保也只能尴尬地低头翻弄面前的文件，他们在自己愚昧的一生中总算有一次希望将杀人的工作推给别人。除了耶稣基督和他的直系亲属之外，如果还有算是完美的人，那这个人就是苏菲·绍尔。

苏菲的哥哥汉斯是自称为"白玫瑰"的抵抗小组的领导人，已经称得上是为人楷模。绍尔家并非犹太人，汉斯本可以在纳粹政权下平步青云，他甚至看起来都像个纳粹：容貌端正，与理想的雅利安人分毫不差，简直是从阿诺·布莱克[*]的素描本上走下来的人。然而，尽管汉斯接受过标准的第三帝国教育，包括参加希特勒青年团，他却自己意识到他生长于斯的时代正被一个可憎的政权支配。等他得出这个危险的结论时，武装叛乱已经不可能了。只有少数几位持有枪支的国防军军官不认为希特勒的统治是天赋神权。任何有效的抵抗只能出自他们。汉斯与志同道合的同学们可选择的唯一抵抗手段，就是举行秘密会议，写下他们的意见，然后在周围无数窥视者的眼皮底下偷偷散发这些意见。"白玫瑰"有几位成年人，但主要是一群孩子。他们能做的充其量是散发小册子。在他的生命终结之前很久，汉斯就已经猜到，即使这样微乎其微的工作也意味着死亡。他坚贞不屈地赴死，如果纳粹肯让除了刽子手之外的任何人观看的话，他的坚毅一定会起到示范作用。慕尼黑纳粹党部本来计划在大学校园里公开绞死这些年轻的谋反者，但最后还是根据柏林的命令取消了原计划，无疑是因为害怕展示英勇场面可能会感染围观的人群。西班牙国王腓力二世曾做过一次类似的决定，他听说低地国家

---

[*] Arno Breker（1900—1991），受到纳粹推崇的德国雕塑家。

的异端被绑在火刑柱上还发出不屈的声音，于是命令将他们秘密淹死。威廉大街那些人脑子里和他想的是同一件事。

汉斯·绍尔那样尽善尽美的人物，你只能努力去想象他是何等风采。他所做的事情不是迫不得已，而是出于内心的使命，他完全明白一旦被抓会有怎样可怕的下场。但是，如果道德气节也一定要分高下的话，苏菲甚至有胜于汉斯。汉斯曾试图不让妹妹知道自己在干什么，但她了解情况后坚持要参与进来。在审讯的过程中，盖世太保给了她一个未惠及她兄长的选择。他们告诉她说，如果她肯悔过，就能活下来。她拒绝了，镇定自若地引颈就戮。首席刽子手后来作证说，他从未见过任何人像苏菲·绍尔那么勇敢地面对死亡。没有一声恐惧的呜咽，对她本可以拥有的美好人生没有一丝遗憾的叹息。她只是抬头看了看钢刀，躺了下来，就这么走了。你能这样吗？不。我也不能。

她或许是位圣人。当然，她的行为已经超越了正常生活中关于高尚的标准，我们不会觉得自己有义务这样做，甚至会在这样的标准面前感到不安。然而，如果苏菲的名字也像同时期另一位奇迹般的年轻女子安妮·弗兰克那样家喻户晓，这个世界无疑会变得更好。除了一个无助的受害者如何肯定生命的形象之外，我们还会有另一个肯定生命的形象：一个根本不必受害的人，因为别人受害而选择成为受害者。目前，苏菲的故事在她的出生国之外并不广为人知：一束被遮蔽的强光。到目前为止，电影界还没有为她拍出一部像《帝国的毁灭》那样在德国之外引起广泛共鸣的作品。拍一部关于她生平的好莱坞电影肯定会令她举世闻名，但直到不久前，我们都很难想象有哪位女演员能够出演她。接着，娜塔莉·波特曼出现了。在这一点上我准备说点题外话：希望之后能让人看到两者之间的联系。

很多人曾经坐在电影院，手指放在爆米花里一动不动，看着《这个杀手不太冷》（这部电影在美国的名字是《职业杀手》）中十三岁的娜塔莉·波特曼，觉得这女孩不只是好，而且是很好。除了恰好有迷人的容貌之外，她还散发出一种更为罕见的东西：天然的道德高度。我们可以说，《这个杀手不太冷》这样的影片必须从某个地方去寻找道德感。但是，看着主角用藏在雨衣下的高射炮连续干掉成群的人渣的时候，谁还会在乎道德呢？当诡异地居住在纽约的沉默寡言的法国终结者莱昂（他如何弄到绿卡的？娶了安迪·麦克道尔吗？*）一声不吭地屠杀成群的坏蛋时，观众，包括我自己，全都在黑暗中乐呵呵地表示赞同。在那些日子里，我们还没有受到最近才发生的一些可怕事件的影响，纽约街头世界末日般的枪战还是人们津津乐道的电影题材。然而，我还是记得自己略感不安，甚至有点失望，因为影片里面的小娜塔莉·波特曼使故事变得复杂了——这是说她败坏了兴致的委婉说法。通常我乐意观看孤独的枪手用机智狡诈和保养精致的武器横扫那些该死的混蛋。价值观不正确？真糟糕！我甚至喜欢法国原版的《尼基塔》，这部电影的价值观不正确达到了这类电影的极致。在《尼基塔》中，与电影同名的杀手甚至不知道她击中的目标是否该死。她只是一个工具，是她所持枪支的一个曲线婀娜的部分，但我还是看得很开心。

我甚至都不能肯定，这样的电影是否对我有害。显然，这类电影满足了一种幻想：如果在公寓里发现小偷，他们不会有机会活着离开。然而实际上，如果在公寓里发现小偷，他们可能会带着我所有值钱的东西离开。但在我的想象中，我会忽然记起藏在卧室和浴室隔板背后那把日本刀，多年以前的一个纪念品。我极其巧妙地装出一副害怕的样子，得到许可溜出去小便，返回时却像《椿三十郎》

---

* 安迪·麦克道尔在美国电影《绿卡》中扮演女主角，居住在纽约的法国男主角为了获取绿卡而同她假结婚。

里的三船敏郎，还未挥刀就令他们大惊失色。接下来是一阵旋风般繁复的动作，按照严格的伊斯兰教规惩罚窃贼的那一套。毫无疑问，这是闲着没事时的瞎想，但如果没有这样的幻想，我就会对这个世界现在的样子更加感到无奈。世界各地很多西装革履的年轻华人白领迷恋某个无所不能、拳打脚踢的业余演员，让自己受制于手机的生活略有点色彩，跟他们一样，我们需要这些梦想才能生活下去，或至少我们这样认为。娜塔莉·波特曼出现在《这个杀手不太冷》中最令人烦恼的是它设定了另一种标准，一种同梦想无关的标准，那就是现实，是毫不妥协的善良构成的现实；是我们担心听闻的不真实的现实，因为它令人难以忍受。她饰演的角色要求她对枪支爱不释手，露出她小小的肚皮让一个胡子拉碴的外国成年枪手暧昧地凝视，但即便是这样她也表现出敏感的正派得体，她当然让这部电影更有意思了，但总有种忐忑不安挥之不去。像你这样的女孩在那种烂地方做什么？

她又演了一次——或者无论如何她又为我演了一次——在《爱情尤物》(*Beautiful Girls*)里面，先前我对这部电影一无所知，是在某次长途飞行时碰巧点开的。我错过了片头，一开始还没有意识到那个完美的梦中小女孩又是娜塔莉·波特曼。这是一部好影片，现在我有电影的视频，每次只要一点开，就很难不从头看到底。但毫无疑问，她出演的场景在整部影片中非常突兀。在某些方面，它们或许就是被设计成这样的。至少这些场景本来就是这样编写的。在影片其他场景中，每个人都说着一种但凡有关一群年轻美国人如何成长的电影里都会出现的标准的粗糙语言，从《餐馆》(*Diner*)到《大寒》(*The Big Chill*)再到所有那一类电影。《爱情尤物》更是这种说话方式取之不竭的源泉。这真叫我喜欢：正是这些俚语的质感让我羡慕美国。但是娜塔莉·波特曼扮演的角色马蒂说的却完全是另一种语言。马蒂（当她告诉蒂莫西·赫顿她的名字时，你必须是我的同龄人才会想到说"不,你根本不是马蒂——欧内斯特·博格宁*才是马蒂")说得一口 J. D. 塞林格笔下聪慧的孩子才会说的那种标准普通话。"我碰巧是我们班个子最高的女生"。我们曾经在哪里听过这种骄傲的早熟口气?当然:是从《献给爱斯美的故事:怀着爱与凄楚》(*For Esme with Love and Squalor*) 中那位名叫爱斯美的英国上流社会女孩那里,这女孩用水晶般的友善光芒抚慰了受尽战争创伤的美国士兵的心灵。

兰德尔·贾雷尔有个词完全符合塞林格对美国梦病态之处的诊断:"超市里悲伤的心。"塞林格用以治愈悲伤心灵的药膏是未到青春期、尚未有性别特征的精灵小仙女那纯洁的喋喋话语,她潜在的理解不沾尘埃,唯一的不足是缺乏经验,不顾一切地想要长大成人。面对她迷人的纯真,饱受创伤的老兵——他自己就过于圣洁,不适于活在这个世界上——只有两条道路可以选择:以新的谦卑态度接受自己的命运,或者一枪击碎自己的脑袋。在《逮香蕉鱼的好日子》里,西摩·格拉斯选择了第二条路。尽管有冷嘲热讽的人认为,他是因为懊悔不该在水下暴露生殖器,让跟他说话的天使女孩看到了,但塞林格笔下这位喇嘛似的人物之所以自尽,更有可能是因为见过了神的化身,从此再也没有地方可去了。香蕉鱼不是委婉语,它是一个咒语。马蒂也是如此:当她用小手套揉搓着雪花,她来自上流阶级的谈吐便是她非同凡尘的证明。她的雪球是消除忧郁的药丸,她是剧本讨论会上装扮成小精灵的王牌。

见过马蒂之后,灰心丧气、怀疑自我的威尔("你真的需要冷静,威尔",马蒂的声音像小鸟一般可爱)终于能够面对现实,承认他成为伟大爵士乐钢琴演奏家的梦想不会成真。他仍然会是超市里最悲

---

* Ernest Borgnine(1917—2012),美国演员,曾饰演电影《马蒂》(*Marty*) 中的主角。电影有关一位意大利裔美国屠夫的生涯。

伤的心灵,但他会成为一个好公民。马蒂对他的爱几乎连青春期的迷恋都算不上,但这份爱以及他一直铭记在心的她的形象,都是他得到的安慰奖,是简单纯真的愿望的实现。或者说,更确切地说,不那么纯真,但也绝不简单:它是一份精神产品的账单,是可以向所有小镇文艺青年兜售的高价商品,这些青年想要说服自己,他来到这个世界是为了自己的感性而遭受苦难。但如果我们需要这样一个女性形象来让自己感觉更好,娜塔莉·波特曼就是其化身。她精心呈现的银幕形象——你几乎能听到那些小轮子转动的声音——能把一个寻常角色提升到英雄的精神层次。在未来的岁月里,她注定会让很多主题严肃的电影更为深刻,让很多肤浅的电影看起来更为严肃。她的作用,或许还有她的命运,也许是将别人交给她的任何东西变得神圣。在最佳状态下(在他们的最佳状态下,因为她永远状态最佳),她能把一个写得很好的角色表现为一个诗意的顿悟,就像在《偷心》(*Closer*)中那样。在最坏的状态下,她也能给陈词滥调注入生命,尽管我们希望最好不要再有《星球大战前传三部曲》这类东西,第一部《幽灵的威胁》如此漫不经心地浪费她的才华,哪怕是付我钱我也不会再去看第二部了。在这部语无伦次的烂片里,她明显在与阿米达拉("糟糕发型星球"纳布女王)这个毫无意义的角色挣扎,但即便如此,在这部首次由全僵尸出演的《图兰朵》中,她几乎做到了赋予自己饰演的核心角色以人性。

除了才华,还有一个引人注目的特质能让娜塔莉·波特曼演好苏菲·绍尔。只要读一读她的采访就可以知道娜塔莉生活得很好——这是扮演好人的重要条件。她已经在百老汇演过安妮·弗兰克了。她饰演这个角色不仅仅是事业攀升的一步,这证实了她根本的严肃性,以及她的团队脚踏实地的职业素养。这位有天赋的女孩似乎有明智的父母:不存在《小鬼当家》主角卡尔金那样的情况。作为一名大学生,她仿效波姬·小丝和朱迪·福斯特,令人钦佩地决心要在娱乐业的藩篱之外追求一种精神生活。除了纳布女王疯狂的发型师，目前为止还没有哪个职业疯子能成功地诱使她在他们险恶的小巷里走得太远。她在太多杂志封面的照片上化了浓妆，但也许这不能怪她的父母，摄影师往往很能说服人。（不管安妮·莱博维茨在为《名利场》拍摄大片，给娜塔莉无辜的面庞涂脂抹粉时心里想的是什么，都让我想起路易·马勒拍摄《雏妓》[Pretty Baby] 时如何给波姬·小丝上妆和打光，那是一部应该被人彻底摒弃的关于新奥尔良妓院的影片。）那种僵硬的姿势与娜塔莉的性情不符。她说话时，你几乎可以听出她对学识的渴望，仿佛那是她唯一的激情。在我们这个巴比伦一样的西方世界，这个孩子仍是个童贞女。

是的，如果要拍一部关于苏菲·绍尔的好莱坞电影来征服国际市场，那就必须是由娜塔莉·波特曼出演。至于我自己，我有点希望这件事永远不会发生，不是我不信任好莱坞。这个地方从注定抓不住要点的时代到现在已经进步了不少。不难想象在过去那些糟糕的日子里，首次试映后，关于苏菲故事的结局大多会是负面反响。（"我们不能浅尝即止，兄弟，这可是翻拍啊。"）但是现在不会这样了，最坏的情况下，电影也会把最难讲述的史实用最清晰流畅的方式改写出来，借口总是突出戏剧重点。在现实中，苏菲和她爱的那个好男孩——他也参加了抵抗活动——从来没有睡在一起，但是在电影里，他们肯定至少必须好好爱抚一番：你看，可以借此表明她因为自己疯狂的选择而错过了什么。可惜我们不能称之为《苏菲的选择》，但也只能这样了。我们也不能让她死在其他男孩之前，而事实的确如此。监狱官对她发了慈悲，先把她杀了，因为他们凭经验知道，等待才是最糟糕的。慈悲的纳粹监狱官吗？真叫人困惑，就像那些体格强壮的盖世太保一样，他们甚至都用不着对那些年轻人用刑，因为年轻人一旦知道已经一网打尽，没有谁还需要他们的保护，就将一切和盘托出。写剧本时必须柔化不少细节，但这些都可以做到而不必有良心负担，只要关键的一点原封不动：那就是女孩的确死了。

恰恰是在这一点上，梦幻电影难以立足，因为如果让娜塔利·波特曼来扮演这个角色，女孩就不会死。电影结束后，娜塔利的职业生涯将得到进一步提升，成为卓越的女演员，而苏菲·绍尔这样一位不为人所知的非凡人物的形象则将成为过去。"断头台"（Fallbeil，连这名字听起来都很无情——落下的利斧）击中她的脖子，那是她生命的结束。她传奇的一生就像这一冰冷的瞬间那么短促，电影固有的缺陷使其无法表现出这样的内容。表演者取代真实人物，然后离开了。正是出于这个原因，由明星饰演的流行电影无论多么出色，都不是传授历史的好方法，如果有谁尝试这样做，你用不着多少脑子就会感到厌烦。我们坐在电影院的黑暗当中，大多希望得到娱乐而非教导。教导是专为艺术剧场准备的。如果随便观看的每一场电影都让我们领教存在的全部复杂性，我们岂不是等于活了两次？我自己观看《众神与野兽》（*Gods and Monsters*）、《孤星》（*Lone Star*）或者《破浪》（*Breaking the Waves*）的频率是大约一年三次。这样说似乎有点残酷，但如果在《破浪》中扮演主角的艾米丽·沃森更出名的话，我们可能会觉得这个故事更容易被接受，也就更难评价其真正的重要价值。如果让娜塔莉·波特曼出演苏菲·绍尔，情况也会如此。仅仅因为是她在说那些台词，那些话语就会进入普遍交流的文明语言，并最终进入文学。但关于苏菲·绍尔的一个悲伤的事实，是没有谁记得她说过的任何事情，在她生命的最后几分钟，她什么都没有说。如果她说了些什么，那个亲眼见证她勇敢的人肯定会记得。

Sophie Scholl

沃尔夫·约布斯特·西德勒
Wolf Jobst Siedler

沃尔夫·约布斯特·西德勒（Wolf Jobst Siedler, 1926—2013）配得上"战后德国最文明的人"这个头衔。1943年，他和恩斯特·荣格的儿子在当见习水兵时被人发现质疑纳粹政权的未来，因为邓尼茨亲自出面斡旋，他们才保住了性命。但西德勒还是被监禁了九个月，后来被征召成为"德国防空部队助理"（Luftwaffenhilfer），也就是高射炮营的勤杂工。战争结束后，他在柏林自由大学主修社会学、哲学与历史，当了十年记者，后来先后任职于乌尔施泰因和柱廊出版社，在出版界名声显赫，最后在1980年创立了自己的出版社。西德勒出版社成就卓著，后来被贝塔斯曼集团收购，但西德勒仍然保持着德国最高调的出版人的地位。他自己的作品也有助于营造耀眼的形象，包括一系列制作精美的图册，有关建筑遗产的基础和命运。（在合适的人手中，配有长篇详述的图册是美的享受，他的书正是如此。)但他最有价值的贡献是作为一名散文家,他写了一系列文章,强调纳粹如何精明地让上层资产阶级感觉一切如常。一些左翼批评家认为西德勒低估了纳粹掌权之前有教养阶层反犹的程度,并高估了他们在纳粹掌权之后的无知。但西德勒渊博的学识和无可挑剔的品味——在他的散文集《一己之见》(Behauptungen)中得到了最好的体现——使他的观点有了分量。西德勒是历史学家约阿希姆·费斯特的出版商,因此人们或许会指责他帮助和鼓动了费斯特,结果是让纳粹大屠杀被排除在纳粹史中心之外。至于阿尔伯特·施佩尔,那就根本不用"或许"两字了。毫无疑问,西德勒帮助和鼓动了施佩尔的战后洗白。他是施佩尔的出版商,关照施佩尔,就如一个文明人关照另一个文明人。施佩尔假装从未真正了解纳粹是如何对待犹太人的,而因为他在西德勒的圈子里备受欢迎,这种假装获得了额外的可信度。扮演文坛主事人的角色,西德勒向来得心应手。从学生时代起,他就受到了"一战"后德国文化界的普遍青睐,连恩斯特·荣格也签名送书给他,托马斯·曼给他写过亲切的书信。他那精心打磨的声音给人慰藉。他让人们相信,再不堪的事情也可以从人们关注的中心巧妙地偷换出来,变得习以为常,成为成长的源泉。但是,当我们觉察到安慰渗入历史记忆时应该保持警惕:如果它像污迹一样爬上墙头,那可能是真相正在被湮没的迹象。

———·———

> 同这个国家最可怕、最令人不安的那些事情一样,最具误导性的是纵火焚烧犹太会堂那晚——中世纪的东欧在二十世纪的德国重现——这个国家大小城市的居民居然盛装打扮去歌剧院、剧场和音乐厅;满载被逐犹太人的车皮离开柏林站台六个小时之后,去往海滨度假地的列车也出发了。
>
> 沃尔夫·约布斯特·西德勒,《一己之见》,第 72 页

大多数西德勒的书都由他自己的出版社出版，我收藏了他一套插图丰富、印刷精美的专著，有关柏林和勃兰登堡地区的建筑，以及战后那些建筑如何得到修复——或者遭到进一步破坏——在东德，通常是后者。作为一名偏左的右派，西德勒的声音沉静，富有教养和说服力。他最具诱惑力的一个观点，是认为纳粹党人代表了资产阶级趣味中好战的一面：他们从未真正使一个繁荣昌盛的传统变得激进，只是将其巧妙地用于自己的目的而已。他曾经说过，研究资产阶级时代的最后一个阶段并不违背暴政的通则，反而是表达了暴政的通则。他说的话有些道理。虽然纳粹在造型艺术上有很多糟糕、俗气的表现——多到西德勒懒得去搭理——但专门的纳粹文学从来都很少，即便存在过，大概也早被扫在一边了。事实上，德国没有维尔弗雷多·帕累托、乔治·欧仁·索雷尔、查尔斯·莫拉斯或乔瓦尼·秦梯利。[*]得到纳粹政权首肯的文学宠物，平庸写手汉斯·弗里德里希·布隆克认为，对法西斯主义的热情可能会导致国家社会主义偏离正途，走向非德国化的理性主义。认为法西斯主义新颖到了危险的程度并且过分关注思想领域，当时持有这个想法的纳粹思想家不只布隆克一个。

纳粹中更有教养的人以熟知传统文化名人来证明自己的教养：当然，犹太人要排除在外。当某出莫扎特的歌剧来到被占领的波兰演出时，称赞这一活动的纪录片配音是这样的：Auch so, auf tanzenden Füssen, kam Deutschland in dieses Land. ("尽管如此，德国还是跳着舞步来到这片土地。")没有提到俯冲轰炸机和装甲车：那会很败兴。让人联想到纳粹政权那种反现代的粗鄙口吻，在这方面西德勒的本领是无与伦比的。他几乎可以让你尝到希特勒最爱的奶油蛋糕的味道。但西德勒要达到的最终效果，是通过对事实轻描淡

---

[*] 均为热心政治或社会改革的作家、思想家，其中秦梯利自称为"法西斯主义哲学家"。

写来放大自己的看法。也许他认为其他人都已经这样做了。他没有充分强调以纳粹体制的元首崇拜和大规模屠杀为代表的巨大、刺耳和完全反常的创作活动。从收音机和扩音器传出来的污言秽语没有任何正常、悦耳、不挑战人性底线的东西。看一眼就令人作呕的《冲锋报》(*Der Stürmer*)在街角公开出售,而不是用玻璃纸包起来束之高阁。通过强调纳粹时期资产阶级生活的正常,西德勒的回溯营造了一种氛围,让明智的人也可能误以为当初事情其实并没有那么反常。这肯定是阿尔伯特·施佩尔等人想要听到的话。1973年,西德勒在他的柏林-达勒姆别墅里以出版商身份举办了约阿希姆·费斯特所著希特勒传记的首发仪式。马塞尔·赖希-拉尼奇受到邀请却未被告知施佩尔也会出席。在《我的一生》(第482页)中,赖希-拉尼奇记述了当时施佩尔为了营造亲密的对话气氛,指了指书桌上费斯特那本黑色封皮、厚达一千二百页的书说道:"他一定会很高兴的。"赖希-拉尼奇回了家,他和施佩尔的友谊再也不复从前。

施佩尔在自己作品的首发式上也是社交高手,尤其是在伦敦;原因可能都是一样的:镇定自若。他温文尔雅的姿态有助于让文明的人们相信,在纳粹问题上可能没有一个非黑即白的答案。也许我们都会上当,尤其是如果身边还有几个像他这样穿着剪裁合身的西装的人。这是施佩尔所依赖的懒人逻辑,但这也是纳粹所指望的逻辑:假装生活中所有美好、可靠的东西都没有改变,你可以拥有你的民族主义梦想,也可以吃你的奶油蛋糕。西德勒帮了我们一个忙,他让我们看到,当初纳粹为中产阶级提供舒适的生活,以此换取他们的缄默。他本来还可以帮更多忙,告诉我们纳粹多么精明地给下层民众提供了通过极端行为向上流动的机会,用跻身中产阶级的渴望补偿他们自己必须忍受或者可能带给别人的恐怖。但他就是不肯表明,即便只有半个大脑的人,无论是资产阶级还是下层民众,不消五分钟也会意识到整个纳粹国家是个癫狂的疯人院。

Wolf Jobst Siedler

T

塔西佗

玛格丽特·撒切尔

亨宁·冯·特雷斯科

卡尔·楚皮克

塔西佗
Tacitus

这本书从头至尾，塔西佗（Tacitus，公元约55—约120）都是各种声音背后的声音。在古希腊，修昔底德已经给世界提供了一种谈论民主政治的方式，但塔西佗却给了世界一种谈论专制和恐怖的方式，专制和恐怖往往随着代议制的崩溃而出现——这也是近现代常见的模式。两千年来，他用来谈论这些问题的语气一直是经典范式。从孟德斯鸠到戈洛·曼，本书中这些前现代和现代的英雄们都以塔西佗凝练的表达能力为标杆，来衡量自己在多大程度上完成了任务。塔西佗在罗马帝国出生长大，从来没有亲眼见过旧日的共和国。共和国在他那里只是一种理想，虽然他在第一部作品中赞扬了自己的岳父阿格里科拉，称之为业已消逝的美德的典范。塔西佗的第一份工作是辩护律师和司法官，但成就他一生事业的经历，以及使他成为极权心理分析大师的奥秘根源，则是图密善的专制统治：这种恐怖统治给了他回溯提比略时代的洞察力，那是他出生之前的时代，但他正确地认识到那个时代产生了持久的影响。相对仁慈的涅尔瓦驱散了图密善制造的恐惧氛围之后，塔西佗出任执政官，回到了公共生活，并且能够继续史家生涯而不用再害怕打击报复。在完成了实用价值很大的《日耳曼尼亚志》(Germania)之后，他的第三部主要作品是无可取代的《历史》(Historiae)，一部夹叙夹议的杰作，时间跨度从公元68年加尔巴登基直至图密善去世。《历史》共十二卷，现仅存前四卷和第五卷残篇，但学者应将其视为必不可少的停靠港口，更何况这部作品本身就足以成为学习拉丁文的理由。对于成年后希望学点拉丁文的学者来说，最简单的办法就是阅读那些真正写过编年史的史学家——康奈利乌斯·奈波斯、萨鲁斯特、苏维托尼乌斯和李维——但塔西佗的《历史》是你进入拉丁文的最佳理由。《历史》有无数译本，但原文可以让你领会他那无与伦比的精炼表达力。（你可以从英拉对照文本中感觉到这一点，与此同时要永远记住，纯粹主义者总是警告你不要去碰"洛布古典译丛"，他们的理由恰好是你应该珍视该丛书的理由——它堪比最简单好用的词典。）圣伯夫对蒙田的评论——他的散文就像连绵不断的警句——用在塔西佗身上还要更合适。他最后一部重要著作《编年史》(Annales)比较难懂：即使古典语言专家也认为，它在拉丁语作品中的艰涩程度堪比希腊语中的修昔底德。塔西佗原本就非常精炼的文风在这本书里达到了极简的程度，简直不可思议。但这本书里的纪事是无可替代的，涵盖了从提比略到尼禄的尤里乌斯王朝时期。原著只有大约一半留存了下来，但即便它仅仅包含塔西佗对提比略统治的思考，那也足够重要了，值得一读。提比略时期是二十世纪国家恐怖最为令人震惊的古代先例，正如塔西佗的叙述始终是对我们今天视为无限权力的形态最为透彻的分析。如果接下来我要不揣冒昧地评论一位伟大的先贤，那也只是根据一个点来展开，而且我充分地明白一点：若非塔西佗的经历和书写，我甚至都不会具备这样去尝试的视角。本书的写作全都源于他的一句话："他们制造了荒漠，却称之为和平。"五十多年前，我曾听到我的一位中学老师引用这句话，我当时就意识到，写出来的一句话可以像是说出来的话，但却有更多的含义。

> 但是在罗马城，执政官、元老院、骑士们，全都一头扎进了奴役之中。
>
> 塔西佗，《编年史》，第二十二卷

如同修昔底德一样，塔西佗仅仅凭借他自身的存在就让我们直面一个关键性的难题，这个难题是古代世界的现实主义政治思想家提出来的：如果他们与我们如此相像，那为何他们不能与我们更相像一些呢？虽然塔西佗的经典手法是微言大义，而非长篇大论，但他所展示的分析能力，即使放在我们今天的政论作家中间亦非等闲。Solitudinem faciunt, pacem appellant. 他们制造了荒漠，却称之为和平。只用四个拉丁文单词，他就概括了有害的政策与炫目的宣传，将两者区分开来，又同时加以谴责。今天没有多少作家可以达到如此的精炼程度。（这句话更令人印象深刻的地方在于，塔西佗笔下说出这句话的日耳曼酋长不是在反对罗马的个别苛政，而是在抨击它的整体政局。）在《编年史》第二十二卷，他描绘了罗马上层如何自愿臣服，直指罗马共和制传统在提比略时代已无可挽回地崩溃这一根源。

你会以为，假如一个人能看透这一点，他就能看透世间任何事情。的确，塔西佗在软弱的旧秩序的每一方面都看到了这个悲剧：当美德被宣布为罪行，庇护所便无处可觅，即使在沉默中也没有。一个家族表现得越是高尚，得到的机会就越少。心理折磨已成为皇帝手中的武器，比军事暴力更有效。做父亲的不得不在让自己的女儿与人为妾和让全家遭受灭顶灾祸之间做出选择。塔西佗对这一切是如此敏察多思，他必须发展出一种新的文体来容纳他的绝望：坩埚般熔化一切的文体。

但他从来不认为这样一种法规有什么不对：只有经过酷刑获得的奴隶的证词才算有效。如果要让他认为奴隶制本身不好，那就是对他指望过高了，但他本应该认为酷刑是不好的。毕竟，罗马不是希腊。在雅典，亚里士多德和德摩斯梯尼都将酷刑视为最可靠的取证手段，但他们是希腊人。Autres temps, autres mœurs（另一个时代，另一种习惯），罗马一贯以更进步而自豪。在罗马，即使西塞罗——从各方面看来心智都不如塔西佗，而且更善于投机取巧——也认为酷刑是不对的。根据这一重要衡量标准，是西塞罗——而非塔西佗——成为蒙田、孟德斯鸠、伏尔泰和曼佐尼的先驱，他们全都谴责酷刑；西塞罗也是虽然不那么知名，但实效却大得多的切萨雷·贝卡里亚等改良法学家的先驱，贝卡里亚不仅撰文反对酷刑，而且付诸实践，于1786年在托斯卡纳将其彻底废除。西塞罗这位灵活的煽动家是对的，而塔西佗这位具有钢铁意志的人物却错了，而且他自己似乎从来没有意识到这一点。仅仅凭直觉而非观察，尼古拉斯-库萨猜到了行星的运动，卢克莱修猜到了原子，赫拉克利特猜测存在就是无尽的涌流。但塔西佗尽管拥有丰富的观察机会，却从来没有考虑过对奴隶施加酷刑是否道义。他听到了惨叫，肯定也觉得反感，但却从来没有想过他的反感意味着什么。

然而我们应该将视线从塔西佗从未做过的事情的幽灵身上移开，集中在他能做的事情的现实上面，因为没有现实，我们就不会看到那个幽灵。塔西佗并没有创造他那个时代的残酷，但他的文笔太有力了，以至于那种残酷似乎无可避免地都来自他的笔端：他创造的是对残酷现实的怜悯。不知为何，仿佛有一条隧道穿越了时间，让我们的情感回到了他的声音之中。在《编年史》中，赛扬努斯的小女儿被带去处死。"我做了什么?"塔西佗让她说道。"你们要带我去哪里?我再也不敢了。"我们曾经听到过这样的声音,但那是后来:就是昨天,在乌克兰,在杜布诺的一个射击场,那是1942年10月5日。受害者全都赤身裸体。德国工程师赫尔曼·格雷伯尤其记得某个时刻。"我依然清楚地记得一位黑头发、身材苗条的女孩走过我身边时指着自己说,'二十三岁'。"这是同样可怕的事件,因同样绝望的声音而更具悲剧效果。我们无法像欣赏现代场景中的艺术品那样欣赏它,因为它太真实了;我们同样无法欣赏古代场景中的那一幕,因为它当时也同样真实。如果不是因为赫尔曼·格雷伯,我们就不会听到杜布诺那位女孩说的话;而如果不是因为塔西佗,我们也不会听到赛扬努斯的女儿说的话。

赛扬努斯的女儿很可能什么也没说,塔西佗杜撰了她说的话,就像所有罗马历史学家都杜撰了他们笔下皇帝和将军的话一样。但他表达的情感,她的,还有他的,却都是真实的,使我们超越了审美本身。伟大的作品不只是写作,正如恩斯特·荣格令人不安地展示出的,即使最有天赋的作家也会以艺术来逃避现实,或许越有天赋的人越是会这样做。荣格1944年7月20日之前的日记中关于希特勒已经说得够多了,如果盖世太保发现这些日记的话,足以让他被处以极刑。从他的旁注中我们可以看到,曾有人告诉他"最终解决方案"的详情,但他无法下笔谈论这些可怕的事。暗杀希特勒失败后,荣格的多名熟人因为此次密谋而受到酷刑折磨,最终被绞死,而他却将注意力转向了莫奈在吉维尼的乡间画室,写下了迄今有关《睡莲》系列画作最优秀的文学描述。在福煦大街观看了格鲁艺术展之后,他对被高射炮弹碎片击中造成的屋顶漏洞表示担忧。漏洞可能会进雨,损害珍藏弗拉戈纳尔、透纳和华多画作的房子。你可以听到他十分担忧文明受到威胁,但当时对文明的威胁早已经远远超出了这个范畴,但他拒绝直视,仿佛这种事情低于他的艺术。

但它们并非低于他的艺术，而是超出他的艺术；塔西佗证明了这一点。回顾过往，我们知道塔西佗生活的时代发生过更糟糕的事情，甚至比他所知的还要可怕。但他的确直面了自己所知范围内最可怕的事情。尽管他倾注一切艺术力量将它们全部写下来，但艺术却不是他心里想到的最主要的事情：他心中想到的第一件事是记载一位无辜者遭遇不公正的死亡这一难以处理的事实。他无法使那女孩避免死亡。当我们说她从未停止说话时，我们是在用一种比喻的说法。她死了。事实上，他告诉我们，情况甚至更糟。因为处女是不能处死的，所以她先遭到了强奸，这样就合法了。在东欧的纳粹行刑队也遵守法律。塔西佗已经发现了这一自相矛盾之处，并且将其根源追溯至暴君的内心。伟大的作品让我们摆脱幻想，以此瓦解时间，而幻想之一就是审美冲动本身构成一种法则。英语的词汇相当丰富，用这样一种语言写评论的一个好处是，在描述艺术带来的崇高感受时，我们不必局限在某个不恰当的词上面。听见赛扬努斯女儿的声音，我们不必非得说"真美"（That's beautiful）。而在意大利语里，哪怕伟大的克罗齐也只能用"美"（bello）这个词来形容。审美语言将克罗齐拘囿于一个角落，他继承了这种语言，却忘了加以扩展，这是个致命的错误。这件事的警示一目了然。审美语言只是我们需求的一部分。批评需要完整的语汇，否则面对那种对整个现实做出回应的罕见的艺术品，我们只会无言以对：不要说塔西佗了，我们甚至连赫尔曼·格雷伯都欣赏不了。

玛格丽特·撒切尔
Margaret Thatcher

玛格丽特·希尔达·撒切尔（Margaret Hilda Thatcher，1925—2013）曾在牛津大学攻读化学，但却进入了政界，她在这个领域的成就是出任了英国首相。她登上这个位置，对于英国意识形态化的女性主义者是一场危机，因为他们再也无法声称"玻璃天花板"限制女性晋升了。（有些人说她根本就不是女人，但这种观点即便用于伊丽莎白一世也没有什么道理，用在一位有丈夫、有孩子的人身上就更是完全不能使人信服。）虽然那些为她效力的男士很少有能说完一句话而不被她打断的时候，但如果说她谁的话都不听，那也不是实情。有些知识分子说的话她还是听了。如果你是持有不同观点的知识分子，这个事实或许会令你不安。"根本就没有所谓社会这回事"，这句话被她的敌人用来说明她的冷酷无情，实际上却是对个人责任的精炼概括。这很有可能就是她最亲密的顾问之一基思·约瑟夫爵士说给她听的。但她没有意识到,这么贸然说出来会给听的人造成什么印象,这无疑是她的错。她让这样的失误发生,是因为她几乎完全欠缺那种老练的圆通。只要这种欠缺被视为美德,她的执政就不会受到挑战。她不善花言巧语,反而使得她的称赞更加令人倍感荣幸。有次在唐宁街 10 号的社交晚宴上,我设法在她面前说出了自己的看法,我认为与美国宪法相比,英国宪法最大的优势是它从来没有写下来。她强烈地表示了赞同,我一时间还真觉得这观点是我自己想出来的呢。1990 年,杰弗里·豪将她挤下了党内领袖的位子。她过于相信自己的绝对正确,一直视内阁如同空气,而且以为阁员们不会介意自己的意见遭到忽视,这真是太不通人事了。阁员们很介意,于是她下台了:但她仍然坚持尽可能长久地留在尽可能近的地方,使得几位不幸的男人日子非常难过,这几人后来成为了保守党领袖,但通常都以失败告终。

索尔仁尼斯金

玛格丽特·撒切尔,保守党政治广播,1978 年 4 月

她肯定是将索尔仁尼琴(Solzhenitsyn)与侏儒怪(Rumpelstiltskin)混淆了,结果是某种"合成角色",自从那个不该被忘记的五十年代好莱坞音乐剧《T 博士的五千个手指》(The Five Thousand Fingers of Dr T.)以来,人们就再也没见过这样的角色。热爱这部剧的人应该会记得,剧中有两位胡子拴在一起的滑冰老人。撒切尔首相说过的大部分话本身并没有多少令人难忘,那些话之所以被记住了,只是因为话是她说的。一位听话的保守党作家——可能是罗宾·道格拉斯-霍姆——后来给她写了一句口头禅:"夫人不能转身。"(The lady's not for turning.)她是对着电视摄像机说出这句话的,而且是

经典的斩钉截铁的语气。她可能意识到了——也可能没有意识到——这句话改写自克里斯托弗·弗莱响亮的剧作名《夫人不能焚烧》(*The Lady's Not for Burning*)。很可能没有：根据她自己骄傲的说法，她的文学趣味以弗雷德里克·福赛斯的小说为主，这些小说她读了不止一遍，为的是欣赏作者生动有力的文笔。有一句貌似圣经的话，"让我们为此消息高兴吧"（Let us rejoice at this news）——在福克兰群岛战争某个关键时刻，她对身边一群记者说出这句话——可能出自她记忆中《公祷书》的内容。"索尔仁尼斯金"（Solzhenitskin）这个词则是她的原创，而且具有如此惊人的共鸣效果，从那之后一直在我脑子里回荡，每次看到她的照片时都会想起来。当她直奔忙碌多事的老年，仍然有一队老人跟着她的老政党，甚至她的外貌也开始与索尔仁尼斯金般配——而这个词的俄国部分——索尔仁尼琴本人——也同样活到了耄耋之年，固执倔强已经开始侵蚀关于他的传奇。我在想象中看见无奈的索尔仁尼斯金听着这个不知疲倦的老太太在他耳边啰唆，告诉他自己早已知道的事情，即使在他勉强同意的时候，她也会打断他的话。1982年，我同记者团跟随她去中国时，从来没有听到过她身旁的人一连说出六个以上的单词，除了中方的领导之外——而且只是因为她不得不等人翻译过来。她只有打断翻译的话了。

如果你认为撒切尔的基本看法都来自身边的小圈子，那就错了。今天人们对托尼·布莱尔也是这样看，但同样不靠谱。撒切尔夫人明察善断的时候，从亲信那里学到的主要是词汇。一定有人告诉过她，俄国持不同政见者索尔仁尼琴的作品为她对集体主义的厌恶提供了强大的支撑，所以提到索尔仁尼琴这个名字应该不错。她试了试，然后自创了"索尔仁尼斯金"。（保守党政治广播的负责人竟然没有纠正她，从这个事实来看，要么是他们自己也不知道该怎么念，要么是撒切尔早在这个时候就已经让执政团队噤若寒蝉了。）诚然，如果没有好好练过的话，这位俄国贤哲的名字的确不好发音，索尔仁尼琴自己想说"撒切尔"的时候可能也有同样的麻烦。但是令人印象深刻的是，当首相在电视上提到索尔仁尼斯金时，居然没有人笑出声来。自由派媒体通常是随时准备揪住她任何一个失误的，但这次却很克制：也许他们根本没有意识到她犯了个错误。当时自由派媒体已经显示出无知识面狭窄的迹象。当爱丁堡公爵提到他在读莱谢克·柯拉柯夫斯基的时候，仅仅因为他提到这位波兰哲学家的名字，《私家侦探》(Private Eye)杂志的政治评论家就认为这是装腔作势的明确证据。显然，他们觉得柯拉柯夫斯基这个名字本身就好滑稽，一听就是外国名字。同样显而易见的是他们也不知道柯拉柯夫斯基是何人；不知道他重要的三卷本《马克思主义的主流》是该领域的标准读物：这本切中时弊的著作早就让他的名字在大多数认真研读政治分析著作的读者中间传播开来。在《虚假角落》(Pseuds Corner)专栏的编辑看来，任何提到外国重要作品的人都是在假装。（《私家侦探》的主编一贯自我感觉良好，居然会以为爱丁堡公爵想在他们面前摆谱。）这种想法相当狭隘，但胜在很容易表达出来，只要写一句就像是不耐烦地哼一声或者抽一下鼻子那样的话就够了。可奇怪的是，"索尔仁尼斯金"遭遇的却是毕恭毕敬的沉默。在我为《观察家报》做的电视节目里，我是唯一一位对他的到来表示欢迎的记者，我不得不承认，连我自己也将侏儒怪(Rumplestiltskin)同瑞普·凡·温克尔(Rip van Winkle)*弄混过，到处乱开庸俗的玩笑，说撒切尔以为索尔仁尼琴昏睡了一百年。

从长远来看，撒切尔的错误——我们都继承了其后果——在于不仅听信了身边知识分子的口号和漂亮话，而且采纳了他们的观

---

* 华盛顿·欧文小说《瑞普·凡·温克尔》的主角，瑞普来到被魔法控制的森林，沉睡二十年，醒来回到家乡时，发现记忆中那个时代早已变成历史。

念。本来她将自己的基本信念贯彻下去就够了。例如，她从来就相信，如果给人们机会把市建住房买下，他们就会更好地照看这些房子，她也因此自然而然地获得了工人阶级的选票支持。她向来以善于持家著称，本来可以在不影响诸多文化机构的情况下开放自由市场，由此赢得所有人的崇拜。这些机构在她的内阁中也有代表，但事实证明他们就像在月亮上说话一样没人搭理。另一方面，她那些鼓吹自由市场的智囊却可以私下同她沟通，让她听到他们说的话，这一点是她的内阁同仁们从来无法办到的。自由市场的倡议者令她相信，某些机构会妨碍商业发展。她自己根本不会想到撤销独立电视台特许权投标的资质审核标准。等她真这样做了之后，果然就有大批资金倾入，通过抢先削减成本来获取专营权，而一旦获得了专营权，电视台的情况便急转直下。英国广播公司急于迎合政府，又担心如果不能保持收视率，付出的特许权费用就说不过去了，于是只好仿效独立电视台卖身资本。长此以往，广播电视系统被毁掉了。等到撒切尔夫人重塑国家的时候，索尔仁尼琴正在宣传他的心灵再生：令他的自由派仰慕者大失所望的是，他似乎不再相信西方自由制度比他曾支持颠覆的东方政权好多少。但假如年轻的索尔仁尼琴在场，而且能插上话，他可能会告诉撒切尔夫人，知识分子的意见或许是健全政府的辅助手段，但不能替代政府。俄国革命就是由理论家们酿就的，在混乱时期，他们相信可以将自己的理论付诸行动。但是唯一值得一提的政治理论是描述性的，而非规范性的。如果规范性理论有可能填补腐朽、破败的旧制度留下的空白，那就早已满盘皆输。

她应该相信自己的直觉，无视那些自作聪明的声音，这些声音——如果有人听进去的话，正如现实中经常发生的那样——最后总会被证明并非那么聪明。她最好的本能是选择简单明了的行动方向，然后坚持到底，然而，当简单明了的方向并不恰当的时候，这种本能就成了她的敌人，国家的敌人。在内政方面，简单的行动方向几乎永远是不可行的，但她的本能在外交政策上得到了回报，且影响深远。她选择不被阿根廷军政府吓倒，坚持到底，直到必然的结果：战争。极左派有反对的声音，他们更愿意给阿根廷法西斯分子开绿灯，而不是诉诸炮舰外交。极左派情愿选择友爱外交：颇为有趣地重现了三十年代后期工党的立场，当时工党已经意识到了希特勒的威胁，但他们觉得重整军备的威胁似乎更大。在福克兰群岛问题上，议会工党别无选择，只能跟着她走——没有谁像工党领袖迈克尔·福特那样踊跃要求打仗——但一旦出现灾难性的后果，她便会面临绝境。但灾难并没有发生：英国大获全胜；阿根廷军政府直接垮台。她赢得了福克兰群岛，部分原因是坚定的英美同盟关系。（在这方面，一个重要的因素无疑是英国驻美大使亨德森·尼古拉斯爵士的外交努力。）虽然她念不好"索尔仁尼琴"，但在大多数其他方面，她知道怎么说出她想要表达的意思。

亨宁·冯·特雷斯科
Henning von Tresckow

亨宁·冯·特雷斯科（Henning von Tresckow，1901—1944）是 1944 年 7 月 20 日暗杀希特勒密谋计划的心脏、灵魂和大脑。密谋失败后，人们通常将放置炸弹在希特勒前线指挥部的克劳斯·冯·施陶芬贝格与暗杀行动联系在一起；然而真正的关键人物却是幕后主谋亨宁，而且他也并非一直在幕后。1943 年 3 月，他亲自在希特勒的专机上放了一枚炸弹，炸弹本该爆炸的，果真如此的话，亨宁会改写历史。表面上看来，他拥有理想主义英雄的所有特征。迄今为止，左派修正主义者一直在竭力诋毁七月密谋者，视其为贵族右翼浪漫派，认为他们想要继续反对苏联的战争，只不过希望换一个比纳粹更好的领导人而已。以今天对纳粹的观点来看，贵族世家和极左派的较量之所以连年不绝，主要是因为双方都有错，彼此推卸责任。如果贵族没有颠覆魏玛共和国的话，希特勒几乎不可能掌权。

另一方面，共产党人也同样颠覆了它，在 1939 年签署《莫洛托夫-里宾特洛甫条约》至 1941 年巴巴罗萨行动开始之间的这一段关键时期，他们给予了希特勒帮助和安慰，将任何对希特勒的抵抗称为"帝国主义"。七月密谋者的确不足以被称为民主主义者，但他们中有足足二十人在密谋失败、受到盖世太保审问时，坚持说他们的动机是出于反感犹太人的遭遇。如果此时亨宁还活着，他也会说同样的话。毫无疑问，他鄙视纳粹，但他对德国军队及其征服事业的看法就没那么确定了。像大多数职业军官一样，他赞赏强军的理念，但因为只有希特勒能做到这一点，亨宁进退两难。他最终转而反对希特勒，从两难中解放了自己。亨宁在密谋中的关键作用在于，他有能力说服高级军官，让他们也认为应该做同样的事情，这样才有希望一举成功，让德国摆脱党卫队的控制。在关键的那一天之前，他可能就已经知道自己说服的高级军官还不够多，但他接下来说了至关紧要的话：应该不惜一切代价去尝试。换言之，他提议的是一种宗教式的牺牲。在自由民主的现代德国，"七月"这个词带上了某种牺牲精神的意味，这与亨宁·冯·特雷斯科有很大关系。

----•----

> 现在全世界都将蜂拥上来嘲笑我们，但我仍然像从前一样坚信我们做了该做的事情。我认为希特勒不仅是德国的头号敌人，而且是全世界的头号敌人。如果几小时之后我就将站在上帝的审判席前，被要求解释我所做到的或没有做到的事情，我问心无愧，相信我能够以自己在对希特勒的斗争中所做的一切来为自己辩护。
>
> 亨宁·冯·特雷斯科，博德·舒尔里希摘引，《亨宁·冯·特雷斯科：一位反对希特勒的普鲁士人》（*Henning von Tresckow: Ein Preusse gegen Hitler*），第 217 页

1944年7月21日清晨，暗杀希特勒的密谋失败后，亨宁·冯·特雷斯科对一位共谋者，华沙东北的奥斯特鲁夫第二军参谋部军官法比安·冯·施拉布伦多夫这样说道。无论如何，施拉布伦多夫说这是亨宁说的：这段话，还有其他的话。其实究竟谁说的无所谓，因为亨宁无疑是这样想的。在暗杀实施之前，他说过应该不惜一切代价。暗杀失败后，他立即准备自杀，因为他知道得太多，可能会在酷刑之下出卖所有人。有段时间，我被亨宁的英雄气概深深打动，产生了想为他写一部歌剧的冲动。我会从他就义的那一刻写起，接下来是长时间的闪回倒叙，亨宁走进森林，用手榴弹把自己炸死。他试图使它看上去像是一次作战事故，希望盖世太保会受骗，以为他没有参加密谋，从而放过他的家人。不用说，这个计谋没有成功，但我们不应该就此认为亨宁是个会铸下大错的人。许多同谋者都犯了大错，但他没有。他知道，七月暗杀之后进行政变的计划准备得过于潦草，即使希特勒被杀了，政变也可能失败。但他仍然认为应该动手，因为牺牲本身就意义深远。

他有权这样说。他之前就尝试过。在所有资深同谋者中，他是最接近杀死希特勒的一位。1943年3月13日，斯大林格勒战役失败一个月之后，一架四引擎福克-沃尔夫秃鹰飞机载着希特勒从斯摩棱斯克回到位于东普鲁士的拉斯滕堡，亨宁将一颗炸弹放在了飞机上。炸弹没有爆炸的唯一原因是捷克造的引信对温度过于敏感，在高空结了冰。如果炸弹爆炸了，欧洲现代史可能会完全不同。亨宁只差一点点就消灭了罪魁祸首。如果亨宁自己直接全程负责可能会好些，不幸的是，他也是制订暗杀后政变计划的理想人选：这是一项必要的工作，需要耗费大量时间，即使能有结果。实际上，大多数政变都是没有结果的。战争中没有保存下来的一次对话是他与埃里希·冯·曼施泰因将军——纳粹上台前的旧德国军官代表人物——在1943年2月的对话。亨宁去冯·曼施泰因位于俄国扎波罗热的总部,表面上是参谋常规拜访。根据亚历山大·施塔尔贝格《不可推卸的责任》(Die verdammte Pflicht)的描述,我们得知亨宁同冯·曼施坦因在一起至少待了半小时。说了什么?不管说了什么,狡猾的冯·曼施坦因不肯孤注一掷。亨宁坚持不懈地试图说服高级军官,自从巴巴罗萨行动以来他一直在做这项工作,在此之前,他已经赢得了不少低阶军官的忠诚。1944年7月20日之后,人们经常说年轻军官只是在1942年底和1943年初斯大林格勒战役逆转之后才找到反抗纳粹的理由,但实际上,早在巴巴罗萨行动尚在酝酿中的1941年初,亨宁就已经在青年军官中网罗反抗者了。当年六月开始召集行动之前,他已经招募了施拉布伦多夫、鲁道夫·冯·戈尔斯多夫、海因里希·格拉夫·伦多夫、汉斯·格拉夫·冯·哈登贝格、贝恩特·冯·克莱斯特。大多数名字出自《哥达年鉴》(Almanach de Gotha),他们中一些人怀抱着在西线获取和平,以便在东线与更危险的敌人作战的浪漫想法:但在入侵俄国前夕,他们都意识到最危险的敌人是一个德国人。

至于歌剧脚本,亨宁与年轻军官的对话提供了写作二重唱、三重唱、四重唱的诱人机会,更吸引人的是所有人都穿着国防军制服,看不到党卫军徽章:这是一个充满新鲜面孔的理想主义舞台。如果说他们身上难掩稚气的话,那我们也应该牢记,这些人的确是他们这一代的花朵,他们中即使是最迟钝的人也已经意识到,德国的历史使命有什么地方出了大问题,而与此同时有成千上万的年轻军官经历了整个战争——至少直到他们过早地凋零为止——却始终没有认识到所谓"犹太问题"本身就是一个错误。亨宁的同谋者们更有头脑,即使他们仍然相信大德意志在摆脱了希特勒之后有可能与西方盟军并肩作战,拯救文明免于来自东方的威胁。1944年7月20日之后,盖世太保将几位年轻贵族军官也列入了同谋犯名单,同谋者承认反叛是因为不满纳粹针对犹太人的政策。亨宁精心挑选的同伴都是好样的，至于为何只有寥寥数人，答案就是：他们这样的人本来就很少。贵族在纳粹出现之前就已经存在一个交际圈，有他们私下的共同语言，知道如何彼此自由交谈。但任何想让他们组织起来的人都得相信他们不会乱说话。一旦有更多人参与，联系人的生命就岌岌可危了。换句话说，此事非英雄不可为，这就直接缩小了范围，事实上是直接缩减到亨宁·冯·特雷斯科一人。

对于编剧来说不幸的是，亨宁也有自己的问题。在对苏作战的第一个冬天，人们已经很清楚，如果不能速战速决，被困的德国军队就会冻死。他们没有御寒的冬衣，而铁丝网背后成千上万的俄国囚犯却穿着皮靴和大衣。因此纳粹决定——这是德国军事法规都明文禁止的行为，更不用说《日内瓦公约》了——应该剥夺俄国囚犯的冬装，转交给德国军队。在《将军的战争》(*Der Krieg der Generäle*) 一书中，卡尔·德克和卡尔-海因茨·詹森指出，这个阴险计划的赞同者中就有亨宁·冯·特雷斯科。在当时，窃夺冬装似乎是正常的想法，但它之所以正常，是因为处于希特勒营造的世界这个背景之下，而亨宁反对的恰好就是这个世界。面对这个尴尬的事实，我们有必要记住亨宁当时有个长远的目标，如果他被迫离开参谋部，目标就无法达成——如果他拒绝签署命令，很可能会被当场撤职。亨宁的英雄形象用这种理由勉强得以维持，但戏剧效果却会受损，男中音咏叹调《先让俄国人冻死》肯定会让第一幕乱成一团糟。

卡尔·楚皮克
Karl Tschuppik

卡尔·楚皮克（Karl Tschuppik，1876—1937）是一位历史学家，他的主要著作在"一战"后的维也纳很有名，与之伴随的还有他的个人魅力，以及一种犹太咖啡馆式的机智谈吐。他的弗兰茨·约瑟夫和玛丽娅·特蕾莎传记引起的关注超出了本国之外，《弗兰茨·约瑟夫一世：一个帝国的没落》（*Franz Joseph I: The Downfall of an Empire*）于 1930 年在美国出版。他还写了一部鲁登道夫传记，探讨德国军国主义如何带领奥匈帝国走向崩溃。然而，除了学者名声，楚皮克还亲身示范了同他的朋友皮特·阿尔滕伯格一样的本领：把日子过得很拮据。楚皮克白天是"绅士咖啡馆"的常客，也像记者安东·库一样下榻豪华的布里斯托尔酒店。虽然库只付过一点房费，但楚皮克几乎不付一分钱。经理认为有他在酒店里是一种荣幸，而作为部分补偿，楚皮克经常同看门人进行长时间的哲学对话。埃里卡和克劳斯·曼在他们那部重要的移民回忆录《逃向生活》(*Escape to Life*)中提到楚皮克（可惜太简短了），说他们去维也纳时喜欢拜访他。作为左翼分子，楚皮克认为1932年之后奥地利民主受到的侵蚀只是纳粹主义的前奏，并警告说他的祖国将很快"再次血流成河"。很幸运，他在德国吞并奥地利前一年就去世了：之所以说幸运，是因为他也像库一样早就分析过希特勒的演讲风格，而纳粹也一直牢记着这批文学批评者。崇拜他的优塞福·罗特说："我们的朋友楚皮克选择了恰好的时间去世。他去世后，我很明白，一切都完了。"

——◆——

这是以爱和批评写就的。

卡尔·楚皮克，摘自《弗兰茨·约瑟夫一世：一个帝国的没落》

如今，这本讲述奥匈帝国如何崩溃的书与作者卡尔·楚皮克一样几乎已被世人遗忘，但这本书即使只看外观已经很美。我在波西米亚斯腾伯格家族的恰斯托洛维采城堡的图书馆里读到这本书，但不得不把书留在那里，因为它仍然是国有资产。如果我问女主人借书，会显得很不礼貌。这种请求会使她左右为难，按理说国宝是不能离开祖国的，更何况这本书也本该属于古老图书馆这美妙的环境。书用黄色磨毛亚麻布装订，上好纸张，印刷清晰，由阿瓦隆出版社出版，这是一家曾经在德累斯顿附近的海勒瑙非常兴盛的出版社。在我自己的书房里，我最珍视的一些书也是同时期在德累斯顿印刷的：二十年代是印刷精美的畅销书迭出的时代，沃尔夫冈·杰斯出版社出过一系列薄纸印刷的书，全是十九世纪文艺复兴研究学者费迪南·格雷戈洛维斯的作品——我跑遍全世界的二手书店，在各种喜出望外的发现后终于凑齐了一套。在恰斯托洛维采，楚皮克的书同样令人喜出望外，它使我忆起了德累斯顿，好像爆裂的炸弹重新粘好，飞回了天空。这是两个相继消失年代的重新整合,"一战"后说德语的前纳粹文化全盛期,以及此前的旧奥匈帝国,这本书"以爱与批评"(mit Liebe und Kritik)审视了它最后的辉煌。

虽然楚皮克是坚定的民主主义者,并未受到旧社会秩序的蒙蔽,但他对旧奥匈帝国社会的爱却充溢了这部书。它令你想到施尼茨勒而非优塞福·罗特,前者认为磷光意味着腐烂,后者却无可救药地怀念。奥匈帝国毕竟不像其他帝国,它没有征服过外国领土。它整合了数个欧洲中部国家,但没有征服其人民。少数民族有理由感谢其统治,当时许多知识分子也有良好的判断力,对其心存感激,而楚皮克回首曾经的妥协——如果不能说是伟大的和谐的话——也有理由表达比单纯的情感更深的激情。但他的批评同样随处可见。楚皮克不会虚饰说,如果想要有不同的结果,事情应该如何不同。从一开始就不应该有那场大战,大战必然带来帝国的毁灭,但弗兰茨·约瑟夫治下那些受蒙蔽的政府人员直接加入了战争。他们有一个借口:他们是稀里糊涂参战的。斯特凡·蒂萨伯爵是内阁中唯一的英雄,只有他警告了战争将带来什么。然而,当这一天来临时,甚至连他也改变了主意。孤注一掷(Va banque):来自破产者的勇敢呐喊。

在同一个周末,同一所图书馆里,我浏览了一遍梅特涅令人印象深刻的两卷本《大事记》(*Denkwürdigkeiten*),此书1921年出版于慕尼黑,当时这位卓越的外交官已经辞世六十年。现代印刷字体有着那个时代的严谨和清晰。(直到1933年,花哨的老式黑体字才重新回归,作为文化整体倒退的一部分,纳粹认为这会赋予思想一种哥特式的外观:但即便如此,它们也只回到了德国。奥地利直到最后一天都在用他们的现代印刷字体。)梅特涅的文笔同这本书的印刷体一样简洁。亨利·基辛格似乎总喜欢被称为"我们这个时代的梅特涅",如果他也有自己的榜样那样的表达力,应该会有更好的武器来为自己的所作所为辩护。在任何相信自由民主的人看来,梅特涅的所作所为仍然需要大量的辩护，但他的文笔至少没有什么出错的地方。梅特涅将决断力与语言的清晰紧密结合，这是我在笔记本中翻译的一段话：

> 我一直认为，政治家最重要的一项工作，是密切关注他在内心建构的东西与时代进程中由党派之见强加于他的事物之间的区别，并严格区分两者。要做到这一点，最有效的手段在于审慎地把词语与它们所代表的事物联系起来，使之紧密相扣。（第二卷，第466页）

但这段译文并没有表现出原文的活泼节奏。他是一位老人，而他的文笔却是年轻小伙子。维特根斯坦推荐过 E. F. 默里克的诗歌，他说默里克的言辞不会逾越事物本身。梅特涅早就得出了同样的结论。然而，他的一些其他结论保守乃至反动，与他所知的事实并不相符。看看这段话：

> 如果上帝的名字，以及由他授予的神圣权力都被拖进泥潭，那么革命就势在必行了。在国王的城堡，在城市的客厅和卧室里，革命已经发生了，而人民却还在为其做准备。（第二卷，第71页）

上面一共有两句话，句号之前用的是现在时，句号之后是过去时，表明他的叙述在从普遍情况转向具体例子，也就是法国大革命。他对具体情形的描述是相当生动的，有一种任何译文必定会破坏的节奏感："...war die Revolution schon vorbei, während sie bei der Masse des Volkes erst vorbereitet würde."（革命已经发生了，而人民却还在为其做准备。）要称赞一种非母语的文字效果总是危险的：它也可能

Karl Tschuppik

会比我们想象得更粗糙，但 vorbei 与 vorbereitet 显然是故意搭配，让句子的第二部分从第一部分分离出来。明确的想法表达得具有神韵，但想法本身却是错误的，或至少不全对。例如，英王乔治三世及其政府的统治是神授的；他们被彻底拖进泥潭，不仅同詹姆斯·吉尔雷无情的漫画讽刺没半点关系，而且也没有革命。（为了确保不会发生革命，在接下来的统治中，潜在的颠覆者被送到了澳大利亚的植物学湾，以为只要这样做人们就永远不会再听到他们及其后代的消息了。）更早些时候，路易十四的宫廷深受自觉没必要低声细语的大不敬俏皮话所侵扰：人人都知道路易十四放弃了在低地国家获胜的机会，是因为曼特农夫人痛哭失声，而且谁都不在意这样说。没有革命：当时没有。革命确实需要准备，但那是在人民中间做准备——无论如何，是在宫廷之外做准备。拉法耶特侯爵是因他在街上的遭遇而无法履行职责，而不是因为他在凡尔赛或杜伊勒里宫的走廊上听到的话。梅特涅有充足的理由害怕革命：他花了一生的时间来处理其后果。但不敬的话语并非其原因，他肯定也知道。他只是不喜欢俏皮话。有一段妙语暴露了实情，要摘引这段话，就必须同时摘录他引用的话，因为他把自己的想法与读到的内容融合到一起了。

> 塔列朗说得很对："心智为一切服务，但却一无所获。"（L'esprit sert à tout et ne mène à rien.）对斯塔尔夫人而言，她的名声就是一种权力。我活的时间越长，就越不信任那种权力。（第二卷，第166页）

对法国人而言，"心智"（l'esprit）是一个含义广泛的词，但其核心是"机智"（wit）。塔列朗的意思也许是说，精妙言辞固然可以用于任何事情，但却不会有任何结果。这正是梅特涅会赞同的观点：

具体做决定的人听到过太多的言辞。但他对斯塔尔夫人的蔑视却使他露了馅。她对权力有一种洞察能力，因为她见识过行使权力的男人的软弱之处。当拿破仑把她流放到日内瓦湖对岸时，关于那个迫害她的人，她在日记中写下的话是永恒的真理。她说，拿破仑拥有无所不能的天赋，没有他办不到的事情，但他却无法理解爱惜荣誉的男人的行为。今天，她会说"爱惜荣誉的女人"，但这位最为著名的早期女性主义者——第一位热尔梅娜[*]——却受限于她所继承的语言。她的思想并没有受到限制，而梅特涅不信任的恰好是这一点。她代表了唯一重要的永久革命：批判性的智慧。即使在今天，提到她也能令有教养的男人吹胡子瞪眼。弗拉基米尔·纳博科夫在他长篇大论、细致入微、几近迷狂的《叶甫盖尼·奥涅金》评论里，挥一挥他考究的贵族之手就打发了她。他忘了说普希金自己对她崇拜得五体投地。但普希金本人是有点女性化的。他能够看穿支撑国家的堡垒上趾高气扬的虚伪。

梅特涅根据他个人的判断拆散并重组了各个王国，将国家奉为神意的表达：不能比这更虚伪了。然而，今天任何人埋头读过梅特涅的沉思录都会有种失落感。那是多美好的时光啊；可以那样行事的人竟能写出这样的话。你能明白为什么这种书能在"一战"后的年月里印刷出来并且受到珍视，出版商和编辑们把过去的世界放在一起，希望新的世界会有点像它一样。出版商和编辑认为有爱和批评就足够了。但是风暴来了，没有多少书侥幸逃脱，它们同书的主人一起被大风吹散，或者与主人留在身后的图书馆一起烧毁了，恰斯托洛维采的图书馆很幸运：文化破坏者没有注意到它，这个家族反抗纳粹，但城堡却得以幸免。这一家人四处流散，恰斯托洛维采

---

[*] 斯塔尔夫人名为热尔梅娜·德·斯塔尔（Germaine de Staël），另一位名叫 Germaine 的著名女性主义作家是杰梅茵·格里尔（Germaine Greer），1939 年出生于澳大利亚。

Karl Tschuppik

变成了冰箱修理厂。因为有了实际用途，屋顶按照当时的风尚进行了修缮：酸雨没能渗透进来，除了劣质水泥的灰尘，这些书籍并未受到损害。

天鹅绒革命之后——与其说是一场革命，不如说是恢复旧共和国——瓦茨拉夫·哈维尔有许多值得称赞的建立公民秩序的新举措，其中之一是恢复对文化遗产的信念。分散在世界各地的历史悠久的家族受邀归国，重建府邸，经营产业，并通过提供就业，振兴过去在家族领地周围发展起来的村庄。按照马基雅维利式的权谋观，这是一种不错的办法，吸引贵族把硬通货注入经济，如果他们还有的话。有些已经没有了：金斯基家族的长辈们回到了城堡，但城堡仍将一派衰败，因为在过往的年月，他并没有去国外而是在矿山劳作，为没有逃离而付出了长久的代价。这项计划只取得了部分的成功，要恢复一种文化，仅有钱财是不够的：还需要奉献和耐心，因为传统技艺已经消散殆尽了。恰斯托洛维采只是少数的成功故事之一。城堡和领地兴旺发达，为方圆数英里的人们提供就业。我阅读梅特涅时正值早春，田野里的鹿正在换角，国外进口的鸸鹋在孵蛋，城堡在为旅游旺季做准备。

在夏天晴朗的日子里，有时一天的游客会超过一千人，大部分来自捷克。他们来看看一百年前在老皇帝治下的生活是什么样子：后来的共和时代就从中发展起来，用身边丰富的传统来滋养他们的民主梦想。我阅读的书籍始于马萨里克和贝奈斯[*]的时代，他们自己的书也按同样的标准制作。2001年我作为嘉宾参加奥洛穆茨纪录片电影节（Olomouc Festival of Documentary Film），当时寻遍二手书店，找到了一套两卷本马萨里克文集，1925年出版，还有一套两卷

---

[*] 马萨里克（T. G. Masaryk, 1850—1937）和贝奈斯（Edvard Beneš, 1884—1948）分别为捷克斯洛伐克共和国第一和第二任总统。

本的贝奈斯文集，1927年出版。两套文集题名中都有"Revoluce"这个词，当然，那根本就不是革命。革命是要践踏过去的。马萨里克和贝奈斯的共和国是有机地脱胎于过去，保留了既有的文化财富。看看他们的书就知道了：印刷比例对称，亚麻封面闪着光泽。我把这四卷书带回伦敦，摊开在书房的咖啡桌上，陶醉于书籍的外观。我打开书，抚摸着厚厚的、永远不会发脆的优质纸张。我尽情欣赏着书，但没有阅读。我不懂捷克语：反正到现在还不懂。有人说只要认识字母表就好了，捷克语不像俄语那么难，而且发音肯定比波兰语简单。贝奈斯的文字是出了名的难读，但我希望能够自己来判断，马萨里克则是极少数国家才能有幸拥有的精神国父：我想按照他写作的方式尽情享受他的作品。如果我有蒂莫西·加顿-艾什的本领，我现在就已经在阅读他了。我们这些接受同化能力一般的人，必须找到时间来慢慢适应，而在我这个年纪，总觉得时间不大够用。但这些书反正会放到我的书架上去，如果我的书房能维持原状，总有一天会有像我这样的人来把书取下来——希望他们不需要掸去水泥粉尘，或者下一个野蛮时代将会留下的什么印记。

Karl Tschuppik

U

杜布拉芙卡·乌格雷希奇
米格尔·德·乌纳穆诺
佩德罗·恩里克斯·乌雷尼亚

杜布拉芙卡·乌格雷希奇
Dubravka Ugresic

杜布拉芙卡·乌格雷希奇（Dubravka Ugresic，1949— ）被送到人间的目的可能就是为了提醒我们，巴尔干半岛压根就没有简单的事情。她出生于克罗地亚的一个多种族家庭，母亲是保加利亚人。她在萨格勒布就读的学校有个令人望而生畏的名称：文学理论研究所。她毕业于莫斯科大学，研究过俄国先锋艺术。1993年她离开了克罗地亚，先在荷兰和柏林，然后在美国各大学担任过一系列职位，包括在卫斯理学院和加州大学洛杉矶分校任教。她的小说我还没有读过，它们通常被描述为"作家之作家"的作品，或者说是曾就读于萨格勒布文学理论研究所的人的作品。作品之一，至少是英译本，有着二十世纪衰落时期最好的标题：《无条件投降博物馆》(The Museum of Unconditional Surrender)。她写的新闻报道我读过，令人感到敬重、绝望和喜悦，本质上是拒绝向巴尔干地区由历史奠定的乱局投降，那里正是她出生和成长的地方。她像奥里亚娜·法拉奇一样勇敢，但不像法拉奇那样意识形态色彩浓重（迄今为止她还没有与任何一种可能日后会反悔的宏大理论纠缠在一起，或许"文学理论"除外），乌格雷希奇擅长解释巴尔干难以名状的文化传统纠结，她在这方面是无与伦比的，尤其是涉及妇女的悲惨处境。

> 一个炎热的夏日，我在纽约地铁里停下脚步，为眼前的一幕深深陶醉。一对中年人在跳阿根廷探戈，在他们周围画出了一个看不见的圈，圈里只有这两人存在，男人和女人，还有旁边地上一台积满灰尘的录音机。这对男女既不丑也不美，既不年轻也不老。他们身着黑色服装，服装很整洁但已经旧了，男人黑色的长裤闪着油腻腻的光泽。他们严肃、低调地跳着，不带感情，没有多余的动作，没有讨好别人的愿望。他们周围的人慢慢多了起来。
>
> 杜布拉芙卡·乌格雷希奇，《谎言的文化》(The Culture of Lies)，第131页

这就是探戈可以传递给你的：一片混乱中的极乐地带。只需观看——更不用说亲自去跳了——就暂时摆脱了偶然的庸常去度一个假期，获得进入极乐境界的自由通行证，在那里，就连宿命也获得了一夕风华。舞蹈本身很美，但跳舞的人未必也要很美，在这段话中，他们显然并不美。乌格雷希奇接下来反问，为什么一对探戈舞者能让冷漠的纽约人——本来会匆匆路过——驻足观看，不惜错过乘地铁。她推断说是因为他们的情感得到了释放。她自己就的确如此。正如它所描述的那一刻，这段话本身也是一段插曲，因为生活本来面目的反衬而变得加倍甜蜜。她的书是个警世故事，警示那些

没有去过巴尔干半岛却自诩能对那里揣测一二的人。《谎言的文化》汇集了她的观点，许多着眼于官方的语言滥用：背景中的幽灵是卡尔·克劳斯。克劳斯在前纳粹时期为奥地利和德国所做的事情，正是乌格雷希奇在图季曼时期为克罗地亚所做的，当时还有米洛舍维奇的波斯尼亚虎视眈眈；她至少不逊色于克劳斯。克劳斯衡量正常状态的真正标准是奥匈帝国，他经历过帝国最后的阶段，而且永远没有忘记，而乌格雷希奇的衡量标准——虽然看似不可思议——却是已经消逝的铁托的南斯拉夫。对她来说，南斯拉夫是心中梦想的现实载体，而克罗地亚则是实实在在的噩梦。铁托的铁腕至少使各少数民族免于拼死争斗，而新的铁腕想要的是别的东西，他们的首要目标是彼此的喉咙。但吸引她的却是他们的第二个目标，其中原因越来越显而易见。无论一个男人代表什么派别，不请自来地进入一个女人的身体似乎是他个人权力的主要保证。强奸的威胁与谋杀的威胁并行，相差无几，已经成为女性生活预期的一部分。很难想象还有哪本书，在随意发生暴力的环境下，能孕育出如此清晰的对女性权益的关注。娜杰日达·曼德尔施塔姆有两本回忆录也卓越地记载了二十世纪日常的骇人听闻，但娜杰日达想到的并非女性权利。她可能会认为亚历山德拉·柯伦泰很荒谬。柯伦泰为国家赋予妇女权利而斗争，而这个国家推行的原则却是任何性别的人都没有任何权利。相比之下，娜杰日达恐怕会情愿让旧时的压迫跟男性沙文主义一起回来。

但乌格雷希奇身处不同的地方、不同的时间，有不同的心境。她知道西方女性已经实现了什么，并准备将整个国家的糟糕状况完全归咎于趾高气扬的男性。她叫他们"南斯拉夫男"（Yugo-man），有时索性就叫"南斯拉夫狂"（Yugomaniac）。她的讲述是有说服力的。无论是塞尔维亚人、克罗地亚人、斯拉夫人、穆斯林、波斯尼亚人或者黑塞哥维亚人，书中所有男人一见到裙子就变成了野兽。

她没有充分讲述一个最悲惨的事实，也许是因为这种事情直到很久以后才浮出水面：遭到塞尔维亚男人轮奸的穆斯林妇女害怕告诉她们的丈夫，唯恐因为她们屈服于耻辱而遭到惩罚。然而除此之外，她不偏不倚地蔑视一切人的暴行，正是这点使她成为别具一格的作家，而且她的确是来自现代东欧最有趣的一位作家。（乌格雷希奇出席了米洛舍维奇的审判，我几乎等不及看她会写什么。）她来自被昆德拉称为"被绑架"的国家，为这个国家发声，而且是女人的声音。这个女人提着装满劣质食品和其他稀缺物品的塑料袋，那是她排队数小时买来的，而男人们坐在广场上抓挠着裤裆，幻想着下一场战争。在男人们愚痴的交谈中，他们提到某个女人必定称之为婊子。婊子的两种功能是把晚餐端上桌，在男人有需要时躺下。大多数男性读者会发现这是一个令人不安的景象，而这正是她的目的。多元文化主义思想家——如果现在还有的话——会觉得更为不安。乌格雷希奇认为，富裕国家的多元文化主义助长了贫困国家的种族清洗。请看下面这段话：

> 欧洲自豪地炫耀着一体化，却支持其他国家的解体。它在自己的领土上强调文化多元化，却煽动别处的种族清洗。它以欧洲荣誉的准则起誓，却与民主选举出来的战犯们协商。它极力捍卫少数民族的权利，却没有注意到人数最多的南斯拉夫少数民族的消失，那是一个民族、一个"种族不定"的人群的消失，或者说所有少数民族的消失。

英国居民读到这样的话会觉得尤其尴尬。要知道英国人当时的想法是袖手旁观，让这个地区自寻出路。（很久以前，对于尼日利亚的比夫拉，哈罗德·威尔逊政府也曾奉行同样的政策，并导致相同的结果。）那些被置之不顾、自寻出路、侥幸活下来的无助平民，他们对此最轻微的反应恐怕也是愤怒，这并不难预料。我们可以说乌格雷希奇的语气已经是值得称赞的温和，它适度地表达了当时在天空中搜寻北约飞机时肯定有的想法，而那些不知道世界将会变得多么糟糕的人，将那些飞机视为世界上最糟糕的事情。如果她是这么写的，那么她可能至少也是这么想的。难怪在纽约短暂的假期里，她觉得探戈舞犹如节日，可以暂时甩开历史。如果双子塔在那一刻被击中，她也不会感到意外。那只不过是一个放大版本的例行轮奸，或者一个女人被狙击手击中，倒在她的塑料袋上。

米格尔·德·乌纳穆诺
Miguel de Unamuno

米格尔·德·乌纳穆诺（Miguel de Unamuno，1864—1936）是巴斯克人，出生于毕尔巴鄂。他自1891年开始在萨拉曼卡大学任希腊语教授，但他的著作和影响远远超出了学术界。1897年他遭受了一场精神危机，失去了信仰：这是他一生中最重要的个人事件。从那时起，每种概念都是一场新的角力，他在文章中对其加以戏剧化呈现，而他自己的心灵就是主要角色。乌纳穆诺比奥尔特加早出道二十年，抢先一步成为奠定现代西班牙哲学风格的人物，虽然乌纳穆诺的哲学明确地植根于文学语境中，而奥尔特加则对自己貌似更广泛的领域而感到自豪。但乌纳穆诺更有节制的关注范围也让他更加专注。（他的谦逊赋予他更深刻的现实主义：作为面包师的儿子，乌纳穆诺绝不可能像奥尔特加那样蔑视大众。）乌纳穆诺对文学中至关重要的东西相当敏锐，这不仅使他引领了西班牙欧陆文学遗产评价的转向，还令他觉察到它会从美洲汲取新的活力——西班牙语世界得以在二十世纪起死回生，是个激动人心的故事，而复兴的一个关键因素就在于此。这是重要的突破，我们现在知道这既应当被视为政治性的，也应当被视为文化性的，因为对于格兰德河以南的国家来说，拉丁美洲的文学自信是当时民族主义的载体，是语文学家佩德罗·恩里克斯·乌雷尼亚通过现场参与而建立起来的联系。乌纳穆诺在自己的祖国有够多的事情要对付。他因为同情共和派，1924年被流放到富埃特文图拉岛。共和国成立后，他回到萨拉曼卡。然而他精神上的独立是不可救药的，很快就与社会主义政权格格不入，认为其教条主义的目的和方法混淆了民族主义斗争的问题；他憎恨外国人干涉西班牙事务，也曾处在见证悲剧的位置。幸运的是，他在1936年12月去世了，没有见到最糟糕的情形，但他可能已经听到了最坏的消息。他死于心脏病，因为一个法西斯将军用枪逼着老教授离开他心爱的大学。身体的侮辱或许尚可忍受，但言辞却无法忍受。"让知识去死吧！"这位将军叫喊道。"死亡万岁！"将军本身就是活生生的证明，证明这两个命题是正确的；尤其是第一个。

---·---

> 与其为了评论一本书才去阅读它，我宁愿评论一本我已经读过的书，于是我注意到叔本华提出的一个微妙而深刻的区别：有些人为了写作才思考，有些人有了想法才写作。
>
> 米格尔·德·乌纳穆诺，《散文集》(*Ensayos*)，第二卷，第1013页

任何写过书评的人都会意识到，乌纳穆诺在这里做出了一个重要的区分。对于年轻作家来说，受邀撰写书评是件令人兴奋的事情。除非他是个心无旁骛的小说家，收支预算也安排得很好——最好还有些私产——其他人受到邀请时，大都会找出时间来写书评。他也

会发现这是白白浪费了时间：这本书根本不值得费力。他可能会写篇有趣的文章来说明这一点，而这篇有趣的文章可能会帮他弄到一个有用的兼职；但即使在最好的情况下，他的职业生涯也已经遭到扭曲。随着时间的推移，主要靠写书评维生的作家将会发现他在浪费自己的主要财富。他的主要财富是博览群书，但如果他花太多时间阅读二流书籍，只是为了写写书评，这样是不会增加多少有用的知识储备的，更糟的是，还会增加很多无用的内容。这种事情会自动减损其自身。在任何文学编辑的长期撰稿人中，不管让他写什么内容，每个周五之前都能交上一篇一千字的稿子的人永远是最可怜的。才华与拮据的致命组合毁了他。二十世纪三十年代，西里尔·康诺利在《承诺的敌人》（Enemies of Promise）一书中就已经把太好说话的文人在格拉布街可能遭遇的危险编成了法典。

事情往往如此：理想往往是由最坏的情况定义的。任何人都必须先阅读，然后才能写文章评论他本来根本不会去阅读的书，这一致命的任务残忍地提醒他，他生来是应该干别的事情的：阅读打动自己的书籍，一页一页地阅读，不为挣钱而劳作，一切只为精神需求。（在一家出版社，最好的编辑一想到每日劳作毁掉了自己为乐趣而阅读的能力，总是受到实实在在的折磨。）读到一本好书的迹象是不断有冲动要去画线，在空白处做笔记，或在衬页上随手写点评论。你此刻读的这本书中提到的几乎所有书都已经通过了这样的检验。乌纳穆诺的书页呼唤着人们去涂抹它。我们有时会犹豫，因为乌纳穆诺的书通常装帧精美，早期用薄纸印刷的文集均由阿吉拉尔出版社出版，现在很难找到。我收藏的大部分是在两个截然不同的西语城市找到的：在马德里，专卖书店里要花一大笔钱；在哈瓦那，书店广场的露天书摊上就找得到。在哈瓦那买的那几本没花几个钱，但品相都不太好。《散文集》我有两套，一个城市买了一套，这样就可以在破旧的那一套上做标记，另一套收在书架上。我绝非第一个在乌纳穆诺的书页边做标记的人。在他最雄辩有力的时刻,他能一个接一个地说出隽永的格言,就像美国货运火车的车厢从草原上一个轨道终点站绵延至下一个。

我是在墨西哥城第一次遭遇乌纳穆诺的。当时我约了卡洛斯·富恩特斯做采访,在他美丽的住宅,有一阵子单独同他的书待在一起。整个西语文学界都在书架上放着,桌上堆着。我一眼就看到了一卷打开的乌纳穆诺,我猜富恩特斯当时正在读这本书,因为书旁还有一支钢笔。我忍不住偷看了一眼他画出来的地方,虽然感觉像是在窥探。他恰好进来,我稍有点尴尬,说他画了很多地方,他翻着书:似乎每一页都至少有一段话画了线。他说阅读乌纳穆诺,每当读到一段论述得出结论的时候,他难得有不画线的。"了不起的西班牙作家。了不起的西班牙语作家。因为他是让我们开始了解西班牙世界的作家之一。以散文作为一种艺术形式。乌纳穆诺。"

我认为他特别提到这位大人物的名字,可能是为了委婉地纠正我的发音,因为我发音时有点犹豫。(重音应该落在第三个音节上,但说英语的人很易受"unanimous"一词的影响,将重音放在第二个音节上。但我的发音或许还过得去,富恩特斯大概可以推断出我至少已经开始阅读用他的母语写的东西了。于是我们开始了一种你可以在电视访谈之前或之后,但不是在访谈当中进行的谈话。如今我已经把大部分电视访谈活动转移到互联网上,都是我自己希望进行而非避免的谈话,但在这种情况下,录下一场有关鲁文·达里奥、奥尔特加、奥克塔维奥·帕斯和乌纳穆诺的谈话是不可想象的。因为那会是故意为难自己。卡洛斯·富恩特斯之所以同意和我做一期《明信片》(*Postcard*)电视节目只有一个理由,这个理由倒也不错:他会就一个最基本的问题——他的国家的现状——谈一些简单的道理。届时会有一批英语观众:数百万从未听说过乌纳穆诺这个名字的人。

但是,如果没有一个民主的世界,这个电视节目就不可能产生,这就是为何我们要谈乌纳穆诺。他这样的声音有助于使西班牙帝国回归文明。乌纳穆诺给濒临绝境的西班牙带来的好消息是：西班牙文化在美洲还活着，最终会回到祖国。他的散文写作本身就有其价值——它们无须通过什么实用性的检验，而且，假如它们是为了应付短期的功利要求而写，从长远来看就更不可能通过这种检验。它的一个用途是保存良知，提供智识，让人们在困惑时作为参照。他以自身示范，证明了西班牙语是现代世界的语言之一。因此，在哈瓦那老城晴朗阳光照耀下的市场上找到他的书，才会令人感到特别快乐。虽然烫金的书脊斑驳脱落，洋葱纸因为气候潮湿而皱缩了——那种潮湿甚至能让石膏凝固——但这些书对于当地仅存的爱书人来说依然太贵了。买书的人大部分都是像我这样能读西班牙文的游客，我想，随着时间的推移，流入市场的几乎每一本阿吉拉尔版本都已经被带回西班牙，这些书最初就是在那里印刷的。但最初读过这本书的人有些可能还活在世上；也许他们当中有些人仍在古巴：并非所有爱书的人都乘船离开了。几乎所有人都在书上画了一些线，画线意味着决心要记住。这种决心通常比钢笔甚至铅笔留下的印记消散得更快，但意图是好的。所有的读者都共同参与了作者帮助建立的包容传统：是这种传统使批评文字成为现代西班牙语言财富的一部分，这门语言是西班牙帝国留下的真实的、价值无量的遗产，正如英语之于大英帝国。

我之所爱，是永恒的，不是现代的：十年之后，潮流消退，时兴的将会变得怪诞过时。

米格尔·德·乌纳穆诺，《散文集》，第二卷，第 1167 页

和克罗齐一样，作为评论家的乌纳穆诺本能地理解他所热爱的崇高艺术是植根于俗世之中的。在他那个时代，相对于美洲新兴的

西语文学而言，欧洲大陆火热的西班牙文学严重受困于一种唯美主义理念，认为崇高的使命就需要对崇高的主题进行崇高的处理（这是致命的一步）。在一系列紧密相关的精彩评论文章中，他阐述了一种美学原则，用以对抗这种理念向"现代主义"（modernismo）的最终演变——这不过是一种古老迷思的最新版本，认为只要正确的艺术态度得到提升，就会自行开花成果。

如果我们弄清楚他所说的"永恒"（eternismo）是什么意思，上面这段引文就更好理解了。他并非要诉诸先验价值：他指的是要关注永远存在的世俗现实。在同一页上（再次证明伟大的书中有伟大的书页）他写道，普遍之物位于局部与幽闭的内里，永恒之物位于短暂与瞬息的内里。原文中的"内里"（Entrañas）可以更恰当地译为"内脏"（entrails）或"肠道"（bowels），但我认为他是希望表达得朴实而动人的（提醒我自己和更年轻的读者：所有关于外语语气的猜测，都应该和终生说这门语言的人核实）。翻过两页之后，他解释了"universalidad"这个词。"普遍性，是的：但却是从差异的融汇与冲击中孕育出来的丰富的整体普遍性。"或者换句话说：不是抽象野心的普遍性。

乌纳穆诺对具体现实的关注深入底层，深入艺术家的个性。他认为艺术家不可能真的脱离具体现实，正如鸟不会飞离天空。当我们想起艾略特所谓艺术家追求非个性化的理想状态时，我们应该记住乌纳穆诺所说的话——在这部内容丰富的书卷的第一千多页。乌纳穆诺已经说过，我们别无选择。他写道，一位真正的艺术家，即便在最想隐藏自己个性的时候，也会显示出个性来。乌纳穆诺说，即便在福楼拜最后一部小说《布瓦尔与佩居榭》（*Bouvard et Pécuchet*）里，你也可以看到他的个性，尽管这本书讲的全是陈词滥调和迂腐卖弄。乌纳穆诺的意思是说，福楼拜对语言具有独特的敏感，不可能塑造一个迂腐的人物，而不将自己迂腐的一面融进去。

最杰出作家的灵魂中包含了他们在书中塑造的所有角色；这些角色一直都在那里，贯穿历史；因此无论一位作家如何自诩现代，却总是——并且只能——与永恒打交道。

佩德罗·恩里克斯·乌雷尼亚
Pedro Henríquez Ureña

佩德罗·恩里克斯·乌雷尼亚（Pedro Henríquez Ureña, 1884—1946）是一位语文学家，他令一代拉丁美洲文化人明白他们并非生活在落后地带，而是实际上——恰恰因为他们的历史地位——处于西班牙世界文明复兴的最前沿。换句话说，他告诉他们：小时代结束了，他们赶上了大事件。他的学术地位是毕生努力的结果，却也有赖于他必定承继而来的骄傲与自信。他在圣多明各出生长大，移居古巴后撰写了《批评文集》（*Ensayos Críticos*, 1906），这是他的第一部评论集。从一开始他就宣扬，貌似支离破碎的拉美文化成就在本质上是统一的。当时除了尼加拉瓜深具远见的诗人鲁文·达里奥，在整个拉丁美洲乃至西班牙都没有其他批评家这样想过：研究拉丁美洲文学的学者不是英国人就是德国人。他在墨西哥待了七年，在那里开创了一种写作方式，认为本土遗产和西班牙遗产具有共时连续性：半个世纪之后，奥克塔维奥·帕斯和卡洛斯·富恩特斯等作家重拾了这种说法。1915年，乌雷尼亚先去纽约，然后去华盛顿，后来又任教于明尼苏达大学，直到1921年：这是他的北美时期，在国际上获得了更高知名度，因此也增强了他在拉美的影响力。其间他还在马德里待过，与学术巨人阿方索·雷耶斯和语文学家米南德斯·皮达尔进行过卓有成效的对话，后者发明了"对全部知识不由自主的渴望"这个短语。知识主宰着乌雷尼亚的一生，但他无法将政治置之度外，尤其是在1916年美国入侵多米尼加共和国之后。尽管他最终转向了社会主义，他的政治主张主要呈现在文学观中。他的指导原则是，殖民地历史如果从正确的角度去诠释的话，本可以被视为优势而非弱点："精神民族主义"自发地产生于复杂的历史记忆，应该全心全意地加以珍视。乌雷尼亚有句话可用来概括二十世纪新兴拉美文学史："Todo aislamiento es ilusorio."（所有的隔绝都只是想象而已。）乌雷尼亚指出，即使是古希腊文化也并非产生于辉煌的隔绝，而是基于其他地方输入的文化滋养。一代作家灵感的来源，都在于乌雷尼亚有能力将失败、受挫的民族主义重新诠释为一种积极的发展。他积极的态度并非只是盲目乐观，他警告人们，不要接受任何居高临下的外国人对其"丰富多产"（exuberance）的称赞；所谓丰富多产，大多不过是长篇大论滔滔不绝，恰好表明文化的缺失。他自己的文笔是活力的典范，从不信马由缰，因而更加有力。他在有关拉美在现代西语世界崛起的叙事中占有关键位置，除此之外，他给予整个世界的重要信息是他始终认为政治成熟的一切希望在于能读会写。他撰文论述中小学文学教育的重要性，这些堪称经典的文章扎实地申明了一种立场：自由民主思想容易受到平等主义冲动的诱惑，试图降低中小学语文教育的难度，这是误入歧途。乌雷尼亚认为中小学应该提高要求，但他有本领令人相信，难事也能令人愉快。他关于这个问题的一些最佳文章可见于他的谷歌搜索结果的第二页，有两个文档，作者名是他的全名，其中一篇附带他的文学创作介绍，由学者劳拉·费布雷斯撰写。1924年以后，经常居无定所的乌雷尼亚在阿根廷安顿下来，先在拉普拉塔，后来在布宜诺斯艾利斯，在他教过的学生里面就有埃内斯托·萨瓦托：这是一个很好的例子，说明了大学教师与作家之间可以拥有成果丰硕的关系。1946年乌雷尼亚在布宜诺斯艾利斯去世。多米尼加共和国有一所大学以他命名，但他的影响确实存在于格兰德河以南的每一所好学校。

---·---

伟大的艺术始于文法结束的地方。
佩德罗·恩里克斯·乌雷尼亚，埃内斯托·萨瓦托在《终了之前》
（*Antes del Fin*）中摘引

在"二战"后的阿根廷，佩德罗·恩里克斯·乌雷尼亚是一位受人尊敬的语文学教师，埃内斯托·萨瓦托是他的学生。后来，拉美文化逐渐主导了西班牙语世界，萨瓦托成为其最杰出的文学人物。但即使在当时，学生们也用不着别人来告诉他们上述说法的正确性。在西班牙语中更容易表达出正确的先后关系："Donde termina la gramática empieza el gran arte."（文法终结处，艺术诞生。）如果听见你自己凭本能知道的事情由一位权威人物掷地有声地表达出来，你一生都会受惠于这种记忆。乌雷尼亚的格言不仅适用于文学，还可以扩展至所有其他艺术：纯熟的技巧是灵感借以攀援的框架。当然，灵感也许永远不会来临——在各个领域都有很多受过良好教育的庸才——但如果灵感降临到尚未准备好的人身上，最好的结果也只会是难产。貌似例外，其实并非真的例外。如果穆索尔斯基对交响乐了解得更多的话，就不需要里姆斯基·科萨科夫去润色了，但穆索尔斯基至少知道如何将自己脑海中的声音写下来，并且在纸上做出有意义的修改。海关关税员亨利·卢梭学到了足够的技巧，能使森林在月光下闪闪发光，而雷诺阿迟来的对学习的渴望——他"严峻的风格"（manière aigre）——所带来的灾难性后果只不过证明了如果他一开始就认真学过的话，那本来会是一件好事。毕加索轻而易举地读完了艺术院校，并不意味着其他人可以索性省略这一步。

伊莎多拉·邓肯的即兴舞蹈影响了芭蕾。她自己的芭蕾舞水平，刚好只够通过模仿来吸收其中的一些舞蹈元素。（塔玛拉·卡尔萨温娜在她非凡的回忆录《剧院街》中记录了她对邓肯的钦佩，但她坚持认为，真正的芭蕾舞演员可能受惠于模仿伊莎多拉，但伊莎多拉却不可能模仿她们。）虽然一直有人声称要用强有力的原始主义风格来对抗学院派的麻木不仁，但这种理由并不大好，因为这种麻木不仁并不具有杀伤力：它只是获得了一套基本要素，却错过了其他。诀窍是看到潜伏在语法中的艺术，并掌握语法，意识到语法可以释放的东西：表达。弗朗茨·韦费尔凄凉的小说《威尔第》中有一个更加凄凉的次要情节，年老的威尔第鼓起勇气去威尼斯拜访瓦格纳，结果遇见一位穷困潦倒、身患肺结核的年轻作曲家，后者粗率地宣称自己发现了更为重要的事情：一种超越音乐的音乐，一种没有规律的表达。威尔第被瓦格纳的威力弄得束手无策，无法开始写他的歌剧《李尔王》，因此难得有一次谦卑到愿意听一位雄心勃勃的新人说话。为了这位年轻作曲家备受痛苦的妻儿，威尔第希望他能听到一些美妙的乐曲。但这位年轻作曲家胡乱敲打着钢琴，结果只证明了他对音乐一无所知：他所有的只是欲望，一种消耗自己的激情，最终同他的疾病一起送了他的命。

有一种安慰人的神话——还在不断增加内容——试图让我们相信天赋的作用超过勤奋。因此，我们一再被告知，爱因斯坦并不比我们更擅长算术；莫扎特漫不经心地破坏作曲规则，看也不看就随手写下一连串黑点；莎士比亚不在乎语法。表面上看，似乎有事实可以支持这些幻想，但这仍然只是幻想。在印度，时不时会冒出个别患自闭症的孩子可以用素数说话，但这并不意味着爱因斯坦不会做加法；莫扎特如果不懂得在必要的时候遵守规则，就不可能以有意义的方式打破规则；而莎士比亚非但没有对语法漫不经心，他之所以能随意左右语法，就是因为首先掌握了语法的结构。此外，除非我们自己非常了解语法是如何发挥作用的，否则要想了解他写了什么，我们的能力就会非常有限，尤其是当他看似最无拘无束的时候。仅以《亨利五世》的一行为例：

白发多么不适合傻瓜和小丑啊。
How ill white hairs become a fool and jester.

此处十一个音节包含了一个完整的故事，但除非我们充分理解一个非常紧凑的句子是如何构成的，就无法理解这个故事；如果莎士比亚没有掌握这个故事的话，就不可能把故事放进句子里。虽然乍一看，"ill"和"white"貌似一对形容词，实际上并非如此。"ill"其实是副词，修饰动词"become"。如果我们没有意识到这一点，意思就会颠倒。如果莎士比亚没有意识到形容词和副词之间的基本差别，就不可能写下这句话。好的演员会帮助他突出重点，重读"ill"，让观众在听到"become"的时候还能跟这个词联系起来。但很容易想象一位糟糕的演员不明白这一点，于是传达出的意思是："ill white"（乱糟糟的白）发让傻瓜和小丑看起来不错，或者更糟糕的是——两个错误并成一个——让人觉得是"ill white hairs"（一头乱糟糟白发的人）变成了傻瓜和小丑。近来，后一种误解的可能性尤其在大幅增加。现在这一代人都没有被要求去理解动词"become"除了上面用来举例的"变成"这个意思之外，还有其他义项，但上一代人可能听过一首流行歌曲的片段，"月光适合你"（Moonlight becomes you），并意识到还有另一种意思。但即使有那么一点点可能，即使如今一个小学生能见到莎士比亚的这句话，并被要求解释它，就算他拼凑出一种并非作者本意的意思，也不会有人责怪他。他反而可能得到称赞，称赞他做出了有效的回应：对读者有效。随意解读是随意书写的必然产物，它希望我们相信这样的误解本身就具有创造性：我们从文本中汲取的丰富内容甚至超出了作者的本意。

如今剧院几乎让人待不下去，一个原因是即使最好的演员也常常犯这样的错误，尤其是遇到莎士比亚的剧本时。现在很少有演员能像约翰·吉尔古德那样念台词，这是无法避免的：令人恼火的是也几乎没有谁能像他那样思考了。（彼得·奥图尔、安东尼·舍尔、伊恩·麦凯伦、西蒙·卡洛和肯尼思·布拉纳之所以出众，是因为他们不仅台词念得好，文章写得也好。）当国家剧院终于从老维克剧院搬迁到南岸坚固的导弹发射基地时，奥利维尔剧院的揭幕活动之一是彼得·霍尔制作的《哈姆雷特》，由艾伯特·芬尼主演。当演员们穿着军队剩下的靴子在三面朝向观众的舞台上咔哒咔哒走动时，我竭力想要承认这样设计或许不无道理：艾尔西诺看起来更像个军训室而非城堡，而且环球剧院当年肯定也有不符合时代背景的鞋子。然而芬尼念出来的台词让你恨不得死神军士长在他的耳边怒吼，让他赶紧去剃个头发。"葬礼中剩下来的烤肉，"哈姆雷特不温不火地说，"正好冷冰冰地宴请婚筵上的宾客。"（The funeral-baked meats, did coldly furnish forth the marriage tables.）他把重音错误地落在了"coldly"上，这样它就成了修饰"furnish"的副词，而根据莎士比亚的本意，"coldly"代表的是一个从句："当它冷了的时候"（when they were cold）。他当初不如索性在这个词前后都放上逗号，告诉蒙昧的未来的演员和制作人不要把意思搞错了。如果适当隔开的话，这个词会告诉我们，葬礼之后马上就是婚礼（如霍拉旭所说"相去得太近"[hard upon]），第一个事件中供应的热腾腾的肉菜在第二个事件中冷吃：因为勤俭持家而不怕亵渎。把重音放在"coldly"上只能告诉我们演员不肯听别人忠告，或者导演一心只想着舞台布景，没时间提出任何忠告。（更为仁慈的说法是，也有可能彼得·霍尔这位热衷于清晰发音的人告诉过芬尼正确的念法，但芬尼忘记了。）

有人认为，一位糟蹋莎士比亚的语法和句法的演员可能会有些浑然天成的东西，这种想法只可能出于这样的假设，即莎士比亚自己也认为语法和句法对于表达而言无关紧要。世界上再没有比这更大的错误了。个人独特的风格只能源于对普遍原则的牢牢把握，即使有些伟大的作家有时试图让我们相信相反的情形。写评论的书呆子到处寻找文理不通之处令普鲁斯特恼火，他说，有循规蹈矩的地方就不会有创意。但他绝不会赞同基本文法都不通，文字还能有任何独创性这种说法。唯一的问题在于学习文法的最佳方式：通过规则还是通过例子？莎士比亚可能是从学校里学来的，斯特拉福文法学校确实教过他词性：我们知道这一点，因为他曾让杰克·凯德[*]威胁要弄死任何声称知道动词与名词区别的人。但莎士比亚也可能是从他经常阅读的英译普鲁塔克和蒙田作品中学会的，虽然他可能需要不同寻常的能力才可能将被动知识转化为主动知识。考虑到他能办到的其他事情，没有理由不承认他有这个本领，但更有可能的解释是，他在课堂上掌握了最基本的东西，然后通过阅读来迅速加以扩展：他的戏剧和诗歌的文字证据表明，他至少会三种语言。

作家们不只是为了故事本身才去阅读：他们为故事的写作方式而阅读，句子组合在一起的方式才是长久留在记忆里的信息。然而，最好从一开始就告诉人们"句子"是什么：句子是只能通过遵循规则才能传达信息的东西。语法是一种逐次表达意义的机制，没有语法，你甚至都不能刻意营造模棱两可，尽管意外地产生语义模糊是非常容易的。

---

[*] Jack Cade，莎士比亚戏剧《亨利六世》中的平民叛乱领袖。

V

保罗·瓦莱里

马里奥·巴尔加斯-略萨

保罗·瓦莱里
Paul Valéry

安布罗斯-保罗·瓦莱里（Ambroise-Paul Valéry，1871—1945）与 T. S. 艾略特有许多相似之处，尤其是在作品的数量方面。与艾略特一样，他的诗作相对较少，但质量上乘。他还像艾略特一样著有大量随笔，许多都居于当时批评文章的前列。瓦莱里很明显地不同于艾略特的地方可见于大量从未见天日的散文。从 1894 年开始，瓦莱里一直在写日记，到他去世时已有 287 卷之多，甚至法语版也只出版过原稿影印本。这种半隐秘的活动是他典型的做派。他二十岁时就已经被视为前途无量的诗人，但他放弃了这种野心，几乎完全沉默达二十年之久。他被说服发表早年诗歌时已经四十岁了，他同意这项工作，只是因为他可以添加一首新诗作为序言。这项工作花了他五年的时间。《年轻的命运女神》（La Jeune Parque）1917 年单独出版，连同随后出版的小册子《幻美集》（Charmes），使他成为当时最著名的法语诗人。《幻美集》中最著名的诗歌《海滨墓园》("Le Cimetière marin")被全世界阅读法语的诗人视为他们这一行最不可翻译的现代奇迹。(应该说,爱尔兰诗人德里克·马洪已经出色地将其乐感译入英语中。)瓦莱里即使没有出版日记,也有整整十八卷散文问世,其中一些可谓当时最好的文章。他具有扎实的数学根底来支撑人文学科方面的博学,几乎可以就任何事物为主题创作,但他特别擅长艺术评论:关于列奥纳多的散文以及关于德加的小册子是这类文章的典范。马尔科姆·考利1926年翻译了他早期一些最好的散文,1958年又重译这些散文,并翻译了一些晚期作品。瓦莱里是少有的能写技巧鉴赏评论文章的诗人。金斯利·艾米斯是优秀的技巧评论家,善于分辨措辞优劣,不易受骗,最擅长拆穿被世人高估的诗人;罗伯特·洛威尔和伊丽莎白·毕晓普则最擅长彼此吹捧;埃兹拉·庞德论述布朗宁的语言时令人受益,但同时会让你感到他自己的语言有点神经错乱;瓦莱里则对这个主题像对待任何其他主题一样保持头脑清醒。其他作家对瓦莱里表示的敬意是恰如其分的,因为还没有谁能像他那样以发自内心、不带嫉妒的热爱来论述艺术。他知道自己的日记注定遭遇的命运("这里长眠着我最美好的岁月"),但他也知道,注定失败的命运能磨炼他无与伦比的阐述能力,幸运的是,法国陷落时他已经太老了,没有沦入被纳粹胁迫合作的境地,但如果他没有在德里厄·拉罗谢尔主编的《新法兰西评论》上发表过任何作品,他的名誉还会更清白。如果对他有什么不满的话,那就是我们对里尔克不满之处更为温和的版本:他对艺术的专注几近故作风雅,然而瓦莱里比里尔克更能逼真生动地描述除他自己之外的其他艺术家。他很慷慨,而他的祖国也相应地回报了他,好似他的鉴赏能力本身也是国家的财富。连戴高乐将军也参加了他的葬礼。

> 有时必须先有内容，有时则必须先有形式。
>
> 保罗·瓦莱里，《诗歌与抽象思维》(Poésie et pensée abstraite)，选自《现代法国诗人论诗歌》(Modern French Poets on Poetry)，第 216 页

这句话的后半部分令人称奇，它暴露了一个大多数诗人秘而不宣的行业秘密。英语编辑和文选编者杰弗里·格里格森曾以他典型的刻薄说过，他不喜欢"笔记本诗人"(notebook poets)，他总是能够辨认出那种写下词句以备不时之需的诗人。虽然这让你想起了马尔科姆·马格里奇，他曾宣称总能根据女人眼中是否有神来辨认哪些在吃避孕药。格里格森提出了一个很好的辩论题目，但却有一个认识论上的疑点：如果人家这件事做得够好的话，他又从何得知呢？根据我自己的经验，一个词语要等待几十年才会有诗在它周围形成。拉金把他最美的一个想法（"dead leaves desert in thousands"，万木凋零）保留了三十年，却从来没有完成一首放得进这句话的诗：这是强有力的证据——哪怕是负面的——显示了他的心智是如何运作的。他先找到了形式，然后形式催生了诗歌。所有好诗人都会遇到这样的过程。然而，这一过程变得越来越难琢磨，也许倒是侥幸。当诗人还在打草稿时，学者可以设想去追寻词句的种子绽放的过程。我无法相信会有任何诗人——不管他是怎样讲究技法的权威——能够完全对着电脑构思和写作，但事实是，将来供人研究的草稿会越来越少：大部分"修订痕迹"(pentimenti)都将隐没在混沌的虚拟空间。

这样的一个好处是学者们将会更少匆匆下结论。诗的动人魅力可以由最后的润色来弥补。澳大利亚第一位杰出的现代诗人肯尼斯·斯莱塞往往将诗作的最后一份草稿留在身边好几个星期，所有备

选词都放在有待最终决定的词上面和下面，像个俱乐部三明治。所幸还没有任何学者碰过这些文档，否则肯定会写出一大批凭空猜测的书籍，猜测他为什么做出了这些选择，又是怎么做出的。在现实中，最终面对的选择是无限的，而且从一开始就是这样。有时，明明一首诗是从某个词开始的，但诗人直到写完的时候才想到这个词，这一切究竟是怎么回事，甚至连创作者本人也参不透。詹弗兰科·孔蒂尼热爱不同版本的对比研究，但他是一位合格的语言学家，如果缺乏科学含量，他的批评结论就会苍白得多。克罗齐称其他版本为"废纸"（cartaccia）可能有些夸张，但他自有道理。这位批评家很好地推测出了诗人如何产生想法，然后寻找表达它的方式。但真正的奥秘在于诗人如何先想出了某种表达方式，然后去寻找意义来充实和扩展它，而当克罗齐试图闯入这个神秘领域时，他就不太站得住脚。其实事情发生的次序并没有什么神秘之处，如果作曲家在想到结构之前先思考一个旋律或和声的片段，没人会感到惊讶；如果我们得知，早在尤利乌斯二世想到要重画西斯廷礼拜堂穹顶之前，米开朗基罗就有了上帝触碰亚当手指的想法，也不会有人觉得惊讶。但有一个谜，一个难解之谜，有关小小的灵感如何开始寻找能融入其中的更大的灵感。艺术家花费许多时间等待着这种事情发生：他们等待时必须依赖运气；难怪有些人变得很紧张，陷入了坏习惯。过去，神经紧张的诗人在笔记本上做的事情——换一个词，再换回去——学者都看得到。在网络时代就不会有这样显示思考痕迹的文档留存了，除非像某些不知为何信心满满的技巧专家向我们保证的那样，没有什么东西会真的被删除，它总是在某处。果真如此的话，瓦莱里的想法将永远是我们进行猜测的出发点。

> 对于艺术家，有时——在最有利的情况下——他想要创作的内心冲动会立即且没有间断地赋予他动笔的冲动、当下的外在目的以及达到目的的技法。因此，目的和手段一般是同时产生的。

保罗·瓦莱里，《诗学概论》(*Introduction à la poétique*)，第 58 页

但要想翻译这段话却令人绝望："手段"（un régime d'exécution）乍听起来像是行刑队，而他的意思却是一种可能的氛围，是艺术家本人的感觉，他知道自己想做什么，在做什么，让一个计划的总体形状或风格自然而然地在脑海中形成。我曾经听过诗人称这种状态为"处于诗中"（being inside the poem），有些人甚至貌似可信地宣称，它改变了他们呼吸的节奏。不管怎么说，它肯定会改变他们吸烟的节奏。就我自己而言，无论如何，当一首诗在完成时——当新船准备下水时，当每一个部件与所有其他部件持续磨合时，当不能允许任何事物来打断这个过程时——我实际上好像有晒伤的感觉。瓦莱里这句简短论述的好处在于它让你意识到，入迷并非荒谬。他透过诗人的身体抓住了这个问题的灵魂。他肯定是在谈论身体，因为他不是在谈论有意识的心智。"Tout ce que nous pouvons définir se distingue aussitôt de l'esprit producteur et s'y oppose."（我们可以定义的任何事情都能立即有别于创造性精神，并且与之对立。第 39 页。）换言之，艺术家进入了一种开动脑筋但却了无头绪的状态。没有任何科学可以应对这种情况。

我手头这本小书《诗学概论》——薄薄一册，伽利玛出版社的，看上去很朴实——是第十版，在那场噩梦前夕的 1938 年出版，我 1967 年在剑桥买到。这是我最早从头读到尾的法语书之一，幸好篇幅很短。但即使阅读时身边总放着字典，我也能感到自己在读一部了不起的作品。我在书上画线，在页边做记号，对瓦莱里的思路自

以为是地添加评论（"这里是克罗齐！"）。我爱这本书，现在仍然爱。瓦莱里是杰出现代诗《海滨墓园》的作者——要想形容这首诗对音调的处理，最接近的说法是德加的柔和色彩被转换成了声音——他慷慨地给予后世最有价值的鼓励，说他并不真正知道自己是如何写出来的。他还说，他并不真正知道自己是如何写出来的，这才是唯一写出来的办法。（在我们这个时代，汤姆·斯托帕德曾经说过，糟糕艺术的糟糕之处就在于艺术家完全知道自己究竟在做些什么。）瓦莱里在第27页说道："例如，人们猜想，诗人若要分析自己的作品，他会有一种合情合理的恐惧心理，那就是破坏诗作原本的优点——构思写作过程中的直接的力量。"这是对非理性的理性解释。他并不是说非得陷入迷离状态才能作出诗来，就如在印象派盛行的时代，没有天分的画家认为只要让眼睛失去焦点，然后画出所看到的东西就是印象派了。但他的意思的确是说，当人们处于创作状态时，那种感觉总是无法分析的。从那以后，我学会了相信晒伤的感觉，并将它的缺失视为一首诗还没有完成的标志，无论我花了多长时间来写它。

但我不相信瓦莱里的著名论断：一首诗从来不会写完，只会被放弃。试着想象莎士比亚的十四行诗"将精力消耗于耻辱的荒漠"（The expense of spirit in a waste of shame）尚未完成时的情形吧。瓦莱里的无稽之谈也弥足珍贵。他向来有点讲究时髦，有时鼻子挨着香盒太近，打了个优雅的喷嚏。但总的来说他有罕见的天赋，能谈论最复杂事物的具体意义，并以内行的身份来谈论。后来他的天赋在菲利普·拉金身上得以重现，拉金的批评作品强调真正的诗歌必须出自本能，即使有意识的心智完全参与了创作过程。拉金根据内省得知，诗源于自身的意志力，有时意志消沉，于是他就放弃了。不幸的是，他从来没有记录下创作的冲动来临时身体的感受。可以想象，这种冲动会表现为心无旁骛的巨大信念，这是他所感受到的愉悦的最佳解释。

波德莱尔看见维克多·雨果在大街上散步，根据雨果有节奏的步态推断他正在脑海里润色亚历山大体诗行。在诗人有关自己和有关彼此的叙述中，共同的话题总不外乎是在最后阶段，当作品正在融为一体时，一切其他事情都会被置之脑后。大概就是这个缘故，女性作诗才基本是比较晚近的事情。要女性将一切都抛诸脑后不是件容易的事情。与男人不同，女人如果很难与人相处，是不被允许的。传统上，诗人一直很难相处，这种传统恐怕会一直继续下去。当诗人脑子里高度紧张地工作时，看上去却好像无所事事。此时似乎正是请他干点正事的理想时刻，而他的回答就不太可能彬彬有礼了，或许即便是人情练达的瓦莱里也做不到。

马里奥·巴尔加斯-略萨
Mario Vargas Llosa

马里奥·巴尔加斯-略萨（Mario Vargas Llosa，1936— ）是最能体现二十世纪晚期拉丁美洲文学与政治关系的拉美作家。他在秘鲁长大成人，大学是在马德里念的，然后开始了令人眼花缭乱的文学职业生涯，去过许多欧美城市和大学，这是他作为漂泊在外的学者一生不渝的道路。1975年是他成年后第一次在秘鲁长住，当时离1968年开始的军事独裁统治结束还有五年。他的生活模式是就近观察拉丁美洲的问题，然后在国外对其进行反省。好客的大学构成的国际网络是他的第二祖国。在有影响力的作家——卡洛斯·富恩特斯、胡利奥·科塔萨尔和加布里埃尔·加西亚·马尔克斯当中（巴尔加斯-略萨的博士论文就是关于加西亚·马尔克斯），谁都无法像他那样光鲜地展现繁荣时期的拉美作家作为世界公民和公认人类立法者的新角色，甚至连温文尔雅的富恩特斯都做不到。只有奥克塔维奥·帕斯可与他相提并论。巴尔加斯-略萨所有的小说都值得关注，但具有绝对吸引力的当属他第五本小说《胡利娅姨妈与作家》，这是所有语言的小说中关于灿烂青春年代的最佳作品之一，与《麦田里的守望者》、阿兰-傅尼埃的《美丽的约定》(Le Grande Meaulnes)和弗朗茨·韦尔弗的《忏悔荒唐少年时》(Die Abituriententag)并列。

巴尔加斯-略萨的一些仰慕者可能会说，他的小说的真正意义并不在于文字本身的吸引力，而在于它们直面拉美政治的残暴现实，尤其是由反复出现的铁腕人物（现在还没完全消失）所制造的恐怖。然而，巴尔加斯-略萨的真正力量毫无疑问在于他的文字。他1962年至1982年间撰写的文集《顶风破浪》(Contra viento y marea)有单卷本和三卷本两种。单卷本是极好的口袋书，有助于人们及时了解拉美"婴儿潮"一代风华正茂的学生如何在自我挫败的激进行动与倒行逆施的民族主义致命摩擦所产生的乌烟瘴气中（地方民族主义得到了美国史上最愚蠢的外交政策的支持），逐渐获得了自由民主的真正概念。他令人信服地揭示，唯一真正的进步观念是从革命到改革。

对于初学西班牙语的人，他的文章是诱人的阶梯，对于研究格兰德河以南政治的学者，再没有比这更好的作品了，因为巴尔加斯-略萨一步一步地记载了一场智识的奥德赛探险。极左分子把他算作极右，但并不令人信服。他从来没有失去他从自己崇敬的巴黎左岸人物（尤其是永远值得崇敬的加缪）身上所学到的人文主义理想，他从现实中获得的长期教训很大程度上是在现实政治环境中产生的，他并不畏惧就近观察，发现人们消失后突然留下的空洞。他在1990年竞选秘鲁总统，输给了阿尔韦托·藤森：一个铁腕人物，与拉斐尔·特鲁希略关系密切，后者是巴尔加斯-略萨后期一部小说的主题。虽然他最终坚定地认为，比起任何意识形态，拉丁美洲失败的国家更需要复式记账法，但他始终没有忘记维护被剥削者的权利这一初衷。边界开放问题是国际左翼舆论最喜欢的主题之一，而赞成非法移民的若干经典文章就是由巴尔加斯-略萨撰写的。

学习西班牙语有许多好处，其中之一就是可以在历史尚未成为过去的时候读到像巴尔加斯-略萨这样丰富多产的作家，他总是对当前的历史做出回应。尽管原始素材包含着混乱、痛苦和频繁的绝望，他的写作完全可以用一个西语单词，"魅惑"（hechiceria），和一个西语词组，"闲庭信步"（a sus anchas）来形容，是两个千年之间令人振奋的联结和延续。

——◆——

民族主义是未开化者的文化，而他们有整整一个军团。
马里奥·巴尔加斯-略萨，《顶风破浪》，第 439 页

在新世纪里，澳大利亚很可能成为世界上最理想的国家。作为一个出生在澳大利亚的人，我可以自豪地这么说，但也忐忑不安，因为澳大利亚仍然需要接受一个教训。巴尔加斯-略萨正是可以给予这个教训的人。二十世纪末的拉丁美洲是一个悲剧实验室，检验了人们关于民族文化的所有错误认识。美国的外交政策从来无助于此（在拉丁美洲，美国的行为方式和哈罗德·品特描述的一样，只不过品特认为美国在所有地方都是如此）。但真正的障碍来自左右翼都幻想着文化上的自给自足。在巴尔加斯-略萨为当代政论贡献的一系列关键作品中，他明确了拉丁美洲没有需要"解放"的"依附性"文化：文化天然就是解放了的，它们要么已经是文化，要么就是民间传说。

一百年前的尼加拉瓜诗人鲁文·达里奥是对巴尔加斯-略萨所处地位起到关键作用的人物。巴尔加斯-略萨把鲁文·达里奥的"有生命力的世界主义"（cosmopolitanismo vital）置于拉美文化热潮的中心，该热潮令西语文学得以复兴，巴尔加斯-略萨本人也是其中一位

关键人物，虽然他很谦逊，没有这样说过。我本人更愿意把奥克塔维奥·帕斯放在首位——或许我恰好真的这样做了——那些想开始学习西班牙语的学生通过他的文章了解巴尔加斯-略萨也不错。总而言之，简短的说明性文字是学习新语言的捷径，而巴尔加斯-略萨文字的长处在于，他的论点几乎都有具体论证过程，即使早期受法国左翼影响的时候也没有任何玄奥难懂的内容。可以说——的确有很多人这样说——他对左翼的排斥使他成为右翼火中取栗的工具，但他赞同非法移民不受限制进入西班牙，这样还说他是右翼"工具"，实在有些匪夷所思。对于我们这些喜欢他的文风的人来说，看着它在过去的几十年里逐渐臻于完美，那真是一种纯粹的愉悦。

但纯粹的愉悦不意味着纯粹的赞同。他对"有生命力的世界主义"的忠诚也有其缺点。启蒙之中潜伏着某种蒙昧：阳光下的黑暗天使已经摆好了经典的出击姿势。与哲学家 E. M. 萧沆一样，巴尔加斯-略萨很推崇博尔赫斯的世界公民身份，但与萧沆不同，巴尔加斯-略萨没有自我保护的隐秘动机，不需要把博尔赫斯的普遍声望置于他可疑的地方政治之上。但你无须自我保护的隐秘动机也可以怀疑博尔赫斯是否专门给自己开了绿灯。在巴尔加斯-略萨看来——如果我们对政治有兴趣，需要多听听令我们反感的看法——对激进反叛者进行肮脏战争的拉丁美洲国家是有理智的，要比我们的同情心愿意承认的更理智。迫使当权政府做出犯罪的反应，这永远是叛乱者的目标之一，这是一个可以通过恐怖活动来胁迫实现的预言。但理解一切并不意味着宽恕一切，如果宽恕一切意味着必须忘记至关紧要的事情。双方都有可憎的行为，但现政权的可憎行为总是更应受到谴责。平心而论，巴尔加斯-略萨心中的确抱有这样的想法，即使没有反映在他的政治观点中，在他的文化论辩中也有体现。幻想着文化自治的政权必然是压制性的。遗憾的是，巴尔加斯-略萨从来不认为，博尔赫斯和其他在维多利亚·奥坎波主编的《南方》杂志周围形成的灿烂群星也在宣扬他们的"有生命力的世界主义",由此超脱于任何现实之上,即便他们看上去是在拥抱一个更大的世界,而那是跟他同样的幻想的另一个版本。

阿根廷实际上是有民族文化的,根据巴尔加斯-略萨的定义,这种文化的生命力让它走向了世界:探戈文化。但《南方》的文化明星们从来没有真正喜欢过探戈,正如上流社会以及居住在阿根廷总统府玫瑰宫的各国政要也不喜欢。(在军政府统治下,探戈遭到禁止,因为人们必须聚集在一起才能跳舞,而聚会是被禁止的。)博尔赫斯尤其想要一个国际的阿根廷,不管它是否具有民族性。直到"二战"结束,阿根廷和澳大利亚都是平起平坐的。今天,两国分别展示了要成为一个拥有可靠宪法的稳定、繁荣、民主的国家是多么奢侈。澳大利亚拥有了,且不止于此;而阿根廷,在社会秩序又一次自我崩溃后再次失去了这一切,而且还失去了更多。澳大利亚可以不要民族主义,因为它就是一个民族国家。如果不希望民族主义成为一种政治力量,必须首先满足一些需求,正是那些需求使得民族主义得以聚集能量:这是巴尔加斯-略萨的评论文章背后真正的主题,即使他不断发表洞见,认为自由民主是任何国家不可或缺的大事。但首先它必须是一个国家,而不是一个冲突地区。

W
_____

伊夫林·沃
路德维希·维特根斯坦

伊夫林·沃
Evelyn Waugh

伊夫林·阿瑟·圣约翰·沃（Evelyn Arthur St. John Waugh, 1903—1966）是二十世纪文笔最佳的英语作家，虽然有很多不靠谱的人也这样说。他野心勃勃想要跻身上流社会，批评者对此总是不以为然，他们认为，艺术即便不能成为社会改革的工具，至少也不应该属于既得利益阶层。然而，即使像脾气暴躁的约翰·凯里教授那样持有这类主张的代表性人物，也觉得有必要将沃的第一部喜剧小说《衰落与瓦解》（Decline and Fall）列入二十世纪最有趣的书籍。另外，学者们也不应轻信一种观点，即认为沃最有名的《旧地重游》（Brideshead Revisited）会如诋毁他的人所言是放纵自我的趋炎附势：这些诋毁者通常有自己的社会纲领，但几乎总是情不自禁地逐字引用他的文字。我们也不应轻信那些认为他在"二战"期间创作的《荣誉之剑》（Sword of Honour）三部曲一无是处的批评家：书中的喜剧场景本身就足以使他与早年处于全盛时期的金斯利·艾米斯相匹敌，而且还领先于安东尼·鲍威尔和P. G. 伍德豪斯，这两人都不曾想出像阿普索普的便携式马桶那么夸张的东西。只有怀揣盲目的偏见才会相信伊夫林·沃写不出具有魔力的英语。但沃自认笔下的英语完美无缺，同样显示出他自己也有一些盲目偏见。他显然相信只有受过英国公学（即私立学校）古典教育的人才能写出精确的英语，正是这种毫不掩饰的势利眼，让他常常招受攻击。而根据他自己无意中提供的证明，这一点恰好也是错误的。

——·——

不久之后，手头拮据得很，想应约写一本书，是托尼把我介绍给我的第一个出版商。
A little later, very hard up and seeking a commission to write a book, it was Tony who introduced me to my first publisher.

伊夫林·沃，《一知半解》（*A Little learning*），第201页

　　语法的衰退是我们这个时代的一项特征，因此我在本书的好几个地方都试图讨论这个问题。除非是在一个管理面面俱到的专制政权下，否则语言是要衰退的，不必太过关注思想混乱与表达模糊之间的关系。希特勒的确滥用了德语，有许多语法和语用学专家当时就能根据他对口语的扭曲料想到，一旦他有机会，就会对人们干什么。但是，当奥威尔呼吁政治家干净利落地表达，他就把标准定得太高了：只需呼吁干净利落的行为就足够了。目前，英语在英国的使用正在迅速恶化，以至于像"phenomena"这样的词，在被人们信心十足地用作单数好几年之后，现在又有了"phenomenon"被用作复数来作为补充。人们觉得还是应该有所区分。大家都想正确地书写，但他们拒绝让别人来教自己，到最后没有人教他们了，因为老

师自己也不知道。在一个民主国家，语言必然会以令人畏惧的速度退化。以写字为业的人应该感到庆幸：毕竟，竞争对手出局了，并且给了他冷嘲热讽的机会，增强了他的自尊心。（当我在电视上看到有人在该用"deign"这个词的地方用了"deem"时，我觉得自己花了五十年时间才意识到读错了"empyrean"这个词的重音，其实还不算太糟。）语言崩溃最有趣的一个方面，是纯粹主义者对此无计可施，甚至可能自己也会屈服，有时是因为错看了自己的资历。伊夫林·沃就是个很好的例子。没人写得出比他更自然优美的英语了，他处于英语写作的山巅；数百年的稳定发展在他这里达到了顶峰。但关于他是如何做到这一点的，他的说法却有误。在《一知半解》中，他宣称没有接受过正统古典教育的人写不出好的英语。

在那之后没几页，他写了上面引用的那句话，这句话尤其不正确，因为他最后把指称对象搞错了。他想说的是他，伊夫林·沃本人，很拮据，而不是安东尼·鲍威尔。让这种失误更有趣的是，鲍威尔本人就最能炮制找不到指称对象的修饰语。至少沃摆脱了拉丁语结构的影响，而鲍威尔，直到职业生涯结束，写出来的英语都带着一种"屈折语言"（inflected language）的感觉。在鲍威尔的行文中，每一页至少有一处，读者必须重新排列句子的顺序，才能使一个描述性短语——有时是整整一个描述性从句——对上恰当的宾语。有次我在一篇书评中提到鲍威尔古怪的新古典式的遣词造句，他给我寄了一张明信片，引用的先例竟然来自约翰·奥布里[*]。当然他是对的：我们的文学大师一直在这样写。但我们文笔一流的大师不应该空谈什么语法正确，却把那么多文字工作留给读者，过去如此，现在亦然。正确的文章应该是清晰的，清晰的文字并没有显得单调的危险，因为隐含的深意自会渗入其中。即使是最细心的作家也会有

---

[*] John Aubrey（1626—1697），英国作家，哲学家。

盲点,虽然"聋点"可能是一个更好的词。金斯利·艾米斯是安东尼·鲍威尔的朋友,也欣赏他的才华,但他很清楚鲍威尔的语法一塌糊涂。(在致菲利普·拉金的一封信中,艾米斯刻薄地列举了一长串鲍威尔的习惯性错误。)艾米斯自己非常讲究语言的效率,他被我抓住的唯一一次错误是他讲究得过了火。《幸运的吉姆》有许多长处,其中之一就是堪称语言范本。戈尔一厄克特善于察觉枯燥乏味之处,在这方面堪称吉姆的导师,却不知为何莫名其妙地赞赏假艺术家伯特兰·威尔奇的画作。"Like his pictures."戈尔一厄克特说。因为他说话一贯简洁,读者——无论如何至少是本读者——一开始会以为他的意思是"我喜欢他的画"(I like his pictures)。但他的意思是,他认为伯特兰是假货,就像他的画一样。由于角色惯用的语气被过分自信地使用,读者被误导了。读者应该察觉到此处发生误解的可能性,而且我们应该记住,金斯利·艾米斯确实没有察觉到可能会有这样的误解,但这种情况是极少的。他察觉到了成千上万个误解的可能性,几乎把每一个都消除了。如果他没有专心写作的话,很多错误就会保留下来。(练习题:请在《幸运的吉姆》中找出一段复杂的对话,并计算一下有多少次你会对究竟是谁在说话产生疑问。结果是,你从来不会。再找一本玛格丽特·德拉布尔的小说,用同样的方法试试看。)

一位好作家在一天结束时需要喝上一杯,主要原因是他在写作过程中必须无休止地、繁琐地对付语言让他遭遇的小陷阱。这些小陷阱并不真的危险——如果不加处理,它们顶多只会"砰砰啪啪"地时不时朝读者脸上喷点灰——但作者并不希望他的句子发出这样的声音。伊夫林·沃也不希望他那句话发出这样的声音,但他放松了警惕。他知道自己想表达的意思,但却忘了那个描述性短语距离它应该修饰的人比较远,离它不应该修饰的人反而比较近。如果我们修改一下这句话,马上就能猜出为什么会出错了。"A little later, very hard up and seeking a commission to write a book, I was introduced by Tony to my first publisher."但这样正确的顺序会让作者觉得不对劲,因为假如没有"it was Tony",就会消除同此前谈到鲍威尔的另一句话之间的联系。换言之,沃是因为考虑到连贯问题才陷入了这个错误。糟糕的作家经常发生这种情况,在他们自己的头脑中,一切都捆绑在一起,他们无法完全理解为了读者而将其清楚呈现出来的必要性。即使是好作家偶尔也会身陷其中。沃是人们能遇见的最好的作家了,几乎没有犯过这种错误:但这次他犯了错。

路德维希·维特根斯坦
Ludwig Wittgenstein

路德维希·约瑟夫·约翰·维特根斯坦（Ludwig Josef Johann Wittgenstein，1889—1951）出生于一个富裕的维也纳家庭，他是二十世纪英国哲学界的魅力男孩，在新千年里仍然具有强大的影响力。如果现在还有英国哲学家似乎不爱谈实质问题，只喜欢纠缠讨论所用的工具（即语言）的话，那么原因大概就是他们对维特根斯坦的记忆。"一战"前曾经有段时期，只有伯特兰·罗素知道维特根斯坦是谁。维特根斯坦先是在柏林和曼彻斯特学习工程，选错了专业，但也有所收获，后来到剑桥师从罗素攻读数理逻辑，罗素谦逊地（罗素的一种美德，抵消了他的许多恶习）发现了一位才智有可能超越自己的人。维特根斯坦在"一战"中担任炮兵军官，为奥地利而战。他被意大利人俘虏，在蒙泰卡夏诺监狱里完成了我们现在所知名为《逻辑哲学论》（*Tractatus Logico-Philosophicus*）的著作，以一系列短命题的形式写成，遵循的基本原则是：语言是由描述构成世界事实的命题构成的。维特根斯坦自认为终结了哲学，把钱财散尽，去奥地利当了中学教师、园丁助手和业余建筑师，过着简单的生活。

他同 T. E. 劳伦斯相似，既是同性恋，也经常性地盼望退出他似乎生来就占据的舞台中心。然而，后来他意识到哲学并没有终结，于1929年又回到剑桥。先做研究员，然后成为正教授。他在剑桥进入了自己的另一个哲学阶段，或者说开始聚焦于哲学的另一个方面，他最初有关语言是一组描述性画面的观点，即便没有被他自己否定，那也肯定得到了更微妙的阐述——无限微妙，因为他现在认为沟通是一整套语言游戏，语义取决于用法。然而，用法并非一切。任何一种给定的论述都可能是错误的，尤其是当它执着于追求不可能存在的统一性的时候。维特根斯坦由此建构了一种讨论极权主义心态的工具，但他自己从来没有使用过。"二战"期间，他自愿在伦敦的医院做勤杂工，在纽卡斯尔做实验室助理，但关于纳粹他从来没有写过任何东西。除了《逻辑哲学论》之外，他所有的著作都出自授课笔记，在他去世后才出版。任何学者都不应该错过他第二阶段的重要著作《哲学研究》(*Philosophical Investigations*, 1953)，但即使这部在其他方面如此激动人心的著作也没有表达任何对时事的观感。他的沉默可能并非出自本意，也可能是找不到语言来表达。然而，有证据表明，当他终于目睹集中营的可怕照片时，他忘记了自己"凡是不能说的，必须保持沉默"的著名规则，情不自禁流下了眼泪。但他在死于癌症的前几年，仍然坚决拒绝谈论自己经历过的年代。他帮助塑造了这个年代，但他所做的只是对其置之不理。

维特根斯坦并非认为自己的研究领域只是处于边缘。我们从他写给语言学家 C. K. 奥格登的一封书信中得知，他认为没有什么可以比得上哲学带给人的兴奋。显然，对他来说，详细而具有渗透力的推论是与舒伯特的C大调弦乐五重奏处于同一水平的审美体验，他认为后者拥有"一种神奇的伟大之处"，但对于维特根斯坦来说，真正具有诱惑力的是思想，而不是语言。谈论事物的条件超出了所论事物本身——他不承认这一点，尤其是对诗歌而言。他对伯特兰·罗素想要用简单语言写出高审美水平哲学著作的企图不以为然。罗素想要成为斯宾诺莎，维特根斯坦告诉他说那是在浪费时间，令他深受打击。维特根斯坦这样说毫无疑问是认真的，即使是他自己有同样的想法，他也会认为那是浪费精力。但他自己是一流的德语作家。作为格言大师，没有谁比他更高明，只有少数几个能与他相比：歌德、利希滕贝格、叔本华、尼采、施尼茨勒、卡夫卡、波尔加——名单相当短——而因为他几乎非此尘世的超脱态度，可以说他居于诸人之先。

维特根斯坦要求我们不受语言的诱惑，从他成果丰硕的第二个哲学阶段来看，这是可以理解的。剑桥三一学院礼拜堂里，属于他的黄铜铭牌上总结了他的哲学目标："Rationem ex vinculis orationis vindicam esse."（理智必须摆脱语言的桎梏。）然而，不受他的语言的诱惑，这样的要求却很难达到。他在表达观点的时候，常常就像黑格尔"密涅瓦的猫头鹰"那样的表述一样精彩。他是一位没有语境的诗人，荒原上的诗人。他最担心的是科学将主宰哲学。即使与雷·蒙克1990年出版的长篇维特根斯坦传记相比，大卫·皮尔斯的小书《维特根斯坦》（1971）也仍然颇有价值，它告诉我们，维特根斯坦工作的全部目的就是为了防止科学主宰哲学。当然，如果我们把哲学视为一个专门的学科，那它自然要受到科学的主宰。维特根斯坦证明的是，科学并没有主宰语言，而作为一种必然的结果，哲学存在于所有曾经使用过的语言之中。说出有意义的话并不难，说出没有意义的话反倒是几乎不可能的，即便婴儿也知道咿呀学语能让自己更招人喜欢。

> 哲学，就我们使用的这个词而言，是对表达形式施加于我们的魅力的一种对抗。
>
> 路德维希·维特根斯坦，《蓝皮书与棕皮书》(*The Blue and Brown Books*)，第 27 页

"哲学，就任何人使用的这个词而言"，早该有人想到了吧。但很长一段时间内，很少有人敢这么想，所以安静低调正是维特根斯坦的魅力所在。维特根斯坦在房间里时，连以赛亚·伯林也无话可说。维特根斯坦如此强调语言的精确性，在他面前，能言善辩者也只会显得疲软无力。为了正确看待维特根斯坦，首先要等到他去世以后，然后再不带情感地思考他从来没有谈论过的事物的惊人范畴。他散尽了继承来的大笔钱财，因此受到称赞，从而摆脱了社会特权以及日常生活的牵扯和干扰，但他得以摆脱日常生活的方式还包括无视欧洲正在发生的事情。考虑到他在"一战"中所遭受的痛苦，这种超然态度是可以理解的，但结果却是其参照框架中令人心寒的神秘主义。无论是在他的哲学还是其他作品中，他都基本没有谈论过后来在德语国家发生的事情，而当时文明正面临最大的威胁。我们可以说他没有义务非要如此去做，但他竟然几乎一字不谈，这仍然很奇怪。他的哲学主张的优势在于言辞极简，因此基本没有未经深思熟虑的内容。他的哲学论断就好比一种防御性的审美策略，诗人希望写出这样的诗来，诗中没有任何因为散乱而招致批评的文字：每一行都是一道马其诺防线。

以他第二阶段充分发展的形式，维特根斯坦关于语言的最终论断显然是对的，以至于今天隔着这么远的距离来看，很难理解它何以孕育出一整个哲学学派。"Ein Ausdruck hat nur im Strom des Lebens Bedeutung."（一种表述只有在生命的流淌中才有意义。）他

在生命将尽时如此说。有人会怀疑这一点吗？一代又一代学者学会了不去探求意义，而只探求用途。维特根斯坦为此赢得了声誉。如果莎士比亚曾经有过任何其他想法的话，那他就一行字也写不出来。（学术大师的弊端，在于他的学生们——哪怕毕业很久之后——还会继续将他视为他们研究主题严肃性的体现：但其实他们的研究主题本身就是其严肃性的体现，否则一开始就不值得研究。）维特根斯坦真正的力量在于他也是一个文学奇才。在职业生涯的各个阶段，他都是德国丰富的格言传统中的重要作家。他偏爱警句，不露声色，尖刻辛辣。但他很缓慢地——痛苦地缓慢，一小时又一小时地缓慢，在他自己的阶级面前汗流浃背和苦苦挣扎地缓慢——才接受了有关这一简单陈述的事实：事实是，它只是幻象（ignis fatuus）。

简单的陈述从来都不是问题：或者更确切地说，它只是个问题，而从来不是其他。很难将事情说得清晰明白：这从来都不是新闻，当然，除了对于刚刚入学的哲学新生，他们把一切都归功于维特根斯坦，而实际上他们早晚会遭遇这一切，哪怕他们手头只有十七世纪初的玄学派诗歌。清楚地表达自己是世界上最复杂的事情，成熟的英语因为必须一次表达一个意思——最可能接近简单的方法——而变得复杂。维特根斯坦一直期待这样的时刻：修辞被驱散，语言还原至儿童语言游戏的范畴，"精神迷雾……消散了"。这永远无法办到，但如果有适当的启发，我们至少可以知道那是一团迷雾。维特根斯坦在致哲学家 G. E. 摩尔的一封信中谈论的已经非常接近于发现宝藏了，他谈论思想，并给予海森堡行将去世时最着迷的事情以恰当的关注：动荡。"葡萄酒尚在发酵时不能喝，但正是发酵表明葡萄酒不是洗碗水。"

正如维特根斯坦所设想的，或貌似他希望设想的那样，哲学应该使一切保留原状，在用光和空气充溢它之后。但是，他提出的精炼精确原则却带来了一个结果，他在世时人们很少考虑，现在也仍然不经常考虑。精确的工具从来不是给世界施加负担的：它只是给哲学本身施加了负担，而在他的影响下，哲学越来越将自己定义为一种活动，其参照的一切全是自己的方式和手段。这种排他性的先入为主对专业哲学家是非常适合的，这一点就应该让他们中间更有天赋的人意识到，他们其实置身于一个赌马场。但是，没有多少人像维特根斯坦那样有天赋：他们可以搬弄逻辑，但却无法复制他对语言的敏感，这种敏感本质上是诗意的。然而，如同后来的文学理论，分析哲学是一种难以摆脱的游戏——一旦你开始靠这个领取工资。

我们表现得好像是想要通过剥离菜蓟的叶子来找到真正的菜蓟似的。

路德维希·维特根斯坦，《蓝皮书和棕皮书》，第 125 页

这是与作家相关的维特根斯坦，还有与专业哲学家相关的维特根斯坦，但他们只能彼此证明这一点。作家维特根斯坦可能会因为他写下的文字而被普通读者误读，但他永远不会因为诗意而受到误会，而即使在他最简明的陈述中，诗意也是显而易见的。我们可以认为，他语言的精确性是理所当然的，也许他自己更应当这样认为。他真实和独特的精确性在于注意到了心在语前。在《蓝皮书和棕皮书》（第 137 页）中，他提出了在能用言辞来描述之前"注意、观看和构思"的过程。事实上，这是描述的唯一方法。有一种诗才，我们欣赏它就要先抛弃一种观念，一种我们必须抛弃的观念：诗才只不过是语言表达的能力。"我们称之为'理解一句话'的过程，在许多情况下近似于理解音乐主题，比我们愿意承认的更近似。"（第 167 页）但他不想让我们认为音乐是传达快乐等感觉的一种机制。"音乐传达给我们的是其自身！"（第 178 页）因此，当我们阅读一个句子，仿佛它是一个音乐主题时，音乐并没有传达与书面意义机械组合在

一起的某个独立的意义。我们之所以获得一种音乐主题的感觉，是因为这句话本身具有含义。当他写下这段话时，我认为他已经非常接近藏宝室了。1970年，我在剑桥大学的科珀凯特尔餐馆每天都读他的《蓝皮书和棕皮书》，每隔几分钟就在笔记本上大段抄录。当时我并没有意识到他的文字对我发挥的作用，与他对文字的分析对我发挥的作用是一样。这听起来像音乐，因为它是如此完全正确。

Y

山本五十六

山本五十六
Isoroku Yamamoto

山本五十六（Isoroku Yamamoto，1884—1943）的生父高野贞吉是一名中学校长，他这个我们所熟知的著名姓氏来自收养他的家庭。他从海军兵学校毕业后，在日俄战争的对马海战中负伤。"一战"后他就读于哈佛大学，二十年代初曾任军方翻译官，之后在日本驻华盛顿大使馆担任海军武官。他对美国广博的了解一直延伸到工厂车间，对美国的工业实力印象深刻；他对美国的了解也延伸到了赌场，总幻想自己能撞上好运。1935年他担任日本航空本部部长，1936年到1939年任海军大臣次官，他主张海军以航空母舰为主力，避免任何将导致在第二次世界大战中与轴心国结盟的政策。但是，在晋升上将并受命担任联合舰队司令官之后，他尽职地谋划了对珍珠港的袭击。中途岛之战失败六个月之后——也许在此之前——他就已经知道继续战斗下去只不过是为了维持颜面，日本败局已定。有些人认为他死于敌军之手其实等同于自杀，然而，这种说法几乎可以肯定也属于传奇的一部分，这个传奇继续围绕着他的名字，不仅在日本——在那里他是备受尊崇的人物——而且也不仅限于政治右翼圈里。他厌恶与西方盟军作战，这种说法总是能在战后自由派人士那里得到回响，他们意识到，如果自己的敌人也像日本最高指挥官那样无情，那么他们遭遇的失败可能会更具有灾难性，占领会更令人感到屈辱，而随后则不会有那么惊人的文化和经济建设成就。

山本的传奇色彩得益于他的艺术品位。如同美国的巴顿将军，山本擅长写诗。也如同巴顿和其他富有浪漫传奇色彩的指挥官，例如隆美尔和古德里安等人，山本对战争可能有一种审美的体验：他参与到一场自己并不赞成的战争中，最有可能是这个原因。优秀的军事思想家与优秀的诗人共有一种令人不安的等待闪电袭击般的感受，而且必须在袭击来临时做出反应。山本知道"二战"是错误的战争，但这也是他唯一的战争。战略是才能，而才能会消失，尽管很难因此获取功劳，因为战争规模越大，个人表现的机会也就越小。仅仅因此缘故，战略大师的想法也从来无法令人满意地搬到电影里，因为即使是最小规模的作战行动也过于复杂，无法转化成一场戏来演。（因此，电影《巴顿将军》[Patton]的主角通过解决两辆卡车造成的交通堵塞来表现他的办事果断：这是乔治·斯科特职业生涯不那么辉煌的时刻。）《虎！虎！虎！》(*In Tora! Tora! Tora!*)和《中途岛之战》(*Midway*)都是好莱坞电影，但有日本参与，日本制片方弥补硬件缺乏的办法是在两部电影中都用上了他们最受敬仰的演员来出演山本。《虎！虎！虎！》中是山村聪，《中途岛之战》中是三船敏郎。两位演员都以闪烁的目光来表现天才，以皱眉表现决断。在两部影片中，观众都渴望看到更细腻的性格表现。这可以从以山本为主题的大量日语文献中找到，而且几乎每一种有关太平洋战争的普通英语文献都会有专门讲山本的章节，结论通常是：如果他活下来，日本海军的处境也不可能好到哪里去，但他死后，情况势必变得更糟。有关珍珠港袭击本身，1966年《读者文摘》出版的《虎！虎！虎！》画册由戈登·W.普兰奇撰文，书名像是小学生读物，但仍不失为可读的一本书，如果你能找到的话。

这本书被翻译成了日语，并且在主角的祖国获得了巨大的成功。似乎可以这么猜测，日本普通读者的看法也像山本一样：与美国开战是个任性的错误。认为日本受了美国人的骗而去开战，这是只有装扮得像迈克尔·杰克逊的东京右翼分子、靖国神社的神职人员以及老糊涂了的戈尔·维达尔才会有的想法，山本听说到会笑出声来的。年轻人会怀疑像《珍珠港》这样的电影不仅污蔑了死者，也在侮辱生者的智力，普兰奇后来写了一本更详实的历史著作《拂晓沉睡》（*At Dawn We Slept*, 1981），涵盖了大部分关于山本以及太平洋战争最初开战的问题，但值得提醒的是：一旦读者着手研究一场如此大规模而可怕的战争，那就至少应该考虑这个令人不快的命题：用原子弹来快速结束战争不仅是不可避免的，而且是合理的。任何修正主义历史学家如果争辩说，驻扎在日本本土数以百万计的日本士兵不会对抗登陆，那就必须相信另一点：日本军事指挥官假如没有得到天皇的命令，也会乖乖投降。对于那些持有这种观点的人，我建议仔细研究一下山本的面容，他非常了解你的国家，钦佩它的优点，甚至都不认为自己能占上风，然而他还是选择了开战。

——◆——

> 如果要求我们这样做，那我可以保证在头半年或一年之内能够艰苦奋战，但如果持续两三年的话，我就绝对没有把握了。
>
> 海军上将山本五十六，致首相近卫亲王，1940年下半年

近卫文麿曾经在至少两个不同的场合问山本，日本同美国开战

的胜算有多少。两次山本都给出了大致相同的答复,现在人们通常引用并写在白纸上时,都好似他只回答过一次。这个答复的英语版本有很多,甚至被回译成了多种日语版本。山本有关不确定性的陈述是太平洋战争时期日本人说过的第二著名的话,仅次于天皇的投降诏书广播,广播以夸张到难以置信的皇室语言承认,战局大势并不一定对日本有利。山本对政府的建议似乎已经预料到,从长远来看,不利之势将是不可避免的。后来他遭到很多批评,说他没有更坚定地表达自己的意见,但他肯定感觉不需要多说。根据记载,他曾经建议"日本和美国应该想尽一切办法避免直接冲突,而日本在任何条件下都不能与德国缔结联盟"。后一部分与元老西园寺公望给天皇的建议一致:此建议遭到天皇漠视。然而,即使在东条英机执政时,山本始终认为日本政府能够有些理智,并与美国达成协议。甚至在珍珠港行动开始之后,他仍然抱有希望。他最后给南云忠一上将的简报是如果在华盛顿谈判成功,哪怕飞机已经从航空母舰起飞,也必须立刻停止进攻,这个命令将无条件执行。山本——有时甚至冒着生命危险——三十多年来一直反复强调必须避免与美国开战。他曾就读于哈佛大学,见识过美国的工厂,比任何其他日本高级军官更了解美国的战争潜力。他对近卫难道还会有别的建议吗?

那么,为何山本又同意领导袭击珍珠港呢?有几个可能的答案,全都通过不同的路径进入一位个性复杂的男人的头脑。我们当然不必过分看重所谓玄妙的"东方心灵"的猜测:那充其量只是躲在堂皇辞藻下的无知和种族主义。即使山本在布里斯班出生长大,他也会是个复杂的人。首先,不管怎样他都是个赌徒。他喜欢赌博,或许是因为他几乎每一次都赢了。其次,他可能认为这场战争有很大概率可以速战速决。如果日本外交官没有搞砸宣战那回事[*],珍珠港

---

[*] 由日本驻华盛顿外交官递交给美国的宣战书,在发动珍珠港袭击之后才到达美国人手里。

事件仍然会是偷袭事件——偷袭夏威夷，从日本横跨整整三分之二的太平洋，跟进攻西雅图也差不了多少——这很有可能使美国就范，特别是如果美国航空母舰也同战列舰一起遭到重创的话。第三，他是山本五十六大将，日本联合舰队司令官。那是他的职业生涯，那些是他的命令，他有职责要肩负，不胜则败。

事后看来，第三个原因看起来是最强大的。山本像纳尔逊和拿破仑一样是矮个子，是军事天赋使他达到了不起的高度。如果你看看媒体拍摄的葬礼队列到达靖国神社的照片，那棺材看起来大约只有鞋盒大小。棺材看着往往比里面的人要小，但即使就他那个年代的日本男性而言，山本也算是身材矮小的。个人地位对他来说至关重要，而他早在战前就已经地位尊崇。他的战术组织能力和勇敢无畏都已是传奇性的，他对海军可谓鞠躬尽瘁。日本海军航空兵可以说是他一手创建的。他反对建造"大和"号与"武藏"号这两艘日本最后的巨型战列舰，赞成建造更多的航空母舰和战斗机。他代表了从重钢到轻铝的过渡——从深吃水线到自由的空气。不少精明的年轻军官因此崇拜他，虽然他总是自嘲写的诗不好，但1940年元旦写下这首诗时，他很可能是认真的。

> 今天，身为
> 这片日出之地
> 海洋守护者的首领
> 我满怀敬畏地凝视着
> 冉冉升起的太阳。

他是在联合舰队的旗舰"长门"号战列舰上写下这首诗的。因此，"冉冉升起的太阳"指的是军舰的信号旗。日出之地当然是"日本"：Ni-hon 这两个字（通常发音为 Nippon）意即日出之源，或太阳升起的地方。如果能把这首微妙的三十一音节日文诗译成直白的英语，我们会发现山本此时的心绪也达到了顶点。即便他看到了与错误的敌人开战的潜在危险，但我们如果竟然会想象他不喜欢自己显赫的地位，那也是愚蠢可笑的。他喜欢战斗，就如同喜欢女人一样，甚至可能会发现打败仗更有趣，正如他显然认为多角恋爱带来的麻烦比一夫一妻更有趣。就最后一点而言，每当离开东京上船时，他都会一大早动身，这样就不必急匆匆地告别了。他胃口很好，不只是欲望，情感亦然：由此可见他对戏剧性的趣味。他可能很喜欢处于宏大戏剧的中心。从他自己预测的毁灭中拯救日本会是一场奇迹，难道还有比这更宏大的戏剧吗？毕竟，动手袭击并非他的主意。他还没有那么疯狂。然而，他计划了一场绝妙的袭击。

或者说，假如美国航空母舰停泊在港内的话，那么这会是一次绝妙的空袭。当返航的飞机报告说美国航空母舰不在港内时，从停泊在濑户内海柱岛的"长门"号上督战的山本立刻就明白了：美国人还有继续战斗的本钱。他还得知了日本的宣战书下得太晚了这样可怕的信息，他的突袭变成了不宣而战；而美国人的力量不仅没有被彻底摧毁，而且有了更多的开战动机。这两种因素致命的组合很快就得到了证明。1942年5月，珍珠港事件仅仅五个月后，美国航空母舰与他在珊瑚海海战中打了个平手。珍珠港事件不到六个月之后，美军在中途岛大败日军。他说要让美国人的日子难过六个月，他说对了。日本人只享受了六个月的优势。中途岛战役之后，他们再也没有机会保持主动。但如果我们认为他们不肯承认失败是发了疯，那我们就错了。他们可以继续战斗，让对手付出高昂的代价，从而迫使他们坐到谈判桌上来，这样的可能性总是有的。因为山本死得早，因为这位会说英语的赌徒是如此令人注目，我们就倾向于认为他也属于那种会寻找理性出路的人。但是，他也有可能会战斗到最后，像在陆军中与他旗鼓相当的山下奉文那样。虽然陆军在地面战争中不可能获胜,这样的前景直到很久以后才让所有人明白过来,但山本五十六像山下奉文一样早就意识到,日本的冒险从丧失制海权——因此无法维持补给线——的那一天就结束了,而那一天其实就是开战的第一天。

爱好文学的人倾向于理想化会写诗的军人,在现代,这些人里面除了巴顿将军之外,山本应该算是最引人注目的。但我们需要问自己,对于将军来说,拥有诗才是否反而是一种缺陷,做将军的人恰当地关注俗事倒是必需的。诗才往往是不耐烦的:他们喜欢炫示的效果,往往拥有两种有损大局的品质。其一是阿尔瓦雷斯(A. Alvarez)所说的"塑造精神",另一种是弗兰克·克默德所谓"终结的感觉"。山本有关第一天决定战争胜负的计划不亚于轮盘赌玩家把全部赌注押在一个数字上,也相当于试图把整部《源氏物语》塞进一首俳句。必然会有无法塞进去的素材。即使美国航空母舰当时停泊在港口,但在浅水中搁浅也不至于无法修复。美国舰队终有卷土重来的一日。

有人为山本辩护说,他预料的六个月宽限是日军巩固南太平洋战果的时间。但也有高级军官不相信此事,其中之一就是海军少将富冈定俊,他准确地料到了山本所冒的风险,更重要的是,即便袭击成功,他也怀疑结果的有效性。(富冈的分析在戈登·W. 普兰奇的《拂晓沉睡》(*At Dawn We Slept*)中得到很好的概述,这部作品不能说对山本没有好感,但富冈在书中成为日本方面理性声音的代表)。如果日军指挥链从一开始就井然有序,就像美国很快就建立起组织完善的指挥链那样,富冈就会有资格否决山本。但日军的指挥链从来就是混乱的,军政府的缺点是压根没有政府来控制军队,军官组成了一个永远在争论的小集团,最后的政策只能是各种冲突的意见所能达到的最大公约数。而另一方面,美国人却任命了金上将为太平洋最高指挥官,麦克阿瑟将军和海军尼米兹上将都直接听命于他。

虽然麦克阿瑟包揽了大多数风头，尼米兹却是关键人物。他为人低调，拥有合情合理因而更令人畏惧的权威，我们可以从E. B. 波特的《尼米兹传》(Nimitz)中获知这一点。日本人继续听命于山本，他在中途岛试图重写一遍珍珠港的诗篇，只不过这次他的杰作分崩离析了。在日语中有个词来形容把事情搞得一败涂地：用大酱配菜。在中途岛，干脆就只有大酱这盘菜。

山本在精神上死于中途岛。至于肉体的死亡，自杀谢罪的可能性不大。浪漫的诠释者有时会倾向于这种诱人的观点：1943年4月18日，山本故意招引美国人的伏击，被击落在布干维尔岛的丛林。他乘飞机去前沿地带视察时，遭到一队P-38远程战斗机的阻击。在广阔的天空中，美国人完全知道他的确切位置。但即便是对于阴谋论者来说，认为他是故意向敌人透露消息也太过荒谬。在中途岛，斯普鲁恩斯上将的确掌握了密码破译情报，知道在哪里拦截日本航母，但是日本人像德国人一样，不愿意相信自己的军事密码已经被破解：即使找不出其他可能的原因时也不愿相信。山本看见P-38编队进攻时，可能已经猜到他们是根据情报采取行动，换句话说，报告山本路线的无线密电已经在夏威夷被破译。他甚至可能猜到了P-38故意从下方拦截——伪装成偶然遭遇——目的是保密，以防他和参谋人员乘坐的两架飞机或护航的"零式"战斗机逃脱，但到了这个节骨眼，猜测已经没有任何用处，他栽下去了。当日本搜索队在丛林中找到他的尸体时，他仍然系着安全带坐在座位上，佩剑挂在身侧。如果他真想自杀的话，可能会在陆地或甲板上，在剖腹仪式上，可能事先还会写首诗。

另外一个浪漫的揣测是：如果山本幸存下来，他会成为理性的代言人。但如果他已经准备好去打一场他早就预料会输的战争，他也很可能会继续打下去，即使他早就清楚连休战媾和的希望都没有。战事一败涂地，这在中途岛海战后的第一天就已经显而易见：如此显而易见，以至于军部企图对天皇隐瞒惨败的程度。空谈日本国民性或许没什么意义，但谈论日本现代的军国主义文化却完全是合情合理的——这种文化的一个特点就是，高级军官准备战斗到底，哪怕这远远超出了清醒军事判断的限度，更别说政治理性了。

迫在眉睫的失败总是被视为战役的高潮，这种观点背后甚至有一种貌似合理的想法，那就是让敌军明白胜利必将付出沉重代价，于是就会提出停战。这个想法在当初并没有像现在听起来那么疯狂。在欧洲，1943年10月第二次施韦因富特大空袭之后，美国第八航空队不得不慎重考虑是否对德国进行昼间轰炸。他们慎重考虑后还是决定继续，虽然美国飞行员另一次如此大规模的伤亡可能会给德国空军一次喘息的机会，使其能够重新集结。（否则它永远不会有时间来补充失去的战斗机飞行员，这是盟军空袭对敌人造成的真正的损害；但是德国战斗机可能就会切换到东线，那里才是最急需它们的地方。）太平洋战争后期也是一样。大西泷治郎中将的神风突击队自杀袭击能够做到的可能不止打击美国海军。如果山本还在的话，尽管已经没有船舰可供他投入战斗——这部分也要归咎于他本人——但他可能会想出不少主意来让神风突击队的武器发挥更好的效力。他从来没有反对过这个想法：在他的飞行指挥官源田实想出了一个更经济的方案之前，山本的珍珠港袭击方案意味着可能要牺牲大量飞行员。如果他学过如何驾驶飞机的话，他自己都可能会去参加一次自杀袭击。像山下将军那样，他可能到最后都是个危险人物。等到东条英机终于克服嫉妒心理，重新起用被雪藏的山下奉文来指挥吕宋岛防御战时，山下把美国预期轻而易举的胜利变成了旷日持久的噩梦。

我们同样没有理由认为日本本土的防御会不那么顽强。谴责对两座日本城市使用核武器的修正主义历史学家和评论家自有人道主义的考量，但他们还提出了军事方面的理由来作为支撑，反而削弱了前一方面。有些认为对德轰炸毫无用处的专家，却相信 B-29 轰炸机的常规轰炸就足以确保日本快速投降。还有人喜欢说，苏军南下会带来同样的结果，却通常忽视了这样的考虑：缺乏两栖作战装备的红军就算登陆北海道，可能也已经不具备理想的作战能力。尴尬的真相是：日本将军们正确地猜到了美国人会从哪个海滩进攻九州和本州，日本有几百万部队可投入战斗，而天皇对必然会是漫长而血腥的最后抵抗提出的唯一反对意见，是准备工作做得还不够迅速。原子弹改变了他的想法，他录下了投降演说。一些年轻军官试图在他广播讲话之前绑架他，但年长的头脑占了上风。关于山本，我们最多不过能说：他肯定也会是其中之一，但主要是出于对天皇不渝的忠诚——这也是令这位诗人上将最初写下那首短诗的原因。

Z

卡尔·楚克迈尔
斯蒂芬·茨威格

卡尔·楚克迈尔
Carl Zuckmayer

卡尔·楚克迈尔（Carl Zuckmayer，1896—1977）是德国剧作家，出生于莱茵兰，后来定居奥地利，在那里他创作了自己最著名的两部剧作中的第一部，《科佩尼克上尉》（*The Captain of Köpenick*，1931），这部戏使他名声大噪，成为当时社会一景。1938年德奥合并之后，他移居美国，在那里完成了第二部著名剧作《魔鬼的将军》（*Devil's General*，1946）。除了戏剧，他还写过诗歌和两部小说。三十年代末到达美国之前，他在英国短暂停留了一段时间，为亚历山大·柯达注定一败涂地的电影《我，克劳迪乌斯》（*I, Claudius*）担任编剧。这部影片耗资巨大，毫无成果，但这位从希特勒手里逃出来的难民得以同时见证另外三位独裁者的作为：制片人柯达、导演约瑟夫·"冯"·斯腾伯格和孩子气到自我摧残的演员查尔斯·劳顿。这表明了喜怒无常的专制应该属于何处：属于艺术，而非政治。然而，楚克迈尔最著名的次要作品——或许也是他最能引发共鸣的成就——是我下面要引用的自传。移居他乡的作家大多以回忆录闻名，他们回忆的许多内容会使读者陷入无法自拔的悲伤。但楚克迈尔想必拥有一种抑制不住的幽默感，他还记得说，旧欧洲文化遭受的破坏本来还可能更加彻底。如果所有留下来的人都表现得足够糟糕，能让人向往的东西或许就更少了。但他们大多数人都表现得相当好，为人类留下了希望的余地，虽然人们也更加强烈地感到遗憾，因为他们的良好品格没有发挥更大的作用来避免灾难的来临。

---・---

不用害怕遭受个人迫害，可以留在本国的戏剧、电影与文学界的朋友和熟人们大都一直对我们这些被放逐的人真诚相待，而且竭尽全力让我们知道，他们和我们之间没有分歧。只有少数几个人，非常少的几个人，变成了机会主义者、告密者和背叛我们的人。

卡尔·楚克迈尔，《好似我的一部分》(Als wär's ein Stück von mir)，第 387 页

这话说得很慷慨，而且说的是真心话，不禁令人感到宽慰。有些艺术家拥有某种暧昧的特权，他们的种族身份多多少少还能被接受，如果他们愿意的话也可以继续留在纳粹德国，但只有较少的人会利用这种机会来飞黄腾达。在斯大林格勒战役之前，这些人中没有谁能料到，他们这一生竟然还会有算总账的那一天。如果他们选择不合作，那也是自己的道义选择。诱惑是难以抗拒的，但几乎没有真正重要的人物屈服。剧作家和诺贝尔奖得主戈哈特·豪普特曼同意为纳粹说好话，但他这样做是因为老了，而且当时他就已经在责怪自己的懦弱。至于杰出的演员兼经纪人古斯塔夫·格林德根斯，他

倒是很高兴有戈林的光顾，但他的情况之所以引人注目，正是因为这很罕见，但小说《梅菲斯特》（Mephisto）中对他的描述过于黑暗：克劳斯·曼有点小心眼。（格林德根斯在战后为自己辩护也于事无补：他试图著书自我辩护，却没有意识到解释的必要前提是承认自我辩解是不可能的。）然而，总有些人无法抗拒捞油水的机会。楚克迈尔认识他们大多数人，上面引用的那段话也并非他对这个问题的全部意见。他的回忆录的特点是慈悲为怀与自我克制——书名 *Als wär's ein Stück von mir*，可译为"好似我的一部分"——他没有放弃这种自我克制，也意在以此表明他一生缔结的友谊是他成长的一部分——接下来，这位魏玛戏剧界的大人物又举了一个投机分子的例子，让我们看清他最后得到了什么。

这位投机分子名叫阿诺德·布隆内（Arnolt Bronnen），是布莱希特的朋友。在魏玛时期，布隆内具有社会意识的剧作获得了足够多的赞誉，多到一贯不肯轻信的安东·库认为它们昏庸荒唐。纳粹掌权后，布隆内从功成名就的顶端突然跌落，因为他的父亲是一名娶了雅利安女子的犹太中学校长。此时——对布隆内来说可能是种幸运——他的戏剧杜撰才能帮了他的忙。他编造了一份证词，说他母亲背叛了自己的丈夫，同另一个雅利安男人有染，而他，布隆内，是"一个纯种的出轨产品"（ein rassenreiner Fehltritt）。布隆内由此为自己获得了豁免权，在纳粹统治下得以幸存，虽然纳粹并没有忘记他的戏剧是在"犹太共和国"（judenrepublik）获得成功的——"犹太共和国"是他们给魏玛民主政体取的绰号。布隆内侥幸逃脱，但也没有搭上顺风车，因此他试图通过发表反犹文章来提升自己的地位。他的文章《清理德国戏剧》有一段关于马克斯·莱因哈特的双关语俏皮话："Jetzt aber nicht mehr Reinhardt, sondern rein und hart!"（但现在不再有莱因哈特：只有纯净和坚硬！）译成英语时损失了一些东西，但反正也没有多少可以损失。纳粹倒台后，布隆内又找到了另一个官僚体制来效劳。他成为东德的一名编辑，毋庸置疑，东德文学编辑的功能就是去寻找新的人才，并确保他们没法发表作品。

楚克迈尔对汉斯·约斯特（Hanns Johst）更为熟悉，约斯特才能平庸，在纳粹文学圈里风生水起。（约斯特——而不是戈林——才是"听到'文化'这个词就想掏枪"这句玩笑话的创造者：充分表明俏皮话也能够上升到攀附名人的地步。）但是楚克迈尔正确地发现，从道德角度来看，布隆内的情况更有趣一点，为了救自己一命而诬陷母亲通奸，这委实是一种特殊的创作，几乎可以说是一种才能。然而，我们面临的挑战是说服自己，我们不会做类似的事情：这或许没有那么厚颜无耻，但同样是自私自利的。如果我们能说服自己，我们这样做是为了艺术，而艺术少了我们就会变得贫乏，那么我们的良心就更能够容忍这种自私自利的行为。这一心理欺骗过程似乎在音乐家中尤其普遍。也许作家毕竟受限于文字，在他们自己说谎的时候，能够更迅速地察觉这一点。音乐家却可以告诉自己，他们的艺术不受意识形态的影响。赫伯特·冯·卡拉扬自愿申请加入纳粹党，他的良心无论是当时还是后来似乎都不受影响，入党的理由是他需要这样做才能获得成功。新晋年轻女高音歌唱家伊丽莎白·施瓦茨科普夫随时乐意为纳粹掌权者献唱（她的豪华公寓曾属于一位被迫流亡海外的犹太指挥家），相比之下我们会加倍感激玛琳·黛德丽，她当年无法演唱歌剧保留曲目，但至少预见到了噩梦的来临，并从一开始就表明了态度。她是雅利安人，假如她愿意的话，是完全可以回到德国的：但她直到希特勒被打败才回去。然而楚克迈尔的观点还要更令人振奋一点：那些留下来的人大多表现得不失尊严。

斯蒂芬·茨威格
Stefan Zweig

斯蒂芬·茨威格（Stefan Zweig，1881—1942）是很适合给本书画上句号的名字，因为他的生活、工作、流亡和自杀结合起来概括了前述许多内容：面对令人绝望的环境，却想要有所作为的故事。人们现在往往居高临下地看待茨威格本人的成就：在我看来这是一个错误，很大程度上是因为他那精心造就却貌似毫不费力的才能，他写得一手清晰的叙述文章，在世时便极受欢迎，不仅在德语国家，更是在全世界，而他现在还在为此付出代价。除了在法国，那里他的主要作品永远在版；在别的地方，人们通常感觉称他为二流作家似乎更稳妥，但这却有悖情理。他的大部分诗歌、剧作和小说都已淡出人们视线，但他积累的历史和文化研究，无论是以散文还是专著形式，仍然是令人几乎无法仰视的成就。他出生于维也纳的黄金时代，铭记文化世界主义观念，从过去寻找这种观念的根源，在一系列最终形成丰富人文主义精神画廊的庞杂研究中，专著《鹿特丹的伊拉斯谟》为我们留下了最重要，而且依旧最令人印象深刻的人物描述。歌德、荷尔德林、克莱斯特、尼采、里尔克、赫茨尔、弗洛伊德、施尼茨勒、马勒、布鲁诺·瓦尔特和优塞福·罗特等名字吸引了茨威格的注意，这可能是意料中的事情，但他还写了整整一本关于巴尔扎克的书，还有但丁、蒙田、夏多布里昂、圣伯夫、狄更斯、陀思妥耶夫斯基、勒南、罗丹、布索尼、托斯卡尼尼、兰波、詹姆斯·乔伊斯，等等。他写下的有关玛丽·安托瓦内特、玛丽·斯图亚特和麦哲伦的书籍畅销全世界。对于德语初学者来说，他的文集《邂逅人、书与城市》(Begegnungen mit Menschen, Büchern, Städten) 可能是最好的起点。他的《昨日的世界》——此处值得再说一遍——是旧日维也纳的回忆录，是这座城市的本地艺术家所撰写的最佳回忆录，虽然很多人先读到的永远是乔治·克莱尔的《维也纳最后的华尔兹》(Last Waltz in Vienna)。1993年出版了一本精美的德语画册，《斯蒂芬·茨威格》，第二年出了法语版。光彩夺目的画页表明他巨大的文稿和摄影珍藏终究还是挽救了一部分出来。遗憾的是，他位于萨尔茨堡的收藏丰富的图书馆于1938年被纳粹烧毁。他们清楚地知道他代表了什么，即使一些文学评论家今天仍然不清楚。斯蒂芬·茨威格是人道主义的化身，所以他最后选择自杀，这本身就令人信服地表明，我们所高度珍视的东西只有在自由的环境中才能留存。

> 我们在那里曾共度温馨的时光，从阳台上眺望美丽宁静的风景，然而我们有谁没有怀疑过，正对面的贝希特斯加登山上，有个坐在那里的男人有一天会毁了这一切？
>
> 斯蒂芬·茨威格，《昨日的世界》，第 396 页

"温馨的时光"在德语里听上去没有那么俗套：herzliche Stunden。茨威格在萨尔茨堡有幢房子，阳台上可以远眺边境那边的德国，远眺那座灭绝天使正蓄势待发的山峦。如果希特勒朝另一个方向看，他就会看到在茨威格的阳台上有一切他决心消灭的东西，并不仅仅因为那属于犹太人。有许多非犹太人也来拜访茨威格，但他们都感染了"文化布尔什维克主义"（kulturbolschewismus），一种致命的国际疾病，一种执意要活在自己的世界里的疾病：希特勒身为卫生员，对于这种疾病肩负着巴斯德般的铲除使命。欧洲文化界所有重要的人物都认识茨威格，这是他的天赋之一。他相信与文明人的交往，然而从长远来看，这个信念可能也葬送了他的性命。1942年他在巴西自杀时，已经知道纳粹不可能赢得战争，但纳粹已经赢得了针对阳台聚会的战争。

问题在于茨威格是否过于看重这种相聚了。他从来都不是独自坐在咖啡馆里的人，他把一切都交给了艺术界，还有他认为在艺术界应该自然而然的同气相求。艺术界，而不是他在世界范围内的流行，才是他获得成功的背景。当希特勒摧毁那种成功时，茨威格引用弗朗茨·格里帕泽的名言，谈到了在葬礼队列中活生生地走在自己尸体后面的感觉。茨威格没有意识到纳粹对艺术界的攻击并非独创，直至去世的那一年，他仍然说这种杀人犯般失去理智的行径"没有第二个例子"。茨威格曾与布尔什维克文化委员卢那察尔斯基乘坐火车去参观托尔斯泰位于亚斯纳亚-博利尔纳的旧居，但苏联究竟发生了什么，他所知甚少。在那里，1917年和1929年之间蓬勃发展的彼得堡艺术界——可与他阳台上的任何相聚媲美的人才济济——已经被彻底扫除了。（清洗活动是由卢那察尔斯基亲自宣布的，他是斯大林挑选的熄灭波西米亚灯光的波西米亚人。）茨威格直到痛苦的最后时刻都认为，人文艺术阐述者之间的自然状况是亲切的尊重：是基于共同事业的团结一致。

Stefan Zweig

如果知道托马斯·曼认为他是平庸之辈，茨威格会感到震惊。这对他来说太不可思议了；但与其他令他震惊的事情不同，这不是希特勒凭空制造的。曼说出了这样的意见，只是简单的事实。但我们不应该对一句恶意的话做出过于阴险的推测。想到还有其他德语作家可能在世界市场上比他卖出更多的书，曼从来都不大高兴。人文艺术家之间的自然状况是紧张、猜疑、竞争，而且常常怀有敌意。只有灾难才能给幸存者在某种程度上带来茨威格心心念念的相互尊重。创作力很多都源自创作者相互之间的冲突，当他们被迫因为随后的环境讲和时，创作力也就消散了。当存在异议时，异见者之间也会有分歧。认为离开德国移居他国的人没有取得任何成就是一种误解——单单回忆录就构成了一整个丰富的德语文学宝藏——但认为流亡者们假如被允许留下来自由争吵，他们就能取得百倍以上的成就，这样一种观念也是错误的。（不管怎么说，他们在国外照样在争吵，只不过规模大幅降低：他们对希特勒不再有分歧了，就只能为斯大林争吵。）

我当年在伦敦和纽约时，当然也有阳台上的聚会；在墨尔本和悉尼时更是一年比一年热闹，令人印象深刻；但这种"温馨的时光"是不能指望它长久的。托马斯·曼在各方面都比茨威格更强硬，他注意到在勃拉姆斯那个时代的维也纳，音乐家们只有互相怀疑才能团结在一起，他们都小心翼翼地保护自己的个性。（无所不知的格热戈日·菲特尔伯格是曼笔下最好的文化杂食者，他在《浮士德博士》中说："沃尔夫、勃拉姆斯和布鲁克纳多年来生活在同一个城市，也就是维也纳，但一直避免见面，据我所知，他们从来没有见过彼此。"）这话也同样适用于大画家迭出时代的巴黎。今天他们的杰作挂在同一个画廊里，我们能在纽约、芝加哥、莫斯科和彼得堡见到理想中的巴黎，但当他们在真实的巴黎作画时，他们会走到马路对面以免碰见彼此。出于可理解的原因，茨威格希望世界是另一个样子；但在这方面，他的昨日的世界其实是个乌托邦。他总是在寻求具体、有形的实现，然而除了在精神世界之外，别处无法存在和谐。他著名的亲笔签名手稿在萨尔茨堡旧居展出，将过去杰出的艺术家汇聚在一起：另一种阳台上的聚会。在抵达他最后一个新的国家时，茨威格以他典型的作风写了一本关于它的书：《巴西，未来之地》(*Brasilien，Land der Zukunft*)。他随意引用葡萄牙文作品，这本书惊人地展示了他迅速融入的能力，但也表明了他刻骨铭心的悲伤。他试图说服自己，一个没有过去的国家可能是一个新文明的开始，然而，真正的主题却关乎他所失去的一切。在里约热内卢，阳台几乎是空荡荡的，而在他自杀的彼得罗波利斯则根本没有阳台。我去过那里，见过那里；当紫色的四旬花向着绿色的树林绽放，那应该是美丽的地方；但你不久就会渴望有人陪伴。

我意识到，对于任何人，他最宝贵的个人自由大都会遭到摄影宣传的限制和扭曲。

斯蒂芬·茨威格，《昨日的世界》，第 371 页

在二十世纪，名人效应的破坏性影响蔓延到了艺术界，茨威格的这段话可谓先见之明。茨威格比当时任何其他严肃作家对成功的了解都更多，他仔细保留有关自己的记录，对报纸剪贴簿和照片簿并不陌生。他一直妥善管理大量档案，但他看到了危险，如果他选择活下去，很可能会进入名声之后的下一个阶段：隐逸。（他从来都必须有显赫的朋友做伴，但也可能很擅长威慑他们，让他们都保持沉默。）如果他能预见未来的话，或许就能很好地理解托马斯·品钦和 J. D. 塞林格所走的道路。他将会懂得对名声要从最坏的状况中采取最佳的方式，换句话说，像明星那样尽可能保持沉默，只要表面上过得去就够了。如今，每个人都知道必须管理名声，否则就会被

名声管理。马塞尔·赖希-拉尼奇在《夹层》中说海涅注定要被迫享有世界声誉。"被迫"(condemned)是个现代词,但茨威格自会明白其力度。甚至更早些时候,普鲁斯特就已经预见到还有比名满天下更称心的状况,那就是只有一些不为他名声所动的人认识他。在《索多玛和蛾摩拉》(Sodome et Gomorrhe)中,他指出真正的"世界"(le monde)——他指的是上流社会——明星已经厌倦了在其中抛头露面。当"世界"指的还是社交界的时候,茨威格从来没有厌倦过它,他喜欢自己的明星地位,但他的好心肠令他很久才意识到,自己的名望就是纳粹希望他死的原因之一。想到德语文化居然会如此鲜明地由一个犹太人来代表,他们就非常愤怒:这个迹象表明,纳粹意识形态与民族主义只有肤浅的关系。

我们是失落的一代,再也看不到统一的欧洲。

斯蒂芬·茨威格,埃尔温·里格尔摘引,《斯蒂芬·茨威格传》,第 112 页

"失落的一代"这个术语之前已经由格特鲁德·斯坦因提出来了,茨威格只是把它用到了更合适的语境。并没有人想要杀死海明威和菲茨杰拉德,除了生产 W. C. 菲尔茨所谓"酒精发酵物"(spirituous fermenti)的厂商。茨威格这一代人面对的是更可怕的敌人,然而他在 1942 年 1 月自杀一事永远笼罩在神秘当中,它与当时的形势似乎不太相符:美国人已经参战,纳粹看上去已经不可能获胜了,他也没有理由认为等到战争结束后,自己不能取回荣耀的国际地位。但我们面对的是心灵的问题。尽管他功成名就,拥有众多声名显赫的朋友,但他一生大部分时间都处于绝望的边缘。以上摘引的那段话的时间表明,即使魏玛共和国依然健在,他也已经有了这样的感觉。"一战"结束时,他也是这样想的。他曾经向往一个非政治化的世界,

但显然战争带来了截然相反的结果：它摧毁了社会的根基，同时却加强了政治，以至于没有人能幸免。到了 1928 年，德国的经济复苏本可能延续魏玛共和国——如果大萧条没有注定民主的厄运——茨威格有理由缓和他的悲观情绪。但悲观情绪却加深了，因为欧洲的政治分歧也深化了。从他醒悟之始，茨威格就把一切都倾注于一个延绵不绝的欧洲人文主义遗产的观念。等到纳粹上台，他的悲观情绪无处可以排解，只能进一步陷入绝望。

弗朗茨·韦尔弗说得有道理，早在流亡之前，茨威格就具备了生活在流亡国家的素质。他精通多种语言，举止完美，全球闻名，世上没有他源源不断的版税无法送达的地方。但对他来说，个人成功在原本的背景之外没有太大意义。他最后的崩溃早在他"二战"之初写下的日记中就可见端倪。在第 410 页，我们读到他在敦刻尔克大撤退时就已经携带一瓶毒药在身边。在第 464 页，"die Epoche der Sicherheit vorbei ist"（安全时代结束了）。"结束了"（vorbei）这个词不断出现。"结束了。欧洲完蛋了，我们的世界毁了，现在我们真的无家可归。"茨威格说"我们"，并没有专指犹太人，这是一个他不愿意相信存在的类别，直到他痛苦地发现希特勒相信它存在。茨威格指的是每一个为艺术，为学术，为人文主义而活着的人。他错了，当然：托马斯·曼认为茨威格的自杀很自私，因而很生气——过于为一己之私了。但这就是茨威格当时的感觉，即使当时已经很明显，志在毁灭的力量不可能赢得战争，但他认为他们已经在要紧的事情上赢了。我们在战后长大的人有权说他放弃得太早，但如果我们轻视他的真诚，那就是愚蠢。如今统一的欧洲哪怕能恢复一点当年的品格就很不错了，而他正是这些品格活生生的代表，也是因为这些品格而自杀，他觉得那一切都一去不复返。我们如果研究他诞生其中的文化传统，所要付出的代价就是会不断受到自我怀疑的侵扰，怀疑他有可能是对的。读者们请当心。

> **这就是为什么他要读历史，这就是为什么他要研究哲学：不是为了自我教育或自我说服，而是要看看其他人如何采取行动，借此衡量自己。**
>
> 斯蒂芬·茨威格，《欧洲的遗产》，第 53 页

茨威格对蒙田的描述总是很精彩，他拥有与蒙田同样的概述和评价历史人物行为的天赋，虽然茨威格这样做可能有不同的目的。蒙田或许是一个实干的人：官方曾经多次诱使他离开书房，也得到过他的效劳，包括一次外交使命，这次使命曾让法国免于变成一片废墟的可能性。莎士比亚是蒙田的最佳弟子，他一生大部分时间的确都是实干的人：剧院不是修道院，创作了《雅典的泰门》的人不可能不同世事打交道，他必须让雇员老老实实听话，也理解账本的重要性。然而茨威格却是最普遍意义上的文人：也就是说，他无法做任何其他人。各种强势人物的肖像画在他的作品中展开，就像乌菲兹美术馆的藏品在长廊中延伸，但他并没有因此走上实干之路，除非思考本身就是一种实干。茨威格有一些被动的地方，而且鉴于人性所在，被动本身就易招来欺凌。那些能领会所有人的批评家现在仍然偏偏认为不必领会他，而他在世的时候，他们甚至觉得不应该领会他。他们总是问，他真的比埃米尔·路德维希更出色吗？后者潇洒地住在租来的别墅和豪华酒店里，洋洋洒洒地炮制出历史上的成功故事，让市侩商人相信自己其实是拿破仑。茨威格不也是这样吗？他对伊拉斯谟和玛丽·安托瓦内特一视同仁地倾注同情，岂不是将伊拉斯谟降至玛丽的水平？在一视同仁的好奇心和可疑的醇厚风格后面，作家本人在哪里呢？

好吧，答案是：他不在他们的身后，他在他们的内里。茨威格是他欣赏的一切的总和，他的风格赋予他们在生活中从未有过的精神上的统一。我们这些德语并非母语的人，总是倾向于过度感激文

字易懂的作家，但茨威格的好处不仅仅在于易懂：他使一切毫不费力。德语初学者可以整页整页地流畅读完他的书，过后再去翻查字典，因为他的文字里有一股让你往下读的冲动，且语言的张力使得句法不易误解。他的笔调大都富有诗意，简单说来就是拥有诗句那种具体而微的生动性。你经常会发现，茨威格写出来的句子能找到与之相配的里尔克的一行诗。他们俩是灵魂伴侣，尽管你可以打赌，茨威格的赞赏比另一人更加无私，他往往如此。里尔克和茨威格一起拜谒过安德烈·谢尼埃的墓地，茨威格能更好地欣赏安德烈·谢尼埃在世间最后一夜的慷慨，那晚他一直在安慰一位年轻贵族女士，以应对次日清晨冰冷的前景，届时他们会从监狱被带出去斩首，里尔克更感兴趣的恐怕是她的贵族家徽。

　　里尔克与茨威格之间的区别是关键性的。里尔克热爱艺术，但这样的爱也被用于增添他自己的荣耀。他崇拜的一切都被纳入他的个人风格。他用自己的矫揉造作装饰世界，而茨威格更谦卑。他可以想象一个没有他的世界，等大限来临，他做了自己在想象中真实的事情。（很难想象里尔克会去自杀：世界怎么能容忍这样的损失呢？）然而他们两人都是二十世纪德语文学的骄傲。他们的作品可以并排而立，在激烈竞争中产生丰硕的成果，而两人都无法真正取代彼此。收藏茨威格的书会有趣一点，因为涉及许多体裁和出版机构；里尔克即使在去世后也只继续在岛屿出版社这一家出版，而且只用一种为他精心选择的标准装帧样式。然而里尔克作品装帧的单一性与茨威格作品装帧的多样性之间的差异令我们想要寻求更深的原因。我们可以在扉页上的日期中找到线索。岛屿出版社得到了长期在德国出版里尔克的授权，即使是在纳粹时代。茨威格的书没有独家的出版社，纳粹当权时，他的书在德国和奥地利无家可归。戈培尔执掌德国文化时，这个国家与里尔克的人文主义没有根本性的冲突。他们禁止茨威格的人文主义思想，只因为茨威格是犹太人。

有必要提醒一下，我们不应该认为极权主义不能容忍人文主义者对艺术和知识的热爱，约瑟夫·布罗茨基说过，奥西普·曼德尔施塔姆被禁是因为国家无法容忍他奔放的激情，无疑的确如此，但更有可能是因为他写的东西冒犯了斯大林。苏联更加彻底地推行审查制度，但也容忍了许多公开的对艺术的爱。例如，公众从来就未被剥夺革命前的古典芭蕾剧目。为了避免感伤，我们应该准备好接受这样一种可能性：一个无所不知的国家会懂得如何通过允许人们去爱艺术来利用艺术，只要这种艺术之爱不干扰国家意识形态。一个精明的坏国家有本领让艺术生存下去，因为它应该知道艺术更能促进满足感而不是引起反叛。我们也应该当心其诱惑，自由主义者和人文主义者总说艺术是真理之灵魂，但他们这样说的时候往往忽略了真理。

文学最具诱惑力的形式是书，书籍表明了文学是如何自成一体，或至少貌似如此。印刷书籍实际上是一种技术奇迹，花费了五百年的时间来发展，但看上去或者给人的感觉都跟笔记本和钢笔没有差太远，毕竟在印刷书籍出现之前，写书用的是纸和笔。但对于音乐家而言，事情并不总是那么便捷。有些乐器很美，而且演奏乐器的人也越来越美——时尚杂志上会整幅刊载女小提琴家的特写。但作曲家不可能走到哪里都带着乐队，也不存在某个过去的好时光，作曲家哪怕是为单个乐器作曲，也无法直接从口袋里掏出乐器来，除非是短笛。肖邦从未把他的钢琴搬到咖啡馆里，画家过去常常在咖啡馆画素描，但很少被允许在咖啡馆一本正经地作画。但作家不仅可以在咖啡馆读书，还可以写书。总有一天，他可能在咖啡馆读的就是他自己写的书。当他看着自己写的句子印出来时会发现已经变了样。写得越好——让我们假设作者阅读自己的东西时能分辨好坏——看上去就越不像是他自己写的。所有优秀作家在最接近真理时写下的东西，似乎都是由一个共同的声音发出的。

孩子们认真地在课本封面写上他们的名字，名字旁边是地址信息，地址下面是国家，而国家是在这个世界上的，世界又是在这个宇宙中的，他们试图将自己的名字上升至普遍性，而印刷就能达到这个目的。印刷忽略你刻意练习的签名，还有你个人的笔迹，奇怪的是，这个过程并不令人觉得自己的身份遭到弱化，反而是强化了。此处我们必须小心翼翼，因为感觉个人身份被纳入群体从而得到加强，这正是各路法西斯主义的关键吸引力。但是作家们并没有停止做自己：远非如此。他们并没有大步迈向任何地方，他们若穿上制服看上去会令人难以置信，他们固执地不愿放弃对自己说过的话负责任，他们在印刷书籍中可能融合在一起，但通过印刷，他们又比以往任何时候都更具有个性。我这本书中谈到的男男女女如果从来没有发表过任何东西，就不仅不会成名，而且不会被定义为重要人物。正是因为出版——即使死后——才使得弗兰兹·卡夫卡复活：否则他只会是个不知如何与女人相处的男人，而实际上，他定义了一个时代的痛苦。阿尔贝·加缪本来只会是个到处有女人缘的男人，而实际上，他是自由主义作为尴尬现实的典范。安娜·阿赫玛托娃本来只会是一个令男人心碎的女人，而实际上，人们将永远记住她回应了无辜受害者的祈祷，定义了令她的祖国心碎的噩梦。

如果你愿意的话，可以说在任何情况下，个人才是真实的人，但这样一个关于"人"的概念是非常浅薄的，是一种贫乏到无望的现实描述。我们的生活因为那些创作出比自己的个性更好的艺术作品的人们而变得丰富起来：这是宽容这些人中那些无赖的最佳借口，也是将其中品行高洁者提升至崇拜高度的最佳理由。后一种反应似乎有点过了，但我们应该注意说这种话的人：我们或许不善于判断，但他们更不善于崇敬。在圣经与我们称之为"文学文化"（literary culture）的日积月累的世俗文本之间，有着毋庸置疑的连续性。我们只需要记住，这其中绝对不存在一贯正确。相反：犯错才是实质。

"据书载"（it is written）*这个短语本身就可疑，尤其是当书载的文字是被印刷出来的时候。权威的字体可能致力于营造阴险的谎言，要不就干脆出现印刷错误。最后一段引文是本书唯一不具名的引文，我选择它时就想到了这种可能性。

---

* 宗教用语，字义为"写下来"，通常表明圣经上有记载。

尾 声
Coda: Kun-Han-Su

---·---

埃克斯坦与埃及的蹦蹦鸟

Kun-Han-Su

一位匿名的排字工人

当维也纳的《新闻报》(*Presse*) 刊登了有关 Kun-Han-Su 最近一首诗的报道，帝国咖啡馆只有埃克斯坦一人听说过 Kun-Han-Su 这个名字，埃克斯坦对他了如指掌。人们提到埃克斯坦时总是只提他的姓，他以无所不知而闻名于世。埃克斯坦告诉他的年轻崇拜者，Kun-Han-Su 将明朝末代皇帝统治时期的古代诗歌形式抬上了新的创造性高度。第二天，《新闻报》遗憾地宣布，"Kun-Han-Su"是个印刷错误，其实应当是 Knut Hamsun，即挪威作家克努特·汉姆生。结果人们发现，埃克斯坦也对印刷错误无所不知，事实上他能够讲述古往今来所有语言中出现的所有印刷错误。

人们的记忆也证实了埃克斯坦拥有广博的知识。有天他同胡戈·冯·霍夫曼斯塔尔以及霍夫曼斯塔尔美丽的女儿克里斯蒂安一起散步，看见了一只跳跃的鸟，埃克斯坦发现这是一只"埃及蹦蹦鸟"(Egyptian kinghopper)。他解说道："它不能飞，只能跳跃着朝前移动。它在埃及过冬，因此得名。"霍夫曼斯塔尔环顾四周，没有看到有任何有力的证据表明这个对话发生在其他地方，除了在维也纳。他温和地反驳说："你刚才还说那鸟不能飞。"埃克斯坦说："这么远它还是能飞的。"

这些关于埃克斯坦的故事是弗里德里希·托尔贝格在他的《乔列什阿姨》(*Die Tante Jolesch*)中讲述的，他同时还恰如其分地承认，埃克斯坦真是个很有学问的人。埃克斯坦年轻时是安东·布鲁克纳的学生，后来撰写了一部有关他老师的重要专著。埃克斯坦饱览群书，他就是无法承认有他错过的事情，而这样的名声是很容易得到的。当陌生人知道你的专长是书时，他们通常打破僵局的方式总是问你，是否已经读过某本书。如果你说"没读过"，那就会被迫听别人的一番概述。从一场可能乏味的谈话中最快脱身的办法就是说"读过"。但狡猾的家伙只需要用个假书名来试试你，你就完蛋了。

警觉的读者往往会发现，本书并非真是埃克斯坦那样的书，即使大多数情况下貌似如此。我没有读过一切，也记不住我读过的一切。我试图做的是留住一些，并从中汲取教训。黑格尔说过，无论是人民还是政府都不能从历史中学到很多。如果他活到二十世纪，就会发现他的信念在第一次世界大战后就得到了证实，当时战胜国在凡尔赛会议上集思广益，详细订约，结果是确保了它们侥幸逃脱的灾难很快还会再来一次。有些用心观察的人——约翰·梅纳德·凯恩斯是其中之一——已经猜到了接下来会发生什么。但即使是这些人也少有先见之明，能预见到恐怖的规模。亲眼目睹成百万士兵死亡的思想家们得出结论说，敌人就是战争本身，但他们没有预见到接下来会有数以千万计的无辜平民死亡。他们认为和平可以是普遍状态，但和平并非普遍状态；它仅仅是一种理想状态。对希特勒的唯一回答是以牙还牙。有些知识分子曾经拒绝相信，还有更多的知识分子依然拒绝相信。然而，如果认为身为知识分子必定会看不到真相，那也是错误的结论。过去和现在都并非如此。除非是生来就具备理性的神童，否则人们都是通过筛选意见而得到意见的。这个过程偶尔也可能导致错误，但无知却总是会导致错误。因此，我们会找出人们有关重大事件所表达的最佳意见，而且自然认为最佳意见总是在那些表达得很好的意见之中。

这存在一个危险，正如我试图指出的那样。善于议论的作家都是某种艺术家，而艺术家将形体赋予事实。但事实是顽固的，往往拒绝配合，特别是当它具有政治性时。幻想自己高于政治的艺术家默默地承认了自己对付不了这个世界，即便承认这一点会赋予他自由。这种自由或许不错，但相对普通人的自由，它什么都算不上。当差异以悲剧性力量出现时，我们有权停止敬佩，并询问：如果现实如此不同，那我们真的很好地表达了意见吗？其实我们询问的是在超凡作品背后平凡的灵魂。这么说似乎是开门迎接专门挖黑幕的传记作家，给每一个靠"我们的偶像有致命弱点"这样一个基本命题混饭吃的愚人发放许可证。但从来不存在脱离了人的人文主义。唯一的危险在于，我们停止了询问，没有意识到创作者的个性本身就是一个创造出来的奇迹，因为其弱点就更是如此，而这些弱点与其灵感来源紧密相关。名声不是激酶，名声是产物。创造力始于人类情感的总汇，我们权且称之为灵魂。相信创造力始于天赋是更迷人的，激动人心的；但鉴于有些天赋所遭遇的事情，我们就会明白灵魂是天赋的来源，也是最终触及我们的东西，哪怕我们刻意回避。赞扬阿尔弗雷德·波尔加成就的其他犹太移民作家中，大多数人都感到必须将称赞之词置于可与他的才华匹配的格言警句之中，好似风格才是问题的关键。当然是的，但风格来自心态，不太引人注目的新闻记者汉斯·萨尔（Hans Sahl）曾鼓起勇气给出了自己的界定。他说，波尔加有精神上的优势，不用担心传播可怕的东西，他不仅聪明，机智，而且很有智慧。

获得智慧是一条艰难的道路。我们大多数人都不具备快速在这条道路上行走的能力，有些人更是必须像婴儿一样爬行。我们的手和膝盖磨出了老茧，因此会怀疑这样的旅程是否值得。如果我能回到过去并设计我自己的出生，我会置入一些可能让我不那么愚笨的基因物质。即使在今天，年届七十之际，我遇到的比我年轻四十岁的人显然比我踏上冒险之旅时更为明智。那时我只有他们的年龄，但现在他们却像我的年纪一样：少年老成。我通过试验和错误才学来的东西，他们似乎生来就已经了然于心。但也许他们有幸出生在一个更好的时代。如果的确如此，如果他们一直幸运的话，那么最糟糕的时代最好不要再重现。对于那些没有被它杀死或致残的人来说，它至少毒害了他们呼吸的空气。那时候，我们大家都呼吸着充满不确定性的空气，过去和现在的恐怖使我们对未来感到担忧，而这个习惯难以改变。年轻人不妨在后视镜上系一块手帕，若无其事继续前行。无论如何，世界正在变成一个大型自由民主政体。恐怖主义会在其中砸出愤怒的洞窟，但从长远来看，没有什么能阻止全球性的变革。即使装备了二手原子弹，蒙昧主义者也无法为穷人做任何事情。地球上的大部分贫困是由原本根本就不会受孕的人大量出生造成的，是繁荣给了他们生命。太多的时候，生命似乎并不值得拥有，但当我们因为不公正而呐喊时，我们是在要求更多而非更少的民主。移民到自由民主国家的人寻求相对于他们离开的祖国更合理的经济利益。他们不大愿意承认，自己的不利处境至少部分是由于他们出生和成长其中的文化所致，这也可以理解。在他们被接纳的国家里，当地的人道主义者往往也鼓励他们这样做，认为批评一种外来文化是狭隘的。但当这一外来文化的狂热年轻人在鼓动下开始实施恐怖主义时，即使呼吁绝对人权的当地人士也意识到，他们应当限制宗教领袖鼓吹暴力的自由。因此，民选政府领导下的法治也会得到人道主义者的支持。它决不能失败。那么，为何我们要去费神思考如何走出漩涡呢？为什么要做那个古老的水手，每三个人中就要拦住一个诉苦，让他们厌烦得流泪呢？唯一的答案来自信仰：相信合情合理的统治——它似乎终将获胜，尽管有各种艰难险阻——始于人文主义，没有它就无法长存。

如果我们不知道人间天堂是如何建立起来的，我们如何知道它是否正在分崩离析呢？是人类的心灵让我们走到今天，通过思考历史上发生的事情；通过思考曾经有过的善行，并决心效法；通过思考罪恶，并决心避免重蹈覆辙。遗憾的是，大部分罪恶存在于心灵本身，心灵也要对其加以考虑。心灵是自由的个体能够在其中繁衍成长的集体；这是幸运的，因为他必须生活在其中。甚至在我们的内心也有许多声音。当黑格尔说我们从历史中学不到什么东西时，他忘记了还有另一个黑格尔。那个黑格尔曾写下了关于历史最好的一句话。他说，历史是自由精神展现自身的历程。

增 补

增补简介
从垃圾读物开始
跟踪妮可·基德曼的诗人
达蒙最勇敢的日子

增补简介

《文化失忆》的书稿已经写了大约五年，但刚动笔约一年之后，情况就很明显了：如果要把篇幅控制在一千页以内，我就必须收缩主题涵盖的领域，甚至干脆放弃其中一些。我的野心仍然是希望能涉及所有人文主题，即使只能讨论其中一部分，但这个野心显然也要有限度。因此我开始将一些想法搁置一边。然而，一个上了年纪的人追求完美的冲动太强烈了，一个故事一旦开始，很少会愿意停止不前：滴答作响的时钟迫使它动起来，就好像弗兰肯斯坦博士的最后期限是由他桌上堆积的零碎部件来设定似的。在这本书的主要内容定稿之前，衍生出来的想法就已经开始形成一些独立的文章。我完成这些文章后就交给了英国和澳大利亚的期刊。文章主要发表在澳大利亚一份新期刊《每月评论》（The Monthly）上，我认为它注定要填补一个重要的市场空白，而我恰好有它需要的东西。《每月评论》不同于《四分仪》（Quadrant）和其他老资格的高眉澳大利亚期刊，它的主要目标是报摊。另一份新的澳大利亚期刊，《澳大利亚文学评论》（Australian Literary Review）也乐意接受独立投稿：它拥有作为一份全国性报纸增刊的所有传播优势。我一直很喜欢将艰深的问题讲得通俗这个想法：只要文章忠于事实，那就可以作为一种概述，即使没有面面俱到。理想的状况是这样的散文应该自成一体，我倾向于认为这里所有附加的文章都不需要更大的背景，它本身一开始就可供阅读。但如果在读者看来，这些文章似乎无论在精神上还是节奏上均与本书主体相连，那是因为它们各自在本书范畴内的某个地方开始，而当时我自己也不确定最终范畴如何界定。我本来以为还有余地来证明F1赛车手也可能具有艺术家的气质，可后来我明白根本没有余地哪怕是提一下这样的事情，我不得不重新考虑。但我并没有放弃这个想法，因为它是基于一种审美的感知，而那样的想法是不可能放弃的。不是我们留着这样的想法，而是想法留着我们。我对人文领域各学科看法的更广泛的概念基础就从那里开始：抽丝剥茧展开的多样性全都基于简单的激情，如果不承认这样的情感，任何分析都无法使其结果有意义。

从垃圾读物开始

那是我在悉尼高中的第三年,我们英语课平时的任课教师生病时,就由一位历史教师代课。他显眼地穿着我见过的第一双暇步士鞋,但我不记得他的名字了。然而我仍然记得他说过的一切。为了维持课堂秩序,他总是问我们在家里读什么。我说在读厄尔·斯坦利·加德纳的作品集。他说那没什么不好,但这类他称之为"垃圾小说"的读物,其全部秘密就是让你在享受阅读的同时也养成阅读的习惯,然后再去读一些艰难的东西。此前我从来没想过在道路的前方还会有更有趣的东西。许多年以后,我才意识到他当时是在字斟句酌,以免伤害我的自尊。我们对自己的认识是,我们是孤独的,我们关于自己的梦想是孤独,因为我们独一无二。有机会展开这个梦想的垃圾作家会有个辉煌的起点。我最早的垃圾读物是有关飞行的,现在我还能看见那飞腾的样子:我们在科加拉的房子,我的小房间,窄小的床上放着我的"比格斯探险系列"图书方阵,全都封面朝上,边缘挨着边缘,以便我跪下崇拜它们,好似它们是家神。这不是根据封面来判断图书的情况,因为这些书我喜欢的还是内容,我可以大段地背出来,尤其是当没人要求我背诵时。但是我对书中内容的喜爱使其外观也成为崇拜的偶像。

我最爱的封面有绿色的背景,在此之上浮现出比格斯由皮帽和西德科特式飞行服的厚衣领勾勒出的相貌,带着神圣的气息,我很晚才意识到,这完全呼应了阿诺·布雷克的纳粹雕塑,是备受希特勒和他可怕的朋友们推崇的雅利安男子汉气概的理想形象。所有绿色封面的书在书名中都有"比格斯"这个词,除了《喷火游行》(*Spitfire Parade*),不知为何我更珍视这一本,也许是因为你必须先知道它是关于比格斯的书——正如我有好几次向母亲解释的那样,这是机密信息。后期图书封面上的叙述性画面令人失望,事实上书本身也一样:"二战"后比格斯的冒险失去了重心,并非因为书中的主角老了——他奇迹般的从来没有变老——而是因为依然健在并且继续写作的作者W. E. 约翰斯上尉肯定比W. G. 格雷斯还老,如果后者还活着,还在打球的话。还有一种可能性,是我这样的理想读者感觉到了时光流逝的影响,很快我就得穿上便装长裤,开始刮胡子了。

斗犬杜蒙出现在我生命中,就像男婴孩的睾丸必然降入阴囊,这对于他的脑容量来说是个公平的比喻,相比之下,《河之檀木》(*Sanders of the River*)里的桑德斯都像是读书人了。我当时从未想到过——虽然作者埃德加·华莱士可能想到过——桑德斯在展示他对于所有那些糊涂虫的心理优势时,是帝国主义的化身。我只是喜欢桑德斯在一瞬间就能搞清楚所有事情,调整他的步伐,让不如他的家伙可以赶上。斗犬却不像他那么有办法,但他的吸引力从来不在于推理能力:而在于他对付通用国际重量级人物卡尔·彼得森时的敏捷动作。(正如学者所言,约翰·勒卡雷为同样全世界到处跑、后来不断困扰乔治·史迈利怪异想象力的红色人物选择卡拉这个名字,并非偶然。)出于青春荷尔蒙强烈骚动引发的激情,我对更加邪恶的伊尔玛·彼得森的感觉则是混杂恐惧和渴望、令人头晕目眩的鸡尾酒——我现在猜测,这也是杜蒙的感觉。这个愚笨的征服者跑步、游泳、开车，或者以令人难以置信的速度长距离飞行，就是专门为了讨她的好。他总是侥幸逃脱她变态的注意力，也许是因为（这个想法基本没有进入过我青春期的头脑，因为事实上根本就不知从哪里进入）她就是对他有吸引力。这个关系在四分之三世纪后又被复制了一遍，在极其可怕的英国科幻电视连续剧《布莱克七号》（*Blakes Seven*）中：标题没有撇号，情节也没有脑子。* 堕落的空间女王塞维兰由瘦削的杰奎琳·皮尔斯扮演，她总是不忍心让有点英雄气概的布莱克化为乌有，即使她已经用电浆枪端端正正地瞄准了他。布莱克对于在其他情况下战无不胜的塞维兰的吸引力仍然是个谜，就像布莱克太空船设计的灯泡实际瓦数也是个谜。杜蒙对伊尔玛的吸引力则根本不是秘密。他生来穿长筒靴，而她生来穿高跟鞋。但就力量平衡而言，两人的关系是一样的。在垃圾小说中就只有这么一些情况，这是魅力的一部分，也是重要性的一部分：这些由幼稚的成年人创作，也为他们而创作的冒险故事来自荣格的原型，在脑部深处沸腾，大约位于延髓的某个地方。它们的主题模板实际上是遗传的。

但我那时还不知道这些。斗犬杜蒙系列图书属于我的朋友格雷厄姆·吉尔伯特的父母，它们住在大街另一头。他的父母大概也是从自己的父母那里继承了这些书，因为他们自己从来没有读过任何东西，令人满意的结果就是这些书依旧崭新，黄色封皮完好无损，排得整整齐齐，作者笔名"沙波"清晰地凸显在书脊上——放在一个红木橱柜里，橱上放满了擦得铮亮的黄铜和玻璃饰品。我每次借一卷，借了每一卷，沉浸在它们热气腾腾的杂烩汤里，里面充斥着愚笨的蛮勇和仇外的势利。回想起来，下巴突出、肥头大耳的斗犬那招摇的架势，就像一个好斗的反犹分子，是那种纳粹政客尤利乌斯·施特莱彻很乐意向其伸出汗津津的爪子的人，但在当时还没有这

---

* 此处规范的英文应为 Blake's Seven。

样的想法来影响到我。我在乎的是条件反射般英勇的（斗犬杜蒙式攻击）单人出击，对抗阴谋笼罩的世界。他在每本书中都重复了同一套事情——被伊尔玛松松地捆绑起来，用刀切断绳索逃脱，同卡尔互相射击一通——但我仍然读完了每一本。雷同本身也是满足感的一部分。

追求完美无缺是如饥似渴的原因之一：对待书籍如同对待食物一样，我是那种不会在盘子上留下任何食物的消费者。等我开始喜欢上埃勒里·奎因和厄尔·斯坦利·加德纳——此时当地的外借图书馆派上了用场，因为那里每位作者的书都有那么多种，我连十分之一都买不了——我读了两人所有的书，尽管两人都厚颜无耻地自我重复，经常是逐字重复。（实际上埃勒里·奎因是至少两个人，但就创造性而言，他们加起来也不到一个人；而厄尔·斯坦利·加德纳也用 A. A. 费尔这个笔名大量写作，因此又制造了另外几十种书来凑数。）但是，没有什么比得上实际拥有这些书。为了亲自给莱斯利·查特里斯贡献一些版税，我买了每本在版的"圣徒系列"图书，通常是大开本黄色封面的霍德斯-托顿出版社的平装本，虽然潘·麦克米伦出版社的口袋书更可取，封面的图画更精美。（在潘·麦克米伦版的封面上，侠探西蒙系着黑色领带，配着手枪，加上崇拜他的女粉丝：这肯定是后来詹姆斯·邦德银幕形象的原型。）我的床上安排不下所有的"圣徒系列"图书，于是我把它们排列在起居室地板上，在取暖火炉前：《圣徒进门》《圣徒步入》《圣徒结案》，还有（等等，下面是整个世纪最了不起的书名）《最后的英雄》。极乐啊！莱斯利·查特里斯难道写得不好吗？我反问母亲，一边逐页引用证据，她则忙着给黄铜盘子里的打蜡水果掸灰。在我的读书生涯中，当我再次阅读一些词句时，词句感觉比以前更好而不是更糟，这还是第一次。

圣徒甚至比斗犬杜蒙更厉害，他是詹姆斯·邦德的榜样；多年以后，我从伊恩·弗莱明的前几页就看出来，他也曾热衷于欣赏侠探西蒙的才干、他的洛布鞋、他的高级情妇和大功率飞速行驶的伊龙代尔（Hirondel）——这辆汽车同邦德的宾利有的一拼。与达蒙不同，圣徒虽然能打出一手令人眩晕的下勾拳，能够把一张纸牌方块六弹在空中，再开枪射去所有纸牌上的方块，他却属于心智的层面：他聪明，有智慧。他不只是冲击和射击，他能够思索问题，就像桑德斯，但没有遮阳帽。对于像我这样的人——一个从来没有在学校赢得体育奖杯带回家的人，像样的英语成绩是唯一的学业成就——人的头脑竟然也可以冒险的想法是令人眩晕的美酒。这离那些最具冒险精神的头脑只有一步之遥。在时间上向后推移，但在感知的范畴内却是向前推进，我最终爱上了福尔摩斯令人敬畏的智力。

在福尔摩斯小说中，尤其在短篇小说中，几乎所有情节都是在头脑中进行的。尽管圣徒可以智胜他的敌人，并且用妙语连珠责备他们一顿，让他们互相把自己捆起来交给警察，但他几乎每次都要找一两个揍几拳过过瘾。但夏洛克要带枪的情况是很罕见的。每十个故事中可能会有一个，他可能会挥动一下手杖来对付拦路强盗，仅此而已。不可否认，夏洛克经常在没有事先告知华生的情况下四处走动。他最喜欢的姿态是沉思默想，但他会突然失踪。（后来约翰·勒卡雷借用了这个主题："然后史迈利失踪了三天。"）当华生习惯性地表示惊讶，接下来感到极度担忧时，夏洛克会突然出现在其他城市，其他国家。但他的出走策略很少是为了准备出击，而是为了让他在适当的情况下宣布，他已经找出谜底了。他从这件事和那件事推断出如此和如此。而华生尽管像福尔摩斯一样了解这件事那件事——案件中的事实——却什么都推断不出来。

当然，读者，此处是我自己——读到夜半三更，部分也算是为次日的数学考试做好心理准备——也同样什么都没有推断出来。但柯南·道尔的诡计——上升到巫术水平的诡计——是使读者认同福尔摩斯而不是华生。华生是像你一样好心肠的傻瓜，但夏洛克却是你梦想中的自己。为了让读者能想象自己脚穿夏洛克的大鞋子大步跨越沼泽，或在雾中沿着贫民区的小巷行走，柯南·道尔让这位侦探大师在推理之外的其他方面都有点一团糟。因此他才吸引了好几代不能保持房间整洁，自己的衣服都是母亲洗的青少年男孩——即使在今天也有大批成年男子对贝克街这位波西米亚人顶礼膜拜，"大侦探都邋遢"这一点愈发深入人心。夏洛克迷全是永远的少年，保留了年轻时猜火车的劲头。当我还是个青年，一心痴迷某件事情时，生活方面没有什么是我不能忽视的，包括个人卫生。我主要的痴迷是阅读，在很长一段时间里，除了夏洛克之外，我不想读任何其他人。

我没有尝试仿效他的生活习惯。科加拉的玛格丽特大街6号同伦敦贝克街220号完全不是一回事，很难说是个你可以穿件晨衣一边吸海泡石烟斗，一边观看壁炉火焰的地方。我可以凝视取暖火炉，我偷偷地吸烟——一天十支"黑猫"香烟，有时更多——同夏洛克的毒瘾有的一拼，但是其他方面就没什么可以模仿的了。我从来没有站在镜子前面，头上戴顶猎鹿人的帽子假扮夏洛克，但是我有很多次站在镜子前面，假扮圣徒，脸上带着嘲讽的微笑，双臂交叉，随便斜插着仿毛瑟P-38塑料水枪。我的常驻谈话对象是母亲，如果我告诉她为什么当天晚上不做家庭作业，而是突然消失在去公共图书馆的方向，去还《巴克斯维尔的猎犬》《四签名》《血字的研究》和《斑点带子》，那是没有办法掩饰逻辑错误的。

这只是一个阶段。当然，如今回想起来我还是感到庆幸，因为柯南·道尔是位真正的作家，免费提供有关启发作用基本原理的沉浸式强化课程。柯南·道尔是第一位我从侧面追踪的作家。此前即使权威的W. E. 约翰斯船长也无法做到这一点。比格斯曾让我去寻找沃勒尔斯和吉姆利特，但时间并不很久，因为沃勒尔斯从来没有用枪击倒过任何人，吉姆利特甚至都没有飞机。柯南·道尔却不同，我愿意试试查林杰教授，因为这同一位作者也创造了福尔摩斯。我一头钻进《失落的世界》，一想到如今这一代人只能在侏罗纪公园而不是魔法高原发现恐龙，不是在教授和他的朋友长时间奔跑的热气蒸腾的丛林中，我就感到惋惜。史蒂文·斯皮尔伯格的恐龙出自惊人的特效，而柯南·道尔的恐龙就是恐龙：臭烘烘的。呻吟、臭味和恐惧的喊叫有助于抵消心底的疑问：或许查林杰只不过是戴太阳帽的夏洛克——又一个机智敏捷的聪明人注定要孤独地生活在原始脑子慢吞吞打转的凡人中。总之，这会有多糟糕？

像柯南·道尔和莱斯利·查特里斯那样，C. S. 福莱斯特技术太好，不能被简单地视为垃圾作家，但他的核心特征还是同样的基本垃圾：霍雷肖·霍恩布洛尔（Horatio Hornblower）这位皇家海军是最具有战略头脑的人，他异常聪明，只有通过穿透由羡慕和平庸筑起的高墙，才能获得公正的提拔。这很像在学校里，真的。像在《正午》中的加里·库珀或者《原野奇侠》里的艾伦·拉德那样尽量少说话，像福特·马多克斯·福特杰出的四部曲（大胆伪装成文学的垃圾杰作）中的克里斯托弗·蒂特延斯那样无可奈何地让人误解自己，霍恩布洛尔难道不正是特地设计出来吸引那个学业成绩一败涂地的澳大利亚男生的吗？

即使在当时我也很明白，福莱斯特的霍恩布洛尔是实实在在地——且不说无耻地——以霍雷肖·纳尔逊纪念柱头上的英雄人物为蓝本。同主角一样，霍恩布洛尔传奇中的一切都基于历史事实。福莱斯特对该时期的具体细节了如指掌。数年后，我在剑桥脚灯社一个短剧中为自己写了个主角，是位海盗船长，他只知道踱来踱去到处发号施令（"系好卵蛋，捆紧包皮！"等等）。后来观众中有个拥有游艇的人向我表示祝贺，他好心地指出，我肯定非常了解正宗的航海术语，才能如此有效地模仿这种语气。其实我自己的航海生涯仅限于一次备受惊恐的跨越悉尼港口的行程，充当我朋友格雷姆·麦克唐纳的帆船上的另一半工作人员,当时一想到船下有鲨鱼游来游去,我的手就会在帆脚索上变得僵硬。我是从福莱斯特那里学来的航海术语:"凿穿左舷板,布什先生!"我从他那里学来这些话,完全相信他的话来自现实生活。但福莱斯特努力营造的逼真感不应该掩盖这样的事实:霍恩布洛尔只是个幻想。

我希望当时我就意识到了这一点。有段时间内,我本来可能会尝试像霍恩布洛尔同他的大副布什先生说话那样与我的同学说话——尽量少说,显示权威,对别人的反驳怒不可遏——但沉默寡言生来就不是我的风格,他们也不会容忍我,所以这种装腔作势不可能坚持下去,总之,显然在至少一个紧要的方面,霍恩布洛尔是一种愿望的实现。他可以把船转向整个法国舰队集结的船舷侧,让敌人的炮弹击中船上的每个人,除了他。子弹就是会在他身旁打弯,就像硫磺岛上好莱坞的子弹同约翰·韦恩擦身而过,这些子弹都是同一个军械厂生产出来的。如果霍恩布洛尔的确被击中,那也只不过是擦了一下,留下所有的部位照常发挥作用。也可以说纳尔逊也如此——汉密尔顿夫人肯定这样说过——但纳尔逊一生都尽可能避免直面对手的压倒性优势,而对于霍恩布洛尔,对手必须拥有压倒性优势,否则他根本都懒得把船头朝向他们。近年来,天才得不像话的西班牙作家阿图罗·佩雷斯-雷维特从司汤达那里得到启发,写出一系列精彩的长篇和中短篇小说,讲述拿破仑时代战争的真相。他的诀窍是创造一个你无法不同情的中心角色,然后随意杀死他。这是一种残酷的文学策略,但真理就在于残酷之中。战争就是这样,就是这样,永远会是这样,直到全方位优势——管他书呆子如何称呼——达到战斗没有真人也能进行下去的那一天。在现实中,飞溅的金属不会关心它命中的目标是什么,更不会被道德境界所抵挡。一个战无不胜的角色邀请你一起进入梦境,那是垃圾纷飞之地。

我自己是个战争孤儿,从来没有完全忽视死神镰刀任性而漫不经心这样的事实，但也许有种因素能够弥补缺席的父亲形象。但我认为更有可能的是，我只是幻想个人主动性和勇气或许能在我已经知道是不公正的世界上起些作用。我的一些英雄人物在各方面都是法西斯分子，只是没穿纳粹制服罢了。我的青春期是在超人作恶多端的时代之后，而不是之前，但我并没有发现这两者的联系：也许因为我异常迟钝，但更可能是因为青春期有自己的时段，拒绝被历史占先。要想尽量好地加以解释——有时我们不应该自己这样做，但有时候为了正义有必要这样做——我认为我之所以钦佩自己收罗的那些超级人才，是钦佩他们如何履行职责，而不是沉浸于自己的名气。然而远处，超越我卧室四壁之外，历史已经似惊涛骇浪扑面而来。显然个人是无能为力的，但这里却有这些奇妙的拥有力量的人：不是掌控别人的力量——那从来没有真正吸引我，这是我拥挤的恶习列表上值得庆幸的一个空白——而是掌控事件的力量。唯一的缺点是他们是虚构的。

我在下一个阶段步入了现实，却好似阅读垃圾小说那样阅读它。第一次世界大战后，讲述战争真相的书籍直到大约1928年才开始出现。第二次世界大战后，大量现实主义记述则几乎如洪水般立即涌现。在澳大利亚，我这一代男生在阅读英国英雄故事中成长：保罗·布里克希尔的《轰炸鲁尔水坝记》（*The Dam Busters*）和吉布森自己的《敌军海岸线》（*Enemy Coast Ahead*）里的盖伊·吉布森，《翱翔蓝天》（*Reach for the Sky*，又是布里克希尔写的）中的道格拉斯·巴德，还有《大逃亡》（*The Great Escape*，还是布里克希尔）中所有那些足智多谋的皇家空军人员。保罗·布里克希尔是澳大利亚人，但你还不如说他是英国文化协会的雇员。我相信所有的事实细节，但至于人物，我看见的还是只有比格斯、斗犬和夏洛克。在《盛大的演出》（*The Big Show*）和《空中战火》（*Flames in the Sky*）中，王牌飞行员皮埃尔·克洛斯特曼是法国版的比格斯。我读阿道夫·加兰德的《第一个与最后一个》（*The First and the Last*），几乎很遗憾德国空军没有获胜：显然，如果希特勒对 Me-262 喷气式战斗机潜力的看法不是那么愚蠢的话，他们本来会赢的。如果加兰德不完全是德国版比格斯的话，那至少也与埃里克·冯·施塔尔海姆有许多共同之处，就是那个顽皮但有天赋的绅士间谍和头牌飞行员，在《比格斯往西飞》（*Biggles Flies West*）中几乎让比格斯一头栽下地的那个人。当我读了戴斯蒙德·杨格的《隆美尔传》时，我被悲伤压倒了，因为他没有在沙漠中获胜：很显然他本来会赢的，如果希特勒的策略不是那么愚蠢。我用三种颜色绘制的隆美尔——从杨格的书封上临摹——装饰了我床旁边的墙壁。在我母亲看来，还不如说那是山下奉文将军，但她知道如何等待。

结果她等了很久。我的英雄崇拜褪色缓慢，部分是因为战争书籍中的角色的确相当英勇。我还没有意识到他们之所以有机会大出风头，是因为情况对他们有利，但我贪婪的阅读习惯最终还是令我明白了不舒服的真相。在利物浦的罗素爵士撰写的《纳粹党党徽的祸害》（*The Scourge of the Swastika*）一书中，我首次读到了另一种有关集中营的记述，那里无路可逃，我也不会想要去临摹那些我见到的图片。当我读到罗素·布拉登的《裸岛》（*The Naked Island*）时，我了解到了我父亲经历过的战争的详情：一场走向死亡的战争，在这场战争中，男人们如果有机会得到参战的机会都算是非常幸运的，妇女儿童则成百万地死去，都是像我一样的儿童。是该长大的时候了，从那以后，我就一直读真实的东西，我现在还这样，但我的这个习惯却始于阅读虚假的东西。

《泰晤士报文学增刊》，2005 年 12 月 16 日

跟踪妮可·基德曼的诗人

我很少在诗句旁画线、做标记或者写旁注，因为对于任何真正的诗歌或诗作，片段剥离语境难免黯然失色。长途旅行时我随身带着塞尔福里奇出版的《莎士比亚》，我在页边用黑点标注，但这不是要提醒我应该记住什么，而是要引导我回到已经熟记在心的地方，以便核对是否记忆会出错。至于其他稍逊于此的文学宝藏，如果其中有诗歌值得让我记住，我总记得全部：omnia mea mecum porto，全带在身边。但这里报上有两行诗我却在边缘做了标记。"妮可，你的眼睛如同星星／我在各个酒吧思念它们。"据我所知，这两行诗构成了埃尔默·奥·努传世的全部诗歌作品，或许值得在临床水平进行研究，如果不是批评和审美水平的话。让我暂时别卖萌，还是直截了当，或直接抓住有毒的珊瑚碎片：埃尔默·奥·努是个跟踪者，他的诗是写给妮可·基德曼的。

当你了解这个背景时，他那看起来微不足道的诗歌就获得了重量，就好像蟑螂在木星表面也会增重一样。2001年妮可·基德曼申请了对埃尔默·奥·努的限制令：这一举动自动让他在跟踪她的一大群人中排名靠前。任何像她那样显赫的女性名人都会吸引几十个跟踪者，但我们猜想他们大多数人的问题都可以私下解决。既然成为公众人物不可避免地树大招风，引发一大批新的人选气喘吁吁地来试试他们的手气，那么埃尔默·奥·努肯定是非常执着，虽然在这样的领域，执着是主要资质之一。根据我们对他的了解，他具有一种浪漫情怀，可以制约他的决心，虽然可想而知他不请自来的温柔会令她感觉更糟。他数百次按她家门铃，那肯定很可怕，但他也带来了鲜花。他邀请她去看芭蕾舞，他提出要辅导她的孩子，指出这样的安排"会让我们有机会更好地了解彼此"。可能就是他对她孩子们的关爱才令她报了警，但他那种彬彬有礼的示爱方式也实在是够呛。

最令人沮丧的——令人沮丧，因为它关乎我们所有人——是因为这是出于爱，可能现在还爱着。我用过去时谈论他，因为时间已经过去，他还没有在脱口秀上露过面。他已经被淹没，沉没到被遗忘的跟踪者们慢慢游泳的地方。三年限制令可能会让他放弃跟踪。（有时的确如此，虽然我本人就认识两位电视女主播和一位女演员，她们的跟踪者认为限制令只不过是通往博士的学术阶梯上的一个学士学位而已。）法庭做出对他不利的裁决之后，他竭力想要起诉妮可赔偿三十万美元，理由是诽谤，并试图说服法庭下一次做出对他有利的裁决，理由是损害了他的人权。我希望他现在已经把他的案子一路带到了海牙。然而，无论他是否还在采取行动，却永远都无法忘记他与妮可的关系。对于他而言，这个关系从来都不存在这一事实是他最少考虑的事情。他相信它确实存在，他感觉到了，但是出了点问题。他本来是可以修复关系的，只要他能对她好好解释：只要她给他一个机会，只要她肯听。而就是这一点与我们大家都有关系。当我们遭到冷遇时，总是有个可怕的失眠时期，我们相信多打个电话就会把事情搞定。电话不起作用，她告诉我们说电话打得太多了。不，事情不能这样结束，她还不明白。最好再给她打电话。她不接电话，她怎么能这样？幸运的是，尽管有种种烦恼不安，我们终于有一日会意识到，如果我们真的爱她，那么她的幸福应该优先于我们的快乐，正因为我们拥有爱，才不应该因为失去了爱而去惩罚她。最好还是打电话告诉她这一点，不，还是不了，把电话放下来，重回理性的时刻来到了。

而对于跟踪者，理性的时刻永远不会来临。爱可以使任何人在一段时间内失去平衡，但埃尔默·奥·努却从来没有获得平衡。他爱的情感如此强大，竟使他作起诗来。但他是一个唯我论者，相信如果妮可得到允许的话，就会回应他的感情，因为他无法想象她不会做出回应。并非她的福祉对他没有什么意义：他认为爱他就是她的福祉，她需要做的只是承认这一事实。大多数男人一辈子花了很长时间才意识到，别人也是活人，但在一个民主社会，所有正常的男人都在某种程度上意识到了这一点。埃尔默·奥·努却从来没有意识到，因为他是个精神疾病患者。（本文中我改换了他的名字，因为根据先例，他完全有可能提出诉讼，虽然一定会败诉，但哪怕是为了在好多年的时间里妨碍一位心智健全者的生活，也能从中得到满足感。）他这种人，唯我独尊和自大狂合二为一，化为一个人的宇宙，那个注定要成为他新娘的女人是妮可·基德曼，而不是本地沃尔玛结账台的那位漂亮女孩。除了在性诱惑的领域出类拔萃，他的世俗野心也同样高昂。他宣布他有计划成为"一个万亿富翁"，显然仅仅做个亿万富翁还不行。他想当选总统，副总统还不够，更别提什么国务卿。我们曾经在哪里听过这种事情来着？

我们曾经从神秘的炼金术士那里听到过：那些人具有在历史上所有最辉煌时期出生和重生的奇迹般的能力，他们在尘世的存在只不过是一个阶段而已。我们经常在电视上看到他们——在美国，他们有自己的有线电视频道——他们告诉我们他们曾经是谁。那位戴着手镯，一头紫色蓬松头发，因为整容而两边脸不对称的女士曾经是玛丽，苏格兰女王。涂了睫毛膏、头发朝后梳掩盖秃顶的那人曾经是图坦卡蒙，他是许多目前正活跃的神秘炼金术师之一，这些人都曾经拥有上下埃及最高统治者法老的头衔。值得注意的是他们在古埃及的化身，没有谁曾经是埃及方尖碑浮雕左起第一百五十七位奴隶。他们曾经拥有一个以他们的意志为法律的世界，这就是跟踪者现在所拥有的：无节制的个人重要性。

当我们恋爱时，我们都有点像那样。我们尝到了一点疯狂的滋味，感觉好像所有不确定性都被排除了。也就是说，这感觉好像恰好是疯狂的反面。幸运的是，如果我们是正常人，我们会保持足够的理智意识到我们发了疯。有一种回到多元化世界的方式，在那个世界里存在着这样的可能性：我们爱慕的女人生来不是为了来实现我们的生活，而是要实现她自己的生活。我们可以和自己辩论，让自己变得理性。但跟踪者却不能容忍争辩：不能容忍他的受害者争辩，认为后者其实并不是真的在抗议，只是无法接受那不可避免的事情而已；他最不能容忍的是同他自己辩论。他的个体性是完全的铁板一块。

女性应该害怕我们吗？只应该害怕我们可能会做的事情。如果她们害怕我们可能会想些什么，那就没完了，无法继续人类的生活。女性之美将男性投入幻想领域，因为本该如此。有理智并不意味着没有幻想，而是知道现实，并记住两者的差异。我很年轻时，对于妮可·基德曼的感觉可能会与埃尔默·奥·努相同，也可能会去写一首诗，很可能写得更糟。（我还在穿短裤时，的确对奥黛丽·道尔顿有相同的感觉，她在那部最优秀的有关泰坦尼克号的电影中扮演一位天真少女。搜索谷歌会显示她仍然活着，七十多岁了。她还记得我对她说过的话吗？当时我把她抱进救生艇，亲吻她同她道别？她应该记得：我每天晚上都说，说了好几个月。）但即使年轻愚蠢的我，在第一束鲜花遭到拒绝后，也不会再去妮可的门前。同样，我目前关于妮可的幻想是，找个便宜的地方同埃尔默·奥·努见面，把我的点 44 枪口塞在他嘴里，打烂他有病的脑袋瓜子，让它溅满汉堡王的墙壁。我甚至都不会告诉她我这样做了，我不需要奖励：不需要她或任何其他我很高兴帮助解决小问题的女人给我奖励。世界各地的跟踪者——他们称我治安维持会员——在订购那些花、预订芭蕾舞门票、写那些诗之前，都会三思。我希望这是真的。但是一个人能做什么呢？嗯，他能做的一件事就是意识到，当妮可·基德曼在屏幕上直视他时，她几乎肯定是在爱着别人，即使事情竟然会这样似乎有悖常理。

《周末澳大利亚人》，2006 年 4 月 15 日至 16 日

达蒙最勇敢的日子

在达蒙·希尔获得冠军的年代，我制作并主持了一档电视特别节目，他在节目里总是妙语连珠，但他做客我的每周工作室谈话节目时说的话最妙："急什么？"当时他备受挫折的最后一个赛季将要结束，本来很容易归咎于车太慢：飞箭车貌似有潜能，但是相比他习惯驾驶的威廉姆斯，那就是一台农用拖拉机。他没有必要承认自己已经没了动力，但的确如此，所以他就这么说了。自我贬低的坦率是他典型的做派，虽然没有人应该低估他强烈的骄傲：充分的自信是他不需要隐藏诚实的主要原因。

他回忆的场面是大奖赛——所有大奖赛——开赛圈赛车出发点和第一个转弯之间那令人发狂的阻力。他在整个职业生涯中都必须对付那飞速变化的潜在的一团糟，有一天——必须退出的这一天——他终于问了自己这个问题。杰出的车手从来都没有自杀倾向，但在处于两个端点之间的那段时间内，他们心里肯定只想到了最坏的情况。达蒙已经拿过了世界冠军，不大可能再拿。他有个美好的家庭，喜欢与家人在一起。他已经达到了可以权衡以往成就与继续参赛风险的地步，他已经达到了开始思考的地步。他拥有信息充足、善于思考的大脑，他只能得出一个结论。

德国作家恩斯特·荣格区分了两种将军：生活视野广泛有助于他们打好仗的将军；对其他任何事情都不感兴趣，因而仗打得更好的将军。这有些道理。这个原则也可以有效地应用于"二战"以来的英国顶级赛车手。吉姆·克拉克具有最耀眼的天赋——即使在那超级天赋很常见的层次——那就是完全专注于驾驶。尼格尔·曼塞尔也如此，除了同格雷格·诺曼打打高尔夫球之外。迈克·霍索恩过于绅士，詹姆斯·亨特过于挥霍：都太多了些。斯特林·莫斯[*]如果不是太爱国的话，本来会赢得至少一次世界冠军：在他职业生涯的关键时期，他选错了赛车，只是为了爱国自豪感，而当他签约梅赛德斯车队时，备注条款又说他必须输给方吉奥[†]。

然而，放到杰基·斯图尔特身上，这个原则却不管用了。杰基·斯图尔特头脑精明，足以经营一个商业帝国和他自己的整个车队，他在摩纳哥的社交圈比达蒙的父亲做得更好，但他却是那种天赋极高，能不受干扰一心获胜的人物。后来，他利用自己凭本事取得的地位重新强调赛车安全问题，彻底改变了这项运动。幸亏他的努力，现在赛车手们可以不再死于撞车事故，而在过去，一个赛季中会有好几位赛车手死于这种事故。在他们早已忘记、但像我这样的边缘人总是很珍惜的不同场合，我曾经同四位逃脱了过去必死无疑的事故的赛车手坐下来共同用餐：尼基·劳达、加赫特·贝加、约翰·沃森和米卡·哈基宁。诚然，我也曾同两位后来遇难的赛车手聊过：吉耶·维伦纽夫和埃尔顿·塞纳。但他们的事故都非常离奇，没有什么救得了他们。总体上，这样一种本质上危险的运动，能做的安全措施都已经做了，这全都是因为斯图尔特。这个成就反而使

---

[*] Stirling Moss（1929— ），英国赛车手，名言是"情愿开英国车输得光荣，也不愿开外国车赢"。

[†] Juan Manuel Fangio（1911—1995），阿根廷赛车手，五次赢得 F1 世界冠军。

他作为赛车手的形象黯然失色。我们应当记住，当他坐在车里的时候，最不会想到的事情就是直升机是否加够了油，能及时送他去医院。他唯一想到的事情是冲到前面，并且一直在前面：他赋予这个目标强烈的动机，以至于即使作为豪华轿车的乘客也无法加以抑制——众人皆知，他从来都喜欢在后座指挥开车。任何慢车到他手里都会变得快起来，但这并非他热衷于证明的关键事情。他有资格开最好的车：这是好车手的标志，对他们来说一切都为了领先，赛车运动是达到目的的手段。

达蒙却略有不同。如果他是那样的人，就会在弗兰克·威廉姆斯让他离开时去迈凯伦那里试试运气。迈凯伦给他的基本薪酬相对较低，但每赢一次都另有奖金。虽然获胜是无法确定的事情，但他在迈凯伦车队却可能会赢。在飞箭车队他不可能获胜，但他采纳了自己财务顾问的意见，为了稳定的薪酬进了飞箭队。这有财务上的道理——他的家人需要躲避媒体追踪，他不能放弃住宅，也不能不加维护管理——但却没有赛车上的道理。对于志在必胜的真正赢家，没有其他理由值得考虑。即便是在比任何人都赚得多的迈克尔·舒马赫看来，钱也只是一种工具：如果法拉利没有让他驾驶一辆能够获胜的赛车，他就会干脆离队。

阿兰·普罗斯特在他赛车的年代是位思想家——"教授"这个绰号很恰当——但他从来不会让理性算计妨碍他获胜。在职业生涯将尽时，他因为一场大雨而取消了在日本的一场比赛，这是他已经不想再干这一行的迹象。埃尔顿·塞纳没有活到需要讲道理的年纪。他对获胜如同着了魔。他主宰赛场的秘密之一就是让其他车手意识到，如果不给他让路的话，他就会径直从他们中间穿过去。在他看来，为了争夺冠军，神的意旨就是他应该直撞对手（普罗斯特），让普罗斯特和他自己都冲出跑道，这样虽然输了比赛，但却按比分赢得冠军。早些时候舒马赫也有同样的表现，牺牲品之一是达蒙·希尔。后来舒马赫表现得有所不同，但想法依然不变。舒马赫成绩超过了努沃拉里和方吉奥，很可能是我们所知最杰出的赛手，但原因之一是他能毫不费力地模仿自动装置。即使塞纳也要更复杂一些。某次塞纳中断了他与万能上帝的对话，同名模艾拉·麦克弗森聊了几句。要让舒马赫做这样的事情，那就好比下次你叫的出租车是他开的。

在我看来——不只是因为我出生在澳大利亚——杰克·布拉汉姆是所有车手中最有趣的一位，因为他开着自己设计的跑车赢得了冠军——这是一辆改变了该项运动的汽车。（如果你看到一个打败全世界的澳大利亚外籍人士名单上没有布拉汉姆的名字，那就扔掉它：编辑这份名单的人没有想象力。）但这也使得布拉汉姆成为一位有趣的车手。作为一个男人，他生活在赛车世界里。一个像达蒙·希尔这样的人之所以有趣——当他还在赛车时——是他生活在一个大于他的职业的世界里。这也可以是一种障碍。阿根廷的卡洛斯·鲁特曼是一位驾驶威廉姆斯的车手，他能够把车速开到眩晕的极限，同时却也是一位哲学家，可以就这么走开去看日落，并且决定不再赛车。弗兰克·威廉姆斯惊恐地发现自己竟然雇用了第欧根尼。达蒙从来不这样，但他终于还是想到了生活——即便他已经踩下了油门——而一旦想到了生活，也就会想到死亡。除非你觉得自己会永生不朽，否则根本就无法把这些赛车挂上第三挡。

我并非说杰出的车手都鲁莽。有一些相当不错的车手的确鲁莽，但他们在早期阶段就进入了过去时，通常他们还没撞死就先被解雇了，或压根就没有进入F1比赛。如果你把一辆F1赛车在开发费用中所占的份额也算上的话，一辆车动辄花费数百万，车主不高兴看到没有说得过去的理由就撞坏车。我曾经坐在普通人买得起的汽车前排座位上，由好几位F1赛车手驾车在公路上或者空旷的赛车道上行驶，其中三位是世界冠军：尼尔森·皮奎特、艾伦·琼斯和达蒙·希尔。莲花车队违约，中断了德里克·沃维克的职业生涯，因为塞纳不希望车队里有竞争者。（塞纳在世的最后一年，我错过了乘坐他驾驶的本田 NSX 的机会：他到古德伍德来晚了一天，当时我以为下次还有机会。）沃维克开车上了高速公路把我从他的酒店带到蒙扎去。第二年我看着他夜半三更在勒芒驾驶捷豹跑车以二百四十英里的时速行驶在穆尚直道上，但当时他的速度看起来并不比那天在高速公路上我感觉到的更快。这就像是尼科尔森·贝克的《费尔马塔》(The Fermata)*中的叙述者：我们经过的所有汽车似乎都凝固不动了。莫斯则是普通英国高速公路交通的教学示范课程：他小小的标致车在货车之间穿行，像一颗魔法子弹穿越起伏的峡谷。在阿德莱德大奖赛跑道上，跑道因为我们的到来而关闭，艾伦·琼斯带我驾驶一辆他从来没有摸过、一看见就讨厌的兰博基尼迪亚波罗：他除了倒车挡就只摸得到最高挡，我有好几次机会研究防撞护栏，当时我们正以一百多英里的车速朝它驶去。皮奎特在赛车道上有时看起来像个疯子，但在公路上他开车的样子倒似乎是还想活下去，让他可以多睡几个女人。

所有杰出赛车手共同的特征是，当他们同正常人在普通公路上开车时能让你感觉很安全，即使车窗外的景色变成模糊一片。他们与汽车同步，可以令它发挥最佳作用，同时自己还能全神贯注于前方的道路。我甚至觉得同琼斯一起坐在迪亚波罗中也很安全：他必须同这个野兽较量，但他知道是怎么回事。正如杰出的澳大利亚诗人肯尼斯·斯莱塞笔下库克船长对其船员施加的魔力：与催眠大师一起骑扫帚/嘲弄台风。达蒙·希尔更是加倍如此，他载我兜了一次风，是我经历过最快速的一次。在他夺冠那一年的匈牙利大奖赛之后，我们赶去机场搭乘私人飞机前往保加利亚，有警察摩托车队护送，让我们这边的道路保持畅通，达蒙可以稳稳当当地开车。虽然

---

* 尼科尔森·贝克 1994 年的小说，主角是一位能让时间停下来的人。

在纪录片的配音中,我假装唯恐马上会死,但事实要复杂得多。他太擅长这一行了,不在赛车道上时,不会去冒哪怕最小的风险。在赛车道上,他加大了赌注,他们都这样做,直到他们想离开这场比赛回家去的那一天。

这种事情本来甚至也可能发生在塞纳身上。所有关于他的英年早逝使他保住了荣耀的说法都只是拙劣的抒情。赛车手的责任不是代替我们去死。他们的工作是代替我们过某种生活:深藏在我们梦想中的生活,在那里,勇敢的人不仅配得上美,而且成为美本身。有天早晨在阿德莱德,摄制组拍到了塞纳的麦克拉伦从车库出来的低平移镜头,我蹲在他们旁边。维修区有点阻塞,所以他恰好在我面前停了几秒钟。当离合器松开时,汽车嘶吼着,他对着我的照相机低下黄色的头盔,我都可以伸手碰到他的面罩。他用手套尖对我挥了挥,然后离合器沉重地缩紧,进入全八百马力,在一声雷鸣中开走了。在特洛伊,当阿喀琉斯从他的帐篷出来时,肯定也像这样。但阿喀琉斯只能战斗或生闷气。达蒙·希尔属于不那么古典,因此也更文明的英雄人物,他拥有充实的生活,最终他也选择了去体验这种生活。这是他最勇敢的一天。我记得他上百个时刻。有时在赛车,但大多数时刻只是个凡人:和他的孩子们玩耍,和赞助商敷衍,或者——也许是他最具特色的——以最有礼貌的方式指出,他的团队搞砸了进站加油换胎,致使他输了比赛,说不定还丢了冠军。他的缺点一览无遗:当他应该大喊大叫时,却表现得彬彬有礼。但他总是让他的赛车去叫喊。

《星期日报》,2007 年 3 月 18 日

CULTURAL AMNESIA by Clive James
Copyright © Clive James 2007, 2012
Originally published in English by Macmillan Publishers Limited.
ALL RIGHTS RESERVED.

北京出版外国图书合同登记号：01-2020-3626

图书在版编目(CIP)数据

文化失忆：写在时间的边缘 /（澳）克莱夫·詹姆斯著；丁骏等译. -- 北京：北京日报出版社，2020.9（2021.1 重印）
ISBN 978-7-5477-3562-6

Ⅰ.①文… Ⅱ.①克… ②丁… Ⅲ.①人物－列传－世界 Ⅳ.① K811

中国版本图书馆 CIP 数据核字 (2020) 第 117512 号

策划编辑：雷　韵
特约编辑：雷　韵
责任编辑：许庆元
装帧设计：陆智昌
内文制作：陈基胜

出版发行：北京日报出版社
地　　址：北京市东城区东单三条8-16号东方广场东配楼四层
邮　　编：100005
电　　话：发行部：（010）65255876
　　　　　总编室：（010）65252135
印　　刷：山东韵杰文化科技有限公司
经　　销：各地新华书店
版　　次：2020年9月第1版
　　　　　2021年1月第4次印刷
开　　本：890毫米×1240毫米　1/32
印　　张：25.5
字　　数：662千字
定　　价：138.00元

版权所有，侵权必究，未经许可，不得转载

如发现印装质量问题，影响阅读，请与印刷厂联系调换